2022 全国勘察设计注册工程师
考试辅导用书

Zhuce Daolu Gongchengshi Zhiye Zige
Zhuanye Kaoshi Fuxi Tiji

注册道路工程师执业资格
专业考试复习题集

注册工程师考试辅导用书编委会◇编

丁静声　张宝玉　张　铭◇主编

U0330571

人民交通出版社股份有限公司
北 京

内 容 提 要

本书根据新版注册土木工程师(道路工程)专业考试大纲、2019—2021年考题及现行规范编写而成。在编写团队多年教学、工程咨询和考试辅导经验的基础上,充分参考同类勘察设计注册工程师考试的命题规律和历年考题,确保书中习题精练、准确、贴合考试。书中习题包括考试规定的单选题、多选题和案例题三种题型,题目均配有答案和详细的解析,便于考生模拟演练。

本书适合参加注册土木工程师(道路工程)专业考试的考生使用,也可供相关工程技术人员参考。

图书在版编目(CIP)数据

2022注册道路工程师执业资格专业考试复习题集 /
丁静声,张宝玉,张铭主编. — 北京:人民交通出版社
股份有限公司, 2022.7
ISBN 978-7-114-17956-3

Ⅰ.①2… Ⅱ.①丁… ②张… ③张… Ⅲ.①道路工
程—资格考试—习题集 Ⅳ.①U41-44

中国版本图书馆 CIP 数据核字(2022)第 078613 号

书 名: **2022 注册道路工程师执业资格专业考试复习题集**
著 作 者: 丁静声 张宝玉 张 铭
责 任 编 辑: 李 坤
责 任 校 对: 席少楠
责 任 印 制: 刘高彤
出 版 发 行: 人民交通出版社股份有限公司
地 址: (100011)北京市朝阳区安定门外外馆斜街 3 号
网 址: http://www.ccpcl.com.cn
销 售 电 话: (010)59757973
总 经 销: 人民交通出版社股份有限公司发行部
经 销: 各地新华书店
印 刷: 北京虎彩文化传播有限公司
开 本: 787×1092 1/16
印 张: 37
字 数: 880 千
版 次: 2022 年 7 月 第 1 版
印 次: 2022 年 7 月 第 1 次印刷
书 号: ISBN 978-7-114-17956-3
定 价: 135.00 元
(有印刷、装订质量问题的图书由本公司负责调换)

前　言

　　注册土木工程师(道路工程)考试于 2019 年 10 月首次举办,就此拉开了道路工程领域勘察设计工程师考试、注册、执业的序幕。考试的举办,对从事道路工程规划、勘察、设计等工作的工程技术人员,大有裨益。复习备考的过程,是道路工程技术人员重新学习、梳理、拓展自己专业知识的过程,也是提升专业素养的过程。通过考试的筛选,让合格的工程师承担相应的技术工作,有助于提升工程建设质量和效率,对整个道路工程行业具有重大意义。

　　为帮助广大考生有效复习,人民交通出版社股份有限公司组织相关高校和工程单位的专家编写了一套复习辅导用书,主要包括:《基础考试应试辅导》《基础考试复习题集》《专业考试应试辅导》《专业考试复习题集》《专业考试案例一本通》。后续将根据考生实际需求开发新的辅导资料。

　　本书《专业考试复习题集》,以新版注册土木工程师(道路工程)专业考试大纲、近三年考题及现行规范为基础,充分参考同类勘察设计注册工程师考试的命题规律和历年考题,并结合编写团队多年教学、工程咨询和考试辅导经验编写而成,贴合考试,指导性强。

　　看书和做题是准备考试的必经过程。只有经过一定数量习题的训练,才能将考试涉及的知识点融会贯通,提高临场答题速度,进而增加通过考试的概率。本书所含习题,为作者精心编写,覆盖道路工程师考试的核心考点。同时,收录 2019—2021 年部分考题,使考生提前了解考试的题型和风格。

　　本书由重庆交通大学和长沙理工大学组织编写。编写人员及分工为:李松青编写第一章,丁静声、张铭编写第二章、第三章,李学文、李明编写第四章,吴从师、李明编写第五章,张宝玉编写第六章,张宝玉、李松青编写第七章,丁静声、李松青编写第八章,张宝玉编写第九章,魏道升编写第十章。此外,代玉华、李坤、潘兴兰、孔港、郑为民、胡鑫、梅蒙召、周红军、王梅、张春霞、陶艳等参与了本书部分习题的编写工作。全书由张铭负责统稿。

　　本书习题丰富,解答详尽,注重针对性和指导性,是值得考生信赖的考前辅导和培训用书。

　　为更有效地帮助考生复习,本书配有电子题库,提供测试、打分、强化训练等功能。考生扫描封面红色资源码,关注"注考大师"微信公众号,即可使用电子题库。

　　考生在使用本书及相关数字资源备考时,还应注意参阅考试指定的各类标准、规范(规程)、大纲及教材,真正做到:考前胸中有丘壑,临场下笔如有神。

　　预祝各位考生取得好成绩!

注册工程师考试辅导用书编委会
2022 年 4 月

目　录

第一章　道路路线设计

第一节　一般要求

复习要点

道路分级、设计车辆、交通量、设计交通量、设计小时交通量、设计速度与运行速度、通行能力与服务水平、设计通行能力、建筑限界设计年限、荷载标准、抗震防灾等基本概念;公路技术分级的依据和城市道路分级的依据与选用原则;设计车辆的作用;交通量折算;设计速度的作用;运行速度在路线设计中的应用;设计交通量与设计小时交通量的作用;通行能力与服务水平的分析与运用;各级公路与城市道路的净空要求;道路抗震设计的要求;现行标准、规范中有关路线设计的内容及其主要技术指标的规定;道路勘测设计的阶段和任务。

本节是道路路线设计中特别重要的一节,主要有以下考点:

(1)道路分级的依据与等级　主要熟悉道路分级与等级划分的条件与指标,以及如何确定道路的等级,熟悉等级选用原则,应明确一条公路可分段选用不同的公路等级。同一公路等级可分段选用不同的设计速度、路基宽度(车道数)。

(2)基本概念与相关规定　需要熟悉设计车辆、交通量、设计速度、通行能力与服务水平、建筑限界、设计荷载、防灾标准等。

(3)交通量、通行能力与服务水平　需要熟悉设计交通量与设计小时交通量的概念及其使用区别,熟悉通行能力与服务水平分析的条件,熟悉基准通行能力、设计通行能力、实际通行能力的概念及其区别与联系,特别是交通量、通行能力、服务水平的计算应重点掌握。在路线设计中运用通行能力与服务水平是本节的难点。

(4)建筑限界　需要熟悉公路、城市道路(含城市地下道路)的建筑限界图式及其图中符号含义。

典型习题

一、单项选择题

1. 设计交通量预测年限的起算年为(　　)。
   (A)该项目的立项之年
   (B)该项目的交工之年
   (C)该项目的计划通车年
   (D)该项目的工可研编制年

2. 确定车道数和车道宽度或评价服务水平依据的交通量是(　　)。
  (A)年平均日交通量　　　　　　　(B)设计交通量
  (C)高峰小时交通量　　　　　　　(D)设计小时交通量

3. 公路等级划分时,设计交通量是指(　　)。
  (A)各种车辆折合成中型载重汽车的平均昼夜交通量
  (B)各种车辆折合成小客车的年平均日设计交通量
  (C)混合车辆的年平均日设计交通量
  (D)各种车辆折合成半挂车的年平均昼夜交通量

4. 某支线公路,设计交通量为6600辆小客车/日,其公路等级宜选用(　　)。
  (A)一级公路　　　　　　　　　　(B)二级公路
  (C)三级公路　　　　　　　　　　(D)四级公路

5. 地震动峰值加速度系数大于或等于0.40地区的公路工程,其抗震设计要求正确的是(　　)。
  (A)应采用简易设防　　　　　　　(B)应进行抗震设计
  (C)可不进行抗震设计　　　　　　(D)应进行专门的抗震研究和设计

6. 设计单位在编制设计文件时,编制概算应在(　　)。
  (A)工可研阶段　　　　　　　　　(B)施工图设计阶段
  (C)技术设计阶段　　　　　　　　(D)初步设计阶段

7. 公路建设项目前期工作正确的程序是(　　)。
  (A)项目建议书→预可行性研究→工程可行性研究
  (B)预可行性研究→工程可行性研究→项目建议书
  (C)工程可行性研究→预可行性研究→项目建议书
  (D)预可行性研究→项目建议书→工程可行性研究

8. [2019年考题]设计速度为$V=100\text{km/h}$的一级公路,在五级服务水平下最大服务交通量是(　　)。
  (A)1400pcu/(h·ln)　　　　　　(B)1800pcu/(h·ln)
  (C)2000pcu/(h·ln)　　　　　　(D)2200pcu/(h·ln)

9. [2019年考题]在公路工程设计时,应进行交通安全评价的是(　　)。
  (A)乡村公路　　　　　　　　　　(B)三级公路
  (C)四级公路　　　　　　　　　　(D)二级及二级以上的干线公路

10.[2019 年考题]城市快速路、主干路、次干路道路交通量达到饱和状态时的道路设计年限应分别为( )。

  (A)20 年、20 年、15 年　　　　　　(B)20 年、15 年、15 年

  (C)20 年、15 年、10 年　　　　　　(D)15 年、15 年、10 年

11.[2020 年考题]下列关于公路技术等级与设计速度方面的描述,不符合标准规范规定的是( )。

  (A)三级公路设计速度宜根据实际情况采用 30~40km/h

  (B)集散二级公路设计速度宜根据实际情况采用 40~50km/h

  (C)干线二级公路设计速度宜根据实际情况采用 60~80km/h

  (D)一级公路设计速度宜根据实际情况采用 60~100km/h

12.[2020 年考题]位于抗震有利地段的高速公路高路堤,在 E1 地震作用下,其抗震设防目标是( )。

  (A)不受损坏　　　　　　　　　　(B)不需修复可正常使用

  (C)经一般整修即可正常使用　　　　(D)经短期抢修即可恢复使用

13.[2020 年考题]拟建某城市支路,仅允许车辆高度不超过 2.0m 的小客车通行,一般情况下,下列关于设计中采用的最小净高,符合规范规定的是( )。

  (A)2.5m　　　　　　　　　　　　(B)3.2m

  (C)3.5m　　　　　　　　　　　　(D)4.5m

14.[2020 年考题]拟建某城市快速路,设计速度为 80km/h,预测远景年单向高峰小时交通量为 5040pcu/h,则拟建道路所需的双向车道数(不考虑方向不均匀系数)应为( )。(结果取整数)

  (A)3　　　　　　　　　　　　　　(B)4

  (C)6　　　　　　　　　　　　　　(D)8

15.[2020 年考题]拟建某城市快速路,设计速度为 60km/h,单孔隧道横断面布置为单向 3 条机动车道(其中 1 条为小客车专用车道),隧道两侧设检修道,各宽 0.75m。隧道内建筑限界的最小净宽度应为( )。

  (A)11.25m　　　　　　　　　　　(B)11.5m

  (C)11.75m　　　　　　　　　　　(D)13.00m

16.[2020 年考题]拟建某城市主干路采用沥青路面结构,下列关于道路交通量达到饱和状态时的道路设计年限和路面结构的设计使用年限,符合规范规定的是( )。

  (A)10 年,10 年　　　　　　　　　(B)15 年,10 年

  (C)15 年,15 年　　　　　　　　　(D)20 年,15 年

17. [2020 年考题]拟建某城市快速路,设计速度为 100km/h,两侧设有辅路,辅路设计速度最大取值为(   )。

(A)40km/h   (B)50km/h

(C)60km/h   (D)70km/h

18. [2021 年考题]某城市主干路设计速度为 50km/h,横断面布置为双幅路,双向 4 条机动车道,设置宽 0.5m 中央护栏分隔对向交通,与现况铁路相交处,采用三孔箱涵,中孔通行机动车,两边孔通行非机动车,不考虑其他因素影响,计算该箱涵中孔建筑限界的最小净宽度应为(   )。(取小数点后一位)

(A)14.5m   (B)15.0m

(C)15.5m   (D)16.0m

19. [2021 年考题]某城市快速路设计速度为 80km/h,下列关于通行能力和服务水平分析的要求,符合规范规定的是(   )。

(A)基本路段、分合流区和交织区及互通式立体交叉的匝道宜进行通行能力分析

(B)基本路段、分合流区和交织区应采用相同的通行能力和服务水平

(C)基本路段车道数计算中,一条车道的设计通行能力应采用 1750pcu/h

(D)交通量换算应采用小客车为标准车型,车辆换算系数为 1.0

二、多项选择题

1. 次要集散公路应满足部分设计车辆的通行要求,这些设计车辆包括(   )。

(A)小客车   (B)载重汽车

(C)铰接列车   (D)大型客车

2. 城市快速路应达到的要求包括(   )。

(A)中央分隔   (B)控制出入口间距及形式

(C)全部控制出入   (D)全线设置辅道

3. 关于设计速度的说法,正确的有(   )。

(A)同一技术等级应选用同一设计速度

(B)道路的曲线半径、超高、视距等直接与设计速度有关

(C)设计速度影响车道宽度、中间带宽度、路肩宽度等指标的确定

(D)设计速度是确定公路设计指标并使其相互协调的设计基准速度

4. 关于运行速度的说法,正确的有(   )。

(A)运行速度是路面平整、潮湿、自由流状态下,行驶速度累计分布曲线上对应于 85% 分位值的速度

(B)公路设计应采用运行速度进行检验

（C）相邻路段运行速度之差应小于20km/h,同一路段运行速度与设计速度之差应小于20km/h

（D）运行速度是可以测算的

5. 影响高速公路的通行能力分析计算的因素有(　　)。

（A）方向分布
（B）车道宽度、路肩宽度
（C）驾驶员总体特征
（D）交通组成

6. 某二级公路,无隧道,无大型地质灾害,桥梁最大跨径(多孔跨径总长)为680m,其设计阶段内一般应包括(　　)。

（A）初步设计
（B）技术设计
（C）施工图设计
（D）方案设计

7. 两阶段设计时,编制施工图设计文件的依据有(　　)。

（A）批复的可行性研究报告
（B）批复的初步设计
（C）测设合同
（D）定测、详勘(含补充定测、详勘)资料

8. [2019年考题]公路技术等级选用应遵循一定的原则。其中,次要干线公路应选用(　　)。

（A）三级公路
（B）二级公路
（C）一级公路
（D）高速公路

9. [2019年考题]根据交通流行驶特征,城市快速路应分为(　　)。

（A）基本路段
（B）分合流区
（C）交织区
（D）匝道

三、案例题

1. 某拟建主要干线公路,在规定的预测年限交通量组成如下:小客车25000veh/d,中型车4600veh/d,大型车3200veh/d,汽车列车2800veh/d,则设计交通量和合理的公路等级应是(　　)。

（A）34750pcu/d,一级公路
（B）46700pcu/d,高速公路
（C）51100pcu/d,高速公路
（D）56375pcu/d,一级公路

2. 广西南宁市近郊拟修建一级公路,设计速度80km/h,预测年度的年平均日交通量为20000veh/d,方向不均匀系数为55%,其单向设计小时交通量为(　　)。

（A）900veh/h
（B）1000veh/h
（C）1100veh/h
（D）11155veh/h

3. 汽车行驶在圆曲线半径 $R=60\text{m}$ 的双车道公路圆曲线路段,汽车轮距为 1.7m,装载重心高度 $h=1.8\text{m}$,路拱横坡 $i_\text{g}=\pm2\%$,弯道内侧车道与外侧车道的倾覆临界速度是(   )。(不计内侧车道与外侧车道的半径差值)。

  (A)58.70km/h,49.25km/h   (B)61.24km/h,58.70km/h

  (C)66.26km/h,59.71km/h   (D)68.42km/h,68.42km/h

4. [2019 年考题]某双向六车道高速公路,设计速度 100km/h,其设计服务水平下单车道服务交通量 $C_\text{D}=1600\text{pcu/(h·ln)}$,设计小时交通量系数 $K=0.13$,方向不均匀系数 $D=0.55$,该高速公路年平均日设计交通量是(   )。

  (A)44755pcu/d   (B)67133pcu/d

  (C)73846pcu/d   (D)134265pcu/d

5. [2019 年考题]位于重要地区的城市主干路,不考虑其他因素的干扰,预测路段单侧人行交通量为6000 人/h。该路段单侧需要的最小人行道宽度应定为(   )。(计算结果取整数)

  (A)2m   (B)3m   (C)4m   (D)5m

6. [2020 年考题]某高速公路,设计速度为 120km/h,单车道分车型交通量观测数据见下表,下列关于该公路目前的服务水平以及是否需要论证确定改扩建时机的判断[基准通行能力为 2200pcu/(h·ln)],符合规范规定的是(   )。

题 6 表

车　　型	交通量[veh/(h·ln)]
座位≤19 座的客车	390
座位>19 座的客车	150
载质量≤2t 的货车	100
2t<载质量≤7t 的货车	60
7t<载质量≤20t 的货车	50
载质量>20t 的货车	150

  (A)三级服务水平,宜论证确定改扩建时机等
  (B)三级服务水平,无需改扩建时机等的论证
  (C)二级服务水平,宜论证确定改扩建时机等
  (D)二级服务水平,无需改扩建时机等的论证

7. [2020 年考题]省网高速公路,设计速度为 120km/h,双向六车道,采用三级服务水平。交通量预测分析结果折算后的年交通量为 1450pcu/(h·ln),中型车比例为 30%,大型车为 4%,汽车列车为 2%,驾驶人员修正系数为 1.0,根据《公路路线设计规范》(JTG D20—2017),该公路单向设计通行能力为(   )。

  (A)974veh/h   (B)1337veh/h

  (C)2921veh/h   (D)4010veh/h

8.[2020年考题]某城市主干路,设计速度为50km/h,采用三幅路横断面形式,混行车道布置,对向车道之间设置底宽为0.5m的中央分隔护栏。已知道路设计年限末双向预测交通量为33600pcu/d,高峰小时系数为0.10,方向不均匀系数为0.55,受平面交叉口等因素综合修正系数取0.50,该道路基本路段的机动车道路面最小宽度为(　　)。(取小数点后一位)

(A)15.0m

(B)15.5m

(C)22.0m

(D)22.5m

9.[2021年考题]西北地区城间某拟建四车道高速公路设计速度为100km/h,预测年限年平均日交通量为25000pcu/h,车型占比分别是小型车60%,中型车30%,大型车5%,汽车列车5%,方向不均匀系数为0.5,驾驶人总体特征修正系数取1.0。该公路设计通行能力应为(　　)。(取整数)

(A)790veh/(h·ln)

(B)840veh/(h·ln)

(C)890veh/(h·ln)

(D)930veh/(h·ln)

10.[2021年考题]某新建八车道高速公路,设计速度为120km/h,经论证,可不考虑在左侧紧急停车,内侧两车道(分离式断面的左侧车道)仅限小客车通行。该高速公路分离式断面路段建筑限界横向总宽度的最小值应是(　　)。

(A)17.25m

(B)17.75m

(C)18.25m

(D)19.25m

参考答案及解析

一、单项选择题

1.【答案】C

【解析】根据《公路路线设计规范》(JTG D20—2017)第2.2.1条第2款,设计交通量预测年限的起算年为该项目的计划通车年。

2.【答案】D

【解析】年平均日交通量是一年的总交通量除以365天,是我国统计的公路交通量的通用单位。设计交通量是指拟建道路到预测年限时所能达到的年平均日交通量,设计交通量对确定道路等级、计算道路的计划费用和各项结构设计等有重要作用,但不宜直接用于道路几何设计。采用高峰小时交通量作为确定车道数和车道宽度或评价服务水平的依据则太浪费。设计小时交通量是以小时为计算时段的交通量,是确定车道数和车道宽度或评价服务水平的依据。

3.【答案】B

【解析】根据《公路工程技术标准》(JTG B01—2014),各等级公路的年平均日设计交通量均采用小客车。交通量换算采用小客车为标准车型。

4.【答案】B

【解析】根据《公路路线设计规范》(JTG D20—2017)第2.2.2条第5款,支线公路宜选用三级公路、四级公路。当设计交通量达到5000辆小客车/日时,宜选用二级公路。

5.【答案】D

【解析】根据《公路工程技术标准》(JTG B01—2014),地震动峰值加速度系数小于或等于0.05地区的公路工程,除有特殊要求外,可采用简易设防;地震动峰值加速度系数大于0.05、小于0.4地区的公路工程,应进行抗震设计;地震动峰值加速度系数大于或等于0.40地区的公路工程,应进行专门的抗震研究和设计。

6.【答案】D

【解析】工可研阶段应编制估算,初步设计阶段应编制概算,技术设计阶段应编制修正概算,施工图设计阶段应编制预算。

7.【答案】D

【解析】根据《公路建设项目可行性研究报告编制办法》(交规划发〔2010〕178号),公路建设项目预可行性研究作为项目建议书的依据,编制工程可行性研究报告,原则上以批准的项目建议书为依据。

8.【答案】C

【解析】根据《公路工程技术标准》(JTG B01—2014)附录A中表A.0.1-2,一级公路路段服务水平分级,可得五级服务水平下最大服务交通量是2000pcu/(h·ln)。

9.【答案】D

【解析】根据《公路工程技术标准》(JTG B01—2014)第1.0.10条,二级及二级以上干线公路应在设计时进行交通安全评价,其他公路在有条件时也可进行交通安全评价。根据《公路路线设计规范》(JTG D20—2017)第4.5.2条,高速公路、一级公路和二级干线公路应在设计时进行交通安全性评价,其他公路在有条件时也可进行交通安全性评价。

10.【答案】A

【解析】根据《城市道路工程设计规范》(CJJ 37—2012)(2016年版)第3.5.1条,道路交通量达到饱和状态时的道路设计年限为:快速路、主干路应为20年;次干路应为15年;支路宜为10~15年。

11.【答案】B

【解析】根据《公路路线设计规范》(JTG D20—2017)第2.2.3条第4款,作为干线的二级公路,设计速度宜采用80km/h;受地形、地质等条件限制时,可采用60km/h。作为集散的二级公路,设计速度宜采用60km/h;受地形、地质等条件限制时,可采用40km/h。

12.【答案】C

　　【解析】根据《公路工程抗震规范》(JTG B02—2013)第3.2.1条第1款,其他公路工程构筑物抗震设防目标应为:高速公路、一级公路及二级公路的工程构筑物,在E1地震作用时,位于抗震有利地段的,经一般整修即可正常使用;位于抗震不利地段的,经短期抢修即可恢复使用;位于抗震危险地段的挡土墙、隧道等重要构筑物不发生严重破坏。

13.【答案】C

　　【解析】根据《城市道路路线设计规范》(CJJ 193—2012)第3.0.9条,道路净高应符合下列规定:机动车道,小客车通行的最小净高为3.5m。

14.【答案】C

　　【解析】根据《城市道路工程设计规范》(CJJ 37—2012)(2016年版)第4.2.2条,设计通行能力为1750pcu/h,5040/1750=2.88,需单向三车道,双向六车道。

15.【答案】C

　　【解析】隧道内建筑限界的最小净宽度等于机动车道(或机非混行车道)路面宽与两侧的检修道(或人行道)宽度之和。根据《城市道路路线设计规范》(CJJ 37—2012)(2016年版)第5.3.1条,设计速度为60km/h,小客车专用车道宽度为3.25m,大型车或混行车道宽度为3.5m,最小净宽度=0.75+3.25+3.5+3.5+0.75=11.75m。

16.【答案】D

　　【解析】根据《城市道路工程设计规范》(CJJ 37—2012)(2016年版)第3.5.1条,道路交通量达到饱和状态时的道路设计年限为:快速路、主干路应为20年;次干路应为15年;支路宜为10~15年。根据第3.5.2条,各种类型路面结构的设计使用年限应符合表3.5.2的规定,主干路、沥青路面为15年。

17.【答案】C

　　【解析】根据《城市道路工程设计规范》(CJJ 37—2012)(2016年版)第3.2.2条,快速路和主干路的辅路设计速度宜为主路的0.4~0.6倍。

18.【答案】D

　　【解析】查《城市道路工程设计规范》(CJJ 37—2012)(2016年版)表5.3.2,设计速度为50km/h时,一条机动车道最小宽度为3.50m;查表5.3.5,机动车道路缘带宽0.25m,侧向净宽W_1=0.5m。

　　箱涵中孔建筑限界的最小净宽度=0.5+3.5+3.5+0.25+0.5+0.25+3.5+3.5+0.5=16.0m。

19.【答案】C

　　【解析】根据《城市道路工程设计规范》(CJJ 37—2012)(2016年版)第4.1.1条第1

款,快速路的路段、分合流区、交织区段及互通式立体交叉的匝道,应分别进行通行能力分析,使其全线服务水平均衡一致。选项 A 错误。

根据第 4.2.1 条,快速路应根据交通流行驶特征分为基本路段、分合流区和交织区,应分别采用相应的通行能力和服务水平。选项 B 错误。

查表 4.2.2,快速路设计速度为 80km/h,一条车道设计通行能力为 1750pcu/h。选项 C 正确。根据第 4.1.2 条,交通量换算应采用小客车为标准车型,各种车辆的换算系数为 1～3 不等。选项 D 错误。

二、多项选择题

1.【答案】ABD

【解析】根据《公路路线设计规范》(JTG D20—2017)第 2.1.3 条,干线公路和集散公路应满足所有设计车辆的通行要求,次要集散公路应满足小客车、载重汽车和大型客车的通行要求,支线公路应满足小客车、大型客车的通行要求。

2.【答案】ABC

【解析】快速路应中央分隔、全部控制出入、控制出入口间距及形式,应实现交通连续通行,单向设置不应少于两条车道,并应设有配套的交通安全与管理设施。快速路两侧不应设置吸引大量车流、人流的公共建筑物的出入口。

3.【答案】BCD

【解析】设计速度是技术标准中最重要的指标,它对公路的几何形状、工程费用和运输效率影响最大。设计速度是确定公路设计指标并使其相互协调的设计基准速度,是决定道路几何形状的基本依据。道路的曲线半径、超高、视距等直接与设计速度有关。同时也影响车道宽度、中间带宽度、路肩宽度等指标的确定。根据《公路路线设计规范》(JTG D20—2017),同一技术等级可分段选用不同的设计速度,不同的设计速度的设计路段之间应选择合理的衔接位置或地点。

4.【答案】ABD

【解析】选项 A 是运行速度的概念。运行速度考虑了公路上绝大多数驾驶员的交通心理需求,是随着公路路线不断变化的。根据《公路工程技术标准》(JTG B01—2014),公路设计应采用运行速度进行检验,相邻路段运行速度之差应小于 20km/h,同一路段运行速度与设计速度之差宜小于 20km/h。《公路项目安全性评价指南》中有关于运行速度的计算模型。

5.【答案】CD

【解析】交通组成、驾驶员总体特征均影响高速公路通行能力。方向分布与车道宽度、路肩宽度为二级和三级公路通行能力的影响因素。

6.【答案】AC

【解析】根据《公路工程基本建设项目设计文件编制办法》(交公路发〔2007〕358号),公路工程基本建设项目一般采用两阶段设计,即初步设计和施工图设计。对于技术简单、方案明确的小型建设项目,可采用一阶段设计,即一阶段施工图设计;技术复杂、基础资料缺乏和不足的建设项目或建设项目中的特大桥、长隧道、大型地质灾害治理等,必要时采用三阶段设计,即初步设计、技术设计和施工图设计。根据本项目实际情况,应按二阶段进行设计。

7.【答案】BCD

【解析】根据《公路工程基本建设项目设计文件编制办法》(交公路发〔2007〕358号),两阶段设计时,施工图设计应根据批复的初步设计、测设合同和定测、详勘(含补充定测、详勘)资料编制。批复的可行性研究报告与初测、初勘资料为编制初步设计文件的依据。

8.【答案】BCD

【解析】根据《公路工程技术标准》(JTG B01—2014)第3.1.2条,次要干线公路应选用二级及二级以上公路。

9.【答案】ABC

【解析】根据《城市道路工程设计规范》(CJJ 37—2012)(2016年版)第4.2.1条,快速路应根据交通流行驶特征分为基本路段、分合流区和交织区,应分别采用相应的通行能力和服务水平。

三、案例题

1.【答案】C

【解析】(1)拟建公路预测年限的设计交通量为:$25000 + 4600 \times 1.5 + 3200 \times 2.5 + 2800 \times 4.0 = 51100 \text{pcu/d}$。

(2)该交通量在一级公路或高速公路的适应交通量范围内,由于拟建公路为主干线公路,应选用高速公路。

2.【答案】C

【解析】查《公路路线设计规范》(JTG D20—2017)表3.3.4,设计小时交通量系数为10%,$DDHV = AADT \times D \times K = 20000 \times 0.55 \times 10\% = 1100 \text{veh/h}$。

3.【答案】B

【解析】(1)倾覆条件 $\mu = \dfrac{b}{2h} = \dfrac{1.7}{2 \times 1.8} = 0.47222222$

(2)代入横向力系数定义 $\mu = \dfrac{Y}{G_a} = \dfrac{V^2}{127R} \mp i_h$

(3)内侧车道倾覆的临界速度:

$$V = \sqrt{127R(\mu + i_h)} = \sqrt{127 \times 60 \times (0.47222222 + 0.02)} = 61.24 \text{km/h}$$

（4）外侧车道倾覆的临界速度：

$$V = \sqrt{127R(\mu - i_h)} = \sqrt{127 \times 60 \times (0.47222222 - 0.02)} = 58.70 \text{km/h}$$

4.【答案】B

【解析】根据《公路工程技术标准》（JTG B01—2014）第 3.1.1 条条文说明，单方向为 3 条车道，则

$$AADT = \frac{C_D N}{KD} = \frac{1600 \times 3}{0.13 \times 0.55} = 67133 \text{pcu/d}$$

5.【答案】C

【解析】根据《城市道路工程设计规范》（CJJ 37—2012）（2016 年版）第 5.3.4 条条文说明，人行道宽度指专供行人通行的部分，应满足行人通行的安全和顺畅。查表 4.5.1，行人较多的重要区域设计通行能力宜采用低值，N_W 取 1800 人/（h·m）。人行道宽度按下式计算：

$$W_P = N_W / N_{W1} = 6000 / 1800 = 3.33 \text{m}$$

取整为 4m。

6.【答案】A

【解析】（1）根据《公路工程技术标准》（JTG B01—2014）第 3.2.2 条，将自然车交通量换算成标准小客车交通量为：

$$390 + 100 + 150 \times 1.5 + 60 \times 1.5 + 50 \times 2.5 + 150 \times 4.0 = 1530 \text{pcu/（h·ln）}$$

（2）根据《公路工程技术标准》（JTG B01—2014）附录 A.0.1 条，计算 V/C 值：

$$V/C = 1530 / 2200 = 0.695$$

查表 A.0.1-1，属于三级服务水平。根据第 1.0.8 条第 1 款，"公路改扩建时机应根据实际服务水平论证确定。高速公路、一级公路服务水平降低到三级服务水平下限之前。"0.69 大体接近三级服务水平下限 0.75。

（注：0.695 更接近三级服务水平中间值 0.65，可理解为还未降低到三级服务水平下限 0.75 之前，故无须论证，可选 B。本题存在理解上的争议。）

7.【答案】C

【解析】（1）根据《公路路线设计规范》（JTG D20—2017）表 3.4.2-2，车辆折算系数，中型车为 -2.5，大型车为 -4.5，汽车列车为 -6.0。

$$f_{HV} = \frac{1}{1 + \sum P_i (E_i - 1)} = \frac{1}{1 + 30\% \times (2.5 - 1) + 4\% \times (4.5 - 1) + 2\% \times (6 - 1)} = 0.59$$

（2）查《公路路线设计规范》（JTG D20—2017）表 3.4.1，$MSF_i = 1650 \text{pcu/（h·ln）}$；根据式（3.4.2-1），设计通行能力为：

$$C_d = MSF_i \times f_{HV} \times f_p \times f_f = 1650 \times 0.59 \times 1.0 \times 1.0 = 973.5 \text{veh/h（取整为 974veh/h）}$$

（3）该公路单向设计通行能力为：$973.5 \times 3 = 2921 \text{veh/h}$。

8.【答案】D

【解析】本题是通行能力结合横断面的一个综合案例题。

(1) 根据《城市道路工程设计规范》(CJJ 37—2012)(2016 年版) 第 4.3.2 条及其条文说明,设计通行能力为基本通行能力与道路分类系数的乘积(本规范采用的系数为 0.8),但本题提供的道路分类系数(综合修正系数)为 0.50。

设计通行能力 = 基本通行能力 × 综合修正系数 = $1700 \times 0.5 = 850$pcu/h。

(2) $AADT = C_d \times N/(K \times D)$,$N = 33600 \times 0.1 \times 0.55/850 = 2.17$,故需要双向六车道。

(3) 设计速度为 50km/h 时,查表 5.3.2,一条机动车道宽 3.5m,路缘带宽 0.25m。

机动车道路面最小宽度 = $(0.25 + 3.5 \times 3 + 0.25) \times 2 + 0.5 = 22.5$m。

9.【答案】C

【解析】(1) 根据《公路路线设计规范》(JTG D20—2017) 第 3.3.4 条,西北地区城间,设计小时交通量系数取 13.5%,根据第 3.3.2 条,设计小时交通量 $DDHV$ 为:

$DDHV = AADT \times D \times K = 25000 \times 13.5\% \times 0.5 = 1687.5$pcu/h

预测年一个车道设计小时交通量 = $1687.5/2 = 844$pcu/(h·ln)

(2) 查表 3.4.2-2,当交通量为 844pcu/(h·ln),设计速度为 100km/h 时,中型车的车辆折算系数为 2.5,大型车的车辆折算系数为 4.0,汽车列车的车辆折算系数为 5.0。

则交通组成系数:

$$f_{HV} = \frac{1}{1 + \sum P_i(E_i - 1)} = \frac{1}{1 + 0.3 \times (2.5 - 1) + 0.05 \times (4.0 - 1) + 0.05 \times (5.0 - 1)} = 0.556$$

(3) 查表 3.2.1,高速公路,三级服务水平。查表 3.4.1-1,设计速度为 100km/h,三级服务水平时,$MSF_i = 1600$pcu/(h·ln)。高速公路,路侧干扰系数 $f_f = 1.0$,按式(3.4.2-1)计算设计通行能力:$C_d = MSF_i \times f_{HV} \times f_P \times f_f = 1600 \times 0.556 \times 1.0 \times 1.0 = 890$veh/(h·ln)

10.【答案】A

【解析】(1) 查《公路路线设计规范》(JTG D20—2017) 第 6.6.2 条,高速公路分离式路基的建筑限界宽度由行车道宽度 W、左侧硬路肩宽度 L_1 与右侧硬路肩宽度 L_2 组成。

(2) 查表 6.2.1,对于八车道高速公路,设计速度为 120km/h 时,内侧两车道宽度取 3.5m,外侧两车道宽度取 3.75m;查表 6.4.2,左侧硬路肩宽度取 1.25m;查表 6.4.1,右侧硬路肩宽度最小值取 1.5m。

(3) 建筑限界总宽度:$1.25 + 2 \times 3.5 + 2 \times 3.75 + 1.5 = 17.25$m。

第二节　总体设计

复习要点

总体设计的概念、总体设计的内容、总体设计的目的、总体设计应考虑的因素、公路功能与技术标准、公路建设规模与建设方案、环境保护与资源节约、设计检验与安全评价;速度分段、建设规模、建设方案、横断面布置等总体方面的规定;项目在环境保护与资源节约、设计检验与安全评价方面的相关要求;城市道路工程在敷设形式、交叉口设置、出入口设置以及公共交通设施、人行与非机动车设施、交通设施、安全和运营管理设施、施工方法等方面的总体要求;城市道路工程与国土空间规划、各种规划的相互关系。

本节主要有以下考点:

(1)总体设计主要内容　对于公路主要是掌握在可行性研究阶段、设计阶段总体设计的主要内容,每个阶段的重点不一样,对于城市道路主要是掌握制定设计原则,明确道路性质、功能定位、服务对象,确定技术标准、建设规模、主要技术指标,确定工程范围、总体方案和道路用地并协调与相邻工程的衔接,提出交通组织设计方案,落实节能环保、风险控制措施等6个方面的内容。

(2)总体设计要点　对于公路主要掌握公路功能与技术标准、建设规模与建设方案、环境保护与资源节约、设计检验与安全评价;对于城市道路主要掌握通行能力和服务水平评价确定机动车车道数规模以及非机动车车道数、人行道宽度,横断面布置、交叉口节点设置以及人行过街设施的确定等要点。

(3)速度分段、建设规模、建设方案、横断面布置等总体方面的规定　需重点熟悉建设规模与建设方案、横断面布置等总体方面的规定。

(4)项目与沿线路网、建设条件、路线方案论证、改扩建项目等在总体方面的要求　需重点熟悉路线方案论证、改扩建项目等相关规定。

(5)项目在环境保护与资源节约、设计检验与安全评价方面的相关要求　需重点熟悉设计检验与安全评价方面的相关要求。

(6)城市道路工程与国土空间规划　需了解城市道路工程与哪些规划有关,并了解与之相互关系。

典 型 习 题

一、单项选择题

1.关于设计阶段总体设计内容的说法,错误的是(　　)。
　　(A)应根据公路功能、设计交通量、沿线地形、地质条件等论证确定公路等级、设计速度和设计路段
　　(B)应对路线方案进行综合比选
　　(C)一般路段和特殊路段的横断面应根据交通量和交通组成合理确定
　　(D)公路路线平、纵、横面设计的合理性应采用设计速度进行检验

2.按照《城市道路路线设计规范》(CJJ 193—2012)要求,应进行总体设计的城市道路项目不包括(　　)。
　　(A)主干路　　　　　　　　　　(B)支路
　　(C)大桥　　　　　　　　　　　(D)隧道

3. 关于高速公路分期修建方式的说法,错误的是(　　　)。

(A)高速公路可采用纵向分段或按工程项目分段或按工程项目分期修建的方式

(B)分期修建的高速公路项目应使前期工程在后期仍能充分利用,并为后期工程的修建留有余地和创造有利条件

(C)高速公路整体式路基路段,不得采用分期分幅的建设方式

(D)高速公路分离式路基路段经论证可采用分期分幅的建设方式,先期建成的一幅按双向交通通行时,应按高速公路通车条件进行管理,且限制速度不应超过 60km/h

4. 关于城市道路总体设计要点的说法,错误的是(　　　)。

(A)公共交通设施应结合公交线网规划设计,提出公交专用道、公交站点的布置形式

(B)设计速度应根据交通量,并结合沿线地形、地质与自然条件等因素,经论证确定

(C)道路设计应分别对路段、交叉口、出入口提出机动车、非机动车、行人以及客车、公交车、货车的交通组织设计方案

(D)跨江、跨河桥梁应结合航道或水利部门提出的通航、排洪等控制要求,进行总体布置以及环境景观、附属设施的配套设计

5. 关于公路总体设计要点的说法,错误的是(　　　)。

(A)根据公路功能、设计交通量、沿线地形与自然条件等,论证并确定公路等级、设计速度和设计路段

(B)高速公路、一级公路应根据设计交通量论证并确定车道数

(C)位于山区时的高速公路应优先采用分离式路基

(D)拟分期修建的工程,必须在按远期规划的技术标准做出总体设计的基础上,制订分期修建方案,并做出相应的设计

6. 关于城市规划的说法,错误的是(　　　)。

(A)城市道路交通规划必须以城市总体规划为基础

(B)城市道路交通规划包括城市道路交通发展战略规划和城市道路交通综合网络规划

(C)城市总体规划是城市在一定时期内发展的计划和各项建设(或各项物质要素)的总体部署,是城市规划编制工作的第一阶段,也是城市建设和管理的依据

(D)管线综合规划是在城市道路交通规划的基础上编制的

7. 确定城市快速路机动车车道数规模的依据是(　　　)。

(A)预测交通量　　　　　　　　　　　(B)服务水平

(C)红线宽度　　　　　　　　　　　　(D)管线布置需求

二、多项选择题

1. 应进行总体设计的公路包括(　　　)。

(A)高速公路　　　　　　　　　　　　(B)二级公路

（C）四级公路　　　　　　　　　　　（D）等外公路

2. 公路总体设计的主要任务有(　　　)。
（A）论证确定公路功能　　　　　　　（B）论证确定公路技术标准
（C）论证确定公路建设规模与建设方案　（D）论证确定设计阶段的采用

3. 关于公路总体设计的说法,正确的有(　　　)。
（A）收费公路应在论证收费制式的基础上,确定收费方式、主线收费站位置及其同被交公路的交叉形式等
（B）分期修建的公路工程,必须按远期规划的技术标准做出总体设计
（C）平原区公路应尽量降低路基高度,采用低路堤设计方案,山岭区公路不宜采用高填深挖路基
（D）高速公路的收费方案可不考虑与区域路网收费体系的配合

4. 路线起、终点位置论证及建设方案的确定主要应考虑(　　　)。
（A）符合路网规划要求
（B）设计交通量
（C）为后续项目预留一定长度的接线方案或拟定具体实施设计方案
（D）服务水平

5. 不同技术等级、不同设计速度路段相互衔接的位置或地点包括(　　　)。
（A）沿线主要村镇节点的前后　　　　（B）互通式立体交叉
（C）平面交叉　　　　　　　　　　　（D）缓坡路段

6. 论证确定公路的技术等级应考虑的依据有(　　　)。
（A）公路投资　　　　　　　　　　　（B）公路功能
（C）交通量　　　　　　　　　　　　（D）建设条件

7. 应根据项目的总体建设规模、控制性工程施工条件、交通量发展需求和项目资金筹措情况等相关因素,论证确定项目的建设方式。采用分期修建方式时,应符合的要求有(　　　)。
（A）高速公路整体式路基路段,不得采用分期分幅的建设方式
（B）高速公路分离式路基路段经论证可采用分期分幅的建设方式,先期建成的一幅按双向交通通行时,应按二级公路通车条件进行管理,且限制速度不应超过100km/h
（C）一级公路分离式路基路段经论证可采用分期分幅的建设方式,先期建成的一幅按双向交通通行时,应按二级公路通车条件进行管理,且限制速度不应超过80km/h
（D）论证采用分期建设方式时,除考虑交通量发展需求和项目资金条件外,还应考虑对周边环境的影响

8. 城市道路横断面布置应考虑的因素有(　　　)。
　　(A)红线宽度　　　　　　　　　　(B)交通组织
　　(C)地下管线　　　　　　　　　　(D)气候条件

9. [2019年考题]公路路线总体设计的要点有(　　　)。
　　(A)路线设计指标的优化
　　(B)路线起终点应符合路网规划要求
　　(C)合理确定公路等级、设计速度和设计路段
　　(D)合理确定交通工程及沿线设施的建设规模和标准

参考答案及解析

一、单项选择题

1. 【答案】D
【解析】公路路线平、纵、横面设计的合理性应采用运行速度进行检验。

2. 【答案】B
【解析】根据《城市道路路线设计规范》(CJJ 193—2012),城市道路快速路、主干路、大桥和特大桥、隧道、交通枢纽应进行总体设计,其他道路可根据相关因素、重要程度进行总体设计。应进行总体设计的城市道路项目不包括支路。

3. 【答案】D
【解析】高速公路和一级公路分离式路基路段经论证可采用分期分幅的建设方式,先期建成的一幅按双向交通通行时,应按二级公路通车条件进行管理,且限制速度不应超过80km/h。

4. 【答案】B
【解析】设计速度应根据道路等级、功能定位和交通特性,并结合沿线地形、地质与自然条件等因素,经论证确定。

5. 【答案】C
【解析】高速公路、一级公路在一般情况下宜采用整体式路基;位于丘陵、山区时,应结合地形、地质条件以及桥梁、隧道的布设等论证采用分离式路基的可行性。

6. 【答案】D
【解析】管线综合规划是在总规的基础上编制的,如果已编制有控制性详细规划,应与详细规划衔接与协调。

7.【答案】A

【解析】快速路、主干路应根据预测交通量进行通行能力和服务水平评价,并结合定性分析,确定机动车车道数规模。非机动车车道数、人行道宽度也可根据预测交通量和使用要求,按通行能力论证确定。

二、多项选择题

1.【答案】ABC

【解析】根据《公路路线设计规范》(JTG D20—2017),各级公路均应进行总体设计,总体设计应贯穿公路建设项目从可行性研究到施工图设计全过程的各个阶段,并覆盖公路建设项目的各相关专业。

2.【答案】ABC

【解析】根据《公路路线设计规范》(JTG D20—2017),总体设计应论证确定公路功能、技术标准、建设规模与建设方案。设计阶段应在设计时决定。

3.【答案】ABC

【解析】收费公路应充分论证收费制式,合理确定收费方式、主线收费站位置及其与被交公路的交叉方式等;高速公路的收费方案应考虑与区域路网收费体系的配合。

4.【答案】AC

【解析】路线起、终点应符合路网规划要求。确定起讫点位置时,应为后续项目预留一定长度的接线方案,或拟定具体实施设计方案。

5.【答案】ABC

【解析】不同技术等级、不同设计速度路段相互衔接的位置或地点,应选择在大型构造物、互通式立体交叉、平面交叉、沿线主要村镇节点的前后,或路侧环境条件明显变化处。缓坡路段特征不明显,不适合。

6.【答案】BCD

【解析】应根据公路功能,结合交通量及建设条件综合论证确定公路的技术等级。同一公路项目可根据功能和交通量变化,论证分析采用不同的技术等级。

7.【答案】ACD

【解析】根据《公路路线设计规范》(JTG D20—2017),采用分期修建方式时,应符合下列要求:

①必须在综合分析论证的基础上做出总体设计和分期实施计划,分期修建的项目应使前期工程在后期仍能充分利用,并为后期工程的修建留有余地和创造有利条件。

②在论证采用分期建设方式时,除考虑交通量发展需求和项目资金条件外,还应充分考虑

整个施工期内项目建设对周边环境、沿线群众出行、交通组织、安全等的影响。

③高速公路根据路网规划、交通量等因素,可采用纵向分段或按工程项目分期修建的方式。高速公路整体式路基路段,不得采用分期分幅的建设方式。高速公路和一级公路分离式路基路段经论证可采用分期分幅的建设方式,先期建成的一幅按双向交通通行时,应按二级公路通车条件进行管理,且限制速度不应超过80km/h。

8.【答案】ABC

【解析】根据《城市道路路线设计规范》(CJJ 193—2012),横断面布置应根据道路等级、红线宽度、交通组织和建设条件等,划分机动车道、非机动车道、人行道、分车带、设施带、绿化带等宽度,并应满足地下管线综合布置要求;特殊断面还应包括停车带、港湾式公交停靠站、路肩和排水沟的宽度。

9.【答案】BCD

【解析】根据《公路路线设计规范》(JTG D20—2017)第4.1.1条,总体设计应论证确定公路功能、技术标准、建设规模及建设方案。总体设计应合理确定路线平纵面、视距、超高、加宽等的主要控制指标,而不是路线具体设计指标的优化。

第三节 选 线

复习要点

不同设计阶段选线所必须遵循的原则与要点;选线所包括的确定路线基本走向、起终点、控制点、走廊带及路线方案选定等全过程的基本内容和设计要求;选线与定线(纸上定线、实地定线)方法及应符合的规定;遥感、航测、GPS、数字技术等新技术的方法和步骤。

本节主要有以下考点:

(1)不同设计阶段选线所必须遵循的原则与要点 要求掌握选线总原则,初步设计、技术设计、施工图设计不同阶段选线原则。

(2)选线全过程 需要熟悉选线所包括的确定路线基本走向、路线走廊带、路线方案以至选定线位等全过程的基本设计要求和内容。了解平原区与山岭区路线布设要点、山区公路展线及其展线的基本形式。

(3)选线的方法 主要掌握实地定线与纸上定线的适用条件。

典 型 习 题

一、单项选择题

1.具干线功能的一级公路,与 M 县城相衔接时,宜采用的衔接方案是( )。

（A）远离 M 县城 （B）高架跨越 M 县城
（C）以支线连接 M 县城 （D）隧道下穿 M 县城

2. 纸上选线的步骤中不包含( )。
（A）实地敷设导线 （B）实测地形图
（C）现场选定路线 （D）实地放线

3. 实地选线时,放坡的工具是( )。
（A）量角器 （B）卡规
（C）手水准 （D）水平仪

4. 平原地区布线时一般应着重考虑( )。
（A）以平面为主安排路线 （B）以纵断面为主安排路线
（C）以横断面为主安排路线 （D）以曲线组合为主安排路线

5. 沿溪线有利的跨河位置是( )。
（A）河道顺直段 （B）河湾中部
（C）河道宽度变化处 （D）S 形河湾腰部

6. 沿溪线布线中,安排路线一般是以( )。
（A）低线位为主 （B）中线位为主
（C）较高线位为主 （D）高线位为主

7. 关于越岭线垭口位置的说法,正确的是( )。
（A）垭口应尽量在起终点的连线附近 （B）垭口应符合路线的基本走向
（C）垭口应使路线延长系数不超过1.6 （D）垭口应使路线延长系数控制在2以内

8. 需要修建旱桥或隧道的展线基本形式是( )。
（A）自然展线 （B）回头展线
（C）螺旋展线 （D）灯泡展线

9. 在越岭展线布局中,一般情况下应首先考虑的展线形式是( )。
（A）回头展线 （B）螺旋展线
（C）自然展线 （D）8 字形展线

10. 越岭展线布局中,平面线形较好,里程短,纵坡均匀的展线形式是( )。
（A）环形展线 （B）螺旋展线
（C）回头展线 （D）自然展线

11. 回头展线的优点是(　　)。

(A)平面线形好

(B)避让地质不良地段比较容易

(C)施工方便

(D)纵坡均匀

12. 展线的目的是(　　)。

(A)克服高差

(B)线形美观

(C)躲避病害

(D)平纵组合

13. 适宜于螺旋展线的地形是(　　)。

(A)山包

(B)山脊平台

(C)鸡爪地形

(D)平缓山坡

14. 如果越岭垭口两侧的纵坡均为 5%,当垭口两侧的纵坡不变,过岭高程降低 20m 时,路线可缩短的长度是(　　)。

(A)400m

(B)600m

(C)800m

(D)1000m

15. 关于螺旋展线特点的说法,错误的是(　　)。

(A)路线利用有利的山包或山谷,在很短的平面距离内就能克服较大的高差

(B)工程造价高

(C)比回头曲线有较好的线形

(D)避让艰巨工程和地质不良地段比较容易

16. 为在地形图上某两控制点间确定路线的导向线,此地形图等高距为 2m,比例尺 1:2000,拟定此段路线平均纵坡为 4%,分规所张开的宽度是(　　)。

(A)2cm

(B)2.5cm

(C)4cm

(D)5cm

17. 一般情况下定线的顺序是(　　)。

(A)确定控制点→穿线→定交点

(B)确定控制点→定交点→穿线

(C)放坡→穿线→定交点

(D)放坡→定交点→确定控制点→穿线

18. 设置虚交点的原因是(　　)。

(A)交点钉设困难或交点过远

(B)半径大

(C)公路等级高

(D)展线困难

19. 如今 3S 技术已广泛应用于公路的选线,3S 是指(　　)。

(A)GLONASS、RS、GIS

(B)GPS、RS、GIS

(C)GPS、RS、GLONASS

(D)GPS、Erdas、GIS

20. DTM 是指(　　)。

　　(A)数字地面模型　　　　　　　　(B)数字高程模型

　　(C)层次地形模型　　　　　　　　(D)地理信息模型

21. [2019 年考题]新建二级、三级公路,应结合城镇周边路网布设,遇到城镇时应(　　)。

　　(A)直接穿越　　　　　　　　　　(B)环绕

　　(C)避免穿越　　　　　　　　　　(D)远离

22. [2019 年考题]在公路选线时,一般不是路线基本走向控制点的是(　　)。

　　(A)路线起、终点　　　　　　　　(B)必须连接的城镇、工矿企业

　　(C)互通式立体交叉、铁路交叉的位置　　(D)特定的特大桥、特长隧道的位置

23. [2019 年考题]公路选线的全过程,除应包括确定路线基本走向、路线方案至选定线位外,关键是确定(　　)。

　　(A)桥梁方案　　　　　　　　　　(B)隧道方案

　　(C)路线走廊带　　　　　　　　　(D)互通方案

24. [2020 年考题]公路选线应遵循的原则中,符合《公路路线设计规范》(JTG D20—2017)规定的是(　　)。

　　(A)由点到面　　　　　　　　　　(B)由点到线

　　(C)由面到带、带到线　　　　　　(D)由深到浅、由具体到宏观

二、多项选择题

1. 按照公路选线原则要求,路线应尽可能避让的地点有(　　)。

　　(A)不可移动文物　　　　　　　　(B)水源地

　　(C)自然保护区　　　　　　　　　(D)城市发展规划区

2. 关于公路选线的一般要求的说法,正确的有(　　)。

　　(A)遇有不良工程地质的地段应视其对路线的影响程度,分别对绕、避、穿等方案进行比选论证

　　(B)高速公路和一级公路与沿线主要交通源衔接,应利用区域路网或新建连接道路

　　(C)二级、三级公路在遵循项目总体功能和走向的基础上,应尽量穿越城镇

　　(D)平原区选线宜采用较高的技术指标,尽量避免采用长直线或小偏角平曲线

3. 关于公路初步设计阶段选线的原则的说法,正确的有(　　)。

　　(A)应全面了解掌握路线所经区域城镇布局和经济发展规划,路线方案选择应以最大限度地带动区域经济发展,创造最大经济效益为目标

(B)新建的二级、三级公路应与城镇周边路网布设相协调,不宜穿越城镇

(C)高速公路、具有干线功能的一级公路通过作为路线控制点的城镇时,应与城市发展规划相协调,宜与城市环线或支线相连接

(D)当采用穿越不良工程地质地段方案时,应选择合适的位置,采用缓和曲线通过,并采取切实可行的工程措施

4.关于公路施工图设计阶段选线的原则的说法,正确的有(　　　)。

(A)对前一阶段推荐的路线方案应进行全面核查、审定,当有较大幅度的线位调整时,应遵循初设原则重新确定路线方案

(B)路线线位的优化和调整应确保路基横断面、路基填土高度、边坡高度和坡率的合理布设和支挡防护工程的安全可靠

(C)考虑土石方数量的综合平衡

(D)路线起、终点的平面和纵断面设计应前后延伸一条边,并进行同深度测量,确保接线准确并无遗留问题

5.在选线过程中,一般作为公路路线基本走向的控制点有(　　　)。

(A)路线起、终点　　　　　　　　(B)特定的特大桥的位置

(C)必须连接的城镇　　　　　　　(D)互通式立体交叉的位置

6.选线的全过程包括(　　　)。

(A)确定路线基本走向　　　　　　(B)路线走廊带

(C)桥涵定位　　　　　　　　　　(D)选定线位

7.根据《公路路线设计规范》(JTG D20—2017),应采用纸上定线并现场核定的方法进行选线的公路有(　　　)。

(A)高速公路　　　　　　　　　　(B)一级公路

(C)二级公路　　　　　　　　　　(D)三级公路

8.初步设计阶段选线的主要内容有(　　　)。

(A)基本确定路线起、终点的平面位置和纵断面衔接关系

(B)对工程可行性研究阶段的推荐走廊带进行研究,提出推荐的路线方案

(C)完成一般路段的平面和纵断面设计

(D)基本确定特殊路段的平面和纵断面设计方案

9.关于平原区布线要点的说法,正确的有(　　　)。

(A)注意土地水文条件　　　　　　(B)正确处理路线与农业的关系

(C)线形应顺直、短捷　　　　　　(D)处理好展线布局

10. 关于平原区选线的说法,正确的有( )。
(A) 布线要有利于造田、护田,以支援农业
(B) 不片面要求路线顺直而占用大面积的良田
(C) 要注意保证路基稳定,保持填挖平衡
(D) 桥位中线应尽可能与洪水的主流流向正交,桥梁和引道最好都在直线上

11. 关于沿溪线低线特点的说法,正确的有( )。
(A) 受洪水威胁较大 (B) 防护工程较多
(C) 占田较少 (D) 跨河较方便

12. 关于沿溪线高线特点的说法,正确的有( )。
(A) 基本上不受洪水威胁 (B) 跨河较难
(C) 线形较差 (D) 防护工程较多

13. 越岭线垭口选择主要考虑的因素包括( )。
(A) 垭口的高低 (B) 垭口的位置
(C) 垭口两侧地形和地质条件 (D) 垭口的植被

14. 关于越岭线的说法,正确的有( )。
(A) 相对高差为 200～500m 时,二级、三级、四级公路越岭线平均纵坡应不大于 5.5%
(B) 相对高差在 500m 以上时,二级、三级、四级公路越岭线平均纵坡应不大于 5%
(C) 克服高差是越岭线布线的关键
(D) 越岭线应走在直连线与匀坡线之间

15. 越岭线布线要点中,垭口选择考虑的主要因素有( )。
(A) 垭口的厚薄 (B) 垭口的位置
(C) 垭口的高低 (D) 垭口的地质条件

16. 适宜布设螺旋展线的地形有( )。
(A) 平缓的山坡 (B) 顺直的山脉
(C) 有利的山包 (D) 有利的山谷

17. 关于山脊线的说法,正确的有( )。
(A) 水源和建筑材料充足
(B) 线位高,远离居民点,服务性能差
(C) 一般里程短,土石方工程量小
(D) 水文、地质条件好,路基病害少、稳定、地面排水条件好

18. 关于纸上选线特点的说法,正确的有( )。

(A)野外工作量较小

(B)定线不受自然因素干扰

(C)定线时需要大比例尺地形图

(D)路线的整体布局有一定的片面性和局限性

19. 关于实地选线特点的说法,正确的有( )。

(A)整体布局考虑全面   (B)容易掌握地质、地形、地物情况

(C)简便、切合实际   (D)不需要大比例地形图

20. [2020年考题]公路路线线位的选择,应根据地形、地物条件,除对工程地质、水文地质、气象条件、自然灾害进行充分调查外,还应调查( )。

(A)筑路材料   (B)交通组成

(C)生态环境   (D)自然景观

三、案例题

1. 某二级公路,平面上一交点,其转角为6°55′,要求设置成单圆曲线,且要求切线长100m左右,该平曲线半径是( )。

(A)1600m   (B)1655m

(C)1720m   (D)2030m

2. 某单圆曲线(简单形),路线转角为60°00′。如果要求外距为30.94m,该圆曲线半径是( )。

(A)200m   (B)230m

(C)245m   (D)300m

3. 某单交点基本形曲线,圆曲线两端的缓和曲线各取60m,交点桩号为K18+985.00,其转角为23°23′。如果要求 $l_s:l_y:l_s=1:1:1$,该圆曲线半径是( )。

(A)188.46m   (B)291.66m

(C)294.03m   (D)295.97m

4. 某单交点基本形曲线,圆曲线两端的缓和曲线各取60m,其转角为23°30′。如果要求外距等于7.00m,该圆曲线半径是( )。

(A)300m   (B)303.4682m

(C)305.6624m   (D)312.2214m

5. JD8与JD9为S形曲线,JD8的转角为23°30′,JD9的转角为25°15′,根据现场情况,半径取为300m。JD8与JD9的交点间距为200m,JD8与JD9圆曲线两端的缓和曲线均取60m。

JD8 圆曲线半径是(　　　)。

(A)344.246m
(B)345m
(C)349.139m
(D)350m

6.某平面凸形曲线,其转角为 $\alpha = 15°42'$,如果缓和曲线长取 50m,该平曲线半径是(　　　)。

(A)181.66m
(B)180.33m
(C)182.47m
(D)185.78m

参考答案及解析

一、单项选择题

1.【答案】C

【解析】高速公路、具干线功能的一级公路同作为路线控制点的城镇相衔接时,以接城市环线或以支线连接为宜,并与城市发展规划相协调。新建的二级、三级公路应结合城镇周边路网布设,避免穿越城镇。

2.【答案】C

【解析】纸上选线的一般步骤是:①实地敷设导线;②实测地形图(可用人工或航测法);③纸上选定路线;④实地放线。

3.【答案】C

【解析】现场放坡一般要采用可以测竖角的仪器,手水准使用方便,是现场放坡常用的仪器。量角器一般测水平角。卡规是纸上放坡常用的仪器。水平仪器不能测角,不能用于放坡。

4.【答案】A

【解析】平原地区地形平坦,纵断面、横断面对路线布设影响不大。选线时,首先在起、讫点间把经过的城镇、厂矿、农场及风景文物点作为大的控制点;在控制点间通过实地视察进一步根据地形条件和水文条件选择中间控制点,一般较大的建筑群、水电设施、跨河桥位、洪水泛滥线范围以外以及其他必须绕过的障碍物均可作为中间控制点;在中间控制点之间,无充分理由一般不设转角点。在安排平面线形时,既要使路线短捷顺直又要注意避免过长的直线,可能条件下多采用转角小、半径大的长缓平曲线线形。

5.【答案】D

【解析】S 形河湾腰部跨河可以使桥头引道取得较好的线形。

6.【答案】A

【解析】低线一般指高出设计水位不多,路基临水一侧边坡常受洪水威胁的路线;高线一般指高出设计水位较多,基本上不受洪水威胁的路线。低线的缺点是受洪水威胁,防护工程较多;河边较好地形多为农田,因而占田较多;遇到个别山嘴废方较多,需要远运,以免废方堵河。高线的缺点是跨河较难。跨较大河流时,由于路线与河底高差较大,常需展线急下,方能跨过,桥头引道弯曲也大。对于线位高低,一般采用低线,特别注意洪水调查,把路线放在安全高度上,以保证路基稳定和安全。

7.【答案】B

【解析】选择垭口不仅要低,而且垭口的位置要符合路线的基本走向,即路线通过垭口时不需要无效延长路线就能和前后控制点相接。

8.【答案】C

【解析】螺旋展线实际就是一种路线转角大于360°的回头展线形式。特点是:路线利用有利的山包或山谷,在很短的平面距离内就能克服较大的高差。优点:路线舒顺,比回头曲线有更好的线形,纵坡较小,行车质量较好。缺点:因需修建旱桥或隧道,工程费用较高。螺旋展线可有上线桥跨和下线隧道两种方式。

9.【答案】C

【解析】自然展线是路线利用有利地形以小于或等于平均纵坡(5% ~5.5%)均匀升坡展线至垭口。这种方式的特点是:平面线形较好,里程短,纵坡均匀,但由于路线较早地离开河谷对沿河居民服务性差,路线避让艰巨工程和不良地质的自由度不大。展线形式中,一般应首先考虑采用自然展线;不得已时采用回头展线;当地形十分困难,又有适宜的山谷或山包条件时,为在短距离内克服较大的高差,可考虑螺旋展线,但需做方案比较确定。

10.【答案】D

【解析】自然展线即当山坡平缓、地质稳定时,路线利用有利地形以小于或等于平均纵坡(5% ~5.5%)均匀升坡展线至垭口。这种方式的特点是:平面线形较好,里程短,纵坡均匀,但由于路线较早地离开河谷对沿河居民服务性差,路线避让艰巨工程和不良地质的自由度不大。

11.【答案】B

【解析】回头展线的特点是:平曲线半径小,同一坡面上下线重叠,对施工、行车和养护都不利,但能在短距离内克服较大的高差,并且回头曲线布线灵活,利用有利地形避让艰巨工程和地质不良地段比较容易。

12.【答案】A

【解析】展线就是采用延长路线的办法,逐渐升坡克服高差。

13.【答案】A

【解析】螺旋展线实际就是一种路线转角大于 360° 的回头展线形式。其特点是:路线利用有利的山包或山谷,在很短的平面距离内就能克服较大的高差。

14.【答案】C
【解析】上山可缩短 400m,下山可缩短 400m,共 800m。

15.【答案】D
【解析】螺旋展线的特点是:路线利用有利的山包或山谷,在很短的平面距离内就能克服较大的高差,它虽比回头曲线有较好的线形,避免了路线的重叠,但因需要建桥或隧道,工程造价很高。避让艰巨工程和地质不良地段比较容易是回头展线的优点。

16.【答案】B
【解析】纵坡为 4%,克服 1 根等高线其等高距为 2m,需要 50m,$1/2000 = X/50$,$X = 0.025m$,即 2.5cm。

17.【答案】A
【解析】一般情况下定线不需要放坡,选项 C、D 错误。一般情况下定线应先确定控制点,根据控制点进行穿线定出直线,再以直线交出交点。

18.【答案】A
【解析】当路线偏角很大及交点受地形或地物障碍限制,无法钉设交点时,或交点过远时,可在前后直线上选两个辅助交点 JD_A、JD_B 来代替交点 JD,敷设曲线选择半径,不需要再定出 JD,称为虚交。

19.【答案】B
【解析】3S 指 GPS(全球定位系统)、RS(遥感)、GIS(地理信息系统),而 GLONASS 是俄罗斯研制的另一种导航系统,Erdas 是一种遥感图像处理系统软件。

20.【答案】A
【解析】DTM(Digital Terrain Model)——数字地面模型是利用一个任意坐标系中大量选择的已知 x、y、z 的坐标点对连续地面的一种模拟表示,或者说,DTM 就是地形表面形态属性信息的数字表达,是带有空间位置特征和地形属性特征的数字描述。地形表面形态的属性信息一般包括高程、坡度、坡向等。

21.【答案】C
【解析】根据《公路路线设计规范》(JTG D20—2017)第 5.0.5 条第 4 款,二级公路、三级公路在遵循项目总体功能和走向的基础上,应尽量避免穿越城镇。

22.【答案】C

【解析】根据《公路路线设计规范》(JTG D20—2017)第5.0.2条第1款,路线起、终点,必须连接的城镇、重要园区、工矿企业、综合交通枢纽,以及特定的特大桥、特长隧道等的位置,应为路线基本走向的控制点。

23.【答案】C

【解析】根据《公路路线设计规范》(JTG D20—2017)第5.0.1条,选线应包括确定路线基本走向、路线走廊带、路线方案至选定线位的全过程。

24.【答案】C

【解析】根据《公路路线设计规范》(JTG D20—2017)第5.0.4条第2款,必须由面到带、由带到线,在对地形地貌、地质水文、气候气象、环境敏感区等调查与勘察的基础上论证、确定路线方案。同一起、终点的路段内有多个可行路线方案时,应对各设计方案进行综合比选。

二、多项选择题

1.【答案】ABC

【解析】根据《公路路线设计规范》(JTG D20—2017),选线原则包括应尽可能避让不可移动文物、水源地和自然保护区。选线应尽可能少占基本农田,应考虑同农田与水利建设、矿产资源开发和城市发展等规划的配合。

2.【答案】ABD

【解析】二级、三级公路在遵循项目总体功能和走向的基础上,应尽量避免穿越城镇。

3.【答案】ABC

【解析】当采用穿越不良工程地质地段方案时,应选择合适的位置,采用最短路径通过,并采取切实可行的工程措施。

4.【答案】ABC

【解析】路线起、终点的平面和纵断面设计应前后延伸至少两个平曲线,并进行同深度测量,确保接线准确并无遗留问题。

5.【答案】ABC

【解析】路线起、终点,必须连接的城镇、工矿企业,以及特定的特大桥、特长隧道等的位置,应为路线基本走向的控制点。选项A、B、C正确。大桥、长隧道、互通式立体交叉、铁路交叉等的位置,将决定路线的局部方案,原则上应服从路线基本走向。

6.【答案】ABD

【解析】选线应包括确定路线基本走向、路线走廊带、路线方案至选定线位的全过程。

7.【答案】AB

【解析】根据《公路路线设计规范》(JTG D20—2017),高速公路、一级公路应采用纸上定线并现场核定的方法。二级、三级、四级公路可采用现场定线,有条件或地形条件受限制时,可采用纸上定线或纸上移线并现场核定的方法。

8.【答案】ABD

【解析】完成一般路段的平面和纵断面设计属于施工图设计阶段选线的主要内容。选项 C 错误。

9.【答案】ABC

【解析】平原区地形平坦,不存在展线布局问题。

10.【答案】ABD

【解析】平原地区以低填方为主,一般是借方多。

11.【答案】ABD

【解析】低线一般指高出设计水位不多,路基临水一侧边坡常受洪水威胁的路线。低线的缺点是受洪水威胁,防护工程较多;河边较好地形多为农田,因而占田较多;遇到个别山嘴废方较多,需要远运,以免废方堵河。对于线位高低,一般采用低线,特别注意洪水调查,把路线放在安全高度上,以保证路基稳定和安全。

12.【答案】ABC

【解析】高线一般指高出设计水位较多,基本上不受洪水威胁的路线。高线的缺点是跨河较难。跨较大河流时,由于路线与河底高差较大,常需展线急下,方能跨过,桥头引道弯曲也大。高线没有台地可用,路线活动范围小,线形较差,工程量大。因线位高,防护工程少,遇缺口时,支挡工程较多。

13.【答案】ABC

【解析】越岭线垭口选择主要考虑的因素包括:①垭口的高低;②垭口的位置;③垭口两侧地形和地质条件;④垭口的地质条件。

14.【答案】ABC

【解析】走在直连线与匀坡线之间是丘陵区布线的要点。

15.【答案】BCD

【解析】垭口是分水岭山脊上的凹形地带(又叫鞍部),由于高程低,常常是越岭线的重要控制点。垭口选择应在符合路线总方向的前提下,综合各方面因素,从可能通过的垭口中根据其高程、位置、地质条件以及两侧地形、气候条件反复比较确定。垭口的厚薄一般差别不是太大,不是主要因素。

16.【答案】CD

【解析】螺旋展线实际就是一种路线转角大于360°的回头展线形式。其特点是:路线利用有利的山包或山谷,在很短的平面距离内就能克服较大的高差,它虽比回头曲线有较好的线形,避免了路线的重叠,但因需要建桥或隧道,工程造价很高。

17.【答案】BCD

【解析】远离河谷,砂石材料及施工用水运输不便。

18.【答案】ABC

【解析】纸上选线的特点是野外工作量较小,定线不受自然因素干扰;能在室内纵观全局,结合地形、地物、地质条件,综合平衡平、纵、横三方面因素,所选定的路线更为合理。但纸上定线必须要有大比例尺的地形图,地形图的测设需花费较大的工作量和具备一定设备。

19.【答案】BCD

【解析】实地选线的特点是:实地容易掌握地质、地形、地物情况,做出的方案比较可靠;定线时一般不需要大比例尺地形图。但是,这种方法野外工作量很大,体力劳动强度大,野外测设工作受气候季节的影响大;同时,由于实地视野的限制,地形、地貌、地物的局限性很大,使路线的整体布局有一定的片面性和局限性。选项 A 错误。

20.【答案】ACD

【解析】根据《公路路线设计规范》(JTG D20—2017)第1.0.7条,路线选定应根据地形、地物条件,并在对工程地质、水文地质、山地自然灾害、筑路材料、生态环境、自然景观等进行充分调查的基础上,结合沿线小区域气候特征进行方案研究,以选定路线线位、主要平纵技术指标。

三、案例题

1.【答案】B

【解析】(1) $T = R \cdot \tan \dfrac{\alpha}{2}$

(2) $R = \dfrac{T}{\tan \dfrac{\alpha}{2}} = \dfrac{100}{\tan \dfrac{6°55'}{2}} = 1654.73\text{m}$

取整为 1655m。

2.【答案】A

【解析】(1) $E = R[\sec(\alpha/2) - 1]$

(2) $R = E/[\sec(\alpha/2) - 1] = 30.94/[\sec(30°/2) - 1] = 200.00\text{m}$

3.【答案】C

【解析】(1)根据圆曲线长度计算公式,按 $l_s : l_y : l_s = 1 : 1 : 1$,则 $L = 3l_s$。

(2) $L = \dfrac{\pi}{180} \cdot \alpha \cdot R + l_s = 3l_s$,即 $180 = \dfrac{\pi}{180} \times 23.383333° \times R + 60$

解得: $R = 294.03\text{m}$。

4.【答案】B

【解析】(1) $E = (R + \Delta R) \cdot \sec\dfrac{\alpha}{2} - R$

即 $E = \left(R + \dfrac{l_s^2}{24R}\right) \cdot \sec\dfrac{\alpha}{2} - R$

(2) $24ER = (24R^2 + l_s^2) \cdot \sec\dfrac{\alpha}{2} - 24R^2$

即 $168R = (24R^2 + 3600) \cdot \sec\dfrac{23.5°}{2} - 24R^2$

$168R = (24.51367R^2 + 3677.05086) - 24R^2$

$0.51367R^2 - 168R + 3677.05086 = 0$

(3) $R = \dfrac{-B \pm \sqrt{B^2 - 4AC}}{2A} = \dfrac{168 + \sqrt{168 \times 168 - 4 \times 0.51367 \times 3677.05086}}{2 \times 0.51367}$

$= 303.4682\text{m}$

5.【答案】C

【解析】(1)方法一

①JD9: $q = \dfrac{l_s}{2} - \dfrac{l_s^3}{240R^2} = \dfrac{60}{2} - \dfrac{60^3}{240 \times 300^2} = 29.99\text{m}$

$\Delta R = \dfrac{l_s^2}{24R} = \dfrac{60^2}{24 \times 300} = 0.50\text{m}$

$T = (R + \Delta R) \cdot \tan\dfrac{\alpha}{2} + q = (300 + 0.5) \cdot \tan\dfrac{25.25°}{2} + 29.99 = 97.297\text{m}$

②JD8 的切线长 $= 200 - 97.297 = 102.703\text{m}$

③JD8: $T = (R + \Delta R) \cdot \tan\dfrac{\alpha}{2} + \dfrac{l_s}{2}$

$R + \Delta R = \dfrac{T_2 - \dfrac{l_s}{2}}{\tan\dfrac{\alpha}{2}} = \dfrac{102.703 - 30}{\tan\dfrac{23°30'}{2}} = 349.53\text{m}$

初算：$\Delta R = \dfrac{l_s^2}{24R} = \dfrac{60^2}{24 \times 349.53} = 0.4291\text{m}$

$q = \dfrac{l_s}{2} - \dfrac{l_s^3}{240R^2} = \dfrac{60}{2} - \dfrac{60^3}{240 \times 349.53^2} = 29.9926\text{m}$

$102.703 = (R + 0.4291) \cdot \tan\dfrac{23.5°}{2} + 29.9926$

$R = 349.139\text{m}$

④复算：$\Delta R = \dfrac{l_s^2}{24R} = \dfrac{60^2}{24 \times 349.1396} = 0.4296\text{m}$

$q = \dfrac{l_s}{2} - \dfrac{l_s^3}{240R^2} = \dfrac{60}{2} - \dfrac{60^3}{240 \times 349.1396^2} = 29.9926\text{m}$

$102.703 = (R + 0.4296) \cdot \tan\dfrac{23.5°}{2} + 29.9926$

解得：$R = 349.1391\text{m}$。

（2）方法二

①JD9：$q = \dfrac{l_s}{2} - \dfrac{l_s^3}{240R^2} = \dfrac{60}{2} - \dfrac{60^3}{240 \times 300^2} = 29.99\text{m}$

$\Delta R = \dfrac{l_s^2}{24R} = \dfrac{60^2}{24 \times 300} = 0.50\text{m}$

$T = (R + \Delta R) \cdot \tan\dfrac{\alpha}{2} + q = (300 + 0.5) \cdot \tan\dfrac{25.25°}{2} + 29.99 = 97.297\text{m}$

②JD8 的切线长 $= 200 - 97.297 = 102.703\text{m}$

③JD8：$T = \left(R + \dfrac{l_s^2}{24R} \right) \cdot \tan\dfrac{\alpha}{2} + \dfrac{l_s}{2}$

$102.703 = \left(R + \dfrac{60^2}{24R} \right) \cdot \tan\dfrac{23.5°}{2} + 30$

$72.703 \times 24R = (24R^2 + 3600) \cdot \tan\dfrac{23.5°}{2}$

$4.992R^2 - 1744.872R + 748.801 = 0$

$R = \dfrac{-B \pm \sqrt{B^2 - 4AC}}{2A}$

$\quad = \dfrac{1744.872 + \sqrt{1744.872 \times 1744.872 - 4 \times 4.992 \times 748.801}}{2 \times 4.992}$

$\quad = 349.103\text{m}$

$T = \left(R + \dfrac{l_s^2}{24R} \right) \cdot \tan\dfrac{\alpha}{2} + \dfrac{l_s}{2} - \dfrac{l_s^3}{240R^2}$

$102.703 = \left(R + \dfrac{60^2}{24R} \right) \cdot \tan\dfrac{23.5°}{2} + 30 - \dfrac{60^3}{240 \times 349.103^2}$

$$1745.049R = 4.992R^2 + 748.801$$

$$R = \frac{-B \pm \sqrt{B^2 - 4AC}}{2A}$$

$$= \frac{1745.049 + \sqrt{1745.049 \times 1745.049 - 4 \times 4.992 \times 748.801}}{2 \times 4.992}$$

$$= 349.139\text{m}$$

6. 【答案】C

【解析】(1) 凸形曲线,应满足的几何条件是:

$$\alpha = 2\beta_0$$

(2) $\beta_0 = \dfrac{90}{\pi} \cdot \dfrac{l_s}{R}$

(3) $\alpha = 2\beta_0 = 2 \times \dfrac{90}{\pi} \cdot \dfrac{l_s}{R}$,即 $15.7 = 2 \times \dfrac{90}{\pi} \times \dfrac{50}{R}$

解得: $R = 182.47\text{m}$。

第四节　路线平面设计

复习要点

平面线形要素组合类型(基本形、S形、卵形等)及其设计方法;平面线形三要素;直线的特点、直线的标准规定、直线的运用;圆曲线的特点、圆曲线的标准规定、圆曲线的运用;回旋曲线的作用与性质、回旋曲线参数、回旋曲线的标准规定、回旋线的运用;超高及作用、超高坡度值与超高过渡方式的规定、超高过渡段长度计算、超高值的计算;平曲线加宽的规定、平曲线加宽过渡方式与过渡段长度;行车视距类型、行车视距的规定和各级道路对视距的要求、行车视距的保证;回头曲线的规定与运用;平面设计结合交通组织设计的相关要求。

本节是道路路线设计中重要的一节,主要有以下考点:

(1)平面组合线形　需要掌握其组合类型及设计方法,包括每种组合线形的设置条件与设计要求,重点掌握简单形、基本形、S形、凸形、复曲线,包括其计算。还应熟悉回头曲线的设计指标的特殊规定。

(2)平面线形三要素　应熟悉直线、圆曲线、缓和曲线的性质、标准规定与运用,特别是圆曲线半径的确定与计算、缓和曲线长度的确定与计算、回旋曲线参数的计算应重点熟悉。

(3)超高与加宽　超高主要是熟悉有无中间带公路的超高过渡方式、超高过渡段长度的确定以及超高值的计算,加宽主要是熟悉如何确定圆曲线加宽值、不同加宽过渡方式的选用以及缓和段上加宽值的计算。特别是超高过渡段长度计算与加宽值的计算应重点了解。

(4)视距　主要是熟悉视距的概念、停车视距、会车视距、超车视距的构成及其视距的保证与视距计算。

(5)交通组织设计　主要是熟悉平面设计中的相关要求。

典 型 习 题

一、单项选择题

1.《公路路线设计规范》(JTG D20—2017)规定直线的长度不宜过长,其主要原因是( )。
  (A)长直线安全性差 　　　　　　　　(B)工程量大
  (C)对环境破坏大 　　　　　　　　　(D)美观性差

2. 某公路的设计速度 $V=60\text{km/h}$,两圆曲线间以直线径相连接,同向圆曲线间最小直线长度宜不小于( )。
  (A)120m 　　　　　　　　　　　　(B)360m
  (C)540m 　　　　　　　　　　　　(D)600m

3. 断背曲线是指( )。
  (A)S形曲线间插入直线 　　　　　　(B)两回头曲线间插入短直线
  (C)两反向曲线间插入短直线 　　　　(D)两同向曲线间插入短直线

4. 公路平面圆曲线最大半径值不宜超过( )。
  (A)5000m 　　　　　　　　　　　(B)10000m
  (C)20000m 　　　　　　　　　　　(D)50000m

5. 小转角平曲线的转角应小于或等于( )。
  (A)2° 　　　　　　　　　　　　　(B)5°
  (C)7° 　　　　　　　　　　　　　(D)9°

6. 关于规范规定的各级公路平曲线最小长度值的说法,正确的是( )。
  (A)按3s行程控制 　　　　　　　　(B)按回旋线最小长度的2倍控制
  (C)按9s行程控制 　　　　　　　　(D)按离心力的变化控制

7. 公路平面缓和曲线通常采用回旋曲线,其主要原因是( )。
  (A)回旋曲线参数容易确定 　　　　　(B)汽车行驶轨迹线与回旋曲线方程一致
  (C)回旋曲线线形美观 　　　　　　　(D)回旋曲线计算简单

8. 从视觉要求出发,当缓和曲线很短,使缓和曲线角 $\beta<3°$ 时,则缓和曲线极不明显,在视觉上容易被忽略。但是,如果缓和曲线过长,使 $\beta>29°$ 时,圆曲线与缓和曲线不能很好协调。因此,从适宜的缓和曲线角值(3°~29°)范围可推导出适宜的 A 值关系式为( )。
  (A)$R/3\leqslant A\leqslant R$ 　　　　　　　　(B)$R/2\leqslant A\leqslant R$

（C）$R \leqslant A \leqslant 2R$　　　　　　　　　（D）$2R \leqslant A \leqslant 3R$

9. 对超高缓和段长度进行限制的主要原因是（　　）。
   （A）行车安全　　　　　　　　　（B）驾驶员操控
   （C）工程经济　　　　　　　　　（D）行车舒适和排水

10. 关于回旋线的说法,错误的是（　　）。
    （A）回旋线最小长度规定值按 6s 行程计算取整而得到
    （B）回旋线长度应随圆曲线半径的增大而增长
    （C）圆曲线按规定设置超高时,回旋线长度应不小于超高过渡段长度
    （D）高速公路的直线同小于不设超高的圆曲线最小半径径相连接处,应设置回旋线

11. 二级公路不设置缓和曲线时,其圆曲线半径应大于（　　）。
    （A）圆曲线最小半径　　　　　　（B）不设超高的最小半径
    （C）临界半径　　　　　　　　　（D）不设置加宽的最小半径

12. 平面凸形曲线中,其 HZ 点里程计算表达式是（　　）。
    （A）$HZ = QZ + J/2$　　　　　　（B）$HZ = JD + T$
    （C）$HZ = ZH + 2l_s$　　　　　　（D）$HZ = JD - T$

13. 在积雪冰冻地区,最大超高横坡度不宜大于（　　）。
    （A）4%　　　　　　　　　　　　（B）6%
    （C）8%　　　　　　　　　　　　（D）10%

14. 新建三级公路,其超高旋转点宜采用（　　）。
    （A）公路中线　　　　　　　　　（B）未超高、加宽前的路基外侧边缘
    （C）分隔带边缘　　　　　　　　（D）未超高、加宽前的路面内侧边缘

15. 公路平曲线加宽的位置一般是（　　）。
    （A）平曲线外侧　　　　　　　　（B）平曲线内侧
    （C）平曲线两侧　　　　　　　　（D）中线

16. 高速公路、一级公路的视距标准应采用（　　）。
    （A）停车视距　　　　　　　　　（B）会车视距
    （C）超车视距　　　　　　　　　（D）错车视距

17. 关于横净距的说法,正确的是（　　）。
    （A）横净距是指视距曲线至路中线的法向距离

（B）横净距是指视距曲线至驾驶员视点轨迹线的法向距离

（C）横净距是指视距曲线至路面内边缘线的法向距离

（D）横净距是指视距曲线至路面外边缘线的法向距离

18. 某断链桩 K2 + 100 = K2 + 150,描述正确的是(　　)。

（A）长链 50m

（B）短链 50m

（C）长链 25m

（D）短链 25m

19. 某二级公路设计,JD5 为单交点,该曲线未设置缓和曲线,该圆曲线半径应大于或等于(　　)。

（A）极限最小半径

（B）一般最小半径

（C）不设超高的最小半径

（D）临界半径

20. 某级公路有一平曲线,半径为 300m,设计速度为 60km/h,则按离心加速度变化率(取 0.5m/s³)计算的缓和曲线最小长度最接近(　　)。

（A）30m

（B）38m

（C）40m

（D）42m

21. [2019 年考题]某高速公路项目设计速度为 120km/h,正常情况下,圆曲线半径为(　　)。

（A）$R < 1000m$

（B）$1000m \leqslant R \leqslant 10000m$

（C）$650m \leqslant R < 1000m$

（D）$R < 650m$

22. [2020 年考题]东北地区某一级公路、地处积雪冰冻的平原地区,设计速度采用 100km/h,下列有关该公路在穿越城镇路段设超高的最小平面圆曲线半径值,符合规范规定的是(　　)。

（A）360m

（B）400m

（C）440m

（D）500m

23. [2020 年考题]城市地下道路在设置平曲线及凹形竖曲线路段应保证具有足够的行车视距,按照规范规定,必须进行视距验算的是(　　)。

（A）识别视距

（B）停车视距

（C）会车视距

（D）超车视距

24. [2021 年考题]某城市次干路设计速度为 50km/h,某折点处圆曲线半径为 400m、平曲线长度为 135m、圆曲线长度为 35m、缓和曲线长度为 50m,该处平曲线设计不符合规范规定的是(　　)。

（A）圆曲线半径   （B）圆曲线长度

（C）平曲线长度   （D）缓和曲线长度

25. [2021 年考题]某城市快速路设计速度为 80km/h,横坡度为 2.0%,路段中设置一处半径 $R = 300m$ 的平曲线,横向力系数取值范围为 0.067 ~ 0.14。在不考虑积雪或冰冻地区以及合成坡度规定的情况下,计算该圆曲线处最大超高横坡度,下列符合规范规定的是( )。(百分比取整数)

（A）2%   （B）3%

（C）6%   （D）10%

二、多项选择题

1. 缓和曲线的作用有( )。

（A）缓和线形   （B）缓和行车

（C）设置加宽、超高缓和段   （D）缓和坡度

2. 计算各圆曲线半径所设置的超高值,需要考虑的因素有( )。

（A）设计速度   （B）圆曲线半径

（C）缓和曲线长   （D）自然条件

3. 根据直线与圆曲线间的回旋线的省略条件,公路设计中不设置回旋线的有( )。

（A）高速公路

（B）四级公路

（C）地形特别困难路段

（D）圆曲线半径≥不设超高的圆曲线最小半径

4. 根据《城市道路工程设计规范》(CJJ 37—2012)(2016 年版),可以省略缓和曲线的条件有( )。

（A）计算行车速度小于 40km/h 时

（B）半径大于不设缓和曲线的最小圆曲线半径时

（C）半径大于不设超高的最小圆曲线半径时

（D）道路等级为支路

5. 平面组合线形有( )。

（A）基本形   （B）凸形

（C）C 形   （D）凹形

6. 某旅游区四级公路,要求加宽后的路面边缘线圆滑、美观,平曲线加宽过渡的方式宜采用( )。

(A)比例过渡　　　　　　　　　　(B)高次抛物线过渡
(C)回旋线过渡　　　　　　　　　(D)悬链线过渡

7. 关于公路加宽标准的说法,正确的有(　　　)。
 (A)二级、三级、四级公路的圆曲线半径小于或等于250m时,应设置加宽
 (B)圆曲线上的路面加宽应设置在圆曲线的内侧
 (C)各级公路的路面加宽后,路基也应相应加宽
 (D)双车道公路当采取强制性措施实行分向行驶的路段,其圆曲线半径较小时,内侧车
　　道的加宽值应小于外侧车道的加宽值,设计时应通过计算确定其差值

8. 行车视距的标准规定有(　　　)。
 (A)停车视距　　　　　　　　　　(B)会车视距
 (C)超车视距　　　　　　　　　　(D)避让障碍物视距

9. 无中间带的公路,其超高的方式有(　　　)。
 (A)绕中线旋转　　　　　　　　　(B)绕未加宽前路面内边缘旋转
 (C)绕路基外边缘旋转　　　　　　(D)绕路面外边缘旋转

10. 有中间带的公路,其超高的方式有(　　　)。
 (A)绕中央分隔带边缘旋转　　　　(B)绕路基外边缘旋转
 (C)绕中间带的中心线旋转　　　　(D)绕各自行车道中线旋转

11. 凡满足缓和曲线性质的曲线均可作为缓和曲线,这些曲线包括(　　　)。
 (A)回旋曲线　　　　　　　　　　(B)复曲线
 (C)三次抛物线　　　　　　　　　(D)双纽曲线

12. [2019年考题]某高速公路项目设计速度为100km/h,由于地形地物等严格限制,必须
采用长直线,因此,根据《公路路线设计规范》(JTG D20—2017),该路段路线平面设计
(　　　)。
 (A)不应采用超过2000m长的长直线
 (B)不应采用超过3000m长的长直线
 (C)直线的长度不宜过长
 (D)受特殊情况限制而采用长直线时,应采取相应的交通安全技术措施

13. [2020年考题]城市道路平面设计中,当受地形条件限制时,下列关于半径不同的同向
圆曲线可采用复曲线连接的设置条件,符合规范规定的是(　　　)。
 (A)设计速度大于或等于40km/h时,半径不同的同向圆曲线连接处
 (B)小圆半径大于或等于不设超高的最小圆曲线半径

（C）小圆半径小于不设缓和曲线的最小圆曲线半径,但大圆与小圆的内移值之差小于或等于 0.1m

（D）大圆半径与小圆半径之比值小于或等于 1.5

三、案例题

1. 某平原区二级公路,已知 JD1、JD2、JD3 的坐标分别为（40961.914,91066.103）,（40433.528,91250.097）,（40547.416,91810.392）。JD2 的转角是（   ）。

（A）59.3121°

（B）82.2915°

（C）97.9085°

（D）103.2414°

2. 已知两相邻平曲线:JD20 桩号为 K9 + 977.54,$T = 65.42$m,缓和曲线长 $= 35$m,切曲差 $J = 1.25$m;JD21 桩号为 K10 + 182.69,$T = 45.83$m。两曲线间的直线长度是（   ）。

（A）95.15m

（B）111.25m

（C）205.15m

（D）206.4m

3. 某路线平面部分设计资料如下:JD11 = K6 + 666.66,JD12 = K7 + 222.22,ZY11 = K6 + 622.32,YZ11 = K6 + 709.59,JD11 至 JD12 的交点间距是（   ）。

（A）554.15m

（B）555.56m

（C）556.97m

（D）558.38m

4. 某交点为简单形曲线,交点桩号为 K18 + 200.11,其转角为 25°00'。如果平曲线半径取 400m,YZ 点里程是（   ）。

（A）K18 + 111.43

（B）K18 + 198.70

（C）K18 + 285.96

（D）K18 + 288.79

5. JD5 为基本形曲线,交点桩号为 K18 + 200.11,其转角左转为 26°00',平曲线半径取 400m,缓和曲线长度取 60m;JD6 为简单形曲线,其转角右转为 12°00',平曲线半径取 1600m。JD5 与 JD6 的交点距离为 500m,JD5 与 JD6 两反向曲线间的直线长度是（   ）。

（A）209.4m

（B）300m

（C）332.62m

（D）500m

6. 某单交点基本形曲线,交点桩号为 K18 + 985.00,圆曲线半径取 300m,圆曲线两端的缓和曲线均为 60m,其转角为 23°23',缓直点里程是（   ）。

（A）K18 + 892.82

（B）K19 + 075.26

（C）K19 + 077.18

（D）K19 + 081.21

7. JD6 与 JD7 构成复曲线,JD6 的交点里程为 K2 + 222.22,$\alpha_6 = 59°14'$,$\alpha_7 = 57°44'$,基线 $AB = 61.77$m,$R_6 = 50$m。JD7 的 YZ 点里程是（   ）。

(A)K2 + 300. 26　　　　　　　　　(B)K2 + 306. 44

(C)K2 + 311. 59　　　　　　　　　(D)K2 + 317. 34

8. 基本形曲线,交点里程为 K1 + 123. 45,转角为 33°44′,半径为 250m,缓和曲线长度为 50m,K1 + 50 和 K1 + 150 的切线支距坐标是(　　　)。

(A)(21. 36m,0. 22m),(69. 02m,4. 04m)　　　(B)(27. 46m,0. 28m),(69. 48m,4. 41m)

(C)(47. 46m,0. 48m),(69. 02m,4. 04m)　　　(D)(28. 16m,0. 36m),(99. 48m,6. 19m)

9. 某二级公路($V = 60km/h$),路面宽度 7m,土路肩宽度为 0. 75m,路拱横坡为 2% ,土路肩横坡为 4% 。某平曲线半径选定为 180m,超高横坡取 6% ,超高旋转轴绕边线旋转。该曲线的超高缓和段最小长度、超高缓和段最大长度分别是(　　　)。

(A)45m,120m　　　　　　　　　(B)50m,130m

(C)55m,135m　　　　　　　　　(D)60m,140m

10. 某二级公路($V = 60km/h$),路面宽度为 7m,土路肩宽度为 0. 75m,路拱横坡为 2% ,土路肩横坡为 4% 。某平曲线半径选定为 180m,超高横坡取 6% ,超高旋转轴绕中线旋转。该曲线的超高缓和段最小长度、超高缓和段最大长度分别是(　　　)。

(A)45m,80m　　　　　　　　　(B)50m,90m

(C)50m,100m　　　　　　　　　(D)55m,110m

11. 某干线二级公路,加宽过渡的渐变方式采用线性渐变方式,JD20 为基本形曲线,其交点桩号为 K18 + 333. 22,其转角为 32°20′,半径为 200m,缓和曲线长度为 60m,其主点桩号为 ZH = K18 + 245. 05,HY = K18 + 305. 05,QZ = K18 + 331. 48,YH = K18 + 357. 91,HZ = K18 + 417. 91,K18 + 400 的加宽值是(　　　)。

(A)0. 24m　　　　　　　　　(B)0. 36m

(C)0. 48m　　　　　　　　　(D)0. 56m

12. 某干线二级公路,加宽过渡的渐变方式采用四次抛物线渐变方式,JD20 为基本形曲线,其交点桩号为 K18 + 333. 22,其转角为 32°20′,半径为 200m,缓和曲线长度为 60m,其主点桩号为 ZH = K18 + 245. 05,HY = K18 + 305. 05,QZ = K18 + 331. 48,YH = K18 + 357. 91,HZ = K18 + 417. 91,K18 + 400 的加宽值是(　　　)。

(A)0. 05m　　　　　　　　　(B)0. 07m

(C)0. 15m　　　　　　　　　(D)0. 24m

13. 某三级公路($V = 40km/h$),其路基设计高程采用路基边缘高程。路面宽度为 7m,土路肩宽度为 0. 75m,路拱横坡为 2% ,土路肩横坡为 4% 。某平曲线半径选定为 140m,超高横坡取 6% ,超高旋转轴绕边线旋转。QZ 点的路基设计高程为 100m,该 QZ 点的路基外侧高程是(　　　)。

(A)100m　　　　　　　　　(B)100. 42m

(C)100.48m　　　　　　　　　　　　(D)100.51m

14. 某二级公路,设计速度为60km/h,路面与轮胎之间的纵向摩阻系数取0.33,驾驶员反应时间取2.5s,停车视距为(　　　　)。

(A)70m　　　　　　　　　　　　(B)75m

(C)80m　　　　　　　　　　　　(D)85m

15. 某四级公路,设计速度为20km/h,路面宽度为6m,路肩宽度为0.25m,停车视距为20m,JD27转角为35°42′,曲线半径$R=100$m,$l_s=0$m,圆曲线长$L=62.31$m,其最大横净距为(　　　　)。

(A)1.29m　　　　　　　　　　　　(B)2.02m

(C)3.66m　　　　　　　　　　　　(D)4.62m

16. 某四级公路,设计速度为20km/h,路面宽度为6m,路肩宽度为0.25m,停车视距为20m,JD27转角为35°42′,曲线半径$R=60$m,$l_s=0$m,圆曲线长$L=37.39$m,其最大横净距为(　　　　)。

(A)1.29m　　　　　　　　　　　　(B)2.02m

(C)3.36m　　　　　　　　　　　　(D)4.62m

17. 某一级公路设计速度为100km/h,其标准横断面见下图。有一弯道超高横坡为4.0%,若取缓和曲线长度为150.0m,超高采用绕中央分隔带边缘旋转,其超高渐变率最接近(　　　　)。

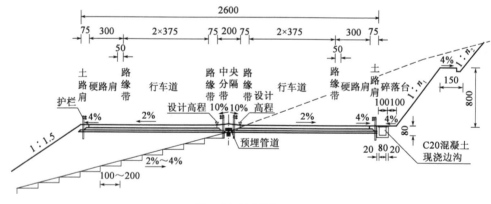

题17图(尺寸单位:cm)

(A)1/150　　　　　　　　　　　　(B)1/190

(C)1/202　　　　　　　　　　　　(D)1/286

18. [2019年考题]拟建某市快速路,设计速度为100km/h,μ取0.067,圆曲线半径为800m时的最小超高值拟定为(　　　　)。(按百分数四舍五入取整)

(A)1%　　　　　　　　　　　　(B)2%

(C)3%　　　　　　　　　　　　(D)4%

19. [2019 年考题]拟建城市快速路,设计速度 $V=80$km/h,该路段某处平曲线的设计参数如下图所示,图中尺寸单位为 m,超高过渡方式按绕中间分隔带边缘旋转。该处平曲线设计中设计指标不符合规范规定的是(　　　)。

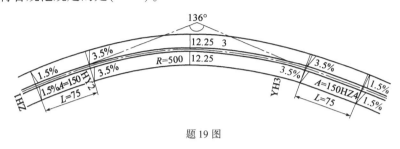

题 19 图

（A）圆曲线半径
（B）缓和曲线长度
（C）超高值
（D）曲线转角

20. [2020 年考题]某平原微丘区高速公路,设计速度为 120km/h,路拱横坡为 2%,若 $\mu=0.04$,该项目不设超高最小圆曲线计算值为(　　　)。(计算结果取整)

（A）1889m　　　　　（B）5250m　　　　　（C）5669m　　　　　（D）5767m

21. [2020 年考题]某城市支路设计速度为 20km/h,为单幅路,其中车行道宽 12.0m,由机动车道(宽 2×3.5m)、两侧非机动车道(各宽 2.5m)组成。路段中设有一处 $R=35$m 的圆曲线,平面线设计参数如下图所示,图中尺寸单位为 m,横坡度为 2.0%,超高过渡段方式为绕中线旋转,按小客车标准加宽。下列关于平曲线设计指标要素中,不符合规定的是(　　　)。并请说明选择依据和理由。

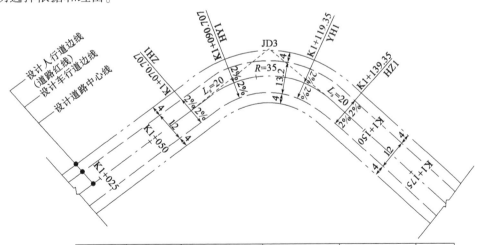

交点号	JD3	转角值 α	右偏79°37'41.9″	曲线长度	68.642
桩号	K1+110.252	圆曲线半径 R	35	外距 E	11.184
交点坐标 X	262.195	缓和曲线长度 L_{s1}	20	切线长度 T_1	39.544
交点坐标 Y	2617.277	缓和曲线长度 L_{s2}	20	切线长度 T_2	39.544

题 21 图

（A）圆曲线加宽 　　　　　　　　（B）圆曲线超高
（C）超高缓和段长度 　　　　　　（D）圆曲线长度

22. [2020 年考题]某城市主干路,设计速度为 60km/h,拟采用不设缓和曲线的圆曲线平面线形,道路设计中心转角值为 5°48′36″。下列关于该圆曲线最小半径取值,符合规范规定的是(　　)。请说明选择依据和理由。(百位数取整)
（A）300m 　　　　　　　　　　（B）600m
（C）1000m 　　　　　　　　　 （D）1200m

23. [2020 年考题]某城市快速路,设计速度为 80km/h,采用整幅式高架桥形式,桥梁路面宽度为 24.5m,标准路拱横坡为 2% ,路段中设有一处 $R = 300m$ 的圆曲线。已知绕中线旋转的圆曲线超高值为 4.0% ,则该处缓和曲线的最小长度为(　　)。(计算结果取整)
（A）70m 　　　　　　　　　　　（B）98m
（C）110m 　　　　　　　　　　 （D）147m

24. [2021 年考题]某高速公路采用设计速度 100km/h,双向四车道标准车道,路基宽度 26.0m,标准横断面和护栏位置如下图所示。在平曲线路段,中央分隔带曲线外侧相邻车道的最小横净距计算公式为 $m = R[1 - \cos(28.65s/R)]$,式中,m 为满足视距要求的最小横净距(m);R 为中央分隔带曲线外侧相邻车道中心线的平面圆曲线半径(m);s 为小客车停车视距(m)。在路基中心线平面圆曲线半径的下列各选项中,满足停车视距要求的最小半径是(　　)。

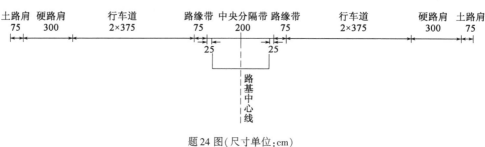

题 24 图(尺寸单位:cm)

（A）980m 　　　　　　　　　　（B）1000m
（C）1120m 　　　　　　　　　 （D）1250m

25. [2021 年考题]某城市支路设计速度为 30km/h,单幅路布置,其中车行道由 $2 \times 3.5m$ 机动车道和两侧各宽 2.5m 的非机动车道组成,两侧人行道各为 4.0m。路段中设有 $R = 150m$ 的圆曲线,道路设计中心线特征点桩号分别为:ZH = K1 + 230.00,HY = K1 + 265.00,QZ = K1 + 282.50,YH = K1 + 300.00,HZ = K1 + 335.00。该平曲线桩号 K1 + 260 处内侧道路红线处有一110kV 的高压杆塔,塔基外缘至道路中心线距离为 15.5m。按圆曲线内侧加宽,线性加宽过渡方式设计,不考虑通行铰接车,计算该塔基外缘至道路外边线的水平距离应为(　　)。
（A）4.22m 　　　　　　　　　　（B）4.47m
（C）4.90m 　　　　　　　　　　（D）4.97m

26.［2021年考题］某城市地下道路设计速度为50km/h,双向四车道,采用单箱双孔矩形结构,横断面尺寸如下图所示。道路中心线设置半径$R=260$m的平曲线,其圆曲线长度$L_c=$73.70m,曲线内侧汽车行驶轨迹圆曲线半径$R_1=253.85$m,长度$L_1=71.96$m。不考虑其他因素影响,计算该地下道路平曲线路段内侧车道的最大横净距α值应为(　　　),并判断是否满足停车视距要求。(取小数点后2位)

(A)1.73m 　　　　　　　　(B)1.77m

(C)2.00m 　　　　　　　　(D)2.25m

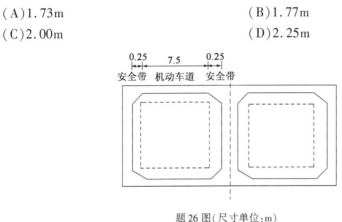

题26图(尺寸单位:m)

参考答案及解析

一、单项选择题

1.【答案】A

【解析】长直线工程量与对环境的破坏不一定都大,要看具体情况;长直线美观性差与否,也不能一概而论;但长直线易使驾驶人员感到单调、疲倦;在直线纵坡路段,易错误估计车间距离、行车速度及上坡坡度,易对长直线估计得过短或产生急躁情绪,超速行驶,易发生事故。

2.【答案】B

【解析】根据《公路路线设计规范》(JTG D20—2017),两圆曲线间以直线径相连接时,直线的长度不宜过短。设计速度大于或等于60km/h时,同向圆曲线间最小直线长度(以m计)以不小于设计速度(以km/h计)的6倍为宜;反向圆曲线间的最小直线长度(以m计)以不小于设计速度(以km/h计)的2倍为宜。$6V=360$m。

3.【答案】D

【解析】两同向曲线间的直线较短时,在视觉上容易产生把直线与两端的曲线看成反向曲线的错觉,当直线过短时甚至把两个曲线看成一个曲线,破坏了线形的连续性,容易造成驾驶员操作失误。这种同向曲线间插入短直线的曲线组合,通常被称为断背曲线。

4.【答案】B

【解析】根据《公路路线设计规范》(JTG D20—2017),圆曲线最大半径值不宜超过 10000m。

5.【答案】C

【解析】根据《公路路线设计规范》(JTG D20—2017),当路线转角小于或等于 7°时,应设置较长的平曲线,其长度有别于转角大于 7°的情况而进行了单独的规定。

6.【答案】B

【解析】根据《公路路线设计规范》(JTG D20—2017),各级公路平曲线最小长度是按回旋线最小长度的 2 倍控制,实际上是一种极限状态,此时曲线为凸形回旋线。最短回旋线长度按 3s 行程控制。

7.【答案】B

【解析】在汽车匀速行驶,驾驶员均匀转动方向盘的情况下,汽车行驶轨迹线是一条回旋曲线,缓和曲线采用回旋曲线,使路线符合汽车行驶轨迹线,方便驾驶员操作。

8.【答案】A

【解析】利用缓和曲线角公式 $\beta_0 = \dfrac{90}{\pi} \cdot \dfrac{L_s}{R}$ 进行推导,可得到 $R/3 \leqslant A \leqslant R$。

9.【答案】D

【解析】考虑行车舒适,应限制超高缓和段最小长度,使附加纵坡减小。考虑路面排水,应限制超高缓和段最大长度,使横坡为 0% 的路段长度控制在一定范围内。

10.【答案】A

【解析】回旋线最小长度规定值按 3s 行程计算取整而得到。除选项 A,其余几个选项均符合规范要求。

11.【答案】B

【解析】根据《公路路线设计规范》(JTG D20—2017),各级公路不设超高的最小半径即不设置缓和曲线的最小半径。城市道路不设置缓和曲线,其曲线半径大于不设置缓和曲线的最小半径值。

12.【答案】C

【解析】凸形曲线圆曲线为零,缓直点里程等于直缓点里程加 2 条缓和曲线长度。

13.【答案】B

【解析】根据《公路路线设计规范》(JTG D20—2017),积雪冰冻地区,最大超高横坡度为6%,符合滑动稳定的条件。

14.【答案】D

【解析】绕内线旋转,因行车道内侧降低较小,甚至可能会有较小抬高,利于路基纵向排水,也利于路基设计高程的控制,一般新建公路多用此法。绕内线指未超高、加宽前的路面内侧边缘。

15.【答案】B

【解析】根据汽车在平曲线上行驶的特征,后轮偏向于平曲线内侧,为适应汽车转弯后轮偏向于平曲线内侧的需要,平曲线加宽一般加宽平曲线内侧。

16.【答案】A

【解析】高速公路、一级公路因有中央分隔带,不存在会车与错车,不需要保证会车视距与错车视距。高速公路、一级公路有超车道,超车时也无对向车,不需要保证超车视距。根据《公路路线设计规范》(JTG D20—2017),高速公路、一级公路的视距应采用停车视距,一旦发现情况,能保证汽车能停下来。

17.【答案】B

【解析】横净距是指视距曲线至驾驶员视点轨迹线的法向距离,保证视距是通过保证横净距来实现的。

18.【答案】B

【解析】正确的新桩号写于等号前面,等号前面里程大即是长链,等号前面里程小即是短链,长短链的长度就是两桩号之差。桩号重叠为长链,桩号间断为短链。故为短链50m。

19.【答案】C

【解析】根据《公路路线设计规范》(JTG D20—2017),当圆曲线半径大于或等于不设超高的圆曲线最小半径时可不设缓和曲线;四级公路可将直线与圆曲线径相连接,在圆曲线两端的直线上设置超高缓和段、加宽缓和段。

20.【答案】A

【解析】$L_s = \dfrac{V^3}{47R \cdot \alpha_s} = \dfrac{60^3}{47 \times 300 \times 0.5} = 30.6\text{m}$

21.【答案】B

【解析】根据《公路路线设计规范》(JTG D20—2017)表7.3.2,车速为120km/h的圆曲线半径(一般值)为1000m,根据第7.3.3条,圆曲线最大半径值不宜超过10000m。

22.【答案】D

【解析】根据《公路路线设计规范》(JTG D20—2017)第7.5.1条,穿越城镇路段的最大超高为4%,查表7.3.2,设计速度100km/h、超高4%对应的极限最小半径为500m。

23.【答案】B

【解析】根据《城市地下道路工程设计规范》(CJJ 221—2015)第5.3.3条,城市地下道路设置平曲线及凹形竖曲线路段,必须进行停车视距验算。

24.【答案】B

【解析】根据《城市道路路线设计规范》(CJJ 193—2012)第6.3.4条,设计速度为50km/h,圆曲线最小长度为40m。

25.【答案】C

【解析】最大超高横坡度:$i_c = \dfrac{V^2}{127R} - \mu = \dfrac{80^2}{127 \times 300} - 0.067 = 10\%$

最小超高横坡度:$i_c = \dfrac{V^2}{127R} - \mu = \dfrac{80^2}{127 \times 300} - 0.14 = 3\%$

根据《城市道路路线设计规范》(CJJ 193—2012)表6.4.1,当设计速度为80km/h时,最大超高横坡度为6%。

二、多项选择题

1.【答案】ABC

【解析】缓和曲线作用如下:曲率连续变化,便于车辆遵循;离心加速度逐渐变化,旅客感觉舒适;超高横坡度及加宽逐渐变化,行车更加平稳;与圆曲线配合,增加线形美观。

2.【答案】ABD

【解析】根据《公路路线设计规范》(JTG D20—2017),各圆曲线半径所设置的超高值(i_c)应根据设计速度、圆曲线半径、公路条件、自然条件等经计算确定,必要时按运行速度验算。

3.【答案】BD

【解析】根据《公路路线设计规范》(JTG D20—2017),直线与圆曲线间的回旋线的省略条件有两条:其一圆曲线半径 $R \geq$ 不设超高的圆曲线最小半径,其二是四级公路。

4.【答案】AB

【解析】根据《城市道路工程设计规范》(CJJ 37—2012)(2016年版),当计算行车速度小于40km/h时,可以省略缓和曲线;大于或等于40km/h时,如半径大于不设缓和曲线的最小圆曲线半径时,缓和曲线可以省略。半径大于不设超高的最小圆曲线半径时,是公路省略缓和曲线的条件,选项 C 错误;道路等级为支路,其设计速度有 40km/h、30km/h、20km/h 三个,在 40km/h 时,其半径要大于 500m,方可省略缓和曲线,选项 D 错误。

5.【答案】ABC

　　【解析】平面组合线形有简单形、基本形、凸形、S 形、C 形、复合形、复曲线。没有凹形。

6.【答案】BC

　　【解析】比例过渡在过渡段的起终点出现转折,直线与圆弧相切过渡,在过渡段的起点出现转折,其他几种均无明显转折,加宽后路边线美观。

7.【答案】ABC

　　【解析】选项 A、B、C 符合《公路路线设计规范》(JTG D20—2017)的规定。双车道公路采取强制性措施实行分向行驶的路段,当其圆曲线半径较小时,内侧车道的加宽值应大于外侧车道的加宽值,设计时应通过计算确定其差值。

8.【答案】ABC

　　【解析】错车视距与避让障碍物视距均小于会车视距,保证了会车视距,错车视距与避让障碍物视距均可得到保证。标准只规定了停车视距、会车视距和超车视距。

9.【答案】ABD

　　【解析】无中间带的公路,其超高的方式有绕中线旋转、绕内边线旋转、绕外边线旋转,边线均指绕未加宽前路面边缘,非路基边缘。

10.【答案】ACD

　　【解析】有中间带的公路,其超高的方式有绕中央分隔带边缘旋转、绕中间带的中心线旋转、绕各自行车道中线旋转,绕路基边缘旋转均为错误。

11.【答案】ACD

　　【解析】凡满足缓和曲线性质的曲线均可作为缓和曲线,这些曲线有:回旋线、三次抛物线、双纽线、n 次抛物线、正弦形曲线等。复曲线是两个圆曲线的组合,不能作为缓和曲线。

12.【答案】CD

　　【解析】根据《公路路线设计规范》(JTG D20—2017)第 7.2.1 条,直线的长度不宜过长,受地形条件或其他特殊情况限制而采用长直线时,应结合沿线具体情况采取相应的技术措施。规范对直线最大长度只是定性规定,未定量规定。

13.【答案】BCD

　　【解析】根据《城市道路路线设计规范》(CJJ 193—2012)第 6.3.3 条第 3 款,当设计速度大于或等于 40km/h 时,半径不同的同向圆曲线连接处应设置缓和曲线。当受地形限制并符合下列条件之一时,可采用复曲线:

①小圆半径大于或等于不设缓和曲线的最小圆曲线半径;

②小圆半径小于不设缓和曲线的最小圆曲线半径,但大圆与小圆的内移值之差小于或等于 0.1m;

③大圆半径与小圆半径之比值小于或等于 1.50。

三、案例题

1.【答案】B

【解析】(1)路线与 x 轴的夹角 β:

$$\beta_1 = \arctan\frac{\Delta y}{\Delta x} = \arctan\frac{|y_2 - y_1|}{|x_2 - x_1|} = \arctan\frac{|91250.097 - 91066.103|}{|40433.528 - 40961.914|}$$

$$= \arctan\frac{|183.994|}{|-528.386|} = 19.1982°$$

$$\beta_2 = \arctan\frac{\Delta y}{\Delta x} = \arctan\frac{|y_3 - y_2|}{|x_3 - x_2|} = \arctan\frac{|91810.392 - 91250.097|}{|40547.416 - 40433.528|}$$

$$= \arctan\frac{|560.295|}{|113.888|} = 78.5103°$$

$\Delta y > 0, \Delta x < 0,$ 二象限,方位角 $1 = 180° - \beta_1 = 180° - 19.1982° = 160.8018°$

$\Delta y > 0, \Delta x > 0,$ 一象限,方位角 $2 = \beta_2 = 78.5103°$

(2)转角 = 方位角 2 − 方位角 1 = 78.5103° − 160.8018° = −82.2915°

2.【答案】A

【解析】(1)假设 JD20 至 JD21 的交点间距为 AB:

$JD21 = JD20 + AB - J_{20}$

$10182.69 = 9977.54 + AB - 1.25$

得交点间距 $AB = 206.4m$

(2)两曲线间的直线长度 $= AB - T_{20} - T_{21} = 206.4 - 65.42 - 45.83 = 95.15m$

3.【答案】C

【解析】(1)JD11 切线长 $= JD11 - ZY11 = (K6 + 666.66) - (K6 + 622.32) = 44.34m$

JD11 曲线长 $= YZ11 - ZY11 = (K6 + 709.59) - (K6 + 622.32) = 87.27m$

JD11 切曲差 $J = 2T - L = 2 \times 44.34 - 87.27 = 1.41m$

(2)$AB = JD12 - JD11 + J_{11} = (K7 + 222.22) - (K6 + 666.66) + 1.41 = 556.97m$

4.【答案】C

【解析】(1)$T = R \cdot \tan\frac{\alpha}{2} = 400 \times \tan\frac{25°00'}{2} = 88.68m$

（2）$L = R \dfrac{\pi}{180} \alpha = 400 \times \dfrac{\pi}{180} \times 25°00' = 174.53\text{m}$

（3）$YZ = JD - T + L = （K18 + 200.11） - 88.68 + 174.53 = K18 + 285.96$

5.【答案】A

【解析】（1）$\Delta R = \dfrac{l_s^2}{24R} - \dfrac{l_s^4}{2688R^3} = 0.375\text{m}$

（2）$q = \dfrac{l_s}{2} - \dfrac{l_s^3}{240R^2} = 29.994\text{m}$

（3）$T_5 = （R + \Delta R） \cdot \tan \dfrac{\alpha}{2} + q = （400 + 0.375） \cdot \tan \dfrac{26°00'}{2} + 29.994 = 122.43\text{m}$

（4）$T_6 = R \cdot \tan \dfrac{\alpha}{2} = 1600 \times \tan \dfrac{12°00'}{2} = 168.17\text{m}$

（5）JD5 与 JD6 两反向曲线间的直线长度 $= AB - T_5 - T_6 = 500 - 122.43 - 168.17 = 209.40\text{m}$

6.【答案】B

【解析】（1）$\Delta R = \dfrac{l_s^2}{24R} - \dfrac{l_s^4}{2688R^3} = 0.5\text{m}$

（2）$q = \dfrac{l_s}{2} - \dfrac{l_s^3}{240R^2} = 29.99\text{m}$

（3）$T = （R + \Delta R） \cdot \tan \dfrac{\alpha}{2} + q = 92.18\text{m}$

（4）$L = \dfrac{\pi}{180} \cdot \alpha \cdot R + l_s = 182.44\text{m}$

（5）$HZ = JD - T + L = K19 + 075.26$

7.【答案】B

【解析】（1）$T_6 = R_6 \cdot \tan \dfrac{\alpha_6}{2} = 50 \times \tan \dfrac{59°14'}{2} = 28.42\text{m}$

$L_6 = R_6 \cdot \dfrac{\pi}{180} \cdot \alpha_6 = 50 \times \dfrac{\pi}{180} \times 59°14' = 51.69\text{m}$

（2）$T_7 = AB - T_6 = 61.77 - 28.42 = 33.35\text{m}$

$R_7 = \dfrac{T_7}{\tan \dfrac{\alpha_7}{2}} = \dfrac{33.35}{\tan \dfrac{57°44'}{2}} = 60.49\text{m}$

$L_7 = R_7 \cdot \dfrac{\pi}{180} \cdot \alpha_7 = 60.49 \times \dfrac{\pi}{180} \times 57°44' = 60.95\text{m}$

（3）JD7 的 YZ 点里程 $= JD6 - T_6 + L_6 + L_7 = K2 + 222.22 - 28.42 + 51.69 + 60.95 = K2 + 306.44$

8.【答案】B

【解析】(1)曲线要素为:

$$q = \frac{l_s}{2} - \frac{l_s^3}{240R^2} = \frac{50}{2} - \frac{50^3}{240 \times 250^2} = 24.99\text{m}$$

$$\Delta R = \frac{l_s^2}{24R} = \frac{50^2}{24 \times 250} = 0.42\text{m}$$

$$T = (R + \Delta R) \cdot \tan\frac{\alpha}{2} + q = (250 + 0.42) \times \tan\frac{33°44'}{2} + 24.99 = 100.91\text{m}$$

$$L = \frac{\pi}{180} \cdot \alpha \cdot R + l_s = \frac{\pi}{180} \times 33°44' \times 250 + 50 = 197.19\text{m}$$

$$L_Y = L - 2l_s = 197.19 - 2 \times 50 = 97.19\text{m}$$

$$E = (R + \Delta R) \cdot \sec\frac{\alpha}{2} - R = (250 + 0.42) \times \sec\frac{33°44'}{2} - 250 = 11.67\text{m}$$

$$J = 2T - L = 2 \times 100.94 - 197.19 = 4.63\text{m}$$

(2)曲线主点桩号计算如下:

ZH = JD − T = K1 + 123.45 − 100.91 = K1 + 22.54

HY = ZH + l_s = K1 + 22.54 + 50 = K1 + 72.54

YH = HY + L_Y = K1 + 72.54 + 97.19 = K1 + 169.73

HZ = YH + l_s = K1 + 169.73 + 50 = K1 + 219.73

QZ = HZ − L/2 = K1 + 219.73 − 197.19/2 = K1 + 121.13

JD = QZ + J/2 = K1 + 121.13 + 4.63/2 = K1 + 123.45

(3)K1 + 50切线支距坐标:K1 + 50在缓和曲线段;ZH与HY之间

$$l = 50 - 22.54 = 27.46\text{m}$$

$$x = l - \frac{l^5}{40R^2l_s^2} = 27.46 - \frac{27.46^5}{40 \times 250^2 \times 50^2} = 27.46\text{m}$$

$$y = \frac{l^3}{6Rl_s} - \frac{l^7}{336 \cdot R^3l_s^3} = \frac{27.46^3}{6 \times 250 \times 50} - \frac{27.46^7}{336 \times 250^3 \times 50^3} = 0.28\text{m}$$

(4)K1 + 150切线支距坐标:K1 + 150在圆曲线段;QZ与YH之间

$$l_m = 169.73 - 150 = 19.73\text{m}$$

$$\varphi_m = \frac{90}{\pi}\left(\frac{2l_m + l_s}{R}\right) = 28.6479 \times \left(\frac{2 \times 19.73 + 50}{250}\right) = 10.25136°$$

$$x_m = q + R \cdot \sin\varphi_m = 24.99 + 250 \times \sin10.25136° = 69.48\text{m}$$

$$y_m = \Delta R + R(1 - \cos\varphi_m) = 0.42 + 250 \times (1 - \cos10.25136°) = 4.41\text{m}$$

9.【答案】C

【解析】(1)因为超高旋转轴绕边线旋转,根据《公路路线设计规范》(JTG D20—2017)表7.5.4,超高渐变率为1/125。

(2)最小值 $L_C = \frac{B \cdot i_C}{P} = \frac{7 \times 6\%}{1/125} = 52.5\text{m}$

（3）最大值 $L_C = \dfrac{B \cdot i_C}{P} = \dfrac{7 \times 6\%}{1/330} = 138.6\text{m}$

取整即为 55m 和 135m。

10.【答案】B

【解析】（1）因为超高旋转轴绕中线旋转,根据《公路路线设计规范》（JTG D20—2017）表 7.5.4,超高渐变率为 1/175。

（2）最小值 $L_C = \dfrac{\dfrac{B}{2} \cdot (i_C + i_G)}{P} = \dfrac{3.5 \times (6\% + 2\%)}{1/175} = 49\text{m}$

（3）最大值 $L_C = \dfrac{\dfrac{B}{2} \cdot (i_C + i_G)}{P} = \dfrac{3.5 \times (6\% + 2\%)}{1/330} = 92.4\text{m}$

取整即为 50m 和 90m。

11.【答案】A

【解析】（1）干线二级公路,半径为 200m,根据《公路路线设计规范》（JTG D20—2017）表 7.6.1,加宽值为 0.8m。

（2）$L_X = (K18 + 417.91) - (K18 + 400) = 17.91\text{m}$

（3）$B_{JX} = \dfrac{L_X}{L_J} \cdot B_J = \dfrac{17.91}{60} \times 0.8 = 0.24\text{m}$

12.【答案】B

【解析】（1）干线二级公路,半径为 200m,根据《公路路线设计规范》（JTG D20—2017）表 7.6.1,加宽值为 0.8m。

（2）$L_X = (K18 + 417.91) - (K18 + 400) = 17.91\text{m}$

$K = \dfrac{L_X}{L_J} = \dfrac{17.91}{60}$

（3）$B_{JX} = (4K^3 - 3K^4) \cdot B_J = \left[4 \times \left(\dfrac{17.91}{60} \right)^3 - 3 \times \left(\dfrac{17.91}{60} \right)^4 \right] \times 0.8 = 0.07\text{m}$

13.【答案】B

【解析】路基情况如下图所示。

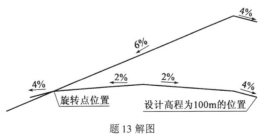

题 13 解图

（1）旋转点的高程为：

$H_X = H_S + a \cdot i_J = 100 + 0.75 \times 4\% = 100.03\mathrm{m}$

（2）路基外侧的高程为：

$H_{外} = H_X + b \cdot i_c - a \cdot i_J = 100.03 + 7 \times 6\% - 0.75 \times 4\% = 100.42\mathrm{m}$

14.【答案】B

【解析】（1）行驶速度，当设计车速为 60～40km/h 时为其 90%，即行驶速度按 54km/h 计取。

（2）停车视距：$S_T = \dfrac{V_1}{3.6}t + \dfrac{V_1^2}{254f_z} = \dfrac{54}{3.6} \times 2.5 + \dfrac{54^2}{254 \times 0.33} = 72.29\mathrm{m}$

（3）为了安全，向上取整为 75m。

15.【答案】B

【解析】（1）四级公路应满足会车视距标准要求，即 $S = 40\mathrm{m}$，圆曲线长为 62.31m，$S < L$。

（2）横净距：

$R_S = R - \dfrac{内侧车道宽}{2} = 100 - \dfrac{3}{2} = 98.5\mathrm{m}$

$\gamma = \dfrac{180°}{\pi} \cdot \dfrac{S}{R_S} = \dfrac{180°}{\pi} \cdot \dfrac{40}{98.5} = 23.2673°$

$h = R_S\left(1 - \cos\dfrac{\gamma}{2}\right) = 98.5 \times \left(1 - \cos\dfrac{23.2673°}{2}\right) = 2.02\mathrm{m}$

16.【答案】C

【解析】（1）四级公路应满足会车视距标准要求，即 $S = 40\mathrm{m}$，圆曲线长为 37.39m，$S > L$。

（2）横净距：

$R_S = R - \dfrac{内侧车道宽}{2} = 60 - \dfrac{3}{2} = 58.5\mathrm{m}$

$L' = \dfrac{\pi}{180} \cdot \alpha \cdot R_S = \dfrac{\pi}{180} \cdot 35.7 \times 58.5 = 36.45\mathrm{m}$

$h = R_S\left(1 - \cos\dfrac{\alpha}{2}\right) + \dfrac{S - L'}{2} \cdot \sin\dfrac{\alpha}{2}$

$\quad = 58.5 \times \left(1 - \cos\dfrac{35.7°}{2}\right) + \dfrac{40 - 36.45}{2} \times \sin\dfrac{35.7°}{2}$

$\quad = 3.36\mathrm{m}$

17.【答案】D

【解析】（1）$L_C = \Delta i \cdot B/P = (0.04 + 0.02) \times (0.75 + 7.5 + 0.5)/P = 150\mathrm{m}$

（2）$P = 0.06 \times 8.75/150 = 1/285.71$

18.【答案】C

【解析】根据汽车行驶在曲线上的力的平衡式 $R = \dfrac{V^2}{127(\mu + i_h)}$，将题意中的参数值代入，得 $800 = \dfrac{100^2}{127 \times (0.067 + i_h)}$。

可得 $i_h = 0.031$。

19.【答案】B

【解析】根据《城市道路路线设计规范》(CJJ 193—2012)第6.3.3条第5款，缓和曲线最小长度应符合表6.3.3-2的规定。当圆曲线按规定需要设置超高时，缓和曲线长度还应大于超高缓和段的长度。规范规定缓和曲线最小长度应大于或等于70m，图中的75m符合规范要求。下面验证其是否大于超高缓和段长度。

查表6.4.3，超高渐变率为1/150，当由直线上的正常路拱断面过渡到圆曲线上的超高断面时，必须在其间设置超高缓和段。超高缓和段长度应按下式计算：

$L_c = b\Delta i / \varepsilon = 12.25 \times [3.5\% - (-1.5\%)/(1/150)] = 91.875\text{m}$，故缓和曲线长度不满足超高缓和段长度要求。

设计速度 $V = 80\text{km/h}$ 的快速路，极限最小半径为400m，最大超高值为6%，曲线转角也不是小转角，选项A、C、D均符合规范规定。

20.【答案】C

【解析】根据《公路工程技术标准》(JTG B01—2014)第4.0.17条～第4.0.18条条文说明：

$$R = \frac{V^2}{127(\mu + i)} = \frac{120^2}{127 \times [0.04 + (-2\%)]} = 5669.3\text{m}$$

注：当不设超高时，i 值取"－"；设超高时，i 值取"＋"。

21.【答案】C

【解析】(1)城市支路设计速度为20km/h，根据《城市道路路线设计规范》(CJJ 193—2012)，查表6.5.1可知，对于 $R = 35\text{m}$ 的圆曲线，加宽值为0.6m，图中实际加宽值为 $(13.2 - 12)/2 = 0.6\text{m}$，符合规范要求。

(2)查表6.4.1，设计速度为20km/h，最大超高横坡为2%，图中横坡为2%，符合规范要求。

(3)查表6.4.3，超高渐变率为1/100，超高所需缓和段长度为：

$L_c = (3.5 + 2.5) \times (2\% + 2\%)/(1/100) = 24\text{m}$，大于图中实际长度20m，不符合规范要求，故本题选C。

(4)查表6.3.4-1，圆曲线最小长度为20m，本图为 $(139.35 - 70.707) - 2 \times 20 = 28.642\text{m} > 20\text{m}$，圆曲线长度符合规范要求。

22.【答案】D

【解析】(1)中心转角值为5°48′36″(5.81°)小于7°，该曲线为小转角平曲线，根据《城

市道路路线设计规范》(CJJ 193—2012)表6.3.4-2,该简单形圆曲线最小平曲线长度为:

$$L = 700/5°48'36'' = 700/5.81 = 120.48m$$

(2)$R = L/\alpha = 120.48/(5.81 \times \pi/180) = 1188m$,取整为1200m,大于表6.3.3-1中不设缓和曲线的最小圆曲线半径1000m。

注:该曲线为小转角平曲线,要求其曲线要长,半径要大,因只有一个正确答案,不用计算也应判断是最大值1200m。

23.【答案】D

【解析】(1)根据《城市道路路线设计规范》(CJJ 193—2012)第6.3.3条第5款表6.3.3-2,设计速度为80km/h,缓和曲线最小长度取70m。

(2)根据《城市道路路线设计规范》(CJJ 193—2012)第6.4.3条,超高渐变率ε取1/200。

超高缓和段长度$L_e = b \times \Delta_i/\varepsilon = \left[\left(\dfrac{24.5}{2}\right) \times (2\% + 4\%)\right]\bigg/\left(\dfrac{1}{200}\right) = 147m$

根据《城市道路路线设计规范》(CJJ 193—2012)第6.4.6条,取L_e与L_s的大值。

24.【答案】C

【解析】(1)查《公路工程技术标准》(JTG B01—2014)表4.0.15,当设计速度为100km/h时,停车视距$S_停 = 160m$。

(2)实际横净距:$3.75/2 + 0.75 + 0.25 = 2.875m$。

(3)满足停车视距要求:$m = R[1 - \cos(28.65 \times 160/R)] < 2.875m$。

(4)A、B、C、D逐项代入,A、B不满足要求,C、D满足要求,最小值为C选项,即

$$m = R[1 - \cos(28.65 \times 160/1120)] = 2.856m < 2.875m$$

25.【答案】B

【解析】(1)根据《城市道路路线设计规范》(CJJ 193—2012)第6.5.1条,第2类加宽,$R = 150m$时,每条车道加宽值为0.6m。

(2)桩号K1 +260处加宽值:$\dfrac{K1 +260.00 - (K1 +230.00)}{K1 +265.00 - (K1 +230.00)} \times 2 \times 0.6 = 1.03m$

(3)塔基外缘至道路外边线的水平距:$15.5 - (3.5 +1.03 +2.5 +4.0) = 4.47m$。

26.【答案】B

【解析】(1)查《城市道路路线设计规范》(CJJ 193—2012)第6.6.1条表6.6.1,当设计速度为50km/h时,停车视距$S_1 = 60m$。

(2)查《城市地下道路工程设计规范》(CJJ 221—2015)第5.3.3条条文说明,停车视距$S_1 < $圆曲线长度$L_c$。

停车视距线所对的圆心角:$\varphi = s_1\dfrac{180}{\pi R_1} = 60 \times \dfrac{180}{\pi \times 253.85} = 13.55°$

最大横净距:$\alpha = R_1\left(1 - \cos\dfrac{\varphi}{2}\right) = 253.85 \times \left(1 - \cos\dfrac{13.55°}{2}\right) = 1.77m$

(3)隧道实际横净距 $=3.75/2+0.25=2.125m,1.77m<2.125m$,满足停车视距要求。

第五节　路线纵断面设计

复习要点

路基设计高程、路基设计洪水频率、城市竖向规划及管线控制等方面的有关规定;纵坡、坡长、合成坡度、桥隧及两端路线纵坡、非机动车道纵坡等方面的一般规定与运用;竖曲线要素及计算;连续长、陡下坡路段纵断面的设计方法和相关要求;爬坡车道的设置原则和相关技术要求。

本节是道路路线设计中重要的一节,主要有以下考点:

(1)设计高程的规定与路基设计洪水频率　主要是掌握有无中间带时的设计高程的规定与适宜条件,掌握公路与城市道路路基设计洪水频率的规定与运用,必须明确,除了考虑设计洪水频率推算的路基边缘高程还应结合路基所在部位分别考虑壅水高、浪高、安全高度0.5m。

(2)纵坡　需要掌握坡度与坡长相关规定与运用,包括最大纵坡、最小纵坡、平均纵坡、高原纵坡折减、桥隧及两端路线纵坡、非机动车道纵坡、合成坡度、最大坡长、最小坡长。

(3)竖曲线　需要掌握超凸形竖曲线、凹形竖曲线的最小半径、最小长度的规定与运用。

(4)连续长、陡下坡路段　应熟悉连续长、陡下坡路段纵断面的设计方法和相关要求,树立正确的设计理念。

(5)爬坡车道　需熟悉爬坡车道的设置条件和爬坡车道的超高、加宽以及爬坡车道的起、终点与长度技术要求。

典型习题

一、单项选择题

1.新建二级、三级、四级公路,其路基设计高程宜采用(　　　)。
　(A)路基中线高程　　　　　　　　　(B)路面边缘高程
　(C)路基边缘高程　　　　　　　　　(D)路基边沟高程

2.三块板的城市道路,其路面设计高程宜采用(　　　)。
　(A)路面边缘设计高程　　　　　　　(B)道路设计中线处的路面设计高程
　(C)右侧路缘带边缘设计高程　　　　(D)分隔带外侧边缘处的路面设计高程

3.公路隧道内纵坡应大于0.3%的主要原因是(　　　)。
　(A)通风的需要　　　　　　　　　　(B)排水的需要
　(C)安全的需要　　　　　　　　　　(D)视距的需要

4. 设置锯齿形街沟的目的是( )。

(A)方便设置雨水管   (B)解决公路边沟排水

(C)解决城市道路路面排水   (D)设置超高的需要

5. 需保证最小纵坡的路段是( )。

(A)平原区路段

(B)降雨量大的路段

(C)填方路段

(D)长路堑路段以及其他横向排水不畅的路段

6. 关于二级、三级、四级公路越岭路线连续上坡或下坡路段的平均纵坡的说法,错误的是( )。

(A)任意连续 3km 路段的平均纵坡宜不大于 5.5%

(B)相对高差为 200~500m 时平均纵坡应不大于 5.5%

(C)相对高差大于 500m 时平均纵坡应不大于 5%

(D)相对高差大于 1000m 时平均纵坡应不大于 4.5%

7. 某路段,8% 的纵坡设置了 300m,其后 6% 的纵坡设置了 700m,则该路段的平均纵坡为( )。

(A)5.0%   (B)5.5%

(C)6.6%   (D)7.0%

8. 不属于纵断面设计的控制指标是( )。

(A)最大纵坡   (B)平均纵坡

(C)最短坡长   (D)坡度角

9. 合成坡度容易超标的地点是( )。

(A)陡坡与急弯组合处   (B)凸形曲线顶点与反向曲线拐点组合处

(C)陡坡与缓坡交接处   (D)凹形曲线中点与同向曲线 GQ 点处

10. 在平原地区,纵断面设计高程的控制主要取决于( )。

(A)路基最小填土高度   (B)土石方填挖平衡

(C)最小纵坡和坡长   (D)平均纵坡

11. 道路竖曲线可采用的数学模型是( )。

(A)圆曲线   (B)回旋曲线

(C)三次抛物线   (D)双纽线

12. 凸形竖曲线最小长度和最小半径的确定,主要的控制因素是( )。
    (A)行程时间、缓和冲击和视距　　　(B)行程时间和纵向稳定
    (C)横向力系数和视距　　　　　　　(D)视距和离心加速度

13. 考虑平纵组合时,"平包竖"选择竖曲线半径的控制条件一般是( )。
    (A)切线长　　　　　　　　　　　　(B)纵距
    (C)平竖曲线半径比　　　　　　　　(D)工程量

14. 纵断面设计中,试坡要点是"以点定线,以线交点",其中以线交点的"点"是指
( )。
    (A)经济点　　　　　　　　　　　　(B)变坡点
    (C)高程控制点　　　　　　　　　　(D)竖曲线的起、终点

15. 公路与城市道路的大桥、中桥桥面纵坡以及桥头引道纵坡分别不宜大于( )。
    (A)3% ,4%　　　　　　　　　　　 (B)4% ,5%
    (C)5% ,6%　　　　　　　　　　　 (D)5% ,5%

16. 关于各级公路竖曲线一般最小半径与极限最小半径的倍数,正确的是( )。
    (A)0.5 ~ 1.0　　　　　　　　　　 (B)1.0 ~ 1.5
    (C)1.5 ~ 2.0　　　　　　　　　　 (D)2.0 ~ 2.5

17. 关于缓和坡段设计的说法,错误的是( )。
    (A)在纵断面设计中,当陡坡的长度达到限制坡长时,应设计一段缓坡,用以恢复车辆
        在陡坡上行驶而降低的速度
    (B)设计速度小于或等于80km/h 时,缓和坡段的纵坡应不大于3%
    (C)设计速度大于80km/h 时,缓和坡段的纵坡应不大于2%
    (D)缓和坡段可减小下坡制动次数,保证行车安全

18. 关于公路设计高程规定的说法,错误的是( )。
    (A)新建高速公路和一级公路宜采用中央分隔带的外侧边缘高程
    (B)新建二级公路宜采用路基边缘高程
    (C)新建四级公路宜采用路面边缘高程
    (D)改建三级公路可采用行车道中线高程

19. 关于公路最大纵坡规定值的说法,错误的是( )。
    (A)设计速度为120km/h、100km/h、80km/h 的高速公路,受地形条件或其他特殊情况
        限制时,经技术经济论证,最大纵坡可增加1%
    (B)改扩建公路设计速度为40km/h、30km/h、20km/h 的利用原有公路的路段,经技术

经济论证,最大纵坡可增加1%

(C)位于海拔2000m以上高原地区的公路,最大纵坡应按规定予以折减

(D)四级公路位于海拔2000m以上或积雪冰冻地区的路段,最大纵坡不应大于8%

20. 某二级公路设计速度为60km/h,隧道起点桩号为K3+120,终点桩号为K3+215,则该隧道内最大纵坡可达到( )。

(A)3% (B)4%

(C)5% (D)6%

21. [2019年考题]位于城镇混合交通繁忙处的公路桥梁,桥上纵坡和桥头引道纵坡均不得大于( )。

(A)5.0% (B)4.0%

(C)3.5% (D)3.0%

22. [2020年考题]某山区四车道一级公路,设计速度为80km/h,下列关于沿连续上坡方向载重汽车允许最低速度,符合规范规定的是( )。

(A)40km/h (B)50km/h

(C)55km/h (D)60km/h

23. [2020年考题]某山区一级公路,设计速度为60km/h,设置了多处连续长、陡下坡路段,其中应进行安全性评价的路段是( )。

(A)平均坡度2%,连续坡长25km (B)平均坡度2.5%,连续坡长21km

(C)平均坡度3%,相对高差400m (D)平均坡度3.5,相对高差300m

24. [2020年考题]位于积雪冰冻地区的某城市快速路,设计速度为80km/h,线形设计中,采用的主要线形指标为:圆曲线最小半径330m,平曲线最小长度520m,最大纵坡度3.4%,最小坡长500m,最大合成坡度6.1%。下列关于以上线形设计指标中,不符合规范规定的是( )。

(A)最小圆曲线半径 (B)最大纵坡度

(C)最大合成坡度 (D)最小坡长

二、多项选择题

1. 沿河及可能受水浸淹的路段,按设计高程推算的最低侧路基边缘高程,应高出规定洪水频率计算水位加( )。

(A)路基沉降高差 (B)壅水高

(C)波浪侵袭高 (D)0.50m的安全高度

2. 关于公路坡长规定的说法,正确的有( )。

(A)公路纵坡的最小坡长规定值是按汽车行程时间控制而得出的

(B)公路连续上坡或下坡时,应根据载重汽车上坡时的速度折减变化,在不大于规定的纵坡长度之间设置缓和坡段

(C)小于或等于3%的纵坡,可以不限制其坡长

(D)最大坡长规定应严格执行,但特殊情况超过规定宜设置爬坡车道

3.关于公路爬坡车道规定的说法,正确的有(   )。

(A)沿连续上坡方向载重汽车的运行速度降低到容许最低速度以下宜设置爬坡车道

(B)爬坡车道的起点,应设于陡坡路段的起点

(C)高速公路、一级公路爬坡车道长度大于500m时,应按规定在其右侧设置紧急停车带

(D)爬坡车道的超高横坡的旋转轴为爬坡车道内侧边缘线

4.一般情况下需要限制最小纵坡的路段包括(   )。

(A)高填方路段　　　　　　　　　(B)隧道段

(C)桥梁段　　　　　　　　　　　(D)长路堑路段

5.合成坡度必须小于8%的情况包括(   )。

(A)冬季路面有积雪、结冰的地区　　(B)自然横坡较陡峻的傍山路段

(C)非汽车交通量较大的路段　　　　(D)S形曲线路段

6.制定凹形竖曲线半径标准,考虑的因素有(   )。

(A)保证跨线桥下视距　　　　　　(B)限制离心力不致过大

(C)限制失重　　　　　　　　　　(D)保证车灯照射距离

7.制定凸形竖曲线半径标准,考虑的因素有(   )。

(A)失重不致过大　　　　　　　　(B)超重不致过大

(C)保证纵面行车视距　　　　　　(D)夜间灯光的照射距离

8.关于竖曲线的说法,正确的有(   )。

(A)各级公路在纵坡变更处均应设置竖曲线

(B)竖曲线的形式只能采用圆曲线

(C)竖曲线长度应达到竖曲线最小长度规定

(D)竖曲线半径应达到竖曲线极限最小半径规定

9.纵断面设计中,属于控制性的"控制点"有(   )。

(A)路线起、终点高程　　　　　　(B)变坡点高程

(C)洪水位　　　　　　　　　　　(D)隧道的控制高程

10. 纵断面设计步骤中,"核对"之前的步骤有(　　)。
　　(A)定坡　　　　　　　　　　　　(B)试坡
　　(C)调坡　　　　　　　　　　　　(D)标注控制点

11. 关于竖曲线设计的说法,正确的有(　　)。
　　(A)公路和城市道路的竖曲线指标是相同的
　　(B)凸形和凹形竖曲线最小长度的规定是一致的
　　(C)凸形竖曲线和凹形竖曲线的最小半径的指标是不同的
　　(D)竖曲线的切线长是水平长度

12. 关于缓和坡段设计的说法,正确的有(　　)。
　　(A)两段达到最大坡长限制的陡坡间应设置3%的缓和坡段
　　(B)从下坡的安全考虑,缓和坡段设置是需要的
　　(C)在缓坡上汽车将以加速行驶,理论上缓坡长度应适应这个加速过程需要
　　(D)缓和坡段的长度应符合最小坡长的规定

13. [2019年考题]某三级公路采用设计速度40km/h,在路线设计中纵坡度可采用(　　)。
　　(A)5%　　　　　　　　　　　　(B)6%
　　(C)7%　　　　　　　　　　　　(D)10%

14. [2020年考题]某山区高速公路,设计速度为100km/h,布设了一座600m长的隧道,符合规范规定的隧道纵坡是(　　)。
　　(A)0.2%　　　　　　　　　　　(B)0.5%
　　(C)2.5%　　　　　　　　　　　(D)5.0%

15. [2020年考题]某高原地区新建一级公路,设计速度为80km/h,路线走廊带海拔高度在4251~4863m之间,符合规范规定的设计纵坡是(　　)。
　　(A)2%　　　　　　　　　　　　(B)3%
　　(C)4%　　　　　　　　　　　　(D)5%

16. [2020年考题]某高速公路设计速度为80km/h,在连续上坡路段,下列关于坡度/坡长的组合运用中,符合规范规定的是(　　)。
　　(A)坡度3%/坡长1020m,接坡度0.5%/坡长180m,接坡度5%/坡长450m
　　(B)坡度4%/坡长840m,接坡度1.0%/坡长200m,接坡度4%/坡长500m
　　(C)坡度5%/坡长680m,接坡度1.5%/坡长260m,接坡度4%/坡长600m
　　(D)坡度6%/坡长650m,接坡度2.0%/坡长300m,接坡度5%/坡长650m

三、案例题

1. 某三级公路($V = 40$km/h)，位于一般地区，某平曲线位于纵坡为7%的陡坡路段，平曲线超高坡度为最大值，其最大合成坡度最接近(　　)。

(A)9.88%　　　　　　　　　　　(B)10.63%

(C)11.52%　　　　　　　　　　(D)12.21%

2. 某三级公路(设计速度为40km/h)越岭线路段，从山脚至垭口的纵坡设计见下表。其平均纵坡是(　　)。

题2表

坡度(%)	4	5	2.5	8	2.8	7	2	3.8	6	2	6	3	6
坡长(m)	500	400	200	300	200	450	220	160	600	200	600	200	690

(A)4.46%　　　　　　　　　　　(B)4.95%

(C)5.08%　　　　　　　　　　(D)5.42%

3. 某二级公路，设计速度为60km/h，相邻两段陡坡，第一段纵坡坡度为6%，实际设计长度为400m，第二段纵坡坡度为5%，其实际设计长度不应超过(　　)。

(A)200m　　　　　　　　　　　(B)260m

(C)300m　　　　　　　　　　(D)400m

4. 某二级公路相邻两段纵坡$i_1 = 5.2\%$，$i_2 = -4.8\%$，要求$T = 100$m。竖曲线半径取值是(　　)。

(A)1000m　　　　　　　　　　(B)2000m

(C)5000m　　　　　　　　　　(D)50000m

5. 某一桥头引道变坡点桩号为K5 + 950，高程为900.88m，$i_1 = 3\%$，桥上为平坡，即$i_2 = 0\%$。桥头起点桩号K6 + 030，要求竖曲线终点距桥头起点有20m的直坡段。竖曲线半径R为(　　)。

(A)2400m　　　　　　　　　　(B)3000m

(C)4000m　　　　　　　　　　(D)5333m

6. 某路段中有一变坡点的高程为99.88m，其相邻坡段的纵坡分别为$i_1 = -3.2\%$，$i_2 = 1.8\%$。该变坡点处设有涵洞1-1.5m×1.5m盖板涵一道，涵洞铺底高程为99.43m，盖板厚度为0.2m，要求涵洞顶面填土高度至少保证0.5m，竖曲线半径最小取值是(　　)。

(A)5000m　　　　　　　　　　(B)5500m

(C)5600m　　　　　　　　　　(D)6000m

7. 某公路有连续三个变坡点分别为:K0 +700、K1 +100、K1 +480。对应的设计高程分别为:100.00m,92.00m,69.20m。若在变坡点 K1 +100 处的竖曲线半径为5000m,桩号 K1 +080 的路基设计高程是(   )。

    (A)91.76m   (B)92.40m

    (C)93.04m   (D)99.36m

8. 某级公路相邻两段纵坡 $i_1 = -5\%$,$i_2 = -1\%$,变坡点里程桩号为 K2 +880,变坡点高程为 500.00m,该竖曲线半径选定为 2000m,K2 +900 的设计高程是(   )。

    (A)499.70m   (B)499.80m

    (C)499.90m   (D)500.00m

9. 某三级公路,设计速度为 30km/h,其中部分纵断面设计图如下图所示,对该纵断面设计图的说法,正确的是(   )。

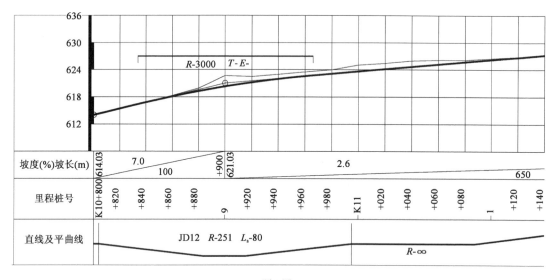

题 9 图

    (A)最小坡长不符合规定   (B)竖曲线外距为 0.68m

    (C)回旋曲线参数 $A = 141.7$m   (D)K10 +900 的路基设计高程为 621.03m

10. 已知相邻雨水口的间距为 20m,道路中心线纵坡度为 0%,雨水口处缘石外露高度为 0.174m,分水点处缘石外露高度为 0.144m,锯齿形街沟(或称偏沟)纵坡 j_c 及分水点距离 S 为(   )。

    (A)0.3%,10m   (B)0.35%,10.62m

    (C)0.4%,11.6m   (D)0.5%,12m

11. [2019 年考题]拟改建某城市主干路,设计速度采用 60km/h,受地形条件限制,在圆曲线半径 260m 段设置 4%超高值、6%纵坡度、坡长 250m,此段道路设计指标不满足规范规定的是(　　)。

(A)圆曲线半径　　　　　　　　　　(B)坡长

(C)纵坡度　　　　　　　　　　　　(D)合成坡度

12.[2020年考题]雪屯立体交叉省道S106上跨X201,为完全分离式立体交叉。S106为一级公路,设计速度为80km/h,双向四车道,路拱横坡为1.5%,交叉处半径为2200m,超高为2%,超高旋转轴为路基内侧边缘0.75m处。X201县道为三级公路,中心线处高程为1663.143m,交叉范围为平坡,远期不进行改建,在维持正常净空情况下,预留加铺厚度20cm。X201交叉处为左右分幅桥梁,半幅桥梁宽12.5m,桥面净宽11.5m,桥梁护栏墩宽0.5m,左侧路缘带宽25cm,设计高程位于路缘带内侧,同超高旋转轴,桥梁为3×13m空心板,板厚75cm,上铺15cm水泥混凝土层,其上铺12cm沥青混凝土,忽略主线纵坡,设计高程最小值为(　　)。

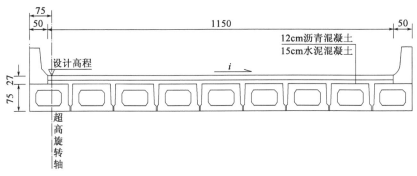

题12图(尺寸单位:cm)

(A)1669.036m　　　　　　　　　　(B)1669.039m

(C)1669.093m　　　　　　　　　　(D)1669.098m

13.[2020年考题]集散一级公路采用沿河低线位方案,水文地质表明1/100、1/50、1/25水位高程分别为85.21m、84.82m、84.2m,对应壅水高度分别为0.65m、0.45m、0.36m,对应浪高分别为0.45m、0.35m、0.26m,纵坡设计中路基边缘最小控制高程为(　　)。

(A)85.62m　　　　　　　　　　　　(B)86.12m

(C)86.31m　　　　　　　　　　　　(D)86.81m

14.[2020年考题]某双向城市道路,设计速度为50km/h,路段中点有一处横向穿越的构筑物,纵断面设计在构筑物中轴线处设置变坡点,变坡点高程为5.73m,沿桩号前进方向相邻纵坡分别为+2.0%、−1.8%。已知构筑物顶面高程为2.26m,结构顶面最小覆土按3.0m控制。不考虑其他因素影响,构筑物中轴线处对应的竖曲线最大、最小半径值分别应为(　　)。(百位数取整)

(A)2600m,900m　　　　　　　　　　(B)2600m,1100m

(C)2600m,1400m　　　　　　　　　　(D)2600m,2600m

15. [2021年考题]某新建二级公路,设计速度为60km/h。其中在某越岭段采用了连续上坡的方案,经论证拟设置爬坡车道,该路段纵坡度依次为5%和1%,爬坡车道分流渐变段起点桩号为K3+000,短链K3+100=K3+110,爬坡段长度为800m,其后附加长度段,该爬坡车道汇流渐变段终点的最小桩号应为( )。

(A)K3+940
(B)K4+180
(C)K4+190
(D)K4+200

16. [2021年考题]越岭区高速公路,设计速度为100km/h,其中某越岭段拟采用连续上坡的明线方案,下列各纵坡组合设计方案中,不满足规范要求的是( )。

题16表

(A)	坡长(m)	700	250	500	300	500	400	650
	坡度	3.0%	2.5%	4.0%	3.0%	4.0%	2.5%	4.0%
(B)	坡长(m)	700	250	600	300	500	250	700
	坡度	3.0%	2.5%	4.0%	2.5%	4.0%	2.5%	4.0%
(C)	坡长(m)	800	250	500	300	500	400	550
	坡度	3.0%	2.5%	4.0%	3.0%	2.5%	4.0%	2.5%
(D)	坡长(m)	800	450	250	300	250	550	700
	坡度	3.0%	2.5%	4.0%	3.0%	4.0%	2.5%	4.0%

17 [2021年考题]新建某城市主干路下穿现况轨道线路,主干路设计速度为50km/h,纵断面设计变坡点位于轨道线路中心线,变坡点高程为 -5.60m,沿前进方向相邻坡段的纵坡分别为 -4.0% 和 +3.5%。已知轨道桥顶板底的设计高程为 +0.80m,顶板结构宽10m,道路净高按5.0m控制。不考虑其他因素的影响,计算该变坡点处道路竖曲线最大半径、竖曲线长度取值应为( ),并说明依据和理由。(竖曲线半径百位数取整,竖曲线长度取小数点后2位)

提示:竖曲线计算公式:$L=2T=R \cdot |\omega|$,$\omega = i_2 - i_1$,$E = T^2/2R$,对应该桥上部结构的道路竖曲线范围高程可按近似相同计算。

(A)700m,52.50m
(B)1000m,75.00m
(C)1300m,97.50m
(D)1900m,142.50m

参考答案及解析

一、单项选择题

1.【答案】C

【解析】根据《公路路线设计规范》(JTG D20—2017),新建公路:高速公路和一级公路宜采用中央分隔带的外侧边缘高程;二级、三级、四级公路宜采用路基边缘高程,在设置超高、加宽路段为设超高、加宽前该处边缘高程。

2.【答案】B

【解析】根据《城市道路工程设计规范》(CJJ 37—2012)(2016年版),纵断面的设计高程宜采用道路设计中线处的路面设计高程。当有中间分隔带时可采用中间分隔带外侧边缘线处的路面设计高程。

3.【答案】B

【解析】隧道在施工和营运时均会有地下水,为了洞内排水的需要,应有一个最小的排水坡度,即0.3%。

4.【答案】C

【解析】纵坡小于0.3%的城市道路,路面雨水通过路拱排到路面边缘,由于纵坡太小,路面雨水沿街沟流向雨水口速度较慢,甚至积水,影响行车安全,故将街沟处设置成有起伏的锯齿形纵坡,并在最低点设置雨水口。

5.【答案】D

【解析】长路堑路段以及其他横向排水不畅的路段,横向不能排水,只能沿纵向边沟排水,边沟沟底纵坡一般与路线纵坡一致,为了边沟纵向排水需要且保持边沟深度不变,该路段需要保证最小纵坡。

6.【答案】D

【解析】根据《公路路线设计规范》(JTG D20—2017),二级、三级、四级公路越岭路线连续上坡或下坡路段,相对高差为200~500m时平均纵坡应不大于5.5%;相对高差大于500m时平均纵坡应不大于5%。任意连续3km路段的平均纵坡宜不大于5.5%。

7.【答案】C

【解析】$h_1 = 8\% \times 300 = 24\text{m}, h_2 = 6\% \times 700 = 42\text{m}, H = h_1 + h_2 = 24 + 42 = 66\text{m}, L = 300 + 700 = 1000\text{m}$

$i_p = H/L = 66/1000 = 6.6\%$

8.【答案】D

【解析】最大纵坡、平均纵坡、最短坡长在规范都有具体的规定与要求,对坡度角没有任何规定。

9.【答案】A

【解析】根据合成坡度计算公式,当纵坡与横坡同时都较大时,合成坡度就较大,陡坡是纵坡较大,急弯是半径小,而超高横坡大。

10.【答案】A

【解析】在平原地区,最小纵坡和坡长都容易达标,更不存在平均纵坡不满足问题,路基以填方为主,一般不强调土石方填挖平衡。由于平原地区地下水位较高,设计高程的控制主要保证路基最小填土高度,从而使路槽底保持在干燥或中湿状态。

11.【答案】A

【解析】《城市道路路线设计规范》(CJJ 193—2012)与《城市道路工程设计规范》(CJJ 37—2012)(2016 年版)中规定,"各级道路纵坡变更处应设置竖曲线,竖曲线宜采用圆曲线"。《公路路线设计规范》(JTG D20—2017)中规定,"公路纵坡变更处应设置竖曲线,竖曲线可采用圆曲线或抛物线"。抛物线一般采用二次抛物线。回旋曲线与双纽线一般用作缓和曲线。

12.【答案】A

【解析】凸形竖曲线最小长度按 3s 行程,最小半径考虑了缓和冲击和视距两个因素。

13.【答案】A

【解析】考虑平纵组合时"平包竖",即是要求平曲线要长,竖曲线要短,竖曲线起点与终点分别位于平曲线两端的缓和曲线上,可根据变坡点里程与缓和曲线段某里程相减得到控制条件 T 值,再用 T 反算竖曲线半径。

14.【答案】B

【解析】"以点定线"就是按照纵面技术标准的要求,满足"控制点",参考"经济点",初步定出坡度线。"以线交点"就是将得到的坡度线延长,交出变坡点的初步位置。

15.【答案】B

【解析】根据《公路工程技术标准》(JTG B01—2014)与《城市道路路线设计规范》(CJJ 193—2012),大桥、中桥的桥面纵坡不宜大于 4.0%,桥头引道纵坡不宜大于 5.0%。

16.【答案】C

【解析】根据《公路路线设计规范》(JTG D20—2017),一般最小半径为极限最小半径的 1.5~2.0 倍。

17.【答案】C

【解析】在纵断面设计时,当纵坡的长度达到限制坡长时,按规定设置的较小纵坡路段称为缓和坡段。其作用是恢复在较大纵坡上降低的速度;减小下坡制动次数,保证行车安全,确保道路通行质量。在缓和坡段上汽车加速行驶,缓和坡长应适应该加速过程的需要。

根据《公路路线设计规范》(JTG D20—2017),在不大于最大纵坡坡长之间设置的缓和坡段,其设置符合下列规定:设计速度小于或等于 80km/h 时,缓和坡段的纵坡应不大于 3%;设计速度大于 80km/h 时,缓和坡段的纵坡应不大于 2.5%。缓和坡段的长度应符合最小坡长的规定。

18.【答案】C

【解析】根据《公路路线设计规范》(JTG D20—2017),新建公路:高速公路和一级公路宜采用中央分隔带的外侧边缘高程;二级、三级、四级公路宜采用路基边缘高程,在设置超高、加宽路段为设超高、加宽前该处边缘高程。改建公路:宜按新建公路的规定执行,也可视具体情况而采用中央分隔带中线或行车道中线高程。

19.【答案】C

【解析】根据《公路路线设计规范》(JTG D20—2017),设计速度小于或等于80km/h位于海拔3000m以上高原地区的公路,最大纵坡应按规定予以折减。

20.【答案】D

【解析】隧道内的纵坡应大于0.3%并小于3%,但短于100m的隧道不受此限,该隧道长度为95m,符合短于100m的隧道不受此限的条件。二级公路设计速度为60km/h的最大纵坡为6%。

21.【答案】D

【解析】根据《公路路线设计规范》(JTG D20—2017)第8.2.4条,位于城镇混合交通繁忙处的公路桥梁,桥上及桥头引道纵坡均不得大于3%。

22.【答案】B

【解析】根据《公路路线设计规范》(JTG D20—2017)表8.4.1,设计速度为80km/h,上坡方向载重汽车容许最低速度为50km/h。

23.【答案】B

【解析】根据《公路路线设计规范》(JTG D20—2017)第8.3.5条,高速公路、一级公路连续长、陡下坡路段的平均坡度与连续坡长不宜超过表8.3.5的规定;超过时,应进行交通安全性评价,提出路段速度控制和通行管理方案,完善交通工程和安全设施,并论证增设货车强制停车区。表8.3.5规定,平均坡度为2.5%,连续坡长应不超过20km。

24.【答案】C

【解析】根据《城市道路路线设计规范》(CJJ 37—2012)(2016年版)第6.3.2条,极限最小半径为250m;根据第7.2.1条,最大坡度5%;根据第7.3.1条,最小坡长200m;根据第7.4.1条,最大合成坡度7%,积雪或冰冻地区道路的合成坡度应小于或等于6.0%。

二、多项选择题

1.【答案】BCD

【解析】沿河及可能受水浸淹的路段,按设计高程推算的最低侧路基边缘高程,应高出规定洪水频率计算水位加壅水高、波浪侵袭高和0.50m的安全高度。

2. 【答案】ABD

【解析】根据《公路路线设计规范》(JTG D20—2017)第 8.3.2 条,当设计速度为 60 ~ 120km/h 时,3% 的纵坡需受到坡长限制。

3. 【答案】ACD

【解析】根据《公路路线设计规范》(JTG D20—2017),爬坡车道的起点,应设于陡坡路段上载重汽车运行速度降低至规范规定的"容许最低速度"处。

4. 【答案】BCD

【解析】隧道段、桥梁段、长路堑路段均属于不能横向排水,只能纵向排水的路段,需要有一个最小的排水坡度。

5. 【答案】ABC

【解析】根据《公路路线设计规范》(JTG D20—2017),当陡坡与小半径圆曲线相重叠时,宜采用较小的合成坡度。下述情况其合成坡度必须小于 8%:

①冬季路面有积雪、结冰的地区;(车辆横移可能性增大)

②自然横坡较陡峻的傍山路段;(斜滑后果严重)

③非汽车交通量较大的路段。(斜移将对非机动车造成较大危害)

6. 【答案】ABD

【解析】凹形竖曲线汽车做圆周运动,表现为超重,应限制其离心力不致过大;为保证夜间行车安全,前灯照明应有足够的距离,该距离与凹形竖曲线半径相关;还要保证跨线桥行车有足够的视距,该距离与凹形竖曲线半径相关。

7. 【答案】AC

【解析】凸形竖曲线半径过小会阻挡驾驶员视线,造成视距不足。凸形竖曲线汽车做圆周运动,表现为失重,应限制其离心力不致过大。

8. 【答案】ACD

【解析】竖曲线的形式可采用抛物线或圆曲线。

9. 【答案】ACD

【解析】路线起终点高程、洪水位、隧道的控制高程、垭口过岭高程都是纵断面设计中影响大的高程点,必要要考虑。变坡点高程是根据控制点与经济点定出坡度线,再由相邻两坡度线交汇出来的,不属于控制点。

10. 【答案】BCD

【解析】纵断面设计步骤为:①准备工作;②标注控制点;③试坡;④调坡;⑤核对;⑥定

坡;⑦设置竖曲线;⑧设计高程的推算。

11.【答案】BCD

【解析】公路和城市道路的设计竖曲线指标,一是设计车速不同,则指标就不同,公路有120km/h的设计车速,城市道路有50km/h的设计车速;二是即便设计车速相同,其指标也不相同,如设计车速为60km/h的凸形曲线,公路的极限最小半径是1400m,城市道路的极限最小半径是1200m。

12.【答案】BCD

【解析】在纵断面设计时,当纵坡的长度达到限制坡长时,按规定设置的较小纵坡路段称为缓和坡段。其作用是恢复在较大纵坡上降低的速度;减小下坡制动次数,保证行车安全,确保道路通行质量。在缓和坡段上汽车加速行驶,缓和坡长应适应该加速过程的需要。

根据《公路路线设计规范》(JTG D20—2017),在不大于最大纵坡坡长之间设置的缓和坡段,其设置符合下列规定:设计速度小于或等于80km/h时,缓和坡段的纵坡应不大于3%;设计速度大于80km/h时,缓和坡段的纵坡应不大于2.5%。缓和坡段的长度应符合最小坡长的规定。

两段达到最大坡长限制的陡坡间设置最短的3%的缓和坡段,即所谓的"陡缓陡"设置,属于合法但不合理。这样的缓和坡段,其缓和的作用有限,应避免设置。

13.【答案】ABC

【解析】根据《公路路线设计规范》(JTG D20—2017)第8.2.1条,设计速度为40km/h的三级公路,最大纵坡为7%。

14.【答案】BC

【解析】根据《公路路线设计规范》(JTG D20—2017)第8.2.5条,隧道内的纵坡应大于0.3%并小于3%,但短于100m的隧道不受此限。高速公路、一级公路的中、短隧道,当条件受限制时,经技术经济论证后,最大纵坡可适当加大,但不宜大于4%。

15.【答案】ABC

【解析】根据《公路路线设计规范》(JTG D20—2017)第8.2.1条,设计速度80km/h的最大纵坡5%;根据第8.2.2条,设计速度小于或等于80km/h位于海拔3000m以上高原地区的公路,最大纵坡应按规定予以折减。4000~5000m应折减2%。最大纵坡折减后小于4%时应采用4%。

16.【答案】BC

【解析】根据《公路路线设计规范》(JTG D20—2017)第8.2.2条,设计速度为80km/h的最大纵坡5%,选项D错误;根据第8.3.1条,设计速度为80km/h的最小坡长为200m,选项A错误;根据第8.3.2条,设计速度为80km/h,4%、5%的坡长限制分别为900m、700m。

三、案例题

1. 【答案】B

【解析】(1)根据《公路路线设计规范》(JTG D20—2017)表 7.5.1,三级公路圆曲线最大超高坡度为 8%。

(2) $i_H = \sqrt{i_Z^2 + i_C^2} = \sqrt{0.07^2 + 0.08^2} = 10.63\%$

2. 【答案】C

【解析】(1)总高差 $= 500 \times 4\% + 400 \times 5\% + 200 \times 2.5\% + 300 \times 8\% + 200 \times 2.8\% +$
$450 \times 7\% + 220 \times 2\% + 160 \times 3.8\% + 600 \times 6\% + 200 \times 2\% +$
$600 \times 6\% + 200 \times 3\% + 690 \times 6\% = 239.98m$

(2)路线总长度 $= 500 + 400 + 200 + 300 + 200 + 450 + 220 + 160 + 600 + 200 + 600 + 200 + 690 = 4720m$

(3)平均纵坡 = 总高差/路线总长度 $= 239.98/4720 \times 100\% = 5.08\%$

3. 【答案】B

【解析】(1)根据《公路路线设计规范》(JTG D20—2017)表 8.3.2[或根据《公路工程技术标准》(JTG B01—2014)表 4.0.21],各级公路不同纵坡最大坡长,6% 的坡长限制为 600m, 5% 的坡长限制为 800m,见下表。

题 3 解表

设计速度(km/h)		120	100	80	60	40	30	20
纵坡坡度(%)	3	900	1000	1100	1200			
	4	700	800	900	1000	1100	1100	1200
	5		600	700	800	900	900	1000
	6			500	600	700	700	800
	7					500	500	600
	8					300	300	400
	9						200	300
	10							200

(2) $\dfrac{400}{600} + \dfrac{x}{800} = 1$,解得 $x = 266.66m$。

(3)按 10m 取整后得 260m。

4. 【答案】B

【解析】(1) $\omega = i_2 - i_1 = -4.8\% - 5.2\% = -0.1$

(2) $R = \dfrac{2T}{|\omega|} = \dfrac{2 \times 100}{0.1} = 2000m$

5.【答案】C

【解析】(1)坡度角:$\omega = i_2 - i_1 = 0\% - 3\% = -0.03$

(2)竖曲线切线长:$T = (K6 + 030) - (K5 + 950) - 20 = 60m$

(3)竖曲线半径:$R = \dfrac{L}{|\omega|} = \dfrac{2T}{|\omega|} = \dfrac{2 \times 60}{0.03} = 4000m$

6.【答案】C

【解析】(1)坡度角:$\omega = i_2 - i_1 = 1.8\% - (-3.2\%) = 0.05$

(2)要求的设计高程:$99.43 + 1.5 + 0.2 + 0.5 = 101.63m$

外距:$E = 101.63 - 99.88 = 1.75m$

(3)竖曲线半径:$R = \dfrac{8E}{\omega^2} = \dfrac{8 \times 1.75}{0.05^2} = 5600m$

7.【答案】A

【解析】(1)$i_1 = \dfrac{92 - 100}{1100 - 700} = -2.00\%$

$i_2 = \dfrac{69.20 - 92}{1480 - 1100} = -6.00\%$

(2)坡度角:$\omega = i_2 - i_1 = -6\% - (-2\%) = -4\%$

因坡度差为"$-$",故为凸形竖曲线。

曲线长:$L = R \cdot |\omega| = 5000 \times 0.04 = 200.00m$

切线长:$T = \dfrac{L}{2} = \dfrac{200}{2} = 100.00m$

(3)竖曲线起点桩号:$K1 + 100 - 100 = K1 + 000$

竖曲线止点桩号:$K1 + 100 + 100 = K1 + 200$

(4)$x = 1080 - 1000 = 80m$

$y = \dfrac{x^2}{2R} = \dfrac{80^2}{2 \times 5000} = 0.64m$

$H_{切} = 92 + 20 \times 2\% = 92.4m$

$H_S = H_{切} - y = 92.4 - 0.64 = 91.76m$

8.【答案】A

【解析】(1)坡度差:$\omega = i_2 - i_1 = -1\% - (-5\%) = 0.04$,因坡度差为"$+$",故为凹形竖曲线。

(2)曲线长:$L = R \cdot |\omega| = 2000 \times 0.04 = 80m$

切线长:$T = \dfrac{L}{2} = \dfrac{80}{2} = 40m$

(3)因变坡点里程为 K2 +880,桩号 K2 +900 在变坡点之后20m,又因切线长为40m,故该桩号还在竖曲线范围内。

$$x = 40 - 20 = 20\text{m}$$

$$y = \frac{x^2}{2R} = \frac{20^2}{2 \times 2000} = 0.10\text{m}$$

$$H_{切} = 500 - 20 \times 1\% = 499.80\text{m}$$

$$H_S = H_{切} + y = 499.80 + 0.10 = 499.90\text{m}$$

9.【答案】C

【解析】(1)根据《公路路线设计规范》(JTG D20—2017)表 8.3.1,设计速度为 30km/h 的最小坡长为 100m,最小坡长符合规定,选项 A 说法错误。

(2)坡度差:$\omega = i_2 - i_1 = 2.6\% - 7.0\% = -0.044$

曲线长:$L = R \cdot |\omega| = 3000 \times 0.044 = 132\text{m}$

切线长度:$T = \dfrac{L}{2} = \dfrac{132}{2} = 66\text{m}$

外距:$E = \dfrac{T^2}{2R} = \dfrac{66^2}{2 \times 3000} = 0.726\text{m}$

选项 B 说法错误。

(3)回旋曲线参数:$A = \sqrt{R \cdot l_s} = \sqrt{251 \times 80} = 141.70\text{m}$。选项 C 说法正确。

(4)621.03m 是变坡点高程,非路基设计高程,K10 + 900 的路基设计高程为 621.03 − 0.726 = 620.304m。选项 D 说法错误。

10.【答案】A

【解析】假如分水点两边坡度一致,则:

(1)由 $S = (h_c - h_w)/(j_c - j)$,得:$h_c - h_w = (j_c - j) \cdot S$

(2)代入:$S_c - S = (h_c - h_w)/(j_c' + j)$

$S_c - S = (j_c - j) \cdot S/(j_c' + j)$

$S_c - S = S, S = S_c/2 = 10\text{m}$

(3)将 $S = 10\text{m}, j = 0\%, h_c = 0.174\text{m}, h_w = 0.144\text{m}$ 代入 $S = (h_c - h_w)/(j_c - j)$,得

$10 = (0.174 - 0.144)/j_c$

解得:$j_c = 0.3\%$

11.【答案】D

【解析】根据《城市道路路线设计规范》(CJJ 193—2012):

①第 6.3.2 条第 1 款:$V = 60\text{km/h}$ 时,$R = 260\text{m}$ 大于 $R_{极限} = 150\text{m}$,故选项 A 正确。

②第 7.3.1 条第 1、2 款:$V = 60\text{km/h}$,最小坡长不小于 150m;结合第 7.3.2 条最大坡长 400m,故本题目坡长满足规范要求,故选项 B 正确。

③第 7.2.1 条第 1 款:$V = 60\text{km/h}$,受地形条件限制可以采用极限值 6%,故选项 C 正确。

④查表 7.4.1,最大合成坡度 7%,则 $i_H = \sqrt{i_C^2 + i_Z^2} = \sqrt{0.04^2 + 0.06^2} = 0.072 = 7.2\%$,超过规范规定。

12.【答案】D

【解析】(1)根据《公路路线设计规范》(JTG D20—2017)第 6.6.2 条第 5 款,三级公路设计净高为 4.5m,且要求预留 0.2m,需要的最小净高为:4.5 + 0.2 = 4.7m。

(2)桥梁结构厚度:0.75 + 0.15 + 0.12 = 1.02m。

(3)超高横坡为 2%,设置超高的圆曲线内侧桥底为最低点,其比超高旋转轴处的设计高程低(11.5 − 0.25 + 0.5) × 2% = 0.235m。

(4)最小设计高程 = 1663.143 + 4.7 + 1.02 + 0.235 = 1669.098m

13.【答案】D

【解析】(1)根据《公路路线设计规范》(JTG D20—2017)第 8.1.2 条及表 8.1.2,或根据《公路路基设计规范》(JTG D30—2015)第 3.1.3 条及表 3.1.3,一级公路路基设计洪水频率为百年一遇。

(2)路基边缘最低高程 = 设计水位高 + 雍水高 + 浪高 + 安全高度 0.5m
$$= 85.21 + 0.65 + 0.45 + 0.5 = 86.81m$$

14.【答案】B

【解析】(1)最大值:$E = 5.73 − (2.26 + 3) = 0.47m$

$R = \dfrac{8E}{\omega^2} = \dfrac{8 \times 0.47}{(1.8\% + 2\%)^2} = 2603.9m$,取 2600m

分析答案,选项最大值一样,实际上只需要分析其最小值即可。

(2)根据《城市道路路线设计规范》(CJJ 193—2012)第 7.5.1 条,凸形竖曲线最小半径极限值为 900m,最小长度极限值为 40m。

$L = R \cdot \omega$ 得 $R = \dfrac{L}{\omega} = \dfrac{40}{1.8\% + 2\%} = 1052.6m$

取整为 1100m,既满足竖曲线最小半径要求,也满足竖曲线最小长度要求。

15.【答案】D

【解析】(1)查《公路路线设计规范》(JTG D20—2017)表 8.4.5-1,附加段纵坡为 1% 时,陡坡路段后延伸的附加长度为 250m;查表 8.4.5-2,二级公路,分流渐变段长度为 50m,汇流渐变段长度最小为 90m。

(2)爬坡车道长度 = 爬坡段长度 + 附加长度,分流渐变段与汇流渐变段,从分流段起点至汇流段终点的长度为:50 + 800 + 250 + 90 = 1190m。

(3)短链 K3 + 100 = K3 + 110,爬坡车道汇流渐变段终点的最小桩号为:K3 + 000 + 1190 + 10 = K4 + 200。

16.【答案】A

【解析】(1)查《公路路线设计规范》(JTG D20—2017)第8.3.1条,设计速度为100km/h, 最小坡长为250m;第8.3.2条,设计速度为100km/h,纵坡为3%时最大坡长为1000m,纵坡为 4%时最大坡长为800m,纵坡为5%时最大坡长为600m。4个选项的坡度、坡长均符合要求。

(2)根据《公路路线设计规范》(JTG D20—2017)第8.3.3条,设计速度为100km/h 时,缓 和坡段的纵坡应不大于2.5%,方案A中,"坡度4%/坡长500m,接坡度3%/坡长300m,接坡 度4%/坡长500m",坡度3%不能作为缓和坡段,不同受限坡度值的坡段组合:500/800 + 300/1000 + 500/800 = 1.55 > 1,不满足要求。故本题选 A。

(3)方案B中,每段纵坡间均设有2.5%的缓和坡段,无组合坡段,且坡度、坡长均符合 要求。

(4)方案C中,不同受限坡度值的坡段组合:500/800 + 300/1000 = 0.925 < 1,满足要求。

(5)方案D中,不同受限坡度值的坡段组合:250/800 + 300/1000 + 250/800 = 0.925 < 1, 满足要求。

17.【答案】D

【解析】(1)$\omega = i_2 - i_1 = 0.035 + 0.04 = 0.075$,该竖曲线为凹形竖曲线。

(2)根据提示,对应该桥上部结构的道路竖曲线范围高程可按近似相同计算:

竖曲线最大外距:$E = 0.8 + 5.6 - 5.0 = 1.4m$

根据 $L = 2T = R \cdot |\omega|$,$\omega = i_2 - i_1$,$E = T^2/2R$ 可得到:

$R = 8E/\omega^2 = 8 \times 1.4/0.075^2 = 1991.11m$

竖曲线半径百位数取整,取 $R = 1900m$,则 $L = 1900 \times 0.075 = 142.50m$

(3)查《城市道路路线设计规范》(CJJ 193—2012)表 7.5.1,设计速度为50km/h 时,竖曲 线半径1900m > 1050m,竖曲线长度142.5m > 100m,满足规范要求。

第六节　横断面设计

复习要点

各级公路和城市道路路基标准横断面布置(包括高架桥、隧道)的特点和要求;车道、中间 带、两侧带、路侧带、路肩、路拱坡度、加速车道、减速车道、辅助车道、紧急停车带、错车道、爬坡 车道、避险车道、缘石等横断面各组成部分的一般规定与运用;公路和城市道路建筑限界的有 关要求和相关规定;城市道路公共交通设施的设计规定;公路和城市道路用地的有关要求和相 关规定。

本节是道路路线设计中重要的一节,主要有以下考点:

(1)路基标准横断面　主要掌握各级公路与城市道路横断面布置的特点和要求。

(2)路基宽度组成　需要掌握公路路基横断面形式及横断面中各个组成部分的一般规 定,掌握公路车道(包括加速车道、减速车道、辅助车道、错车道、爬坡车道、避险车道等)、中间带、路肩等的一般规定与运用,掌握城市道路机动车道、非机动车道、路侧带、分车带、路肩、路拱与横坡、缘石等的一般规定与运用。

(3)建筑限界 主要掌握建筑限界的相关规定,重点要结合本章第1节的建筑限界规定图式,计算各种条件下的净宽与净高。

(4)城市道路公共交通设施 主要熟悉公交车道与公交车站的设计规定。

(5)公路和城市道路用地 主要了解公路用地范围的确定与城市道路红线。

典 型 习 题

一、单项选择题

1. 公路路基标准横断面组成,高速公路、一级公路的整体式路基标准横断面的组成是( )。
 (A)行车道、中间带、路缘带、右侧路肩、左侧路肩
 (B)行车道、中央分隔带、右侧路缘带、右侧硬路肩、右侧土路肩
 (C)行车道、中间带、右侧硬路肩、土路肩
 (D)行车道、中央分隔带、左侧路缘带、左侧硬路肩、土路肩

2. 关于公路路基横断面形式相关规定的说法,错误的是( )。
 (A)高速公路、一级公路应优先采用整体式路基断面形式
 (B)双向十车道及以上车道数的高速公路可采用复合式断面形式
 (C)二级、三级、四级公路应采用整体式路基断面形式
 (D)复合式断面形式分为整体复合式断面形式和分离复合式断面形式

3. 关于公路爬坡车道的说法,错误的是( )。
 (A)高速公路、一级公路的爬坡车道应紧靠车道的外侧设置。条件受限时,爬坡车道路段右侧硬路肩宽度应不小于0.75m
 (B)二级公路的爬坡车道应紧靠车道的外侧设置,可利用硬路肩宽度。当需保留原来供非汽车交通行驶的硬路肩时,该部分应移至爬坡车道的外侧
 (C)高速公路、一级公路以及二级公路在连续上坡段设置爬坡车道时,其宽度不应小于3.0m,且不大于4.0m
 (D)六车道及以上的高速公路、一级公路可不设爬坡车道

4. 关于公路错车道的说法,错误的是( )。
 (A)单车道四级公路应设置错车道
 (B)错车道的间距应不大于300m
 (C)设置错车道路段的路基宽度应不小于6.5m,有效长度应不小于20m
 (D)错车道是加宽路肩而形成的

5. 公路中间带的主要作用是(　　　)。
　　(A)美观　　　　　　　　　　　　(B)分隔上下行车道
　　(C)临时停车　　　　　　　　　　(D)提高舒适性

6. 关于公路中央分隔带开口相关规定的说法,错误的是(　　　)。
　　(A)中央分隔带开口间距应视需要而定,最小间距应不小于 2km
　　(B)中央分隔带开口长度不宜大于 40m;八车道及以上车道数的高速公路开口长度可
　　　　适当增长,但不应大于 50m
　　(C)中央分隔带开口应设置在通视良好的路段,开口设于曲线路段时,该圆曲线的超高
　　　　值不宜大于 3%
　　(D)当中央分隔带宽度小于 3.0m 时,其开口端部的形式可采用弹头形;当中央分隔带
　　　　宽度大于或等于 3.0m 时,宜采用半圆形

7. 道路中间带的组成是(　　　)。
　　(A)左路缘带 + 中央分隔带 + 右路缘带
　　(B)左路缘带 + 中央分隔带 + 左路缘带
　　(C)右路缘带 + 中央分隔带 + 左路缘带
　　(D)右路缘带 + 中央分隔带 + 右路缘带

8. 路肩的组成是(　　　)。
　　(A)土路肩 + 硬路肩　　　　　　　(B)硬路肩 + 左侧路缘带
　　(C)硬路肩 + 右侧路缘带　　　　　(D)土路肩 + 硬路肩 + 左侧路缘带

9. 红线宽在 40m 以上,但有特殊功能要求时(如游行大道),城市道路横断面的基本形式
宜采用(　　　)。
　　(A)"一块板"断面　　　　　　　　(B)"两块板"断面
　　(C)"三块板"断面　　　　　　　　(D)"四块板"断面

10. 城市道路"两块板"适用于(　　　)。
　　(A)道路红线宽度较宽、机动车交通量大、车速高、非机动车多的主要干道
　　(B)机动车辆多、非机动车辆少的郊区快速干道
　　(C)建筑红线较狭(一般在 40m 以下),非机动车不多,设四条车道已能满足交通量的
　　　　道路
　　(D)用地困难拆迁量较大地段以及出入口较多的商业性街道

11. 在地质条件差、风化严重的路段,在路堑边坡坡脚宜设置的结构组成是(　　　)。
　　(A)护坡道　　　　　　　　　　　　(B)碎落台
　　(C)截水沟　　　　　　　　　　　　(D)护脚

12. 已知桩号 K1 +000 的挖方断面积为 60m,K1 +020 的填方断面积为 20m,则按平均断面法计算两桩号之间的挖方体积是( )。

(A)400m³
(B)600m³

(C)800m³
(D)1230m³

13. 关于机动车行车道宽度的说法,错误的是( )。

(A)机动车道包括快车道和慢车道
(B)双车道公路有两条车道,行车道宽度包括汽车宽度和富余宽度
(C)富余宽度是指对向行驶两车厢之间的安全间隙、汽车轮胎到路面边缘的安全距离
(D)行车道的富余宽度与车速无关

14. [2019 年考题]高速公路、一级公路整体式路基必须设置中间带,组成中间带的是中央分隔带和两条( )。

(A)护栏
(B)路缘石

(C)右侧路缘带
(D)左侧路缘带

15. [2020 年考题]拟建某城市次干路,设计速度为 40km/h,横断面布置为单幅路形式,双向 4 条小客车和大型车混行机动车道,采用黄实线分隔对向交通,非机动车道宽 2.5m,其中某路段圆曲线半径为 230m,计算该路段的行车道路面最小宽度应为( )。(取小数点后两位)

(A)19.00m
(B)19.80m

(C)20.60m
(D)20.80m

16. [2020 年考题]某城市道路采用透水路面结构,下列采用的道路横坡,符合规范规定的是( )。

(A)1.0% ~1.5%
(B)1.0% ~2.0%

(C)1.5% ~2.0%
(D)2.0% ~2.5%

17. [2021 年考题]某城市支路只允许小客车通行,关于机动车道最小净高、一条机动车道最小宽度的指标,下列符合规范规定的是( )。

(A)3.5m、3.25m
(B)3.5m、3.50m

(C)4.5m、3.50m
(D)4.5m、3.75m

18. [2021 年考题]某城市次干路设计速度为 50km/h,横断面布置为单幅路形式,双向 4 条机动车道,两侧非机动车道各宽 2.5m,对向机动车道之间采用宽 0.6m 的双黄线分隔,机动车道与非机动车道之间采用底座宽 0.5m 的立柱式隔离护栏,计算该段道路的车行道路面最小宽度应为( )。(取小数点后两位)

(A)19.00m
(B)20.60m

(C)21.10m
(D)21.60m

二、多项选择题

1. 关于公路车道宽规定的说法,正确的有(　　)。
   (A)高速公路的各个车道宽度均须采用 3.75m
   (B)以通行中、小型客运车辆为主且设计速度为 80km/h 及以上的公路,经论证车道宽度可采用 3.5m
   (C)四级公路采用单车道时,车道宽度应采用 3.5m
   (D)设置慢车道的二级公路,慢车道宽度应采用 3.5m

2. 公路路基宽度的组成部分包括(　　)。
   (A)超车道　　　　　　　　　　(B)中间带
   (C)人行道　　　　　　　　　　(D)护坡道

3. 关于中间带作用的说法,正确的有(　　)。
   (A)将对向车流分开,避免车辆任意调头
   (B)为沿线设施的设置提供场地
   (C)供临时停车、错车或堆放养路材料之用
   (D)显示行车道位置,起视线诱导作用

4. 关于公路路拱横坡的说法,错误的有(　　)。
   (A)路拱对排水有利,对行车不利,同时给乘客带来不舒适的感觉
   (B)位于中等强度降雨地区的高速公路路拱横坡宜为 1.5%
   (C)分离式路基每侧行车道只可设置单向路拱
   (D)路拱的形式有抛物线形、直线接抛物线形、折线形等

5. 关于公路硬路肩横坡的说法,正确的有(　　)。
   (A)直线路段的硬路肩应设置向外倾斜的横坡,其坡度值应与车道横坡值相同
   (B)直线路段的硬路肩在路线纵坡平缓,且设置拦水带时,其横坡值宜采用 2%
   (C)当曲线超高小于或等于 5% 时,内、外侧硬路肩横坡值和方向应与相邻车道相同
   (D)当曲线超高大于 5% 时,内、外侧硬路肩横坡值应不大于 5%,且方向相同

6. 关于公路土路肩横坡的说法,正确的有(　　)。
   (A)位于直线路段或曲线路段内侧,且车道或硬路肩的横坡值大于或等于 3% 时,土路肩的横坡应与车道或硬路肩横坡值相同
   (B)位于直线路段或曲线路段内侧,车道或硬路肩的横坡值小于 3% 时,土路肩的横坡应比车道或硬路肩的横坡值大 1% 或 2%
   (C)位于曲线路段外侧的土路肩横坡,与硬路肩的横坡值和方向相同
   (D)位于曲线路段外侧的土路肩横坡,应采用 3% 或 4% 的反向横坡值

7. 高速公路的横断面组成有(　　　)。
    (A)错车道
    (B)中间带
    (C)爬坡车道
    (D)避险车道

8. 应设置加减速车道的地方有(　　　)。
    (A)高速公路的立体交叉与主线衔接处
    (B)高速公路主线与服务区的衔接处
    (C)一级公路客运汽车停靠站与主线相衔接处
    (D)二级公路与城市道路的衔接处

9. 关于公路爬坡车道的说法,正确的有(　　　)。
    (A)高速公路、一级公路爬坡车道长度大于500m时,按规定在其右侧设置紧急停车带
    (B)二级公路连续上坡路段中,当上坡路段的设计通行能力大于设计小时交通量时,宜在上坡方向行车道右侧设置爬坡车道
    (C)爬坡车道宽度应不小于3.5m,且不大于4m
    (D)爬坡车道的曲线加宽按一个车道曲线加宽规定执行

10. 城市机动车道中,单幅路及三幅路采用中间分隔物或交通标线分隔对向交通时,机动车道路面宽度包括(　　　)。
    (A)机动车道宽度
    (B)分隔物宽度或交通标线宽度
    (C)两侧路缘带宽度
    (D)照明设施宽度

11. 路侧带的组成包括(　　　)。
    (A)人行道
    (B)分车带
    (C)设施带
    (D)绿化带

12. 关于城市道路路拱横坡的说法,正确的有(　　　)。
    (A)多幅路应采用由路中线向两侧的双向路拱横坡
    (B)单幅路应根据道路宽度采用单向路拱横坡
    (C)道路横坡应根据路面宽度、路面类型、纵坡及气候条件确定
    (D)人行道宜采用单向横坡,坡向应朝向雨水设施设置位置的一侧

13. [2019年考题]在城市快速路中间分隔带应设置紧急开口的位置有(　　　)。
    (A)隧道前后
    (B)分离式立体交叉前后
    (C)枢纽立体交叉前后
    (D)特大桥及路堑段前后

14. [2019年考题]公路路基宽度为车道宽度与路肩宽度之和,除应计入中间带、加(减)速车道、爬坡车道、紧急停车带、超车道、错车道、慢车道外,下列选项中还应计入的有(　　　)。

（A）侧分隔带   （B）人行道
（C）避险车道   （D）非机动车道

三、案例题

1. 某路基工程 K0 + 100 ~ K0 + 120 的土石方面积见下表，路段挖方均可用于填方，如果不考虑天然密实方与压实方的换算系数，按平均断面法计算，该路段填缺数量是（　　　）。

题 1 表

里　　程	填土面积（m²）	填石面积（m²）	挖土面积（m²）	挖石面积（m²）
K0 + 100	80	0	10	10
K0 + 120	30	10	60	20

（A）200m³   （B）300m³   （C）400m³   （D）500m³

2. 某路基工程 K0 + 100 ~ K0 + 120 的土石方面积见下表，路段挖方均可用于填方，如果不考虑天然密实方与压实方的换算系数，按棱台体法计算，该路段填缺数量是（　　　）。

题 2 表

里　　程	填土面积（m²）	填石面积（m²）	挖土面积（m²）	挖石面积（m²）
K0 + 100	80	0	10	10
K0 + 120	30	10	60	20

（A）202.35m³   （B）332.58m³
（C）429.96m³   （D）526.55m³

3. 某路基工程挖方量为 1600m³ 天然密实方（其中松土 360m³，普通土 710m³，硬土 530m³）。填方量为 1200m³ 压实方。在该路段内可移挖作填土方，可利用土方量为 1000m³ 天然密实方（其中松土 240m³，普通土 540m³，硬土 220m³）。纵向调运利用普通土 350m³（不考虑运输损耗）。该路段借方数量（压实方）是（　　　）。

（A）35.81m³   （B）166.24m³
（C）223.45m³   （D）337.53m³

4. 某公路的路基土石方表摘录见下表，用平均断面法计算土石方数量。路段挖方为土方，路段所挖土方可用于路堤填筑，如果不考虑天然密实方与压实方的换算系数，该路段填缺与挖余数量是（　　　）。

路基土石方数量计算表   题 4 表

桩号	横断面积（m²）		横断面平均面积（m²）		距离（m）	挖方体积（m³）	填方体积（m³）	本桩利用（m³）	填缺（m³）	挖余（m³）
	挖	填	挖	填						
+160	22	0								
+180	34	60								

(A)0m³,40m³　　　　　　　　　　　　(B)40m³,0m³

(C)80m³,0m³　　　　　　　　　　　　(D)80m³,40m³

5.[2019年考题]位于重要地区的城市主干路,不考虑其他因素的干扰,预测路段单侧人行交通量为6000人/h。该路段单侧需要的最小人行道宽度应定为(　　　)。(计算结果取整数)

(A)2m　　　　　　(B)3m　　　　　　(C)4m　　　　　　(D)5m

6.[2019年考题]某双车道四级公路,设计速度采用30km/h,该公路路基段的建筑限界横向总宽度是(　　　)。

(A)3.75m　　　　　(B)7.00m　　　　　(C)7.50m　　　　　(D)8.25m

7.[2020年考题]某三级公路位于平原微丘区,设计速度为30km/h,路侧边坡为1:7,不设置护栏,路侧安全净区宽度满足安全评价要求,则建筑限界内横向总宽度应为(　　　)。

(A)7m　　　　　　(B)7.5m　　　　　(C)8m　　　　　　(D)8.5m

8.[2020年考题]沿海疏港公路交通组成以铰接列车、半挂车为主,某三级公路,设计速度为40km/h,某路段平面半径 $R=220$ m 圆曲线,则该圆曲线段一般路基横断面总宽度为(　　　)。

(A)8.5m　　　　　(B)8.9m　　　　　(C)9.1m　　　　　(D)9.3m

9.[2020年考题]某市区至国道连接线,交通组成以小客车为主,设计速度为60km/h,采用双向四车道一级公路(集散功能),路基为整体式,中央分隔带宽度为2.5m,则该公路路基标准横断面的一般宽度为(　　　)。

(A)18.5m　　　　　　　　　　　　　(B)19.5m

(C)20.5m　　　　　　　　　　　　　(D)21.5m

10.[2020年考题]某高速公路,设计速度100km/h,双向八车道,采用整体式路基,内侧两车道仅限小客车通行,中央分隔带宽度采用2.0m,不设置左侧硬路肩,受限路段最小宽度采用(　　　)。

(A)37.5m　　　　　　　　　　　　　(B)38.5m

(C)39.0m　　　　　　　　　　　　　(D)40.5m

11.[2021年考题]某山岭区三级公路,设计速度为30km/h,其中某越岭段拟选择缓坡地段敷设回头曲线。回头曲线如下图所示,M、N 为辅助曲线交点,辅助曲线对称布置,半径 $R=100$ m,辅角 $\beta=30°$,外距 $E=R\times\sec\left(\dfrac{\beta}{2}\right)-R$,在 MN 方向上的上下路基断面如下图b)所示,$C=1.2$ m,两辅助线曲线交点间所需的最小距离 MN 应为(　　　)。(取小数点后2位)

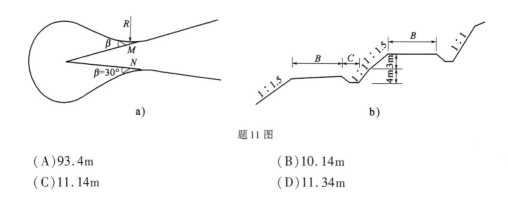

题 11 图

(A)93.4m   (B)10.14m

(C)11.14m   (D)11.34m

12. [2021 年考题]某拟建二级公路所在区域年平均气温为 $-2℃$,设计速度为 60km/h,路基宽度为 10m,土路肩横坡坡度为 4.0%,一般路段路基标准横断面如下图所示,图中 A 点和 B 点均为硬路肩外边缘处,C 点为土路肩边缘。在半径为 230m 的左转平曲线上,超高取值 6%,假定 C 点高程为 10.000m,A 点高程应为(   )。(取小数点后三位)

(A)9.472m   (B)9.487m

(C)9.565m   (D)9.605m

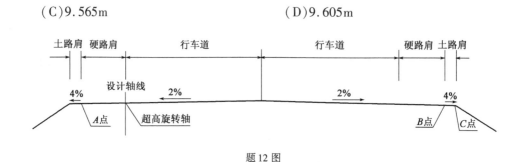

题 12 图

13. [2021 年考题]某城市支路设计速度为 30km/h,单幅路布置。机动车双向 2 车道,两侧设置非机动车道和人行道,机非之间划线分隔。已知每条机动车道宽度为 3.5m,预测远景年单向自行车流量为 760veh/h,计算该路段车行道符合规范规定的最小宽度应为(   )(取小数点后 1 位),并说明选择依据和理由。

(A)9.0m   (B)10.0m

(C)11.0m   (D)12.0m

参考答案及解析

一、单项选择题

1.【答案】C

【解析】根据《公路路线设计规范》(JTG D20—2017),高速公路、一级公路的整体式路基标准横断面包括行车道、中间带(中央分隔带、左侧路缘带)、路肩(右侧硬路肩、土路肩)。

2.【答案】A

【解析】根据《公路路线设计规范》(JTG D20—2017),高速公路、一级公路应根据需要采用整体式路基或分离式路基断面形式。

3.【答案】C

【解析】根据《公路路线设计规范》(JTG D20—2017),高速公路、一级公路以及二级公路在连续上坡段设置爬坡车道时,其宽度应不小于3.5m,且不大于4.0m。

4.【答案】D

【解析】错车道是指在单车道道路上,可通视的一定距离内,供车辆交错避让用的一段加宽车道。四级公路路基宽度采用单车道时,300m的距离内选择有利地点设置错车道,并使驾驶者能看到相邻两错车道之间的车辆。设置错车道路段的路基宽度应不小于6.5m,有效长度应不小于20m。

5.【答案】B

【解析】中间带的主要作用:①将对向车流分开,避免车辆任意调头,减少交通事故提高通行能力;②在中间带上种植花草灌木或设置防眩网,可以防止对向车灯产生的眩光,又美化路容和环境;③为沿线设施(如交通标志、标牌、护栏、防眩网、灯柱地下管线等)的设置提供场地(注意不可侵入建筑限界以内);④为公路分期改建提供储备用地;⑤显示行车道位置,起视线诱导作用。

6.【答案】D

【解析】根据《公路路线设计规范》(JTG D20—2017),当中央分隔带宽度小于3.0m时,其开口端部的形式可采用半圆形;当中央分隔带宽度大于或等于3.0时,宜采用弹头形。

7.【答案】B

【解析】高速公路、一级公路整体式路基断面必须设置中间带,中间带由两条左侧路缘带和中央分隔带组成。两条路缘带都在行车方向驾驶员的左侧。

8.【答案】A

【解析】路肩是指位于车行道外缘至路基外缘,具有一定宽度的带状部分(包括硬路肩和土路肩),为保持车行道的功能和临时停车使用,并作为路面的横向支承。高速公路、一级公路应在右侧硬路肩宽度内设右侧路缘带,其宽度为0.50m。

9.【答案】A

【解析】"一块板"断面因没有中间带,方便游行、阅兵等特殊功能要求。

10.【答案】B

【解析】"两块板"适用于郊区快速干道(机动车辆多,非机动车辆少),可以减少对向机动车相互之间的干扰,特别是夜间行车;两块板形式对绿化、照明、管线敷设均较有利。

11.【答案】B

【解析】碎落台是在路堑边坡坡脚与边沟外侧边缘之间或边坡上,为防止碎落物落入边沟而设置的具有一定宽度的纵向平台。

12.【答案】B

【解析】$V = \left[(60 + 0)/2 \right] \times 20 = 600 \mathrm{m}^3$。

13.【答案】D

【解析】富余宽度由对向行驶两车厢之间的安全间隙和汽车轮胎到路面边缘的安全距离组成,向行驶两车厢之间的安全间隙和汽车轮胎到路面边缘的安全距离均与行车速度有关,所以富余宽度与行车速度有关。

14.【答案】D

【解析】根据《公路路线设计规范》(JTG D20—2017)第6.3.1条,高速公路、一级公路整体式路基断面必须设置中间带,中间带由两条左侧路缘带和中央分隔带组成。

15.【答案】C

【解析】根据《城市道路路线设计规范》(CJJ 37—2012)(2016 年版)第5.3.1条,设计速度≤60km/h,大型车或混行车道为3.50m,查表6.5.1,每条车道加宽为0.40m,行车道路面最小宽度为:$3.5 \times 4 + 2.5 \times 2 + 0.40 \times 4 = 20.6 \mathrm{m}$。

16.【答案】A

【解析】根据《城市道路工程设计规范》(CJJ 37—2012)(2016 年版)第5.4.1条,道路横坡应根据路面宽度、路面类型、纵坡及气候条件确定,宜采用1.0%～2.0%。快速路及降雨量大的地区宜采用1.5%～2.0%;严寒积雪地区、透水路面宜采用1.0%～1.5%。保护性路肩横坡度可比路面横坡度加大1%。

17.【答案】A

【解析】查《城市道路工程设计规范》(CJJ 37—2012)(2016 年版)表5.3.2,城市支路设计速度小于60km/h,小客车专用车道一条机动车道最小宽度为3.25m;查表3.0.9,最小净高为3.5m。

18.【答案】C

【解析】查《城市道路工程设计规范》(CJJ 37—2012)(2016 年版)表5.3.2,设计速度为50km/h,一条机动车道最小宽度为3.50m;查表5.3.5,路缘带宽0.25m。

该段道路的车行道路面最小宽度 = 2.5m(非机动车道) + 0.5m(隔离护栏) + 0.25m(路缘带) + 3.5m(机动车道) + 3.5m(机动车道) + 0.6m(双黄线宽) + 3.5m(机动车道) + 3.5m(机动车道) + 0.25m(路缘带) + 0.5m(隔离栏杆) + 2.5m(非机动车道) = 21.10m。

二、多项选择题

1.【答案】BCD

【解析】根据《公路路线设计规范》(JTG D20—2017),八车道及以上公路在内侧车道(内侧第1、2车道)仅限小客车通行时,其车道宽度可采用3.5m。

2.【答案】ABC

【解析】根据《公路路线设计规范》(JTG D20—2017),公路路基宽度为车道宽度与路肩宽度之和。当设有加(减)速车道、爬坡车道、紧急停车带、错车道、超车道、侧分隔带、非机动车道(或慢车道)和人行道等时,应包括上述部分的宽度。护坡道不在两路肩之间的范围,不属于路基宽度的组成部分。

3.【答案】ABD

【解析】供临时停车、错车或堆放养路材料之用是路肩的作用,中间带不允许临时停车、错车。

4.【答案】BC

【解析】高速公路和一级公路由于其路面较宽,迅速排除路面积水尤为重要。根据《公路路线设计规范》(JTG D20—2017),高速公路、一级公路位于中等强度降雨地区时,路拱坡度宜为2%;位于降雨强度较大地区时,路拱坡度可适当增大,故选项B错误。高速公路、一级公路分离式路基的路拱,宜采用单向横坡,并向路基外侧倾斜,也可采用双向路拱坡度。积雪、冰冻地区,宜采用双向路拱坡度。选项C说法过于绝对,应分情况讨论,所以选项C错误。

5.【答案】ACD

【解析】根据《公路路线设计规范》(JTG D20—2017):①直线路段的硬路肩应设置向外倾斜的横坡,其坡度值应与车道横坡值相同。路线纵坡平缓,且设置拦水带时,其横坡值宜采用3%~4%。②曲线路段内、外侧硬路肩横坡的横坡值及其方向:当曲线超高小于或等于5%时,其横坡值和方向应与相邻车道相同;当曲线超高大于5%时,其横坡值应不大于5%,且方向相同。③硬路肩的横坡应随邻近车道的横坡一同过渡,其过渡段的纵向渐变率应控制在1/330~1/150之间。

6.【答案】ABD

【解析】根据《公路路线设计规范》(JTG D20—2017),土路肩的横坡:位于直线路段或曲线路段内侧,且车道或硬路肩的横坡值大于或等于3%时,土路肩的横坡应与车道或硬路肩横坡值相同;小于3%时,土路肩的横坡应比车道或硬路肩的横坡值大1%或2%。位于曲线路段外侧的土路肩横坡,应采用 3% 或 4% 的反向横坡值。

7. 【答案】BCD

【解析】错车道只在四级公路才可能设置。

8. 【答案】ABC

【解析】高速公路、一级公路的互通式立体交叉、服务区、停车区、客运汽车停靠站、管理与养护设施、观景台等与主线相衔接处,应设置加速车道和减速车道,加(减)速车道宽度应为 3.50m。

9. 【答案】ACD

【解析】根据《公路路线设计规范》(JTG D20—2017),四车道高速公路、四车道一级公路以及二级公路连续上坡路段,符合下列情况之一者,宜在上坡方向行车道右侧设置爬坡车道:

①沿连续上坡方向载重汽车的运行速度降低至容许最低速度以下时。

②单一纵坡坡长超标或当上坡路段的设计通行能力小于设计小时交通量时。

③经设置爬坡车道与改善主线纵坡不设爬坡车道技术经济比较论证,设置爬坡车道的效益费用比、行车安全性较优时。

10. 【答案】ABC

【解析】根据《城市道路路线设计规范》(CJJ 193—2012),机动车道路路面宽度应为机动车宽度及两侧路缘带宽度之和。单幅路及三幅路采用中间分隔物或交通标线分隔对向交通时,机动车道路面宽度还应包括分隔物宽度或交通标线宽度。

11. 【答案】ACD

【解析】路侧带可由人行道、绿化带、设施带等组成。分车带不在路侧,而在路中。

12. 【答案】ACD

【解析】路拱是指路面的横向断面做成中央高于两侧,具有一定坡度的拱起形状。路拱横坡则指路拱横向的倾斜度,以百分率表示。道路横坡应根据路面宽度、路面类型、纵坡及气候条件确定,宜采用 1.0% ~2.0%。快速路及降雨量的地区宜采用 1.5% ~2.0%。严寒积雪地区、透水路面宜采用 1.0% ~1.5%。保护性路肩横坡度可比路面横坡度加大 1.0%。单幅路应根据道路宽度采用单向或双向路拱横坡;多幅路应采用由路中线向两侧的双向路拱横坡、人行道宜采用单向横坡,坡向应朝向雨水设施设置位置的一侧。采用单向坡时一般采用直线形路拱,双向坡时应采用抛物线加直线形的路拱。

13. 【答案】ACD

【解析】根据《城市道路工程设计规范》(CJJ 37—2012)(2016 年版)第 6.2.8 条,快速路中间分隔带在枢纽立体交叉、隧道、特大桥及路堑段前后,应设置中间分隔带紧急开口。开口最小间距不宜小于2km,开口长度宜采用20~30m,开口处应设置活动护栏。两侧分隔带开口应符合进出口最小间距要求。

14.【答案】ABD

【解析】根据《公路路线设计规范》(JTG D20—2017)第6.1.3条,公路路基宽度为车道宽度与路肩宽度之和。当设有中间带、加(减)速车道、爬坡车道、紧急停车带、错车道、超车道、侧分隔带、非机动车道(或慢车道)和人行道等时,应包括上述部分的宽度,避险车道在路肩外侧。

三、案例题

1.【答案】A

【解析】(1)填土数量:$V = \dfrac{A_1 + A_2}{2} \cdot L = \dfrac{80 + 30}{2} \times 20 = 1100 \text{m}^3$

(2)填石数量:$V = \dfrac{A_1 + A_2}{2} \cdot L = \dfrac{0 + 10}{2} \times 20 = 100 \text{m}^3$

(3)挖土数量:$V = \dfrac{A_1 + A_2}{2} \cdot L = \dfrac{10 + 60}{2} \times 20 = 700 \text{m}^3$

(4)挖石数量:$V = \dfrac{A_1 + A_2}{2} \cdot L = \dfrac{10 + 20}{2} \times 20 = 300 \text{m}^3$

(5)填缺数量:$V = (1100 + 100) - (700 + 300) = 200 \text{m}^3$

2.【答案】A

【解析】(1)填土数量:$V = \dfrac{1}{3}(A_1 + A_2 + \sqrt{A_1 A_2})L = \dfrac{1}{3}(80 + 30 + \sqrt{80 \times 30}) \times 20 = 1059.93 \text{m}^3$

(2)填石数量:$V = \dfrac{1}{3}(A_1 + A_2 + \sqrt{A_1 A_2})L = \dfrac{1}{3}(0 + 10 + \sqrt{0 \times 10}) \times 20 = 66.67 \text{m}^3$

(3)挖土数量:$V = \dfrac{1}{3}(A_1 + A_2 + \sqrt{A_1 A_2})L = \dfrac{1}{3}(10 + 60 + \sqrt{10 \times 60}) \times 20 = 629.97 \text{m}^3$

(4)挖石数量:$V = \dfrac{1}{3}(A_1 + A_2 + \sqrt{A_1 A_2})L = \dfrac{1}{3}(10 + 20 + \sqrt{10 \times 20}) \times 20 = 294.28 \text{m}^3$

(5)填缺数量:$V = (1059.93 + 66.67) - (629.97 + 294.28) = 202.35 \text{m}^3$

3.【答案】A

【解析】(1)移挖作填数量:$\dfrac{240}{1.23} + \dfrac{540}{1.16} + \dfrac{220}{1.09} = 862.47 \text{m}^3$ 压实方

(2)纵向调运利用数量:$\dfrac{350}{1.16} = 301.72 \text{m}^3$ 压实方

（3）借方数量：$1200 - 862.47 - 301.72 = 35.81 \text{m}^3$ 压实方

4.【答案】B

【解析】解答过程见下表。

路基土石方数量计算表 题4解表

桩号	横断面积（m^2）		横断面平均面积（m^2）		距离	挖方体积	填方体积	本桩利用	填缺	挖余
	挖	填	挖	填	（m）	（m^3）	（m^3）	（m^3）	（m^3）	（m^3）
+160	22	0	28	30	20	560	600	560	40	0
+180	34	60								

5.【答案】C

【解析】根据《城市道路工程设计规范》（CJJ 37—2012）（2016 年版）第 5.3.4 条条文说明：人行道宽度指专供行人通行的部分，应满足行人通行的安全和顺畅。查表 4.5.1，行人较多的重要区域设计通行能力宜采用低值，N_W 取 1800 人/（h·m）。人行道宽度按下式计算：

$$W_\text{P} = N_\text{W}/N_\text{W1} = 6000/1800 = 3.33 \text{m}$$

取整为 4m。

6.【答案】B

【解析】根据《公路工程技术标准》（JTG B01—2014）第 3.6.1 条：四级公路的建筑限界为行车道宽度 + 两侧的侧向宽度，四级公路的侧向宽度为路肩宽度减去 0.25m；查表 4.0.2 得设计速度为 30km/h 时，车道宽度应为 3.25m；查表 4.0.5-1 得四级公路单侧路肩宽度为 0.50m，则单侧侧向宽度为 0.25m。则建筑限界横向总宽度 $= 0.25 + 3.25 + 3.25 + 0.25 = 7.00 \text{m}$。

7.【答案】A

【解析】（1）根据《公路路线设计规范》（JTG D20—2017）表 6.2.1，设计速度为 30km/h，对应行车道宽度为 3.25m，查表 6.2.2，双向两车道；查表 6.4.1，路肩宽度为 0.5m。

（2）建筑限界的侧向宽度为路肩宽度减 0.25m，故横向总宽度为：

$$(0.5 - 0.25) + 2 \times 3.25 + (0.5 - 0.25) = 7.0 \text{m}$$

8.【答案】D

【解析】（1）根据《公路路线设计规范》（JTG D20—2017）表 7.6.1，以铰接列车、半挂车为主，加宽值采用 0.8m；查表 6.2.2，双向两车道；查表 6.2.1，车道宽 3.5m；根据第 6.4.1 条，土路肩宽 0.75m。

（2）路基宽度 $= 0.75 + 3.5 \times 2 + 0.75 + 0.8 = 9.3 \text{m}$。

9.【答案】C

【解析】（1）根据《公路路线设计规范》（JTG D20—2017）第 6.2.1 条，车道宽度为 3.5m；

根据第 6.3.1 条,左侧路缘带 0.5m;根据第 6.4.1 条,土路肩 0.75m、硬路肩 0.75m。

(2)路基宽度 $=(0.75+0.75+3.5\times2+0.5)\times2+2.5=20.5m$。

10.【答案】C

【解析】(1)根据《公路路线设计规范》(JTG D20—2017)第 6.2.1 条、第 6.3.1 条,按条件受限路段,经过论证,左侧路缘带宽度采用 0.5m,小客车专用车道宽度为 3.5m,其余车道宽度为 3.75m,右侧硬路肩论证采用 1.5m,土路肩 0.75m,中央分隔带 2.0m。

论证后受限路段最小宽度 $=2\times(0.5+2\times3.5+2\times3.75+1.5+0.75)+2=36.5m$(无答案)。

(2)左侧路缘带 0.75m(题干未给出论证采用),小客车专用车道宽度为 3.5m,其余车道宽度为 3.75m,硬路肩采用 2.5m(内侧两车道仅限小客车通行,说明以通行小客车为主,采用括号内数值 2.5m,题干未给出论证采用,不采用 1.5m),土路肩宽 0.75m,中央分隔带宽 2.0m。

受限路段最小宽度 $=2\times(0.75+2\times3.5+2\times3.75+2.5+0.75)+2=39.0m$。

11.【答案】B

【解析】(1)三级公路,设计速度 30km/h,查《公路路线设计规范》(JTG D20—2017)表 6.2.1,车道宽 3.25m;查表 6.4.1,土路肩宽 0.5m,则

$B=0.5+3.25+3.25+0.5=7.5m$

(2)MN 方向上的上下路基断面中线水平距离 $=B/2+C+$ 边坡宽 $+B/2$

$=3.75+1.2+(4+3\times1.5)+3.75=17.2m$

(3)外距 $E=R\times\sec\left(\dfrac{\beta}{2}\right)-R=100\times\sec\left(\dfrac{30°}{2}\right)-100=3.53m$

(4)$MN=17.2-2E=17.2-2\times3.53=10.14m$

12.【答案】B

【解析】(1)根据《公路路线设计规范》(JTG D20—2017)第 6.2.1 条,设计速度为 60km/h,则车行道宽 3.5m;根据第 6.4.1 条,设计速度为 60km/h,硬路肩宽 0.75m,土路肩宽 0.75m;根据第 7.6.1 条,采用第 3 类加宽,半径 230m 时加宽值为 0.8m。

(2)根据《公路路线设计规范》(JTG D20—2017)第 6.5.5 条,超高取值为 6%,硬路肩横坡值为 5%,外侧土路肩反向横坡值为 4%。

A 点高程 $=10.000+0.75\times4\%-0.75\times5\%-(7.0+0.8)\times6\%-0.75\times5\%=9.487m$

13.【答案】D

【解析】(1)根据《城市道路工程设计规范》(CJJ 37—2012)(2016 年版)第 4.4.1 条,机非之间划线分隔,一条自行车道的路段设计通行能力为 1400~1600veh/h,单向自行车道数 $N=760/(1400~1600)<2$。

(2)根据第 5.3.3 条,与机动车道合并设置的非机动车道,车道数单向不应小于 2 条,宽度不应小于 2.5m,该路段车行道最小宽度为 $2.5+2\times3.5+2.5=12.0m$。

第七节 线形设计

复习要点

线形设计的原则;线形设计的要求和内容;平、纵、横线形设计;组合设计原则和设计方法;线形与桥隧的配合;线形与沿线设施的配合;线形与环境的协调。

本节是道路路线设计中重要的一节,主要有以下考点:

(1)线形设计的原则、要求 要求掌握线形设计的原则,需要明确线形设计的要求与内容应随公路功能和设计速度的不同而各有侧重。

(2)平、纵、横线形设计 需要熟悉平面线形设计中的一般规定、直线、圆曲线、缓和曲线的运用,熟悉纵断面线形设计中直线与竖曲线的一般规定与运用,熟悉横断面设计中的一般规定与运用。

(3)组合设计 主要是熟悉公路、城市道路在平纵组合设计中的一般规定与组合要求。

(4)线形与桥隧的配合 主要是熟悉公路隧道洞口连接线与隧道线形设计的一般要求,城市道路隧道及洞口两端的线形的基本要求。

典型习题

一、单项选择题

1.路线平、纵线形组合设计,进行评价时一般采用的方法是(　　)。

(A)立体模型法　　　　　　　　　　(B)路线透视图法

(C)指标评价法　　　　　　　　　　(D)专家评价法

2.某二级公路的一段路线,其主点里程如下表所示,一般情况下,平纵组合时较好的变坡点位置是(　　)。

题2表

交点	ZH	HY	QZ	YH	HZ
JD11	K2 + 894.84	K2 + 954.84	K2 + 998.15	K3 + 041.45	K3 + 101.45
JD12	K3 + 101.45	K3 + 161.45	K3 + 203.16	K3 + 244.87	K3 + 304.87

(A)K2 + 900　　　　　　　　　　　(B)K3 + 101.45

(C)K3 + 200　　　　　　　　　　　(D)K3 + 310

3.对平、纵线形组合设计,技术指标的协调性和一致性,视距以及路线视觉连续性等进行检验,依此优化线形设计、调整技术指标、完善交通工程与安全设施,检验采用的方法是(　　)。

（A）运行速度方法 （B）动态透视方法

（C）服务水平分析法 （D）专家评审法

4. 设计速度大于或等于 60km/h 时，回旋线应作为线形要素之一加以运用。回旋线—圆曲线—回旋线的长度以大致接近为宜。两个回旋线的参数值亦可以根据地形条件设计成非对称的曲线，但 $A_1:A_2$ 不应大于（　　）。

（A）1.5 （B）2.0

（C）2.5 （D）3.0

5. 回旋线参数宜依据地形条件及线形要求确定，并与圆曲线半径相协调。在确定回旋线参数时，宜在下述范围内选定：$R/3 \leqslant A \leqslant R$，下列关于回旋线参数 A 与圆曲线半径 R 的关系错误的是（　　）。

（A）当 R 小于 100m 时，A 宜大于或等于 R

（B）当 R 接近于 100m 时，A 宜等于 R

（C）当 R 较大或接近于 3000m 时，A 宜等于 $R/3$

（D）当 R 大于 3000m 时，A 宜大于 $R/3$

6. 关于平面凸形曲线的说法，错误的是（　　）。

（A）凸形曲线只有在路线严格受地形限制，且对接点的曲率半径相当大时方可采用

（B）对接点附近的 $0.3v$ 长度范围内，应保持以对接点的曲率半径确定的路拱横坡度

（C）凸形曲线的回旋线参数及其对接点的曲率半径，应分别符合容许最小回旋参数和圆曲线最小半径的规定

（D）凸形曲线允许两同向回旋线间设置 $0.3v$ 长度的圆曲线

7. 卵形曲线的回旋线参数宜选 $R_2/2 \leqslant A \leqslant R_2$（$R_2$ 为小圆曲线半径），两圆曲线半径之比 R_2/R_1 宜为（　　）。

（A）0.1～0.5 （B）0.2～0.6

（C）0.2～0.8 （D）0.4～1.0

8. S 形曲线的两回旋线参数 A_1 与 A_2 宜相等。两圆曲线半径之比不宜过大，如果 R_1 为大圆曲线半径，R_2 为小圆曲线半径，则 R_1/R_2 宜为（　　）。

（A）1.5 （B）2.0

（C）2.5 （D）3.0

9. 某路堑长 421m，平均挖深 16m，设计纵坡 0.1%，针对过于平缓的纵坡，设计中应采取的措施是（　　）。

（A）加大边沟断面尺寸 （B）边沟加固处理

(C)布置锯齿形偏沟　　　　　　　　　（D)做专门的排水设计

10. 关于横断面设计的一般规定的说法,错误的是(　　　)。
　　(A)条件受限制不得已而出现高填、深挖时,应同架桥、建隧、分离式路基等方案进行论证比选
　　(B)横坡较陡、工程地质复杂时,二级公路宜采用分离式路基断面
　　(C)设置在紧靠车道的边沟,其断面宜采用浅碟形或漫流等方式,否则应加盖板
　　(D)公路横断面设计应注重路侧安全和运用宽容设计理念

11. 关于中间带的设计的说法,错误的是(　　　)。
　　(A)中央分隔带宽度大于或等于3.0m时宜用凹形
　　(B)对于存在风沙和风雪影响的路段,宜采用平齐式
　　(C)中央分隔带宽度小于3.0m时可采用凸形
　　(D)高速公路、一级公路中央分隔带不宜采用栏式缘石

12. 整体式路基的中间带宽度宜保持等值。当中间带的宽度根据需要增宽或减窄时,应采用左右分幅线形设计。条件受限制,且中间带宽度变化小于3.0m时,可采用渐变过渡,过渡段的渐变率不应大于(　　　)。
　　(A)1/50　　　　　　　　　　　　　　（B)1/100
　　(C)1/150　　　　　　　　　　　　　　（D)1/200

13. 凸形竖曲线的顶部不宜同反向平曲线重合的点位是(　　　)。
　　(A)前一交点　　　　　　　　　　　　（B)拐点
　　(C)曲中点　　　　　　　　　　　　　（D)后一交点

14. 下图所示平、纵组合中,适宜的组合是(　　　)。

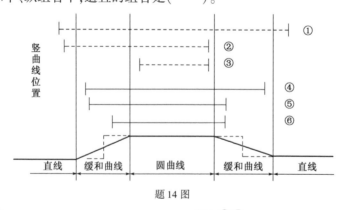

题14 图

　　(A)①④　　　　　　　　　　　　　　（B)②⑥
　　(C)③⑥　　　　　　　　　　　　　　（D)④⑤

15. 下图所示平纵组合中,合理的组合是(　　)。

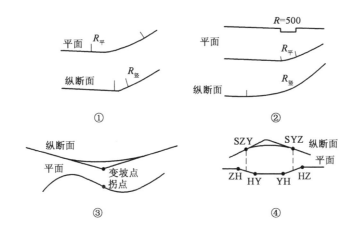

题 15 图

(A)①　　　　　　　　　　　　　(B)②
(C)③　　　　　　　　　　　　　(D)④

16. 下图所示平纵组合中,合理的组合是(　　)。

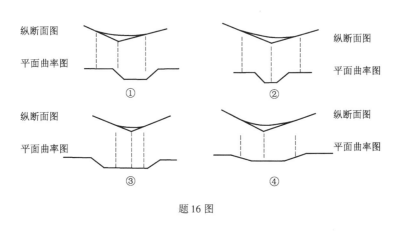

题 16 图

(A)①　　　　　　　　　　　　　(B)②
(C)③　　　　　　　　　　　　　(D)④

17. 以下平纵组合中,合理的组合是(　　)。
    (A)较大半径的竖曲线与平面较长直线组合
    (B)长的平曲线内包含多个短的竖曲线
    (C)将凹形竖曲线底部或凸形竖曲线顶部与反向平曲线拐点对应重合
    (D)长的竖曲线内设置半径小的平曲线

18.某一级公路主线收费站布设位置,较合理的是( )。
  (A)平面直线与凹形竖曲线组合处
  (B)平面直线与纵面陡坡组合处
  (C)平面简单形曲线与纵断面缓坡路段组合处
  (D)平面基本形曲线与纵断面缓坡路段组合处

19.线形设计检验与评价中,常运用的速度是( )。
  (A)运行速度   (B)设计速度
  (C)平均技术速度   (D)平均速度

20.[2019年考题]公路 S 形曲线相邻两个回旋线采用不同参数时,其参数 A_1 与 A_2 之比应小于( )。
  (A)1.0   (B)1.2
  (C)2.0   (D)2.5

二、多项选择题

1.关于线形设计的要求与内容的说法,正确的有( )。
  (A)线形设计的要求与内容应随公路功能和设计速度的不同而各有侧重
  (B)遵循以公路等级、设计速度确定设计路段的原则
  (C)不同设计路段相衔接处附近不宜采用该路段设计速度的最小或最大平、纵技术指标值
  (D)高速公路和具干线功能的一级、二级公路,应注重立体线形设计,做到线形连续、指标均衡、视觉良好、景观协调、安全舒适

2.关于平面线形设计的说法,正确的有( )。
  (A)各级公路不论转角大小均应敷设曲线,并宜选用加大的圆曲线半径,转角过小时,不应设置较短的圆曲线
  (B)设计速度小于或等于 40km/h 的双车道公路,两相邻反向圆曲线无超高、加宽时可径相衔接
  (C)设计速度小于或等于 40km/h 的双车道公路,两相邻反向圆曲线无超高有加宽时应设置长度不小于 10m 的加宽过渡段
  (D)设计速度小于或等于 40km/h 的双车道公路,两相邻反向圆曲线设有超高时,地形条件特殊困难路段的直线长度不小于 10m

3.适合运用直线线形的路段或地点有( )。
  (A)一级公路提供超车的路段
  (B)城镇近郊规划等以直线条为主体时
  (C)特长、长隧道或结构特殊的桥梁等构造物所处的路段

(D)路线交叉点前后的路段

4.关于平面线形设计中圆曲线运用的说法,正确的有(　　)。
　　(A)设置圆曲线时应与地形相适应,宜采用超高为2%~4%对应的圆曲线半径
　　(B)条件受限时,可采用大于或接近于圆曲线最小半径的"极限值"
　　(C)设置圆曲线时,应同相衔接路段的平、纵线形要素相协调,使之构成连续、均衡的曲线线形
　　(D)应避免小半径圆曲线与陡坡相重合的线形

5.两同向圆曲线间应设有足够长度的直线,否则可调整线形设置为(　　)。
　　(A)S形曲线　　　　　　　　　(B)单曲线
　　(C)凹形曲线　　　　　　　　　(D)复曲线

6.在S形曲线中,设R_1、R_2分别为大小圆半径,A_1、A_2分别为大小圆的缓和曲线参数,关于S形曲线规定的说法,正确的有(　　)。
　　(A)S形曲线的两回旋线参数A_1与A_2宜相等
　　(B)A_1与A_2之比应小于2.0,有条件时宜小于1.5
　　(C)当$A_2 \leqslant 200$时,A_1与A_2之比应小于1.5
　　(D)两圆曲线半径之比不宜过大,以$R_1/R_2 \leqslant 3$为宜

7.对卵形曲线的要求,正确的有(　　)。
　　(A)卵形曲线的回旋线参数宜选$R_2/2 \leqslant A \leqslant R_2$($R_2$为小圆曲线半径)
　　(B)两圆曲线半径之比,以$R_2/R_1 = 0.2~0.8$为宜
　　(C)两圆曲线的间距,以$D/R_2 = 0.003~0.03$为宜(D为两圆曲线间的最小间距)
　　(D)两端回旋线参数A_1与A_2之比宜小于1.2

8.关于竖曲线设计的一般规定的说法,正确的有(　　)。
　　(A)设计速度大于或等于60km/h的公路,竖曲线设计宜采用长的竖曲线和长直线坡段的组合。有条件时宜采用大于或等于视觉所需要的竖曲线半径值
　　(B)竖曲线应选用较大的半径。当条件受限制时,宜采用大于或接近于竖曲线最小半径的"一般值"
　　(C)地形条件特殊困难而不得已时,方可采用竖曲线最小半径的"极限值"
　　(D)同向竖曲线间,特别是同向凹形竖曲线之间,直线坡段小于3s行程时,宜合并设置为单曲线或复曲线

9.中央分隔带缘石的类型有(　　)。
　　(A)平齐式　　　　　　　　　　(B)斜式
　　(C)栏式缘石　　　　　　　　　(D)凸式

10. 关于线形组合设计规定的说法,正确的有(　　)。
　　(A)平、纵线形宜相互对应,且平曲线宜比竖曲线长
　　(B)当平、竖曲线半径均较小时,平、纵线形相互对应程度应较严格
　　(C)随着平、竖曲线半径的同时增大,平、纵线形对应程度可适当放宽;当平、竖曲线半径均大时,可不严格相互对应
　　(D)复曲线、S 形曲线中的左转圆曲线设超高时,应采用设计速度对其安全性予以验算

11. 关于线形组合设计规定的说法,正确的有(　　)。
　　(A)半径小的圆曲线曲中点,不宜接近或设在凸形竖曲线的顶部或凹形竖曲线的底部
　　(B)凸形竖曲线的顶部或凹形竖曲线的底部,不宜同反向平曲线的拐点重合
　　(C)应避免在长下坡路段、长直线路段或大半径圆曲线路段的末端接小半径圆曲线的组合
　　(D)长的平曲线内不宜包含多个短的竖曲线,短的平曲线不宜与短的竖曲线组合

12. [2019 年考题]一般情况下,公路设计应采用运行速度进行检验的路段有(　　)。
　　(A)平纵配合良好路段
　　(B)平纵指标变化大的路段
　　(C)最大或最小平纵技术指标采用路段
　　(D)实际速度可能高于或低于设计速度的路段

13. [2019 年考题]拟建设计速度为 60km/h 的城市快速路隧道,隧道洞口内外侧平纵线形需保持一致的范围应不小于(　　)。
　　(A)3s 设计速度的行程长度
　　(B)5s 设计速度的行程长度
　　(C)50m
　　(D)80m

三、案例题

1. 某 S 形曲线,JD6 为右转,$\alpha = 18°42'$,$R = 180m$,$l_s = 70m$,JD7 为左转,$\alpha = 21°36'$,$R = 190m$,$l_s = 75m$,其回旋曲线参数的比值是(　　)。
　　(A)0.93m 　　　　　　　　　　(B)1m
　　(C)1.06m 　　　　　　　　　　(D)1.16m

2. 某三级公路,设计速度为 40km/h,其中 A 段、B 段、C 段、D 段的纵断面与平面曲率示意图如下图所示,从平纵组合的合理性分析,平纵组合较好的路段是(　　)。
　　(A)A 段 　　　　　　　　　　(B)B 段
　　(C)C 段 　　　　　　　　　　(D)D 段

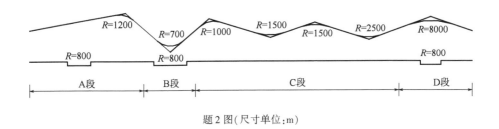

题2图(尺寸单位:m)

3.某二级公路,设计速度为60km/h,纵断面与平面曲率示意图如下图所示,A、B、C、D四组中,从平纵组合的合理性分析,平纵组合较好的组合是(　　)。

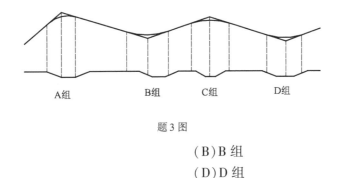

题3图

(A)A 组 　　　　　　　　　　　　　　(B)B 组

(C)C 组 　　　　　　　　　　　　　　(D)D 组

4.某新建公路一段,JD18 的主点里程见下表,变坡点 SJD12 里程为 K11 + 600,$i_1 = 1\%$,$i_2 = 6\%$,变坡点高程为 435.38m。如果按照"平包竖,竖包圆"的要求控制竖曲线半径,竖曲线半径取值范围是(　　)。

题4表

ZH	HY	QZ	YH	HZ
K11 + 540.02	K11 + 580.02	K11 + 602.70	K11 + 625.38	K11 + 665.38

(A)799.2 ~ 2399.2m 　　　　　　　　　(B)1015.2 ~ 2399.2m

(C)1015.2 ~ 2615.2m 　　　　　　　　　(D)1000.0 ~ 2752.2m

5.[2019 年考题]某山区公路设计速度采用 40km/h,某路段需要采用卵形曲线才能与地形很好吻合,小圆曲线半径采用 80m,大圆曲线半径采用的合理区间是(　　)。

(A)400 ~ 600m 　　　　　　　　　　(B)100 ~ 400m

(C)80 ~ 600m 　　　　　　　　　　(D)80 ~ 150m

6.[2021 年考题]某积雪冰冻地区高速公路,设计速度为 80km/h,其中一路段由于受地形、地物的制约,采用如下图所示的平曲线组合设计,图中 R_1 和 R_2 为圆曲线半径,L_{s1} 和 L_{s2} 为回旋线长度。在下列 $R_1 - L_{s1} - L_{s2} - R_2$ 的参数组合方案中,不符合规范要求的是(　　)。

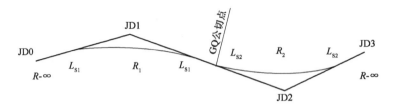

题 6 图

(A) 800m - 100m - 80m - 500m
(B) 800m - 100m - 90m - 500m
(C) 900m - 100m - 80m - 500m
(D) 900m - 100m - 90m - 500m

参考答案及解析

一、单项选择题

1.【答案】B

【解析】路线平、纵线形组合设计,可采用路线透视图进行评价,方便且直观。

2.【答案】C

【解析】K3 + 200 靠近 JD12 的 QZ 点 K3 + 203. 16,这样有平、竖曲线对应重叠,易于做到"平包竖,竖包圆"。

3.【答案】A

【解析】根据《公路路线设计规范》(JTG D20—2017),各级公路均应采用运行速度方法,对平、纵线形组合设计、技术指标的协调性和一致性、视距以及路线视觉连续性等进行检验,依此优化线形设计、调整技术指标、完善交通工程与安全设施。

4.【答案】B

【解析】设计速度大于或等于 60km/h 时,回旋线应作为线形要素之一加以运用。回旋线—圆曲线—回旋线的长度以大致接近为宜。两个回旋线的参数值亦可以根据地形条件设计成非对称的曲线,但 $A_1 : A_2$ 不应大于 2.0。

5.【答案】D

【解析】当 R 大于 3000m 时,A 宜小于 $R/3$。

6.【答案】D

【解析】凸形曲线是两同向回旋线在曲率相同处径相衔接而组合的形式。

7.【答案】C

【解析】根据《公路路线设计规范》(JTG D20—2017),两圆曲线半径之比,以 $R_2/R_1 = 0.2 \sim 0.8$ 为宜。

8.【答案】B

【解析】根据《公路路线设计规范》(JTG D20—2017),两圆曲线半径之比不宜过大,以 $R_1/R_2 \leqslant 2$ 为宜(R_1 为大圆曲线半径;R_2 为小圆曲线半径)。

9.【答案】D

【解析】纵坡以平、缓为宜,但最小纵坡不宜小于0.3%。采用平坡(0%)或小于0.3%的纵坡路段,应做专门的排水设计。加大边沟断面尺寸、边沟加固处理均解决不了路线纵坡平缓问题,影响排水;锯齿形偏沟用于城市道路解决排水问题,选项 A、B、C 错误。设计中一般是对边沟进行专门的设计。

10.【答案】B

【解析】路基断面布设应结合沿线地面横坡、自然条件、工程地质条件等进行设计。自然横坡较缓时,以整体式路基断面为宜。横坡较陡、工程地质复杂时,高速公路宜采用分离式路基断面。

11.【答案】D

【解析】中央分隔带缘石:中央分隔带宽度大于或等于3.0m,或存在风沙和风雪影响的路段,宜采用平齐式;中央分隔带宽度小于3.0m,可采用平齐式或斜式。高速公路、一级公路中央分隔带不得采用栏式缘石。

12.【答案】B

【解析】根据《公路路线设计规范》(JTG D20—2017),整体式路基的中间带宽度宜保持等值。当中间带的宽度根据需要增宽或减窄时,应采用左右分幅线形设计。条件受限制,且中间带宽度变化小于3.0m时,可采用渐变过渡,过渡段的渐变率不应大于1/100。

13.【答案】B

【解析】凸形竖曲线的顶部或凹形竖曲线的底部,不宜同反向平曲线的拐点重合。

14.【答案】D

【解析】平曲线与竖曲线宜相互对应,且平曲线长度宜大于竖曲线长度。图中,①②③组合不当,④⑤⑥组合得当。

15.【答案】D

【解析】①图示为较长的大半径平曲线与较短的竖曲线组合,易造成视线中断。
②竖包平,不合理。

③根据《公路路线设计规范》（JTG D20—2017）第9.5.2条第6款，凸形竖曲线的顶部与凹形竖曲线的底部，不宜同反向平曲线的拐点重合。应避免该组合。

④根据《公路路线设计规范》（JTG D20—2017）第9.5.2条第1款，《城市道路路线设计规范》（CJJ 193—2012）第8.2.1条第3款，即通常说的"平包竖"。

16.【答案】D

【解析】①平竖错位组合；②竖曲线太长；③竖曲线太短；④平竖对应重叠，平包竖。

17.【答案】A

【解析】根据《公路路线设计规范》（JTG D20—2017），选项B、C、D都属于需避免的组合。纵断面上较大半径与平面较长直线的组合是合理的。

18.【答案】C

【解析】主线收费站范围内路线宜为直线或不设超高的曲线，不应将收费站设置在凹形竖曲线的底部。平面直线与凹形竖曲线组合处容易积水，平面直线与纵面陡坡组合处不安全，平面基本形曲线与纵断面缓坡路段组合处有超高，选项A、B、D均不合理。一级公路简单形曲线，半径大于不设置超高的最小半径，不设置超高，纵断面为缓坡，选项C较合理。

19.【答案】A

【解析】运行速度常用来检验线形设计质量和安全性，其速度更接近实际情况。

20.【答案】C

【解析】根据《公路路线设计规范》（JTG D20—2017）第9.2.4条第3款，当采用不同的回旋线参数时，A_1 与 A_2 之比应小于2.0，有条件时以小于1.5为宜。当 $A_2 \leqslant 200$ 时，A_1 与 A_2 之比应小于1.5。

二、多项选择题

1.【答案】ACD

【解析】线形设计的要求与内容应随公路功能和设计速度的不同而各有侧重，并符合下列要求：

①高速公路和具干线功能的一级、二级公路，应注重立体线形设计，做到线形连续、指标均衡、视觉良好、景观协调、安全舒适。设计速度越高，线形设计组合所考虑的因素应越周全，以提供高的服务质量。

②具集散功能的一级、二级公路，应根据混合交通情况确定公路横断面布置设计，并注重路线交叉等处的线形设计组合，以保障通视良好，行驶通畅、安全。

③设计速度等于或小于40km/h的双车道公路，在保证行驶安全的前提下，应正确地运用线形要素的规定值（含最大、最小值），合理地组合各线形要素，或采取设置相应交通工程设施等技术措施，以充分发挥投资效益。

④遵循以设计路段确定公路等级、设计速度的原则,其设计路段的长度不宜过短,且线形技术指标应保持相对均衡。

⑤不同设计路段相衔接处前后的平、纵、横技术指标,应随设计速度由高向低(或反之)而逐渐由大向小(或反之)变化,使行驶速度自然过渡。相衔接处附近不宜采用该路段设计速度的最小或最大平、纵技术指标值。

2.【答案】ABC

【解析】设计速度小于或等于40km/h的双车道公路,两相邻反向圆曲线无超高时可径相衔接,无超高有加宽时应设置长度不小于10m的加宽过渡段;两相邻反向圆曲线设有超高时,地形条件特殊困难路段的直线长度不小于15m。

3.【答案】BCD

【解析】双车道公路为超车所提供的路段宜采用直线线形。

4.【答案】ACD

【解析】条件受限时,可采用大于或接近于圆曲线最小半径的"一般值";地形条件特殊困难而不得已时,方可采用圆曲线最小半径的"极限值",并采取措施保障视距的要求。

5.【答案】BD

【解析】两同向圆曲线间应设有足够长度的直线,否则应调整线形设置为单曲线或复曲线。S形曲线属于反向曲线的情况,不符合题意;凹形曲线属于竖曲线,选项A、C错误。设置成单曲线或复曲线,均可消除两同向圆曲线间的短直线。

6.【答案】ABC

【解析】根据《公路路线设计规范》(JTG D20—2017):

①S形曲线的两回旋线参数 A_1 与 A_2 宜相等。

②当采用不同的回旋线参数时,A_1 与 A_2 之比应小于 2.0,有条件时以小于 1.5 为宜。当 $A_2 \leqslant 200$ 时,A_1 与 A_2 之比应小于 1.5。

③两圆曲线半径之比不宜过大,以 $R_1/R_2 \leqslant 2$ 为宜(R_1 为大圆曲线半径;R_2 为小圆曲线半径)。

7.【答案】ABC

【解析】根据《公路路线设计规范》(JTG D20—2017),只对卵形曲线的回旋线参数、两圆曲线半径之比、两圆曲线的间距与小圆曲线半径之比有规定,选项A、B、C符合规范要求。对两端回旋线参数未进行特别的规定。

8.【答案】ABC

【解析】同向竖曲线间,特别是同向凹形竖曲线之间,直线坡段接近或达到最小坡长时,宜合并设置为单曲线或复曲线。

9.【答案】ABC

【解析】根据《公路路线设计规范》(JTG D20—2017),中央分隔带缘石:中央分隔带宽度大于或等于3.0m,或存在风沙和风雪影响的路段,宜采用平齐式;中央分隔带宽度小于3.0m,可采用平齐式或斜式。高速公路、一级公路中央分隔带不得采用栏式缘石。

10.【答案】ABC

【解析】复曲线、S形曲线中的左转圆曲线不设超高时,应采用运行速度对其安全性予以验算。

11.【答案】BCD

【解析】半径小的圆曲线起、讫点,不宜接近或设在凸形竖曲线的顶部或凹形竖曲线的底部。

12.【答案】BCD

【解析】根据《公路路线设计规范》(JTG D20—2017)第9.1.5条条文说明,对受条件限制而采用平、纵技术指标最大值(或最小值)的路段,或平、纵线形组合复杂的路段,或实际行驶速度可能超出(或低于)设计速度的路段等,应采用运行速度进行检验。

13.【答案】AC

【解析】根据《城市道路路线设计规范》(CJJ 193—2012)第8.3.2条第2、3款,隧道洞口内侧和外侧在不小于3s设计速度的行程长度范围内,均应保持一致的平纵线形。隧道内外路基宽度不一致时,应在隧道进口外设置不小于3s设计速度行程长度的过渡段,且过渡段的最小长度不应小于50m。

三、案例题

1.【答案】C

【解析】(1)JD6回旋曲线参数:$A_6 = \sqrt{R \cdot l_s} = \sqrt{180 \times 70} = 112.2497\text{m}$

(2)JD7回旋曲线参数:$A_7 = \sqrt{R \cdot l_s} = \sqrt{190 \times 75} = 119.3734\text{m}$

(3)回旋曲线参数比值 $= A_7/A_6 = 119.3434/112.2497 = 1.06$

2.【答案】A

【解析】(1)A段:前一小段立体线形要素为具有恒等坡度的曲线,纵坡较小,平曲线半径较大,属于较好的组合;后一小段立体线形要素为凸形直线,半径大于凸形竖曲线一般最小半径,属于较好的组合。

(2)B段:立体线形要素为凹形曲线,竖曲线半径小于平曲线半径,平、竖曲线组合不协调,平、竖曲线半径之比宜为1:(10~20)。

（3）C 段：在一条直线上反复起伏，视觉效果不好，宜造成浪形或视线中断现象。

（4）D 段：立体线形要素为凸形曲线，竖曲线过长，未做到"平包竖"，不协调。

3.【答案】D

【解析】（1）A 组：错位组合，变坡点放在 HY 点，较差。

（2）B 组：变坡点放在缓和曲线上，竖曲线一部分在直线上，一部分在曲线上，较差。

（3）C 组：竖曲线比平曲线长，较差。

（4）D 组：变坡点在 QZ 点附近，做到"平包竖，竖包圆"，较好。

4.【答案】B

【解析】（1）$W = i_2 - i_1 = 6\% - 1\% = 5\%$

（2）$T_{最小} = 625.38 - 600 = 25.38$，$R_{最小} = 2T/W = 1015.2 \text{m}$

（3）$T_{最大} = 600 - 540.02 = 59.98$，$R_{最大} = 2T/W = 2399.2 \text{m}$

5.【答案】B

【解析】根据《公路路线设计规范》（JTG D20—2017）第 9.2.4 条第 4 款，$R_2/R_1 = 0.2 \sim 0.8$，$0.2 \leqslant \dfrac{80}{R_1} \leqslant 0.8$，$100 \text{m} \leqslant R_1 \leqslant 400 \text{m}$。

6.【答案】C

【解析】（1）根据《公路路线设计规范》（JTG D20—2017）第 9.2.4 条第 3 款，S 形曲线采用不同的回旋线参数时，A_1 与 A_2 之比应小于 2.0，有条件时以小于 1.5 为宜。当 $A \leqslant 200$ 时，A_1 与 A_2 之比应小于 1.5。

（2）A 选项，$A_1 = \sqrt{R_1 \times L_{S1}} = \sqrt{800 \times 100} = 282.8 \text{m}$，$A_2 = \sqrt{R_2 \times L_{S2}} = \sqrt{80 \times 500} = 200 \text{m}$，$A_1/A_2 = 1.414 < 1.5$，符合规范要求。

（3）B 选项，$A_1 = \sqrt{R_1 \times L_{S1}} = \sqrt{800 \times 100} = 282.8 \text{m}$，$A_2 = \sqrt{R_2 \times L_{S2}} = \sqrt{90 \times 500} = 212.1 \text{m}$，$A_1/A_2 = 1.333 < 1.5$，符合规范要求。

（4）C 选项，$A_1 = \sqrt{R_1 \times L_{S1}} = \sqrt{900 \times 100} = 300 \text{m}$，$A_2 = \sqrt{R_2 \times L_{S2}} = \sqrt{80 \times 500} = 200 \text{m}$，$A_1/A_2 = 1.5$，不符合规范要求。

（5）D 选项，$A_1 = \sqrt{R_1 \times L_{S1}} = \sqrt{900 \times 100} = 300 \text{m}$，$A_2 = \sqrt{R_2 \times L_{S2}} = \sqrt{90 \times 500} = 212.1 \text{m}$，$A_1/A_2 = 1.414 < 1.5$，符合规范要求。

第八节　环境保护与景观设计

复习要点

不同区域公路环境保护设计、线形设计中的环境保护设计、路基路面设计中的环境保护设计、公路交叉环境保护设计、桥隧环境保护设计、沿线设施专业设计中的环境保护设计;声环境污染防治、水环境污染防治、环境空气污染防治、水土保持技术;环境影响报告书内容、环境影响评价;公路景观设计。

本节主要有以下考点:

(1)各分项专业环保要求　主要了解不同区域公路环境保护设计要点、线形设计、路基路面设计、公路交叉设计、桥隧设计、沿线设施专业设计中的环境保护设计要点。需重点了解设计中应做环境影响评价和水土保持方案评价和应做环境保护设计的条件。

(2)环境保护技术　主要了解声环境、水环境、环境空气污染防治、水土保持技术等。

(3)环境影响评价　主要了解公路的社会影响、噪声、废气影响、工程地质水文影响、生态影响等的评价要点。

(4)公路景观设计　主要了解道路景观的设计规定、桥梁景观的设计规定、城市道路绿化规划与设计的要点等。需重点了解道路绿化规划的相关规定与道路绿带设计要求。

典 型 习 题

一、单项选择题

1. 在平原地区,公路环境保护设计的重点不包括(　　)。
 (A)降低路基高度,保护土地资源
 (B)合理设置通道,减小公路对当地居民出行及景观的影响
 (C)注意隧道工程对当地原有水资源的影响
 (D)减少路面汇水对养殖业水体的影响

2. 在进行公路路基路面专业设计时,从环境保护设计角度,关于设计师应注意的要点,下列描述错误的是(　　)。
 (A)在山区采用多种边坡防治技术稳定边坡,防治水土流失
 (B)路基路面综合排水工程设施应充分利用当地的排灌系统
 (C)集中取土场应及时绿化恢复植被或复垦
 (D)路基防护形式应根据当地的自然条件合理选用,有条件时宜采用植物防护

3. 桥隧环境保护设计要点不包括(　　)。
 (A)桥隧位置的选择应综合考虑接线设计,与周围山川、沟谷等自然景观协调
 (B)桥梁的导流设施应自然平顺
 (C)隧道洞口总体布置应贴近自然,洞门不宜过分进行人工化修饰
 (D)隧址通过保护储水结构层和蓄水层,应有预防涌水突泥的应急预案

4. 沿线设施污水处理应符合的规定不包括(　　)。
 (A)沿线设施污水的处理及排放应根据受纳水体的功能确定

(B)当地下水埋藏深度小于5m时,不应使用污水灌溉

(C)沿线设施污水用于农田灌溉时,应符合现行《农田灌溉水质标准》(GB 5084)的规定

(D)当沿线设施污水用于回用时,其水质应满足现行《城市污水再生利用　城市杂用水水质》(GB/T 1892)的要求

5.公路工程的桥梁导流设施、路基路面排水、路基防护、泥石流和滑坡防治、公路绿化、防风固沙和防洪等工程应充分考虑水土保持措施。其设计重点不包括(　　)。

(A)桥台形式和位置的选择不宜压缩河床断面,其导流设施应与河岸自然衔接

(B)路基路面排水设施应系统完善,自成体系,宜远截远送,因势利导

(C)路基防护、泥石流和滑坡防治等宜选择刚性结构与柔性结构相结合,多层防护与圬工防护相结合的方法,标本兼职,综合治理

(D)公路绿化、防风固沙和防洪等工程宜乔灌草相结合,种植与养护并重,优先选择乡土植物,减少养护成本,注重水土保持时效

6.建设项目工程设计阶段,组织建设项目环境影响评价的主体是(　　)。
(A)环境影响评价机构 　　　　　　　　(B)建设单位
(C)建设行政主管部门 　　　　　　　　(D)环境保护行政主管部门

7.不属于环境敏感区的区域是(　　)。
(A)水土流失重点防治区 　　　　　　　(B)基本农田保护区
(C)文物保护单位 　　　　　　　　　　(D)城市新建的开发区

8.降低道路交通噪声污染的防治措施不包括(　　)。
(A)利用工程弃方降噪 　　　　　　　　(B)设置声屏障
(C)栽植绿化林带 　　　　　　　　　　(D)设置挡土墙

9.公路景观指公路本身形成的景观及(　　)。
(A)公路沿线的自然景观和人文景观 　　(B)公路内部景观和外部景观
(C)公路静态景观和动态景观 　　　　　(D)公路线形景观和结构景观

10.公路建设项目环境影响评价中,生态环境、声环境和环境空气影响评价划分的工作等级是(　　)。
(A)三个 　　　　　　　　　　　　　　(B)四个
(C)五个 　　　　　　　　　　　　　　(D)六个

11.红线宽度为50～60m的城市道路,其路段绿地覆盖率宜达到(　　)。
(A)40% 　　　　　　　　　　　　　　(B)30%

(C)25%　　　　　　　　　　　　(D)20%

二、多项选择题

1. 在地形条件复杂的山区,公路环境保护设计的重点有(　　)。
　(A)减小公路对珍稀动植物的影响
　(B)重视路基开挖、取弃土对水土保持的影响
　(C)注意路基开挖对受国家保护不可移动文物等的影响
　(D)隧道工程的最小纵坡应控制在规范规定的范围

2. 路基路面设计中的环境保护设计要点有(　　)。
　(A)重视路基及弃土场范围内的表土保护与利用
　(B)充分利用现有料场,新设料场应考虑其位置、开采方式、数量等对坡面植被、河水流向和水土保持等的影响
　(C)弃方应集中堆弃,重视弃放的位置、数量等对自然环境的影响
　(D)路基路面综合排水工程设施应充分利用当地排灌系统

3. 公路交通噪声主要防治对策有(　　)。
　(A)建筑物设置隔声设施　　　　　(B)调整公路线位
　(C)设置声屏障　　　　　　　　　(D)设置禁鸣标志

4. 关于声屏障设计要点的说法,正确的有(　　)。
　(A)声屏障高度不宜超过5m;当噪声衰减需要声屏障高度超过5m时,可将声屏障的上部做成折形或弧形,将端部伸向公路,以增大有效高度
　(B)声屏障的外延长度不宜小于受保护对象到声屏障距离的2倍;当声屏障长度大于1km时,应设紧急疏散口
　(C)声屏障临近公路一侧的表面应减少对声波、光波的反射,其形式和色彩应与周围环境相协调
　(D)声屏障结构设计应视其规模做强度计算,必要时应进行抗倾覆稳定性验算

5. 公路经过饮用水水源地及对水环境质量有较高要求的水体时,应符合的规定有(　　)。
　(A)公路线位应设置在饮用水水源二级保护区以外
　(B)经过饮用水水源保护区时,应在驶入和驶出点设置警示标志牌
　(C)在饮用水水源保护区内不得设置沥青混合料及混凝土搅拌站
　(D)路面径流雨水排入该类水体之前应设置沉淀池处理

6. 关于施工期间空气污染防治的说法,正确的有(　　)。
　(A)搅拌场站距环境敏感点的距离不宜小于300m,并应设置在当地施工季节最小频率

风向的被保护对象的下风侧

(B)石灰、粉煤灰等路用粉状材料宜采用袋装、罐装方式运输,当采用散装方式运输时应采取遮盖措施

(C)混合料拌和宜采用集中拌和方式,拌和站距环境敏感点的距离不宜小于200m

(D)施工组织设计中应考虑对施工路段及便道适时洒水,减轻扬尘污染

7. 临时工程水土保持措施宜根据当地的自然条件,长远结合、综合考虑。其重点有( )。

(A)公路施工临时占用的土地,应将表土收集存放,待施工完成后,再将表土回覆原场地表层,进行复垦或绿化;生态环境脆弱或植被恢复困难地区,宜将原地表表层覆盖的植被加以保护和利用

(B)当施工期开挖路堑和填筑路基的裸露边坡易产生水土流失时,应及时在施工中修筑边沟、截水沟、排水沟等排水工程,局部区域应根据需要设置拦挡设施、沉沙设施或有效的覆盖设施

(C)对于桥梁基础施工过程中产生的泥浆和临时弃渣,应采取临时防护措施;在基础钻孔位置附近宜设置泥浆池和临时排水沟排除池中积水,泥浆池可根据沉沙量设置单级或多级;对于扩大基础开挖基坑产生的土石,应采用沙包临时拦挡,待完工后用于回填基坑及平整场地,多余的废弃土石应运至弃土场

(D)临时工程开挖边坡的上侧应设置截水沟,下侧应设置排水沟,防止水流冲刷造成水土流失和对下游各类设施产生不利影响

8. 环境影响评价工作程序有( )。

(A)项目设计单位接受建设单位委托

(B)编制环境影响报告书

(C)公示环评报告主要内容

(D)报有审批权的生态环境主管部门审批

9. 公路建设项目的环境影响报告书应当包括的内容有( )。

(A)环境要素专题评价 　　　　(B)环境污染风险分析

(C)公众参与 　　　　(D)环境影响经济损益分析

10. 公路建设项目评价的环境要素有( )。

(A)社会经济 　　　　(B)水土保持

(C)地表水环境 　　　　(D)区域文化

11. 应编制《环境影响报告书》的项目有( )。

(A)新建30km以上的三级及以上等级公路

(B)新建涉及环境敏感区的1km及以上的隧道

(C)新建涉及环境敏感区的主桥长度1km及以上的桥梁

(D)新建20km主干道

12.环境敏感区是指依法设立的各级各类保护区域和对建设项目产生的环境影响特别敏感的区域,主要包括生态保护红线范围内或者其外的下列区域（　　）。

(A)世界文化和自然遗产地　　　　(B)自然保护区
(C)基本农田保护区　　　　　　　(D)农业观光实验园区

13.关于公路景观设计的说法,正确的有（　　）。
(A)在自然景观单一的路段,其线形设计宜以曲线为主,并保持连续
(B)线位方案比选应将环境景观作为考虑因素
(C)路基边坡宜以自然流畅的缓坡为主,边沟宜选择浅碟式
(D)公路服务区、停车区、管理区、观景台等沿线场区及建(构)筑物,应结合当地的自然环境确定建筑风格,并使建(构)筑物本身各部位比例协调,色彩、材质、形状等与周围自然环境相协调

14.关于公路建设项目环境影响评价基本规定的说法,正确的有（　　）。
(A)应分段、分级评价,并宜采用以点为主、点段结合的方法
(B)生态环境、声环境和环境空气影响评价划分为四个工作等级
(C)具体项目评价的环境因子应经过环境影响识别与筛选后确定
(D)声屏障等部分环境保护设施可视交通量增长情况一次设计、分期实施

15.［2019年考题］公路建设必须执行国家环境保护和资源节约的法律法规,应做环境影响评价和水土保持方案评价的包括（　　）。
(A)高速公路　　　　　　　　　(B)一级、二级公路
(C)三级公路　　　　　　　　　(D)有特殊要求的公路建设项目

参考答案及解析

一、单项选择题

1.【答案】C

【解析】在平原地区,公路环境保护设计的重点在于:①降低路基高度,保护土地资源;合理设置通道,减小公路对当地居民出行及景观的影响;②减少取土、弃土方式对土地利用方式、土壤耕作条件和农田水利排灌系统的影响;③减少路面汇水对养殖业水体的影响。

平原地区隧道较少,不是环境保护设计的重点。

2.【答案】B

【解析】路基路面排水设施应系统完善,自成体系,宜远截远送,因势利导。

3.【答案】D

【解析】隧址应避开或保护储水结构层和蓄水层,保护地下水径流和地表植被。

4.【答案】B

【解析】当地下水埋藏深度小于1.5m时,不应使用污水灌溉。

5.【答案】C

【解析】路基防护、泥石流和滑坡防治等宜选择刚性结构与柔性结构相结合,多层防护与生态植被防护相结合的方法,标本兼职,综合治理。

6.【答案】B

【解析】环境影响评价机构是接受委托为建设项目环境影响评价提供技术服务的机构,不是环境影响评价的组织单位,选项 A 不符合题意;环境保护行政主管部门是环境影响评价文件的审批部门,选项 D 不符合题意;建设行政主管部门是工程建设活动的监督管理部门,选项 C 不符合题意;根据《中华人民共和国环境影响评价法》,建设单位应当按照规定组织编制环境影响报告书、环境影响报告表或者填报环境影响登记表,因此,选项 B 符合题意。

7.【答案】D

【解析】环境敏感区是指依法设立的各级各类保护区域和对建设项目产生的环境影响特别敏感的区域,主要包括生态保护红线范围内或者其外的下列区域:①自然保护区、风景名胜区、世界文化和自然遗产地、海洋特别保护区、饮用水水源保护区;②基本农田保护区、基本草原、森林公园、地质公园、重要湿地、天然林、野生动物重要栖息地、重点保护野生植物生长繁殖地、重要水生生物的自然产卵场、索饵场、越冬场和洄游通道、天然渔场、水土流失重点防治区、沙化土地封禁保护区、封闭及半封闭海域;③以居住、医疗卫生、文化教育、科研、行政办公等为主要功能的区域,以及文物保护单位。

8.【答案】D

【解析】挡土墙是道路路基支挡防护结构,不属于交通噪声污染防治措施。

9.【答案】A

【解析】公路景观指公路本身形成的景观以及公路沿线的自然景观和人文景观,即展现在行车者视野中的由公路线形、公路构造物和周围环境共同组成的图景。公路景观构成分为内部景观和外部景观。

10.【答案】A

【解析】评价应按项目工程特点、区域环境特征及环境功能区划等进行路段(敏感点)

划分,并确定各路段的工作重点和工作内容。生态环境、声环境和环境空气影响评价划分为三个工作等级,其他环境要素可只进行敏感路段与一般路段的划分,并确定相应的评价工作深度。

11.【答案】D

【解析】根据《城市综合交通体系规划标准》(GB/T 51328—2018)第 12.8.2 条,红线宽度大于 45m 的城市道路,其路段绿地覆盖率宜达到 20%。

二、多项选择题

1.【答案】ABC

【解析】在地形条件复杂的山区,公路环境保护设计的重点在于:①重视桥隧方案的选用,减少高路堤和深路堑对自然景观、植被及地质条件的影响;②减小公路对珍稀动植物的影响;③重视路基开挖、取弃土对水土保持的影响;④严禁大爆破作业及乱挖、乱弃,预防诱发地质灾害;⑤注意路基开挖对受国家保护不可移动文物等的影响;⑥注意隧道工程对当地原有水资源的影响。

隧道工程的纵坡应控制在规范规定的范围,属于设计本身应遵循的要求,但与环保关系不密切。应注意隧道工程对当地原有水资源的影响。

2.【答案】ABC

【解析】路基路面设计应结合工程地质条件,因地制宜,就地取材,综合考虑下列因素:

①合理选择路基高度,有条件时宜采用低路堤和浅路堑方案,路基边坡应顺应自然。

②重视路基及弃土场范围内的表土保护与利用。

③充分利用现有料场,新设料场应考虑其位置、开采方式、数量等对坡面植被、河水流向和水土保持等的影响。

④弃方应集中堆弃,重视弃放的位置、数量等对自然环境的影响。

⑤路基路面综合排水工程设施应自成体系,不得与当地排灌系统相互干扰。

⑥路基防护形式应根据当地的自然条件合理选用,有条件时宜采用植物防护;水土流失严重或边坡稳定条件较差时,宜采用工程防护与植物防护相结合的方法,并重视表面植被防护。

3.【答案】ABC

【解析】交通噪声污染防治措施应根据环境敏感点的性质、位置、规模、当地条件及工程特点进行工程费用与环境效益分析,综合比较确定。防治对策主要有:①调整公路线位;②利用工程弃方降噪;③建筑物设置隔声设施;④设置声屏障;⑤栽植绿化林带;⑥拆迁建筑物或调整其使用功能。

设置禁鸣标志可以减少汽车鸣笛,对降噪有一定效果,但胎噪、发动机噪声等无法降低,属于非主要防治对策。

4.【答案】ABC

【解析】声屏障结构设计应做强度计算和抗倾覆稳定性验算。

5.【答案】BCD

【解析】公路线位应设置在饮用水水源一级保护区以外。

6.【答案】BCD

【解析】搅拌场站距环境敏感点的距离不宜小于300m,并应设置在当地施工季节最小频率风向的被保护对象的上风侧。

7.【答案】ABD

【解析】对于桥梁基础施工过程中产生的泥浆和临时弃渣,应采取临时防护措施;在基础钻孔位置附近宜设置沉沙池和临时排水沟排除池中积水,沉沙池可根据沉沙量设置单级或多级;对于扩大基础开挖基坑产生的土石,应采用沙包临时拦挡,待完工后用于回填基坑及平整场地,多余的废弃土石应运至弃土场。

8.【答案】BCD

【解析】环境影响评价单位接受建设单位委托→开展前期工作(含资料收集、现场勘察、信息交流、环境现状监测等)→编制报告(主要包括工程分析、区域环境现状、环境影响预测与评价、污染防治措施分析、收集公众意见等)→公示环评报告主要内容→报告送有审批权的生态环境主管部门审查→专家评审→报告修改→报有审批权的生态环境主管部门批复。

9.【答案】ACD

【解析】根据《公路建设项目环境影响评价规范》(JTG B03—2006),环境影响报告书应包括如下内容:①工程概况与工程分析;②环境概况;③环境要素专题评价;④公众参与;⑤事故污染风险分析;⑥环境管理计划、环境监测计划与环境监理要求;⑦环境保护措施与投资估算;⑧环境影响经济损益分析;⑨环境影响评价结论。

10.【答案】ABC

【解析】公路建设项目评价的环境要素主要有生态环境、水土保持、地表水环境、声环境、环境空气、社会经济、景观等,具体项目评价的环境因子应经过环境影响识别与筛选后确定。

11.【答案】ABC

【解析】根据《建设项目环境影响评价分类管理名录》,新建30km以上的三级及以上等级公路;新建涉及环境敏感区的1km及以上的隧道;新建涉及环境敏感区的主桥长度1km及以上的桥梁应编制《环境影响报告书》。城市快速路与干道应编制《环境影响报告表》。

12.【答案】ABC

【解析】环境敏感区是指依法设立的各级各类保护区域和对建设项目产生的环境影响特别敏感的区域,主要包括生态保护红线范围内或者其外的下列区域:①自然保护区、风景名胜区、世界文化和自然遗产地、海洋特别保护区、饮用水水源保护区;②基本农田保护区、基本草原、森林公园、地质公园、重要湿地、天然林、野生动物重要栖息地、重点保护野生植物生长繁殖地、重要水生生物的自然产卵场、索饵场、越冬场和洄游通道、天然渔场、水土流失重点防治区、沙化土地封禁保护区、封闭及半封闭海域;③以居住、医疗卫生、文化教育、科研、行政办公等为主要功能的区域,以及文物保护单位。

13.【答案】ABC

【解析】根据《公路环境保护设计规范》(JTG B04—2010),公路服务区、停车区、管理区、观景台等沿线场区及建(构)筑物,应结合当地的人文环境确定建筑风格,并使建(构)筑物本身各部位比例协调,色彩、材质、形状等与周围自然环境相协调。

14.【答案】ACD

【解析】生态环境、声环境和环境空气影响评价划分为三个工作等级。

15.【答案】ABD

【解析】根据《公路工程技术标准》(JTG B01—2014)第 1.0.6 条,高速公路,一级、二级公路和有特殊要求的公路建设项目应做环境影响评价和水土保持方案评价。

第二章 路基工程

第一节 一般要求

复习要点

路基设计的原则要求;路基土分类依据;粗粒土和细粒土的工程性质;公路与城市道路的路基干湿类型及其划分依据和确定方法;低路堤、高路堤和陡坡路堤的概念和特点;路基设计高度需满足的要求及计算;路基回弹模量概念及其测试方法;压应变的控制要求;新建路基回弹模量设计值确定方法;城市道路路基排水、路基与管道、窨井敷设的规定;公路自然区划等级、划分原则和依据;路基主要破坏形式及其产生原因。

本节是路基工程中特别重要的一节,主要有以下考点:

(1)路基土的工程性质　主要掌握粗粒土和细粒土的工程性质,需要明确的是粗粒土的工程性质是考察其级配的,细粒土的工程性质是考察其状态的,所以判断粗粒土的级配是否良好和细粒土的状态是否合适是很重要的。一般来说,内摩擦角越大和黏聚力越大的土,其工程性质越好。

(2)路基干湿类型　需掌握路基平衡湿度状态的类型及表征方法,平衡湿度状态确定方法和目的,潮湿路基的处治措施。

(3)路基设计高度　需掌握路基设计高度的概念、设计要点、考虑因素,尤其是路基设计洪水频率对设计高度的影响。在此基础上重点掌握路基设计高度计算。

(4)路基设计指标　需掌握静态和动态回弹模量的概念、试验和计算,特别是重点理解回弹模量设计值需满足的三大条件,即三维的、动态的和实际的条件。因此,对标准状态下的路基回弹模量计算和平衡湿度状态下的回弹模量计算就显得比较重要,也是本节的重点和难点。压应变作为路面的验算指标,沥青路面需满足永久变形的控制要求,水泥路面则不需要控制。

(5)城市道路管道敷设　主要掌握管道、窨井敷设位置、埋设深度、沟槽回填的要求。

典 型 习 题

一、单项选择题

1.高速公路路床压实度要求是(　　　)。

(A)≥100%　　　　　　　　　　　　(B)≥98%

（C）≥96%　　　　　　　　　　　（D）≥94%

2. 根据《公路自然区划标准》（JTJ 003—1986），我国一级自然区共划分为（　　）。
（A）3 个　　　　　　　　　　　（B）5 个
（C）7 个　　　　　　　　　　　（D）9 个

3. 根据《城市道路工程设计规范》（CJJ 37—2012）（2016 年版），路基断面形式应与沿线自然环境和城市环境相协调，不得（　　）。
（A）半填半挖　　　　　　　　　（B）深挖高填
（C）宽填欠挖　　　　　　　　　（D）超挖回填

4. 细粒土是指试样中细粒组土粒质量多于或等于总质量的（　　）。
（A）15%　　　　　　　　　　　（B）30%
（C）50%　　　　　　　　　　　（D）75%

5. 季节冻土地区路床及浸水部分的路堤填筑不应直接采用（　　）。
（A）粉质土　　　　　　　　　　（B）砾类土
（C）黏质土　　　　　　　　　　（D）砂类土

6. 根据《公路路基设计规范》（JTG D30—2015），填石路堤的填料（　　）。
（A）粒径大于 40mm、石料含量超过 50%
（B）粒径大于 40mm、石料含量超过 70%
（C）粒径大于 50mm、石料含量超过 50%
（D）粒径大于 50mm、石料含量超过 70%

7. 根据《公路路基设计规范》（JTG D30—2015），路基应以路床顶面竖向压应变为（　　）。
（A）设计指标　　　　　　　　　（B）验算指标
（C）施工指标　　　　　　　　　（D）验收指标

8. 由地下水位升降控制的路基平衡湿度状态是（　　）。
（A）干燥状态　　　　　　　　　（B）中湿状态
（C）潮湿状态　　　　　　　　　（D）过湿状态

9. 由气候因素变化控制的路基平衡湿度状态是（　　）。
（A）干燥状态　　　　　　　　　（B）中湿状态
（C）潮湿状态　　　　　　　　　（D）过湿状态

10. 可不控制路床顶面竖向压应变的路面结构是(　　)。
　　(A)无机结合料类基层水泥混凝土路面　　(B)沥青结合料类基层沥青混凝土路面
　　(C)粒料类基层沥青路面　　　　　　　　(D)组合式基层沥青路面

11. 二级自然区划是在一级自然区划范围内进一步划分,其主要依据是(　　)。
　　(A)温度系数　　　　　　　　　　　　　(B)湿度系数
　　(C)干燥系数　　　　　　　　　　　　　(D)潮湿系数

12. 根据《公路路基设计规范》(JTG D30—2015),可用于填筑路堤的岩石是(　　)。
　　(A)膨胀性岩石　　　　　　　　　　　　(B)盐化岩石
　　(C)易溶性岩石　　　　　　　　　　　　(D)软质岩石

13. 浸水路堤、桥涵台背和挡土墙墙背的填料应具有良好的(　　)。
　　(A)密水性　　　　　　　　　　　　　　(B)抗冻性
　　(C)渗水性　　　　　　　　　　　　　　(D)压缩性

14. 高液限土是指液限(100g 锥试验)大于(　　)。
　　(A)40%的细粒土　　　　　　　　　　　(B)50%的细粒土
　　(C)40%的粗粒土　　　　　　　　　　　(D)50%的粗粒土

15. [2019 年考题]下列土质中,可直接作为公路路堤填料的是(　　)。
　　(A)泥炭土
　　(B)强膨胀土
　　(C)液限大于50%、塑性指数大于 26 的细粒土
　　(D)液限小于50%、塑性指数小于 26 的细粒土

16. [2019 年考题]根据《公路路基设计规范》(JTG D30—2015),进行路基设计时,其设计指标为路床顶面的(　　)。
　　(A)回弹模量　　　　　　　　　　　　　(B)静态模量
　　(C)竖向压应力　　　　　　　　　　　　(D)竖向压应变

17. [2019 年考题]高速公路路基设计洪水频率应采用(　　)。
　　(A)1/25　　　　　　　　　　　　　　　(B)1/50
　　(C)1/100　　　　　　　　　　　　　　(D)1/200

18. [2019 年考题]城市道路快速路、主干路、次干路路基顶面设计回弹模量值分别不应小于(　　)。
　　(A)30MPa、30MPa、20MPa　　　　　　(B)30MPa、30MPa、25MPa

(C)40MPa、30MPa、30MPa　　　　　　　　(D)40MPa、40MPa、30MPa

19.[2020 年考题]某城市主干线路基为粉质土,根据规范规定判断其路基是否进行处治的干湿状态分界稠度值应为(　　　)。

(A)0.90　　　　　　　　　　　　　　　(B)1.00

(C)1.10　　　　　　　　　　　　　　　(D)1.20

20.[2021 年考题]某城市道路沿河路段,河道设计洪水频率水位为 42.0m,壅水高度为 0.5m,波浪侵袭高度为 0.6m,计算该段道路路基边缘的最小设计高程应为(　　　)。

(A)42.5m　　　　　　　　　　　　　　(B)42.6m

(C)43.1m　　　　　　　　　　　　　　(D)43.6m

21.[2021 年考题]某城市道路快速路位于 IV_3 自然区划地区,其路基土质类别为黏质土,按照地下水位计算得出路基相对高度 H 为 1.48m,不考虑地表积水影响,判断该路基干湿类型应为(　　　)。

(A)干燥　　　　　　　　　　　　　　　(B)中湿

(C)潮湿　　　　　　　　　　　　　　　(D)过湿

二、多项选择题

1.关于路基平衡湿度预估方法的叙述,下列选项正确的有(　　　)。

(A)湿度状态由气候因素所控制的路基可定义为干燥类路基

(B)干燥类路基的平衡湿度可根据湿度指标和土组类别确定

(C)随着湿度增大,路基强度和 CBR 增大,回弹模量将减小

(D)规范规定,以最佳含水率和最大干密度的路基湿度作为标准状态

2.关于细粒土的分类,下列选项正确的有(　　　)。

(A)细粒土应按其在塑性图中的位置确定土名称

(B)塑性图以液限为横坐标,塑限为纵坐标

(C)位于塑性图 A 线以上,B 线左侧,称为低液限黏土

(D)位于塑性图 A 线以下,B 线右侧,称为高液限粉土

3.公路坡面防护工程的类型有(　　　)。

(A)植物防护　　　　　　　　　　　　　(B)预应力筋锚固

(C)工程防护　　　　　　　　　　　　　(D)骨架植物防护

4.膨胀土是指含亲水矿物的高塑性黏土,其具有的明显特性有(　　　)。

(A)吸水收缩　　　　　　　　　　　　　(B)失水收缩

(C)吸水膨胀　　　　　　　　　　　　　(D)失水膨胀

5. 判断干燥类路基平衡湿度时,可根据(　　)确定其饱和度。
　　(A)土组类别　　　　　　　　　　(B)级配指标
　　(C)湿度指标　　　　　　　　　　(D)地下水位

6. 新建公路路床应处于(　　)。
　　(A)干燥状态　　　　　　　　　　(B)中湿状态
　　(C)潮湿状态　　　　　　　　　　(D)过湿状态

7. 下列关于自然区划的叙述中,正确的选项有(　　)。
　　(A)以均温等值线和三阶梯的两条等高线作为一级区划的标志
　　(B)一级区划首先将全国划分为多年冻土、季节冻土和全年不冻土三大地带
　　(C)二级区划是在一级区划基础上以潮湿系数为主进一步划分
　　(D)三级区划是在二级区划基础上以土质类型为主进一步划分

8. 冻土按冻结状态持续时间分为(　　)。
　　(A)多年冻土　　　　　　　　　　(B)半年冻土
　　(C)隔年冻土　　　　　　　　　　(D)季节冻土

9. 下列描述中,属于潮湿类路基特征的有(　　)。
　　(A)地下水或地表长期积水的水位高
　　(B)路基工作区处于地下水毛细润湿面之上
　　(C)路基工作区处于地下水毛细润湿影响范围内
　　(D)路基平衡湿度由地下水或地表长期积水的水位升降所控制

10. 为使路床满足设计要求,对水文地质条件不良的土质挖方路基或者潮湿状态填方路基可采取的措施有(　　)。
　　(A)设置排水垫层　　　　　　　　(B)设置毛细水隔离层
　　(C)设置反压护道　　　　　　　　(D)设置地下排水渗沟

11. 关于路床填筑及压实,下列说法不正确的有(　　)。
　　(A)填料最大粒径应小于 100mm
　　(B)路床顶面横坡应与路拱横坡一致
　　(C)二级公路上路床的压实度应不小于 96%
　　(D)高速公路上路床填料最小承载比应不小于 6%

12. 路堤的变形破坏形式有(　　)。
　　(A)路基沉陷　　　　　　　　　　(B)边坡滑塌
　　(C)边坡崩塌　　　　　　　　　　(D)沿山坡滑动

13. 关于细粒土,下列选项不正确的有(　　)。
    (A)细粒土应根据塑性图分类
    (B)细粒土的可塑范围越大,土的工程性质越好
    (C)填土的可塑性增大,其最佳含水率增大
    (D)填土的塑限含水率增大,其最佳含水率增大

14. [2019年考题]公路路基设计时,应保证路基具有足够的(　　)。
    (A)经济性   (B)稳定性
    (C)耐久性   (D)强度

15. [2019年考题]《公路路基设计规范》(JTG D30—2015)规定,路基平衡湿度状况可依据路基的湿度来源,将路基湿度状况划分为(　　)。
    (A)干燥状态   (B)中湿状态
    (C)潮湿状态   (D)过湿状态

16. [2019年考题]确定公路路基设计高度时,需综合考虑(　　)。
    (A)设计洪水位   (B)地下水位
    (C)地表积水深度   (D)边坡坡率

三、案例题

1. 西南地区某新建一级公路,K3 + 230 ~ K4 + 560 段路基平均填筑高度为1.9m,地下水位埋深0.3m。经过计算可知路基工作区深度为1.4m,毛细水上升最大高度为1.0m。根据《公路路基设计规范》(JTG D30—2015)分析确定,该路床所处的湿度状态是(　　)。
    (A)干燥状态   (B)中湿状态
    (C)潮湿状态   (D)过湿状态

2. 某一级公路填方路基,现场取样进行液限和塑限试验,采用液塑限联合测试法测得土样的液限 w_L 为39% ,塑限 w_p 为17% ,根据《公路土工试验规程》(JTG 3430—2020)判定,该路基土属于(　　)。
    (A)高液限黏土   (B)高液限粉土
    (C)低液限黏土   (D)低液限粉土

3. 公路自然区划 IV 区某新建二级公路初步设计,K8 + 560 ~ K9 + 780 段路基平均填筑高度为0.85m,路基平衡湿度状态主要受地下水控制。路基填料采用黏质土,CBR 值为11.6% ,通过试验测得干湿循环条件下路基土模量折减系数为0.85,路基回弹模量湿度调整系数按规范要求查表取0.80,该路基回弹模量设计值最接近于(　　)。
    (A)57.4MPa   (B)61.3MPa
    (C)68.7MPa   (D)73.2MPa

4. 某新建二级公路初步设计,有一填料为黏质土,路基平均填筑高度为 24m 的路段,通过试验测得 CBR 值约为 42.5%,干湿循环条件下路基土模量折减系数取 0.9,湿度调整系数取 0.95。则该路基回弹模量设计值最接近( )。

 (A)108.2MPa   (B)122.7MPa

 (C)131.9MPa   (D)148.6MPa

5. 某二级公路路线为沿河线,路基宽度为 12m,沥青混凝土路面,路面厚度为 42cm,K8 + 660 处的地面高程为 253.67m,如下图所示。该处路基工作区深度为 1.65m,中湿状态路基临界高度为 2.84m。按设计洪水频率的计算水位高程为 255.82m,壅水高度为 1.0m,波浪侵袭高度为 0.3m。则该路堤高度为 H 应不低于( )。

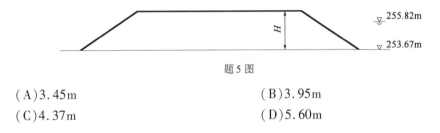

题 5 图

 (A)3.45m   (B)3.95m

 (C)4.37m   (D)5.60m

6. 公路自然区划 Ⅱ 区某新建二级公路初步设计,K6 + 120 ~ K7 + 520 段路基平均填筑高度为 2.20m,如下图所示。填料采用黏质土,CBR 值为 13.8%,通过计算求得路基工作区深度为 1.56m,毛细润湿面距地表的高度为 1.55m。通过查表得到地下水毛细润湿面上、下部分路基回弹模量湿度调整系数分别为 0.91 和 0.5,冻融循环条件下路基土模量折减系数为 0.90。则路基回弹模量设计值最接近( )。

 (A)33.2MPa   (B)48.6MPa

 (C)56.5MPa   (D)63.8MPa

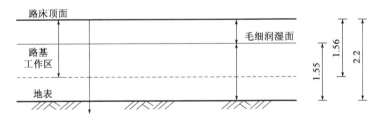

题 6 图(尺寸单位:m)

7. [2019 年考题]某季节性冻土地区的公路初步设计阶段,采用的路基填料 CBR 值是 8.0,路基回弹模量湿度调整系数取 0.85,冻融循环条件下路基土模量折减系数取 0.9,平衡状态下路基回弹模量设计值是( )。

 (A)51.0MPa   (B)53.1MPa

 (C)56.6MPa   (D)66.6MPa

8. [2019年考题]某新建路基,平衡湿度(含水率)状态下的回弹模量为60MPa,标准状态下的回弹模量为80MPa。根据《公路路基设计规范》(JTG D30—2015)路基回弹模量湿度调整系数为(   )。

(A)0.56　　　　　　　　　　　　(B)0.68

(C)0.75　　　　　　　　　　　　(D)0.83

9. [2019年考题]某重交通的二级公路,粉质土地基,地下水位埋深1.0m,低填路堤高1.5m,填料为细砂土,路基不受洪水影响,沥青路面厚度为0.6m,路床厚度为0.8m。毛细水上升最大高度为0.5m。根据《公路路基设计规范》(JTG D30—2015)分析确定,该路床所处的湿度状态是(   )。

(A)干燥状态　　　　　　　　　　(B)中湿状态

(C)潮湿状态　　　　　　　　　　(D)过湿状态

10. [2019年考题]某沿河二级公路,受水浸淹,水文计算得知,300年一遇的洪水位为29.8m,100年一遇的洪水位为28.6m,50年一遇的洪水位为26.8m,25年一遇的洪水位为24.0m,假定壅水高0.6m,波浪侵袭高1.2m。根据《公路工程技术标准》(JTG B01—2014),路基边缘高程是(   )。

(A)26.3m　　　　　　　　　　　(B)28.6m

(C)29.1m　　　　　　　　　　　(D)30.9m

11. [2020年考题]某城市主干路位于IV₃自然区划,该道路某一路段横断面布置如下图所示,原地面高程为3.60m,设计中央分隔带边线路面高程为4.20m,机动车道路面结构厚度为0.60m,非机动车道路面结构厚度为0.35m,路基土为粉质土,地下水埋深为1.20m,下列关于该道路路基干湿类型及路基处理措施,符合规范规定的是(   ),并请说明选择依据和理由。

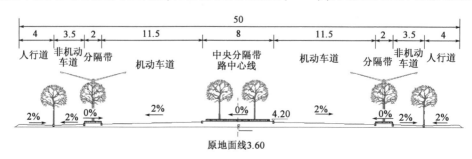

题11图(尺寸单位:m)

(A)路基为干燥类型,不需要路基处理　　(B)路基为中湿类型,不需要路基处理

(C)路基为潮湿路基,设置石灰土垫层　　(D)路基为过湿类型,设置水泥土垫层

12. [2020年考题]某公路工程初步设计阶段,其中一处大型取土场位于河流阶地,取代表性土样进行室内试验,三组样测得的CBR值分别为22.8、23.0、23.2,其路基回弹湿度调整系

数取 0.85,冻融循环条件下路基土模量折减系数为 0.9,该取土场估算标准状态下填料的回弹模量为(　　)。(结果保留 1 位小数)

(A)94.8MPa　　　　　　　　　　(B)124.0MPa

(C)130.9MPa　　　　　　　　　　(D)131.7MPa

13.[2020 年考题]某二级公路,沿河路段受水浸淹,水文计算得知,300 年一遇的洪水位为 29.8m,100 年一遇的洪水位为 28.6m,50 年一遇的洪水位为 26.8m,25 年一遇的洪水位为 24.0m。已知壅水高度为 0.6m,波浪侵袭高度为 1.2m,该二级公路在区域内是唯一的一条公路。该路段合适的路基边缘高程为(　　)。

(A)28.6m　　　　　　　　　　　(B)29.1m

(C)30.4m　　　　　　　　　　　(D)30.9m

14.[2021 年考题]某沿湖公路,路基填筑高度为 6m(不算路面厚度),设计人员在路基高度 2.6m 处设置了一层厚度为 0.3m 的砾石层(作用是隔断毛细水)。路基的下部被湖水长期浸泡。已知路基工作区厚度为 3.2m,毛细水上升高度为 0.8m,雨季的湖水位比地面高 2.4m。根据规范规定,该路段路基干湿类型可确定为(　　)。

(A)干燥　　　　　　　　　　　　(B)中湿

(C)潮湿　　　　　　　　　　　　(D)无法判断

15.[2021 年考题]某新建季节性冻土地区的公路工程,其取土场填料的 CBR 值为 10.5,路基回弹模量湿度调整系数取 0.85,冻融循环条件下路基土模量折减系数取 0.9,该路段路基的回弹模量设计值是(　　)。(取小数点后 1 位)

(A)60.6MPa　　　　　　　　　　(B)61.6MPa

(C)67.3MPa　　　　　　　　　　(D)79.3MPa

参考答案及解析

一、单项选择题

1.【答案】C

【解析】根据《公路路基设计规范》(JTG D30—2015)第 3.2.3 条,高速公路路床压实度≥96%。

2.【答案】C

【解析】根据《公路自然区划标准》(JTJ 003—1986)第 2.0.3 条,依据不同地理、气候、构造、地貌界线的交错和叠合,将我国划分为七个一级自然区,即:Ⅰ北部多年冻土区、Ⅱ东部温润季冻区、Ⅲ黄土高原干湿过渡区、Ⅳ东南湿热区、Ⅴ西南潮暖区、Ⅵ西北干旱区、Ⅶ青藏高寒区。

3.【答案】B

【解析】根据《城市道路工程设计规范》(CJJ 37—2012)(2016 年版)第 12.2.1 条,路基断面形式应与沿线自然环境和城市环境相协调,不得深挖、高填;同时应因地制宜,合理利用当地材料和工业废料修筑路基。

4.【答案】C

【解析】根据《公路土工试验规程》(JTG 3430—2020)第 3.4.1 条,试样中细粒组土粒质量大于或等于总质量 50% 的土称细粒土。

5.【答案】A

【解析】根据《公路路基设计规范》(JTG D30—2015)第 3.3.3 条,泥炭、淤泥、冻土、强膨胀土、有机土及易溶盐超过允许含量的土等,不得直接用于填筑路堤。季节冻土地区路床及浸水部分的路堤不应直接采用粉质土填筑。

6.【答案】B

【解析】根据《公路路基设计规范》(JTG D30—2015)第 2.1.10 条,填石路堤是用粒径大于 40mm、石料含量超过 70% 的石料填筑的路堤。

7.【答案】B

【解析】根据《公路路基设计规范》(JTG D30—2015)第 3.2.4 条,路基应以路床顶面回弹模量为设计指标,以路床顶面竖向压应变为验算指标。

8.【答案】C

【解析】根据《公路路基设计规范》(JTG D30—2015)第 C.0.1 条,由地下水控制的路基平衡湿度状态是潮湿状态。

9.【答案】A

【解析】根据《公路路基设计规范》(JTG D30—2015)第 C.0.1 条,由气候因素控制的路基平衡湿度状态是干燥状态。

10.【答案】A

【解析】根据《公路路基设计规范》(JTG D30—2015)第 3.2.4 条,水泥混凝土路面路床顶面竖向压应变可不作控制。

11.【答案】D

【解析】根据《公路自然区划标准》(JTJ 003—1986)第 3.0.1 条,二级自然区划是在一级自然区划范围内进一步划分,其主要依据是潮湿系数。

12.【答案】D

【解析】根据《公路路基设计规范》(JTG D30—2015)第3.8.1条,硬质岩石、中硬岩石可作为路床、路堤填料;软质岩石可用于路堤填筑,不得用于路床填料;膨胀性岩石、易溶性岩石和盐化岩石等不得用于路堤填筑。

13.【答案】C

【解析】根据《公路路基设计规范》(JTG D30—2015)第3.3.3条,浸水路堤、桥涵台背和挡土墙墙背宜采用渗水性良好的填料。

14.【答案】B

【解析】根据《公路路基设计规范》(JTG D30—2015)第2.1.16条,高液限土是液限(100g锥试验)大于50%的细粒土。

15.【答案】D

【解析】根据《公路路基设计规范》(JTG D30—2015)第3.3.3条第4款,液限大于50%、塑性指数大于26的细粒土,不得直接作为路堤填料。

16.【答案】A

【解析】根据《公路路基设计规范》(JTG D30—2015)第3.2.4条,路基应以路床顶面回弹模量为设计指标,以路床顶面竖向压应变为验算指标。

17.【答案】C

【解析】根据《公路路基设计规范》(JTG D30—2015)第3.1.3条,沿河及受水浸淹的路基边缘高程,应高出规定的设计洪水频率的计算水位加壅水高度、波浪侵袭高度及0.5m的安全高度之和,高速公路和一级公路路基设计洪水频率规定为1/100。

18.【答案】A

【解析】根据《城市道路工程设计规范》(CJJ 37—2012)(2016年版)第12.2.2条第1款,快速路和主干路路基顶面设计回弹模量值不应小于30MPa;次干路和支路不应小于20MPa;当不满足上述要求时,应采取措施提高回弹模量。

19.【答案】A

【解析】根据《城市道路路基设计规范》(CJJ 194—2013)第4.2.2条,对快速路和主干路,路基应处于干燥或中湿状态;对次干路和支路,路基宜处于干燥或中湿状态。否则,应采取翻晒、换填、改良或设置隔水层、降低地下水位等措施。根据第4.2.1条,粉质土路基中湿和潮湿状态路基的分界稠度值为 $\omega_{c2} = 0.90$。

20.【答案】D

【解析】根据《城市道路工程设计规范》(CJJ 37—2012)(2016 年版)第 12.2.3 条,沿河及浸水路段的路基边缘高程,不应低于路基设计洪水频率的水位加壅水高、波浪侵袭高度和 0.5m 的安全高度。路基边缘的最小设计高程为:$42.0 + 0.5 + 0.6 + 0.5 = 43.6$m。

21.**【答案】**B

【解析】根据《城市道路路基设计规范》(CJJ 194—2013)第 4.2.1 条和表 A.0.1,黏质土,$\mathbb{N}_3$ 自然区划地区,路床面至地下水临界水深 $H_1 = 1.5 \sim 1.7$m,$H_2 = 1.1 \sim 1.2$m,$H_3 = 0.8 \sim 0.9$m,$H_2 \leqslant H = 1.48$m $< H_1$,可知路基干湿类型应为中湿。

二、多项选择题

1.**【答案】**ABD

【解析】选项 C 错误,随着湿度增大,路基强度和 CBR 减小,回弹模量将减小。

2.**【答案】**ACD

【解析】根据《公路土工试验规程》(JTG 3430—2020)第 3.4.3 条,选项 B 错误,塑性图以液限为横坐标,塑性指数为纵坐标。

3.**【答案】**ACD

【解析】根据《公路路基设计规范》(JTG D30—2015)第 5.2.1 条,坡面防护工程类型有植物防护、骨架植物防护和工程防护。

4.**【答案】**BC

【解析】根据《公路路基设计规范》(JTG D30—2015)第 2.1.17 条,膨胀土是含亲水性矿物并具有明显的吸水膨胀与失水收缩特性的高塑性黏土。

5.**【答案】**AC

【解析】根据《公路路基设计规范》(JTG D30—2015)第 C.0.3 条,干燥类路基的平衡湿度可根据路基所在自然区划的湿度指标 TMI 和土组类别确定。

6.**【答案】**AB

【解析】根据《公路路基设计规范》(JTG D30—2015)第 3.2.7 条,新建公路路床应处于干燥或中湿状态。

7.**【答案】**ABC

【解析】选项 D 错误,根据《公路自然区划标准》(JTJ 003—1986),三级区划是二级区划的进一步划分,三级区划的方法有两种,一种是按照地貌、水文和土质类型将二级自然区进一步划分为若干类型单位的类型区划;另一种是继水热、地理和地貌等为标志将二级自然区进一步划分为若干更低级区域的区域划分。

8.【答案】ACD

【解析】冻土按冻结状态持续时间分为多年冻土、隔年冻土和季节冻土。

9.【答案】ACD

【解析】根据《公路路基设计规范》(JTG D30—2015)第 C.0.1 条,地下水或地表长期积水的水位高,路基工作区均处于地下水毛细润湿影响范围内,路基平衡湿度由地下水或地表长期积水的水位升降所控制,路基湿度状态可定为潮湿类路基。

10.【答案】ABD

【解析】根据《公路路基设计规范》(JTG D30—2015)第 3.2.8 条,水文地质条件不良的土质挖方路基或者潮湿状态填方路基,应采取设置排水垫层、毛细水隔离层、地下排水渗沟等措施。

11.【答案】CD

【解析】根据《公路路基设计规范》(JTG D30—2015)第 3.2.2 条和第 3.2.3 条,选项 C 错误,二级公路上路床的压实度应不小于 95%。选项 D 错误,高速公路上路床填料最小承载比应不小于 8%。

12.【答案】ABD

【解析】路堤的变形破坏形式有路基沉陷、边坡滑塌、沿山坡滑动。选项 C 为路堑变形破坏。

13.【答案】BC

【解析】选项 B 错误,可塑性范围是指液限和塑限的差值,可塑性范围越大,指塑限大,液限小,土的工程性质好,需要合适的塑限和液限,不是越大越好,也不是越小越好。选项 C 错误,最佳含水率一般在塑限含水率附近。

14.【答案】BCD

【解析】根据《公路路基设计规范》(JTG D30—2015)第 1.0.3 条,路基应具有足够的强度、稳定性和耐久性。

15.【答案】ABC

【解析】根据《公路路基设计规范》(JTG D30—2015)第 C.0.1 条,依据路基的湿度来源,可将路基的平衡湿度状况分为三类,即干燥状态、潮湿状态和中湿状态。

16.【答案】ABC

【解析】根据《公路路基设计规范》(JTG D30—2015)第 3.3.1 条,路堤高度应满足下列要求:①满足公路等级所对应的路基设计洪水频率及其设计洪水位;②路堤高度不宜小于中湿状态路基临界高度;③季节冻土地区,路堤高度不宜小于当地路基冻深。

三、案例题

1.【答案】B

【解析】地下水深0.3m,毛细水上升1.0m,故毛细水润湿面距离地面为$1.0-0.3=0.7$m,路基工作区的底部距离地面的高度为:$1.9-1.4=0.5$m,则毛细润湿面处于路基工作区内部。依据《公路路基设计规范》(JTG D30—2015)第C.0.1条第3款,该路基工作区被毛细润湿面分成了上下两个部分,故该路基为中湿类型。

2.【答案】C

【解析】依据题意,该土的塑性指数$I_P=w_L-w_P=39-17=21$,液限$w_L=39\%$,在A线上的位置$I_P=0.73\times(39-20)=13.87$。根据《公路土工试验规程》(JTG 3430—2020)第3.4.3条,确定出该土在塑性图中的位置是:A线以上,B线以左,因此判定该土属于低液限黏土。

3.【答案】A

【解析】根据《公路路基设计规范》(JTG D30—2015)第3.2.5条和第3.2.6条:

$$M_R=17.6\,CBR^{0.64}=17.6\times11.6^{0.64}=84.5\text{MPa}$$

$$E_0=K_sK_\eta M_R=0.8\times0.85\times84.5=57.4\text{MPa}$$

4.【答案】D

【解析】根据《公路路基设计规范》(JTG D30—2015)第3.2.5条和第3.2.6条:

$$M_R=22.1\,CBR^{0.55}=22.1\times42.5^{0.55}=173.8\text{MPa}$$

$$E_0=K_sK_\eta M_R=0.95\times0.90\times173.8=148.6\text{MPa}$$

5.【答案】B

【解析】根据《公路路基设计规范》(JTG D30—2015)第3.3.2条:

$$(h_{sw}-h_0)+h_w+h_{bw}+\Delta h=(255.82-253.67)+0.3+1.0+0.5=3.95\text{m}$$

$$h_l+h_p=2.84+0.42=3.26\text{m}$$

$$h_{wd}+h_p=1.65+0.42=2.07\text{m}$$

取上述计算结果的最大值,可知该路堤高度不低于3.95m。

6.【答案】C

【解析】根据《公路路基设计规范》(JTG D30—2015)第3.2.5条、第3.2.6条和第C.0.1条,推算知,毛细润湿面上、下部分路基工作区的厚度分别为:0.65m和0.91m。

$$M_R=22.1CBR^{0.55}=22.1\times13.8^{0.55}=93.61\text{MPa}$$

$$K_s=K_{s1}\frac{h_1}{h}+K_{s2}\frac{h_2}{h}=0.91\times\frac{0.65}{1.56}+0.5\times\frac{0.91}{1.56}=0.67$$

$E_0 = K_s K_\eta M_R = 0.67 \times 0.90 \times 93.61 = 56.45\text{MPa}$

7.【答案】A

【解析】根据《公路路基设计规范》(JTG D30—2015)第3.2.5条和第3.2.6条:

$M_R = 17.6 CBR^{0.64} = 17.6 \times 8^{0.64} = 66.6\text{MPa}$

$E_0 = K_s K_\eta M_R = 0.85 \times 0.9 \times 66.6 = 51.0\text{MPa}$

8.【答案】C

【解析】根据《公路路基设计规范》(JTG D30—2015)第3.2.5条,路基回弹模量湿度调整系数 K_s 为平衡湿度(含水率)状态下的回弹模量 E_0 与标准状态下的回弹模量 M_R 之比,即:

$K_s = E_0/M_R = 60/80 = 0.75$

9.【答案】A

【解析】依据题意,二级公路重交通,路基工作区深度为0.8m,由于路基高度为1.5m,路基工作区的深度距离地面的高度为:$1.5 - 0.6 - 0.8 = 0.1\text{m}$,地下水深1.0m,毛细水上升0.5m,故毛细水距离地面为 $1.0 - 0.5 = 0.5\text{m}$。根据《公路路基设计规范》(JTG D30—2015)第 C.0.1条第3款,路基平衡湿度不受地下水控制,路基湿度状态为干燥状态。

10.【答案】C

【解析】根据《公路工程技术标准》(JTG B01—2014)第5.0.2条第1款和第5.0.3条第2款,路基边缘设计高程 $H = 26.8 + 0.6 + 1.2 + 0.5 = 29.1\text{m}$。

11.【答案】C

【解析】根据《城市道路路基设计规范》(CJJ 194—2013)第4.2.1条和4.2.2条。

机动车道最右侧的路基相对高度 H_{01}:

$H_{01} = 1.2 - 11.5 \times 2\% = 0.97\text{m}$

非机动车最右侧的路基相对高度 H_{02}:

$H_{02} = 4.2 - (11.5 + 3.5) \times 2\% - 3.6 - 0.35 + 1.2 = 1.15\text{m}$

该路段路基相对高度取小值 $H = 0.97\text{m}$。

查附录A续表 A.0.1,粉质土 IV3 区,$H_1 = 1.7 \sim 1.9\text{m}$,$H_2 = 1.2 \sim 1.3\text{m}$,$H_3 = 0.8 \sim 0.9\text{m}$,$H_3 < H < H_2$,路基为潮湿类型。主干路路床应处于干燥或中湿状态,故需要设置石灰土垫层。

12.【答案】B

【解析】根据《公路路基设计规范》(JTG D30—2015)第3.2.6条:

$CBR = \dfrac{22.8 + 23.0 + 23.2}{3} = 23.0$

$M_R = 22.1 CBR^{0.55} = 22.1 \times 23.0^{0.55} = 124.0\text{MPa}$

13.【答案】D

【解析】根据《公路路基设计规范》(JTG D30—2015)第3.1.3条。区域内唯一通道的公路路基设计洪水频率可采用高一个等级公路的标准,本题二级公路路基采用1/100洪水频率,对应的洪水位高为28.6m。该路段合适的路基边缘高程为:

$$h = 28.6 + 0.6 + 1.2 + 0.5 = 30.9m$$

14.【答案】A

【解析】根据《公路路基设计规范》(JTG D30—2015)附录C,路基工作区底面距离地面:$6 - 3.2 = 2.8m$;毛细水上升高度为0.8m,湖水位距离地面2.4m,毛细湿润面距离地面$0.8 + 2.4 = 3.2m$;设置砾石层隔断毛细水后,毛细湿润面距离地面2.6m,路基工作区处于毛细湿润面之上,为干燥类。

15.【答案】A

【解析】根据《公路路基设计规范》(JTG D30—2015)第3.2.5条和第3.2.6条。

$$M_R = 17.6CBR^{0.64} = 17.6 \times 10.5^{0.64} = 79.26MPa$$
$$E_0 = K_S K_\eta M_R = 0.85 \times 0.9 \times 79.26 = 60.6MPa$$

第二节 一般路基设计

复习要点

路基设计基本原则;路床(路基结构)与路基工作区的关系;路基监测要求;路床和路堤填料选择原则和要求;路床和路堤压实要求;压实度测定方法;路床、路堤、填石路堤及特殊土路基压实度控制标准;地基地表处理设计要求;填石路基设计原则和适用条件;轻质材料用途、适用条件及材料要求;工业废渣路堤的使用条件;城市道路沟槽路基回填、掘路路基回填、管道检查井和桥梁承台等特殊部位、桥涵台背、地铁等浅埋构筑物的路基填筑与压实要求;路基拓宽改建时的主要工程问题;路堤和路堑边坡坡度确定依据;砌石路基、护肩与护脚的构造与使用条件。

本节主要有以下考点:

(1)路床设计 需掌握路床、路堤的概念,路床与路基工作区的关系,路床厚度确定的依据,路床设计规定和设计指标。

(2)路基监测 需掌握路基监测的项目、监测内容、监测目的、监测周期。

(3)路基填料与压实 较为重要的是路堤填料选择原则,需结合路基土的工程性质加以理解,哪种填料好,哪种填料差,其本质原因是黏聚力和内摩擦角的不同。其次是压实度的含义和规定,公路和城市道路对填料压实规定和要求及不同点。

(4)填石路堤 主要掌握填石料的分类、填石路堤的构造与使用条件。

(5)轻质材料路堤和工业废渣路堤 需理解轻质材料路堤和工业废渣的用途、适用条件和填料要求。

典 型 习 题

一、单项选择题

1. 高速公路填方路基对于填料最小承载比的要求,下面判断正确的是( )。
   - (A)上路床≥下路床≥上路堤≥下路堤
   - (B)上路堤≥下路堤≥上路床≥下路床
   - (C)下路床≥上路床≥下路堤≥上路堤
   - (D)下路堤≥上路堤≥下路床≥上路床

2. 城市道路不得用于路基填筑的填料是( )。
   - (A)建筑渣土
   - (B)生活垃圾
   - (C)工业废渣
   - (D)当地材料

3. 一般地质路段,二级公路基底的压实度不应小于( )
   - (A)85%
   - (B)88%
   - (C)90%
   - (D)95%

4. 《公路路基设计规范》(JTG D30—2015)规定,高速公路和一级公路的高路堤、陡坡路堤和深路堑等均应采用( )。
   - (A)详细设计
   - (B)静态设计
   - (C)阶段设计
   - (D)动态设计

5. 关于高路堤与陡坡路堤沉降控制要求,下列描述错误的是( )。
   - (A)断面形式宜采用台阶式
   - (B)应进行路基稳定性计算分析
   - (C)宜预留一年的沉降期,减少工后沉降
   - (D)监测周期应为公路建成营运后不少于一年

6. 陡坡路堤是地面斜坡坡率陡于( )的路堤。
   - (A)1∶1.0
   - (B)1∶1.5
   - (C)1∶2.0
   - (D)1∶2.5

7. 低路堤是指路堤填土高度小于路基( )。
   - (A)设计洪水位
   - (B)临界高度
   - (C)工作区深度
   - (D)设计高度

8. 浸水路堤在设计水位以下的边坡率不宜陡于( )。
   - (A)1∶1.25
   - (B)1∶1.50
   - (C)1∶1.75
   - (D)1∶2.00

9. 为提高半填半挖路基稳定性,可铺设土工格栅于填挖交界结合部的( )。

（A）路基范围 （B）路堤范围
（C）路床范围 （D）路面范围

10. 二级及二级以上公路路堤与桥台、横向构造物连接处应设置过渡段,过渡段路基压实度不应小于(   )。

（A）90% （B）92%
（C）94% （D）96%

11. 填石料可根据石料饱和抗压强度指标划分,不得用于路床填料的是(   )。

（A）凝灰岩 （B）石灰岩
（C）花岗岩 （D）石英岩

12. 关于砌石路基设计,下列描述错误的是(   )。

（A）砌石路基可用于三级、四级公路
（B）软质岩石路段不宜采用砌石路基
（C）砌石顶宽不应小于 0.8m,砌石高度不宜超过 15m
（D）砌石应选用当地不易风化的片、块石填筑,内侧可填土

13. 不能用于路堤填筑的工业废渣是(   )。

（A）高炉矿渣 （B）电石渣
（C）钢渣 （D）煤矸石

14. 桥台处路基填土高度为 16.3m,则路堤与桥台连接处的合理的过渡段长度为(   )。

（A）35m （B）45m
（C）55m （D）65m

15. 作为施工控制指标,填石路堤压实质量标准宜采用(   )。

（A）孔隙率 （B）沉降差
（C）干密度 （D）承载比

16. 一级公路软土地基上路基拼接时,应控制新老路基之间的差异沉降,既有路基与拓宽路基的路拱横坡的工后增大值不应大于(   )。

（A）0.30m （B）0.5%
（C）0.50m （D）1.0%

17. 关于地基表层处理设计,下列说法符合规范要求的是(   )。

（A）地面横坡缓于 1:2.5 时,可直接填筑路堤
（B）地面横坡陡于 1:2.5 时,原地面应挖台阶

（C)受地下水影响的路堤可采用换填、加筋等方法处理

（D)低路堤应对地基表层土进行超挖、分层回填压实

18.某公路 K3 +532 ~ K3 +856 段拟采用填石路堤进行施工,设计单位针对填石路堤进行了相应的设计和要求,下列要求正确的是(　　)。

（A)填石路堤的压实质量标准宜用压实度作为控制指标

（B)对填石料进行抗压强度试验,并作为路床和路堤的填料

（C)不同强度的石料,分别采用不同的填筑厚度和压实控制标准

（D)填石路堤顶部最后一层填石料的铺筑层厚不得大于 0.5m

19.土工泡沫塑料路堤设计应验算材料的(　　)。

（A)抗拉强度　　　　　　　　　　（B)抗压强度

（C)抗剪强度　　　　　　　　　　（D)抗折强度

20.筑路材料压实后干密度与标准最大干密度之比称为(　　)。

（A)CBR 值　　　　　　　　　　（B)饱和度

（C)孔隙比　　　　　　　　　　　（D)压实度

21.当路堤高度超过(　　)时,工业废渣路堤应进行路基稳定性检算。

（A)5m　　　　　　　　　　　　　（B)7m

（C)9m　　　　　　　　　　　　　（D)10m

22.高速公路深路堑施工监测周期应为(　　)。

（A)公路建成营运后不少于一年　　（B)公路建成营运后不少于两年

（C)公路开始施工后不少于一年　　（D)公路开始施工后不少于两年

23.一级公路深路堑施工监测项目不包括(　　)。

（A)地表监测　　　　　　　　　　（B)地下位移监测

（C)落石监测　　　　　　　　　　（D)地下水位监测

24.[2019 年考题]根据《公路路基设计规范》(JTG D30—2015),高速公路特重、极重交通荷载等级路床设计厚度应采用(　　)。

（A)0.8m　　　　　　　　　　　　（B)1.2m

（C)1.5m　　　　　　　　　　　　（D)1.9m

25.[2019 年考题]工业废渣用作路堤填料时,为保证公路路基稳定性,不得使用(　　)。

（A)堆存一年以上的钢渣　　　　　（B)堆存一年以上的高炉矿渣

（C)堆存不足一年的陈渣　　　　　（D)烧失量小于 20% 煤矸石

26. [2019 年考题] 利用公路沿线天然砂石料或开挖路堑的废石方填筑路堤时,不得用于公路路堤填筑的是( )。

 (A)硬质岩石   (B)中硬岩石

 (C)软质岩石   (D)盐化岩石

27. [2021 年考题] 某城市快速路位于一般土质地段,路面设计高程高于原地表面 110cm,设计路面结构厚度为 80cm,下列关于原地表面以下 0~50cm 范围内的最小压实度(重型)取值,符合规范规定的是( )。

 (A)90%   (B)93%   (C)94%   (D)96%

二、多项选择题

1. 关于路床设计的描述,下列选项不正确的有( )。

 (A)路基应以路床顶面回弹模量为验算指标

 (B)路基应以路床顶面竖向压应变为设计指标

 (C)水泥混凝土路面路床顶面竖向压应变可不作控制

 (D)沥青路面路床顶面竖向压应变应满足厚度控制要求

2. 影响路基压实效果的因素包括( )。

 (A)压实功能   (B)压实方法

 (C)土质类型   (D)路基高度

3. 路基应采用动态设计的有( )。

 (A)某二级公路地面横坡为 1:2.2 的填方路堤

 (B)某一级公路边坡高度为 30.5m 的岩石路堑

 (C)某一级公路地面横坡为 1:2.6,填方高度为 15m 的填方路堤

 (D)某高速公路地面横坡为 1:2.2,填方高度为 23m 的填方路堤

4. 减小高路堤工后沉降的措施有( )。

 (A)增强补压   (B)铺设土工合成材料

 (C)预留一个雨季的沉降期   (D)采用填石路堤

5. 根据《公路路基设计规范》(JTG D30—2015),路基填料应满足的要求包括( )。

 (A)平衡湿度   (B)路基强度

 (C)压实密度   (D)回弹模量

6. 不得直接用于填筑路堤的土质类型有( )。

 (A)冻土   (B)有机土

 (C)淤泥   (D)黏质土

7. 路堤高度应满足的要求有( )。
   (A)路堤高度不宜小于路基工作区深度
   (B)路堤高度不宜小于中湿状态路基临界高度
   (C)季节冻土地区,路堤高度不宜小于当地路基冻深
   (D)满足公路等级所对应的路基设计洪水频率及其设计洪水位

8. 应根据( )确定路堤边坡形式或坡率。
   (A)边坡高度　　　　　　　　　　(B)填料性质
   (C)地表横坡　　　　　　　　　　(D)地质条件

9. 关于填石路堤填料,下列说法正确的有( )。
   (A)膨胀岩石、易溶性岩石不得用于路堤填筑
   (B)路基的浸水部位,应采用稳定性好、不易膨胀崩解的石料填筑
   (C)路堤填料粒径应不大于500mm,并不宜超过层厚的2/3
   (D)路床底面以下500mm范围内,填料最大粒径不得大于150mm

10. 当路堑边坡土质潮湿或地下水露头时,应根据实际情况设置( )。
    (A)渗沟　　　　　　　　　　　　(B)仰斜式排水孔
    (C)急流槽　　　　　　　　　　　(D)排水隧洞

11. 对于填石路堤设计,下列选项错误的有( )。
    (A)填石路堤压实质量宜用干密度作为控制指标
    (B)填石路堤可采用与土质路堤相同的断面形式
    (C)填石路堤顶部最后一层填石料的铺筑层厚不得大于50cm
    (D)不同强度的石料应分别采用不同的厚度和压实控制标准

12. 护肩路基的顶面宽度不应侵占( )。
    (A)土路肩　　　　　　　　　　　(B)行车道
    (C)硬路肩　　　　　　　　　　　(D)路缘带

13. 轻质材料可用作需减小路堤重度或土压力的路堤材料,其应用范围包括( )。
    (A)软土地基上路堤　　　　　　　(B)洪水淹没路堤
    (C)挡土墙墙背路堤　　　　　　　(D)修复失稳路堤

14. 下列关于工业废渣路堤的结构设计的叙述中,正确的选项有( )。
    (A)应采用封闭式路堤结构
    (B)路床范围应采用土质填筑
    (C)路堤底部应高出地下水位0.5m以上

(D)路堤超过 4m 时,可在路堤中部设置土质夹层

15. 对于边坡高度大于 20m 的软弱松散岩质路堑,设计时采用的技术措施有( )。
（A）分层开挖 （B）坡脚预加固
（C）分层防护 （D）坡顶预加固

16. 当轻质材料路堤抗浮稳定系数小于抗浮安全系数时,可采取的技术措施有( )。
（A）调整填筑厚度 （B）设置包边护坡
（C）增加填土荷重 （D）降低地下水位

17. 根据《公路路基设计规范》(JTG D30—2015),应根据( )确定路床厚度。
（A）交通量 （B）公路等级
（C）设计轴载 （D）轴载组成

18. 公路路基压实度测试方法有( )。
（A）劈裂法 （B）挖坑灌砂法
（C）环刀法 （D）核子密湿度仪法

19. 位于设计基本地震动峰值加速度 $0.20g$ 地区的一级公路,下列选项中,应采取放缓边坡或加固的是( )。
（A）细粒土路基高度大于 15m(粉土和有机质土除外)
（B）粗粒土路基高度大于 15m(细砂、极细砂除外)
（C）黏性土路堤高度大于 15m
（D）黏性土路堑高度大于 15m

20. 关于半填半挖路基设计,下列选项正确的有( )。
（A）挖方区路床范围不符合要求的软质岩石应进行超挖换填
（B）填方区宜采用渗水性好的材料填筑
（C）必要时可在填挖交界结合部路床和路堤范围铺设土工格栅
（D）当挖方区为硬质岩石时,填方区宜采用砌石护墙路堤

21. 路堑边坡土体力学参数确定宜采用( )。
（A）反算分析 （B）现场加载试验
（C）原位剪切试验 （D）原状土室内剪切试验

22. 关于路床厚度的确定方法,下列选项正确的有( )。
（A）路床厚度应根据公路等级和交通功能确定
（B）路床厚度应根据交通量及其轴载组成确定

（C）对特种轴载的公路，应单独计算路基工作区深度，确定路床厚度

（D）需将标准状态下回弹模量转换为平衡湿度下的回弹模量再确定路床厚度

23.［2019 年考题］城市道路土质路基压实度可通过试验路检验或综合论证，在保证路基强度和稳定性要求的前提下，可适当降低路基压实度标准的情况有（　　）。

（A）采空区
（B）特殊潮湿地区
（C）特殊干旱地区
（D）专用非机动车道、人行道

24.［2020 年考题］利用挖方的石料填筑公路路基，在山区公路设计时会经常遇到，关于填石路基设计，下列选项中合理的方案有（　　）。

（A）不采取措施直接用软质岩石作路堤填料

（B）可用硬质岩石和中硬岩石作路床、路堤填料

（C）在填石路堤施工质量检测时，可采用孔隙率与压实沉降差联合控制

（D）采用硬质岩石填筑上路堤顶部最后一层时，每层厚度不大于 0.40m，最大粒径小于 150mm

25.［2020 年考题］下列关于城市道路路基回填的要求，符合规范规定的有（　　）。

（A）掘路工程中，回填路基的回填弹性模量应达到与新建道路相同的标准

（B）掘路工程中，路基回填宜选用强度高、级配良好、水稳定性好、便于获取与压实的材料

（C）管道沟槽回填时，沟槽底至管顶以上 0.8m 范围内，填料最大粒径应小于 50mm

（D）管道检查井周边回填土的压实度应符合回填路基压实度要求

三、案例题

1. 某一级公路，采用灌砂法检测路基压实度，标准砂密度为 1.55g/cm³，试坑的土样总质量为 6956g，含水率为 12.6%，注满试坑用标准砂 5528g。通过室内击实试验求得土的最佳含水率为 12.7%，最大干密度为 1.83g/cm³，该测点的压实度最接近（　　）。

（A）92.7%
（B）93.7%
（C）94.7%
（D）95.7%

2. 某高速路路基项目，对其填料取样进行试验，试件的 CBR 试验结果见下表。按照《公路土工试验规程》（JTG 3430—2020），该试件贯入量为 2.5mm 和 5mm 时的 CBR 值为（　　）。

题2表

贯入量（0.01mm）	100	150	200	250	300	400	500	600	700
荷载（kPa）	148	217	276	304	351	376	425	441	477

（A）4.34%，6.07%
（B）4.34%，4.05%
（C）4.05%，4.34%
（D）2.90%，4.05%

参考答案及解析

一、单项选择题

1.【答案】A

【解析】根据《公路路基设计规范》(JTG D30—2015)第3.2.2条和第3.3.3条。

2.【答案】B

【解析】根据《城市道路工程设计规范》(CJJ 37—2012)(2016年版)第12.2.1条,应因地制宜,合理利用当地材料和工业废料修筑路基。根据《城市道路路基设计规范》(CJJ 194—2013)第4.1.2条,路基设计应因地制宜,合理利用当地材料、工业废渣与建筑渣土。生活垃圾不得用于路基填筑。

3.【答案】C

【解析】根据《公路路基设计规范》(JTG D30—2015)第3.3.6条,一般地质路段,高速公路、一级公路和二级公路基底的压实度(重型)不应小于90%,三级、四级公路不应小于85%。

4.【答案】D

【解析】根据《公路路基设计规范》(JTG D30—2015)第3.1.8条,高速公路和一级公路的高路堤、陡坡路堤和深路堑等均应采用动态设计。

5.【答案】C

【解析】根据《公路路基设计规范》(JTG D30—2015)第3.6.13条,应加强高路堤与陡坡路堤的沉降控制。必要时,可采取增强补压、铺设土工合成材料等综合措施,并宜预留一个雨季的沉降期,减少工后沉降。

6.【答案】D

【解析】根据《公路路基设计规范》(JTG D30—2015)第2.1.8条,地面斜坡陡于1:2.5的路堤称为陡坡路堤。

7.【答案】C

【解析】根据《公路路基设计规范》(JTG D30—2015)第2.1.6条,低路堤是填土高度小于路基工作区深度的路堤。

8.【答案】C

【解析】根据《公路路基设计规范》(JTG D30—2015)第3.3.5条,浸水路堤在设计水位以下的边坡坡率不宜陡于1:1.75。

9. 【答案】C

【解析】根据《公路路基设计规范》(JTG D30—2015)第3.5.3条,填方区宜采用渗水性好的填料填筑,必要时,可在填挖交界结合部的路床范围内铺设土工格栅。

10. 【答案】D

【解析】根据《公路路基设计规范》(JTG D30—2015)第3.3.7条,二级及二级以上公路路堤与桥台、横向构造物(涵洞、通道)连接处应设置过渡段,过渡段路基压实度不应小于96%。

11. 【答案】A

【解析】根据《公路路基设计规范》(JTG D30—2015)第3.8.1条和第3.8.2条,软质岩石不得用于路床填料。凝灰岩为软质岩石。

12. 【答案】D

【解析】根据《公路路基设计规范》(JTG D30—2015)第3.3.10条,砌石应选用当地不易风化的片、块石填筑,内侧填石。

13. 【答案】B

【解析】根据《公路路基设计规范》(JTG D30—2015)第3.10.2条,高炉矿渣、钢渣、煤矸石可用于路堤填筑。

14. 【答案】B

【解析】根据《公路路基设计规范》(JTG D30—2015)第3.3.7条,过渡段长度宜为:$L = (2 \sim 3)H + (3 \sim 5) = 35.6 \sim 53.9\text{m}$。

15. 【答案】A

【解析】根据《公路路基设计规范》(JTG D30—2015)第3.8.3条,不同强度的石料,应分别采用不同的填筑层厚和压实控制标准。填石路堤压实质量标准宜用孔隙率作为控制指标。

16. 【答案】B

【解析】根据《公路路基设计规范》(JTG D30—2015)第6.4.3条,路基拼接时,应控制新老路基之间的差异沉降,既有路基与拓宽路基的路拱横坡度的工后增大值不应大于0.5%。

17. 【答案】D

【解析】根据《公路路基设计规范》(JTG D30—2015)第3.3.6条,地面横坡缓于1:5时,清除地表草皮、腐殖土后,可直接填筑路堤;地面横坡为1:5~1:2.5时,原地面应挖台阶;地面横坡陡于1:2.5地段的陡坡路堤,必须验算路堤滑动稳定性。当地下水影响路堤稳定时,应采取拦截、引排地下水或在路堤底部填筑渗水性好的材料等措施。低路堤应对地基表层土进行超挖、分层回填压实,其处理深度不应小于路床深度。

18.【答案】C

【解析】根据《公路路基设计规范》(JTG D30—2015)第3.8.1条～第3.8.5条,填石路堤的压实质量标准宜用孔隙率作为控制指标。填石料根据饱和抗压强度划分岩石类型(硬质、中硬、软质),不同的类型有不同的适用性。填石路堤顶部最后一层填石料的铺筑层厚不得大于0.4m。

19.【答案】B

【解析】根据《公路路基设计规范》(JTG D30—2015)第3.9.5条,土工泡沫塑料路堤设计应进行材料抗压强度的验算。

20.【答案】D

【解析】根据《公路路基设计规范》(JTG D30—2015)第2.1.11条,压实度指筑路材料压实后的干密度与标准最大干密度之比,以百分率表示。

21.【答案】A

【解析】根据《公路路基设计规范》(JTG D30—2015)第3.10.8条,当工业废渣路堤高度超过5m时,应进行路基稳定性检算。

22.【答案】A

【解析】根据《公路路基设计规范》(JTG D30—2015)第3.7.11条,高速公路深路堑施工监测周期应为公路建成营运后不少于一年。

23.【答案】C

【解析】根据《公路路基设计规范》(JTG D30—2015)表F-1,一级公路深路堑施工监测项目有地表监测、地下位移监测、地下水位监测和支挡结构变形、应力监测。

24.【答案】B

【解析】根据《公路路基设计规范》(JTG D30—2015)第2.1.2条,路床指路面结构层以下0.8m或1.2m范围内的路基部分,分为上路床及下路床两层。上路床厚度为0.3m;下路床厚度在轻、中等及重交通公路为0.5m,特种、极重交通公路为0.9m。

25.【答案】C

【解析】根据《公路路基设计规范》(JTG D30—2015)第3.10.2条第1款,高炉矿渣、钢渣应分解稳定,粒径符合规定要求,具有足够的强度。浸水膨胀率不应大于2.0%,压蒸粉化率不应大于5.0%,钢渣中金属铁含量不应大于2.0%,游离氧化钙含量应小于3.0%。应采用堆存一年以上的陈渣。

26.【答案】D

　　【解析】根据《公路路基设计规范》(JTG D30—2015)第3.8.1条第1款,硬质岩石、中硬岩石可用作路床、路堤填料;软质岩石可用作路堤填料,不得用于路床填料;膨胀性岩石、易溶性岩石和盐化岩石等不得用于路堤填筑。

27.【答案】C

　　【解析】根据《城市道路路基设计规范》(CJJ 194—2013)第4.3.8条和第4.6.2条。
$110-80=30cm$,即路床顶面以下30cm为原地面表面,原地面表面以下0~5cm位于路床顶面以下深度30~80cm范围,压实度不应小于94%。

二、多项选择题

1.【答案】ABD

　　【解析】根据《公路路基设计规范》(JTG D30—2015)第3.2.4条,选项A、B错误,路基应以路床顶面回弹模量为设计指标,以路床顶面竖向压应变为验算指标。选项D错误,沥青路面路床顶面竖向压应变的计算值应满足路面永久变形的控制要求。

2.【答案】ABC

　　【解析】影响压实效果的因素包括内因和外因两方面:内因主要是土质和含水率,外因主要是压实功能、压实机具和压实方法等。

3.【答案】BD

　　【解析】根据《公路路基设计规范》(JTG D30—2015)第3.1.8条,高速公路和一级公路的高路堤、陡坡路堤和深路堑等均应采用动态设计。动态设计必须以完整的施工设计图为基础,适用于路基施工阶段。

4.【答案】ABC

　　【解析】根据《公路路基设计规范》(JTG D30—2015)第3.6.13条,应加强高路堤与陡坡路堤的沉降控制。必要时,可采取增强补压、铺设土工合成材料等综合措施,并宜预留一个雨季的沉降期,减少工后沉降。

5.【答案】BD

　　【解析】根据《公路路基设计规范》(JTG D30—2015)第3.1.5条,路基填料应满足路基强度和回弹模量的要求。

6.【答案】ABC

　　【解析】根据《公路路基设计规范》(JTG D30—2015)第3.3.3条,泥炭、淤泥、冻土、强膨胀土、有机土及易溶盐超过允许含量的土等,不得直接用于填筑路堤。

7.【答案】BCD

【解析】根据《公路路基设计规范》(JTG D30—2015)第3.3.1条,路堤高度应满足下列要求:满足公路等级所对应的路基设计洪水频率及其设计洪水位;路堤高度不宜小于中湿状态路基临界高度;季节冻土地区,路堤高度不宜小于当地路基冻深。

8.【答案】ACD

【解析】根据《公路路基设计规范》(JTG D30—2015)第3.3.5条,路堤边坡形式和坡率应根据填料的物理力学性质、边坡高度和工程地质条件确定。

9.【答案】ABC

【解析】根据《公路路基施工技术规范》(JTG/T 3610—2019)第4.5.1条。选项D错误,路床底面以下400mm范围内,填料粒径应小于150mm。

10.【答案】ABD

【解析】根据《公路路基设计规范》(JTG D30—2015)第3.4.5条,当边坡土质潮湿或地下水位露头时,应根据实际情况设置渗沟或仰斜式排水孔,或在上游沿垂直地下水流向设置排水涵洞等排导设施。

11.【答案】AC

【解析】根据《公路路基设计规范》(JTG D30—2015)第3.8.3条和第3.8.5条,选项A错误,填石路基压实质量标准宜采用孔隙率作为控制指标。选项C错误,填石路堤顶部最后一层填石料的铺筑层厚不得大于40cm。

12.【答案】BCD

【解析】根据《公路路基设计规范》(JTG D30—2015)第3.3.9条,护肩路基的护肩高度不宜超过2m,顶面宽度不应侵占硬路肩或行车道及路缘带的路面范围。

13.【答案】ACD

【解析】根据《公路路基设计规范》(JTG D30—2015)第3.9.1条,轻质材料可用作需减小路堤重度或土压力的路堤材料,其应用范围包括软土地基上路堤、桥涵与挡土墙构造物台(墙)背路堤、扩宽路堤、修复沉陷或失稳路堤,但不宜用于洪水淹没地段。

14.【答案】ACD

【解析】根据《公路路基设计规范》(JTG D30—2015)第3.10.7条,选项B错误,工业废渣路堤上路床范围应采用土质填筑。

15.【答案】ABC

【解析】根据《公路路基设计规范》(JTG D30—2015)第3.4.2条,边坡高度大于20m的软弱松散岩质路堑,宜采用分层开挖、分层防护和坡脚预加固技术。

16.【答案】ACD

【解析】根据《公路路基设计规范》(JTG D30—2015)第3.9.4条,当轻质材料路堤抗浮稳定系数小于抗浮安全系数时,应采取调整轻质材料填筑区厚度、增加填土荷重或降低地下水位等措施。

17.【答案】AD

【解析】根据《公路路基设计规范》(JTG D30—2015)第3.2.1条,路床厚度应根据交通量及其轴载组成确定,对特种轴载的公路,应单独计算路基工作区深度,确定路床厚度。

18.【答案】BCD

【解析】根据《公路路基路面现场测试规程》(JTG 3450—2019),公路路基压实度测试方法有挖坑灌砂法、环刀法、核子密湿度仪法等。

19.【答案】AD

【解析】根据《公路工程抗震规范》(JTG B02—2013)第8.3.2条,位于设计基本地震动峰值加速度0.20g地区的高速公路、一级公路,岩块和细粒土(粉土和有机质土除外)路基高度大于15m、粗粒土(细砂、极细砂除外)路基高度大于6m、黏性土路堑高度大于15m时,应采取放缓边坡或加固等措施。

20.【答案】AB

【解析】根据《公路路基设计规范》(JTG D30—2015)第3.5.3条,挖方区为土质或软质岩石时,应对挖方区路床范围不符合要求的土质或软质岩石进行超挖换填或改良处治;填方区宜采用渗水性好的材料填筑,必要时,可在填挖交界结合部路床范围铺设土工格栅。当挖方区为硬质岩石时,填方区宜采用填石路堤。

21.【答案】ACD

【解析】根据《公路路基设计规范》(JTG D30—2015)第3.7.3条,土体力学参数宜采用原位剪切试验、原状土样室内剪切试验及反算分析等方法综合确定。

22.【答案】BC

【解析】根据《公路路基设计规范》(JTG D30—2015)第3.2.1条,路床厚度应根据交通量及其轴载组成确定。对特种轴载的公路,应单独计算路基工作区深度,确定路床厚度。

23.【答案】BCD

【解析】根据《城市道路工程设计规范》(CJJ 37—2012)(2016 年版)第 12.2.4 条,对以下情形,可通过试验路检验或综合论证,在保证路基强度和稳定性要求的前提下,适当降低路基压实度标准:①特殊干旱或特殊潮湿地区;②专用非机动车道、人行道。

24.【答案】ABD

【解析】根据《公路路基设计规范》(JTG D30—2015)第 3.8.3 条,选项 C 错误,不同强度的石料,应分别采用不同的填筑层厚和压实控制标准。填石路堤压实质量标准宜用孔隙率作为控制指标。施工压实质量可采用孔隙率与压实沉降差或施工参数联合控制。

25.【答案】ABD

【解析】根据《城市道路路基设计规范》(CJJ 194—2013)第 4.7.2 条,选项 C 错误,沟槽底至管顶以上 0.5m 范围内宜采用渗水性好、容易密实的砂、砾等填料,填料最大粒径应小于 50mm。

三、案例题

1.【答案】C

【解析】根据《公路土工试验规程》(JTG 3430—2020)中 T 0131—2019 击实试验。

$$湿密度:\rho = \frac{m}{V} = \frac{6956}{5528/1.55} = 1.95 \text{g/cm}^3$$

$$干密度:\rho_d = \frac{\rho}{1+0.01\omega} = \frac{1.95}{1+0.01 \times 12.6} = 1.73 \text{g/cm}^3$$

$$压实度:K = \frac{\rho_d}{\rho_{dmax}} \times 100 = \frac{1.73}{1.83} \times 100 = 94.7 \text{g/cm}^3$$

2.【答案】B

【解析】根据《公路土工试验规程》(JTG 3430—2020)中 T 0134—2019 承载比(CBR)试验。

$$CBR_{2.5} = \frac{p}{7000} \times 100\% = \frac{304}{7000} \times 100\% = 4.34\%$$

$$CBR_{5.0} = \frac{p}{10500} \times 100\% = \frac{425}{10500} \times 100\% = 4.05\%$$

第三节　路基边坡稳定性设计

复习要点

边坡稳性分析的三种工况及适用条件;影响路基边坡稳定性的因素;边坡稳定性分析的计算参数及确定原则;简化 Bishop 法与不平衡推力法的适用条件及稳定系数计算方法。

本节主要有以下考点:

（1）岩土体强度参数　需掌握路堤三种土类的强度参数,地基土、路基填土、控制性层面土的强度参数试验方法要求;土质路堑和石质路堑的岩土体强度参数确定方法。

（2）边坡稳定性分析　主要掌握边坡稳定分析方法的适用条件和相关计算。

（3）边坡稳定措施　主要掌握稳定安全系数的规定及增加稳定的措施。

典型习题

一、单项选择题

1. 采用静力法对路基进行抗震稳定性验算时,高速公路和一级、二级公路路基边坡高度大于20m 的,路基边坡抗震稳定系数不应小于( )。

    （A）1.05　　　　　　　　　　　　　　（B）1.10

    （C）1.15　　　　　　　　　　　　　　（D）1.20

2. 二级公路高路堤正常工况的稳定系数不得小于( )。

    （A）1.15　　　　　　　　　　　　　　（B）1.25

    （C）1.35　　　　　　　　　　　　　　（D）1.45

3. 路堤堤身稳定性、路堤和地基的整体稳定性分析方法宜采用( )。

    （A）Spencer 法　　　　　　　　　　　（B）Sarma 法

    （C）Bishop 法　　　　　　　　　　　　（D）Janbu 法

4. 为减小工后沉降,高路堤与陡坡路堤的沉降期宜为( )。

    （A）一个雨季　　　　　　　　　　　　（B）不少于一年

    （C）两个雨季　　　　　　　　　　　　（D）不少于两年

5. 新建一级公路高路堤在正常工况下稳定性分析时,路堤填土强度参数试验试样制备要求采用( )。

    （A）路基原状土　　　　　　　　　　　（B）路基原状土,且预先饱和

    （C）填筑含水率和填筑密度　　　　　　（D）填筑含水率和填筑密度,且预先饱和

6. 土质边坡按水土分算原则计算时,地下水位以下的土的力学参数指标宜采用( )。

    （A）固结不排水抗剪强度　　　　　　　（B）有效抗剪强度

    （C）固结排水抗剪强度　　　　　　　　（D）排水抗剪强度

7. 路堑施工边坡的临时稳定安全系数不应小于( )。

    （A）1.05　　　　　　　　　　　　　　（B）1.10

    （C）1.15　　　　　　　　　　　　　　（D）1.20

8. 规模较大的破碎结构岩质边坡稳定性计算方法宜采用(　　)。
　(A)平面滑动面解析法　　　　　　　(B)楔形滑动面法
　(C)不平衡推力法　　　　　　　　　(D)简化 Bishop 法

9. 岩体和结构面抗剪强度指标的确定宜根据(　　)。
　(A)室内剪切试验　　　　　　　　　(B)大型离心试验
　(C)现场原位试验　　　　　　　　　(D)三轴抗剪试验

10. 正常工况下高速公路路堑边坡稳定安全系数不得小于(　　)。
　(A)1.05 ~ 1.15　　　　　　　　　(B)1.10 ~ 1.20
　(C)1.15 ~ 1.25　　　　　　　　　(D)1.20 ~ 1.30

11. 季节性冻土边坡地下水丰富时,应对地下水排水口采取的措施是(　　)。
　(A)保湿　　　　　　　　　　　　　(B)保温
　(C)保稳　　　　　　　　　　　　　(D)保畅

12. 某无黏性土坡坡角 $\beta = 25°$,内摩擦角 $\varphi = 35°$,则土坡稳定安全系数为(　　)。
　(A)1.2　　　　　　　　　　　　　(B)1.3
　(C)1.4　　　　　　　　　　　　　(D)1.5

13. [2019 年考题]根据《公路路基设计规范》(JTG D30—2015),分析高路堤堤身稳定性、路堤和地基的整体稳定性时,宜采用(　　)。
　(A)瑞典法　　　　　　　　　　　　(B)简化 Bishop 法
　(C)不平衡推力法　　　　　　　　　(D)工程地质比拟法

14. [2019 年考题]分析已建高速公路高路堤在降雨工况下的稳定性时,路堤填土强度参数试验的试样制备要求采用(　　)。
　(A)路基原状土　　　　　　　　　　(B)路基原状土,且预先饱和
　(C)填筑含水率和填筑密度　　　　　(D)填筑含水率和填筑密度,且预先饱和

15. [2019 年考题]位于基本地震动峰值加速度 $0.20g$ 地区的一级公路,下列选项中,应验算路堑边坡抗震稳定性的是(　　)。
　(A)黏性土边坡高度大于 10m　　　　(B)土质边坡高度大于 15m
　(C)碎石土边坡高度大于 15m　　　　(D)黄土边坡高度大于 30m

16. [2020 年考题]某山区二级公路高路堤设计时,采用快剪试验的地基强度指标,正常工况下,计算路堤的堤身稳定性时,最小稳定安全系数不得小于(　　)。
　(A)1.20　　　(B)1.25　　　(C)1.35　　　(D)1.45

二、多项选择题

1. 应按独立工点进行勘察设计的路基有(　　)。
   (A)高路堤
   (B)陡坡路堤
   (C)深路堑
   (D)填石路堤

2. 高路堤与陡坡路堤设计时,应进行路基稳定性分析,分析考虑的工况有(　　)。
   (A)路基投入运营后经常发生或持续时间长的工况
   (B)路基处于暴雨或连续降雨状况下的工况
   (C)路基处于中湿或潮湿状态下的工况
   (D)路基遭遇地震等荷载作用的工况

3. 对结构复杂的岩质边坡,稳定性计算方法可采用(　　)。
   (A)赤平投影法
   (B)楔形滑动面法
   (C)实体比例投影法
   (D)不平衡推力法

4. 高路堤稳定性分析时,路基填土的强度参数的获得可采用(　　)。
   (A)三轴不排水剪试验
   (B)直剪快剪试验
   (C)直剪固结快剪试验
   (D)不固结不排水剪试验

5. 应进行施工监测的路基类型包括(　　)。
   (A)高路堤与陡坡路堤
   (B)各级公路的深路堑
   (C)不良地质地段挖方边坡
   (D)特殊岩土地段挖方边坡

6. 边坡稳定性评价应遵循的原则有(　　)。
   (A)以定性分析为基础
   (B)以定量计算为基础
   (C)以定性分析为手段
   (D)以定量计算为手段

7. 关于深路堑边坡岩土体力学参数的确定方法,下列叙述正确的有(　　)。
   (A)岩体和结构面宜采用固结不排水抗剪强度指标
   (B)土体力学参数宜采用原位剪切试验、原状土样室内剪切试验及反算分析等方法综合确定
   (C)土质边坡按水土分算原则计算时,地下水位以下的土宜采用土的有效抗剪强度指标
   (D)土质边坡按水土合算原则计算时,地下水位以下的土宜采用三轴试验土的自重固结不排水抗剪强度指标

8. 处于暴雨或连续降雨状态下的高路堤稳定性分析,下列说法正确的有(　　)。

（A）应当以降雨影响路基全部来考虑

（B）应当以降雨影响路基有限深度来考虑

（C）路基填土强度参数试验采用饱水试样

（D）路基填土强度参数试验采用非饱水试样

9.《公路路基设计规范》（JTG D30—2015）规定,深路堑是指（　　）。

（A）土质挖方边坡高度大于 20m　　　　　（B）岩石挖方边坡高度大于 20m

（C）土质挖方边坡高度大于 30m　　　　　（D）岩石挖方边坡高度大于 30m

10. 关于边坡稳定性计算方法适用性的表述,正确的有（　　）。

（A）规模较大的破碎结构岩质边坡和土质边坡宜采用简化 Bishop 法计算

（B）对结构复杂的岩质边坡,可配合采用赤平投影法和实体比例投影法分析

（C）对可能产生直线形破坏的边坡宜采用楔形滑动面法进行计算

（D）当边坡破坏机制复杂时,宜结合数值分析法进行分析

11. 关于不平衡推力法边坡稳定判断,下列选项不正确的有（　　）。

（A）稳定系数定义为抗滑力与滑动力之差

（B）当最后一个土条的剩余推力大于 0 时,路堤稳定

（C）当最后一个土条的剩余推力小于或等于 0 时,路堤不稳定

（D）相邻条块滑面之间的夹角大小对剩余推力计算结果有较大影响

12. 筑于软土地基且高度大于 6m 的路堤,为提高路基的抗震稳定性,采用的措施有（　　）。

（A）取土坑和边沟浅挖、远离路基

（B）降低填土高度,置换软土设置反压护道

（C）采用强度高、变形小、耐老化的加筋材料加固路堤

（D）保护路基与取土坑之间的地表植被或采取地基加固措施

13. [2019 年考题]公路路堑边坡稳定性计算时,采用简化 Bishop 法的适用对象为（　　）。

（A）土质边坡　　　　　　　　　　　　（B）折线形破坏的边坡

（C）规模较大的破碎结构岩质边坡　　　　（D）结构复杂的岩质边坡

14. [2019 年考题]增加公路路堤边坡稳定性可采取的有效措施有（　　）。

（A）路堤加筋　　　　　　　　　　　　（B）设置支挡结构物

（C）边坡中部增设平台并放缓边坡坡率　　（D）设防落石网

15. [2020 年考题]高速公路高路堤和深路堑设计应进行稳定性计算,下列路基稳定安全

系数控制标准合理的有( )。

　　(A)在非正常工况Ⅰ下,采用快剪指标,高路堤其稳定安全系数采用1.35

　　(B)地质条件复杂的深路堑边坡,正常工况下,边坡稳定安全系数采用1.30

　　(C)在正常工况下,采用直剪的固结快剪指标,高路堤其稳定安全系数采用1.45

　　(D)路堑边坡破坏后的影响区内有桥梁和高压输电塔,非正常工况Ⅰ下,边坡稳定安全系数采用1.10

三、案例题

　　1. 某二级公路,双向两车道,路基宽度为12m,路基边坡高度为22m,路基填料重度为18.6kN/m³,边坡稳定性分析计算时,将车辆荷载换算成相当于路基土层厚度,最接近于( )。

　　(A)0.59m　　　　(B)0.62m　　　　(C)0.78m　　　　(D)0.84m

　　2. 某新建二级公路路基宽度为12m,地面横坡接近水平。在K6+500段有一路堤边坡,主要由砂性土组成,其滑动面为直线形,如下图所示。已知边坡高度为6m,内摩擦角 $\varphi=30°$,黏聚力 $c=0.5\text{kPa}$,滑动面对水平面的倾角 $\alpha=23°$,该边坡的稳定系数 F_s 最接近于( )。

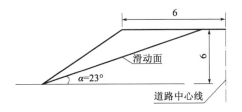

题2图(尺寸单位:m)

　　(A)1.30　　　　(B)1.33　　　　(C)1.36　　　　(D)1.39

　　3. 西部地区某公路一路段有一由均质土体组成的路堤边坡,边坡相关参数如下图所示。已知其破裂面为直线型,土体黏聚力 $c=10\text{kPa}$,内摩擦角 $\varphi=20°$,滑坡体自重 $W=1500\text{kN}$。滑动面对水平面的倾角 $\alpha=22°$,则该边坡稳定系数 F_s 最接近于( )。

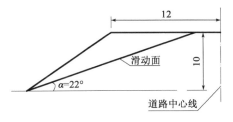

题3图(尺寸单位:m)

　　(A)1.28　　　　(B)1.38　　　　(C)1.48　　　　(D)1.58

　　4. 有一高填方路基,路基顶宽10m,路基边坡高度为15m,边坡坡度为1:1.5,路基横断面图如下图所示。已知路基填料为砂类土,土的黏聚力 $c=0.98\text{kPa}$,内摩擦角 $\varphi=35°$,重度 $\gamma=$

18.62kN/m^3，边坡土楔体 ABC 沿破裂面 AB 滑动。按直线法分析该路堤边坡稳定系数 F_s 最接近于（　　）。

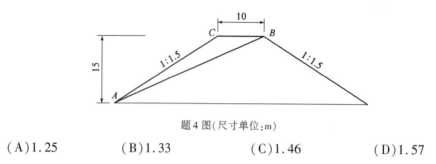

题4图(尺寸单位:m)

（A）1.25　　　　　（B）1.33　　　　　（C）1.46　　　　　（D）1.57

5. 某高速公路路堤边坡，坡体为均质黏性土，潜在圆弧形滑动面，如下图所示，滑动面半径 $R=14.5\text{m}$，滑动面长度 $L=24\text{m}$，滑带土的不排水剪强度黏聚力 $c=8\text{kPa}$，内摩擦角 $\varphi \approx 0$，下滑土体重 $W_1=800\text{kN}$，抗滑土体重 $W_2=107\text{kN}$，下滑土体和抗滑土体的重心至圆心垂线距分别为 $d_1=2.9\text{m}$、$d_2=1.1\text{m}$，则该边坡稳定系数 F_s 最接近于（　　）。

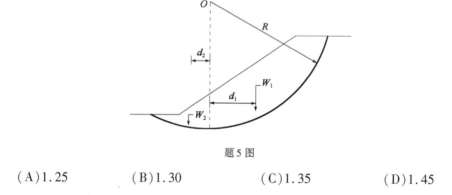

题5图

（A）1.25　　　　　（B）1.30　　　　　（C）1.35　　　　　（D）1.45

6. 某一级公路路基高填方采用黏土进行填筑，用简单圆弧条分法做稳定性分析时，圆弧的半径 $R=50\text{m}$，第 i 土条的宽度为 2m，过滑弧的中心点切线和土条顶部与水平线的夹角均为 $20°$，土条的高度为 12m，如图所示。已知黏土的天然重度 $\gamma=19.8\text{kN/m}^3$，黏聚力 $c=23\text{kPa}$，内摩擦角 $\varphi=28°$，则该土条的下滑力矩和抗滑力矩最接近于（　　）。

（A）8126kN・m，14321kN・m

（B）9657kN・m，15536kN・m

（C）14321kN・m，8126kN・m

（D）15536kN・m，9657kN・m

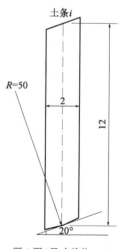

7. 公路自然区划Ⅴ区某新建公路，K7+100 处有一均匀土质挖方边坡，高度 9.0m，土的重度 $\gamma=20\text{kN/m}^3$，据相关资料，按最危险滑动圆弧计算得到的抗滑力矩 4561kN・m，滑动力矩为 4819kN・m。考虑边

题6图(尺寸单位:m)

坡安全问题,经分析后提出了两种卸荷方案以期提高边坡稳定性,如下图所示(卸荷土方量相同而卸荷部位不同)。卸荷前、卸荷方案 1 及卸荷方案 2 的边坡稳定系数分别为 K_0、K_1、K_2,判断三者关系为(   )。

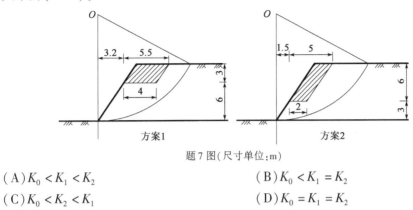

题 7 图(尺寸单位:m)

(A)$K_0 < K_1 < K_2$ (B)$K_0 < K_1 = K_2$

(C)$K_0 < K_2 < K_1$ (D)$K_0 = K_1 = K_2$

8. 东部地区某新建一级公路,K6 + 100 ~ K10 + 255 处有一均匀土质挖方边坡,边坡坡率为 1∶0.5,土的天然重度 $\gamma = 18\text{kN/m}^3$,黏聚力 $c = 20\text{kPa}$,内摩擦角 $\varphi = 25°$,如若保证最小的边坡安全系数 $K_{\min} = 1.25$,则允许的最大边坡高度最接近于(   )。

(A)8.88m   (B)9.99m   (C)10.10m   (D)11.11m

9. 某一滑动面为折线形的均值高填方路堤,采用不平衡推力法进行稳定性分析,将滑动面上土体分成 3 个条块,自上而下条块的倾角分别为 $\alpha_1 = 30°$,$\alpha_2 = 10°$,$\alpha_3 = 10°$。假设各滑动面的内摩擦角和黏聚力不变,都是 $c = 8\text{kPa}$,$\varphi = 19°$,稳定安全系数取 1.45,则稳定性分析过程中,第 1 条块对第 2 条块的传递系数为(   )。

(A)0.78   (B)0.86   (C)0.92   (D)0.98

10. 南方地区某二级公路,路基宽度为 12.0m,K6 + 850 桩号处路基填方高度为 6.0m,横断面地面线为陡斜坡折线,如下图所示。按折线滑动面进行边坡稳定性分析时,将路基土体分成 3 个条块,条块的折线倾角分别为 $\alpha_1 = 30°$,$\alpha_2 = 0°$,$\alpha_3 = 10°$。滑动面上土的黏聚力、内摩擦角不变,都是 $c = 10\text{kPa}$,$\varphi = 15°$,土体重度 $\gamma = 18\text{kN/m}^3$,安全系数 K 取 1.25,试用不平衡推力法计算土条②产生的剩余滑动力,结果最接近于(   )。

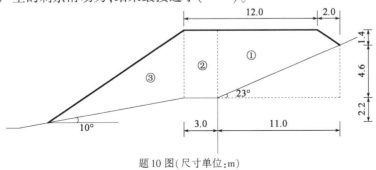

题 10 图(尺寸单位:m)

(A)58.8kN/m (B)0
(C) −58.8kN/m (D) −100.2kN/m

11. [2021年考题]某高速公路路基处在斜坡上,可能产生沿原地面的滑动,原地面地形为折线,依据地形将路基分成了3块,其重量分别为 $W_1 = 2640kN$,$W_2 = 6200kN$,$W_3 = 3750kN$,三段滑面的长度分别为 $L_1 = 24m$,$L_2 = 23m$,$L_3 = 29m$,它们与水平面的交角分别为 $\alpha_1 = 20°$,$\alpha_2 = 12°$,$\alpha_3 = 5°$,原地表线表层为红黏土,其力学参数:黏聚力 $c = 15kPa$,内摩擦角 $\varphi = 10°$,正常工况下安全系数取1.2,依据规范规定采用传递系数法计算,在正常工况下第三块(W_3)产生的剩余下滑力是( )。(计算结果取整数)

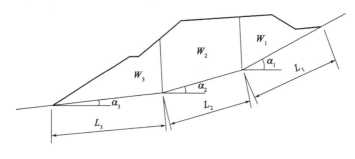

题11图

(A) −300kN (B)0
(C)286kN (D)409kN

参考答案及解析

一、单项选择题

1.【答案】C

【解析】根据《公路工程抗震规范》(JTG B02—2013)第8.2.5条,采用静力法对路基进行抗震稳定性验算时,高速公路和一级、二级公路路基边坡高度大于20m的,路基边坡抗震稳定系数不应小于1.15;路基边坡高度小于或等于20m的,路基边坡抗震稳定系数不应小于1.1;三级、四级公路的路基边坡抗震稳定系数不应小于1.05。

2.【答案】D

【解析】根据《公路路基设计规范》(JTG D30—2015)第3.6.11条,二级公路高路堤正常工况的稳定系数不得小于1.45。

3.【答案】C

【解析】根据《公路路基设计规范》(JTG D30—2015)第3.6.9条,路堤堤身稳定性、路堤和地基的整体稳定性宜采用简化 Bishop 法。

4.【答案】A

【解析】根据《公路路基设计规范》(JTG D30—2015)第3.6.13条,应加强高路堤与陡坡路堤的沉降控制。必要时,可进行增强补压、铺设土工合成材料等综合措施,并宜预留一个雨季的沉降期,减少工后沉降。

5.【答案】C

【解析】根据《公路路基设计规范》(JTG D30—2015)第3.6.8条,正常工况下用于新建路堤的试样要求是采用填筑含水率和填筑密度。

6.【答案】B

【解析】根据《公路路基设计规范》(JTG D30—2015)第3.7.3条,土质边坡按水土合算原则计算时,地下水位以下的土宜采用三轴试验土的自重固结不排水抗剪强度指标;按水土分算原则计算时,地下水位以下的土宜采用土的有效抗剪强度指标。

7.【答案】A

【解析】根据《公路路基设计规范》(JTG D30—2015)第3.7.7条,施工边坡的临时稳定安全系数不应小于1.05。

8.【答案】D

【解析】根据《公路路基设计规范》(JTG D30—2015)第3.7.5条,规模较大的碎裂结构岩质边坡和土质边坡宜采用简化Bishop法计算。

9.【答案】C

【解析】根据《公路路基设计规范》(JTG D30—2015)第3.7.3条,岩体和结构面抗剪强度指标宜根据现场原位试验确定。

10.【答案】D

【解析】根据《公路路基设计规范》(JTG D30—2015)第3.7.7条,高速公路、一级公路正常工况下路堑边坡稳定安全系数不得小于1.20～1.30。

11.【答案】B

【解析】根据《公路路基设计规范》(JTG D30—2015)第3.7.10条,季节冻土边坡地下水丰富时,应对地下水排水口采取保温措施。

12.【答案】D

【解析】由土坡稳定安全系数公式得: $k = \dfrac{\tan\varphi}{\tan\beta} = \dfrac{\tan 35°}{\tan 25°} = 1.5$。

13.【答案】B

【解析】根据《公路路基设计规范》(JTG D30—2015)第3.6.9条,路堤堤身稳定性、路堤和地基的整体稳定性宜采用简化 Bishop 法。

14.【答案】B

【解析】根据《公路路基设计规范》(JTG D30—2015)第3.6.8条,正常工况下用于已建路堤的试样要求是取路基原状土;非正常工况Ⅰ同正常工况试样要求,但要预先饱和。

15.【答案】D

【解析】根据《公路工程抗震规范》(JTG B02—2013)第8.2.1条,位于基本地震动峰值加速度0.20g地区的高速公路,一级、二级公路,黏性土、黄土、碎石类土路堑边坡高度大于20m时,需验算路堑边坡抗震稳定性。

16.【答案】C

【解析】根据《公路路基设计规范》(JTG D30—2015)第3.6.11条,二级及二级以上公路高路堤与陡坡路堤采用快剪试验的地基强度指标,正常工况下,路堤的堤身稳定性、路堤和地基整体稳定分析时,最小稳定安全系数不得小于1.35。

二、多项选择题

1.【答案】ABC

【解析】根据《公路路基设计规范》(JTG D30—2015)第3.6.1条,高路堤、陡坡路堤及不良地质、特殊岩土路段的路堤,应作为独立工点进行勘察设计。根据第3.7.1条,深路堑和不良地质地段挖方边坡,应按独立工点进行勘察设计。

2.【答案】ABD

【解析】根据《公路路基设计规范》(JTG D30—2015)第3.6.7条,高路堤与陡坡路堤设计时,应进行路基稳定性计算分析;分析时,应考虑以下3种工况:①正常工况:路基投入运营后经常发生或持续时间长的工况;②非正常工况Ⅰ:路基处于暴雨或连续降雨状况下的工况;③非正常工况Ⅱ:路基遭遇地震等荷载作用的工况。

3.【答案】ABC

【解析】根据《公路路基设计规范》(JTG D30—2015)第3.7.5条,对结构复杂的岩质边坡,可配合采用赤平投影法和实体比例投影法分析及楔形滑动面法进行计算。

4.【答案】AB

【解析】根据《公路路基设计规范》(JTG D30—2015)第3.6.8条,路基填土的强度参数c、φ值,可采用直剪快剪或三轴不排水剪试验获得。当路基填料为粗粒土或填石料时,应采用大型三轴试验仪或大型直剪试验仪进行试验。

5.【答案】ACD

　　【解析】根据《公路路基设计规范》(JTG D30—2015)第3.6.14和第3.7.11条,高路堤与陡坡路堤应进行施工监测;高速公路、一级公路深路堑及不良地质、特殊岩土地段挖方边坡应进行施工监测。

6.【答案】AD

　　【解析】根据《公路路基设计规范》(JTG D30—2015)第3.7.4条,边坡稳定性评价应遵循"以定性分析为基础,定量计算为手段"的原则。

7.【答案】BCD

　　【解析】根据《公路路基设计规范》(JTG D30—2015)第3.7.3条,选项A错误,岩体和结构面抗剪强度指标宜根据现场原位试验确定。

8.【答案】BC

　　【解析】根据《公路路基设计规范》(JTG D30—2015)第3.6.7条条文说明,选项B正确,应当以降雨影响处于路基有限深度范围来考虑降雨工况。根据第3.6.8条,用于降雨入渗影响范围内的路堤填土强度参数试验试样制备要求预先饱和。

9.【答案】AD

　　【解析】根据《公路路基设计规范》(JTG D30—2015)第2.1.9条,深路堑是指土质挖方边坡高度大于20m或岩石挖方边坡高度大于30m。

10.【答案】ABD

　　【解析】根据《公路路基设计规范》(JTG D30—2015)第3.7.5条,选项C错误,对可能产生直线形破坏的边坡宜采用平面滑动面解析法进行计算。

11.【答案】ABC

　　【解析】根据《公路路基设计规范》(JTG D30—2015)第3.6.10条条文说明,选项D错误,由于条块间推力平行于上一滑动条块底面的假定,使得计算的安全系数受滑动面的影响较大。

12.【答案】ABD

　　【解析】根据《公路工程抗震规范》(JTG B02—2013)第8.3.7条,筑于软土地基且高度大于6m的路堤,可根据具体情况采用下列措施,提高路基的抗震稳定性:①降低填土高度,置换软土设置反压护道;②取土坑和边沟浅挖、远离路基;③保护路基与取土坑之间的地表植被或采取地基加固措施。

13.【答案】AC

　　【解析】根据《公路路基设计规范》(JTG D30—2015)第3.7.5条,规模较大的碎裂结构岩质边坡和土质边坡宜采用简化 Bishop 法计算。

14.【答案】ABC

【解析】根据《公路路基设计规范》(JTG D30—2015)第3.6.12条,当路基稳定系数小于稳定安全系数时,应采取改善基底条件、设置支挡结构物、加筋等加固措施,保证路基稳定。

15.【答案】BC

【解析】根据《公路路基设计规范》(JTG D30—2015)第3.6.11条,选项A错误,在非正常工况Ⅰ下,采用快剪指标,高路堤其稳定安全系数采用1.25。根据第3.7.7条,选项D错误,非正常工况Ⅰ下,路堑边坡破坏后的影响区内有桥梁和高压输电塔,边坡稳定安全系数采用1.20。

三、案例题

1.【答案】D

【解析】根据《路基路面工程》(黄晓明主编)和《公路工程技术标准》(JTG B01—2014)第7.0.4条:

$$B = Nb + (N-1)m + d = 2 \times 1.8 + 1.3 + 0.6 = 5.5\text{m}$$

$$h_0 = \frac{NQ}{BL\gamma} = \frac{2 \times 550}{5.5 \times 12.8 \times 18.6} = 0.84\text{m}$$

2.【答案】C

【解析】由题干可知,坡体为砂性土,黏聚力 $c \approx 0$,则其稳定系数为:

$$F_s = \frac{\tan\varphi}{\tan\beta} = \frac{\tan 30°}{\tan 23°} = 1.36$$

3.【答案】B

【解析】

$$F_s = \frac{W\cos\omega\tan\varphi + cL}{W\sin\omega} = \frac{1500\cos 22°\tan 20° + 10 \times \dfrac{10}{\sin 22°}}{1500\sin 22°} = 1.38$$

4.【答案】D

【解析】

破裂面对水平面的倾角:$\tan\omega = \dfrac{15}{10 + 15 \times 1.5} = 0.462$,得到 $\omega = 24.78°$

滑动体的重力:$W = 18.62 \times \left(0.5 \times 10 \times 15 + \dfrac{2 \times 550}{12.8 \times 5.5 \times 18.62} \times 10\right) = 1552.8\text{kN/m}$

破裂面 AB 的长度:$L = \sqrt{15^2 + 32.5^2} = 35.79\text{m}$

稳定系数：$F_s = \dfrac{W\cos\omega\tan\varphi + cL}{W\sin\omega} = \dfrac{1552.8 \times 0.908 \times 0.7 + 0.98 \times 35.79}{1552.8 \times 0.419} = 1.568$

5.【答案】A

【解析】

$$F_s = \frac{W_2 d_2 + cLR}{W_1 d_1} = \frac{107 \times 1.1 + 8 \times 24 \times 14.5}{800 \times 2.9} = 1.25$$

6.【答案】A

【解析】

下滑力矩：

$W_i = 19.8 \times 12 \times 2 = 475.2\text{kN}$

$d_i = R\sin\theta = 50 \times \sin20° = 17.1\text{m}$

$M_{Ti} = W_i d_i = 475.2 \times 17.1 = 8126.4\text{kN} \cdot \text{m}$

抗滑力矩：

$l = 2/\cos20° = 2.13\text{m}$

$W_i\cos\theta\tan\varphi + l_i c = 475.2 \times \cos20° \times \tan28° + 2.13 \times 23 = 286.4\text{kN}$

$M_{Ri} = (W_i\cos\theta\tan\varphi + l_i c)R = 286.4 \times 50 = 14321.0\text{kN} \cdot \text{m}$

7.【答案】C

【解析】

$K_0 = \dfrac{4561}{4819} = 0.95$

$K_1 = \dfrac{4561}{4819 - 4 \times 3 \times 20 \times 5.95} = 1.35$

$K_2 = \dfrac{4561}{4819 - 2 \times 6 \times 20 \times 4} = 1.18$

因此，$K_0 < K_2 < K_1$。

8.【答案】D

【解析】

$\cot\alpha = 0.5, \alpha = 63°26', \csc\alpha = 1.1181, f = \tan\varphi = \tan25° = 0.4663$。

代入式：

$K_{\min} = (2a + f) \cdot \cot\alpha + 2\sqrt{a(f + a)} \cdot \csc\alpha$

则 $1.25 = (2a + 0.4663) \times 0.5 + 2\sqrt{a(0.4663 + a)} \times 1.1181$

得 $a = 0.20$

$H_{\max} \leqslant \dfrac{2c}{\gamma a} = \dfrac{2 \times 20}{18 \times 0.20} = 11.11\text{m}$

9.【答案】B

【解析】

$$\psi_1 = \cos(\alpha_1 - \alpha_2) - \frac{1}{F_s}\sin(\alpha_1 - \alpha_2)\tan\varphi_2$$

$$= \cos(30° - 10°) - \frac{1}{1.45}\sin(30° - 10°)\tan19°$$

$$= 0.864$$

10.【答案】B

【解析】

土条①的截面积：$A_1 = (9 + 11) \times 1.4/2 + 4.6 \times 11/2 = 39.3\text{m}^2$

土条①的重力：$W_{Q1} = \gamma A_1 = 18 \times 39.3 = 707.4\text{kN/m}$

土条①的剩余滑动力：

$$E_1 = W_{Q1} \cdot \sin\alpha_1 - \frac{1}{F_s}(c_1l_1 + W_{Q1} \cdot \cos\alpha_1\tan\varphi_1)$$

$$= 707.4 \times \sin23° - \frac{1}{1.25}(10 \times \sqrt{11^2 + 4.6^2} + 707.4 \times \cos23°\tan15°)$$

$$= 41.4\text{kN/m}$$

土条②的截面积：$A_2 = 3 \times 6 = 18\text{m}^2$

土条②的重力：$W_{Q2} = \gamma A_1 = 18 \times 18 = 324\text{kN/m}$

$$\psi_1 = \cos(\alpha_1 - \alpha_2) - \frac{1}{F_s}\sin(\alpha_1 - \alpha_2)\tan\varphi_2$$

$$= \cos(23° - 0) - \frac{1}{1.25}\sin(23° - 0)\tan15°$$

$$= 0.837$$

土条②的剩余滑动力：

$$E_2 = W_{Q2} \cdot \sin\alpha_2 - \frac{1}{F_s}(c_2l_2 + W_{Q2} \cdot \cos\alpha_2\tan\varphi_2) + E_1\psi_1$$

$$= 324 \times \sin0° - \frac{1}{1.25}(10 \times 3 + 324 \times \cos0\tan15°) + 41.4 \times 0.837$$

$$= -58.8\text{kN/m}$$

$E_2 < 0$，取 $E_2 = 0$。

11.【答案】B

【解析】

根据《公路路基设计规范》(JTG D30—2015)第 7.2.2 条。

$$\psi_2 = \cos(\alpha_1 - \alpha_2) - \sin(\alpha_1 - \alpha_2)\tan\varphi_2$$

$$= \cos(20° - 12°) - \sin(20° - 12°)\tan10°$$

$$= 0.966$$

$$\psi_3 = \cos(\alpha_2 - \alpha_3) - \sin(\alpha_2 - \alpha_3)\tan\varphi_3$$
$$= \cos(12° - 5°) - \sin(12° - 5°)\tan10°$$
$$= 0.971$$

$$T_1 = F_s W_1 \sin\alpha_1 + 0 - W_1\cos\alpha_1\tan\varphi_1 - c_1 L_1$$
$$= 1.2 \times 2640 \times \sin20° - 2640 \times \cos20°\tan10° - 15 \times 24$$
$$= 286\text{kN}$$

$$T_2 = F_s W_2 \sin\alpha_2 + \psi_2 T_1 - W_2\cos\alpha_2\tan\varphi_2 - c_2 L_2$$
$$= 1.2 \times 6200 \times \sin12° + 0.966 \times 286 - 6200 \times \cos12°\tan10° - 15 \times 23$$
$$= 409\text{kN}$$

$$T_3 = F_s W_3 \sin\alpha_3 + \psi_3 T_2 - W_3\cos\alpha_3\tan\varphi_3 - c_3 L_3$$
$$= 1.2 \times 3750 \times \sin5° + 0.971 \times 409 - 3750 \times \cos5°\tan10° - 15 \times 29$$
$$= -304\text{kN}$$

$T_3 < 0$，取 $T_3 = 0$。

第四节 路基排水设计

复习要点

路基排水设计的规定；边沟、截水沟、排水沟等的设置条件、断面形式及设计要求；跌水、急流槽、蒸发池、油水分离池、排水泵站等路基地表排水设施的使用条件；渗沟的类型、构造、适用条件及设计要求；排水垫层、隔离层、暗沟、暗管、仰斜式排水管、渗井、排水隧洞等地下排水设施的使用条件；排水明沟的水力计算方法。

本节主要有以下考点：
（1）地面排水设施　需掌握地面排水设施的类型和使用条件，尤其是边沟、截水沟和排水沟。
（2）地下排水设施　需掌握地下排水设施的类型、选择原则、使用条件，尤其是渗沟。
（3）明沟水力计算　主要掌握明沟的泄水能力和平均流速计算。

典型习题

一、单项选择题

1. 挖方路基的堑顶截水沟应设置在坡口（　　）。
　　（A）3m 以外　　　　　　　　　　（B）5m 以外
　　（C）7m 以外　　　　　　　　　　（D）9m 以外

2. 用于汇集和排除路面、路肩及边坡范围的地表水是（　　）。

(A)边沟   (B)排水沟
(C)渗沟   (D)截水沟

3. 不属于路基地下排水设施形式的是( )。
   (A)暗沟   (B)渗沟
   (C)渗井   (D)跌井

4. 关于截水沟设计要求的叙述中,下列选项错误的是( )。
   (A)截水沟应进行防渗加固
   (B)截水沟的水流应引入路堑边沟
   (C)路堤截水沟距路堤坡脚的距离应不小于 2m
   (D)截水沟应根据地形条件及汇水面积等进行设置

5. 水环境敏感地段路基排水沟出口宜设置( )。
   (A)急流槽   (B)油水分离池
   (C)蒸发池   (D)下挖式通道

6. 各类地表排水设施的断面尺寸应满足设计排水流量的要求,沟顶应高出沟内设计水面
( )。
   (A)0.2m 以上   (B)0.5m 以上
   (C)0.8m 以上   (D)1.0m 以上

7. 关于蒸发池的设计要求,下列选项错误的是( )。
   (A)蒸发池设计水位应低于排水沟的沟底
   (B)蒸发池边缘与路基之间的距离应不小于 5m
   (C)蒸发池的容量应根据路段排水沟汇入量确定
   (D)蒸发池应根据具体情况采取适当的安全防护加固措施

8. 不适用于地下水埋藏浅的地下排水设施形式是( )。
   (A)排水垫层   (B)渗沟
   (C)排水隧洞   (D)暗沟

9. 关于仰斜式排水孔设计要求的叙述中,下列选项错误的是( )。
   (A)仰斜式排水孔可用于引排边坡内的地下水
   (B)仰斜式排水孔的仰角不宜小于 10°
   (C)仰斜式排水孔的长度应伸至潜在滑动面
   (D)仰斜式排水孔进水口及渗水管段应包裹透水土工布

10. 有地下水出露的挖方路基、斜坡路堤、路基填挖交界结合部以及地下水位埋深小于0.5m的低路堤的路段,应设置( )。

(A)排水渗沟 　　　　　　　　　(B)排水垫层

(C)排水隧洞 　　　　　　　　　(D)排水透层

11. 下挖式通道宜采用( )。

(A)自流排水方式 　　　　　　　(B)泵站排水方式

(C)渗井排水方式 　　　　　　　(D)蒸发池排水方式

12. 中央分隔带回填土与路面结构层之间应设置( )。

(A)防潮层 　　　　　　　　　　(B)防冻层

(C)防水层 　　　　　　　　　　(D)防滑层

13. 可用于地下水流量较大、地下水位埋藏浅、地下排水距离较长的地段是( )。

(A)填石渗沟 　　　　　　　　　(B)管式渗沟

(C)洞式渗沟 　　　　　　　　　(D)边坡渗沟

14. [2019 年考题]高速公路、一级公路路基地表排水设施设计降雨的重现期,应采用( )。

(A)5 年 　　　　　　　　　　　(B)10 年

(C)15 年 　　　　　　　　　　　(D)20 年

15. [2020 年考题]北方某高速公路土质挖方路段,下列路基地表排水设计合理的是( )。

(A)截水沟的水流直接引入路堑边沟中

(B)工程所在地的冻结指数为 1500,边沟、截水沟浆砌片石采用 M7.5 砂浆、MU30 石料砌筑

(C)地下水较多的路段,为减小地下水对路床的影响,没设渗沟,采用了深 1.5m、宽0.8m 的浆砌片石矩形盖板沟

(D)挖方边坡较高、坡顶以外地表汇水面积较大时,在堑顶坡口 5m 以外处设置深0.4m、底宽 0.4m 的浆砌片石梯形截水沟

二、多项选择题

1. 关于路基排水的规定,下列说法正确的有( )。

(A)路基排水设施设计应与农田排灌系统相协调

(B)路界地表水不宜流入桥面、隧道及其排水系统

(C)施工场地的临时性排水设施布设,不宜与永久性排水设施相结合

(D)路基防排水设计应遵循总体规划、合理布局、防排疏结合、保护环境等原则

2. 下列属于路基地表排水设施的有(　　　)。
  (A)边沟　　　　　　　　　　　(B)截水沟
  (C)渗沟　　　　　　　　　　　(D)排水沟

3. 当路基边坡高度不大、汇水面积较小时,边沟形式宜优先采用(　　　)。
  (A)暗埋式　　　　　　　　　　(B)椭圆形
  (C)三角形　　　　　　　　　　(D)浅碟形

4. 沟底纵坡不宜小于0.3%的地表排水设施有(　　　)。
  (A)边沟　　　　　　　　　　　(B)排水沟
  (C)渗沟　　　　　　　　　　　(D)截水沟

5. 当地下水埋藏较深时,可采用(　　　)。
  (A)渗沟　　　　　　　　　　　(B)排水隧洞
  (C)渗井　　　　　　　　　　　(D)仰斜式排水孔

6. 关于渗沟设计要求的说法,下列选项错误的有(　　　)。
  (A)管式及洞式渗沟最小纵坡不宜小于0.3%
  (B)截水渗沟的基底埋入隔水层内不宜小于0.5m
  (C)渗沟出水口应高出地表排水沟常水位0.2m以上
  (D)填石式、无砂混凝土渗沟最小纵坡不宜小于0.5%

7. 跌水或急流槽设置适宜的地段有(　　　)。
  (A)特殊陡坎地段　　　　　　　(B)水头高差大于1.0m的地段
  (C)水面宽度大于5.0m的地段　　(D)水流通过坡度大于5%的地段

8. 为防止基底滑动,急流槽底宜设置(　　　)。
  (A)地梁　　　　　　　　　　　(B)防滑平台
  (C)凸榫　　　　　　　　　　　(D)混凝土桩

9. 高速公路、一级公路挖方路段的矩形边沟宜增设(　　　)。
  (A)边沟围栏　　　　　　　　　(B)路侧护栏
  (C)钢筋混凝土盖板　　　　　　(D)带泄水孔的钢筋混凝土盖板

10. 跌水与急流槽设计符合规范要求的有(　　　)。
  (A)跌水和急流槽应采取加固措施
  (B)急流槽进水口应采取消能措施
  (C)急流槽出水口应采取加固措施

(D)急流槽应设置防滑平台或凸榫

11. 关于地下排水设施设计的表述,下列选项符合规范要求的有(　　)。
  (A)排水隧洞可用于截断和引排深层地下水
  (B)仰斜式排水孔可用于引排下挖式通道的地表水
  (C)渗井可用于拦截、引排有固定含水层的深层地下水
  (D)渗水隧洞以下为承压含水层时,宜在洞底设置渗水孔

12. 城市建成区道路的排水措施宜采用(　　)。
  (A)急流槽　　　　　　　　　　(B)连接管
  (C)排水沟　　　　　　　　　　(D)雨水口

13. [2019 年考题]公路挖方路基路顶上设置截水沟时,应综合考虑的因素有(　　)。
  (A)堑顶的地形条件　　　　　　(B)堑顶的汇水面积
  (C)挖方路基边坡坡率　　　　　(D)边坡高度

三、案例题

1. 广西百色地区修建一条高速公路,路基总宽度为 33.50m,中间带宽度为 4.50m,路面采用沥青混凝土路面,路拱横坡为 2%,路线纵坡为 1%。拟在路肩外边缘设置拦水带,拦水带间距 50m,则 5min 降雨历时的拦水带出水口设计径流量最接近于(　　)。
  (A)0.0287m³/s　　　　　　　　(B)0.0359m³/s
  (C)0.0388m³/s　　　　　　　　(D)0.0431m³/s

2. 某一级公路 K26 + 380 ~ K26 + 420 路段右侧边沟设计为梯形断面,沟底纵坡为 1.2%,沟壁采用 M7.5 砂浆砌片石加固,粗糙系数为 0.025,设计尺寸为 0.8m × 0.8m,水深 0.7m,沟壁内坡坡比为 1:0.5,如下图所示。该边沟的平均流速最接近于(　　)。

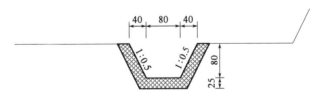

题2图(尺寸单位:cm)

  (A)1.67m/s　　　　　　　　　(B)2.14m/s
  (C)3.34m/s　　　　　　　　　(D)4.55m/s

3. 某山区二级公路 K3 + 150 ~ K3 + 220 路段右侧边沟采用矩形边沟,沟底纵坡 0.85%,断面尺寸为 0.6m × 0.6m,即沟宽和沟深皆为 0.6m,水深 0.5m。该边沟的水力半径为(　　)。
  (A)0.19m　　　(B)0.31m　　　(C)0.45m　　　(D)0.52m

4. 某山区高速公路 K20 + 560 ~ K20 + 820 路段左侧边沟采用矩形边沟,沟底纵坡为 0.8%,断面尺寸为 0.8m×0.8m,即沟宽和沟深皆为 0.8m,水深 0.7m,边沟内水流的平均流速为 2.5m/s。该边沟的泄水能力最接近于( )。

(A)1.2m³/s   (B)1.4m³/s
(C)1.6m³/s   (D)1.8m³/s

5. [2021 年考题]某公路修建时,对排水沟进行了归并(改沟),采用了 2m×2m 的矩形明沟,预计排水沟的最大水深 1.2m,沟底及侧面采用浆砌片石铺砌,根据规范规定计算该改沟段的排水沟最大允许流速是( )。(取小数点后 2 位)

(A)3.00m/s   (B)3.75m/s   (C)4.20m/s   (D)5.00m/s

参考答案及解析

一、单项选择题

1.【答案】B

【解析】根据《公路路基设计规范》(JTG D30—2015)第 4.2.5 条,截水沟应根据地形条件及汇水面积等进行设置。挖方路基的堑顶截水沟应设置在坡口 5m 以外,并宜结合地形进行布设。

2.【答案】A

【解析】根据《公路路基设计规范》(JTG D30—2015)第 4.2.4 条条文说明,边沟分为路堑边沟和路堤边沟,位于路肩或护坡道外侧。用于汇集和排除路面、路肩及边坡范围的地表水。

3.【答案】D

【解析】根据《公路路基设计规范》(JTG D30—2015)第 4.3.2 条,暗沟、渗沟、渗井均属于路基地下排水设施。

4.【答案】B

【解析】根据《公路路基设计规范》(JTG D30—2015)第 4.2.5 条,截水沟的水流应排至路界之外,不宜引入路堑边沟。

5.【答案】B

【解析】根据《公路路基设计规范》(JTG D30—2015)第 4.2.9 条,水环境敏感地段路基排水沟出口宜设置油水分离池。

6.【答案】A

【解析】根据《公路路基设计规范》(JTG D30—2015)第 4.2.1 条,各类地表排水设施的断面尺寸应满足设计排水流量的要求,沟顶应高出沟内设计水面0.2m以上。

7.【答案】C

【解析】根据《公路路基设计规范》(JTG D30—2015)第4.2.8条,蒸发池的容量应以一个月内汇入池中的雨水能及时完成渗透与蒸发作为设计依据。

8.【答案】C

【解析】根据《公路路基设计规范》(JTG D30—2015)第4.3.2条,当地下水埋藏浅或无固定含水层时,可采用隔离层、排水垫层、暗沟、渗沟等。地下水埋藏较深或存在固定含水层时,可采用仰斜式排水孔、渗井、排水隧洞等。

9.【答案】B

【解析】根据《公路路基设计规范》(JTG D30—2015)第4.3.6条,仰斜式排水孔的仰角不宜小于6°。

10.【答案】A

【解析】根据《公路路基设计规范》(JTG D30—2015)第4.3.5条,有地下水出露的挖方路基、斜坡路堤、路基填挖交界结合部以及地下水位埋深小于0.5m的低路堤的路段,应设置排水渗沟。

11.【答案】A

【解析】根据《公路路基设计规范》(JTG D30—2015)第4.2.10条,下挖式通道宜采用自流排水方式。

12.【答案】C

【解析】根据《公路路基设计规范》(JTG D30—2015)第4.2.13条,中央分隔带回填土与路面结构层之间应设置防水层。

13.【答案】B

【解析】根据《公路路基设计规范》(JTG D30—2015)表4.3.5,管式渗沟可用于地下水流量较大、地下水位埋藏浅、地下排水距离较长的地段。

14.【答案】C

【解析】根据《公路路基设计规范》(JTG D30—2015)第4.2.1条,路基地表排水设施设计降雨的重现期:高速公路、一级公路应采用15年,其他等级公路应采用10年。各类地表排水设施的断面尺寸应满足设计排水流量的要求,沟顶应高出沟内设计水面0.2m以上。

15.【答案】D

【解析】根据《公路路基设计规范》(JTG D30—2015)第4.2.5条,截水沟应根据地形条件及汇水面积等进行设置。挖方路基的堑顶截水沟应设置在坡口5m以外,并宜结合地形进行布设。填方地段斜坡上方的路堤截水沟距路堤坡脚的距离,应不小于2m。

二、多项选择题

1.【答案】ABD

【解析】根据《公路路基设计规范》(JTG D30—2015)第4.1.7条,选项C错误,施工场地的临时性排水设施布设,宜与永久性排水设施相结合。

2.【答案】ABD

【解析】根据《公路路基设计规范》(JTG D30—2015)第4.2.2条,路基地表排水设施包括边沟、截水沟、排水沟、跌水与急流槽等。

3.【答案】CD

【解析】根据《公路路基设计规范》(JTG D30—2015)第4.2.4条条文说明。

4.【答案】ABD

【解析】根据《公路路基设计规范》(JTG D30—2015)第4.2条,边沟、排水沟、截水沟沟底纵坡均不宜小于0.3%。

5.【答案】BCD

【解析】根据《公路路基设计规范》(JTG D30—2015)第4.3.2条,当地下水埋藏较深或存在固定含水层时,可采用仰斜式排水孔、渗井、排水隧洞等。

6.【答案】AD

【解析】根据《公路路基设计规范》(JTG D30—2015)第4.3.5条,选项A错误,管式及洞式渗沟最小纵坡不宜小于0.5%;选项D错误,填石式、无砂混凝土渗沟最小纵坡不宜小于1.0%。

7.【答案】AB

【解析】根据《公路路基设计规范》(JTG D30—2015)第4.2.7条,水流通过坡度大于10%、水头高差大于1.0m的陡坡地段或特殊陡坎地段时,宜设置跌水或急流槽。

8.【答案】BC

【解析】根据《公路路基设计规范》(JTG D30—2015)第4.2.7条,急流槽底应设置防滑平台或凸榫,防止基底滑动。

9.【答案】BD

【解析】根据《公路路基设计规范》(JTG D30—2015)第4.2.4条,高速公路、一级公路挖方路段的矩形边沟宜增设带泄水孔的钢筋混凝土盖板或增设路侧护栏。

10.【答案】AD

　　【解析】根据《公路路基设计规范》(JTG D30—2015)第4.2.7条,跌水与急流槽应采取加固设施。急流槽底纵坡应与地形结合,进水口应予防护加固,出水口应采取消能措施,防止冲刷。急流槽底应设置防滑平台和凸榫,防止基底滑动。

11.【答案】ACD

　　【解析】根据《公路路基设计规范》(JTG D30—2015)第4.3.6条和第4.3.7条,选项B错误,仰斜式排水孔可用于引排边坡内的地下水。渗井可用于拦截、引排有固定含水层的深层地下水,以及排除下挖式通道的地表水。

12.【答案】BD

　　【解析】根据《城市道路路基设计规范》(CJJ 194—2013)第5.2.1条,城市建成区道路宜采用管道、偏沟、雨水口和连接管等排水设施;郊区道路可采用边沟、排水沟、截水沟、急流槽和涵洞等排水设施。

13.【答案】AB

　　【解析】根据《公路路基设计规范》(JTG D30—2015)第4.2.5条,截水沟应根据地形条件及汇水面积等进行设置。

三、案例题

1.【答案】C

　　【解析】根据《公路排水设计规范》(JTG/T D33—2012)第9.1.1条:

①汇水面积:$F = 50 \times 14.5 \times 10^{-6} = 7.25 \times 10^{-4} \mathrm{km}^2$。

②径流系数:查表9.1.8可知,$\psi = 0.95$。

③设计重现期:查表9.1.2,得到设计降雨的重现期为5年。

④降雨强度:按所在地区,查图9.1.7-1,得5年重现期和10min降雨历时的标准降雨强度为$q_{5,10} = 2.7 \mathrm{mm/min}$。查表9.1.7-1,重现期转换系数为$c_p = 1.0$。查图9.1.7-2,得该地区60min降雨强度转换系数$c_{60} = 0.45$,查表9.1.7-2,得5min降雨历时转换系数为$c_5 = 1.25$。

$$q_{p,t} = c_p c_t q_{5,10} = 1.0 \times 1.25 \times 2.7 = 3.375 \mathrm{mm/min}$$

⑤设计流量:

$$Q = 16.67 \psi q_{p,t} F = 16.67 \times 0.95 \times 3.375 \times 7.25 \times 10^{-4} = 0.0388 \mathrm{m}^3/\mathrm{s}$$

2.【答案】B

　　【解析】根据《公路排水设计规范》(JTG/T D33—2012)第9.2.3条:

过水断面面积:$A = 0.5(a+b)h = 0.5 \times (1.5+0.8) \times 0.7 = 0.805 \mathrm{m}^2$

过水断面湿周:$\rho = b + 2h\sqrt{1+m^2} = 0.8 + 2 \times 0.7 \times \sqrt{1+0.5^2} = 2.365 \mathrm{m}$

水力半径：$R = A/\rho = 0.805/2.365 = 0.34\text{m}$

平均流速：$v = \dfrac{1}{n}R^{\frac{2}{3}}I^{\frac{1}{2}} = \dfrac{1}{0.025} \times 0.34^{\frac{2}{3}} \times 0.012^{\frac{1}{2}} = 2.136\text{m/s}$

3.【答案】A

【解析】根据《公路排水设计规范》(JTG/T D33—2012)附录B：

$\rho = \dfrac{bh}{b + 2h} = \dfrac{0.6 \times 0.5}{0.6 + 2 \times 0.5} = 0.187\text{m}$

4.【答案】B

【解析】根据《公路排水设计规范》(JTG/T D33—2012)第9.2.2条：

$Q_c = vA = 2.5 \times 0.8 \times 0.7 = 1.4\text{m}^3/\text{s}$

5.【答案】B

【解析】根据《公路排水设计规范》(JTG/T D33—2012)第9.2.5条，查表9.2.5-1，浆砌片石明沟，最大允许流速为3.0m/s；查表9.2.5-2，水深1.2m时，修正系数为1.25，最大允许流速：$1.25 \times 3.0 = 3.75\text{m/s}$。

第五节　路基防护、加固与支挡结构设计

复习要点

路基防护与支挡结构的设计要求；防护工程的类型及适用条件；冲刷防护工程的类型及适用条件；挡土墙的类型及适用条件；重力式挡土墙和悬臂式挡土墙的构造要求；挡土墙土压力计算方法；车辆荷载换算成等代均布土层厚度的计算；挡土墙稳定性验算方法；坡预应力锚固的适用条件、构造要求；预应力锚杆的锚固力、锚杆体截面积和长度的确定方法；加筋土挡墙和钢筋混凝土轻型挡墙的构造；土钉、抗滑桩的适用条件和构造要求。

本节是路基工程中特别重要的一节，主要有以下考点：

(1)防护工程　需掌握路基坡面三类防护工程(植物防护、骨架植物防护、工程防护)的作用、特点、设计规定和适用条件。

(2)重力式挡土墙构造　需掌握重力式挡土墙墙身、基础、伸缩缝和排水设施等构造特点和设计要求。

(3)重力式挡土墙稳定性计算　主要掌握挡土墙抗滑稳定、抗倾覆稳定和抗震稳定以及增加挡土墙稳定性的相关措施。

(4)重力式挡土墙土压力计算　主要掌握作用在挡土墙的力系、破裂面交于内边坡和路基面的土压力计算。

(5)边坡锚固　需掌握预应力锚固的使用条件和构造要求，尤其是对预应力锚杆的锚固力、锚固体截面积和长度的计算。

典型习题

一、单项选择题

1. 承受土体侧压力的墙式构造物称为(　　)。
  (A)桩板墙　　　　　　　　　　(B)挡土墙
  (C)护面墙　　　　　　　　　　(D)土钉墙

2. 下列不属于坡面防护中工程防护类型的是(　　)。
  (A)挂网喷护　　　　　　　　　(B)片石护坡
  (C)护面墙　　　　　　　　　　(D)边坡锚固

3. 护面墙的单级护坡高度不宜大于(　　)。
  (A)5m　　　　　　　　　　　　(B)10m
  (C)15m　　　　　　　　　　　 (D)20m

4. 挡土墙设计方法采用的是(　　)。
  (A)以标准状态设计的分项系数为主的设计方法
  (B)以标准状态设计的安全系数为主的设计方法
  (C)以极限状态设计的分项系数为主的设计方法
  (D)以极限状态设计的安全系数为主的设计方法

5. 骨架植物防护时,对于风化破碎的岩石挖方边坡,可在骨架中增设(　　)。
  (A)砌石　　　　　　　　　　　(B)土钉
  (C)筋材　　　　　　　　　　　(D)锚杆

6. 挡土墙基础位于稳定斜坡地面且土层为软质岩石时,前址埋入深度和距地表的水平距离应分别满足(　　)。
  (A)0.60m,2.00m　　　　　　　 (B)0.60m,2.50m
  (C)1.00m,2.00m　　　　　　　 (D)1.00m,2.50m

7. 关于悬臂、扶壁式挡土墙设计要求的叙述中,下列选项错误的是(　　)。
  (A)应采用钢筋混凝土浇筑　　　(B)每一分段宜设2个扶壁
  (C)板底厚度不应小于0.30m　　 (D)立壁的顶宽不应小于0.20m

8. 桩板式挡土墙的锚固桩必须锚固在稳定的地基中,桩的悬臂长度不宜大于(　　)。
  (A)10m　　　　　　　　　　　　(B)15m
  (C)20m　　　　　　　　　　　　(D)25m

9. 对软质岩、风化岩地层,边坡锚固时锚杆宜采用(　　)。
    (A)拉力型　　　　　　　　　　(B)拉力分散型
    (C)压力型　　　　　　　　　　(D)压力分散型

10. 对预应力锚固边坡进行稳定性计算时,锚固力可简化为(　　)。
    (A)作用于滑体上的一个均布力　　(B)作用于滑体上的一个集中力
    (C)作用于滑面上的一个均布力　　(D)作用于滑面上的一个集中力

11. 关于土钉结构和材料设计,下列选项错误的是(　　)。
    (A)土质边坡土钉支护总高度不宜大于 15m
    (B)土钉长度包括非锚固长度和有效锚固长度,宜为边坡高度的 0.5 ~ 1.2 倍
    (C)永久性土钉应采用钻孔注浆法,钻孔直径宜为 70 ~ 100mm
    (D)钻孔注浆材料宜采用低收缩水泥浆或水泥砂浆,其强度不应低于20MPa

12. 抗滑桩的两侧和受压边应配置(　　)。
    (A)横向构造钢筋　　　　　　　(B)横向架立钢筋
    (C)纵向构造钢筋　　　　　　　(D)纵向架立钢筋

13. 挡土墙沿墙长度方向在墙身断面变化处应设置(　　)。
    (A)沉降缝　　　　　　　　　　(B)伸缩缝
    (C)变形缝　　　　　　　　　　(D)施工缝

14. 衡重式路肩挡土墙的衡重台与上墙背相交处应采取适当的加强措施,目的是提高该处墙身截面的(　　)。
    (A)抗剪能力　　　　　　　　　(B)抗压能力
    (C)抗拉能力　　　　　　　　　(D)抗扭能力

15. 设置于不良土质地基、覆盖土层下为倾斜基岩地基及斜坡上的挡土墙,应对挡土墙地基及填土的整体稳定性进行验算,其稳定安全系数不应小于(　　)。
    (A)1.25　　　　　　　　　　　(B)1.30
    (C)1.35　　　　　　　　　　　(D)1.40

16. 作用于挡土墙墙顶护栏上的车辆碰撞力属于(　　)。
    (A)永久作用　　　　　　　　　(B)基本可变作用
    (C)偶然作用　　　　　　　　　(D)其他可变作用

17. [2020 年考题]位于抗震有利地段的高速公路路堤,在 E1 地震作用下,其抗震设防目标是(　　)。

（A）不受损坏 　　　　　　　　　（B）不需修复可正常使用

（C）经一般整修即可正常使用 　　（D）经短期抢修即可恢复使用

18.［2020年考题］南方某地年降水量超过1500mm，高速公路黏质土路堑边坡高度为8m，坡率为1∶1。根据《公路路基设计规范》（JTG D30—2015），合适的边坡坡面防护方案是（　　　　）。

（A）喷播植草防护 　　　　　　　（B）喷混植生防护

（C）骨架植物防护 　　　　　　　（D）浆砌片石护坡

二、多项选择题

1. 关于喷护和挂网喷护设计要求的叙述中，下列选项正确的有（　　　　）。

（A）喷护材料可采用砂浆或水泥混凝土

（B）喷护坡面可不设置泄水孔和伸缩缝

（C）喷射混凝土的喷护厚度不应小于0.10m

（D）应结合碎落台和边坡平台种植攀缘植物

2. 下列属于沿河路基防护类型的有（　　　　）。

（A）植物防护 　　　　　　　　　（B）浸水挡墙

（C）石笼防护 　　　　　　　　　（D）挂网喷护

3. 确定冲刷防护工程顶面高程时，考虑的因素有（　　　　）。

（A）壅水高度 　　　　　　　　　（B）设计水位

（C）基础埋深 　　　　　　　　　（D）安全高度

4. 关于挡土墙构造设计要求的叙述中，下列选项错误的有（　　　　）。

（A）应做好挡土墙与路基或其他构造物的衔接处理

（B）墙身应设置倾向墙内且坡度不小于4%的排水孔

（C）具有整体式墙面的挡土墙应设置伸缩缝和沉降缝

（D）路肩式挡土墙的顶宽可侵占硬路肩的路基宽度范围

5. 有面板加筋土挡土墙可用于（　　　　）。

（A）路堑式挡土墙 　　　　　　　（B）路堤式挡土墙

（C）路肩式挡土墙 　　　　　　　（D）山坡式挡土墙

6. 有面板加筋土挡土墙的拉筋长度应符合（　　　　）。

（A）采用预制钢筋混凝土带时，每节长度不宜大于2.0m

（B）墙高小于3.0m时，拉筋长度不应小于2.0m，且应采用等长拉筋

（C）墙高大于3.0m时，拉筋长度不应小于0.8倍墙高，且不小于5m

（D）当采用不等长的拉筋时，同长度拉筋的墙段高度不应小于3.0m

7. 适宜作为加筋土挡土墙填料的有( )。
   (A) 中粗砂
   (B) 砂砾
   (C) 粉质土
   (D) 碎石

8. 作用在一般地区挡土墙上的力,可只计算( )。
   (A) 永久作用
   (B) 基本可变作用
   (C) 偶然作用
   (D) 其他可变作用

9. 锚杆总长度的组成有( )。
   (A) 锚固段长度
   (B) 锚头段长度
   (C) 自由段长度
   (D) 外露段长度

10. 关于非预应力的全长黏结型锚杆设计规定的叙述中,下列选项正确的有( )。
    (A) 钻孔直径不宜小于 42mm,且不宜大于 100mm
    (B) 杆体材料宜采用 HRB400 钢筋,杆体钢筋直径宜为 16 ~ 32mm
    (C) 长度大于 4m 或杆体直径大于 24mm 的锚杆,应采取杆体居中的构造措施
    (D) 杆体钢筋保护层厚度,采用水泥砂浆时不应小于 8mm,采用树脂时不应小于 4mm

11. 不宜采用土钉支护的边坡土质类型有( )。
    (A) 软黏土
    (B) 风化破碎岩
    (C) 膨胀土
    (D) 腐蚀性地层

12. 关于抗滑桩设计应遵循的原则,下列说法正确的有( )。
    (A) 抗滑桩应采用动态设计和信息化施工
    (B) 抗滑桩应保证滑坡体不越过桩顶或从桩底和桩间滑动
    (C) 抗滑桩可用于稳定边坡和滑坡、加固不稳定山体以及加固其他特殊路基
    (D) 抗滑桩宜选择在滑坡厚度较厚、推力较大、锚固段地基强度较高的位置设置

13. 抗滑桩结构计算时,可不计算的作用力有( )。
    (A) 桩侧摩阻力
    (B) 桩身重力
    (C) 桩前滑体抗力
    (D) 桩底反力

14. 下列施加于挡土墙的作用(或荷载),属于永久作用(或荷载)的有( )。
    (A) 填土侧压力
    (B) 车辆荷载引起的土侧压力
    (C) 地震作用力
    (D) 计算水位的浮力

15. 采用预应力锚杆进行边坡锚固时,下列说法正确有( )。
    (A) 预应力锚杆可用于土质、岩质边坡及地基加固

(B)预应力锚杆由锚固段、自由段和张拉段构成

(C)软质岩、风化岩地层宜采用拉力分散型锚杆

(D)腐蚀性环境中不宜采用预应力锚杆

16.关于桩板式挡土墙设计,下列选项正确的有(　　)。

(A)锚固桩必须锚固在稳定的地基中

(B)桩的悬臂长度不宜大于20m

(C)桩的受力钢筋应沿桩长方向通长布置

(D)挡土板与桩的搭接长度每端不得小于50cm

17.挡土墙宜采用明挖基础,下列选项中基础埋深符合规范要求的有(　　)。

(A)基础最小埋置深度不应小于1.0m

(B)基底应在冰冻线以下不小于1.0m

(C)基底应置于局部冲刷线以下不小于1.0m

(D)路堑挡土墙基底在路肩以下不应小于1.0m

18.提高重力式挡土墙抗倾覆稳定性的措施有(　　)。

(A)采用凸榫形式基础 　　　　　　(B)改变墙身断面类型

(C)直立墙背上做卸荷台 　　　　　　(D)改变墙面及墙背坡度

19.关于骨架植物防护设计的表述,下列选项正确的有(　　)。

(A)骨架植物防护可用于坡率不陡于1:0.75的土质边坡防护

(B)骨架植物防护可用于坡率不陡于1:0.50的软质岩石和全风化岩石边坡防护

(C)多雨地区的骨架宜增设拦水带和排水槽

(D)风化破碎的岩石挖方边坡可在骨架中增设锚杆

20.[2020年考题]施加于挡土墙的作用(或荷载),属于永久作用的有(　　)。

(A)填土重力 　　　　　　(B)挡土墙结构重力

(C)冻胀压力和冰压力 　　　　　　(D)计算水位的浮力及静水压力

21.[2020年考题]公路挡土墙结构设计时,应按各种状态可能同时产生的作用效应进行组合,下列作用(或荷载)效应组合正确的有(　　)。

(A)洪水与地震力应同时考虑

(B)冻胀力、冰压力与波浪压力应同时考虑

(C)一般地区,作用在挡土墙上的力可只计算永久作用和基本可变作用

(D)浸水地区、地震动峰值加速度值为0.2g及以上的地区、产生冻胀力的地区等,尚应计算其他可变作用和偶然作用

三、案例题

1. 南方地区某二级公路重力式路肩挡土墙,墙身高 8m,墙背路基填料采用砂性土,重度为 $\gamma = 17.8\text{kN/m}^3$,内摩擦角 $\varphi = 35°$。车辆荷载作用于挡土墙墙背填土上所引起的附加土体侧压力,换算成等代均布土层厚度最接近于(   )。

(A)0.6m   (B)0.7m   (C)0.8m   (D)0.9m

2. 西南地区某一级公路重力式路肩挡土墙,挡土墙墙身高 4m,顶宽 1m,墙背俯斜坡度为 4:1,路基填料采用砂性土,其重度为 $\gamma = 18\text{kN/m}^3$,内摩擦角 $\varphi = 35°$,填土与墙背间的摩擦角 $\delta = 17.5°$,如右图所示。不考虑荷载影响,该挡土墙土压力最接近于(   )。

(A)49.4kN

(B)50.1kN

(C)52.9kN

(D)55.6kN

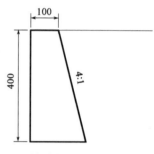

题 2 图(尺寸单位:cm)

3. 西南地区某二级公路重力式路肩挡土墙,挡土墙墙身高 8m,顶宽 1.35m,墙背仰斜坡度为 1:0.25,如右图所示,路基填料采用砂性土,其重度为 $\gamma = 18.2\text{kN/m}^3$,内摩擦角 $\varphi = 35°$,填土与墙背间的摩擦角 $\delta = 17.5°$,地基为岩石,地基容许承载力为 500kPa。破裂面交于荷载范围内,破裂角 $\theta = 36.10°$,该挡土墙土压力水平和垂直分力最接近于(   )。

(A)101.3kN,2.9kN

(B)109.7kN,6.6kN

(C)125.7kN,12.6kN

(D)152.3kN,19.4kN

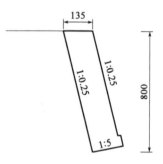

题 3 图(尺寸单位:cm)

4. 某一级公路边坡永久性岩层锚固如下图所示,锚杆采用预应力热处理螺纹钢筋,抗拉强度设计值为 1000N/mm²,锚杆与滑动面相交处滑动面倾角 $\alpha = 30°$,锚杆与水平面的夹角 $\beta = 35°$,滑动面内的摩擦角 $\varphi = 30°$,通过分析确定该边坡的下滑力 $E = 280\text{kN}$,则锚杆直径最接近于(   )。

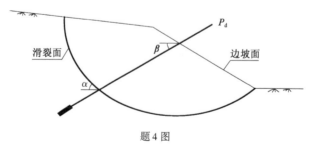

题 4 图

（A）25mm　　　（B）28mm　　　（C）30mm　　　（D）32mm

5. 西南地区某高速公路 K6+680 附近有一段岩质路堑边坡,边坡加固方案采用预应力筋进行永久锚固,锚杆直径 $d_g=30mm$,锚杆锚固段钻孔直径 $d=0.1m$,锚杆与滑动面相交处滑动面倾角 $\alpha=20°$,锚杆与水平面的夹角 $\beta=10°$,滑动面内的摩擦角 $\varphi=25°$;注浆体与较硬岩的黏结强度设计值为 1000kPa,钢筋与锚固砂浆间黏结强度设计值为 2.4MPa,通过分析得到该边坡的下滑力 $E=1000kN$,则锚杆锚固段长度至少必须达到（　　）。

（A）3.0m　　　（B）5.0m　　　（C）8.0m　　　（D）9.0m

6. 东南地区某一级公路 K25+280～K25+360 路段需设一重力式挡土墙,墙身最大高度位于 K25+320 位置,高度为 11.6m,对该断面计算分析得到土压力对挡土墙基底形心的弯矩为 $-76kN\cdot m$,挡墙自重对挡土墙基底形心的弯矩为 65kN·m,作用于基底上的垂直力合力为 124kN,则该挡土墙断面基底合力的偏心距最接近于（　　）。

（A）0.09m　　　（B）0.61m　　　（C）0.52m　　　（D）1.14m

7. 西南地区某二级公路重力式挡土墙,墙身高度为 8m,矩形基础的基底宽度为 1.5m,作用于基底上垂直力合力为 155kN,合力偏心距为 0.24m,则基底边缘最大和最小压应力最接近于（　　）。

（A）206.7kPa,0kPa　　　　　　（B）206.7kPa,4.1kPa

（C）202.5kPa,0kPa　　　　　　（D）202.5kPa,4.1kPa

8. 某一级公路在 K5+120～K5+170 路段设置一重力式挡土墙,典型断面如下图所示。墙面直立,墙顶宽 140cm,墙底水平,墙底宽 260cm,最大墙高 550cm,墙背倾角 $\alpha=14°$;墙背填土重度 $\gamma_1=18kN/m^3$,内摩擦角 $\varphi=36°$,填土与墙背的摩擦角为 $\delta=18°$;墙身材料重度 $\gamma_2=23kN/m^3$;该处地基为软质岩石,基底与基底土的摩擦系数 $\mu=0.40$。用库仑土压力理论计算得到每延米的总主动土压力 $E_a=148.5kN/m$,则该挡土墙的抗滑稳定系数最接近于（　　）。

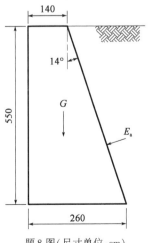

题 8 图(尺寸单位:cm)

（A）1.05 （B）1.10

（C）1.15 （D）1.20

9. 某一级公路 K24＋300～K24～336 路段右侧需设置一重力式挡土墙,典型断面如下图所示。墙趾至墙顶高 $H=450\mathrm{cm}$,墙顶宽 $B=100\mathrm{cm}$,墙背倾角 $\alpha=11°$,墙底倾斜角 $\alpha_0=8°$,填土与墙背的摩擦角 $\delta=15°$,地基为砂类土,基底与基底土的摩擦系数 $\mu=0.40$。经计算可得挡土墙每延米自重 $G=192.6\mathrm{kN/m}$,主动土压力 $E_a=125.2\mathrm{kN/m}$,则该挡土墙抗滑稳定系数最接近于（ ）。

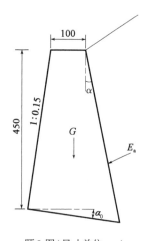

题 9 图（尺寸单位:cm）

（A）1.30 （B）1.33

（C）1.36 （D）1.39

10. 某高速公路 K3＋410～K3＋460 有一重力式路肩墙,典型断面如下图所示。墙顶宽 1.3m,墙底水平,宽 2.8m,墙高 6m。墙后填土与墙顶齐平,内摩擦角 $\varphi=35°$;墙身材料重度 $\gamma=23\mathrm{kN/m^3}$;用库仑土压力理论计算得到每延米的主动土压力水平分量 $E_x=124.4\mathrm{kN/m}$,主动土压力竖直分量 $E_y=83.9\mathrm{kN/m}$。该公路挡土墙抗倾覆安全系数最接近于（ ）。

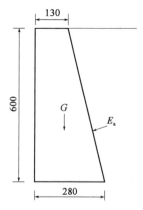

题 10 图（尺寸单位:cm）

(A)1.66   (B)1.77

(C)1.88   (D)1.99

11. 西南地区某高速公路 K23 + 320 ~ K23 + 380 路段有一重力式路堤墙,典型断面如下图所示,墙背倾角为 $\alpha = 11°$,填土与墙背的摩擦角为 $\delta = 15°$。经计算可得挡土墙每延米自重 $G = 196.5\text{kN/m}$,对墙趾力臂 $Z_G = 0.85\text{m}$,总主动土压力 $E_a = 92.4\text{kN/m}$,土压力水平分量的力臂 $Z_y = 1.82\text{m}$,垂直分量的力臂 $Z_x = 1.76\text{m}$。该挡土墙绕墙趾倾覆的稳定系数最接近于( )。

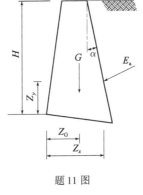

题 11 图

(A)1.41   (B)1.47

(C)1.53   (D)1.58

12. [2019 年考题]东北地区某高速公路,冻结深度为 2.3m。重力式挡土墙,黏质土地基,挡土墙前趾地基受水流冲刷,局部冲刷深度为 1.5m,如右图所示。该挡土墙前趾基础埋置深度不应小于( )。

(A)1.00m

(B)1.25m

(C)2.30m

(D)2.50m

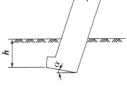

题 12 图

13. [2020 年考题]某路堤挡墙,基础宽 3m,采用水泥混凝土现浇而成,基底合力偏心距 $e_0 = 0.6\text{m}$,作用于基底上的垂直力组合 II 设计值 $N_d = 540\text{kN}$,依据地质勘察报告,挡墙处地基为岩石地基,其地基容许承载力 $\sigma_0 = 500\text{kPa}$,依据《公路路基设计规范》(JTG D30—2015),计算挡墙基底的最大压应力为( ),判断地基承载能力能否满足设计要求。

(A)180kPa,满足   (B)396kPa,满足

(C)400kPa,不满足   (D)600kPa,不满足

14. [2020 年考题]某公路边坡采用预应力锚杆框架防护,锚杆位于稳定土层中的锚固段长度为 6m,锚杆直径为 13cm,土体与浆体之间的黏结强度 $f_b = 400\text{kPa}$,注浆体与锚杆黏结强度为 $f_b = 2400\text{kPa}$,注浆体采用 M30 水泥砂浆,锚杆采用 3 根直径为 25mm 的预应力螺纹钢筋,

其抗拉强度标准值 $F_{\text{ptk}} = 785\text{MPa}$,预应力锚杆锚固体设计安全系数 K_1、K_2 都取 2.0,根据《公路路基设计规范》(JTG D30—2015),每一根锚杆能够提供的轴向锚固力为(   )。(结果保留 1 位小数)

 (A)258.5kN   (B)489.8kN

 (C)577.7kN   (D)1186.9kN

15. [2020 年考题]某城市次干路道路两侧设重力式挡土墙如下图所示。已知墙身重度 $\gamma = 23\text{kN/m}^3$,墙身截面积 $A = 4.06\text{m}^2$,墙后采用黏土回填,基底为碎石土。主动土压力 $E_a = 59.05\text{kN}$,水平分量 $E_x = 48.84\text{kN}$,垂直分量 $E_y = 33.19\text{kN}$,不考虑其他影响,计算该重力式挡土墙基底滑动稳定系数 K_c 值,判断其是否稳定,并说明选择依据和理由。(   )(不计被动土压力,计算结果取小数点后两位)。

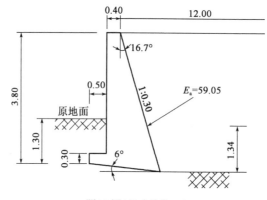

题 15 图(尺寸单位:m)

 (A)$K_c = 1.26$,挡土墙不稳定   (B)$K_c = 1.41$,挡土墙不稳定

 (C)$K_c = 1.85$,挡土墙稳定   (D)$K_c = 2.03$,挡土墙稳定

16. [2021 年考题]某路堤仰斜式挡土墙,采用 C20 混凝土浇筑基础,宽度为 3m,按承载力极限状态设计,结构重要性系数 $\gamma_0 = 1.0$,荷载组合为 Ⅰ,墙身重为 600kN,墙前被动土压力为 103kN(水平方向),墙后主动土压力的水平分力为 325kN,主动土压力的垂直分力为 33kN(向下),墙身重力到墙趾的距离为 2.75m,墙后主动土压力的水平分力到墙趾的距离为 3.42m,墙后主动土压力的竖向分力到墙趾的距离为 3.64m,墙前被动土压力水平分力到墙趾的距离为 0.5m,依据规范规定计算,该挡土墙的抗倾覆稳定系数是(   )。(取小数后 2 位)

 (A)1.53   (B)1.59

 (C)1.61   (D)1.64

17. [2021 年考题]某边坡拟采用预应力锚杆框架防护,锚杆位于稳定地层中的锚固段长度为 6m,锚杆孔直径为 13cm,土体与注浆体之间的黏结强度 $f_{\text{rb}} = 220\text{kPa}$,注浆体与锚杆之间的黏结强度 $f_b = 2400\text{Pa}$,注浆体为 M30 水泥砂浆,锚杆采用 3 根直径 22mm 的预应力螺纹钢筋点焊成束,其抗拉强度标准值 $f_{\text{sk}} = 540\text{MPa}$,预应力锚杆锚固体设计安全系数 K_1、K_2 取 2.0。依

据规范规定计算每一根锚杆能够提供的轴向锚固力是( )。(结果取小数点后1位,π取3.14)

(A)258.5kN   (B)269.4kN

(C)307.8kN   (D)1044.5kN

18.[2021年考题]某路堤仰斜式挡土墙基础宽3m,作用于基底上合力的竖向分力 $N=600kN$,墙前被动土压力水平分力为100kN,挡土墙基底倾向路基,坡度1:5,墙后主动土压力的水平分力为300kN,挡土墙不受水的影响,挡土墙与基底的摩擦系数为0.4,主动土压力分项系数为1.0,被动土压力分项系数为0.3,基底合力的偏心距满足要求。依据规范规定计算该挡土墙的抗滑稳定系数是( )。(取小数点后2位)

(A)1.33   (B)1.45

(C)1.62   (D)1.98

19.[2021年考题]某城市道路位于季节性冰冻地区,挖方路段设置路堑重力式挡土墙。该处路基下岩土分布由上到下为0.90m厚黏土质砾石,0.6m厚基岩风化层,硬岩石基岩,当地冻结深度为0.85m。已知挡土墙基础高度为0.50m,该基础上方设置挖方路基边沟,边沟底的埋置深度为0.80m。不考虑水流冲刷的情况下,计算该挡土墙基础底面的最小埋置深度应为( ),并请说明依据和理由。(取小数后2位)

(A)1.00m   (B)1.10m

(C)1.50m   (D)1.80m

参考答案及解析

一、单项选择题

1.【答案】B

【解析】根据《公路路基设计规范》(JTG D30—2015)第2.1.26条,挡土墙是指承受土体侧压力的墙式构造物。

2.【答案】D

【解析】根据《公路路基设计规范》(JTG D30—2015)第5.2.1条,坡面防护中工程防护类型有喷护、挂网喷护、干砌石护坡、浆砌石护坡和护面墙。

3.【答案】B

【解析】根据《公路路基设计规范》(JTG D30—2015)第5.2.6条,护面墙的单级护坡高度不宜大于10m,并应设置伸缩缝和泄水孔。

4.【答案】C

【解析】根据《公路路基设计规范》(JTG D30—2015)第5.4.2条,挡土墙设计应采用以极限状态设计的分项系数为主的设计方法,车辆荷载计算应采用附加荷载强度法。

5.【答案】D

【解析】根据《公路路基设计规范》(JTG D30—2015)第5.2.3条,多雨地区的骨架宜增设拦水带和排水槽。风化破碎的岩石挖方边坡,可在骨架中增设锚杆。

6.【答案】C

【解析】根据《公路路基设计规范》(JTG D30—2015)第5.4.3条,由表5.4.3可知,软质岩石的土层类型,墙趾最小埋入深度 h 为1.00m,距地表水平距离 L 为2.00m。

7.【答案】B

【解析】根据《公路路基设计规范》(JTG D30—2015)第5.4.7条,扶壁式挡土墙每一分段宜设3个或3个以上的扶壁。

8.【答案】B

【解析】根据《公路路基设计规范》(JTG D30—2015)第5.4.12条,桩板式挡土墙的锚固桩必须锚固在稳定的地基中,桩的悬臂长度不宜大于15m。

9.【答案】D

【解析】根据《公路路基设计规范》(JTG D30—2015)第5.5.2条,预应力锚杆可用于土质、岩质边坡及地基加固,其锚固段应设置在稳定的岩层中,腐蚀性环境中不宜采用预应力锚杆。对软质岩、风化岩地层,宜采用压力分散型锚杆。

10.【答案】D

【解析】根据《公路路基设计规范》(JTG D30—2015)第5.5.3条,对锚固边坡进行稳定性计算时,锚固作用力可简化为作用于滑面上的一个集中力。

11.【答案】A

【解析】根据《公路路基设计规范》(JTG D30—2015)第5.6.2条,土质边坡土钉支护总高度不宜大于10m,岩质边坡土钉支护总高度不宜大于18m。

12.【答案】C

【解析】根据《公路路基设计规范》(JTG D30—2015)第5.7.4条,抗滑桩的两侧和受压边,应配置纵向构造钢筋,其间距不应大于0.3m,直径不宜小于12mm。

13.【答案】B

【解析】根据《公路路基设计规范》(JTG D30—2015)第5.4.4条,具有整体式墙面的挡土墙应设置伸缩缝和沉降缝;沿墙长度方向在墙身断面变化处及与其他构造物相接处应设置伸缩缝,在地形、地基变化处设置沉降缝;伸缩缝和沉降缝可合并设置。

14.【答案】A

　　【解析】根据《公路路基设计规范》(JTG D30—2015)第5.4.5条,衡重式路肩挡土墙的衡重台与上墙背相交处应采取适当的加强措施,提高该处墙身截面的抗剪能力。

15.【答案】A

　　【解析】根据《公路路基设计规范》(JTG D30—2015)第H.0.2条第7款,设置于不良土质地基、覆盖土层下为倾斜基岩地基及斜坡上的挡土墙,应对挡土墙地基及填土的整体稳定性进行验算,其稳定安全系数不应小于1.25。

16.【答案】C

　　【解析】根据《公路路基设计规范》(JTG D30—2015)第H.0.1条第3款,作用于挡土墙墙顶护栏上的车辆碰撞力属于偶然荷载。

17.【答案】C

　　【解析】根据《公路工程抗震规范》(JTG B02—2013)第3.2.1条,高速公路、一级公路及二级公路的工程构筑物,在E1地震作用时,位于抗震有利地段的,经一般整修即可正常使用;位于抗震不利地段的,经短期抢修即可恢复使用;位于抗震危险地段的挡土墙、隧道等重要构筑物不发生严重破坏。

18.【答案】A

　　【解析】根据《公路路基设计规范》(JTG D30—2015)第5.2.1条,植草或喷播植草可用于坡率不陡于1:1的土质边坡防护。

二、多项选择题

1.【答案】ACD

　　【解析】根据《公路路基设计规范》(JTG D30—2015)第5.2.4条,选项B错误,喷护坡面应设置泄水孔和伸缩缝。

2.【答案】ABC

　　【解析】根据《公路路基设计规范》(JTG D30—2015)第5.3.1条,查表5.3.1,沿河路基防护类型有:植物防护、砌石或混凝土护坡、土工织物软体沉排、土工模袋、石笼防护、浸水挡墙、护坦防护等。

3.【答案】ABD

　　【解析】根据《公路路基设计规范》(JTG D30—2015)第5.3.2条,冲刷防护工程顶面高程,应为设计水位加上波浪侵袭、壅水高度、安全高度之和。

4.【答案】BD

【解析】根据《公路路基设计规范》(JTG D30—2015)第5.4.4条,选项 B 错误,墙身应设置倾向墙外且坡度不小于4%的排水孔,墙背应设置反滤层;选项 D 错误,路肩式挡土墙的顶面宽度不应侵占行车道及路缘带或硬路肩的路基宽度范围,其顶面应设置护栏。

5.【答案】BC

【解析】根据《公路路基设计规范》(JTG D30—2015)第5.4.1条,有面板加筋土挡土墙可用于一般地区的路肩式挡土墙、路堤式挡土墙。

6.【答案】ACD

【解析】根据《公路路基设计规范》(JTG D30—2015)第5.4.10条,选项 B 错误,墙高小于3.0m 时,拉筋长度不应小于3.0m,且应采用等长拉筋。

7.【答案】ABD

【解析】根据《公路路基设计规范》(JTG D30—2015)第5.4.10条,加筋土挡土墙宜采用渗水性良好的中粗砂、砂砾或碎石填筑,填料与筋材直接接触部分不应含有尖锐棱角的块体,填料最大粒径不应大于100mm。

8.【答案】AB

【解析】根据《公路路基设计规范》(JTG D30—2015)第 H.0.1 条,作用在一般地区挡土墙上的力,可只计算永久作用(或荷载)和基本可变作用(或荷载)。

9.【答案】ACD

【解析】根据《公路路基设计规范》(JTG D30—2015)第5.5.6条,锚杆总长度由锚固段长度、自由段长度及外露段长度组成。

10.【答案】ABD

【解析】根据《公路路基设计规范》(JTG D30—2015)第5.5.9条,选项 C 错误,长度大于4m 或杆体直径大于32mm 的锚杆,应采取杆体居中的构造措施。

11.【答案】ACD

【解析】根据《公路路基设计规范》(JTG D30—2015)第5.6.1条,在腐蚀性地层、膨胀土、软黏土、土质松散、地下水较发育及存在不利结构面的边坡,不宜采用土钉支护。

12.【答案】ABC

【解析】根据《公路路基设计规范》(JTG D30—2015)第5.7.1条,选项 D 错误,抗滑桩宜选择在滑坡厚度较薄、推力较小、锚固段地基强度较高及有利于抗滑的位置设置。

13.【答案】ABD

　　【解析】根据《公路路基设计规范》(JTG D30—2015)第5.7.5条,作用于抗滑桩的外力包括滑坡推力、地震力、桩前滑体抗力和锚固段地层的抗力。桩侧摩阻力和黏聚力以及桩身重力和桩底反力可不计算。

14.【答案】AD

　　【解析】根据《公路路基设计规范》(JTG D30—2015)第7.2.4条,选项D错误,渗沟的迎水面应设反滤层,背水面应设防渗隔离层。

15.【答案】AD

　　【解析】根据《公路路基设计规范》(JTG D30—2015)第5.5.6条,选项B错误,预应力锚杆由锚固段、自由段和锚头构成;根据第5.5.1条,选项C错误,软质岩、风化岩地层宜采用压力分散型锚杆。

16.【答案】AC

　　【解析】根据《公路路基设计规范》(JTG D30—2015)第5.4.12条,选项B错误,桩的悬臂长度不宜大于15m;选项D错误,挡土板与桩搭接,其搭接长度每端不得小于1倍板厚。

17.【答案】ACD

　　【解析】根据《公路路基设计规范》(JTG D30—2015)第5.4.3条,选项C错误,当冻结深度小于或等于1.0m时,基底应在冻结线以下不小于0.25m,且最小埋置深度不小于1.0m。冻结深度大于1.0m时,基础最小埋置深度不应小于1.25m,并应对基底至冻结线以下0.25m深度范围的地基土采取措施,防止冻害。

18.【答案】BCD

　　【解析】选项A错误,选项A为提高挡土墙抗滑稳定性的措施。

19.【答案】ACD

　　【解析】根据《公路路基设计规范》(JTG D30—2015)第5.2.1条,选项B错误,骨架植物防护可用于坡率不陡于1:0.75的软质岩石和全风化岩石边坡防护。

20.【答案】ABD

　　【解析】根据《公路路基设计规范》(JTG D30—2015)第H.0.1条3款,选项C错误,冻胀压力和冰压力为其他可变作用(或荷载)。

21.【答案】CD

【解析】根据《公路路基设计规范》(JTG D30—2015)第 H.0.1 条 4 款,选项 A 错误,洪水与地震力不同时考虑;选项 B 错误,冻胀力、冰压力与流水压力或波浪压力不同时考虑。

三、案例题

1.【答案】B

【解析】根据《公路路基设计规范》(JTG D30—2015)第 H.0.1 条第 11 款:

$$h_0 = \frac{q}{\gamma} = \frac{12.5}{17.8} = 0.702 \text{m}$$

2.【答案】C

【解析】墙背仰斜坡度为 4:1,墙背倾斜角 $\alpha = 14.04°$,因此:

$$K_a = \frac{\cos^2(\varphi - \alpha)}{\cos^2\alpha\cos(\alpha + \delta)\left[1 + \sqrt{\dfrac{\sin(\varphi + \delta)\sin(\varphi - \beta)}{\cos(\alpha + \delta)\cos(\alpha - \beta)}}\right]^2}$$

$$= \frac{\cos^2(35° - 14.04°)}{\cos^2 14.04°\cos(14.04° + 17.5°)\left[1 + \sqrt{\dfrac{\sin(35° + 17.5°)\sin(35°)}{\cos(14.04° + 17.5°)\cos(14.04°)}}\right]^2}$$

$$= 0.368$$

$$E_a = \frac{1}{2}\gamma H^2 K_a = \frac{1}{2} \times 18 \times 4^2 \times 0.368 = 52.94 \text{kN}$$

3.【答案】B

【解析】墙背仰斜坡度为 1:0.25,墙背倾斜角 $\alpha = 14.04°$,因此:

$$\psi = \alpha + \varphi + \delta = -14.04° + 35° + 17.5° = 38.46°$$

墙高 8m,附加荷载强度 $q = 12.5 \text{kN/m}^2$,则荷载当量土柱高度:

$$h_0 = \frac{q}{\gamma} = \frac{12.5}{18.2} = 0.69 \text{m}$$

$$A_0 = \frac{1}{2}(a + H + 2h_0)(a + H) = \frac{1}{2}(0 + 8 + 2 \times 0.69) \times (0 + 8) = 37.5$$

$$B_0 = \frac{1}{2}ab + (b + d)h_0 - \frac{1}{2}H(H + 2a + 2h_0)\tan\alpha$$

$$= 0 + 0 - \frac{1}{2} \times 8 \times (8 + 0 + 2 \times 0.69)\tan(-14.04°)$$

$$= 9.37$$

$$E_a = \gamma(A_0\tan\theta - B_0)\frac{\cos(\theta + \varphi)}{\sin(\theta + \psi)}$$

$$= 18.2 \times (37.5 \times \tan 36.1° - 9.37) \times \frac{\cos(36.1° + 35°)}{\sin(36.1° + 38.46°)}$$

$$= 109.89 \text{kN}$$

$$E_x = E_a\cos(\alpha + \delta) = 109.89 \times \cos(-14.04° + 17.5°) = 109.69 \text{kN}$$

$$E_y = E_a \sin(\alpha + \delta) = 109.89 \times \sin(-14.04° + 17.5°) = 6.64\text{kN}$$

4.【答案】B

【解析】根据《公路路基设计规范》(JTG D30—2015)第5.5.4条和5.5.6条：

$$P_d = \frac{E}{\sin(\alpha + \beta)\tan\varphi + \cos(\alpha + \beta)}$$

$$= \frac{280}{\sin(30° + 35°)\tan30° + \cos(30° + 35°)}$$

$$= 296\text{kN}$$

$$A = \frac{K_1 P_d}{F_{ptk}} = \frac{2.0 \times 296}{1000 \times 10^3} = 592\text{mm}^2$$

$$D = 27.4\text{mm}$$

5.【答案】C

【解析】根据《公路路基设计规范》(JTG D30—2015)第5.5.4条和5.5.6条。

(1)锚杆设计锚固力：

$$P_d = \frac{E}{\sin(\alpha + \beta)\tan\varphi + \cos(\alpha + \beta)}$$

$$= \frac{1000}{\sin(20° + 10°)\tan25° + \cos(20° + 10°)}$$

$$= 909.8\text{kN}$$

(2)地层与注浆体间黏结长度：

$$L_r = \frac{K_2 P_d}{\pi d f_{rb}} = \frac{2 \times 909.8}{\pi \times 0.1 \times 1000} = 5.8\text{m}$$

(3)注浆体与锚杆间黏结长度：

$$L_g = \frac{K_2 P_d}{n\pi d_g f_b} = \frac{2 \times 909.8}{1 \times \pi \times 0.03 \times 2400} = 8.0\text{m}$$

(4)锚固长度应取 L_r 和 L_g 中的大值，且不应小于3m，也不宜大于10m，故取8.0m。

6.【答案】A

【解析】根据《公路路基设计规范》(JTG D30—2015)第H.0.2条：

$$e = \left|\frac{M_d}{N_d}\right| = \left|\frac{-76 + 65}{124}\right| = 0.089\text{m}$$

7.【答案】D

【解析】根据《公路路基设计规范》(JTG D30—2015)第H.0.2条：

$$|e_0| = 0.24 \leqslant \frac{B}{6} = \frac{1.5}{6} = 0.25\text{m}$$

$$\sigma_1 = \frac{N_d}{A}\left(1 + \frac{6e_0}{B}\right) = \frac{155}{1.5 \times 1}\left(1 + \frac{6 \times 0.24}{1.5}\right) = 202.5\text{kPa}$$

$$\sigma_2 = \frac{N_d}{A}\left(1 - \frac{6e_0}{B}\right) = \frac{155}{1.5 \times 1}\left(1 - \frac{6 \times 0.24}{1.5}\right) = 4.1\text{kPa}$$

8.【答案】A

【解析】根据《公路路基设计规范》(JTG D30—2015)第 H.0.2 条:

$$G = \gamma V = 23 \times (1.4 + 2.6) \times 5.5 \times 0.5 = 253\text{kN/m}$$

$$E_x = E_a\cos(\delta + \alpha) = 148.5 \times \cos32° = 125.94\text{kN/m}$$

$$E_y = E_a\sin(\delta + \alpha) = 148.5 \times \sin32° = 78.69\text{kN/m}$$

$$K_c = \frac{(G + E_y)\mu}{E_x} = \frac{(253 + 78.69) \times 0.4}{125.94} = 1.054$$

9.【答案】C

【解析】根据《公路路基设计规范》(JTG D30—2015)第 H.0.2 条:

$$E_x = E_a\cos(\delta + \alpha) = 125.2 \times \cos26° = 112.5\text{kN/m}$$

$$E_y = E_a\sin(\delta + \alpha) = 125.2 \times \sin26° = 54.9\text{kN/m}$$

$$K_c = \frac{(G + E_y + E_x\tan\alpha_0)\mu}{E_x - (G + E_y)\tan\alpha_0} = \frac{(192.6 + 54.9 + 112.5 \times \tan8°) \times 0.4}{112.5 - (192.6 + 54.9) \times \tan8°} = 1.355$$

10.【答案】D

【解析】根据《公路路基设计规范》(JTG D30—2015)第 H.0.2 条:

$$G_1 = \gamma A_1 = 23 \times 1.3 \times 6 = 179.4\text{kN/m}$$

$$Z_1 = 1.3/2 = 0.65\text{m}$$

$$G_2 = \gamma A_2 = 23 \times 1.5 \times 6/2 = 103.5\text{kN/m}$$

$$Z_2 = 1.3 + 1.5/3 = 1.8\text{m}$$

$$Z_y = \frac{H}{3} = \frac{6}{3} = 2\text{m}$$

$$Z_x = 1.3 + 1.5 \times 4 \div 6 = 2.3\text{m}$$

$$K_0 = \frac{G_1Z_1 + G_2Z_2 + E_yZ_x}{E_xZ_y} = \frac{179.4 \times 0.65 + 103.5 \times 1.8 + 83.9 \times 2.3}{124.4 \times 2} = 1.99$$

11.【答案】D

【解析】根据《公路路基设计规范》(JTG D30—2015)第 H.0.2 条:

$$E_x = E_a\cos(\delta + \alpha) = 92.4 \times \cos26° = 83.0\text{kN/m}$$

$$E_y = E_a\sin(\delta + \alpha) = 92.4 \times \sin26° = 40.5\text{kN/m}$$

$$K_0 = \frac{GZ_G + E_y Z_x}{E_x Z_y} = \frac{196.5 \times 0.85 + 40.5 \times 1.76}{83 \times 1.82} = 1.578$$

12. 【答案】D

【解析】根据《公路路基设计规范》(JTG D30—2015)第5.4.3条第2款,埋置深度不小于2.5m;根据第5.4.3条3款,埋置深度不小于1.25m;根据第5.4.3条第5款,埋置深度不小于1.00m。因此,该挡土墙前趾基础埋置深度不应小于2.5m。

13. 【答案】C

【解析】根据《公路路基设计规范》(JTG D30—2015)第H.0.2条:

$$\frac{B}{6} = \frac{3}{6} = 0.5\text{m} = e_0 = 0.6\text{m} < \frac{B}{4} = \frac{3}{4} = 0.75\text{m}$$

$$\alpha_1 = \frac{B}{2} - e_0 = \frac{3}{2} - 0.6 = 0.9\text{m}$$

$$\sigma_1 = \frac{2N_d}{3\alpha_1} = \frac{2 \times 540}{3 \times 0.9} = 400\text{kPa} < [\sigma_0] = 500\text{kPa}$$

满足设计要求。

14. 【答案】B

【解析】根据《公路路基设计规范》(JTG D30—2015)第5.5.5条和第5.5.6条,锚固体的承载能力由注浆体与锚孔壁的黏结强度、锚杆与注浆体的黏结强度及锚杆强度等三部分控制,设计时应取其小值。

$$P_{d1} = \frac{AF_{ptk}}{K_1} = \frac{3 \times 3.14 \times \left(\frac{25}{2}\right)^2 \times 785 \times 10^{-3}}{2} = 577.7\text{kN}$$

$$P_{d2} = \frac{L_r \pi d f_{rb}}{K_2} = \frac{6 \times 3.14 \times 0.13 \times 400}{2} = 489.8\text{kN}$$

$$P_{d3} = \frac{L_g n \pi d_g f_b}{K_2} = \frac{6 \times 3 \times 3.14 \times 0.025 \times 2400 \times 0.7}{2} = 1186.9\text{kN}$$

取最小值,故 $P_d = 489.8\text{kN}$。

15. 【答案】C

【解析】根据《城市道路路基设计规范》(CJJ 194—2013)第6.4.7条及其条文说明。查表7得碎石土基底与地基之间的摩擦系数 μ_f 取0.50。

$$N = G + E_y = 23 \times 4.06 + 33.19 = 126.57\text{kN/m}$$

$$K_c = \frac{(N + E_x \tan\alpha_0)\mu}{E_x - N\tan\alpha_0} = \frac{(126.57 + 48.84 \times \tan6°) \times 0.50}{48.84 - 126.57 \times \tan6°} = 1.85$$

查表6.4.7-2,支挡结构抗滑稳定安全系数 K_c 不宜小于1.3,本题中挡土墙 $K_c = 1.85 > 1.3$,稳定。

16. 【答案】C

【解析】根据《公路路基设计规范》(JTG D30—2015)第 H.0.2 条。

$$K_0 = \frac{GZ_G + E_y Z_x + E'_p Z_p}{E_x Z_y} = \frac{600 \times 2.75 + 33 \times 3.64 + 103 \times 0.5}{325 \times 3.42} = 1.61$$

17. 【答案】B

【解析】根据《公路路基设计规范》(JTG D30—2015)第 5.5.5 条和第 5.5.6 条。锚固体的承载能力由注浆体与锚孔壁的黏结强度、锚杆与注浆体的黏结强度及锚杆强度等三部分控制,设计时应取其小值。

①根据锚杆强度,反算锚固力:

$$P_{d1} = \frac{A F_{ptk}}{K_1} = \frac{3 \times 3.14 \times \left(\frac{22}{2}\right)^2 \times 540 \times 10^{-3}}{2} = 307.8 \text{kN}$$

②根据注浆体与锚孔壁的黏结强度,反算锚固力:

$$P_{d2} = \frac{L_r \pi d f_{rb}}{K_2} = \frac{6 \times 3.14 \times 0.13 \times 220}{2} = 269.4 \text{kN}$$

③根据锚杆与注浆体的黏结强度,反算锚固力:

$$P_{d3} = \frac{L_g n \pi d_g f_b}{K_2} = \frac{6 \times 3 \times 3.14 \times 0.022 \times 2400 \times 0.7}{2} = 1044.5 \text{kN}$$

取最小值,故 $P_d = 269.4 \text{kN}$。

18. 【答案】C

【解析】根据《公路路基设计规范》(JTG D30—2015)第 H.0.2 条第 4 款公式(H.0.2-6)。

$$K_c = \frac{[N + (E_x - E'_p) \tan \alpha_0] \mu + E'_p}{E_x - N \tan \alpha_0}$$

$$= \frac{[600 + (300 - 0.3 \times 100) \times 0.2] \times 0.4 + 0.3 \times 100}{300 - 600 \times 0.2}$$

$$= 1.62$$

19. 【答案】 D

【解析】根据《城市道路路基设计规范》(CJJ 194—2013)第 6.4.7 条。

①对土质地基,基础最小埋置深度不应小于 1m。

②对软质岩石地基不应小于 0.8m。在风化层不厚的硬质岩石地基上,基底应置于基岩表面风化层以下。可得基础底面最小埋置深度为:0.9 + 0.6 = 1.5m。

③季节性冰冻地区,当冻结深度小于或等于 1m 时,基底应在冻结线以下不小于 0.25m,且基础埋置深度不应小于 1m。可得基础底面最小埋置深度为:0.85 + 0.25 = 1.1m。

④路堑式挡土墙基础顶面应低于挖方路基边沟底面不小于 0.5m。可得基础底面最小埋置深度为:0.80 + 0.5 + 0.5 = 1.8m。

取大值,该挡土墙基础底面最小埋置深度为 1.8m。

第六节　特殊路基工程

复习要点

特殊路基设计的规定与原则;路基稳定性和沉降控制要求;软土地基沉降计算方法;粒料桩、加固土桩、水泥粉煤灰碎石桩、刚性桩处理地基的适用条件与设计要求;滑坡防治设计要求,滑坡稳定性计算工况、使用条件及稳定控制标准;黄土路基设计原则,湿陷性黄土的湿陷类型判别方法和常用的湿陷性黄土地基处理措施的适用条件;红黏土与高液限土、膨胀土、盐渍土、季节冻土、崩塌、泥石流、岩溶、风沙、雪害等地段路基的主要工程问题与防治措施。

本节是路基工程中重要的一节,主要有以下考点:

(1)软土地基沉降　需掌握软基沉降计算和4种软基处理措施。

(2)滑坡防治　需掌握滑坡推力计算和5种滑坡防治措施。

(3)黄土路基　重点掌握黄土湿陷类型判别方法和湿陷性黄土地基处理措施的适用条件。

典型习题

一、单项选择题

1. 推移式滑坡或错落转化的滑坡,处治措施宜采用(　　)。
(A)后缘减载,前缘减压　　　　　　(B)后缘减载,前缘反压
(C)后缘加载,前缘减压　　　　　　(D)后缘加载,前缘反压

2. 抗滑桩防治滑坡设计时,抗滑桩桩长宜小于(　　)。
(A)20m　　　　　　　　　　　　(B)25m
(C)30m　　　　　　　　　　　　(D)35m

3. 在滑体或滑带上具有卸载鼓胀开裂的情况下,不应采用的措施是(　　)。
(A)排水　　　　　　　　　　　　(B)支挡
(C)减载　　　　　　　　　　　　(D)反压

4. 路基位于滑坡前缘时,路基形式宜采用(　　)。
(A)路堤　　　　　　　　　　　　(B)半填半挖
(C)路堑　　　　　　　　　　　　(D)零填零挖

5. 高速公路一般路段路基容许工后沉降为(　　)。
  (A)≤0.10m
  (B)≤0.20m
  (C)≤0.30m
  (D)≤0.40m

6. 强夯置换处理深度的决定条件是(　　)。
  (A)湿度
  (B)锤重
  (C)厚度
  (D)土质

7. 黄土地区路基排水设计应遵循的处理原则是(　　)。
  (A)疏导、分散
  (B)疏导、集中
  (C)拦截、分散
  (D)拦截、集中

8. 稳定的岩堆地段路基,当位于岩堆中部时,宜采取的处治措施是(　　)。
  (A)宜采用填方路基通过岩堆
  (B)采用台口式路基并放缓边坡
  (C)采用半填半挖路基并放缓边坡
  (D)挖方边坡宜设置挡土墙等支挡构造物

9. 对稳定路堑边坡上的干溶洞可采取的处理措施是(　　)。
  (A)浆砌片石填塞
  (B)注浆
  (C)干砌片石填塞
  (D)强夯

10. 适用于地下水位以上,饱和度 S_t≤65%,有效加固深度为 $5\sim12$m 的湿陷性黄土的加固方法是(　　)。
  (A)强夯法
  (B)挤密法
  (C)垫层法
  (D)桩基础

11. 路侧防沙工程设计时,对半湿润和半干旱沙地区,防治的措施是(　　)。
  (A)植物治沙为主、工程防沙或化学固沙为辅
  (B)工程防沙或化学固沙为主、植物治沙为辅
  (C)工程防沙或化学固沙与植物治沙相结合
  (D)设置阻沙、固沙、输沙相结合的以工程为主的综合防沙体系

12. 不应用作路基填料的膨胀土类型是(　　)。
  (A)非膨胀土
  (B)中膨胀土
  (C)弱膨胀土
  (D)强膨胀土

13. 采空区埋深小于10m、上覆岩体完整性差、强度低的地段,可采用的处理方法是(　　)。

(A)片石回填　　　　　　　　　　(B)强夯法
(C)开挖回填　　　　　　　　　　(D)注浆法

14. 一般情况下滨海路基断面结构形式宜采用(　　)。
　　(A)直墙式　　　　　　　　　　(B)折线式
　　(C)斜坡式　　　　　　　　　　(D)台阶式

15. [2020年考题]某新建高速公路,软土厚度为15.0m,十字板抗剪强度为12.0kPa,一般路基路堤高度为5m,安全经济合理的地基处理方案是(　　)。
　　(A)沉管粒料桩　　　　　　　　(B)浆喷法加固土桩
　　(C)刚性桩复合地基　　　　　　(D)粉喷桩法加固土桩

二、多项选择题

1. 滑坡稳定性分析应考虑的荷载包括(　　)。
　　(A)滑体重力　　　　　　　　　　(B)汽车荷载和人群荷载
　　(C)地下水产生的静水压力和动水压力　(D)作用在滑体上的施工临时荷载

2. 关于滑坡排水工程设计要求,下列选项正确的有(　　)。
　　(A)应在滑坡后缘的稳定地层上设置环形截水沟
　　(B)滑坡范围较大时,宜在滑坡体范围内设置树枝状排水沟
　　(C)截水渗沟平面布置应垂直地下水流的方向
　　(D)渗沟的迎水面应设防渗隔离层,背水面应设反滤层

3. 抗滑桩防治滑坡设计要求中,下列选项错误的有(　　)。
　　(A)抗滑桩宜以单排布置为主
　　(B)弯矩过大时,可对滑坡进行分段阻滑
　　(C)当滑坡推力较大时,应采取预应力锚杆抗滑桩
　　(D)对于滑带埋深大于25m的滑坡,应加深桩长

4. 滑坡防治监测可分为(　　)。
　　(A)施工安全监测　　　　　　　　(B)缺陷期监测
　　(C)防治效果监测　　　　　　　　(D)运营期监测

5. 真空联合堆载预压可用于(　　)。
　　(A)深挖方路段　　　　　　　　　(B)桥头路段
　　(C)高填方路段　　　　　　　　　(D)挡墙路段

6. 粒料桩处理地基设计要求中,下列选项正确的有(　　)。

（A）振冲粒料桩可用于加固十字板抗剪强度大于 15kPa 的地基上

（B）振冲粒料桩可用于加固十字板抗剪强度大于 20kPa 的地基上

（C）沉管粒料桩可用于加固十字板抗剪强度大于 15kPa 的地基上

（D）沉管粒料桩可用于加固十字板抗剪强度大于 20kPa 的地基上

7. 膨胀土挖方路基边坡设计应遵循的原则有(　　)。
　　（A）放缓坡率　　　　　　　　　　（B）加宽平台
　　（C）及时封闭　　　　　　　　　　（D）加固坡脚

8. 软土地基上路堤横断面设计应考虑的因素有(　　)。
　　（A）地基沉降　　　　　　　　　　（B）路堤的顶面沉陷
　　（C）边坡变陡　　　　　　　　　　（D）顶宽和底宽收缩

9. 规模较小的危岩崩塌体可采取的处理措施有(　　)。
　　（A）清除　　　　　　　　　　　　（B）预应力锚固
　　（C）支挡　　　　　　　　　　　　（D）设置拦石墙

10. 跨越泥石流沟时,应绕避的地段有(　　)。
　　（A）河床纵坡由陡变缓的变坡处　　（B）河床纵坡由缓变陡的变坡处
　　（C）平面上急弯部位　　　　　　　（D）平面上曲线部位

11. 关于导风板设计要求的说法,下列选项错误的有(　　)。
　　（A）导风板的位置应根据当地主导风向确定
　　（B）侧导风板宜设在迎风侧的路肩边缘以外不小于 15m 处
　　（C）下导风板宜设在迎风侧的路肩边缘处,且迎风侧路基边坡平顺
　　（D）下导风板可用于路线与主导风向的交角大于 30° 及迎风山体坡度小于 40° 的路段

12. 公路盐渍土地基评价包括(　　)。
　　（A）盐胀性　　　　　　　　　　　（B）湿陷性
　　（C）溶陷性　　　　　　　　　　　（D）膨胀性

13. 多年冻土路堤高度设计应计算地基(　　)。
　　（A）固结沉降量　　　　　　　　　（B）压缩沉降量
　　（C）融化沉降量　　　　　　　　　（D）预压沉降量

14. 水库地段路基当渗透速度和渗透压力较大而可能发生冲蚀时,宜采用的措施有(　　)。
　　（A）在低水位一侧放缓边坡　　　　（B）在高水位一侧放缓边坡
　　（C）在低水位一侧设置排水设施　　（D）在高水位一侧设置排水设施

15. 季节性冻土地区的公路设计( )。
（A）宜填不宜挖 （B）宜挖不宜填
（C）路线宜布于山坡阳面 （D）路线宜布于山坡阴面

16. 关于水泥粉煤灰碎石桩（CFG 桩）处理地基设计要求，下列选项中正确的有( )。
（A）CFG 桩可用于加固十字板抗剪强度不小于 20kPa 的软土地基
（B）粗集料可采用碎石或砾石，可掺入砂、石屑等细集料改善级配
（C）桩料的配合比应根据坍落度和桩体的设计强度确定
（D）桩体的设计强度应取 7d 无侧限抗压强度

17. [2019 年考题]公路滑坡防治工程措施包括( )。
（A）反压 （B）小跨径桥梁
（C）排水 （D）抗滑支挡工程

三、案例题

1. 西南地区新建一级公路设计，双向四车道，路基宽度为 26.00m，公路选线时发现某段路堤附近有一溶洞，如下图所示，溶洞顶板厚为 3.30m，岩层上覆土厚度为 3.0m，岩石内摩擦角为 41°。该路基坡脚与溶洞间的安全距离 L 应不小于( )。

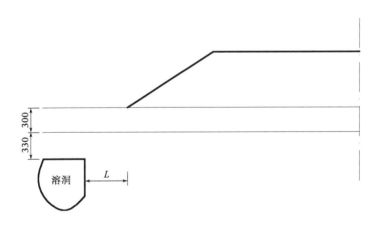

题 1 图(尺寸单位:cm)

（A）9.2m （B）10.6m
（C）11.2m （D）12.6m

2. 某山区公路附近存在滑动面为折线形的均质滑坡，根据勘察资料和变形监测结果，判断该滑坡体处于极限平衡状态，且可分为 2 个条块，每个滑块的重力、滑动面长度和倾角等参数如下表和下图所示。现假设各滑动面的内摩擦角标准值 φ 相等，均为 12°，滑坡体稳定系数为 1.1，如采用传递系数法进行反分析求滑动面黏聚力标准值 c，其值最接近于( )。

题2表

滑块编号	自重 G(kN/m)	滑动面长度 l(m)
1	500	6.5
2	800	5.9

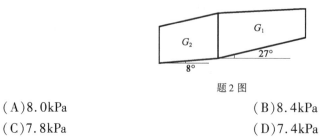

题2图

(A)8.0kPa　　　　　　　　　　(B)8.4kPa

(C)7.8kPa　　　　　　　　　　(D)7.4kPa

3. 某山区公路 K4+550 路段有一路堤斜坡,坡体为均质黏土且斜坡下存在潜在滑动面。已知滑动面为折线形,滑块参数如下表所示。已知稳定系数为1.12,第1个滑块与第2个滑块间的剩余下滑力传递系数为0.811,若在第3个滑块后设置重力式挡墙,则作用于挡墙上每延米的作用力最接近于(　　)。

题3表

滑块编号	下滑力(kN/m)	抗滑力(kN/m)	滑面倾角
1	4500	1600	38°
2	6800	5500	29°
3	2500	3900	29°

(A)2080kN　　　　　　　　　　(B)2920kN

(C)3810kN　　　　　　　　　　(D)4910kN

4. 某二级公路 K9+150 路段有一滑动面为折线形的均质滑坡,主要由均质黏性土组成,其主轴断面及各滑块参数如下图和下表所示。通过相关勘测资料得到滑动面的黏聚力 $c=11$kPa,内摩擦角 $\varphi=10°$。取滑坡稳定安全系数 $F_s=1.20$,则第3个滑块的下部边界处每米宽土体剩余下滑力最接近于(　　)。

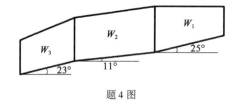

题4图

题4表

条块编号	W_3(kN/m)	l(m)
1	460	10.15
2	880	11.33
3	660	10.26

（A）80.5kN/m   （B）89.5kN/m

（C）95.6kN/m   （D）99.1kN/m

5. [2019年考题]某软基厚度10m，设计采用一般预压处理，地基处理类型系数取0.9，路堤中心填高4m，路基填料重度 $\gamma = 18kN/m^3$，加载速率修正系数 $\upsilon = 0.025$，地质因素修正系数 $Y = 0.1$，计算的主固结沉降50cm，根据《公路路基设计规范》（JTG D30—2015）确定的固结度达到75%时的沉降量最接近于（   ）。

（A）38cm   （B）42cm

（C）46cm   （D）48cm

6. [2020年考题]某公路位于粉土地基路段，采用碎石桩处理，碎石桩呈正方形布置，间距1.5m，桩径为50cm，桩土面积置换率为0.087，粉土的抗剪强度 $\tau_s = 50kPa$，碎石桩抗剪强度 $\tau_p = 160kPa$，依据《公路路基设计规范》（JTG D30—2015），该复合地基抗剪强度为（   ）。（结果保留1位小数）

（A）50.0kPa   （B）59.6kPa

（C）69.1kPa   （D）88.3kPa

7. [2020年考题]某软土地基厚12m，设计采用塑料排水板处理，地基处理类型系数为1.05，公路路堤中心填高4m，路基填料重度 $\gamma = 18kN/m^3$，加载速率修正系数 $\upsilon = 0.025$，地质因素修正系数 $Y = -0.1$，主固结沉降为66cm，根据《公路路基设计规范》（JTG D30—2015），不考虑行车荷载影响，估算软基总沉降量为（   ）。（结果保留1位小数）

（A）75.9cm   （B）79.2cm

（C）84.5cm   （D）89.1cm

8. [2021年考题]某城市次干路一般填方路段的地基分布有软弱土层，路面结构设计厚度为0.64m，路堤填筑高度为4.14m。拟采用碎石桩处理控制路基工后沉降，碎石桩桩径为0.50m，按等边三角形布置的桩距为1.50m，桩长为6.00m，桩土应力比取5。在设计年限内，碎石桩桩长深度内未加固地基的工后沉降为0.44m，碎石桩加固地基下卧层的工后沉降为0.12m。不考虑填筑路堤自身沉降，计算该填方路基工后沉降应为（   ），并判断是否符合规范规定。（取小数点后2位）

（A）0.31m，不符合规范规定   （B）0.31m，符合规范规定

（C）0.43m，符合规范规定   （D）0.56m，不符合规范规定

9. [2021年考题]陕西关中地区的一处填方路，地基为湿陷性黄土，地勘查明，地表以下7.5m为自重湿陷性黄土，7.5m以下为非自重湿陷性黄土，取样试验测得自地表向下0～1.5m、1.5～3.0m、3.0～4.5m、4.5～5.5m、5.5～7.5m的自重湿陷性系数分别为 $\delta_{zs1} = 0.104$、$\delta_{zs2} = 0.098$、$\delta_{zs3} = 0.075$、$\delta_{zs4} = 0.056$、$\delta_{zs5} = 0.028$。该湿陷性黄土地基的自重湿陷量是（   ）。

（A）424mm   （B）475mm   （C）528mm   （D）633mm

参考答案及解析

一、单项选择题

1.【答案】B

【解析】根据《公路路基设计规范》(JTG D30—2015)第7.2.5条,推移式滑坡或由错落转化的滑坡,宜采用滑坡后缘减载、前缘反压措施。

2.【答案】D

【解析】根据《公路路基设计规范》(JTG D30—2015)第7.2.7条,抗滑桩桩长宜小于35m。对于滑带埋深大于25m的滑坡,应充分论证抗滑桩阻滑的可行性。

3.【答案】C

【解析】根据《公路路基设计规范》(JTG D30—2015)第7.2.5条,在滑体或滑带土具有卸载鼓胀开裂的情况下,不应采用减载措施。

4.【答案】A

【解析】根据《公路路基设计规范》(JTG D30—2015)第7.2.5条,滑坡前缘有较长的抗滑段,宜利用减载弃方反压;路基位于滑坡前缘时,宜采用路堤通过。

5.【答案】C

【解析】根据《公路路基设计规范》(JTG D30—2015)第7.7.1条,高速公路一般路段路基容许工后沉降应不大于0.30m。

6.【答案】D

【解析】根据《公路路基设计规范》(JTG D30—2015)第7.7.10条,强夯置换处理深度应由土质条件决定,除厚层饱和粉土外,宜穿透软土层,达到较硬土层上。置换深度不宜超过7m。

7.【答案】C

【解析】根据《公路路基设计规范》(JTG D30—2015)第7.10.1条,黄土地区路基排水设计应遵循拦截、分散的处理原则,设置防冲刷、防渗漏和有利于水土保持的综合排水设施及防护工程,并应防止农田水利设施与路基的相互干扰。

8.【答案】D

【解析】根据《公路路基设计规范》(JTG D30—2015)第7.4.4条,稳定的岩堆地段路基,当位于岩堆中部时,挖方边坡宜设置挡土墙等支挡构造物。

9.【答案】C

【解析】根据《公路路基设计规范》(JTG D30—2015)第7.6.6条,对稳定路堑边坡上的干溶洞,洞内宜采用干砌片石填塞。

10.【答案】B

【解析】根据《公路路基设计规范》(JTG D30—2015)第7.10.5条,由表7.10.5-2可知,地下水位以上,饱和度 $S_t \leqslant 65\%$,有效加固深度 $5 \sim 12m$ 的湿陷性黄土采用挤密法进行加固。

11.【答案】A

【解析】根据《公路路基设计规范》(JTG D30—2015)第7.13.6条,半湿润和半干旱沙地区,应以植物治沙为主、工程防沙或化学固沙为辅。植物治沙宜采用乔、灌、草相结合。

12.【答案】D

【解析】根据《公路路基设计规范》(JTG D30—2015)第7.9.5条,强膨胀土不应用作路基填料。

13.【答案】B

【解析】根据《公路路基设计规范》(JTG D30—2015)第7.16.6条,采空区埋深小于 $10m$、上覆岩体完整性差、强度低的地段,可采用强夯法处理。

14.【答案】C

【解析】根据《公路路基设计规范》(JTG D30—2015)第7.17.3条,滨海路基断面结构形式应根据水深、波高、地基条件、填料性质、施工条件及使用要求等综合分析确定,一般情况下采用斜坡式,在材料缺乏等条件限制或对使用有其他要求时也可采用直墙式。

15.【答案】D

【解析】根据《公路路基设计规范》(JTG D30—2015)第7.7.8条,深层拌和法可用于加固十字板抗剪强度不小于 $10kPa$ 的软土地基。采用粉喷桩法时,深度不宜超过 $12m$;采用浆喷法时,深度不宜超过 $20m$。

二、多项选择题

1.【答案】ACD

【解析】根据《公路路基设计规范》(JTG D30—2015)第7.2.2条第3款,滑坡稳定性分析应考虑的荷载:滑体重力、滑坡体上建筑物等产生的附加荷载、地下水产生的静水压力和动水压力、汽车荷载等永久荷载,以及地震作用力、作用在滑体上的施工临时荷载。

2.【答案】ABC

【解析】根据《公路路基设计规范》(JTG D30—2015)第7.2.4条,选项D是错误的,渗沟的迎水面应设反滤层,背水面应设防渗隔离层。

3.【答案】BCD

【解析】根据《公路路基设计规范》(JTG D30—2015)第7.2.7条,选项 B 错误,弯矩过大时,应采取预应力锚杆抗滑桩;选项 C 错误,当滑坡推力较大时,可对滑坡进行分段阻滑;选项 D 错误,对于滑带埋深大于 25m 的滑坡,应充分论证抗滑桩阻的可行性。

4.【答案】ACD

【解析】根据《公路路基设计规范》(JTG D30—2015)第7.2.10条,滑坡防治监测可分为施工安全监测、防治效果监测和营运期监测,应以施工安全监测和防治效果监测为主。

5.【答案】BC

【解析】根据《公路路基设计规范》(JTG D30—2015)第7.7.6条,真空联合堆载预压可用于高填方路段和桥头路段的软土地基处理。

6.【答案】AD

【解析】根据《公路路基设计规范》(JTG D30—2015)第7.7.7条,振冲粒料桩可用于加固十字板抗剪强度大于 15kPa 的地基土;沉管粒料桩可用于加固十字板抗剪强度大于 20kPa 的地基土。

7.【答案】ABD

【解析】根据《公路路基设计规范》(JTG D30—2015)第7.9.7条,膨胀土挖方路基边坡设计应遵循"放缓坡率、加宽平台、加固坡脚"的原则。

8.【答案】ABD

【解析】根据《公路路基设计规范》(JTG D30—2015)第7.7.12条,软土地基上路堤横断面设计应考虑地基沉降、路堤顶面凹陷、顶宽和底宽收缩以及边坡变缓等因素。

9.【答案】ACD

【解析】根据《公路路基设计规范》(JTG D30—2015)第7.3.3条,规模较小的危岩崩塌体可采取清除、支挡、挂网锚喷等处理措施,也可采用柔性防护系统或设置拦石墙、落石槽等构造物。

10.【答案】AC

【解析】根据《公路路基设计规范》(JTG D30—2015)第7.5.2条,跨越泥石流沟时,应选择在流通区或沟床稳定段设桥等构造物跨越,并绕避沟床纵坡由陡变缓的变坡处和平面上急弯部位。

11.【答案】AC

【解析】根据《公路路基设计规范》(JTG D30—2015)第7.14.8条,选项 A 错误,导风板的位置应根据当地主导风向、路基横断面形式及地形等条件确定;选项 C 错误,下导风板宜设在迎风侧的路肩边缘以外 0.75m,且迎风侧路基边坡平顺。

12.【答案】AC

【解析】根据《公路路基设计规范》(JTG D30—2015)第7.11.3条,盐渍土地基应进行盐胀性和溶陷性评价。

13.【答案】BC

【解析】根据《公路路基设计规范》(JTG D30—2015)第7.12.2条,多年冻土路堤高度设计应计算地基的融化沉降量和压缩沉降量,并按竣工后的沉降量确定路基预留加高与加宽值。

14.【答案】ABC

【解析】根据《公路路基设计规范》(JTG D30—2015)第7.18.2条,当渗透速度和渗透压力较大而可能发生冲蚀时,除放缓边坡外,应在低水位一侧设置排水设施。

15.【答案】AC

【解析】根据《公路路基设计规范》(JTG D30—2015)第7.19.1条,季节冻土地区的公路宜填不宜挖,路线宜布于山坡阳面。

16.【答案】ABC

【解析】根据《公路路基设计规范》(JTG D30—2015)第7.7.9条第3款,桩体的设计强度应取28d 无侧限抗压强度。

17.【答案】ACD

【解析】根据《公路路基设计规范》(JTG D30—2015)第7.2.1条3款知,滑坡防治应根据滑坡区工程地质条件、类型、规模、稳定性及对公路危害程度,以及公路的重要性和施工条件等,采取排水、减载、反压与支挡工程的综合治理措施。

三、案例题

1.【答案】B

【解析】根据《公路路基设计规范》(JTG D30—2015)第7.6.3条:

$$\beta = \frac{45° + \dfrac{\varphi}{2}}{K} = \frac{45° + \dfrac{41°}{2}}{1.25} = 52.4°$$

$$L = H\cot\beta + 3 + 5 = 3.3 \times \cot52.4° + 3 + 5 = 10.58m$$

2.【答案】C

【解析】根据《公路路基设计规范》(JTG D30—2015)第7.2.2条:

$$T_1 = F_s W_1 \sin\alpha_1 - W_1 \cos\alpha_1 \tan\varphi - cl_1$$
$$= 1.1 \times 500 \times \sin 27° - 500 \times \cos 27° \times \tan 12° - 6.5c$$
$$= 155 - 6.5c$$

$$\psi = \cos(\alpha_1 - \alpha_2) - \sin(\alpha_1 - \alpha_2)\tan\varphi$$
$$= \cos(27° - 8°) - \sin(27° - 8°)\tan 12°$$
$$= 0.876$$

$$T_2 = F_s W_2 \sin\alpha_2 + \psi T_1 - W_2 \cos\alpha_2 \tan\varphi - cl_2$$
$$= 1.1 \times 800 \times \sin 8° + 0.876 \times (155 - 6.5c) - 800 \times \cos 8° \times \tan 12° - 5.9c$$
$$= 89.86 - 11.59c = 0$$

$$c = \frac{89.86}{11.59} = 7.75 \text{kPa}$$

3.【答案】C

【解析】根据《公路路基设计规范》(JTG D30—2015)第7.2.2条:

$$\psi_2 = \cos(\alpha_1 - \alpha_2) - \sin(\alpha_1 - \alpha_2)\tan\varphi_2$$
$$= \cos(38° - 29°) - \sin(38° - 29°)\tan\varphi_2$$
$$= 0.811$$

$$\tan\varphi_2 = 1.13$$

$$\psi_3 = \cos(\alpha_2 - \alpha_3) - \sin(\alpha_2 - \alpha_3)\tan\varphi_3$$
$$= \cos(29° - 29°) - \sin(29° - 29°)\tan\varphi_3$$
$$= 1.0$$

$$T_1 = 1.12 \times 4500 + 0 - 1600 = 3440.0 \text{kN}$$
$$T_2 = 1.12 \times 6800 + 0.811 \times 3440 - 5500 = 4905.8 \text{kN}$$
$$T_3 = 1.12 \times 2500 + 1 \times 4906 - 3900 = 3805.8 \text{kN}$$

4.【答案】B

【解析】根据《公路路基设计规范》(JTG D30—2015)第7.2.2条:

$$T_1 = F_s W_1 \sin\alpha_1 - W_1 \cos\alpha_1 \tan\varphi_1 - c_1 l_1$$
$$= 1.2 \times 460 \times \sin 25° - 460 \times \cos 25° \times \tan 10° - 11 \times 10.15$$
$$= 48.12 \text{kN/m}$$

$$\psi_2 = \cos(\alpha_1 - \alpha_2) - \sin(\alpha_1 - \alpha_2)\tan\varphi_2$$
$$= \cos(25° - 11°) - \sin(25° - 11°)\tan 10°$$
$$= 0.928$$

$$T_2 = F_s W_2 \sin\alpha_2 + \psi_2 T_1 - W_2 \cos\alpha_2 \tan\varphi_2 - c_2 l_2$$
$$= 1.2 \times 880 \times \sin 11° + 0.927 \times 48.12 - 880 \times \cos 11° \times \tan 10° - 11 \times 11.33$$
$$= -30.81 \text{kN/m}(不向下传递)$$

$$T_3 = F_s W_3 \sin\alpha_3 - W_3 \cos\alpha_3 \tan\varphi_3 - c_3 l_3$$
$$= 1.2 \times 660 \times \sin 23° - 660 \times \cos 23° \times \tan 10° - 11 \times 10.26$$
$$= 89.47 \text{kN/m}$$

5.【答案】B

【解析】根据《公路路基设计规范》(JTG D30—2015)第7.7.2条:

$$m_s = 0.123 \gamma^{0.7}(\theta H^{0.2} + vH) + Y$$
$$= 0.123 \times 18^{0.7}(0.9 \times 4^{0.2} + 0.025 \times 4) + (-0.1)$$
$$= 1.098$$

$$S_t = (m_s - 1 + U_t)S_c$$
$$= (1.098 - 1 + 0.75) \times 50$$
$$= 42.39 \text{cm}$$

6.【答案】B

【解析】根据《公路路基设计规范》(JTG D30—2015)第7.7.7条,复合地基抗剪强度:

$$\tau_{ps} = \eta\tau_p + (1 - \eta)\tau_s$$
$$= 0.087 \times 160 + (1 - 0.087) \times 50$$
$$= 59.6 \text{kPa}$$

7.【答案】C

【解析】根据《公路路基设计规范》(JTG D30—2015)第7.7.2条:

$$m_s = 0.123 \gamma^{0.7}(\theta H^{0.2} + vH) + Y$$
$$= 0.123 \times 18^{0.7} \times (1.05 \times 4^{0.2} + 0.025 \times 4) - 0.1$$
$$= 1282$$

$$S = m_s S_c = 1.282 \times 66 = 84.6 \text{cm}$$

8.【答案】C

【解析】根据《城市道路路基设计规范》(CJJ 194—2013)第6.2.8条、第7.2.9条。

等边三角形布桩,桩对土的置换率:

$$m = 0.907\left(\frac{D}{B}\right)^2 = 0.907 \times \left(\frac{0.5}{1.5}\right)^2 = 0.1$$

桩间土应力折减系数:

$$\mu_s = \frac{1}{1 + m(n-1)} = \frac{1}{1 + 0.1 \times (5-1)} = 0.714$$

桩长深度内复合地基的沉降:

$$S_z = \mu_s S = 0.714 \times 0.44 = 0.31 \text{m}$$

查表6.2.8,次干路一般路段,路基容许工后变形为0.50m。

该填方路段路基工后沉降为0.31 + 0.12 = 0.43 < 0.50m,符合规范规定。

9.【答案】 B

【解析】根据《公路路基设计规范》(JTG D30—2015)第7.10.4条。

$$\Delta = \beta_0 \sum_{i=1}^{n} \delta_{zsi} h_i$$
$$= 0.9 \times (0.104 \times 1.5 + 0.098 \times 1.50 + 0.075 \times 1.5 + 0.056 \times 1 + 0.028 \times 2)$$
$$= 0.475 \text{m}$$

第三章 路 面 工 程

第一节 一 般 要 求

复习要点

路面的基本性能要求;路面分类分级;路面面层类型与适用范围;路面各结构层次与功能;沥青路面和水泥路面设计理论与设计方法;路面表面排水与路面内部排水规定;路面表面水渗入量和排水基层泄水能力计算;路面材料与试验方法。

本节是路面工程中重要的一节,主要有以下考点:

(1)路面的类型 需掌握沥青路面的分类和各类型的特点,水泥路面各类型的特点。

(2)路面结构层次与功能 需掌握路面面层、基层和底基层、功能层(垫层)各结构层应具有的功能作用。

(3)路面设计方法与内容 需掌握我国沥青路面和水泥混凝土路面的设计方法、设计理论、设计内容。

(4)路面排水设计 主要掌握内部排水的组成和规定等,尤其是路面表面水渗入量、排水基层厚度的计算等。

典 型 习 题

一、单项选择题

1.直接位于沥青路面面层下的主要承重层,或者位于水泥混凝土面板下的结构层是( )。

 (A)底基层   (B)垫层

 (C)功能层   (D)基层

2.复合式路面的沥青混凝土上面层厚度不宜小于( )。

 (A)30mm   (B)40mm

 (C)50mm   (D)60mm

3.下列选项不属于公路沥青路面基本性能要求的是( )。

(A) 低噪声性 　　　　　　　　 (B) 抗车辙
(C) 低透水性 　　　　　　　　 (D) 抗滑性

4. 关于路面排水设计的说法,下列选项正确的是(　　　)。
(A) 设置了截、排水功能的骨架护坡的高填方路段,应采用集中排水方式排除路表水
(B) 在纵坡较大的路段上,对称式拦水带泄水口的泄水能力优于非对称式泄水口的泄水能力
(C) 地下水丰富的低填或挖方路段的路基顶面应设置排水垫层
(D) 水泥混凝土面层的排水基层,宜采用未经处治的开级配碎石

5. 路面结构中用以阻止水下渗的功能层是(　　　)。
(A) 黏层 　　　　　　　　　　 (B) 透层
(C) 封层 　　　　　　　　　　 (D) 滤层

6. 岩石或填石路基顶面应设置整平层,整平层厚度宜选用(　　　)。
(A) 100 ~ 200mm 　　　　　　 (B) 200 ~ 300mm
(C) 300 ~ 400mm 　　　　　　 (D) 400 ~ 500mm

7. 下列选项中的沥青混合料能适用于各交通荷载等级面层或基层的是(　　　)。
(A) 就地冷再生 　　　　　　　 (B) 厂拌冷再生
(C) 就地热再生 　　　　　　　 (D) 厂拌热再生

8. 对抗滑、排水或降噪有特殊要求的表面层可采用(　　　)。
(A) 连续级配沥青混合料 　　　 (B) 开级配沥青混合料
(C) 半开级配沥青混合料 　　　 (D) 无级配沥青混合料

9. 根据《城市道路工程设计规范》(CJJ 37—2012)(2016 年版),对环保要求较高的路段或隧道内沥青混凝土路面,宜采用(　　　)。
(A) 热拌沥青混凝土 　　　　　 (B) 冷拌沥青混凝土
(C) 温拌沥青混凝土 　　　　　 (D) 厂拌沥青混凝土

10. 沥青路面结构力学指标计算采用的理论是(　　　)。
(A) 单圆均布垂直荷载作用下的弹性层状连续体系理论
(B) 单圆均布垂直荷载作用下的弹性层状滑动体系理论
(C) 双圆均布垂直荷载作用下的弹性层状连续体系理论
(D) 双圆均布垂直荷载作用下的弹性层状滑动体系理论

11. [2019 年考题]城市道路路面可分为面层、基层和垫层,以下对基层性能要求描述正确

的是(　　)。

　　(A)应满足强度、扩散荷载的能力以及水稳定性的要求

　　(B)应满足强度、扩散荷载的能力以及水稳定性和抗冻性的要求

　　(C)应满足强度、扩散荷载的能力以及低温稳定性和抗冻性的要求

　　(D)应满足强度、扩散荷载的能力以及高温稳定性和抗冻性的要求

12.[2019年考题]高速公路沥青路面排水设计重现期宜为(　　)。

　　(A)5年　　　　　　　　　　　　(B)6年

　　(C)7年　　　　　　　　　　　　(D)8年

13.[2020年考题]下列关于城市道路路面结构设计的要求,符合规范规定的是(　　)。

　　(A)路面结构均应设置面层、基层和垫层

　　(B)城市道路均应采用透水路面结构

　　(C)沥青混凝土路面设计应包括面层类型选择与结构层组合设计

　　(D)水泥混凝土路面应设置纵横向接缝,横向接缝应设置传力杆

二、多项选择题

1.沥青路面表面层应具有的性能包括(　　)。

　　(A)抗滑性　　　　　　　　　　　(B)平整性

　　(C)透水性　　　　　　　　　　　(D)耐磨性

2.在一定轴载范围下,不同轴载对路面的作用效果可以互相换算。在进行换算时,应遵循的原则有(　　)。

　　(A)等破坏　　　　　　　　　　　(B)等变形

　　(C)等强度　　　　　　　　　　　(D)等厚度

3.要求具有足够的抗永久变形能力的基层类型有(　　)。

　　(A)水泥稳定土　　　　　　　　　(B)沥青贯入碎石

　　(C)半开级配沥青碎石　　　　　　(D)未筛分碎石

4.不宜用作高速公路面层的有(　　)。

　　(A)钢纤维混凝土面层　　　　　　(B)碾压混凝土面层

　　(C)连续配筋混凝土面层　　　　　(D)混凝土预制块面层

5.关于沥青路面功能层的设置,下列选项正确的有(　　)。

　　(A)沥青结合料类材料层间应设置黏层

　　(B)沥青结合料类材料层间应设置透层

　　(C)在沥青结合料类材料层与其他材料层间应设置封层

(D)在沥青结合料类材料层与其他材料层间宜设置透层

6. 沥青玛蹄脂碎石混合料适用于(　　)。
   (A)对抗滑有特殊要求的中面层
   (B)对抗滑有特殊要求的表面层
   (C)极重、特重和重交通荷载等级的中面层
   (D)极重、特重和重交通荷载等级的表面层

7. 水泥混凝土路面的基层和底基层的性能要求包括(　　)。
   (A)应具有适当的刚度　　　　　　　(B)应具有较高的抗变形能力
   (C)应具有足够的抗冲刷能力　　　　(D)应具有足够的抗疲劳开裂性能

8. 适用于极重、特重交通荷载等级的水泥混凝土路面基层材料类型有(　　)。
   (A)沥青混凝土　　　　　　　　　　(B)贫混凝土
   (C)碾压混凝土　　　　　　　　　　(D)钢纤维混凝土

9. 沥青路面的基层和底基层的性能要求包括(　　)。
   (A)应具有足够的承载能力　　　　　(B)应具有足够的耐久性
   (C)应具有足够的抗冲刷能力　　　　(D)应具有足够的抗疲劳开裂性能

10. 沥青路面面层应具有的性能包括(　　)。
    (A)抗高温开裂　　　　　　　　　　(B)抗疲劳开裂
    (C)抗低温开裂　　　　　　　　　　(D)抗水损坏

11. 水泥混凝土面层在质量检验时,评定抗滑能力的指标有(　　)。
    (A)制动距离　　　　　　　　　　　(B)横向力系数
    (C)构造深度　　　　　　　　　　　(D)摩擦系数

12. 水泥混凝土路面设置垫层的条件有(　　)。
    (A)基层或底基层采用粒料类材料时,宜设置排水垫层
    (B)水文地质条件不良的土质路堑,路床土湿度较大时,宜设置排水垫层
    (C)季节性冰冻地区,路基由低透水性细粒土组成时,宜设置防冻垫层
    (D)季节性冰冻地区,路面结构厚度小于最小防冻厚度要求时,应设置防冻垫层

13. 关于路面排水的说法,下列选项正确的有(　　)。
    (A)中央分隔带回填土与路面结构之间应设置防水层
    (B)骨架护坡的高填方路段可采用路面横向分散漫流排水方式
    (C)路堑地段路面表面水应通过拦水带汇集路表水方式汇集于边沟内

(D)采用路面横向分散漫流方式排除路表水时,宜对土路肩进行加固

14.关于排水基层,下列选项符合规范规定的有(　　)。
　　(A)排水基层应直接设置在面层下
　　(B)排水基层必须采用横贯路基整个宽度的形式
　　(C)沥青混凝土路面的排水基层,宜采用沥青处治碎石
　　(D)水泥混凝土面层的排水基层,宜采用水泥处治开级配碎石

15.[2019年考题]公路沥青路面表面层应具有的性能为(　　)。
　　(A)平整密实　　　　　　　　　(B)抗滑耐磨
　　(C)行车舒适　　　　　　　　　(D)抗裂耐久

16.[2019年考题]柔性基层、底基层公路沥青路面沥青碎石混合料的级配类型按照空隙率的大小可分为(　　)。
　　(A)密级配　　　　　　　　　　(B)开级配
　　(C)间断级配　　　　　　　　　(D)半开级配

17.[2019年考题]城市道路路面的垫层应满足的性能包括(　　)。
　　(A)强度　　　　　　　　　　　(B)抗冻性
　　(C)水稳定性　　　　　　　　　(D)扩散荷载的能力

18.[2019年考题]人行道和广场的铺面应满足(　　)。
　　(A)稳定　　　　　　　　　　　(B)抗滑
　　(C)平整　　　　　　　　　　　(D)平滑

19.[2020年考题]公路水泥混凝土路面行车道路面结构设置排水基层或垫层时,应在排水基层或垫层外侧边缘设置(　　)。
　　(A)横向集水沟　　　　　　　　(B)纵向集水沟
　　(C)不带孔集水管　　　　　　　(D)带孔集水管

三、案例题

[2020年考题]某公路为双向四车道,采用沥青路面,半幅路面为单向坡,行车道路面宽度为9m,纵向每延米半幅行车道路面表面水渗入量为(　　)。
　　(A)1.2m³/(d·m)　　　　　　　　(B)1.35m³/(d·m)
　　(C)1.5m³/(d·m)　　　　　　　　(D)1.65m³/(d·m)

参考答案及解析

一、单项选择题

1.【答案】D

【解析】根据《公路路面基层施工技术细则》(JTG/T F20—2015)第2.0.1条,基层指直接位于沥青路面面层下的主要承重层,或者位于水泥混凝土面板下的结构层。

2.【答案】B

【解析】根据《公路水泥混凝土路面设计规范》(JTG D60—2011)第4.5.5条,复合式路面的沥青混凝土上面层的厚度不宜小于40mm。

3.【答案】A

【解析】根据《公路沥青路面设计规范》(JTG D50—2017)第4.5.1条,沥青面层应具有平整、抗车辙、抗疲劳开裂、抗低温开裂和抗水损坏等性能,表面层混合料尚应具有抗滑和耐磨损性能,密级配沥青混合料表面层应具有低透水性能。

4.【答案】C

【解析】根据《公路排水设计规范》(JTG/T D33—2012)第5.1.4条,地下水丰富的低填和挖方路段的路基顶面应设置排水垫层。

5.【答案】C

【解析】根据《公路沥青路面设计规范》(JTG D50—2017)第2.1.8条,封层是路面结构中用以阻止水下渗的功能层。

6.【答案】B

【解析】根据《公路沥青路面设计规范》(JTG D50—2017)第4.3.3条,岩石或填石路基顶面应设置整平层,厚度宜为200～300mm。

7.【答案】D

【解析】根据《公路沥青路面设计规范》(JTG D50—2017)第4.4.3条和4.5.2条,厂拌热再生沥青混合料宜用于极重、特重和重交通荷载等级的基层,厂拌热再生沥青混合料适用于各交通荷载等级的表面层、中面层和下面层。

8.【答案】B

【解析】根据《公路沥青路面设计规范》(JTG D50—2017)第4.5.3条,对抗滑、排水或降噪有特殊要求的表面层可采用开级配沥青混合料,表面层下应设置防水层,防水层可采用改性乳化沥青或改性沥青等。

9.【答案】C

【解析】根据《城市道路工程设计规范》(CJJ 37—2012)(2016 年版)第 12.3.2 条,对环保要求较高的路段或隧道内沥青混凝土路面,宜采用温拌沥青混凝土。

10.【答案】C

【解析】根据《公路沥青路面设计规范》(JTG D50—2017)第 6.1.1 条,路面结构力学指标计算应采用双圆均布垂直荷载作用下的弹性层状连续体系理论。

11.【答案】B

【解析】根据《城市道路工程设计规范》(CJJ 37—2012)(2016 年版)第 12.3.1 条第 2款,基层应满足强度、扩散荷载的能力以及水稳定性和抗冻性的要求。

12.【答案】A

【解析】根据《公路排水设计规范》(JTG/T D33—2012)第 9.1.2 条,设计降雨的重现期应根据公路等级和排水类型,按表 9.1.2 确定。由此可知,高速公路沥青路面排水设计重现期为 5 年。

13.【答案】A

【解析】根据《城市道路工程设计规范》(CJJ 37—2012)(2016 年版)第 12.3.1 条,路面可分为面层、基层和垫层。路面结构层所选材料应满足强度、稳定性和耐久性的要求。

二、多项选择题

1.【答案】ABD

【解析】根据《公路沥青路面设计规范》(JTG D50—2017)第 4.5.1 条,沥青面层应具有平整、抗车辙、抗疲劳开裂、抗低温开裂和抗水损坏等性能,表面层混合料尚应具有抗滑和耐磨损性能,密级配沥青混合料表面层应具有低透水性能。

2.【答案】AD

【解析】在进行换算时,应遵循两项原则:第一,换算以达到相同临界状态为标准(等破坏原则);第二,对某一种交通组成,不论以哪种轴载标准进行换算,由换算所得的轴载作用次数计算的路面厚度相同(等厚度原则)。

3.【答案】BCD

【解析】根据《公路沥青路面设计规范》(JTG D50—2017)第 4.4.1 条,基层和底基层应具有足够的承载能力、抗疲劳开裂性能、足够的耐久性和水稳定性。沥青结合料类和粒料类基层尚应具有足够的抗永久变形能力。选项 A 为无机结合料类基层。

4.【答案】BD

【解析】根据《公路水泥混凝土路面设计规范》(JTG D60—2011)第4.5.2条条文说明，选项 B 适用于二级及二级以下公路;选项 D 适用于二级及二级以下公路桥头引道沉降未稳定段、服务区停车场。

5.【答案】ACD

【解析】根据《公路沥青路面设计规范》(JTG D50—2017)第4.1.4条,沥青结合料类材料层间应设置黏层;在沥青结合料类材料层与其他材料层间应设置封层,宜设置透层。

6.【答案】BD

【解析】根据《公路沥青路面设计规范》(JTG D50—2017)第4.5.2条,沥青玛蹄脂碎石混合料适用于极重、特重和重交通荷载等级的表面层、对抗滑有特殊要求的表面层。

7.【答案】AC

【解析】根据《公路水泥混凝土路面设计规范》(JTG D60—2011)第4.4.1条,基层和底基层应具有足够的抗冲刷能力和适当的刚度。

8.【答案】ABC

【解析】根据《公路水泥混凝土路面设计规范》(JTG D60—2011)第4.4.2条,适用于极重、特重交通荷载等级的水泥混凝土路面基层材料类型有沥青混凝土、贫混凝土、碾压混凝土。

9.【答案】ABD

【解析】根据《公路沥青路面设计规范》(JTG D50—2017)第4.4.1条,基层和底基层应具有足够的承载能力、抗疲劳开裂性能、足够的耐久性和水稳定性。沥青结合料类和粒料类基层尚应具有足够的抗永久变形能力。

10.【答案】BCD

【解析】根据《公路沥青路面设计规范》(JTG D50—2017)第4.5.1条,沥青面层应具有平整、抗车辙、抗疲劳开裂、抗低温开裂和抗水损坏等性能,表面层混合料尚应具有抗滑和耐磨损性能,密级配沥青混合料表面层应具有低透水性能。

11.【答案】BC

【解析】根据《公路工程质量检验评定标准　第一册　土建工程》(JTG F80/1—2017)第7.2.2条,水泥混凝土面层评定抗滑能力的指标有横向力系数和构造深度。

12.【答案】BD

【解析】根据《公路水泥混凝土路面设计规范》(JTG D60—2011)第4.3.1条,遇有以下情况时,应在基层或底基层下设置垫层:①季节性冰冻地区,路面结构厚度小于最小防冻厚度要求时,应设置防冻垫层,使路面结构厚度符合要求;②水文地质条件不良的土质路堑,路床土湿度较大时,宜设置排水垫层。

13.【答案】ABD

【解析】根据《公路排水设计规范》(JTG/T D33—2012)第4.2.1条,选项C错误,路堑地段路面表面水应通过横向排流的方式汇集于边沟内。

14.【答案】ACD

【解析】根据《公路排水设计规范》(JTG/T D33—2012)第4.2.1条,选项B错误,透水性排水基层应直接设置在面层下,排水基层下应设置不透水层阻截自由水的下渗。排水基层可采用横贯路基整个宽度的形式,也可采用在排水基层边缘设置边缘排水系统的形式。

15.【答案】ABD

【解析】根据《公路沥青路面设计规范》(JTG D50—2017)第4.5.1条,沥青面层应具有平整、抗车辙、抗疲劳开裂、抗低温开裂和抗水损坏等性能,表面层混合料尚应具有抗滑和耐磨损性能,密级配沥青混合料表面层应具有低透水性能。

16.【答案】ABD

【解析】根据《公路沥青路面设计规范》(JTG D50—2017)第4.4.5条,按照孔隙率的大小,沥青碎石混合料的级配类型可分为密级配、半开级配和开级配。

17.【答案】AC

【解析】根据《城市道路工程设计规范》(CJJ 37—2012)(2016年版)第12.3.1条第3款,垫层应满足强度和水稳定性的要求。

18.【答案】ABC

【解析】根据《城市道路工程设计规范》(CJJ 37—2012)(2016年版)第12.3.6条,人行道和广场的铺面应满足稳定、抗滑、平整、生态环保和城市景观的要求。

19.【答案】BD

【解析】根据《公路水泥混凝土路面设计规范》(JTG D40—2011)第4.7.2条,行车道路面结构设置排水基层或垫层时,应在排水基层或垫层外侧边缘设置纵向集水沟和带孔集水管,并间隔50~100m设置横向排水管。

三、案例题

【答案】B

【解析】根据《公路排水设计规范》(JTG/T D33—2012)第5.1.5条:

$$Q_{p} = K_{a}B = 0.15 \times 9 = 1.35 m^{3}/(d \cdot m)$$

第二节 沥青路面

复习要点

沥青路面设计轴载和交通荷载等级;沥青路面结构设计指标;路面结构类型及其适用性;面层结构材料及适用交通荷载等级和层位、面层厚度要求;基层材料要求;沥青路面功能层类型和设置要求;沥青路面三大材料,即粒料类材料、无机结合料稳定类材料、沥青结合料类材料的组成控制指标和结构验算指标及其要求;沥青路面结构验算力学响应及其竖向位置;新建沥青路面结构验算,包括沥青混合料层疲劳开裂验算、无机结合料稳定层疲劳开裂验算、沥青混合料永久变形量验算、路基顶面竖向压应变验算、沥青面层低温开裂指数验算、防冻层厚度验算等;设计路面结构的验收弯沉值;车辆当量设计轴载换算和当量设计轴载累计作用次数计算。

本节是路面工程中特别重要的一节,主要有以下考点:

(1)沥青路面设计标准 主要掌握公路与城市道路设计轴载和设计交通荷载等级、设计使用年限和目标可靠度、路面结构设计指标和路面功能技术指标的规定和要求。

(2)沥青路面结构组合设计 需掌握沥青路面结构组成、结构类型及其适用性。面层和基层结构的材料类型选用、厚度确定,功能层(垫层)的设置要求。

(3)材料性质和设计参数 主要掌握粒料类、无机结合料稳定类、沥青结合料类三大材料的材料组成设计参数、结构设计参数及其技术要求。

(4)沥青路面结构验算 需分别掌握公路和城市道路沥青路面结构层模量取值的规定,沥青混合料层和无机结合料稳定层疲劳开裂等破坏的验算控制。

(5)交通荷载参数分析 主要掌握车型、轴型、车辆数量和分布、车辆重量和轴载谱的规定,轴载换算系数和设计轴载累计作用次数的计算。

典 型 习 题

一、单项选择题

1. 根据《公路沥青路面设计规范》(JTG D50—2017),公路沥青路面设计采用双轮组单轴载 100kN 作为设计轴载,该设计轴载的单轮接地当量圆直径为( )。

    (A)0.700mm   (B)100.0mm

    (C)213.0mm   (D)319.5mm

2. 设计使用年限内设计车道累计大型客车和货车交通量分别为 16.0×10^6 辆,则该沥青路面结构所承受的交通荷载等级为( )。

    (A)轻   (B)中等

(C)重 　　　　　　　　　　(D)特重

3.关于设计轴载,下列说法最合理的是(　　)。
　(A)我国沥青路面设计采用双轮组单轴载110kN作为标准轴载,以BZZ表示
　(B)设计年限是一个计算累计标准当量轴次的基准年限,各级公路的设计年限即为使用年限或路面的使用寿命
　(C)沥青路面设计时,交通量可根据累计标准轴次或每车道、每日平均大型客车及中型以上的各种货车交通量,选择一个较高的交通等级作为交通等级
　(D)沥青路面结构设计计算中采用设计年限内设计车道累计大型客车和货车交通量,由此确定路面结构所承受的交通荷载等级

4.沥青路面设计交通荷载等级划分依据是(　　)。
　(A)当量设计轴载累计作用次数和大型客车交通量
　(B)当量设计轴载累计作用次数和日平均货车交通量
　(C)设计使用年限内设计车道承受设计轴载累计作用次数
　(D)设计使用年限内设计车道累计大型客车和货车交通量

5.当量轴次是将不同轴次的作用次数换算为设计轴载的当量作用次数,其换算的原则是(　　)。
　(A)当量损坏原则 　　　　　　(B)当量时效原则
　(C)当量厚度原则 　　　　　　(D)当量变形原则

6.方向系数宜根据不同方向上实测交通量数据确定,无实测数据时合理的选取范围是(　　)。
　(A)0.2~0.3 　　　　　　(B)0.3~0.4
　(C)0.4~0.5 　　　　　　(D)0.5~0.6

7.根据《公路沥青路面设计规范》(JTG D50—2017),各类车辆当量设计轴载换算系数采用水平一确定轴载谱时,单轴单胎、单轴双胎、双联轴和三联轴划分轴重区间应分别间隔(　　)。
　(A)4.5kN、2.5kN、13.5kN、9.0kN
　(B)13.5kN、9.0kN、4.5kN、2.5kN
　(C)2.5kN、4.5kN、9.0kN、13.5kN
　(D)9.0kN、13.5kN、2.5kN、4.5kN

8.根据《公路沥青路面设计规范》(JTG D50—2017),在沥青结合料类材料层与其他材料层间(　　)。
　(A)应设置黏层,宜设置透层 　　　(B)应设置封层,宜设置黏层

(C)应设置黏层,宜设置封层   (D)应设置封层,宜设置透层

9. 不适用于特重、极重交通荷载等级的沥青路面基层类型是(   )。
    (A)水泥稳定级配碎石   (B)级配碎石
    (C)半开级配沥青碎石   (D)贫混凝土

10. 为保证混合料压实,减少施工离析,集料公称最大粒径为 19.0mm 的连续级配沥青混合料层厚不宜小于(   )。
    (A)30mm   (B)40mm
    (C)50mm   (D)60mm

11. 粒料层的回弹模量在结构验算时应采用回弹模量乘以(   )。
    (A)温度调整系数   (B)湿度调整系数
    (C)季节调整系数   (D)体积调整系数

12. 水泥稳定类材料水泥剂量宜为(   )。
    (A)3% ~5%   (B)3% ~6%
    (C)4% ~5%   (D)4% ~6%

13. 沥青路面结构验算时,无机结合料稳定类材料弹性模量应乘以结构层模量调整系数,该系数值采用(   )。
    (A)0.5   (B)1.5
    (C)2.0   (D)2.5

14. 评价冻土地区石灰粉煤灰稳定类材料抗冻性能的技术指标是(   )。
    (A)残留抗压强度   (B)残留抗压强度比
    (C)剩余抗压强度   (D)剩余抗压强度比

15. 水泥混凝土基层沥青路面的设计指标是(   )。
    (A)沥青混合料层永久变形量   (B)沥青混合料层层底拉应变
    (C)路基顶面竖向压应变   (D)沥青混合料层层底拉应力

16. 不属于沥青结合料类基层沥青路面设计指标的是(   )。
    (A)沥青混合料层永久变形量   (B)路基顶面竖向压应变
    (C)沥青混合料层层底拉应变   (D)路表弯沉

17. 沥青混合料层层底拉应变设计指标对应的力学响应是(   )。
    (A)沿行车方向的竖向拉应变   (B)沿行车方向的水平拉应变

(C)垂直行车方向的竖向拉应变　　　　　　(D)垂直行车方向的水平拉应变

18. 沥青混合料层永久变形量设计指标对应的力学响应是(　　　)。
   (A)竖向压应变　　　　　　　　　　　(B)水平拉应变
   (C)竖向压应力　　　　　　　　　　　(D)水平拉应力

19. 既有路面破损严重且结构性能不足时,下列说法正确的是(　　　)。
   (A)加铺层应进行结构验算
   (B)既有路面应进行结构验算
   (C)铣刨后留用的路面结构应进行结构验算
   (D)同时对既有路面和加铺层进行结构验算

20. 进行沥青混合料层疲劳开裂验算时,沥青混合料的压缩模量应采用(　　　)。
   (A)15℃时的静态压缩模量　　　　　　(B)20℃时的静态压缩模量
   (C)15℃时的动态压缩模量　　　　　　(D)20℃时的动态压缩模量

21. 除了满足容许永久变形量要求外,沥青混合料层尚应满足的要求是(　　　)。
   (A)贯入强度　　　　　　　　　　　　(B)回弹模量
   (C)动稳定度　　　　　　　　　　　　(D)压缩模量

22. 沥青路面的低温开裂指数值不满足要求时,应采取的措施是(　　　)。
   (A)改变路面结构　　　　　　　　　　(B)改变面层厚度
   (C)改变路基土质　　　　　　　　　　(D)改变沥青材料

23. 新建高速公路沥青路面结构设计使用年限不应低于(　　　)。
   (A)12 年　　　　　　　　　　　　　(B)15 年
   (C)18 年　　　　　　　　　　　　　(D)20 年

24. 季节性冻土地区二级公路的沥青路面结构,面层低温开裂指数不宜大于(　　　)。
   (A)1　　　　　　　　　　　　　　　(B)3
   (C)5　　　　　　　　　　　　　　　(D)7

25. 关于沥青路面层间结合设计,下列选项正确的是(　　　)。
   (A)沥青层之间应设透层,透层沥青应具有良好的渗透性能
   (B)各种基层上应设置黏层沥青,黏层沥青可用改性乳化沥青
   (C)冷再生类材料结构层与沥青结合料类结构层之间宜设置封层
   (D)当设置改性沥青应力吸收层时宜设置封层

26. 无机结合料稳定材料施工质量控制的主要指标是( )。
   (A)CBR
   (B)压实度
   (C)回弹模量
   (D)7d 龄期无侧限抗压强度

27. 关于基层和底基层材料的交通荷载等级和层位适用性,下列选项错误的是( )。
   (A)石灰粉煤灰稳定土适用于轻交通等级的基层
   (B)级配碎石适用于重及重以下交通荷载等级的基层
   (C)半开级配沥青碎石适用于重及重以下交通荷载等级的基层
   (D)水泥混凝土适用于极重、特重交通荷载等级的基层

28. 水泥混凝土板与沥青面层间的黏层宜采用( )。
   (A)改性沥青
   (B)乳化沥青
   (C)稀释沥青
   (D)橡胶沥青

29. 高速公路施工图设计阶段,确定路面结构层材料设计参数宜通过( )。
   (A)参照典型数值
   (B)室内试验实测
   (C)参考已建工程
   (D)利用经验公式

30. 关于路面结构验算流程,下列选项正确的是( )。
   ①确定材料性质要求和设计参数;
   ②初拟路面结构组合及各结构层厚度;
   ③判断是否验算防冻层厚度;
   ④计算设计路面结构的验收弯沉值;
   ⑤路面结构验算;
   ⑥进行技术经济比较并选定路面结构方案;
   ⑦判断是否满足路面性能设计。
   (A)②①⑦⑥⑤③④
   (B)②①⑦③⑤④⑥
   (C)②①⑤③⑦④⑥
   (D)②①⑤⑦③⑥④

31. [2019 年考题]城市道面结构设计的标准轴载应为( )。
   (A)双轮组单轴载 100kN
   (B)双轮组双轴载 100kN
   (C)双轮组单轴载 80kN
   (D)双轮组双轴载 80kN

32. [2019 年考题]年平均降雨量为 500～1000mm 的地区,交工验收时,高速公路、一级公路沥青路面的抗滑横向力系数 SFC_{60} 宜大于或等于( )。
   (A)40
   (B)45
   (C)50
   (D)54

33. [2019 年考题]评价公路沥青路面沥青混合料的高温稳定性的指标是(　　)。

　　(A)流值　　　　　　　　　　　　　　(B)饱和度

　　(C)动稳定度　　　　　　　　　　　　(D)马歇尔稳定度

34. [2020 年考题]公路沥青路面设计采用轴重为 100kN 的单轴—双轮组设计轴载,其两轮中心距为(　　)。

　　(A)299.5m　　　　　　　　　　　　(B)309.5m

　　(C)319.5m　　　　　　　　　　　　(D)329.5m

35. [2020 年考题]拟建城市主干路采用沥青路面结构,下列关于道路交通量饱和状态时的道路设计年限和路面结构的设计使用年限,符合规范规定的是(　　)。

　　(A)10 年,10 年　　　　　　　　　　(B)15 年,10 年

　　(C)15 年,15 年　　　　　　　　　　(D)20 年,15 年

36. [2020 年考题]公路乳化沥青贯入式路面的厚度不宜超过(　　)。

　　(A)50mm　　　　　　　　　　　　　(B)55mm

　　(C)60mm　　　　　　　　　　　　　(D)60mm

37. [2020 年考题]季节性冰冻地区,高速公路沥青路面在设计使用年限内的面层低温开裂指数 CI 不大于(　　)。

　　(A)3　　　　　　　　　　　　　　　(B)5

　　(C)7　　　　　　　　　　　　　　　(D)9

38. [2021 年考题]某城市次干路拟采用沥青路面结构,关于路面结构设计使用年限、路基顶面设计回弹模量采用的最小值,下列符合规范规定的是(　　)。

　　(A)15 年,20MPa　　　　　　　　　　(B)15 年,30MPa

　　(C)20 年,20MPa　　　　　　　　　　(D)20 年,30MPa

39. [2021 年考题]某城市道路沥青路面基层拟采用水泥稳定碎石,关于减少沥青路面收缩开裂和反射裂缝的有效措施,下列符合规范规定的是(　　)。

　　(A)适当增加沥青层的厚度

　　(B)适当增加水泥稳定碎石基层的厚度

　　(C)适当增加水泥稳定碎石的水泥掺量

　　(D)在水泥稳定碎石基层顶面增设下封层

二、多项选择题

1. 为减少基层收缩开裂和路面反射裂缝,在无机结合料稳定层与沥青结合料类材料层间可设置(　　)。

（A）级配碎石层 　　　　　　　　（B）水泥稳定碎石层

（C）沥青碎石层 　　　　　　　　（D）二灰稳定碎石层

2. 在沥青混凝土面层与无机结合料稳定类基层间设置用于减少基层收缩开裂和路面反射裂缝的粒料层时,应验算(　　)。

（A）路基顶面竖向压应变

（B）沥青混合料层永久变形量

（C）沥青混合料层疲劳开裂寿命

（D）无机结合料稳定层疲劳开裂寿命

3. 路基湿度状态为中湿或潮湿时,宜设置(　　)。

（A）粒料类基层 　　　　　　　　（B）粒料类路基改善层

（C）粒料类底基层 　　　　　　　（D）无机结合料类底基层

4. 沥青混合料水稳定性不满足要求时,可采取的措施有(　　)。

（A）掺入生石灰　　　（B）掺入水泥　　　（C）掺入抗剥落剂　　　（D）更换集料

5. 无机结合料稳定类基层沥青路面的设计指标有(　　)。

（A）沥青混合料层永久变形量 　　　（B）无机结合料稳定层层底拉应力

（C）沥青混合料层层底拉应变 　　　（D）路基顶面竖向压应变

6. 既有路面破损不严重且结构性能较好,采用直接加铺方案或铣刨至某一结构层再加铺方案时,错误的选项有(　　)。

（A）仅对加铺层进行结构验算

（B）仅对既有路面结构层进行结构验算

（C）应同时对既有路面结构层和加铺层进行结构验算

（D）加铺层的设计参数应按既有路面结构确定

7. 关于无机结合料稳定类基层沥青路面车辙的叙述,正确的选项有(　　)。

（A）标准车辙试验温度为60℃,压强为0.7MPa

（B）二级公路沥青混合料应进行车辙试验确定动稳定度技术指标

（C）路面车辙包括沥青混合料层变形、无机结合料稳定层和路基的永久变形

（D）沥青路面车辙同荷载应力大小、重复作用次数以及结构层和土基的性质有关

8. 关于验收弯沉值的叙述,正确的选项有(　　)。

（A）路基顶面及路面各结构层均需进行弯沉检测

（B）宜采用贝克曼梁或落锤式弯沉仪实测

（C）路基顶面实测代表弯沉值不大于验收弯沉值

(D)路表弯沉仪中心点弯沉代表值不大于路表弯沉验收值

9. 关于防冻层的设置要求,下列选项错误的有(　　)。
　　(A)防冻层厚度不宜小于150mm
　　(B)防冻层宜采用粗砂、砂砾和碎石等粒料类材料
　　(C)路面结构厚度小于规定的最小防冻厚度时,应设置防冻层
　　(D)公路多年最大冻深是由大地多年最大冻深乘以路基湿度系数计算得到

10. 公路沥青路面在交工验收时,需进行抗滑性能测定,其抗滑技术指标应满足相应的技术要求的有(　　)。
　　(A)山岭重丘区二级公路　　　　　　(B)平原微丘区二级公路
　　(C)山岭重丘区三级公路　　　　　　(D)平原微丘区三级公路

11. 无机结合料类基层沥青路面的主要病害有(　　)。
　　(A)面层反射裂缝　　　　　　　　　(B)面层疲劳开裂
　　(C)基层反射裂缝　　　　　　　　　(D)基层疲劳开裂

12. 极重、特重和重交通荷载等级路面的黏层宜采用(　　)。
　　(A)乳化沥青　　　　　　　　　　　(B)改性乳化沥青
　　(C)改性沥青　　　　　　　　　　　(D)道路石油沥青

13. 路面材料设计参数的确定,宜采用水平一的有(　　)。
　　(A)高速公路初步设计阶段　　　　　(B)高速公路施工图设计阶段
　　(C)一级公路施工图设计阶段　　　　(D)二级公路施工图设计阶段

14. 按网络结构中嵌挤成分和密实成分所占比例不同,沥青混合料的组成结构形态有(　　)。
　　(A)密实悬浮结构　　　　　　　　　(B)骨架悬浮结构
　　(C)密实骨架结构　　　　　　　　　(D)骨架空隙结构

15. 影响沥青路面疲劳的因素包括(　　)。
　　(A)荷载条件　　　　　　　　　　　(B)路基强度
　　(C)材料性质　　　　　　　　　　　(D)环境变量

16. 关于路面结构验算时结构层模量取值的叙述,下列选项正确的有(　　)。
　　(A)粒料层采用湿度调整的回弹模量
　　(B)无机结合料稳定层采用经调整系数修正后的弹性模量
　　(C)沥青面层和沥青类基层均采用20℃、10Hz条件下的动态压缩模量

(D)路基采用平衡湿度状态下并考虑干湿与冻融循环作用后的顶面当量弹性模量

17. 关于沥青路面改建方案,下列选项错误的有( )。
（A)既有路面破损严重的路段,宜采用整体性处理方式
（B)既有路面结构性能不足的路段,宜采用局部性处理方式
（C)既有路面存在较多裂缝时,应采取减缓反射裂缝的措施
（D)加铺层与既有路面间应采取设置透层或封层等层间结合措施

18. 适用于重及以上交通荷载等级的沥青路面基层类型有( )。
（A)无机结合料稳定类基层 （B)粒料类基层
（C)沥青结合料类基层 （D)水泥混凝土基层

19. 关于沥青面层材料的交通荷载等级和层位的说法中,下列选项合理的有( )。
（A)沥青表面处治适用于中等、轻交通荷载等级的表面层
（B)沥青玛蹄脂碎石混合料适用于对抗滑有特殊要求的表面层
（C)上拌下贯沥青碎石适用于重、中等、轻交通荷载等级的面层
（D)厂拌热再生沥青混合料适用于各交通荷载等级的表面层、中面层和下面层

20. 关于沥青面层低温开裂指数验算的说法中,下列选项错误的有( )。
（A)路面低温设计温度为连续 5 年年最低气温平均值
（B)高速公路、一级公路低温开裂指数要求不大于 5
（C)竣工验收时 100m 调查单元内横向裂缝条数,贯穿全幅的裂缝按 1 条计
（D)竣工验收时 100m 调查单元内横向裂缝条数,未贯穿全幅的裂缝按 0.5 条计

21. 沥青路面结构层厚度选择时,需考虑的因素包括( )。
（A)车辆类型组成 （B)交通荷载等级
（C)路基填筑高度 （D)路基承载能力

22. 为减少无机结合料稳定类基层收缩开裂和反射裂缝,合理的措施包括( )。
（A)增加透层和封层厚度 （B)减小沥青混合料层厚度
（C)在基层上设置级配碎石层 （D)在基层上设置应力吸收层

23. 路基顶面回弹模量不满足要求时,可以采取的措施包括( )。
（A)改变填料 （B)设置级配碎石层
（C)采用石灰处理 （D)增加基层厚度

24. 根据《公路沥青路面设计规范》(JTG D50—2017),关于水平一确定无机结合料稳定类材料弯拉强度和弹性模量,正确的做法有( )。

（A）水泥稳定类材料试验的龄期应为 180d

（B）采用中间段法单轴压缩试验测定

（C）采用顶面法回弹模量试验测定

（D）取测试数据的平均值

25. 下列关于沥青路面选用沥青结合料类材料的说法正确的有（　　　）。

（A）连续长陡纵坡路段宜选用改性沥青

（B）开级配沥青混合料面层宜采用高黏沥青或橡胶沥青

（C）表面层沥青混合料公称最大粒径不宜大于 16.0mm

（D）中面层和下面层沥青混合料公称最大粒径不宜大于 16.0mm

26. 水泥稳定类材料强度要求较高时,可用于提高材料强度的措施有（　　　）。

（A）控制原材料技术指标　　　　　　（B）优化级配设计

（C）仅通过增加水泥剂量　　　　　　（D）加强养生管理

27. [2020 年考题]公路沥青路面结构类型按基层材料性质分类时,除水泥混凝土基层类型外,其他基层类型有（　　　）。

（A）有机结合料稳定类　　　　　　　（B）无机结合料稳定类

（C）粒料类　　　　　　　　　　　　（D）沥青结合料类

28. [2020 年考题]季节性冻土地区的公路沥青路面厚度不满足防冻要求时,应增设防冻层,防冻层宜采用的粒料类材料包括（　　　）。

（A）粗砂　　　　　　　　　　　　　（B）砂砾

（C）碎石　　　　　　　　　　　　　（D）黏土

三、案例题

1. 公路自然区划Ⅲ区新建一条高速公路,路面为水泥稳定级配碎石基层沥青路面,面层采用三层结构,表面层为 4cm 厚的 AC13 SBS 改性沥青混凝土,中面层为 6cm 厚的 AC20 沥青混凝土,下面层为 8cm 厚的 AC25 沥青混凝土,路面交工验收时,采用落锤式弯沉仪进行路表检测,弯沉测定时面层中点实测温度为 16℃,路基顶面回弹模量为 80MPa,湿度调整系数为 0.95。则路表弯沉温度影响系数最接近于（　　　）。

（A）1.00　　　　　（B）1.04　　　　　（C）1.10　　　　　（D）1.14

2. 西南地区某公路路基交工时,采用落锤式弯沉仪进行弯沉验收,落锤式弯沉仪荷载为 50kN,荷载盘半径为 150mm。标准状态下的路基回弹模量为 75MPa,湿度调整系数为 1.10,干湿与冻融循环作用后的模量折减系数为 0.90。则路基顶面验收弯沉值最接近于（　　　）。

（A）186（0.01mm）　　　　　　　　（B）226（0.01mm）

（C）246（0.01mm）　　　　　　　　（D）258（0.01mm）

3. 某改建公路,既有路面破损严重,采用铣刨至水泥稳定碎石基层再加铺方案,为合理确定加铺层的材料和厚度,需对铣刨后的路面结构层相关检测,采用落锤式弯沉仪测得承载板中心点弯沉值为 207.5(0.01mm)。则其顶面回弹模量最接近于(　　)。

(A)84MPa　　　　　　　　　　　　(B)90MPa

(C)96MPa　　　　　　　　　　　　(D)98MPa

4. 公路自然区划 V 区某高速公路,双向六车道,路基宽度为 33.50m,路面采用三层沥青路面结构,路面设计资料见下表。设计使用年限内,该地区月平均气温大于 0℃的月份气温平均值为 18.4℃,设计车道当量设计轴载累计作用次数为 4.62×10^7 次。则满足该路面结构沥青混合料层容许永久变形量的贯入强度不应小于(　　)。

路 面 设 计 资 料　　　　　　　　　题 4 表

结　构　层	材 料 类 型	厚度(mm)	结构层模量(MPa)
面层	SMA13 沥青玛蹄脂碎石混合料	40	10000
	AC16 沥青混凝土	60	10000
	AC25 沥青混凝土	80	9000
基层	水泥稳定级配碎石	350	24000
底基层	级配碎石	200	500

(A)0.73MPa　　　　　　　　　　　(B)0.83MPa

(C)0.93MPa　　　　　　　　　　　(D)1.03MPa

5. 某高速公路路面采用沥青路面,面层厚度为 180mm,基层采用水泥稳定级配碎石,厚度为 600mm,该地区月平均气温大于 0℃的月份气温平均值为 20.8℃,设计车道当量设计轴载累计作用次数为 3.25×10^7 次,荷载等级为特重交通荷载等级。满足该路面结构沥青混合料层容许永久变形量的贯入强度不应小于(　　)。

(A)0.217MPa　　　　　　　　　　(B)0.682MPa

(C)1.063MPa　　　　　　　　　　(D)1.352MPa

6. 公路自然区划 V 区新建一条公路,双向六车道,采用水泥稳定级配碎石基层沥青路面,面层采用两层结构,上面层为 AC16 沥青混凝土,厚度为 40mm,模量为 10000MPa,下面层为 AC20 沥青混凝土,厚度为 60mm,模量为 9000MPa。为方便路面结构验算及相应的分析,需将两层或两层以上不同面层材料换算成当量面层。则该路面换算成当量面层的厚度和模量最接近于(　　)。

(A)90mm,9478MPa　　　　　　　(B)100mm,9478MPa

(C)90mm,9953MPa　　　　　　　(D)100mm,9953MPa

7. 公路自然区划 Ⅲ 区新建一条公路,双向六车道,基层采用水泥稳定级配碎石基层,厚度为360mm,模量为12000MPa,底基层采用级配碎石,厚度为200mm,模量为300MPa。为方便路面结构验算及相应的分析,需将两层或两层以上不同基层材料换算成当量基层。则该路面换算成当量基层的厚度和模量最接近于(　　)。

(A)550mm,3016MPa
(B)560mm,3016MPa
(C)550mm,3519MPa
(D)560mm,3519MPa

8.北京市新建一条一级公路,双向六车道,采用水泥稳定级配碎石基层沥青路面,面层与基层当量模量的比值为0.80,当量厚度的比值为0.25。进行沥青混合料层疲劳开裂分析时,该路面结构的温度调整系数最接近于(　　)。

(A)0.52
(B)0.67
(C)0.73
(D)0.88

9.上海市某高速公路,双向八车道,采用水泥稳定级配碎石基层沥青路面,面层与基层当量模量的比值为0.82,当量厚度的比值为0.27。进行无机结合料稳定层疲劳开裂分析时,该路面结构的温度调整系数最接近于(　　)。

(A)0.55
(B)1.06
(C)1.58
(D)1.93

10.重庆市某新建二级公路,双向两车道,采用级配碎石基层沥青路面,面层与基层当量模量的比值为0.79,当量厚度的比值为0.28。进行公路路基顶面竖向压应变分析时,该路面结构的温度调整系数最接近于(　　)。

(A)0.89
(B)0.97
(C)1.07
(D)1.15

11.上海市某新建高速公路采用水泥稳定碎石基层沥青路面,面层采用三层结构,分别为4cm厚的SMA13沥青玛蹄脂碎石混合料,6cm厚的AC20沥青混凝土和8cm厚的AC25沥青混凝土,基层、底基层分别采用水泥稳定碎石和级配碎石。分析该公路沥青混合料层永久变形量时,沥青混合料层的等效温度最接近于(　　)。

(A)23.06℃
(B)24.13℃
(C)25.38℃
(D)26.47℃

12.公路自然区划Ⅳ区新建高速公路,双向六车道,路基宽度为33.50m,路面结构采用水泥稳定级配碎石基层沥青路面,沥青混合料层厚度为20cm,沥青混合料20℃时的动态压缩模量为10000MPa,沥青饱和度为65%。进行沥青混合料层的疲劳开裂分析时温度调整系数为0.8,根据弹性层状体系理论计算得沥青混合料层层底拉应变为103.9με。则该公路沥青混合料层疲劳开裂寿命最接近于(　　)。

(A)2.98×10^5 轴次
(B)4.73×10^5 轴次
(C)2.98×10^6 轴次
(D)4.73×10^6 轴次

13. 公路自然区划 V_2 区新建一级公路,双向六车道,路基宽度为 33.50m,路面结构采用沥青路面,具体设计资料见下表。无机结合料稳定层疲劳开裂分析时温度调整系数为 1.14,弯拉强度为 1.8MPa,根据弹性层状体系理论计算得无机结合料稳定层的层底拉应力为 0.25MPa。则该公路无机结合料层的疲劳开裂寿命最接近于(   )。

路 面 设 计 资 料 题 13 表

结 构 层	材 料 类 型	厚度(mm)
面层	AC16 沥青混凝土	50
	AC20 沥青混凝土	70
	AC25 沥青混凝土	80
基层	水泥稳定级配碎石	360
底基层	级配碎石	200

(A)1.78×10^8 轴次   (B)2.78×10^8 轴次

(C)1.78×10^9 轴次   (D)2.78×10^9 轴次

14. 公路自然区划 V_3 区新建二级公路,双向两车道,路基宽度为 12m,路面结构组合形式为密级配沥青碎石基层级配碎石底基层沥青路面,交通调查并计算得到当量设计轴载累计作用次数为 1.4×10^7 次。路基顶面竖向压应变分析时温度调整系数为 1.11。则该公路路基顶面的容许竖向压应变最接近于(   )。

(A)$167\mu\varepsilon$ (B)$189\mu\varepsilon$ (C)$304\mu\varepsilon$ (D)$336\mu\varepsilon$

15. 某夏热区高速公路路面设计,通过验算得到沥青混合料层永久变形量为 5mm,则该沥青混合料的动稳定度最接近于(   )。

(A)743 次/mm   (B)806 次/mm

(C)865 次/mm   (D)798 次/mm

16. 某季节性冻土地区路基路面工程,桩号 K7 + 150 ~ K7 + 650 路段路基填料为黏质土,路基平均高度为 5m,路基平衡湿度状态为中湿状态,拟铺筑沥青混凝土路面,具体设计资料见下表。根据调查资料确定该地区大地多年冻深为 600mm,则该路段公路多年最大冻深最接近于(   )。

路 面 设 计 资 料 题 16 表

结 构 层	材 料 类 型	厚度(mm)
面层	AC16 沥青混凝土	50
	AC20 沥青混凝土	70
	AC25 沥青混凝土	80
基层	水泥稳定级配碎石	360
底基层	级配碎石	200

(A)786mm (B)813mm
(C)855mm (D)882mm

17. 某季节性冻土地区高速公路,双向四车道,路基宽度为 26.00m,路基类型为黏土,路面结构采用沥青路面,厚度为 200mm。根据资料可得该地区连续十年年最低气温平均值为 −15℃,在路面低温设计温度加 10℃试验温度条件下,表面层沥青弯曲梁流变试验加载 180s 时蠕变劲度为 1000MPa。则该公路沥青面层低温开裂指数最接近于( )。

(A)0.29 (B)0.58
(C)0.96 (D)1.45

18. 在某新建高速公路设计中,某 3 轴整体式货车为双后轴(轴距 <3m)双轮轴,每一后轴重 110kN,前轴为单轮轴,轴重 66kN。分析沥青混合料层永久变形时,该货车当量设计轴载换算系数最接近于( )。

(A)3.93 (B)5.68
(C)7.26 (D)9.62

19. 公路自然区划Ⅲ区新建一级公路,双向四车道,路基宽度为 33.5m,路面采用沥青混凝土路面,基层和底基层均采用水泥稳定碎石。根据 OD 分析,断面大型客车和货车交通量为 3000 辆/日,交通量年平均增长率为 5.5%,通过计算得到初始年设计车道日平均当量轴次为 2500 次,试分析该公路交通荷载等级属于( )。

(A)极重交通荷载 (B)特重交通荷载
(C)重交通荷载 (D)中等交通荷载

20. 公路自然区划Ⅳ₁区新建高速公路,双向八车道,路基宽度为 42.00m,路面面层采用沥青混凝土,基层和底基层均采用水泥稳定碎石,根据 OD 分析,断面大型客车和货车交通量为 5000 辆/d,交通量年平均增长率为 7%。各类车辆总的当量设计轴载换算系数为 3.5。该公路的方向系数 DDF 取 0.55,车道系数 LDF 取 0.5,则设计年限内设计车道上的当量设计轴次轴载累计作用次数 N_e 最接近( )。

(A)1.62×10^7次 (B)4.41×10^7次
(C)1.62×10^9次 (D)4.41×10^9次

21. 某类车辆中非满载车比例为 0.55,非满载和满载当量设计轴载换算系数分别为 2.4 和 7.0,则该类车辆的当量设计轴载换算系数最接近于( )。

(A)3.26 (B)4.47
(C)4.93 (D)6.21

22. 在某新建高速公路设计中,某 3 轴整体式货车为双后轴(轴距 <3m)双轮轴,每一后轴重 110kN,前轴为单轮轴,轴重 66kN。分析无机结合料稳定层疲劳时,该货车当量设计轴载换

算系数最接近于(　　)。

  (A)8.0   (B)9.0

  (C)10.0   (D)11.0

23.[2019 年考题]某高速公路设计项目,交通量为累计当量轴次 $N_e = 1.0 \times 10^7$(次/车道),每日平均大型客车及中型以上的各种货车交通量为 2000[辆/(d·车道)]。该高速公路的设计交通等级为(　　)。

  (A)轻交通   (B)中等交通

  (C)重交通   (D)特重交通

24.[2020 年考题]某高速公路既有路面采用直接加铺的改建方案,现场取芯实测得既有路面水泥稳定层的无侧限抗压强度为 3.0MPa,该既有路面水泥稳定层的弯拉强度为(　　)。

  (A)0.57MPa   (B)0.60MPa

  (C)0.63MPa   (D)0.66MPa

25.[2020 年考题]某城市次干路,双向四车道,拟采用沥青混凝土面层和水泥稳定碎石基层。经交通调查分析,路面运营第一年单向日平均当量轴次为 2000 次/d,交通量年平均增长率为 6%,车道分布系数为 0.80,则该沥青路面的路表设计弯沉值为(　　)。(取小数点后 2 位)

  (A)24.71(0.01mm)   (B)27.18(0.01mm)

  (C)39.53(0.01mm)   (D)43.49(0.01mm)

26.[2020 年考题]某城市主干路,双向六车道,拟采用沥青混凝土面层和石灰粉煤灰稳定碎石基层。经交通调查分析,路面运营第一年单向日平均当量轴次为 3000 次/d,交通量年平均增长率为 7%,车道分布系数为 0.65。已知石灰粉煤灰稳定碎石 180d 龄期劈裂强度为 0.7MPa,则半刚性基层的容许抗拉强度值为(　　)。(取小数点后 2 位)

  (A)0.32   (B)0.35

  (C)0.38   (D)0.51

27.[2021 年考题]某新建二级公路沥青路面,设计采用粒料类基层,设计使用年限内设计车道当量设计轴载累计作用次数为 4.132×10^6,温度调整系数为 1.22,则路基顶面的容许竖向压应变是(　　)。

  (A)234(10^{-6})   (B)366(10^{-6})

  (C)293(10^{-6})   (D)385(10^{-6})

28.[2021 年考题]某新建公路,预测初始年各类车辆双向年平均日交通量如下表所列,设计采用底基层为粒料的沥青路面,设计使用年限内交通量的年平均增长率为 3.5%,方向系数为 0.55,车道系数为 0.5,车辆类型分布系数采用 TTC5 分类标准,已知采用水平三进行路基顶面竖向压应变验算时,确定的 2~5 类车辆的当量设计轴载换算系数 $EALF_2 = 0.945, EALF_3 = 1.$

$180, EALF_4 = 3.270, EALF_5 = 4.210$。初始年设计车道日平均当量轴次计算结果是(　　　)。

某新建公路初始年交通量预测结果表(单位:辆/d)　　　　　　　　　题 28 表

1 类车	2 类车	3 类车	4 类车	5 类车
12880	1100	4900	2220	1200

(A)1719 次/d
(B)2326 次/d
(C)2789 次/d
(D)3425 次/d

29.[2021 年考题]某城市主干路采用沥青路面,水泥稳定碎石基层,路面结构设计的可靠度系数取 1.10。面层采用改性沥青 SMA 混合料,60℃抗剪强度为 0.8MPa。已知设计基准期内,该道路某大型公交停靠站同一位置停车的累计当量轴次为 2.16×10^6 次,沥青层的最大剪应力计算值为 0.22MPa。计算该公交停靠站处沥青层的容许抗剪强度,并判断以沥青层剪应力为设计指标,是否符合规范规定。(　　　)

(A)0.23MPa,符合规范规定
(B)0.23MPa,不符合规范规定
(C)0.67MPa,符合规范规定
(D)0.67MPa,不符合规范规定

30.[2021 年考题]某城市主干路大修工程,拟在其旧沥青路面上加铺 5cm 细粒式沥青混合料(AC-13C),在不利季节测得旧路面的路表弯沉平均值 $\overline{l_0} = 39.3(0.01\text{mm})$,标准差 $S = 1.82(0.01\text{mm})$。不考虑季节、湿度影响,计算加铺层弯沉值时,原沥青路面的当量回弹模量应为(　　　)。(取小数点后 1 位)。

(A)387.8MPa
(B)390.2MPa
(C)398.9MPa
(D)417.3MPa

参考答案及解析

一、单项选择题

1.【答案】C

【解析】根据《公路沥青路面设计规范》(JTG D60—2017)第 3.0.3 条,设计轴载的单轮接地当量圆直径为 213.0mm。

2.【答案】C

【解析】根据《公路沥青路面设计规范》(JTG D50—2017)第 3.0.4 条,重交通荷载等级相应的设计使用年限内设计车道累计大型客车和货车交通量为 $8.0 \times 10^6 \sim 19.0 \times 10^6$ 辆。

3.【答案】C

【解析】根据《公路沥青路面设计规范》(JTG D50—2017)第 3.0.4 条条文说明,沥青路面结构设计计算,采用设计年限内设计车道累计大型客车和货车交通量之和划分交通荷载等级。

4.【答案】D

【解析】根据《公路沥青路面设计规范》(JTG D50—2017)第3.0.4条,沥青路面设计交通荷载等级划分依据是设计使用年限内设计车道累计大型客车和货车交通量。

5.【答案】A

【解析】根据《公路沥青路面设计规范》(JTG D50—2017)第2.1.6条,当量轴次指按当量损坏原则,将不同轴次的作用次数换算为设计轴载的当量作用次数。

6.【答案】D

【解析】根据《公路沥青路面设计规范》(JTG D50—2017)第A.2.4条,方向系数宜根据不同方向上实测交通量数据确定,无实测数据时可在0.5~0.6范围内选取。

7.【答案】C

【解析】根据《公路沥青路面设计规范》(JTG D50—2017)第A.3.1条,确定轴载谱时,单轴单胎、单轴双胎、双联轴和三联轴应分别间隔2.5kN、4.5kN、9.0kN、13.5kN划分轴重区间。

8.【答案】D

【解析】根据《公路沥青路面设计规范》(JTG D50—2017)第4.1.4条,在沥青结合料类材料层与其他材料层间应设置封层,宜设置透层。

9.【答案】B

【解析】根据《公路沥青路面设计规范》(JTG D50—2017)第4.4.2条,级配碎石适用于重及重以下交通荷载等级的基层、各交通荷载等级的底基层。

10.【答案】C

【解析】根据《公路沥青路面设计规范》(JTG D50—2017)第4.5.4条,连续级配沥青混合料和沥青玛蹄脂碎石混合料的结构层厚度不宜小于集料公称最大粒径的2.5倍。

11.【答案】B

【解析】根据《公路沥青路面设计规范》(JTG D50—2017)第5.3.7条,粒料层的回弹模量在结构验算时应采用粒料回弹模量乘以湿度调整系数后得到,湿度调整系数可在1.6~2.0范围内选取。

12.【答案】B

【解析】根据《公路沥青路面设计规范》(JTG D50—2017)第5.4.2条,水泥稳定类材料水泥剂量宜为3.0%~6.0%。

13.【答案】A

【解析】根据《公路沥青路面设计规范》(JTG D50—2017)第5.4.6条,结构验算时,无机结合料稳定类材料弹性模量应乘以结构层模量调整系数0.5。

14.【答案】B

【解析】根据《公路沥青路面设计规范》(JTG D50—2017)第5.4.7条,冻土地区高速公路和一级公路的石灰粉煤灰稳定类基层,应按《公路工程无机结合料稳定材料试验规程》(JTG E51—2009)的有关规定进行材料抗冻性能检验,其残留抗压强度比应符合要求。

15.【答案】A

【解析】根据《公路沥青路面设计规范》(JTG D50—2017)第6.2.1条,水泥混凝土基层沥青路面的设计指标为沥青混合料永久变形量。

16.【答案】D

【解析】根据《公路沥青路面设计规范》(JTG D50—2017)表6.2.1,粒料类底基层沥青混合料类基层沥青路面的设计指标包括沥青混合料层层底拉应变、沥青混合料层永久变形量、路基顶面竖向压应变;无机结合料稳定类底基层沥青混合料基层沥青路面的设计指标包括沥青混合料层永久变形量和无机混合料稳定层层底拉应力。

17.【答案】B

【解析】根据《公路沥青路面设计规范》(JTG D50—2017)第6.2.2条,路面结构验算时,沥青混合料层层底拉应变设计指标对应的力学响应为沿行车方向的水平拉应变。

18.【答案】C

【解析】根据《公路沥青路面设计规范》(JTG D50—2017)第6.2.2条,路面结构验算时,沥青混合料层永久变形量设计指标对应的力学响应为竖向压应力。

19.【答案】A

【解析】根据《公路沥青路面设计规范》(JTG D50—2017)第7.4.4条,既有路面破损严重且结构性能不足时,无论采用直接加铺方案还是采用铣刨至某一结构层再加铺方案,均应对加铺层进行结构验算。既有路面或铣刨后留用的路面结构层不再进行结构验算。

20.【答案】D

【解析】根据《公路沥青路面设计规范》(JTG D50—2017)第B.1.1条,进行沥青混合料层疲劳开裂验算时,沥青混合料的压缩模量应采用20℃时的动态压缩模量。

21.【答案】C

【解析】根据《公路沥青路面设计规范》(JTG D50—2017)第B.3.4条,满足沥青混合料层容许永久变形量要求的沥青混合料,尚应满足标准车辙试验的动稳定度要求。

22.【答案】D

　　【解析】根据《公路沥青路面设计规范》(JTG D50—2017)第B.5.2条,沥青路面的低温开裂指数值不满足要求时,应改变所选用的沥青材料,直至满足要求。

23.【答案】B

　　【解析】根据《公路沥青路面设计规范》(JTG D50—2017)第3.0.2条,新建高速公路、一级公路路面结构设计使用年限为15(年)。

24.【答案】C

　　【解析】根据《公路沥青路面设计规范》(JTG D50—2017)第3.0.6条,二级公路低温开裂指数不大于5。

25.【答案】C

　　【解析】根据《公路沥青路面设计规范》(JTG D50—2017)第4.6.3条,无机结合料稳定类或冷再生类材料结构层与沥青结合料类结构层之间宜设置封层,封层可采用单层沥青表面处治或稀浆封层等。

26.【答案】D

　　【解析】根据《公路路面基层施工技术细则》(JTG F20—2015)第4.2.2条,应采用7d龄期无侧限抗压强度作为无机结合料稳定材料施工质量控制的主要指标。

27.【答案】C

　　【解析】根据《公路沥青路面设计规范》(JTG D50—2017)第4.4.2条,选项C错误,半开级配沥青碎石适用于极重、特重和重交通荷载等级的基层。

28.【答案】A

　　【解析】根据《公路沥青路面设计规范》(JTG D50—2017)第4.6.4条,水泥混凝土板与沥青面层间的黏层宜采用改性沥青。

29.【答案】B

　　【解析】根据《公路沥青路面设计规范》(JTG D50—2017)第5.1.3条和第5.1.4条,高速公路和一级公路的施工图设计阶段宜采用水平一,即通过室内试验实测确定。

30.【答案】D

　　【解析】根据《公路沥青路面设计规范》(JTG D50—2017)第6.4.1条,路面结构验算的流程主要包括:初拟路面结构组合及各结构层厚度;确定材料性质要求和设计参数;路面结构验算;判断是否满足路面性能要求;判断是否验算防冻厚度;进行技术经济比较,计算设计路面结构的验收弯沉值。

31. 【答案】A

【解析】根据《城市道路工程设计规范》(CJJ 37—2012)(2016 年版)第 3.6.1 条,道路路面结构设计应以双轮组单轴载 100kN 为标准轴载。对有特殊荷载使用要求的道路,应根据具体车辆确定路面结构计算荷载。

32. 【答案】C

【解析】根据《公路沥青路面设计规范》(JTG D50—2017)第 3.0.7 条,年平均降雨量大于 1000mm 的地区,交工验收时,高速公路、一级公路沥青路面的抗滑横向力系数 $SFC_{60} \geqslant 54$;年平均降雨量为 500 ~ 1000mm 的地区,抗滑横向力系数 $SFC_{60} \geqslant 50$;年平均降雨量为 250 ~ 500mm 的地区,抗滑横向力系数 $SFC_{60} \geqslant 45$。

33. 【答案】C

【解析】根据《公路沥青路面设计规范》(JTG D50—2017)第 5.5.7 条,沥青混合料的高温稳定性以动稳定度来评价。

34. 【答案】C

【解析】根据《公路沥青路面设计规范》(JTG D50—2017)第 3.0.3 条,公路沥青路面设计采用轴重为 100kN 的单轴—双轮组设计轴载,其两轮中心距是 319.5m。

35. 【答案】D

【解析】根据《城市道路路线设计规范》(CJJ 193—2012)第 3.0.10 条,各级道路设计交通量的预测年限:快速路、主干路应为 20 年;次干路应为 15 年;支路宜为 10 ~ 15 年。根据《城镇道路路面设计规范》(CJJ 169—2012)第 3.2.1 条,主干路沥青路面设计基准期为 15 年。

36. 【答案】A

【解析】根据《公路沥青路面设计规范》(JTG D50—2017)第 4.5.5 条,沥青贯入碎石层的厚度宜为 40 ~ 80mm,乳化沥青贯入式路面的厚度不宜超过 50mm。上拌下贯式路面的拌和层厚度不宜小于 25mm。

37. 【答案】A

【解析】根据《公路沥青路面设计规范》(JTG D50—2017)第 3.0.6 条,季节性冻土地区沥青面层低温开裂指数 CI,高速公路、一级公路不大于 3,二级公路不大于 5,三级、四级公路不大于 7。

38. 【答案】A

【解析】根据《城市道路工程设计规范》(CJJ 37—2012)(2016 年版)第 3.5.2 条和第 12.2.2 条,次干路沥青路面结构设计使用年限 15 年,次干路路基顶面设计回弹模量值不应小于 20MPa。

39.【答案】A

【解析】根据《城镇道路路面设计规范》（CJJ 169—2012）第5.3.5条,选项A正确。

二、多项选择题

1.【答案】AC

【解析】根据《公路沥青路面设计规范》（JTG D50—2017）第4.2.6条,当采用无机结合料稳定类基层时,为减少基层收缩开裂和路面反射裂缝,可在无机结合料稳定类基层上设置沥青碎石层或级配碎石层。

2.【答案】BCD

【解析】根据《公路沥青路面设计规范》（JTG D50—2017）第6.2.1条,无机结合料稳定类基层沥青路面设计指标包括无机结合料稳定层层底拉应力和沥青混合料层永久变形量,因此,需验算沥青混合料层疲劳开裂寿命和沥青混合料层永久变形量;根据表6.2.1注b,在沥青结合料层与无机结合料稳定层间设置粒料层时,应验算沥青混合料疲劳开裂寿命。

3.【答案】BC

【解析】根据《公路沥青路面设计规范》（JTG D50—2017）第4.2.4条,路基湿度状态为中湿或潮湿时,宜采用粒料类底基层或设置粒料类路基改善层。

4.【答案】BCD

【解析】根据《公路沥青路面设计规范》（JTG D50—2017）第5.5.10条,选项A错误,沥青混合料水稳定性不满足要求时,可采取掺入消石灰、水泥或抗剥落剂,或更换集料等措施。

5.【答案】AB

【解析】根据《公路沥青路面设计规范》（JTG D50—2017）第6.2.1条,无机结合料稳定类基层沥青路面的设计指标包括无机结合料稳定层层底拉应力和沥青混合料层永久变形量。

6.【答案】ABD

【解析】根据《公路沥青路面设计规范》（JTG D50—2017）第7.4.3条,既有路面破损不严重且结构性能较好,采用直接加铺方案或铣刨至某一结构层再加铺方案时,应同时对既有路面结构层和加铺层进行结构验算。加铺层的设计参数应按新建路面结构确定。

7.【答案】AD

【解析】根据《公路沥青路面设计规范》（JTG D50—2017）第5.5.7条,选项B错误,高速公路和一级公路沥青混合料应在规定的试验条件下进行车辙试验,二级公路可参照执行。根据第3.0.6条条文说明,选项C错误,无机结合料稳定类基层沥青路面车辙主要由沥青混合料永久变形产生。

8.【答案】CD

【解析】根据《公路沥青路面设计规范》(JTG D50—2017)第 B.7.1 条～第 B.7.4 条,选项 A 错误,路基顶面及路表需进行弯沉检测和验收,其他结构层不做要求;选项 B 错误,弯沉宜采用落锤式弯沉仪进行检测。

9.【答案】AD

【解析】根据《公路沥青路面设计规范》(JTG D50—2017)第 4.6.1 条、第 B.6.1 条、第 B.6.2 条,选项 A 错误,防冻层厚度按规范验算确定;选项 D 错误,公路多年最大冻深是由大地多年最大冻深乘以路基湿度系数、各层材料热物性系数、路基断面形式系数得到。

10.【答案】AC

【解析】根据《公路沥青路面设计规范》(JTG D50—2017)第 3.0.7 条,高速公路、一级公路以及山岭重丘区二级和三级公路的路面在交工验收时,其抗滑技术指标应满足相应的技术要求。

11.【答案】AD

【解析】根据《公路沥青路面设计规范》(JTG D50—2017)第 4.2.1 条条文说明,无机结合料稳定类基层沥青路面承载能力高,适应于各种交通荷载等级,主要病害是无机结合料稳定层疲劳开裂和面层反射裂缝。

12.【答案】BCD

【解析】根据《公路沥青路面设计规范》(JTG D50—2017)第 4.6.4 条,极重、特重和重交通荷载等级路面的黏层宜采用改性乳化沥青、道路石油沥青或改性沥青。中等或轻交通荷载等级路面的黏层可选用改性沥青。

13.【答案】BC

【解析】根据《公路沥青路面设计规范》(JTG D50—2017)第 5.1.4 条,高速公路和一级公路的施工图设计阶段宜采用水平一,其他设计阶段可采用水平二或水平三;二级及二级以下公路可采用水平二或水平三。

14.【答案】ACD

【解析】按网络结构中嵌挤成分和密实成分所占比例不同,沥青混合料的组成结构形态有密实悬浮结构、骨架空隙结构、密实骨架结构。

15.【答案】ABD

【解析】沥青路面的疲劳寿命除了受荷载条件的影响外,还受到材料性质和环境变量的影响。

16.【答案】ABD

【解析】根据《公路沥青路面设计规范》(JTG D50—2017)第6.3.2条,选项C错误,沥青面层采用20℃、10Hz条件下的动态弹性模量,沥青类基层采用20℃、5Hz条件下的动态弹性模量。

17.【答案】BD

【解析】根据《公路沥青路面设计规范》(JTG D50—2017)第7.3.2条,选项B错误,既有路面破损严重或结构性能不足的路段,宜采用整体性处理方式;根据第7.3.5条,选项D错误,加铺层与既有路面间应采取设置黏层或封层等层间结合措施。

18.【答案】ACD

【解析】根据《公路沥青路面设计规范》(JTG D50—2017)第4.2.3条,选项B错误,粒料类基层沥青路面适用于重及以下交通荷载等级。

19.【答案】ABD

【解析】根据《公路沥青路面设计规范》(JTG D50—2017)第4.5.2条,选项C错误,上拌下贯沥青碎石适用于中等、轻交通荷载等级的面层。

20.【答案】ABD

【解析】根据《公路沥青路面设计规范》(JTG D50—2017)第3.0.6条,选项D错误,竣工验收时100m调查单元内横向裂缝条数,贯穿全幅的裂缝按1条计,未贯穿且长度超过一个车道宽度的裂缝按0.5条计,不超过一个车道宽度的裂缝不计入。

21.【答案】BD

【解析】根据《公路沥青路面设计规范》(JTG D50—2017)第C.0.2条,结构层厚度应根据交通荷载等级、路基承载能力等因素选择。交通荷载等级高、路基承载能力弱时宜取靠近高限的厚度或参照高一个交通荷载等级的路面厚度范围,反之可靠近低限取值或参照低一个交通荷载等级的路面厚度范围。

22.【答案】CD

【解析】根据《公路沥青路面设计规范》(JTG D50—2017)第4.2.6条,当采用无机结合料稳定类基层时,可采取下列一种或多种措施减少基层收缩开裂和路面反射裂缝:①选用抗裂性好的无机结合料稳定类基层;②增加沥青混合料层厚度,或在无机结合料稳定类基层上设置沥青碎石层或级配碎石层;③在无机结合料稳定类基层上设置改性沥青应力吸收层或敷设土工合成材料。

23.【答案】ABC

【解析】根据《公路沥青路面设计规范》(JTG D50—2017)第5.2.2条,路基顶面回弹模量不满足要求时,应采取改变填料、设置粒料类或无机结合料稳定类路基改善层,或采用石灰或水泥处理等措施提高路基顶面回弹模量。

24.【答案】BD

【解析】根据《公路沥青路面设计规范》(JTG D50—2017)第5.4.5条,选项A错误,测试时水泥稳定类、水泥粉煤灰稳定类材料试件的龄期应为90d,石灰稳定类、石灰粉煤灰稳定类材料试件的龄期应为180d;选项C错误,水平一确定无机结合料稳定类材料弯拉强度和弹性模量,按规范应采用中间段法单轴压缩试验测定。

25.【答案】ABC

【解析】根据《公路沥青路面设计规范》(JTG D50—2017)第5.5.2条和第5.5.4条,选项D错误,表面层沥青混合料公称最大粒径不宜大于16.0mm,中面层和下面层沥青混合料公称最大粒径不宜小于16.0mm,基层沥青碎石公称最大粒径不宜小于26.5mm。

26.【答案】ABD

【解析】根据《公路路面基层施工技术细则》(JTG F20—2015)第4.2.9条,水泥稳定类材料强度要求较高时,宜采取控制原材料技术指标和优化级配设计等措施,不宜单纯通过增加水泥剂量来提高材料强度。

27.【答案】BCD

【解析】根据《公路沥青路面设计规范》(JTG D50—2017)第4.2.2条,路面结构类型可按基层材料性质分为无机结合料稳定类基层沥青路面、粒料类基层沥青路面、沥青结合料类基层沥青路面和水泥混凝土基层沥青路面四类。

28.【答案】ABC

【解析】根据《公路沥青路面设计规范》(JTG D50—2017)第4.6.1条,季节性冻土地区的公路沥青路面厚度不满足防冻要求时,应增设防冻层。防冻层宜采用粗砂、砂砾和碎石等粒料类材料。

三、案例题

1.【答案】C

【解析】根据《公路沥青路面设计规范》(JTG D50—2017)第B.7.4条:

$$E_0 = K_s M_R = 0.95 \times 80 = 76.0 \text{MPa}$$

$$h_a = 40 + 60 + 80 = 180 \text{mm}$$

$$K_3 = e^{[9 \times 10^{-6}(\ln E_0 - 1)h_a + 4 \times 10^{-3}](20 - T)}$$

$$= e^{[9 \times 10^{-6} \times (\ln 76.0 - 1) \times 180 + 4 \times 10^{-3}] \times (20 - 16)}$$

$$= 1.038$$

2. **【答案】** B

【解析】 根据《公路沥青路面设计规范》(JTG D50—2017)第 B.7.1 条:

$$p = \frac{P}{A} = \frac{50 \times 1000}{\pi \times 150^2} = 0.707\,\text{MPa}$$

$$E_0 = K_s M_R = 1.1 \times 75 = 82.5\,\text{MPa}$$

$$l_g = \frac{176pr}{E_0} = \frac{176 \times 0.707 \times 150}{82.5} = 226.2\,(0.01\,\text{mm})$$

注:计算路基顶面验收弯沉值时,采用路基平衡湿度状态下的顶面当量回弹模量,即只考虑湿度调整系数,不考虑干湿与冻融循环作用后的模量折减,详见条文说明第 B.7.1 条~第 B.7.2 条。

3. **【答案】** B

【解析】 根据《公路沥青路面设计规范》(JTG D50—2017)第 7.4.4 条:

$$p = \frac{P}{A} = \frac{50 \times 1000}{\pi \times 150^2} = 0.707\,\text{MPa}$$

$$E_d = \frac{176pr}{l_0} = \frac{176 \times 0.707 \times 150}{207.5} = 90\,\text{MPa}$$

4. **【答案】** A

【解析】 根据《公路沥青路面设计规范》(JTG D50—2017)第 3.0.6 条、第 5.5.8 条:

$$\psi_s = (0.52 h_a^{-0.003} - 317.59 h_b^{-1.32}) E_b^{0.1}$$
$$= (0.52 \times 180^{-0.003} - 317.59 \times 350^{-1.32}) \times 24000^{0.1}$$
$$= 1.022$$

查表 3.0.6-1,$[R_a] = 15\,\text{mm}$

$$R'_{\tau s} = \left(\frac{0.31 \lg N_{e5} - 0.68}{\lg[R_a] - 1.31 \lg T_d - \lg \psi_s + 2.50} \right)^{1.86}$$
$$= \left[\frac{0.31 \times \lg(4.62 \times 10^7) - 0.68}{\lg 15 - 1.31 \lg 18.4 - \lg 1.022 + 2.50} \right]^{1.86}$$
$$= 0.729\,\text{MPa}$$

5. **【答案】** B

【解析】 根据《公路沥青路面设计规范》(JTG D50—2017)第 3.0.6 条、第 5.5.9 条:

$$\psi_g = 20.16 h_a^{-0.642} + 820916 h_b^{-2.84}$$
$$= 20.16 \times 180^{-0.642} + 820916 \times 600^{-2.84}$$
$$= 0.729$$

查表 3.0.6-1,$[R_a] = 15\,\text{mm}$

$$R'_{\tau g} = \left(\frac{0.35 \lg N_{e5} - 1.16}{\lg[R_a] - 1.62 \lg T_d - \lg \psi_g + 2.76} \right)^{1.38}$$

$$= \left[\frac{0.35 \times \lg(3.25 \times 10^7) - 1.16}{\lg 15 - 1.62 \lg 20.8 - \lg 0.729 + 2.76} \right]^{1.38}$$

$$= 0.682 \text{MPa}$$

6.【答案】B

【解析】根据《公路沥青路面设计规范》(JTG D50—2017)第 G.1.1 条：

$$h_a^* = h_{a1} + h_{a2} = 40 + 60 = 100 \text{mm}$$

$$E_a^* = \frac{E_{a1} h_{a1}^3 + E_{a2} h_{a2}^3}{(h_{a1} + h_{a2})^3} + \frac{3}{h_{a1} + h_{a2}} \left(\frac{1}{E_{a1} h_{a1}} + \frac{1}{E_{a2} h_{a2}} \right)^{-1}$$

$$= \frac{10000 \times 40^3 + 9000 \times 60^3}{(40 + 60)^3} + \frac{3}{40 + 60} \left(\frac{1}{10000 \times 40} + \frac{1}{9000 \times 60} \right)^{-1}$$

$$= 9478 \text{MPa}$$

7.【答案】D

【解析】根据《公路沥青路面设计规范》(JTG D50—2017)第 G.1.1 条：

$$h_b^* = h_{b1} + h_{b2} = 360 + 200 = 560 \text{mm}$$

$$E_b^* = \frac{E_{b1} h_{b1}^3 + E_{b2} h_{b2}^3}{(h_{b1} + h_{b2})^3} + \frac{3}{h_{b1} + h_{b2}} \left(\frac{1}{E_{b1} h_{b1}} + \frac{1}{E_{b2} h_{b2}} \right)^{-1}$$

$$= \frac{12000 \times 360^3 + 300 \times 200^3}{(360 + 200)^3} + \frac{3}{360 + 200} \left(\frac{1}{12000 \times 360} + \frac{1}{300 \times 200} \right)^{-1}$$

$$= 3519 \text{MPa}$$

8.【答案】C

【解析】根据《公路沥青路面设计规范》(JTG D50—2017)第 G.1.2 条、第 G.1.3 条：

查表 G.1.2，得北京市基准路面结构温度调整系数 $\hat{k}_{T1} = 1.23$。

$$A_E = 0.76 \lambda_E^{0.09} = 0.76 \times 0.8^{0.09} = 0.74$$

$$A_h = 1.14 \lambda_h^{0.09} = 1.14 \times 0.25^{0.17} = 0.90$$

$$B_E = 0.14 \ln(\lambda_E/20) = 0.14 \times \ln(0.8/20) = -0.45$$

$$B_h = 0.23 \ln(\lambda_h/0.45) = 0.23 \times \ln(0.25/0.45) = -0.14$$

$$K_{T1} = A_h A_E \hat{k}_{T1}^{1 + B_h + B_E} = 0.90 \times 0.74 \times 1.23^{1 - 0.14 - 0.45} = 0.73$$

9.【答案】B

【解析】根据《公路沥青路面设计规范》(JTG D50—2017)第 G.1.2 条、第 G.1.3 条：

查表 G.1.2，得上海市基准路面结构温度调整系数 $\hat{k}_{T2} = 1.38$。

$$A_E = 0.10 \lambda_E + 0.89 = 0.10 \times 0.82 + 0.89 = 0.97$$

$A_h = 0.73\lambda_h + 0.67 = 0.73 \times 0.27 + 0.67 = 0.87$

$B_E = 0.15\ln(\lambda_E/1.14) = 0.15 \times \ln(0.82/1.14) = -0.049$

$B_h = 0.44\ln(\lambda_h/0.45) = 0.44 \times \ln(0.27/0.45) = -0.22$

$K_{T2} = A_h A_E \hat{k}_{T2}^{1+B_h+B_E} = 0.87 \times 0.97 \times 1.38^{1-0.22-0.049} = 1.06$

10.【答案】A

【解析】根据《公路沥青路面设计规范》(JTG D50—2017)第 G.1.2 条、第 G.1.3 条:

查表 G.1.2,得重庆市基准路面结构温度调整系数 $\hat{k}_{T3} = 1.31$。

$A_E = 0.006\lambda_E + 0.89 = 0.006 \times 0.79 + 0.89 = 0.89$

$A_h = 0.67\lambda_h + 0.70 = 0.67 \times 0.28 + 0.70 = 0.89$

$B_E = 0.12\ln(\lambda_E/20) = 0.12 \times \ln(0.79/20) = -0.39$

$B_h = 0.38\ln(\lambda_h/0.45) = 0.38 \times \ln(0.28/0.45) = -0.18$

$K_{T3} = A_h A_E \hat{k}_{T3}^{1+B_h+B_E} = 0.89 \times 0.89 \times 1.31^{1-0.18-0.39} = 0.89$

11.【答案】C

【解析】根据《公路沥青路面设计规范》(JTG D50—2017)第 G.1.2 条、第 G.2.1 条:

$T_{pef} = T_\xi + 0.016 h_a = 22.5 + 0.016 \times (40 + 60 + 80) = 25.38\,℃$

12.【答案】D

【解析】根据《公路沥青路面设计规范》(JTG D50—2017)第 3.0.1 条、第 B.1.1 条:

$$k_b = \left[\frac{1 + 0.3E_a^{0.43}(VFA)^{-0.85}e^{0.024h_a-5.41}}{1 + e^{0.024h_a-5.41}}\right]^{3.33}$$

$$= \left(\frac{1 + 0.3 \times 10000^{0.43} \times 65^{-0.85} \times e^{0.024 \times 200-5.41}}{1 + e^{0.024 \times 200-5.41}}\right)^{3.33}$$

$$= 0.49$$

查表 B.1.1,$k_a = 1.00$;查表 3.0.1,$\beta = 1.65$

$$N_{f1} = 6.32 \times 10^{15.96-0.29\beta} k_a k_b k_{T1}^{-1} \left(\frac{1}{\varepsilon_a}\right)^{3.97} \left(\frac{1}{E_a}\right)^{1.58} (VAF)^{2.72}$$

$$= 6.32 \times 10^{15.96-0.29 \times 1.65} \times 1 \times 0.49 \times 0.8^{-1} \times \left(\frac{1}{103.9}\right)^{3.97} \times \left(\frac{1}{10000}\right)^{1.58} \times 65^{2.72}$$

$$= 4.73 \times 10^6\ 轴次$$

13.【答案】D

【解析】根据《公路沥青路面设计规范》(JTG D50—2017)第 B.1.1 条、第 B.2.1 条及第 3.0.1 条。

查表 B.2.1-1,得 $a = 13.24$,$b = 12.52$;查表 B.2.1-2,得 $c_1 = 14.0$,$c_2 = -0.0076$,$c_3 = -1.47$。

$$k_c = c_1 e^{c_2(h_a+h_b)} + c_3 = 14.0 \times e^{-0.0076 \times (200+360)} - 1.47 = -1.27$$

查表 B.1.1,得 $k_a = 1.00$;查表 3.0.1,$\beta = 1.28$。

$$N_{f2} = k_a k_{T2}^{-1} 10^{a-b\frac{\sigma_t}{R_s}+k_c-0.57\beta}$$

$$= 1 \times 1.14^{-1} \times 10^{13.24-12.52 \times \frac{0.25}{1.8}-1.27-0.57 \times 1.28}$$

$$= 2.78 \times 10^9 轴次$$

14.【答案】C

【解析】根据《公路沥青路面设计规范》(JTG D50—2017)第 B.4.1 条、第 3.0.1 条,查表 3.0.1,得 $\beta = 1.04$。

$$[\varepsilon_z] = 1.25 \times 10^{4-0.1\beta} (k_{T3} N_{e4})^{-0.21}$$

$$= 1.25 \times 10^{4-0.1 \times 1.04} \times (1.11 \times 1.4 \times 10^7)^{-0.21}$$

$$= 303.9 \mu\varepsilon$$

15.【答案】C

【解析】根据《公路沥青路面设计规范》(JTG D50—2017)第 B.3.4 条:
$$DS = 9365 R_0^{-1.48} = 9365 \times 5^{-1.48} = 865 次/mm$$

16.【答案】C

【解析】根据《公路沥青路面设计规范》(JTG D50—2017)第 B.6.1 条,查表 B.6.1-1 并计算得路基路面材料热物性系数:

$$a = 1.35 \times \frac{200}{600} + 1.4 \times \frac{360}{600} + 1.45 \times \frac{40}{600} = 1.387$$

查表 B.6.1-2,得路基湿度系数 $b = 0.95$
查表 B.6.1-3,得路基断面形式系数 $c = 1.08$
$$Z_{max} = abc Z_d = 1.387 \times 0.95 \times 1.08 \times 600 = 853.8mm$$

17.【答案】C

【解析】根据《公路沥青路面设计规范》(JTG D50—2017)第 B.5.1 条,路基填料类型为黏土,黏土 $b = 2$。

$$CI = 1.95 \times 10^{-3} S_t \lg b - 0.075(T+0.07h_a) \lg S_t + 0.15$$

$$= 1.95 \times 10^{-3} \times 1000 \times \lg 2 - 0.075 \times (-15+0.07 \times 200) \times \lg 1000 + 0.15$$

$$= 0.96$$

18.【答案】A

【解析】根据《公路沥青路面设计规范》（JTG D50—2017）第 A.3.1 条：

$$EALF_{mij} = c_1 c_2 \left(\frac{P_{mij}}{P_s}\right)^b = 1 \times 4.5 \times \left(\frac{66}{100}\right)^4 + 2.1 \times 1 \times \left(\frac{110}{100}\right)^4 = 3.93$$

19.【答案】C

【解析】根据《公路沥青路面设计规范》（JTG D50—2017）第 3.0.2 条、第 3.0.4 条、第 A.2.4 条和第 A.2.5 条。

$$\begin{aligned} N_e &= \frac{\left[(1+\gamma)^t - 1\right] \times 365}{\gamma} N_1 \\ &= \frac{\left[(1+0.055)^{15} - 1\right] \times 365}{0.055} \times 3000 \times 0.55 \times 0.75 \\ &= 1.01 \times 10^7 \text{次} \end{aligned}$$

由于 $1.9 \times 10^7 > N_e > 8.0 \times 10^6$，可知该高速公路交通荷载等级为重交通荷载等级。

20.【答案】B

【解析】根据《公路沥青路面设计规范》（JTG D50—2017）第 3.0.2 条、第 A.4.1 条和第 A.4.2 条：

$$\begin{aligned} N_1 &= AADTT \times DDF \times LDF \times \sum_{m=2}^{11} VCDF_m \times EALF_m \\ &= 5000 \times 0.55 \times 0.5 \times 3.5 \\ &= 4812.5 \text{ 次}/d \end{aligned}$$

$$\begin{aligned} N_e &= \frac{\left[(1+\gamma)^t - 1\right] \times 365}{\gamma} N_1 \\ &= \frac{\left[(1+0.07)^{15} - 1\right] \times 365}{0.07} \times 4812.5 \\ &= 4.41 \times 10^7 \text{次} \end{aligned}$$

21.【答案】B

【解析】根据《公路沥青路面设计规范》（JTG D50—2017）第 A.3.1 条：
$$EALF_m = EALF_{ml} \times PER_{ml} + EALF_{mh} \times PER_{mh} = 2.4 \times 0.55 + 7.0 \times 0.45 = 4.47$$

22.【答案】B

【解析】根据《公路沥青路面设计规范》（JTG D50—2017）第 A.3.1 条：
$$EALF_{mij} = c_1 c_2 \left(\frac{P_{mij}}{P_s}\right)^b = 1 \times 4.5 \times \left(\frac{66}{100}\right)^{13} + 2.6 \times 1 \times \left(\frac{110}{100}\right)^{13} = 8.99$$

23.【答案】C

【解析】根据《公路沥青路面设计规范》（JTG D50—2017）第 3.0.4 条，该高速公路的设计交通荷载等级为重 $[1.9 \times 10^7 \sim 8 \times 10^6 (\text{辆})]$。

24. 【答案】C

【解析】根据《公路沥青路面设计规范》(JTG D50—2017)第 7.4.3 条:
$R_s = 0.21 R_c = 0.21 \times 3 = 0.63$ MPa

25. 【答案】A

【解析】根据《城镇道路路面设计规范》(CJJ 169—2012)第 3.2.1 条、第 3.2.3 条第 6 款和第 5.4.3 条,$t = 15$ 年。

$$N_e = \frac{\left[(1+\gamma)^t - 1\right] \times 365}{\gamma} \cdot N_1 \cdot \eta$$

$$= \frac{\left[(1+0.06)^{15} - 1\right] \times 365}{0.06} \times 2000 \times 0.8$$

$$= 1.36 \times 10^7 \text{次/车道}$$

$$l_d = 600 N_e^{-0.2} A_c A_s A_b$$

$$= 600 \times (1.36 \times 10^7)^{-0.2} \times 1.1 \times 1.0 \times 1.0$$

$$= 24.71(0.01 \text{mm})$$

26. 【答案】A

【解析】根据《城镇道路路面设计规范》(CJJ 169—2012)第 3.2.1 条、第 3.2.3 条和第 5.4.5 条,$t = 15$,$A_c = 1.0$。

$$N_e = \frac{\left[(1+\gamma)^t - 1\right] \times 365}{\gamma} \cdot N_1 \cdot \eta$$

$$= \frac{\left[(1+0.07)^{15} - 1\right] \times 365}{0.07} \times 3000 \times 0.65$$

$$= 1.79 \times 10^7 \text{次/车道}$$

$$K_{sr} = 0.35 N_e^{0.11}/A_c = 0.35 \times (1.79 \times 10^7)^{0.11}/1.0 = 2.20$$

$$[\sigma_R] = \frac{\sigma_s}{K_s} = \frac{0.7}{2.20} = 0.32 \text{MPa}$$

27. 【答案】D

【解析】根据《公路沥青路面设计规范》(JTG D50—2017)第 B.4.1 条和第 3.0.1 条。
查表 3.0.1,得 $\beta = 1.04$,则

$$[\varepsilon_z] = 1.25 \times 10^{4-0.1\beta}(k_{T3} N_{e4})^{-0.21}$$

$$= 1.25 \times 10^{4-0.1 \times 1.04} \times (1.22 \times 4.123 \times 10^6)^{-0.21}$$

$$= 385.1(10^{-6})$$

28. 【答案】C

【解析】根据《公路沥青路面设计规范》(JTG D50—2017)第 3.0.2 条、第 A.2.6 条和第 A.4.1 条。

$AADTT = 1100 + 4900 + 2220 + 1200 = 9420$ 辆/d

$$N_1 = AADTT \times DDF \times LDF \times \sum_{m=2}^{11} VCDF_m \times EALF_m$$
$$= 9420 \times 0.55 \times 0.5 \times (9.9\% \times 0.945 + 42.3\% \times 1.18 + 14.8\% \times 3.27 + 0)$$
$$= 2789 \ 次/d$$

29.【答案】B

【解析】根据《城镇道路路面设计规范》(CJJ 169—2012)第5.4.2条、第5.4.3条和第5.4.6条。

①计算容许抗剪强度

$$K_r = 0.39 N_p^{0.15} / A_c = 0.39 \times (2.16 \times 10^6)^{0.15} / 1.0 = 3.477$$

$$[\tau_R] = \frac{\tau_S}{K_r} = \frac{0.8}{3.477} = 0.23 MPa$$

②判断剪应力设计指标是否符合规范规定

$$\gamma_a \tau_m = 1.1 \times 0.22 = 0.242 MPa > [\tau_R] = 0.23 MPa$$

不符合规范的规定。

30.【答案】A

【解析】根据《城镇道路路面设计规范》(CJJ 169—2012)第3.2.2条、第5.4.7条和第5.6.1条。

查表3.2.2,$p = 0.70 MPa$,$\delta = d/2 = 21.30/2 = 10.65 cm$;

主干路,与保证率有关的系数$Z_a = 1.645$;

加铺沥青层厚度小于或等于5cm时,不需要进行温度修正,$K_3 = 1$,则

$$l_0' = (\bar{l_0} + Z_a S) K_1 K_2 K_3 = (39.3 + 1.645 \times 1.82) \times 1 \times 1 \times 1 = 42.3(0.01 mm)$$

$$E_t = 1000 \frac{2p\delta}{l_0'} m_1 m_2 = 1000 \times \frac{2 \times 0.70 \times 10.65}{42.3} \times 1.1 \times 1.0 = 387.7 MPa$$

第三节　水泥混凝土路面

复习要点

水泥路面设计轴载和交通荷载等级;水泥路面设计标准和验算标准;水泥路面面层类型及适用性、面层厚度计算确定要求;半刚性基层、排水基层刚性基层三大基层的材料要求、厚度规定;混凝土路肩的设置要求;接缝类型和接缝构造;接缝钢筋作用及设置;混凝土路面和固定构造物、桥梁、沥青混凝土路面相接时的端部处理;普通混凝土边缘钢筋、角隅钢筋、箱形和圆形管状构造物横穿公路处的面层配筋;钢筋混凝土面层配筋量计算和纵横向钢筋布置;设计轴载的当量换算系数、作用次数和累计作用次数计算;混凝土板应力分析的力学模型及其适用性;单层板、双层板荷载应力和温度应力计算;连续配筋混凝土面层纵向配筋计算。

本节主要有以下考点:

（1）水泥路面设计参数 主要掌握设计轴载和设计交通荷载等级、设计基准期和目标可靠度、设计标准和验算标准、设计强度等的规定。

（2）水泥路面结构组合设计 需掌握面层类型及适用性面层厚度的确定；半刚性基层、排水基层和刚性基层的使用要求；垫层的设置条件。

（3）混凝土面层接缝设计 需掌握接缝的作用、类型、构造；混凝土端部处理。

（4）混凝土面层配筋设计 需掌握普通混凝土路面边缘钢筋、角隅钢筋、构造物横穿公路处的面层配筋；钢筋混凝土面层配筋量计算和钢筋布置。

（5）混凝土材料组成与参数 掌握满足结构层性能要求的原材料类型、特点和设计参数。

（6）交通荷载参数分析 主要掌握以轴型为基础和以车型为基础的轴载换算系数和设计轴载累计作用次数的计算。

（7）混凝土板应力分析 掌握厚度设计的理论方法、设计参数、计算模型、单层板荷载应力和温度应力两大应力计算。

典型习题

一、单项选择题

1. 面层内横向不设缩缝的水泥混凝土路面是（　　）。
  （A）普通水泥混凝土路面　　　　　（B）钢筋混凝土路面
  （C）连续配筋混凝土路面　　　　　（D）钢纤维混凝土路面

2. 在所有条件相同的情况下，路面板厚度最小的是（　　）。
  （A）普通水泥混凝土路面　　　　　（B）钢筋混凝土路面
  （C）连续配筋混凝土路面　　　　　（D）钢纤维混凝土路面

3. 水泥混凝土路面结构分析理论应采用（　　）。
  （A）弹性层状体系理论　　　　　（B）弹性地基板理论
  （C）塑性层状体系理论　　　　　（D）塑性地基板理论

4. 水泥混凝土路面结构设计标准为（　　）。
  （A）在行车荷载作用下，不产生疲劳断裂
  （B）在温度梯度作用下，不产生疲劳断裂
  （C）在行车荷载和温度梯度综合作用下，不产生疲劳断裂
  （D）在最重轴载和最大温度梯度综合作用下，不产生极限断裂

5. 中等交通荷载等级的水泥混凝土弯拉强度标准值不得低于（　　）。
  （A）4.0MPa　　　　　（B）4.5MPa
  （C）5.0MPa　　　　　（D）5.5MPa

6. 碾压混凝土基层上应铺设沥青混凝土夹层,层厚不宜小于(　　)。
   (A)20mm　　　　　　　　　　　(B)20cm
   (C)40mm　　　　　　　　　　　(D)40cm

7. 关于混凝土路面横向胀缝设计,下列说法正确的是(　　)。
   (A)胀缝可设置为不设传力杆的假缝形式
   (B)在邻近桥梁或其他固定构造物时,应尽量不设胀缝
   (C)胀缝应尽量少设或不设,但当板厚尺寸≥20cm,并在夏季施工时,必须设置胀缝
   (D)在与其他类型路面相连接处、板厚变化处、隧道口、小半径曲线处均应设置胀缝

8. 下图为某接缝构造图,该接缝是(　　)。

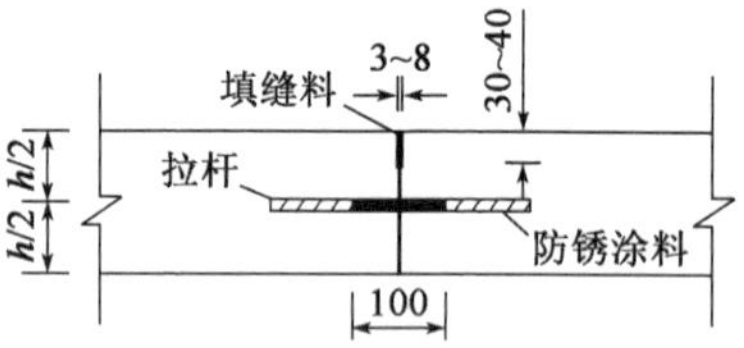

题8图(尺寸单位:mm)
   (A)纵向施工缝　　　　　　　　(B)纵向缩缝
   (C)横向施工缝　　　　　　　　(D)横向胀缝

9. 普通水泥混凝土路面一次铺筑宽度大于4.5m时,应设置(　　)。
   (A)纵向施工缝　　　　　　　　(B)纵向缩缝
   (C)横向施工缝　　　　　　　　(D)横向胀缝

10. 设在缩缝处的横向施工缝,应采用(　　)。
    (A)加拉杆假缝形式　　　　　　(B)加传力杆假缝形式
    (C)加拉杆平缝形式　　　　　　(D)加传力杆平缝形式

11. 设置传力杆时,横向缩缝顶部槽口深度宜为面层厚度的(　　)。
    (A)1/6 ~ 1/5　　　　　　　　　(B)1/5 ~ 1/4
    (C)1/4 ~ 1/3　　　　　　　　　(D)1/3 ~ 1/2

12. 水泥混凝土路面板接缝中,传力杆的钢筋类型应采用(　　)。
    (A)螺纹钢筋　　　　　　　　　(B)型钢
    (C)光圆钢筋　　　　　　　　　(D)角钢

13. 关于钢筋混凝土面层配筋,下列选项正确的是(　　)。
    (A)横向钢筋应位于纵向钢筋之上

（B）纵横向钢筋均应采用光圆钢筋

（C）纵横向钢筋均应采用螺纹钢筋

（D）纵横向钢筋可采用直径相同的钢筋

14. 关于连续配筋混凝土面层配筋,下列选项错误的是(　　)。

（A）横向钢筋应位于纵向钢筋之下

（B）纵横向钢筋均应采用光圆钢筋

（C）纵横向钢筋均应采用螺纹钢筋

（D）纵横向钢筋可采用直径相同的钢筋

15. 可采用弹性地基双层板模型进行路面结构分析的是(　　)。

（A）粒料基层上混凝土面层

（B）旧沥青路面加铺混凝土面层

（C）无机结合料类基层上混凝土面层

（D）旧混凝土路面上加铺结合式混凝土面层

16. 水泥混凝土面层板临界荷位位于(　　)。

（A）横缝边缘中部　　　　　　　　（B）面板中心

（C）纵缝边缘中部　　　　　　　　（D）面板板角

17. 水泥混凝土面层下基层的首要要求是(　　)。

（A）强度与刚度　　　　　　　　　（B）平整度

（C）抗冲刷能力　　　　　　　　　（D）耐久性

18. 水泥混凝土路面纵向接缝的间距(即板宽),合理的范围是(　　)。

（A）3.0~4.5m　　　　　　　　　（B）3.5~4.5m

（C）4.0~5.0m　　　　　　　　　（D）4.5~5.5m

19. 普通水泥混凝土面层板的长宽比不宜超过(　　)。

（A）1.10　　　　　　　　　　　　（B）1.25

（C）1.35　　　　　　　　　　　　（D）1.50

20. 关于混凝土面层下采用贫混凝土基层设计,下列选项错误的是(　　)。

（A）主要的目的是增加基层的抗冲刷能力

（B）高强度的贫混凝土能大幅度降低面层厚度

（C）高强度的贫混凝土会增加面层的温度翘曲应力

（D）贫混凝土28d弯拉强度标准值宜控制在2.0~2.5MPa

21. 水泥混凝土路面结构设计时,对面层的路用性能要求正确的是( )。
 (A)足够抗冲刷性能和一定的刚度
 (B)足够的弯拉强度及抗疲劳性能
 (C)足够的稳定性和耐久性
 (D)足够的弯拉强度和耐久性

22. 混凝土路面与沥青路面相接时,过渡段与混凝土面层板相接处的接缝内宜设置拉杆,拉杆的尺寸宜为( )。
 (A)直径 14mm,长度 700mm,间距 900mm
 (B)直径 16mm,长度 800mm,间距 800mm
 (C)直径 20mm,长度 800mm,间距 500mm
 (D)直径 25mm,长度 700mm,间距 400mm

23. 二级及二级以下公路水泥路面结构破坏可能产生很严重后果时,可提高( )。
 (A)一级安全等级　　　　　　　　(B)二级安全等级
 (C)一级变异水平　　　　　　　　(D)二级变异水平

24. 水泥混凝土路面结构设计应以面层板在设计基准期内,在行车荷载和温度梯度综合作用下,不产生疲劳断裂作为( )。
 (A)验算标准　　　　　　　　　　(B)设计标准
 (C)施工标准　　　　　　　　　　(D)验收标准

25. [2020 年考题]公路水泥混凝土路面路床顶面的综合回弹模量,轻交通荷载等级时不得低于( )。
 (A)40MPa　　　　　　　　　　　(B)50MPa
 (C)60MPa　　　　　　　　　　　(D)70MPa

26. [2020 年考题]公路水泥混凝土路面与沥青路面相接时,应设置的过渡段不小于( )。
 (A)3m　　　　　　　　　　　　　(B)4m
 (C)5m　　　　　　　　　　　　　(D)6m

二、多项选择题

1. 水泥混凝土面层应具有足够的强度和耐久性,表面应( )。
 (A)抗滑　　　　　　　　　　　　(B)耐磨
 (C)排水　　　　　　　　　　　　(D)平整

2. 关于水泥混凝土路面基层和底基层的设置,下列选项正确的有( )。

(A)承受极重、特重或重交通荷载的路面,基层下应设置底基层

(B)承受中等或轻交通荷载时,可不设底基层

(C)无机结合料稳定类材料基层下应设置粒料类底基层

(D)无机结合料稳定碎石基层上应设置封层

3.某一级公路路基为低透水性细粒土,处于湿润多雨地区,现拟定基层结构类型,下列选项中合理的方案有(　　)。

(A)20cm 厚开级配水泥稳定碎石基层 +20cm 厚密级配碎石底基层

(B)20cm 厚开级配水泥稳定碎石基层 +20cm 厚密级配水泥稳定碎石底基层

(C)10cm 厚开级配沥青稳定碎石基层 +20cm 厚密级配水泥稳定碎石底基层

(D)10cm 厚开级配沥青稳定碎石基层 +20cm 厚开级配水泥稳定碎石底基层

4.应采用接缝设置传力杆的钢筋混凝土面层的情况有(　　)。

(A)路面结构下埋有地下设施时

(B)当面层板的平面尺寸较小时

(C)当面层板的平面形状不规则时

(D)有可能产生不均匀沉降的路基段时

5.关于路肩的铺面设计,下列选项错误的有(　　)。

(A)行车道混凝土面层宜宽出外侧车道边缘线 1.0m

(B)中等交通荷载以上等级公路路肩面层应采用沥青表面处治

(C)路肩混凝土面层与行车道混凝土面层应设置拉杆相连,二者的横向缩缝应连通

(D)路肩铺面的面层、基层和底基层应采用与行车道路面结构相同的材料类型和厚度

6.水泥混凝土路面横向缩缝可采用(　　)。

(A)加拉杆假缝形式　　　　　　　　(B)不加拉杆假缝形式

(C)加传力杆假缝形式　　　　　　　(D)不加传力杆假缝形式

7.关于纵向接缝设置,下列选项正确的有(　　)。

(A)纵缝应与路线中线平行

(B)一次铺筑宽度大于 4.5m 时,应设置纵向缩缝

(C)一次铺筑宽度小于 4.5m 时,应设置纵向施工缝

(D)行车道路面与混凝土硬路肩之间的纵向接缝必须设置拉杆

8.应采用设传力杆假缝形式的水泥混凝土路面横向缩缝的情况有(　　)。

(A)收费广场的横向缩缝

(B)中等或轻交通荷载公路邻近胀缝的 3 条横向缩缝

(C)中等或轻交通荷载公路邻近自由端部的 3 条横向缩缝

（D）极重、特重和重交通荷载公路邻近自由端部的 3 条横向缩缝

9. 关于水泥混凝土路面纵向接缝,下列选项错误的有（　　）。
　（A）一次铺筑宽度小于路面宽度时,应设置纵向缩缝
　（B）一次铺筑宽度大于 4.5m 时,应设置纵向施工缝
　（C）纵向缩缝应采用设拉杆假缝形式,拉杆采用光圆钢筋,并设在板中央
　（D）行车道路面与混凝土硬路肩之间的纵向接缝必须设置拉杆

10. 关于横向接缝设置,下列选项错误的有（　　）。
　（A）每日施工结束或临时原因中断施工时,都必须设置横向施工缝
　（B）横向缩缝可等间距或变间距布置,且应采用平缝形式
　（C）设在缩缝处的施工缝,其构造应与缩缝相同
　（D）设在胀缝处的施工缝,其构造应与胀缝相同

11. 高速公路和一级公路的填缝料宜选用（　　）。
　（A）硅酮类　　　　　　　　　　（B）橡胶沥青类
　（C）聚氨酯类　　　　　　　　　（D）改性沥青类

12. 旧混凝土路面损坏状况的评定指标应采用（　　）。
　（A）断板率　　　　　　　　　　（B）接缝传荷能力
　（C）弯沉值　　　　　　　　　　（D）平均错台量

13. 某设计院设计一条公路,采用了水泥混凝土路面和沥青混凝土路面两种路面结构形式,其中水泥混凝土路面结构示意图如下图所示（尺寸单位:mm）,为保证两种路面结构的有效衔接,在下列选项中正确的过渡形式有（　　）。

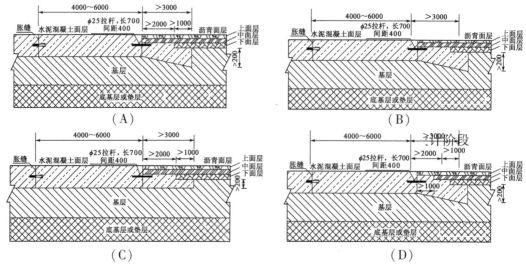

14. 可采用弹性地基单层板模型进行路面结构分析的有(　　)。
　　(A)粒料类基层上混凝土面层
　　(B)沥青类基层上混凝土面层
　　(C)旧沥青路面加铺混凝土面层
　　(D)无机结合料类基层上混凝土面层

15. 关于普通水泥混凝土横向接缝的间距(即板长)说法,下列选项正确的有(　　)。
　　(A)随面层厚度增加而增大
　　(B)随面层厚度增加而缩短
　　(C)随基层刚度增加而增大
　　(D)随基层刚度增加而缩短

16. 混凝土路面与桥涵、通道及隧道等固定构造物相衔接的胀缝无法设置传力杆时,下列处理措施中合理的有(　　)。
　　(A)在毗邻构造物的板端部内配置单层钢筋网
　　(B)在毗邻构造物的板端部内配置双层钢筋网
　　(C)在长度为 6~10 倍板厚的范围内逐渐将板厚增加 10%
　　(D)在长度为 6~10 倍板厚的范围内逐渐将板厚增加 20%

17. 不宜用在高速公路和一级公路路面面层的有(　　)。
　　(A)贫混凝土　　　　　　　　　(B)预应力混凝土
　　(C)碾压混凝土　　　　　　　　(D)钢纤维混凝土

18. 水泥混凝土路面设计内容有(　　)。
　　(A)结构组合设计　　　　　　　(B)结构层厚度设计
　　(C)接缝构造设计　　　　　　　(D)平面分块设计

19. 特重交通道路的水泥混凝土路面底基层宜选用(　　)。
　　(A)级配砾石　　　　　　　　　(B)二灰稳定碎石
　　(C)级配碎石　　　　　　　　　(D)水泥稳定碎石

20. 应设置横向缩缝的水泥混凝土路面类型有(　　)。
　　(A)钢筋混凝土路面　　　　　　(B)连续配筋混凝土路面
　　(C)钢纤维混凝土路面　　　　　(D)复合式混凝土路面

21. 确定普通水泥混凝土面层的计算厚度可依据(　　)。
　　(A)交通荷载等级　　　　　　　(B)变异水平等级
　　(C)水泥等级　　　　　　　　　(D)公路等级

22. 混凝土路面接缝需设置拉杆的位置有( )。
　(A)混凝土路面与沥青路面相接处　　(B)混凝土路面与隧道仰拱相接处
　(C)混凝土路面与桥头搭板相接处　　(D)混凝土路面与通道侧墙相接处

23. 关于混凝土面层板的相对刚度半径的描述,下列选项正确的有( )。
　(A)面层板的截面弯曲刚度越大,相对刚度半径越小
　(B)板底地基当量回弹模量越小,相对刚度半径越大
　(C)混凝土面层板的厚度越大,相对刚度半径越大
　(D)混凝土面层板的弯拉弹性模量越大,相对刚度半径越大

24. 当旧混凝土路面的损坏状况和接缝传荷能力评定等级为中等以上时,加铺方案可选择( )。
　(A)结合式混凝土　　　　　　　　　　(B)沥青混凝土
　(C)分离式混凝土　　　　　　　　　　(D)水泥稳定土

25. 车辆轮迹横向分布情况需考虑的因素包括( )。
　(A)交通组织　　　　　　　　　　　　(B)车道宽度
　(C)交通组成　　　　　　　　　　　　(D)混凝土板

26. [2019 年考题]公路水泥混凝土路面的路基应( )。
　(A)稳定　　　　　　　　　　　　　　(B)耐磨
　(C)密实　　　　　　　　　　　　　　(D)均质

27. [2020 年考题]基层下应设置底基层的公路水泥混凝土路面所承受的交通荷载等级包括( )。
　(A)中等　　　　　　　　　　　　　　(B)重
　(C)特重　　　　　　　　　　　　　　(D)极重

三、案例题

1. 某三级公路处于季节性冰冻地区,路基属于中湿型高液限黏土,当地最大冰冻深度为1.5～2.0m,最小防冻要求厚度为0.5～0.7m,设计拟定的水泥混凝土板厚20cm,水泥稳定细粒土30cm,下列垫层拟订方案比较经济合理的是( )。
　(A)5cm　　　　　　　　　　　　　　(B)10cm
　(C)15cm　　　　　　　　　　　　　　(D)25cm

2. 某公路设计标准轴载累计作用次数为 2500×10^4,路面结构采用水泥混凝土,在面板的自由端部,设计的接缝结构类型为( )。(尺寸单位:mm)

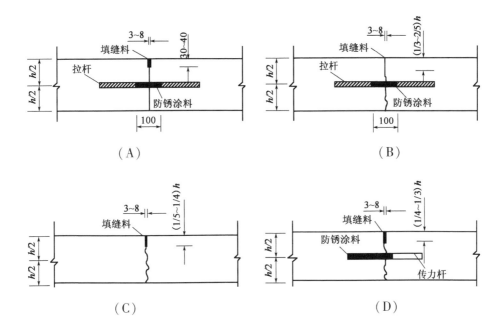

（A） （B）

（C） （D）

3. 公路自然区划Ⅳ区拟新建一条一级公路,双向四车道,路面拟采用水泥混凝土路面,基层选用水泥稳定碎石。经交通调查得知,设计车道使用初期的设计轴载日作用次数为 7000 次,交通量平均增长率为 5.5%。该道路交通荷载等级属于(　　)。

  （A）极重交通荷载   （B）特重交通荷载

  （C）重交通荷载   （D）中等交通荷载

4. 某地拟新建一条一级公路,经交通分析,属于重交通荷载等级,拟定路面结构组合如下：面层为水泥混凝土,基层为水泥稳定碎石,底基层为级配碎石,垫层为天然砂砾。进行结构分析时,该路面应采用(　　)。

  （A）弹性地基单层板模型   （B）复合板模型

  （C）弹性地基双层板模型   （D）结合板模型

5. 某二级公路,路面使用水泥混凝土面层,其中局部路段路面下埋设有地下设施,拟使用接缝设置传力杆的钢筋混凝土路面,钢筋混凝土面板横缝间距为 7m,面层厚 220mm。面层钢筋使用 HPB235,直径为 16mm,钢筋屈服强度为 235MPa。基层使用水泥稳定砂砾,面层与基层间摩阻系数为 8.9。则该钢筋混凝土面层的纵向钢筋配筋量最接近于(　　)。

  （A）933mm^2 （B）756mm^2

  （C）687mm^2 （D）569mm^2

6. 某旧水泥混凝土路面拟进行加铺层设计,现用弯沉测试法调查评定旧水泥混凝土路面面板的接缝传荷能力。下表为测试结果部分数据。ω_u 为未受荷载接缝边缘处的弯沉值,ω_l 为受荷载接缝边缘处的弯沉值。则该水泥混凝土路面的接缝传荷能力等级属于(　　)。

弯 沉 检 测 数 据 题6表

ω_u(mm)	ω_l(mm)	ω_u(mm)	ω_l(mm)
0.645	3.145	0.834	3.208
0.762	3.326	0.965	3.469

（A）优良
（B）中
（C）次
（D）差

7. 公路自然区划Ⅱ区拟新建一条二级公路，双向两车道，初拟采用普通水泥混凝土面层厚度为0.23m，弯拉强度要求4.5MPa，相应的弹性模量和泊松比分别为29GPa和0.15；基层选用级配碎石，厚0.20m，弹性模量为300MPa。路床顶面综合回弹模量为65MPa。则混凝土板底地基当量回弹模量最接近于（   ）。

（A）105.3MPa
（B）127.7MPa
（C）139.7MPa
（D）156.1MPa

8. 西南地区新建一条二级公路，双向两车道，设计基准期内设计车道设计轴载累计作用次数为160万次，拟采用普通水泥混凝土面层，路面宽度10.0m，厚度为0.24m，弯拉强度要求4.5MPa，弹性模量和泊松比分别为29GPa和0.15；基层选用级配碎石，厚0.20m，弹性模量为300MPa。路肩面层与行车道面层等厚并设拉杆相连。板底地基当量回弹模量为120MPa。则该路面板在临界荷位处产生的荷载应力最接近于（   ）。

（A）0.96MPa
（B）1.18MPa
（C）1.37MPa
（D）1.65MPa

9. 西南地区某新建一级公路，双向两车道，设计基准期内设计车道设计轴载累计作用次数为160万次，拟采用普通水泥混凝土面层，路面宽度为10.0m，厚度为0.24m；基层选用级配碎石，厚0.20m，弹性模量为300MPa。考虑接缝传荷能力的应力折减系数$k_r=0.87$，考虑计算理论与实际差异以及动载等因素影响的综合系数$k_c=1.10$。路面板在临界荷位处产生的荷载应力为2.03MPa。则该路面板在临界荷位处产生的荷载疲劳应力最接近于（   ）。

（A）4.07MPa
（B）4.39MPa
（C）4.58MPa
（D）5.17MPa

10. 公路自然区划Ⅳ区新建一条二级公路，拟采用普通水泥混凝土面层，路面宽度为10.0m，初拟路面厚度为0.24m，弯拉弹性模量和泊松比分别为29GPa和0.15m；当地的粗集料以花岗岩为主，混凝土面板的温度翘曲应力系数为0.811。则该面板的最大温度应力最接近于（   ）。

（A）1.02MPa
（B）1.22MPa
（C）1.42MPa
（D）1.62MPa

11. 公路自然区划Ⅴ区拟新建一条一级公路,拟采用普通水泥混凝土面层,面层弯拉强度要求 5.0MPa,当地的粗集料以花岗岩为主,经计算面层最大温度应力为 1.79MPa。则该面板最大温度疲劳应力最接近于(   )。

    (A)0.65MPa   (B)0.81MPa

    (C)0.97MPa   (D)1.12MPa

12. 某高速公路,位于公路自然区划Ⅴ区,设计轴载 100kN,最重轴载 250kN。路面拟采用普通水泥混凝土面层,路面宽度为 26.5m,初拟路面厚度为 0.26m,弯拉强度要求 5.5MPa,弯拉弹性模量和泊松比分别为 31GPa 和 0.15;基层选用碾压混凝土,厚 0.20m,弯拉弹性模量为 27GPa,泊松比 0.15,面层与基层之间设置 40mm 厚的沥青混凝土夹层,底基层选用级配碎石,弹性模量为 250MPa,厚 0.20m。路肩面层与行车道面层等厚并设拉杆相连。板底地基当量回弹模量为 120MPa。则该混凝土面层最大荷载应力最接近于(   )。

    (A)1.67MPa   (B)1.68MPa

    (C)2.18MPa   (D)2.73MPa

13. 西南地区某公路采用水泥混凝土路面,面层厚度为 24cm,桩号 K8+360 处有一箱涵,箱涵高度为 3.50m,顶宽为 3.50m,箱涵顶至路面顶的距离为 1.00m,水泥混凝土路面板布筋设计时,合理的钢筋网层数与布设长度为(   )。

    (A)单层,19.28m   (B)单层,15.78m

    (C)双层,19.28m   (D)双层,15.78m

14. 某公路进行旧混凝土路面加铺层设计,采用钻孔芯样的劈裂试验测定结果,计算得到旧混凝土面层的弯拉强度标准值为 3.05MPa,则旧混凝土面层的弯拉弹性模量标准值最接近于(   )。

    (A)24.7GPa   (B)25.7GPa

    (C)34.7GPa   (D)35.7GPa

15. 公路自然区划Ⅱ区新建一条高速公路,路面采用水泥混凝土路面,路面单幅宽 11.25m。路面结构为:底基层和基层采用石灰粉煤灰稳定碎石;面层为 22cm 水泥混凝土。经交通调查分析得知,设计车道使用初期设计轴载日作用次数为 3500 次,货车交通量的年平均增长率为 6.5%。则该公路的交通荷载分级为(   )。

    (A)极重交通荷载   (B)特重交通荷载

    (C)重交通荷载   (D)中等交通荷载

16. [2020 年考题]某高速公路采用水泥混凝土路面,并采用开级配沥青稳定碎石基层,经分析计算,该排水基层计算厚度为 295.5mm,其设计厚度宜选择(   )。

    (A)300mm   (B)310mm

    (C)320mm   (D)330mm

17. [2020年考题]某高速公路水泥混凝土路面采用半刚性基层,半幅面层宽度为9000mm,板厚为240mm,采用滑模式摊铺机一次性全宽摊铺,则该路面纵向缩缝切缝的槽口深度应采用( )。

（A）80mm   （B）96mm
（C）102mm   （D）108mm

18. [2020年考题]某高速公路水泥混凝土路面面层采用滑模式摊铺机摊铺,单向含硬路肩的路面宽为12m,硬路肩采用混凝土面层,则该路单向基层的宽度宜采用( )。

（A）12.00m   （B）12.30m
（C）12.60m   （D）12.65m

19. [2020年考题]某高速公路水泥混凝土路面厚度为250mm,与隧道衔接的胀缝无法设置传力杆,也无法在毗邻隧道口的板端部内配置双层钢筋网,而只能采取在长度为6~10倍板厚的范围内逐渐增加板厚的措施,该措施实施后,毗邻隧道口的板端厚度宜采用( )。

（A）270mm   （B）280mm
（C）290mm   （D）300mm

20. [2021年考题]某新建双车道二级公路,土路肩宽度为0.75m,右侧硬路肩宽度为0.75m,行车道宽度为3.5m。行车道及硬路肩均采用水泥混凝土路面。当采用小型机具施工时,基层宽度应是( )。

（A）7.6m   （B）9.1m
（C）11.3m   （D）11.6m

21. [2021年考题]某一级公路路面采用水泥路面结构,已知初始年设计车道日平均当量轴次为2825次/d,交通路年平均增长率为2.8%,则该一级公路设计交通荷载等级是( )。

（A）极重   （B）特重
（C）重   （D）中等

22. [2021年考题]某普通水泥混凝土路面,面层厚度为0.26m,横向缩缝采用不设传力杆形式,则下列选项中横向缩缝顶部锯切槽口深度满足上、下限要求的是( )。

（A）40mm   （B）50mm
（C）60mm   （D）70mm

23. [2021年考题]对既有旧水泥混凝土路面钻孔芯样进行劈裂试验,测得三组旧混凝土面层的劈裂强度值分别为2.2MPa、2.5MPa、2.8MPa,标准差为0.3MPa。则该旧混凝土面层的弯拉强度标准值是( )。

（A）3.70MPa   （B）3.88MPa
（C）4.05MPa   （D）4.25MPa

参考答案及解析

一、单项选择题

1.【答案】C

【解析】根据《公路水泥混凝土路面设计规范》(JTG D40—2011)第2.1.4条,连续配筋混凝土路面指面层内配置纵向连续钢筋和横向钢筋,横向不设缩缝的水泥混凝土路面。

2.【答案】D

【解析】选项B,由于钢筋混凝土路面配筋后并不能够提高路面板的抗弯拉强度,因此路面板的厚度采用与不配筋的普通混凝土路面相同的设计厚度;选项C,连续配筋混凝土路面纵向连续钢筋的作用是约束变形,防止裂缝宽度增大,并不分担截面的弯拉应力,因此原则上连续配筋混凝土路面的厚度与普通混凝土路面相同;选项D,根据《公路水泥混凝土路面设计规范》(JTG D40—2011)第4.5.4条,钢纤维混凝土面层厚度宜为普通混凝土面层厚度的0.65 ~ 0.75倍。

3.【答案】B

【解析】根据《公路水泥混凝土路面设计规范》(JTG D40—2011)第3.0.3条,水泥混凝土路面结构分析应采用弹性地基板理论。除粒料类基层外,其他各类基层与混凝土面层应按分离式双层板模型进行结构分析。粒料类基层及各类底基层和垫层,应与路基一起视作多层弹性地基,以地基顶面当量回弹模量表征。

4.【答案】C

【解析】根据《公路水泥混凝土路面设计规范》(JTG D40—2011)第3.0.4条,水泥混凝土路面结构设计应以面层板在设计基准期内,在行车荷载和温度梯度综合作用下,不产生疲劳断裂作为设计标准;并以最重轴载和最大温度梯度综合作用下,不产生极限断裂作为验算标准。

5.【答案】B

【解析】根据《公路水泥混凝土路面设计规范》(JTG D40—2011)第3.0.8条,中等交通荷载等级的水泥混凝土弯拉强度标准值不得低于4.5MPa。

6.【答案】C

【解析】根据《公路水泥混凝土路面设计规范》(JTG D40—2011)第4.4.5条,贫混凝土或碾压混凝土基层上应铺设沥青混凝土夹层,厚度不宜小于40mm。

7.【答案】D

【解析】选项A和选项B错误,根据《公路水泥混凝土路面设计规范》(JTG D40—2011)第5.3.4条,在邻近桥梁或其他固定构造物处,或者与其他道路相交处,应设置横向胀缝,缝内应设置填缝板和可滑动的传力杆。选项 C 错误,胀缝应尽量少设或不设,但当板厚尺寸≥20cm,并在夏季施工时,可不设置胀缝。

8.【答案】A

【解析】根据《公路水泥混凝土路面设计规范》(JTG D40—2011)第5.2.1条,纵向施工缝应采用设拉杆平缝形式。

9.【答案】B

【解析】根据《公路水泥混凝土路面设计规范》(JTG D40—2011)第5.2.1条,一次铺筑宽度大于4.5m时,应设置纵向缩缝。

10.【答案】D

【解析】根据《公路水泥混凝土路面设计规范》(JTG D40—2011)第5.3.1条,每日施工结束或因临时原因中断施工时,必须设置横向施工缝,其位置宜选在缩缝或胀缝处。设在缩缝处的施工缝,应采用加传力杆的平缝形式。

11.【答案】C

【解析】根据《公路水泥混凝土路面设计规范》(JTG D40—2011)第5.3.3条,横向缩缝顶部应锯切槽口,设置传力杆时槽口深度宜为面层厚度的1/4～1/3,不设置传力杆时槽口深度宜为面层厚度的1/5～1/4。

12.【答案】C

【解析】根据《公路水泥混凝土路面设计规范》(JTG D40—2011)第5.3.5条,传力杆应采用光圆钢筋。

13.【答案】D

【解析】根据《公路水泥混凝土路面设计规范》(JTG D40—2011)第6.2.2条,纵向和横向钢筋宜采用相同或相近的直径,直径差不应大于4mm。

14.【答案】B

【解析】根据《公路水泥混凝土路面设计规范》(JTG D40—2011)第6.3.3条,连续配筋混凝土面层的纵向和横向钢筋均应采用螺纹钢筋,直径宜为12～20mm。

15.【答案】C

【解析】根据《公路水泥混凝土路面设计规范》(JTG D40—2011)第B.1.1条,弹性地基双层板模型适用于无机结合料类基层或沥青类基层上混凝土面层,旧混凝土路面上加铺分离式混凝土面层;面层和基层或者新旧面层作为双层板,基层底面以下或者旧面层底面以下部分按弹性地基处理。

16.【答案】C

【解析】根据《公路水泥混凝土路面设计规范》(JTG D40—2011)第B.1.2条,混凝土面层板的临界荷位位于纵缝边缘中部。基层板的临界荷位与面层板相同。

17.【答案】C

【解析】根据《公路水泥混凝土路面设计规范》(JTG D40—2011)第4.4.1条和其条文说明,基层和底基层应具有足够的抗冲刷能力和适当的刚度。对水泥混凝土面层下基层的首要要求是抗冲刷能力。

18.【答案】A

【解析】根据《公路水泥混凝土路面设计规范》(JTG D40—2011)第5.1.2条,纵向接缝的间距(板宽)宜在3.0~4.5m范围内选用。

19.【答案】C

【解析】根据《公路水泥混凝土路面设计规范》(JTG D40—2011)第5.1.3条,普通水泥混凝土面层宜为4~6m,面层板的长宽比不宜超过1.35,平面面积不宜大于25m²。

20.【答案】B

【解析】根据《公路水泥混凝土路面设计规范》(JTG D40—2011)第7.3.1条条文说明,混凝土面层下采用贫混凝土基层,主要是为了增加基层的抗冲刷能力,并不要求它有很高的强度。高强度的贫混凝土并不能使面层厚度降低很多,反而会增加混凝土面层的温度翘曲应力,并产生会影响到面层的收缩裂缝。

21.【答案】D

【解析】根据《公路水泥混凝土路面设计规范》(JTG D40—2011)第4.5.1条,水泥混凝土面层应具有足够的强度和耐久性,表面应抗滑、耐磨、平整。

22.【答案】D

【解析】根据《公路水泥混凝土路面设计规范》(JTG D40—2011)第5.5.3条,混凝土路面与沥青路面相接时,应设置不小于3m的过渡段。过渡板与混凝土面层板相接处的接缝内宜设置直径为25mm、长700mm、间距为400mm的拉杆。

23.【答案】A

【解析】根据《公路水泥混凝土路面设计规范》(JTG D60—2011)第3.0.1条,二级及二级以下公路水泥路面结构破坏可能产生很严重后果时,可提高一级安全等级。

24.【答案】B

【解析】根据《公路水泥混凝土路面设计规范》(JTG D60—2011)第3.0.4条,水泥混凝土路面结构设计应以面层板在设计基准期内,在行车荷载和温度梯度综合作用下,不产生疲劳断裂作为设计标准。

25.【答案】A

【解析】根据《公路水泥混凝土路面设计规范》(JTG D40—2011)第4.2.2条,路床顶面的综合回弹模量值,轻交通荷载等级时不得低于40MPa,中等或重交通荷载等级时不得低于60MPa,特重或极重交通荷载等级时不得低80MPa。

26.【答案】A

【解析】根据《公路水泥混凝土路面设计规范》(JTG D40—2011)第5.5.3条,混凝土路面与沥青路面相接时,应设置不小于3m的过渡段。

二、多项选择题

1.【答案】ABD

【解析】根据《公路水泥混凝土路面设计规范》(JTG D40—2011)第4.5.1条,水泥混凝土面层应具有足够的强度和耐久性,表面应抗滑、耐磨、平整。

2.【答案】ABD

【解析】选项C错误,根据《公路水泥混凝土路面设计规范》(JTG D40—2011)第4.4.3条,当基层采用无机结合料稳定类材料,且上路床由细粒土组成时,应在基层下设置粒料类底基层。

3.【答案】ABC

【解析】选项D错误,根据《公路水泥混凝土路面设计规范》(JTG D40—2011)第4.4.6条,多雨地区,路基由低透水性细粒土组成的高速公路和一级公路或者承受极重或特重交通荷载的二级公路,宜设置由开级配沥青稳定碎石或开级配水泥稳定碎石组成的排水基层。排水基层下应设置密级配粒料或水泥稳定碎石组成的不透水底基层。

4.【答案】ACD

【解析】选项B错误,根据《公路水泥混凝土路面设计规范》(JTG D40—2011)第4.5.2条,当面层板的平面尺寸较大或不规则,路面结构下埋有地下设施,位于高填方、软土地基、填挖交界段等有可能产生不均匀沉降路基段时,应采用接缝设置传力杆的钢筋混凝土面层。

5.【答案】ABD

【解析】选项A错误,根据《公路水泥混凝土路面设计规范》(JTG D40—2011)第4.6.2条,行车道混凝土面层宜宽出外侧车道边缘线0.6m;选项B错误,根据第4.6.4条,中等交通荷载以上等级公路,应采用热拌沥青混合料;低等级公路和轻交通荷载等级公路,可采用沥青表面处治;选项C正确,根据第4.6.5条,路肩混凝土面层与行车道混凝土面层应设置拉杆相连,二者的横向缩缝应连通;选项 D 错误,根据第 4.6.3 条,高速公路和一级公路以及承受极重、特重和重交通荷载等级的公路,路肩铺面应采用与行车道路面相同的结构层全组合和组成材料类型,其他等级公路、路肩铺面的基层和底基层应采用与行车道路面结构相同的材料类型和厚度。

6.【答案】CD

【解析】选项 C 和选项 D 正确,根据《公路水泥混凝土路面设计规范》(JTG D40—2011)第 5.3.2 条,横向缩缝可等间距或变间距布置,应采用假缝形式。极重、特重和重交通荷载公路的横向缩缝,中等和轻交通荷载公路邻近胀缝或自由端部的 3 条横向缩缝,收费广场的横向缩缝,应采用设传力杆假缝形式。其他情况可采用不设传力杆假缝形式。

7.【答案】ABD

【解析】选项 C 错误,根据《公路水泥混凝土路面设计规范》(JTG D40—2011)第 5.2.1 条,一次铺筑宽度小于路面宽度时,应设置纵向施工缝。

8.【答案】ABC

【解析】选项 D 错误,根据《公路水泥混凝土路面设计规范》(JTG D40—2011)第 5.3.2 条,极重、特重和重交通荷载公路的横向缩缝,中等和轻交通荷载公路邻近胀缝或自由端部的 3 条横向缩缝,收费广场的横向缩缝,应采用设传力杆假缝形式。其他情况可采用不设传力杆假缝形式。

9.【答案】ABC

【解析】根据《公路水泥混凝土路面设计规范》(JTG D40—2011)第 5.2.1 条,选项 A 错误,一次铺筑宽度小于路面宽度时,应设置纵向施工缝;选项 B 错误,一次铺筑宽度大于 4.5m 时,应设置纵向缩缝;根据第 5.2.3 条,选项 C 错误,拉杆应采用螺纹钢筋。

10.【答案】BC

【解析】根据《公路水泥混凝土路面设计规范》(JTG D40—2011)第 5.3.2 条,选项 B 错误,横向缩缝可等间距或变间距布置,应采用假缝形式;根据第 5.3.1 条,选项 C 错误,设在缩缝处的施工缝,应采用加传力杆的平缝形式。

11.【答案】AC

【解析】根据《公路水泥混凝土路面设计规范》(JTG D40—2011)第 5.6.2 条,高速公路和一级公路宜选用硅酮类、聚氨酯类填缝料;二级及二级以下公路可选用聚氨酯类、橡胶沥青类或改性沥青类填缝料。

12.【答案】AD

【解析】根据《公路水泥混凝土路面设计规范》(JTG D40—2011)第 8.2.1 条,旧混凝土路面的损坏状况应采用断板率和平均错台量两项指标评定。

13.【答案】ABC

【解析】根据《公路水泥混凝土路面设计规范》（JTG D40—2011）第5.5.3条，混凝土路面与沥青路面相接时，其间应设置至少3m长的过渡段。过渡段的路面采用两种路面呈阶梯状叠合布置，其下面铺设的变厚度混凝土过渡板的厚度不得小于200mm。过渡板与混凝土面层相接处的接缝内设置直径为25mm、长700mm、间距为400mm的拉杆。混凝土面层毗邻该接缝的1~2条横向接缝应设置胀缝。

14.【答案】AC

【解析】根据《公路水泥混凝土路面设计规范》（JTG D40—2011）第B.1.1条，弹性地基单层板模型适用于粒料基层上混凝土面层，旧沥青路面加铺混凝土面层。

15.【答案】AD

【解析】根据《公路水泥混凝土路面设计规范》（JTG D40—2011）第5.1.3条条文说明，在普通混凝土面层的建议范围内，所选横缝间距可随面层厚度增加而增大，随基层刚度的增加而适当缩短。

16.【答案】BD

【解析】根据《公路水泥混凝土路面设计规范》（JTG D40—2011）第5.5.1条，混凝土路面与桥涵、通道及隧道等固定构造物相衔接的胀缝无法设置传力杆时，可在毗邻构造物的板端部内配置双层钢筋网；或在长度为6~10倍板厚的范围内逐渐将板厚增加20%。

17.【答案】AC

【解析】选项A，贫混凝土板不能作为面层使用，主要用作特重交通公路、高速公路、一级公路沥青路面和水泥混凝土路面的刚性基层；根据《公路水泥混凝土路面设计规范》（JTG D40—2011）第4.5.2条条文说明，选项C，碾压混凝土不宜用在高速公路、一级公路，一般用于二级及以下公路，或作为高速公路、一级公路的刚性基层使用。

18.【答案】ABC

【解析】根据《公路水泥混凝土路面设计规范》（JTG D40—2011）第1.0.4条条文说明，水泥混凝土路面设计内容由结构组合设计、结构层厚度设计、材料组成设计、接缝构造设计、钢筋配置设计、设计方案的技术经济论证六部分组成。

19.【答案】BCD

【解析】根据《公路水泥混凝土路面设计规范》（JTG D40—2011）第4.4.2条，极重、特重、重交通荷载道路底基层材料选择级配碎石、水泥稳定碎石、石灰粉煤灰（二灰）稳定碎石。

20.【答案】ACD

【解析】根据《公路水泥混凝土路面设计规范》(JTG D40—2011)第2.1.4条,连续配筋混凝土路面指面层内配置纵向连续钢筋和横向钢筋,横向不设缩缝的水泥混凝土路面。

21.【答案】ABD

【解析】根据《公路水泥混凝土路面设计规范》(JTG D40—2011)第4.5.3条,普通水泥混凝土、钢筋混凝土、碾压混凝土和连续配筋混凝土面层的计算厚度,可依据交通荷载等级、公路等级和变异水平等级,按极限状态设计表达式确定。

22.【答案】AC

【解析】根据《公路水泥混凝土路面设计规范》(JTG D40—2011)第5.5.2条,桥头设有搭板时,应在搭板与混凝土面层板之间设置长6~10m的钢筋混凝土面层过渡板,过渡板与搭板间的横缝采用设拉杆平缝形式;根据第5.5.3条,混凝土路面与沥青路面相接时,应设置不小于3m的过渡段。过渡板与混凝土面层板相接处的接缝内宜设置直径为25mm、长700mm、间距为400mm的拉杆。

23.【答案】BCD

【解析】根据《公路水泥混凝土路面设计规范》(JTG D40—2011)第B.2.2条,混凝土面层板的相对刚度半径与截面弯曲刚度成正比,与板底地基当量回弹模量成反比;混凝土面层板的截面弯曲刚度与面层板的厚度和弯拉弹性模量成正比。

24.【答案】BC

【解析】根据《公路水泥混凝土路面设计规范》(JTG D40—2011)第8.5.3条,当旧混凝土路面的损坏状况和接缝传荷能力评定等级为中等以上时,或者新旧混凝土板的平面尺寸不同、接缝形式或位置不对应或路拱横坡不一致时,可采用分离式混凝土加铺方案或沥青混凝土加铺方案。

25.【答案】ABC

【解析】轮迹横向分布的情况取决于交通的渠化程度,与交通组织类型、车道宽度、车道数、交通组成、车速、驾驶员驾驶习惯有关。

26.【答案】ACD

【解析】根据《公路水泥混凝土路面设计规范》(JTG D40—2011)第4.2.1条,路基应稳定、密实、均质,对路面结构提供均匀的支承。

27.【答案】BCD

【解析】根据《公路水泥混凝土路面设计规范》(JTG D40—2011)第4.4.3条,承受极重、特重或重交通荷载的路面,基层下应设置底基层;承受中等或轻交通荷载时,可不设底基层。

三、案例题

1.【答案】C

【解析】根据《公路水泥混凝土路面设计规范》(JTG D40—2011)第 3.0.9 条,在季节性冰冻地区,路面总厚度小于防冻厚度要求时,应以垫层厚度补足,以防止翻浆现象的发生。水泥板 20cm,基层 30cm,最小防冻要求 50~70cm,本题考虑为高液限黏土,故最好选择上限,考虑垫层施工工艺性和经济性,综合选择 15cm,总厚度 65cm,满足最小防冻要求。

2.【答案】D

【解析】根据《公路水泥混凝土路面设计规范》(JTG D40—2011)第 3.0.7 条、第 5.2.2 条和第 5.3.2 条,设计标准轴载累计作用次数为 2500×10^4,属于特重交通荷载,在混凝土设计中为保证混凝土路面的使用寿命,对极重、特重和重交通荷载公路、收费广场以及邻近胀缝或自由端部的 3 条缩缝,应采用设传力杆假缝形式,其构造如选项 D 所示。

3.【答案】B

【解析】根据《公路水泥混凝土路面设计规范》(JTG D40—2011)第 3.0.1 条、第 3.0.7 条和第 A.2.4 条:

$$N_e = \frac{N_s \times \left[(1 + g_r)^t - 1 \right] \times 365}{g_r} \times \eta$$

$$= \frac{7000 \times \left[(1 + 0.055)^{30} - 1 \right] \times 365}{0.055} \times 0.22$$

$$= 4.07 \times 10^7 \text{ 次}$$

由于 $1 \times 10^{10} > N_e > 2 \times 10^7$,可知该高速公路交通荷载等级为特重交通荷载等级。

4.【答案】C

【解析】根据《公路水泥混凝土路面设计规范》(JTG D40—2011)第 B.1.1 条,弹性地基双层板模型适用于无机结合料类基层或沥青类基层上混凝土面层,旧混凝土路面上加铺分离式混凝土面层;面层和基层或者新旧面层作为双层板,基层底面以下或者旧面层底面以下部分按弹性地基处理。

5.【答案】A

【解析】根据《公路水泥混凝土路面设计规范》(JTG D40—2011)第 6.2.1 条:

$$A_s = \frac{16 L_s h \mu}{f_{sy}} = \frac{16 \times 7 \times 220 \times 8.9}{235} = 933.2 \text{mm}^2$$

6.【答案】D

【解析】根据《公路水泥混凝土路面设计规范》(JTG D40—2011)第 8.3.2 条、第 8.3.3 条:

$$\omega_u = \frac{0.645 + 0.762 + 0.834 + 0.965}{4} = 80.2(0.01\text{mm})$$

$$\omega_l = \frac{3.145 + 3.326 + 3.208 + 3.469}{4} = 328.7(0.01\text{mm})$$

$$k_j = \frac{\omega_u}{\omega_l} \times 100 = \frac{80.2}{328.7} \times 100 = 24.4$$

接缝传荷系数小于40,接缝传荷能力等级为"差"。

7.【答案】B

【解析】根据《公路水泥混凝土路面设计规范》(JTG D40—2011)第B.1.1条、第B.2.4条:

$$E_x = \sum_{i=1}^{n}(h_i^2 E_i) / \sum_{i=1}^{n} h_i^2 = h_1^2 E_1 / h_1^2 = E_1 = 300\text{MPa}$$

$$h_x = \sum_{i=1}^{n} h_i^2 = h_1 = 0.20\text{m}$$

$$\alpha = 0.86 + 0.26\ln h_x = 0.86 + 0.26 \times \ln 0.20 = 0.442$$

$$E_t = \left(\frac{E_x}{E_0}\right)^{\alpha} E_0 = \left(\frac{300}{65}\right)^{0.442} \times 65 = 127.7\text{MPa}$$

8.【答案】D

【解析】根据《公路水泥混凝土路面设计规范》(JTG D40—2011)第B.1.1条、第B.2.1条、第B.2.2条、第B.2.3条、第E.0.3条:

$$D_c = \frac{E_c h_c^3}{12(1 - \nu_c^2)} = \frac{29000 \times 0.24^3}{12 \times (1 - 0.15^2)} = 34.2\text{MN} \cdot \text{m}$$

$$r = 1.21\left(\frac{D_c}{E_t}\right)^{1/3} = 1.21 \times \left(\frac{34.2}{120}\right)^{1/3} = 0.796\text{m}$$

$$\sigma_{ps} = 1.47 \times 10^{-3} r^{0.70} h_c^{-2} P_s^{0.94}$$

$$= 1.47 \times 10^{-3} \times 0.796^{0.70} \times 0.24^{-2} \times 100^{0.94}$$

$$= 1.65\text{MPa}$$

9.【答案】B

【解析】根据《公路水泥混凝土路面设计规范》(JTG D40—2011)第B.1.1条、第B.2.1条、第B.2.2条、第B.2.3条、第E.0.3条:

$$k_f = N_e^{\lambda} = (160 \times 10^4)^{0.057} = 2.258$$

$$\sigma_{pr} = k_r k_f k_c \sigma_{ps} = 0.87 \times 2.258 \times 1.10 \times 2.03 = 4.39\text{MPa}$$

10.【答案】C

【解析】根据《公路水泥混凝土路面设计规范》(JTG D40—2011)第3.0.10条、第B.3.2条、第B.3.3条、第E.0.3条:

$$B_L = 1.77e^{-4.48h_c}C_L - 0.131(1 - C_L)$$
$$= 1.77 \times e^{-4.48 \times 0.24} \times 0.811 - 0.131 \times (1 - 0.811)$$
$$= 0.465$$

$$\sigma_{t,max} = \frac{\alpha_c E_c h_c T_g}{2}B_L = \frac{10 \times 10^{-6} \times 29000 \times 0.24 \times 88}{2} \times 0.465 = 1.424\text{MPa}$$

11.【答案】B

【解析】根据《公路水泥混凝土路面设计规范》(JTG D40—2011)第 B.3.1 条、第 B.3.4 条。查表 B.3.4,得系数 $a_t = 0.871$，$b_t = 1.287$，$c_t = 0.071$。

$$k_t = \frac{f_r}{\sigma_{t,max}}\left[a_t\left(\frac{\sigma_{t,max}}{f_r}\right)^{b_t} - c_t\right] = \frac{5}{1.79} \times \left[0.871 \times \left(\frac{1.79}{5}\right)^{1.287} - 0.071\right] = 0.45$$

$$\sigma_{tr} = k_t \sigma_{t,max} = 0.45 \times 1.79 = 0.81\text{MPa}$$

12.【答案】D

【解析】根据《公路水泥混凝土路面设计规范》(JTG D40—2011)第 B.1.1 条、第 B.2.2 条、第 B.4.1 条：

$$D_c = \frac{E_c h_c^3}{12(1 - \nu_c^2)} = \frac{31000 \times 0.26^3}{12 \times (1 - 0.15^2)} = 46.4\text{MN} \cdot \text{m}$$

$$D_b = \frac{E_b h_b^3}{12(1 - \nu_b^2)} = \frac{27000 \times 0.20^3}{12 \times (1 - 0.15^2)} = 18.4\text{MN} \cdot \text{m}$$

$$r_g = 1.21\left(\frac{D_c + D_b}{E_t}\right)^{1/3} = 1.21 \times \left(\frac{46.5 + 18.4}{120}\right)^{1/3} = 0.986\text{m}$$

$$\sigma_{pm} = \frac{1.45 \times 10^{-3}}{1 + D_b/D_c}r_g^{0.65}h_c^{-2}P_m^{0.94}$$

$$= \frac{1.45 \times 10^{-3}}{1 + 18.4/46.4} \times 0.986^{0.65} \times 0.26^{-2} \times 250^{0.94}$$

$$= 2.73\text{MPa}$$

$$\sigma_{p,max} = k_r k_f \sigma_{pm} = 0.87 \times 1.15 \times 2.73 = 2.73\text{MPa}$$

13.【答案】C

【解析】根据《公路水泥混凝土路面设计规范》(JTG D40—2011)第 6.1.3 条。

面层底面到涵洞顶面的距离 $H_0 = 1000 - 240 = 760\text{mm} < 800\text{mm}$，因此混凝土面层内应布设双层钢筋网。

面层底面到涵洞底面的距离 $H = 3.50 + 1.00 - 0.24 = 4.26\text{m}$，钢筋网布设的长度：
$$L = 2 \times (1.5H + 1.5) + 3.5 = 2 \times (1.5 \times 4.26 + 1.5) + 3.5 = 19.28\text{m}$$

14.【答案】A

【解析】根据《公路水泥混凝土路面设计规范》(JTG D40—2011)第 8.4.3 条：

$$E_c = \frac{10^4}{0.09 + \dfrac{0.96}{f_r}} = \frac{10^4}{0.09 + \dfrac{0.96}{3.05}} = 24706\text{MPa} = 24.7\text{GPa}$$

15.【答案】B

【解析】根据《公路水泥混凝土路面设计规范》(JTG D40—2011)第3.0.1条、第3.0.7条和第A.2.4条：

$$N_e = \frac{N_s \times \left[(1 + g_r)^t - 1 \right] \times 365}{g_r} \times \eta$$

$$= \frac{3500 \times \left[(1 + 0.065)^{30} - 1 \right] \times 365}{0.065} \times 0.22$$

$$= 2.43 \times 10^7 \text{次}$$

由于 $1 \times 10^{10} > N_e > 2 \times 10^7$，可知该高速公路交通荷载等级为特重交通荷载等级。

16.【答案】C

【解析】根据《公路水泥混凝土路面设计规范》(JTG D40—2011)第4.4.9条，排水基层的设计厚度宜根据计算厚度按 10mm 向上取整后再增加 20mm。295.5mm 向上取整为 300mm。

$$H = 300 + 20 = 320\text{mm}$$

17.【答案】B

【解析】根据《公路水泥混凝土路面设计规范》(JTG D40—2011)第5.2.1条，采用半刚性基层时，槽口深度 H 为：

$$H = \frac{2}{5} \times 240 = 96\text{mm}$$

18.【答案】D

【解析】根据《公路水泥混凝土路面设计规范》(JTG D40—2011)第4.4.10条，采用滑模式摊铺机摊铺时，单向基层宽度 $B = 12 + 0.65 = 12.65\text{m}$。

19.【答案】D

【解析】根据《公路水泥混凝土路面设计规范》(JTG D40—2011)第5.5.1条，在隧道口的板端厚度增加20%，毗邻隧道口的板端厚度：

$$H = 1.2h = 1.2 \times 250 = 300\text{mm}$$

20.【答案】 B

【解析】根据《公路水泥混凝土路面设计规范》(JTG D40—2011)第4.4.10条。硬路肩采用混凝土面层，小型机具施工时，基层的宽度应比混凝土面层每侧宽出 300mm。

双车道二级公路行车道及硬路肩宽度：$2 \times 3.5 + 2 \times 0.75 = 8.5\text{m}$。

基层的宽度:$8.5 + 2 \times 0.3 = 9.1\text{m}$。

21.【答案】C

【解析】根据《公路水泥混凝土路面设计规范》(JTG D40—2011)第3.0.1条、第3.0.7条、第A.2.4条。

$$N_e = \frac{N_s \times \left[(1+g_r)^t - 1\right] \times 365}{g_r} \times \eta$$

$$= \frac{2825 \times \left[(1+0.028)^{30} - 1\right] \times 365}{0.028} \times 0.22 = 1.04 \times 10^7 \text{次}$$

$2 \times 10^7 > N_e > 1 \times 10^6$,该一级公路交通荷载等级为重交通荷载等级。

22.【答案】C

【解析】根据《公路水泥混凝土路面设计规范》(JTG D40—2011)第5.3.3条。横向缩缝顶部锯切槽口,不设置传力杆时槽口深度宜为面层厚度的1/5~1/4,即:

槽口深度 $= (1/5 \sim 1/4)h = (1/5 \sim 1/4) \times 260 = 52 \sim 65\text{mm}$

23.【答案】 A

【解析】根据《公路水泥混凝土路面设计规范》(JTG D40—2011)第8.4.2条。

$$\overline{f_{sp}} = \frac{2.2 + 2.5 + 2.8}{3} = 2.5\text{MPa}$$

$$f_{sp} = \overline{f_{sp}} - 1.04 s_{sp} = 2.5 - 1.04 \times 0.3 = 2.188\text{MPa}$$

$$f_r = 1.87 f_{sp}^{0.87} = 1.87 \times 2.188^{0.87} = 3.70\text{MPa}$$

第四节　其他路面

复习要点

城市道路砌块路面适用条件、材料性能和设计参数、结构层与结构组合设计方法。

本节主要有以下考点:

(1)砌块路面材料性能和设计参数　主要掌握混凝土砌块路面的力学性能和物理性能要求。

(2)砌块路面结构层与结构组合　主要掌握砌块路面结构层组成、结构层设计荷载和砌块路面块体厚度计算。

典型习题

一、单项选择题

1.灌实普通型混凝土砌块接缝应采用(　　　)。

（A）中砂　　　　　　　　　　　　（B）水泥浆

（C）粗砂　　　　　　　　　　　　（D）水泥砂

2. 石材砌块的饱和极限抗压强度不应小于(　　)。

（A）100MPa　　　　　　　　　　（B）120MPa

（C）140MPa　　　　　　　　　　（D）160MPa

二、多项选择题

1. 砌块路面适用于(　　)。

（A）支路　　　　　　　　　　　　（B）停车场

（C）次干路　　　　　　　　　　　（D）人行道

2. 砌块路面表面应(　　)。

（A）平整　　　　　　　　　　　　（B）防滑

（C）透水　　　　　　　　　　　　（D）稳固

参考答案及解析

一、单项选择题

1.【答案】D

　　【解析】根据《城镇道路路面设计规范》（CJJ 169—2012）第7.3.8条,普通型混凝土砌块接缝缝宽不应大于5mm,应采用水泥砂灌实。

2.【答案】B

　　【解析】根据《城镇道路路面设计规范》（CJJ 169—2012）第7.2.2条,石材砌块的饱和极限抗压强度不应小于120MPa,饱和抗折强度不应小于9MPa。

二、多项选择题

1.【答案】ABD

　　【解析】根据《城镇道路路面设计规范》（CJJ 169—2012）第3.1.3条,砌块路面适用于支路、广场、停车场、人行道与步行街。

2.【答案】ABD

　　【解析】根据《城镇道路路面设计规范》（CJJ 169—2012）第7.1.2条,砌块路面表面应平整、防滑、稳固、无翘动,缝线直顺、灌缝饱满,无反坡积水现象。

第四章 桥 梁 工 程

第一节 一 般 要 求

 **复习要点**

本节主要掌握以下内容:公路和城市桥梁的设计原则,桥梁设计荷载种类及其组合;桥梁的组成与分类,桥梁纵、横断面设计及平面布置,桥梁勘测、设计内容;混凝土结构耐久性设计的要求;桥梁抗震设计的原则和要求;城市天桥、地道设计原则及梯(坡)道、踏步设计要点;桥梁支座及墩台类型;涵洞布置原则,涵洞的结构设计,涵洞的类型、构造与选型。

典 型 习 题

一、单项选择题

1.某桥梁总长 100m,其属于( )。
  (A)小桥   (B)中桥
  (C)大桥   (D)特大桥

2.桥梁的经济跨径是( )。
  (A)上部结构造价最低的跨径   (B)下部结构造价最低的跨径
  (C)桥梁全长最短的跨径   (D)上、下部结构总造价最低的跨径

3.设计洪水位上相邻两个桥墩之间的净距是( )。
  (A)净跨径   (B)计算跨径
  (C)标准跨径   (D)总跨径

4.梁式桥的两个相邻桥墩中线之间的水平距离,或桥墩中线到桥台台背前缘之间的水平距离,称为( )。
  (A)净跨径   (B)标准跨径
  (C)总跨径   (D)计算跨径

5. 对具有支座的桥,桥跨结构两端支座中心之间的水平距离,称为(　　)。
 (A)净跨径 　　　　　　　　　　　(B)标准跨径
 (C)总跨径 　　　　　　　　　　　(D)计算跨径

6. 桥梁全长是指(　　)。
 (A)桥梁两桥台台背前缘间的距离
 (B)桥梁结构两支点间的距离
 (C)桥梁两个桥台侧墙尾端间的距离
 (D)各孔净跨径的总和

7. 桥梁高度是指(　　)。
 (A)桥面与高水位之间的高差 　　　(B)桥面与设计洪水位之间的高差
 (C)桥面与低水位之间的高差 　　　(D)桥面与基础底面之间的高差

8. 桥梁建筑高度是指(　　)。
 (A)桥面与基础底面之间的高差 　　(B)桥面与地面线之间的高差
 (C)桥面与桥墩底面之间的高差 　　(D)桥面与桥跨结构最下缘的高差

9. 桥下净空高度是指(　　)。
 (A)常水位至桥跨结构最下缘之间的距离
 (B)最大洪水位至桥跨结构最下缘之间的距离
 (C)设计洪水位至桥跨结构最下缘之间的距离
 (D)测时水位至桥跨结构最下缘之间的距离

10. 桥梁按其受力(拉、压、弯、扭、剪)划分的基本结构体系有(　　)。
 (A)梁式桥、拱式桥、刚构桥、缆索承重桥以及组合体系桥
 (B)简支梁桥、悬臂梁桥、连续梁桥
 (C)木桥、钢桥、圬工桥、钢筋混凝土桥和预应力混凝土桥
 (D)公路桥、铁路桥、人行桥和农用桥

11. 按主要承重结构所用的材料划分的桥梁类型有(　　)。
 (A)圬工桥 　　　　　　　　　　　(B)斜拉桥
 (C)梁式桥 　　　　　　　　　　　(D)悬索桥

12. 按用途来划分的桥梁类型有(　　)。
 (A)直桥 　　　　　　　　　　　　(B)斜拉桥
 (C)公路桥 　　　　　　　　　　　(D)钢桥

13. 按跨越障碍的性质划分的桥梁类型有( )。
 (A)梁式桥 (B)跨河桥
 (C)拱桥 (D)钢桥

14. 市镇混合交通繁忙处,桥上纵坡和桥头引道纵坡均不得大于( )。
 (A)5% (B)4%
 (C)0.3% (D)3%

15. 桥梁设计和施工中,要进行强度、刚度和( )验算。
 (A)稳定性 (B)变形值
 (C)裂缝宽度 (D)抗疲劳性

16. 在设计基准期内其量值随时间而变化,且变化值与平均值相比不可忽略不计作用是( )。
 (A)永久作用 (B)可变作用
 (C)偶然作用 (D)地震作用

17. 承载能力极限状态设计时,永久作用标准值与可变作用某种代表值、一种偶然作用设计值的组合是( )。
 (A)作用基本组合 (B)作用偶然组合
 (C)作用频遇组合 (D)作用准永久组合

18. 用概率极限状态设计法设计时,为保证所设计的结构具有规定的可靠度,在设计表达式中采用的系数是( )。
 (A)分项系数 (B)结构重要性系数
 (C)安全系数 (D)荷载调整系数

19. 通常,桥梁设计应包括( )阶段。
 (A)工程可行性研究、初步设计、技术设计和施工图设计
 (B)平面设计、立面设计和横断面设计
 (C)桥型设计、截面设计和施工图设计
 (D)上部结构设计、下部结构设计和基础设计

20. 对于通航河流上的桥梁,其墩台沿水流方向的轴线应与最高通航水位时的主流方向一致。当斜交不能避免时,交角不宜大于( )。
 (A)5° (B)15°
 (C)25° (D)45°

21. 在以下作用中,属于可变作用的是( )。
    (A)预加力
    (B)水浮力
    (C)流水压力
    (D)土的重力

22. 汽车外侧车轮的中线离人行道或安全带边缘的距离不得小于( )。
    (A)1m
    (B)0.7m
    (C)0.5m
    (D)0.25m

23. 用于桥梁结构局部计算的汽车荷载类型是( )。
    (A)集中荷载
    (B)均布荷载
    (C)车辆荷载
    (D)车道荷载

24. 横桥向布置多道汽车荷载时,应考虑汽车荷载的折减;横向布载车道数(条)为 3 时,横向车道布载系数为( )。
    (A)1.2
    (B)1.0
    (C)0.78
    (D)0.67

25. 同向行驶双车道的汽车荷载制动力标准值应为一个设计车道制动力标准值的( )倍。
    (A)2
    (B)2.34
    (C)2.68
    (D)2.8

26. 下列对梁式桥支座所起作用的描述,不正确的是( )。
    (A)传力
    (B)适应位移
    (C)实际受力情况与力学计算模式一致
    (D)前三项都不对

27. 具有承载能力大、水平位移量大、转动灵活等特点,适用于支座承载力为 1000kN 以上的大跨径桥梁的支座类型是( )。
    (A)板式橡胶支座
    (B)简易垫层支座
    (C)钢支座
    (D)盆式橡胶支座

28. 某桥台背后水平推力较大,主桥对变形位移较为敏感,因此可以选用的桥台类型为( )。
    (A)重力式 U 形桥台
    (B)桩柱式桥台
    (C)框架式桥台
    (D)钢筋混凝土薄壁桥台

29. 符合轻型墩台主要特点的是( )。
    (A)以自身重力平衡外力保持稳定
    (B)抗撞击能力强

（C）自重大 （D）刚度较小

30. 在结构功能方面,桥台不同于桥墩的地方是( )。
    （A）传递荷载 （B）抵御路堤的土压力
    （C）调节水流 （D）支承上部构造

31. 跨越深沟或高路堤时较为合适的涵洞形式为( )。
    （A）拱涵 （B）钢筋混凝土盖板涵
    （C）钢筋混凝土箱涵 （D）石盖板涵

32. 置于非岩石地基上的涵洞,根据涵洞的涵底纵坡及地基土情况,每隔( )应设置一道沉降缝。
    （A）4~6m （B）5~10m
    （C）3~5m （D）2~3m

33. 沿线涵洞布设密度应根据地形、地貌、水文及农田排灌等自然条件确定,但考虑路基施工压实方便,其涵洞间距不宜小于( )。
    （A）200m （B）150m
    （C）100m （D）50m

34. [2019年考题]公路桥梁设计时,不可能同时出现的作用或同时参与组合概率很小的作用,应该不考虑其参与组合。不应与流水压力同时参与组合的是( )。
    （A）冰压力 （B）水浮力
    （C）风荷载 （D）汽车撞击作用

35. [2019年考题]公路桥梁设计时,下列作用中,属于永久作用的是( )。
    （A）船舶的撞击作用
    （B）基础变位作用
    （C）汽车引起的土侧压力
    （D）温度(均匀温度和梯度温度)作用

36. [2019年考题]公路桥涵设计中,关于车辆荷载,下列选项中正确的是( )。
    （A）公路—Ⅰ级车辆荷载车辆重力标准值为1200kN
    （B）公路—Ⅱ级车辆荷载车辆重力标准值为1000kN
    （C）公路—Ⅱ车辆荷载按公路—Ⅰ级的0.75倍采用
    （D）公路—Ⅰ级和公路—Ⅱ汽车荷载采用相同的车辆荷载标准值

37. [2019年考题]某滨海环境预应力混凝土构件,根据《公路桥涵设计通用规范》

(JTG D60—2015),其耐久性设计要求的混凝土强度等级应不低于(　　)。

 (A)C25   (B)C30

 (C)C35   (D)C40

38. [2020年考题]位于高速公路上,主跨跨径为100m的三跨连续梁桥在E1地震作用下,其抗震设防目标是(　　)。

 (A)可发生局部轻微损伤,不需修复

 (B)结构总体反应在弹性范围,基本无损伤

 (C)经简单修复可继续使用

 (D)经临时加固后可供维持应急交通使用

39. [2020年考题]位于冬季结冰、积雪地区的公路桥梁,桥上纵坡不宜大于(　　)。

 (A)5%   (B)4.5%

 (C)4%   (D)3%

40. [2020年考题]根据《公路桥涵设计通用规范》(JTG D60—2015),可变作用汽车制动力不应与下列作用同时参与组合的有(　　)。

 (A)预加力   (B)人群荷载

 (C)流水压力   (D)地震作用

41. [2020年考题]设计使用年限100年的公路桥梁钻孔灌注桩基础,Ⅱ类冻融环境下混凝土保护层最小厚度是(　　)。

 (A)45mm   (B)40mm

 (C)35mm   (D)30mm

42. [2020年考题]Ⅰ类和Ⅱ类环境下,公路钢筋混凝土构件和B类预应力混凝土构件的最大裂缝宽度计算值不应超过(　　)。

 (A)0.30mm   (B)0.25mm

 (C)0.20mm   (D)0.15mm

43. [2020年考题]城市道路拟建专用非机动车桥,桥面宽6m,桥梁跨径18m,计算该桥人群荷载(W)应为(　　)。(取小数点后1位)

 (A)2.4kPa   (B)3.2kPa

 (C)3.8kPa   (D)4.5kPa

二、多项选择题

1.公路桥涵设计时应遵循的原则是(　　)。

 (A)安全   (B)适用

(C)耐久   (D)环保

2. 公路桥涵进行减灾防灾设计时应考虑(   )。
(A)抗风   (B)抗震
(C)抗腐蚀   (D)抗撞

3. 桥梁的基本组成部分包括(   )。
(A)伸缩缝   (B)桥跨结构
(C)下部结构   (D)墩台基础

4. 桥梁按其使用功能分类可分为(   )。
(A)公路桥   (B)铁路桥
(C)人行桥   (D)管线桥

5. 按照桥梁的基本结构体系分类主要有(   )。
(A)梁式桥   (B)拱桥
(C)悬索桥   (D)连续刚构桥

6. 多孔简支梁桥通常选择的布置方式为(   )。
(A)等跨布置   (B)单孔跨度不宜超过50m
(C)标准跨径   (D)不等跨布置

7. 桥梁纵断面设计的主要内容是确定(   )。
(A)桥面高程   (B)桥下净空
(C)桥梁的总跨径   (D)桥梁分孔

8. 桥梁横断面设计的主要内容是确定(   )。
(A)桥面净空   (B)桥面宽度
(C)桥梁分孔   (D)桥跨结构横截面布置

9. 按建筑材料可以把涵洞分为(   )。
(A)石拱涵   (B)盖板涵
(C)圬工涵   (D)钢筋混凝土涵

10. 在公路桥梁作用效应组合中,不能与流水压力同时组合的作用有(   )。
(A)汽车制动力   (B)冰压力
(C)波浪力   (D)风荷载

11.公路桥涵桥下净空的说法,正确的有( )。

    (A)当河流有形成流冰阻塞的危险或有漂浮物通过时,应按实际调查的数据,在计算水位的基础上,结合当地具体情况酌留一定富余量,作为确定桥下净空的依据;对于有淤积的河流,桥下净空应适当增加

    (B)无铰拱的拱脚允许被设计洪水淹没,但不宜超过拱圈高度的2/3,且拱顶底至计算水位的净高不得小于0.5m

    (C)在不通航和无流筏的水库区域内,梁底面或无铰拱拱顶底面离开水面的高度不应小于计算浪高的0.75倍

    (D)通航或流放木筏的河流,桥下净空应符合通航标准或流放木筏的要求

12.偶然作用包括( )。

    (A)地震作用   (B)船舶的撞击作用

    (C)汽车撞击作用   (D)漂流物的撞击作用

13.下列关于荷载组合的原则说法正确的是( )。

    (A)多个偶然作用不同时参与组合

    (B)地震作用不与偶然作用同时参与组合

    (C)当可变作用的出现对结构或结构构件产生有利影响时,该作用不应参与组合

    (D)只有在结构上可能同时出现的作用,才进行组合

14.公路桥梁设计采用基于结构可靠度理论的极限状态设计方法,常用的设计状态包括( )。

    (A)承载能力极限状态   (B)正常使用极限状态

    (C)弹性极限状态   (D)塑性极限状态

15.正常使用极限状态设计时当结构或结构构件出现( )之一时,即认为超过了正常使用极限状态( )。

    (A)影响正常使用或外观的变形

    (B)影响正常使用或耐久性能的局部损坏

    (C)影响正常使用的振动

    (D)影响正常使用的其他特定状态

16.桥台按其形式分为( )等。

    (A)实体(重力式)桥台   (B)轻型桥台

    (C)组合式桥台   (D)U形桥台

17.关于桥梁支座的布置方式,下列说法正确的有( )。

    (A)简支梁一端设固定支座,一端设活动支座

(B)连续梁桥宜将固定(铰)支座设置在靠中间的支点处
(C)连续梁桥每联可设多个固定支座
(D)宽桥应设置沿纵、横向均能移动的全方位活动(铰)支座

18. 下列关于桥梁支座布置原则正确的有(　　)。
(A)坡桥,宜将固定支座放置在高程较大的墩台上
(B)连续梁,固定支座宜布置在中墩上,使梁的自由伸缩长度均匀
(C)弯桥,应考虑活动支座有沿弧线方向移动的可能性
(D)多跨简支梁,每墩各布置一组固定和活动支座

19. 涵洞按填土高度分类,可分为(　　)。
(A)明涵　　　　　　　　(B)钢筋混凝土涵
(C)钢波纹涵　　　　　　(D)暗涵

20. 下列关于各类涵洞的适用条件说法正确的是(　　)。
(A)钢筋混凝土管涵适用于缺少石料地区有足够填土高度的小跨径暗涵
(B)钢筋混凝土盖板涵适用于无石料地区且过水面积较大的明涵或暗涵
(C)钢筋混凝土箱涵适用于软土地基
(D)石盖板涵适用于石料丰富且过水流量较小的小型涵洞

21. 拱涵洞身主要是由拱圈和涵台(包括涵台基础)两部分组成,其横截面形式有(　　)。
(A)半圆拱　　　　　　　(B)卵形拱
(C)圆弧拱　　　　　　　(D)抛物线拱

22. [2019年考题]公路桥涵设计时,需要采用标准车辆荷载进行设计的有(　　)。
(A)涵洞　　　　　　　　(B)桥台
(C)引道　　　　　　　　(D)挡土墙

23. [2019年考题]公路桥梁预应力混凝土构件设计,按持久状况正常使用极限状态计算时,以下说法正确的有(　　)。(注:本题选项有改编)
(A)全预应力混凝土构件在作用频遇组合下正截面受拉边缘不允许出现拉应力
(B)部分预应力混凝土构件在作用频遇组合下正截面受拉边缘允许出现拉应力
(C)部分预应力混凝土构件,根据拉应力状态分为A类和B类预应力混凝土构件
(D)跨径大于100m的桥梁,不得按部分预应力混凝土构件设计

24. [2019年考题]公路桥梁钢筋混凝土构件,其计算的最大裂缝宽度不应超过的限值为(　　)。
(A)Ⅰ类环境下,0.25mm　　　　(B)Ⅱ类环境下,0.20mm

(C)Ⅲ类环境下,0.15mm　　　　　　　　(D)Ⅳ类环境下,0.10mm

25.[2019 年考题]公路桥涵设计时,下列属于永久作用的有( )。
　　(A)温度(均匀温度和梯度温度)作用　　(B)汽车引起的土侧压力
　　(C)混凝土收缩及徐变作用　　　　　　(D)基础变位作用

26.[2019 年考题]公路桥梁的抗震设防目标有( )。
　　(A)E1 地震作用下,A 类结构应不受损坏或不需修复可继续使用
　　(B)E1 地震作用下,B 类、C 类结构应不受损坏或不需修复可继续使用
　　(C)E2 地震作用下,A 类结构可发生局部轻微损伤,不需修复或经简单修复可继续使用
　　(D)E2 地震作用下,D 类结构不致倒塌或产生严重结构损伤,经临时加固后可供维持
　　　　应急交通使用

27.[2020 年考题]公路桥涵结构设计时,实际不可能同时出现的作用或同时参与组合概率
很小的作用,应该不考虑其参与组合。请问,汽车制动力不应同时参与组合的作用是( )。
　　(A)支座摩阻力　　　　　　　　　　　(B)人群荷载
　　(C)流水压力　　　　　　　　　　　　(D)地震作用

28.[2020 年考题]公路桥涵应进行承载能力极限状态设计的设计状况除持久状况外,还
有( )。
　　(A)地震状况　　　　　　　　　　　　(B)短暂状况
　　(C)疲劳状况　　　　　　　　　　　　(D)偶然状况

三、案例题

1.某公路上有一计算跨径 $l_0 = 15m$ 的简支梁桥,计算其在公路—Ⅰ级汽车荷载作用下主
梁产生的剪力时,应采用的集中荷载标准值最接近( )。
　　(A)290kN　　　　　　　　　　　　　(B)270kN
　　(C)324kN　　　　　　　　　　　　　(D)348kN

2.某公路上有一计算跨径 $l_0 = 15m$ 的梁式桥,计算其在公路—Ⅱ级汽车荷载作用下主梁
产生的弯矩效应时,其集中荷载标准值最接近( )。
　　(A)217.5kN　　　　　　　　　　　　(B)290kN
　　(C)270kN　　　　　　　　　　　　　(D)360kN

3.四梁装配简支 T 梁桥,标准跨径16m,计算跨径15.5m,4 根2m 宽 T 形梁,净宽7m,人
行道 $2 \times 1.0m$。主梁采用 C50 混凝土,已知其每延米的重力集度为 $G = 32.11kN/m$,T 形梁弯
曲惯性矩 $I_c = 9318135cm^4$,弹性模量为 $E = 3.45 \times 10^4 MPa$,该桥的基频 f 最接近( )。
　　(A)4.350　　　　　　　　　　　　　(B)5.203

(C)6.476   (D)7.330

4. 桥梁基本条件同第 3 题,计算汽车荷载冲击力时应计入的冲击系数 μ 最接近(　　)。
(A)0.05   (B)0.336
(C)0.314   (D)0.45

5. [2019 年考题]某高速公路。主线桥梁采用上下行分离设置,单幅桥宽 15.25m,两侧均设 0.5m 宽墙式护栏,桥梁车辆荷载计算时,横向车道布载系数应取值为(　　)。
(A)0.78   (B)0.67
(C)0.60   (D)0.55

6. [2019 年考题]某公路桥梁控制截面上的永久作用效应标准值为 400kN·m,汽车荷载效应标准值为 200kN·m,人群荷载效应标准值为 50kN·m,其频遇组合的作用效应设计值为(　　)。
(A)775kN·m   (B)650kN·m
(C)575kN·m   (D)560kN·m

7. [2019 年考题]某城市主干路桥梁跨越非通航河道,河道洪水期无大漂流物,不考虑浪高及流冰,该河道百年一遇的洪水高程为 45.50m,冬季最高流冰面高程为 44.00m,桥梁上部结构为等截面连续梁桥,那么河道范围内梁底最小高程应为(　　)。
(A)46.50m   (B)46.00m
(C)45.50m   (D)44.75m

8. [2019 年考题]某一级公路圆管涵,根据填土高度及涵底纵坡算得涵长为 35m,该涵跨越的河沟汇水面积较小,设计流量对应的涵洞孔径为 0.5m,该涵洞的设计孔径不宜小于(　　)。
(A)1.25m   (B)1.0m
(C)0.75m   (D)0.5m

9. [2019 年考题]某圬工小桥桥台基础采用干砌块石砌筑,根据当地料场情况选用半细料石砌体,砌块强度等级为 MU40,最接近计算结果的砌体轴心抗压强度设计值是(　　)。
(A)1.57MPa   (B)1.21MPa
(C)1.15MPa   (D)1.05MPa

10. [2020 年考题]高速公路桥梁整体式断面,桥面宽度(3m 右侧硬路肩 +2×3.75m 行车道 +0.5m 左侧路缘带)×2 +中央分隔带 2m =24.00m,计算桥梁设计时所采用的汽车荷载多车道布载系数是(　　)。
(A)0.50   (B)0.52

（C）0.55 　　　　　　　　　　　　　　（D）0.78

11. ［2020 年考题］通航河流，设计最高通航水位 20.00m，设计水位 25.00m，通航净空高度为 16.00m，壅水浪高等因素影响高度为 0.50m，要求桥下净空安全高度为 0.50m，上部结构梁高 1.50m，平均桥面铺装厚度为 0.15m，则桥面最低高程为（ 　　 ）。

（A）38.65m 　　　　　　　　　　　　（B）38.15m

（C）37.65m 　　　　　　　　　　　　（D）27.65m

12. ［2020 年考题］某城市主干路上一跨河桥，桥梁横断面为单幅路，桥面宽 24m，横坡采用双向横坡 1.5%，桥面上沥青混凝土铺装厚 10cm，水泥混凝土铺装层厚 10cm，主梁结构为 1.5m 高的等高简支 T 形梁，跨越河道为洪水期无大漂流物、有泥石流的通航河流，河道最高洪水位高程为 42.5m。计算河道范围内，道路中心线桥面的最低设计高程值为（ 　　 ）。

（A）45.00m 　　　　　　　　　　　　（B）45.28m

（C）45.38m 　　　　　　　　　　　　（D）45.88m

13. ［2021 年考题］某二级公路上跨径为 42m 的简支梁桥，跨越不通航河流，设计水位分别为：50 年一遇 35.6m，100 年一遇 36.00m，300 年一遇 36.35m；壅水、浪高、漂流物等因素的影响高度总和为 3.0m，上部结构梁高 2.50m，支座和支座垫石高度合计为 0.30m，平均桥面铺装厚度为 0.15m。桥面应满足的最低高程为（ 　　 ）。

（A）41.65m 　　　　　　　　　　　　（B）41.75m

（C）42.15m 　　　　　　　　　　　　（D）42.45m

14. ［2021 年考题］某一级公路上的桥梁，上部构造为 30m 跨径的预应力混凝土 T 形梁，计算跨径为 29.5m。计算其车道荷载的剪力效应时，集中荷载标准值 P_k 的取值应为（ 　　 ）。

（A）270.0kN 　　　　　　　　　　　（B）319.0kN

（C）360.0kN 　　　　　　　　　　　（D）382.8kN

15. ［2021 年考题］某预应力混凝土连续梁桥，跨径布置为 100m + 180m + 100m，上下行桥梁分离设置，单幅桥宽 12.5m，两侧分别设置 0.5m 宽的墙式护栏。请问，计算汽车荷载作用对中跨跨中截面的荷载效应时，其单幅桥的汽车荷载作用应为一个车道荷载的（ 　　 ）倍。

（A）2 　　　　　　　　　　　　　　　（B）2.27

（C）2.34 　　　　　　　　　　　　　（D）2.91

16. ［2021 年考题］某城市支路设计速度为 40km/h，横断面布置为 4.5m（人行道含栏杆宽度 0.5m）+ 12.0m（车行道）+ 4.5m（人行道含栏杆宽度 0.5m），某跨径为 16m 的跨河桥拟采用梁桥，计算该桥人群荷载（w）应为（ 　　 ）。（取小数点 1 位）

（A）2.4kPa 　　　　　　　　　　　　（B）3.2kPa

（C）3.5kPa 　　　　　　　　　　　　（D）3.6kPa

17. [2021年考题]新建某城市人行天桥,直梯梯道高差 H 为3.50m,每阶踏步高度 R 为0.14m,梯道布置如下图所示,不考虑自行车推行,计算该梯道的最小长度是(　　)。

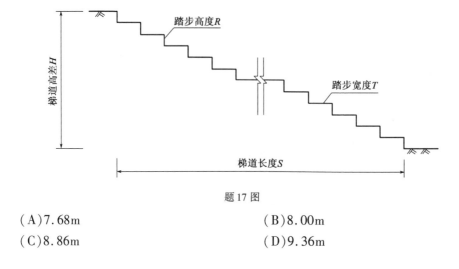

题17图

(A)7.68m
(B)8.00m
(C)8.86m
(D)9.36m

参考答案及解析

一、单项选择题

1.【答案】C
【解析】根据《公路桥涵设计通用规范》(JTG D60—2015)表1.0.5,该桥属于大桥。

2.【答案】D
【解析】使桥梁上、下部结构总造价最低的分孔方式,才是最经济的分孔方式。

3.【答案】A
【解析】净跨径是指设计洪水位上相邻两桥墩(或桥台)之间的净距,反映桥梁的泄洪能力。

4.【答案】B
【解析】对梁式桥,标准跨径是指两相邻桥墩中线之间的水平距离,或桥墩中线到桥台台背前缘之间的水平距离。

5.【答案】D
【解析】对具有支座的桥,计算跨径是指桥跨结构两端支座中心之间的水平距离。

6.【答案】C
【解析】桥梁全长简称桥长,对于有桥台的桥梁为两个桥台侧墙或八字墙尾端间的距离,对于无桥台的桥梁为桥面系行车道长度。

7.【答案】C

【解析】桥梁高度(简称桥高)是指桥面与低水位之间的高差,或桥面与桥下道路路面之间的距离。

8.【答案】D

【解析】桥梁建筑高度指桥上行车路面(或轨顶)高程到桥跨结构最下缘的垂直距离。

9.【答案】C

【解析】设计洪水位、设计通航水位、桥下道路路面至桥跨结构最下缘之间的距离称为桥下净空高度。

10.【答案】A

【解析】桥梁基本结构体系可分为:梁式桥、拱式桥、刚构桥、缆索承重桥以及组合体系桥。选项 B 为梁式桥的分类,选项 C 是按承重结构所用的材料分类,选项 D 是按用途分类。

11.【答案】A

【解析】桥梁按承重结构所用的材料划分,有木桥、钢桥、圬工桥、钢筋混凝土桥和预应力混凝土桥和钢混组合桥。

12.【答案】C

【解析】桥梁按用途来划分,有公路桥、铁路桥、公铁两用桥、农用桥、人行桥、渡槽桥及其他专用桥梁。

13.【答案】B

【解析】桥梁按跨越障碍的性质,可分为跨河桥、跨线桥、高架桥等。

14.【答案】D

【解析】《公路桥涵设计通用规范》(JTG D60—2015)第 3.5.1 条规定:

(1)桥上纵坡不宜大于 4%,桥头引道纵坡不宜大于 5%;桥头两端引道的线形应与桥梁的线形相匹配。

(2)位于城镇混合交通繁忙处的桥梁,桥上纵坡及桥头引道纵坡均不得大于 3%。

(3)对易结冰、积雪的桥梁,桥上纵坡不宜大于 3%。

15.【答案】A

【解析】桥梁结构的强度、刚度和稳定性是设计和施工中必须保证的内容,应进行验算,其他选项是具体计算的一部分参数。

16.【答案】B

【解析】《公路桥涵设计通用规范》(JTG D60—2015)第2.1.10条规定:可变作用是在设计基准期内其量值随时间而变化,且变化值与平均值相比不可忽略不计的作用。

17.【答案】B

【解析】《公路桥涵设计通用规范》(JTG D60—2015)第2.1.22条规定:作用偶然组合指承载能力极限状态设计时,永久作用标准值与可变作用某种代表值、一种偶然作用设计值的组合。

18.【答案】A

【解析】《公路桥涵设计通用规范》(JTG D60—2015)第2.1.25条规定:分项系数是用概率极限状态设计法设计时,为保证所设计的结构具有规定的可靠度,在设计表达式中采用的系数。分为作用分项系数和抗力分项系数两类。

19.【答案】A

【解析】通常,桥梁设计包括工程可行性研究、初步设计、技术设计和施工图设计四个阶段。

20.【答案】A

【解析】《公路桥涵设计通用规范》(JTG D60—2015)第3.2.3条规定:对通航河流上的桥梁,其墩台沿水流方向的轴线应与最高通航水位时的主流方向一致,当斜交不能避免时,交角不宜大于5°。

21.【答案】C

【解析】根据《公路桥涵设计通用规范》(JTG D60—2015)表4.1.1,流水压力属于可变作用。

22.【答案】C

【解析】根据《公路桥涵设计通用规范》(JTG D60—2015)第4.3.1条,对于汽车荷载,汽车横向轮距为1.8m,两列汽车车轮的横向最小间距为1.3m,汽车外侧车轮的中线离人行道或安全带边缘的距离不得小于0.5m。

23.【答案】C

【解析】《公路桥涵设计通用规范》(JTG D60—2015)第4.3.1条第2款规定:桥梁结构的整体计算采用车道荷载;桥梁结构的局部加载、涵洞、桥台和挡土墙土压力等的计算采用车辆荷载。

24.【答案】C

【解析】《公路桥涵设计通用规范》(JTG D60—2015)第4.3.1条第7款规定:横桥向布置多车道汽车荷载时,应考虑汽车荷载的折减。根据表4.3.1-5,布置3条车道汽车荷载时,横向车道布载系数为 0.78。

25.【答案】A

【解析】《公路桥涵设计通用规范》(JTG D60—2015) 第 4.3.5 条第 1 款第 2 项规定:同向行驶双车道的汽车荷载制动力标准值应为一个设计车道制动力标准值的 2 倍,同向行驶三车道应为一个设计车道的 2.34 倍,同向行驶四车道应为一个设计车道的 2.68 倍。

26.【答案】D

【解析】支座的作用是把上部结构的各种荷载传递到墩台上,并能够适应活载、混凝土收缩与徐变等因素产生的变位(位移和转角),使上下部结构的实际受力情况符合设计的计算图式。

27.【答案】D

【解析】盆式橡胶支座是钢构件与橡胶组合而成的新型桥梁支座,具有承载能力大、水平位移量大、转动灵活等特点,适用于支座承载力为 1000kN 以上的大跨径桥梁。

28.【答案】A

【解析】根据题目条件,应选用重力式桥台,选项 B、C、D 三种类型的桥台属于轻型桥台。

29.【答案】D

【解析】轻型墩、台刚度较小,受力后允许在一定的范围内发生弹性变形,以钢筋混凝土和少量配筋的混凝土为主。

30.【答案】B

【解析】桥台设置在桥跨结构两端,除用于支承桥跨结构外,桥台还与路堤相衔接,以抵御路堤土压力,防止路堤填土的滑坡和坍塌。

31.【答案】A

【解析】《公路涵洞设计细则》(JTG/T D65-04—2007) 第 4.2.3 条规定:拱涵适用于跨越深沟或高路堤。

32.【答案】A

【解析】《公路涵洞设计细则》(JTG/T D65-04—2007) 第 4.3.12 条规定:置于非岩石地基上的涵洞,根据涵洞的涵底纵坡及地基土情况,每隔 4~6m 应设置一道沉降缝;高路堤路基边缘以下的洞身及基础每隔适当距离应设置沉降缝;旧涵洞接长时,亦应在新旧接头处设置沉降缝。沉降缝应采用弹性不透水材料填塞。岩石地基上的涵洞可不设沉降缝。

33.【答案】D

【解析】《公路涵洞设计细则》(JTG/T D65 – 04—2007)第 5.4.1 条第 5 款规定:沿线涵洞布设密度应根据地形、地貌、水文及农田排灌等自然条件确定,但考虑路基施工压实方便,其涵洞间距不宜小于 50m。

34. **【答案】**A

【解析】根据《公路桥涵设计通用规范》(JTG D60—2015)表 4.1.4,不与流水同时参与组合的作用有:汽车制动力、冰压力、波浪力。

35. **【答案】**B

【解析】《公路桥涵设计通用规范》(JTG D60—2015)第 4.1.1 条规定:公路桥涵设计采用的作用分为永久作用、可变作用、偶然作用和地震作用四类,规定见下表。

作用分类　　　　　　　　　　　　　　　　　　题 35 解表

序　号	分　类	名　称
1	永久作用	结构重力(包括结构附加重力)
2		预加力
3		土的重力
4		土侧压力
5		混凝土收缩、徐变作用
6		水浮力
7		基础变位作用
8	可变作用	汽车荷载
9		汽车冲击力
10		汽车离心力
11		汽车引起的土侧压力
12		汽车制动力
13		人群荷载
14		疲劳荷载
15		风荷载
16		流水压力
17		冰压力
18		波浪力
19		温度(均匀温度和梯度温度)作用
20		支座摩阻力
21	偶然作用	船舶的撞击作用
22		漂流物的撞击作用
23		汽车撞击作用
24	地震作用	地震作用

36.【答案】D

【解析】 根据《公路桥涵设计通用规范》(JTG D60—2015) 第4.3.1条第5款，公路—Ⅰ级和公路—Ⅱ汽车荷载采用相同的车辆荷载标准值。

37.【答案】D

【解析】 根据《公路钢筋混凝土及预应力混凝土桥涵设计规范》(JTG 3362—2018) 第3.1.2条第2款，预应力混凝土构件不低于C40。根据规范表4.5.3(下表)中，近海环境，设计使用年限为100年时不低于C40,50年、30年时不低于C35。综合确定滨海环境预应力混凝土构件所用混凝土强度等级不低于C40。

混凝土强度等级最低要求　　　　　　　　　　　　题37解表

构 件 类 别	梁、板、塔、拱圈、涵洞上部		墩台身、涵洞下部		承台、基础	
设计使用年限(年)	100	50、30	100	50、30	100	50、30
Ⅰ类-一般环境	C35	C30	C30	C25	C25	C25
Ⅱ类-冻融环境	C40	C35	C35	C30	C30	C25
Ⅲ类-近海或海洋氯化物环境	C40	C35	C35	C30	C30	C25
Ⅳ类-除冰盐等其他氯化物环境	C40	C35	C35	C30	C30	C25
Ⅴ类-盐结晶环境	C40	C35	C35	C30	C30	C25
Ⅵ类-化学腐蚀环境	C40	C35	C35	C30	C30	C25
Ⅶ类-磨蚀环境	C40	C35	C35	C30	C30	C25

38.【答案】B

【解析】 根据《公路桥梁抗震设计规范》(JTG/T 2231-01—2020) 第3.1.1条和第3.1.2条，位于高速公路上，主跨跨径为100m的三跨连续梁桥的设防类别为B类，在E1地震作用下，其抗震设防目标为结构总体反应在弹性范围，基本无损伤，可正常使用。

39.【答案】D

【解析】 根据《公路桥涵设计通用规范》(JTG D60—2015) 第3.5.1条，位于冬季结冰、积雪地区的公路桥梁，桥上纵坡不宜大于3%。

40.【答案】C

【解析】 根据《公路桥涵设计通用规范》(JTG D60—2015) 第4.1.4条，可变作用汽车制动力不应与流水压力、冰压力、波浪力、支座摩阻力等同时参与组合。

41.【答案】A

【解析】 根据《公路工程混凝土结构耐久性设计规范》(JTG/T 3310—2019)，设计使用年限100年的公路桥梁钻孔灌注桩基础，Ⅱ类冻融环境下混凝土保护层最小厚度是45mm。

42.【答案】C

【解析】根据《公路工程混凝土结构耐久性设计规范》(JTG/T 3310—2019)，Ⅰ类和Ⅱ类环境下，公路钢筋混凝土构件和 B 类预应力混凝土构件的最大裂缝宽度计算值不应超过 0.20mm。

43.【答案】C

【解析】根据《城市桥梁设计规范》(CJJ 11—2011)(2019 年版)第 10.0.5 条，梁、桁架、拱及其他大跨结构的人群荷载(W)可采用下列公式计算，且 W 值在任何情况下不得小于 2.4kPa。

当加载长度 $L < 20m$ 时：$W = 4.5 \times (20 - \omega_p)/20$

其中，ω_p 为单边人行道宽度(m)：在专用非机动车桥上为 1/2 桥宽，大于 4m 时仍按 4m 计。

拟建城市专用非机动车桥的桥面宽 6m，桥梁跨径 18m，则：$W = 4.5 \times (20 - 6/2)/20 \approx 3.8kPa$。

二、多项选择题

1.【答案】ABCD

【解析】根据《公路桥涵设计通用规范》(JTG D60—2015)第 1.0.1 条，公路桥涵设计原则为"安全、耐久、适用、环保、经济和美观"。

2.【答案】ABD

【解析】《公路桥涵设计通用规范》(JTG D60—2015)第 1.0.6 条规定：公路桥涵应进行抗风、抗震、抗撞等减灾防灾设计。

3.【答案】BCD

【解析】桥梁是由桥跨结构、下部结构和墩台基础三个主要部分组成的人工构筑物。下部结构包括桥墩和桥台。

4.【答案】ABCD

【解析】桥梁按用途分可划分为公路桥、铁路桥、公铁两用桥、农用桥、人行桥、运水桥、管线桥等。

5.【答案】ABC

【解析】桥梁按照基本体系可划分为梁式桥、拱式桥、刚架桥、悬索桥、组合体系桥。连续刚构桥属于梁式桥。

6.【答案】ABC

【解析】多孔简支梁桥构造简单，受力明确，常采用等跨布置。随着跨径的增大，结构自重会大大增加，结构不经济，故单孔简支梁桥的跨径不宜超过 50m。且根据《公路桥涵设计通用规范》(JTG D60—2015)第 3.3.6 条，桥涵跨径在 50m 及以下时，宜采用标准跨径。

7.【答案】ABCD

【解析】桥梁纵断面设计主要包括：确定桥梁的桥孔设计长度、桥梁分孔、桥面高程、桥下净空、桥梁纵坡布置以及基础的埋置深度等。

8.【答案】ABD

【解析】桥梁横断面设计主要包括:决定桥面净空、桥面宽度和桥跨结构横截面的布置。

9.【答案】ABC

【解析】《公路桥涵设计通用规范》(JTG D60—2015)第4.1.4条规定,实际不可能同时出现的作用或同时参与组合概率很小的作用,按表4.1.4规定不考虑其参与组合。

10.【答案】CD

【解析】《公路涵洞设计规范》(JTG/T 3365-02—2020)第3.1.1条规定,按建筑材料的不同,涵洞可分为圬工涵、钢筋混凝土涵、波纹钢管(板)涵等。

11.【答案】AD

【解析】《公路桥涵设计通用规范》(JTG D60—2015)第3.4.3条规定:

(1)当河流有形成流冰阻塞的危险或有漂浮物通过时,应按实际调查的数据,在计算水位的基础上,结合当地具体情况酌留一定富余量,作为确定桥下净空的依据;对于有淤积的河流,桥下净空应适当增加。

(2)通航或流放木筏的河流,桥下净空应符合通航标准或流放木筏的要求。有国防要求和其他特殊要求(如石油钻探船只)的航道,其通航标准应与有关部门具体研究确定。

(3)在不通航或无流放木筏河流上及通航河流的不通航桥孔内,桥下净空应符合表3.4.3的规定。

(4)无铰拱的拱脚允许被设计洪水淹没,但不宜超过拱圈高度的2/3,且拱顶底面至计算水位的净高不得小于1.0m。

(5)在不通航和无流筏的水库区域内,梁底面或无铰拱拱顶底面离开水面的高度不应小于计算浪高的0.75倍加上0.25m。

12.【答案】BCD

【解析】根据《公路桥涵设计通用规范》(JTG D60—2015)第4.1.1条,偶然作用包括船舶的撞击作用、漂流物的撞击作用和汽车撞击作用。地震作用单独列为一种作用。

13.【答案】ABCD

【解析】根据《公路桥涵设计通用规范》(JTG D60—2015)第4.1.4条,公路桥涵结构设计应考虑结构上可能同时出现的作用,按承载力极限状态、正常使用极限状态进行作用组合,均应按下列原则取其最不利组合效应进行设计:

(1)只有在结构上可能同时出现的作用,才进行组合。当结构或结构构件需做不同受力方向的验算时,则应以不同方向的最不利的作用组合效应进行计算。

(2)当可变作用的出现对结构或结构构件产生有利影响时,该作用不应参与组合。实际不可能同时出现的作用或同时参与组合概率很小的作用,按规定不考虑其参与组合。

(3)施工阶段的作用组合,应按计算需要及结构所处条件而定,结构上的施工人员和施工机具设备均应作为可变作用加以考虑。组合式桥梁,当把底梁作为施工支撑时,作用组合效应宜分两个阶段计算,底梁受荷为第一个阶段,组合梁受荷为第二个阶段。

(4)多个偶然作用不同时参与组合。

(5)地震作用不与偶然作用同时参与组合。

14.【答案】AB

【解析】根据《公路钢筋混凝土及预应力混凝土桥涵设计规范》(JTG 3362—2018),公路桥梁设计采用基于结构可靠度理论的极限状态设计方法,桥梁在施工和使用过程中会受到的不同"作用"的影响,应根据"作用"的性质、特点来考虑其对结构作用效应的组合。组合方式分为承载能力极限状态组合和正常使用极限状态组合。对不同的组合方式而言,设计时分别取最不利效应组合。

15.【答案】ABCD

【解析】正常使用极限状态,这种极限状态对应于结构或结构构件达到正常使用或耐久性能的某项限值的状态。当结构或结构构件出现下列状态之一时,即认为超过了正常使用极限状态:影响正常使用或外观的变形;影响正常使用或耐久性能的局部损坏;影响正常使用的振动;影响正常使用的其他特定状态。

16.【答案】ABC

【解析】桥台按其形式分为实体(重力式)桥台、轻型桥台、组合式桥台等。U形桥台是重力式桥台常用的形式。

17.【答案】ABD

【解析】简支梁一端设固定支座,一端设活动支座;对于坡桥,宜将固定(铰)支座设置在高程较低的墩台上;对于连续梁桥,为使全梁的纵向变形分散在梁的两端,宜将固定(铰)支座设置在靠中间的支点处,且每联只设一个固定支座;对于特别宽的梁桥,应设置沿纵向和横向均能移动的全方位活动(铰)支座。

18.【答案】BCD

【解析】支座设置原则:有利于墩台传递水平力,尽量分散墩台承受的水平力。对于连续梁,固定支座宜布置在中墩上,使梁的自由伸缩长度均匀;对于多跨简支梁,每墩各布置一组固定和活动支座;对于坡桥,宜将固定支座放置在高程较小的墩台上;对于宽桥,设置纵向和横向均能活动的双向支座;对于弯桥,应考虑活动支座有沿弧线方向移动的可能性。

19.【答案】AD

【解析】根据《公路涵洞设计细则》(JTG/T D65-04—2007)第4.1.3条,按填土高度,涵洞分为明涵、暗涵。

20.【答案】ABCD

【解析】根据《公路涵洞设计细则》(JTG/T D65-04—2007)第4.2节各类涵洞的适用条件,各选项均正确。

21.【答案】ABC

【解析】涵洞洞身主要由拱圈和涵台组成。其横截面形式有半圆拱、圆弧拱和卵形拱。

22.【答案】ABD

【解析】《公路桥涵设计通用规范》(JTG D60—2015)第4.3.1条第2款规定:汽车荷载由车道荷载和车辆荷载组成。桥梁结构的整体计算采用车道荷载;桥梁结构的局部加载、涵洞、桥台和挡土墙土压力等的计算采用车辆荷载。车道荷载与车辆荷载的作用不得叠加。

23.【答案】ABC

【解析】根据《公路钢筋混凝土及预应力混凝土桥涵设计规范》(JTG 3362—2018)第6.1.2条,预应力混凝土构件可根据桥梁使用和所处环境的要求,进行下列构件设计:

(1)全预应力混凝土构件。此类构件在作用频遇组合下控制的正截面受拉边缘不允许出现拉应力(不得消压)。

(2)部分预应力混凝土构件。此类构件在作用频遇组合下控制的正截面受拉边缘可出现拉应力:当拉应力加以限制时,为 A 类预应力混凝土构件;当拉应力超过限值时,为 B 类预应力混凝土构件。

跨径大于100m桥梁的主要受力构件,不宜进行部分预应力混凝土设计。

24.【答案】BC

【解析】根据《公路钢筋混凝土及预应力混凝土桥涵设计规范》(JTG 3362—2018)表6.4.2(下表),选项 B、C 正确。

最大裂缝宽度限值　　　　　　　　　　　　　　　题24解表

环 境 类 别	最大裂缝宽度限值(mm)	
	钢筋混凝土构件、采用预应力螺纹钢筋的B类预应力混凝土构件	采用钢丝或钢绞线的B类预应力混凝土构件
Ⅰ类--一般环境	0.20	0.10
Ⅱ类-冻融环境	0.20	0.10
Ⅲ类-近海或海洋氯化物环境	0.15	0.10
Ⅳ类-除冰盐等其他氯化物环境	0.15	0.10
Ⅴ类-盐结晶环境	0.10	禁止使用
Ⅵ类-化学腐蚀环境	0.15	0.10
Ⅶ类-磨蚀环境	0.20	0.10

25. 【答案】CD

　　【解析】根据《公路桥涵设计通用规范》(JTG D60—2015)表4.1.1(本节单选题35解表)。

26. 【答案】ABC

　　【解析】根据《公路桥梁抗震设计细则》(JTG/T B02-01—2008)表3.1.1(下表)。

各设防类别桥梁的抗震设防目标　　　　　　　　　　题26解表

桥梁抗震设防类别	设防目标	
	E1 地震作用	E2 地震作用
A 类	一般不受损坏或不需修复可继续使用	可发生局部轻微损伤,不需修复或经简单修复可继续使用
B 类	一般不受损坏或不需修复可继续使用	应保证不致倒塌或产生严重结构损伤,经临时加固后可供维持应急交通使用
C 类	一般不受损坏或不需修复可继续使用	应保证不致倒塌或产生严重结构损伤,经临时加固后可供维持应急交通使用
D 类	一般不受损坏或不需修复可继续使用	

27. 【答案】AC

　　【解析】根据《公路桥涵设计通用规范》(JTG D60—2015)第4.1.4条,可变作用汽车制动力不应与流水压力、冰压力、波浪力、支座摩阻力等同时参与组合。

28. 【答案】ABD

　　【解析】公路桥涵进行承载能力极限状态设计应考虑以下4种设计状况:持久状况、短暂状况、偶然状况和地震状况。

三、案例题

1. 【答案】D

　　【解析】《公路桥涵设计通用规范》(JTG D60—2015)第4.3.1条第4款规定,公路—Ⅰ级车道荷载集中荷载标准值 P_k 根据表4.3.1-2取值。由表4.3.1-2可知,当 $l_0 = 15\text{m}$ 时, $P_k = 2(15 + 130) = 290\text{kN}$ 。计算剪力效应时,应乘以系数1.2,故应采用的集中荷载标准值 $P_k = 290 \times 1.2 = 348\text{kN}$ 。

2. 【答案】A

　　【解析】《公路桥涵设计通用规范》(JTG D60—2015)第4.3.1条规定,公路—Ⅰ级车道荷载均布荷载标准值 $q_k = 10.5\text{kN}$,计算剪力效应时,应乘以系数1.2。公路—Ⅱ级车道荷载的均布荷载标准值和集中荷载标准值按公路—Ⅰ级车道荷载的0.75倍采用。故计算公路—Ⅱ级汽车荷载作用下主梁产生的弯矩效应时,应采用的集中荷载标准值 $P_k = 2(15 + 130) \times 0.75 = 217.5\text{kN}$ 。

3.【答案】C

【解析】根据《公路桥涵设计通用规范》(JTG D60—2015)第4.3.2条条文说明,冲击系数与结构基频有关。简支梁桥的结构基频计算公式为:$f = \dfrac{\pi}{2l^2}\sqrt{\dfrac{EI_c}{m_c}}$,$m_c = \dfrac{G}{g}$。计算得:$f = 6.476\text{Hz}$。

4.【答案】C

【解析】根据《公路桥涵设计通用规范》(JTG D60—2015)第4.3.2条,冲击系数与结构基频有关。根据第3题知简支梁桥的结构基频$f = 6.476\text{Hz}$。由于$1.5\text{Hz} \leqslant f \leqslant 14\text{Hz}$,则冲击系数$\mu = 0.1767\ln f - 0.0157 = 0.314$。

5.【答案】B

【解析】根据《公路桥涵设计通用规范》(JTG D60—2015)第4.3.1条第7款,桥涵设计车道数应符合表4.3.1-4的规定,横向车道布载系数应符合表4.3.1-5的规定,多车道布载的荷载效应不得小于两条车道布载的荷载效应。

根据题意,单向行驶桥面宽度15.25m,两侧护栏宽度为0.5m,则桥面宽度为$15.25 - 0.5 \times 2 = 14.25\text{m}$,根据表4.3.1-4可知桥涵设计车道数为4,根据表4.3.1-5可知横向车道布载系数为0.67。

6.【答案】D

【解析】根据《公路桥涵设计通用规范》(JTG D60—2015)第4.1.6条公式(4.1.6-1):

$$S_{fd} = S\left(\sum_{i=1}^{m} G_{ik}, \psi_{f1} Q_{1k}, \sum_{j=2}^{n} \psi_{qj} Q_{jk}\right)$$

式中:S_{fd}——作用频遇组合的效应设计值;

　　　ψ_{f1}——汽车荷载(不计汽车冲击力)的频遇值系数,取$\psi_{f1} = 0.7$;当某个可变作用在组合中其效应值超过汽车荷载效应时,则该作用取代汽车荷载,人群荷载$\psi_q = 0.4$,风荷载$\psi_q = 0.75$,温度梯度作用$\psi_q = 0.8$,其他作用$\psi_q = 1.0$。

本题中汽车荷载效应200kN·m > 人群荷载效应50kN·m,因此汽车荷载$\psi_{f1} = 0.7$,人群荷载$\psi_q = 0.4$,因此频遇组合的作用效应设计值$= 400 + 200 \times 0.7 + 50 \times 0.4 = 560\text{kN·m}$。

7.【答案】B

【解析】根据《城市桥梁设计规范》(CJJ 11—2011)(2019年版)第3.0.4条,不通航河流的桥下净空应根据计算水位或最高流冰水位加安全高度确定。由表3.0.5知,对梁桥,河道洪水期无大漂流物时,梁底应高出计算水位不小于0.5m,高出最高流冰水位不小于0.75m。

满足桥下流水净空要求:梁底高程$\geqslant 45.50 + 0.50 = 46.00\text{m}$,满足桥下流冰净空要求梁底高程$\geqslant 44.00 + 0.75 = 44.75\text{m}$,按大值控制设计。

8.【答案】A

【解析】《公路涵洞设计细则》(JTG/T D65-04—2007)第 4.3.5 条规定:涵洞内径或净高不宜小于 0.75m;涵洞长度大于 15m 但小于 30m 时,其内径或净高不宜小于 1.0m;涵洞长度大于 30m 且小于 60m 时,其内径或净高不宜小于 1.25m;涵洞长度大于 60m 时,其内径或净高不宜小于 1.5m。

9.【答案】A

【解析】根据《公路圬工桥涵设计规范》(JTG D61—2005)表 3.3.3-2 和表下注释,干砌块石砌体可采用砂浆强度为 0 时的抗压强度设计值,对于半细料石砌体,乘以系数 1.3,即 $1.21 \times 1.3 = 1.57$MPa。

10.【答案】C

【解析】根据《公路桥涵设计通用规范》(JTG D60—2015)表 4.3.1-4、表 4.3.1-5,双向行车道宽度为 $2 \times (3 + 2 \times 3.75 + 0.5) = 22$m,双向车道共计 6 个车道,布载系数为 0.55。

11.【答案】C

【解析】根据《公路工程水文勘测设计规范》(JTG C30—2015)第 7.4 条,通航控制高程为 $20 + 16 + 1.5 + 0.15 = 37.65$m,防洪控制高程为 $25 + 0.5 + 0.5 + 1.5 + 0.15 = 27.65$m,通航控制,故桥面最低高程为 37.65m。

12.【答案】C

【解析】根据《城市桥梁设计规范》(CJJ 11—2011)(2019 年版)第 3.0.5 条,桥面中心线最低高程 = 最高洪水位高程 + 安全高度 + 建筑高度 = $42.5 + 1.0$(有泥石流) + $(1.5 + 0.1 + 0.1 + 24 \times 0.015/2) = 45.38$m。

13.【答案】C

【解析】根据《公路桥涵设计通用规范》(JTG D60—2015)第 1.0.5 条,该桥属于大桥;根据第 3.2.9 条,大桥设计洪水频率为 1/100,设计水位为 36.00m。

根据《公路工程水文勘测设计规范》(JTG C30—2015)第 7.4.1 条,桥面高程:
$$H_{\min} = H_s + \sum \Delta h + \Delta h_j + \Delta h_0 = 36 + 3.0 + 0.5(桥下净空安全值) + (2.5 + 0.15) = 42.15m$$

14.【答案】D

【解析】根据《公路桥涵设计通用规范》(JTG D60—2015)表 4.3.1-2:
$$P_k = 2 \times (29.5 + 130) \times 1.2 = 382.8kN$$

15.【答案】B

【解析】根据《公路桥涵设计通用规范》(JTG D60—2015)表 4.3.1-4、表 4.3.1-5 和表 4.3.1-6:
$$W = 12.5 - 0.5 \times 2 = 11.5m,确定为三车道,L_0 = 180m,考虑纵向折减,则$$

$0.78 \times 3 \times 0.97 = 2.27$

16.【答案】D

【解析】根据《城市桥梁设计规范》(CJJ 11—2011)第10.0.5条,本桥跨径为16m,采用式(10.0.5-1)计算。

单侧人行道宽为 $4.5 - 0.5 = 4.0m$,代入公式:

$w = 4.5 \times (20 - 4)/20 = 3.6kPa \geqslant 2.4kPa$

17.【答案】C

【解析】根据《城市人行天桥与人行地道技术规范》(CJJ 69—95)第3.4.4条,梯道宜设置休息平台,每个梯段踏步不应超过18级,否则必须加设缓步平台。

踏步级数 $3.5/0.14 = 25 > 18$ 级,必须设一个平台。

根据3.2.6.2条,踏步高宽关系:$2R + T = 0.6$,踏步宽度 $T = 0.6 - 2 \times 0.14 = 0.32m$,每个梯段踏步宽比踏步高少一个,则梯道的长度为:$(25 - 2) \times 0.32 + 1.5 = 8.86m$。

第二节 桥 面 构 造

复习要点

本节主要熟悉以下内容:桥面组成与布置,桥面铺装与桥面防排水设施作用、布设,桥面伸缩缝构造与选型;城市桥梁人行道和路缘石、桥梁栏杆(防撞护栏及人行道护栏)、照明设施与其他附属设施的设计要求;桥梁桥面铺装的构造要求及其特点。

典 型 习 题

一、单项选择题

1.属于桥面构造的是( )。

(A)桥面板　　　　　　　　　　(B)桥台

(C)泄水管　　　　　　　　　　(D)支座

2.能够充分利用桥梁净空,减小桥梁宽度,交通严格分道行驶,提高通行能力的公路桥梁的桥面布置形式是( )。

(A)双向车道布置　　　　　　　(B)分车道布置

(C)双层桥面布置　　　　　　　(D)分幅布置

3.高速公路桥梁常采用的桥面布置形式是( )。

（A）双向车道布置 　　　　　（B）分车道布置

（C）双层桥面布置 　　　　　（D）分幅布置

4. 桥面铺装的作用是除保护主梁部分行车道板不受车轮直接磨耗,防止主梁遭受雨水侵蚀外,还能( )。

（A）使梁板连为整体 　　　　　（B）保持桥面刚性

（C）形成桥面横坡 　　　　　（D）改善行车条件

5. 为了迅速排除桥面雨水,通常使桥梁设有纵向坡度外,还应设置( )。

（A）桥面横坡 　　　　　（B）伸缩缝

（C）桥面铺装 　　　　　（D）栏杆

6. 某桥梁预估伸缩量为1500mm,可以选用的伸缩装置为( )。

（A）板式橡胶伸缩缝 　　　　　（B）钢制式伸缩缝

（C）模数式伸缩缝 　　　　　（D）无缝式伸缩装置

7. 造价低,耐磨性能好,适合于重载交通,但养生期较长的桥面铺装类型是( )。

（A）沥青表面处治 　　　　　（B）水泥混凝土桥面铺装

（C）沥青混凝土桥面铺装 　　　　　（D）改性沥青混凝土桥面铺装

8. 具有质量轻、维修养护方便、铺筑后只需养生几个小时就可开放交通等优点的桥面铺装类型是( )。

（A）沥青表面处治 　　　　　（B）水泥混凝土桥面铺装

（C）沥青混凝土桥面铺装 　　　　　（D）泥结碎石路面铺装

9. 雨水可流至桥头从引道上排除,桥上不必设置专门的泄水孔道的情况是( )。

（A）纵坡2.5%,桥长大于50m 　　　（B）纵坡2.5%,桥长小于50m

（C）纵坡1.5%,桥长大于50m 　　　（D）纵坡1.5%,桥长小于50m

10. 对于城市桥梁,公路跨线桥和跨越鱼塘、水库以及水源保护区的公路桥梁,为保持桥梁外形美观及利于桥下行车、行人、环境保护,应采用的泄水管形式是( )。

（A）金属泄水管 　　　　　（B）钢筋混凝土泄水管

（C）横向排水管道 　　　　　（D）封闭式排水系统

11. 为了保证行人的安全,桥梁上设置的栏杆除满足受力的要求以外,尚应注意美观,栏杆高度不应小于( )。

（A）1.1m 　　　　　（B）1.2m

（C）1.5m 　　　　　（D）2.0m

12. 在具有行人需求的桥梁上,为了避免人车混行,桥面均应设置(　　)。

    (A)防撞护栏

    (B)栏杆

    (C)分隔带

    (D)人行道

13. 人行道缘石高度满足行人和行车安全需要,应至少高出行车道面(　　)。

    (A)20cm

    (B)25cm

    (C)30cm

    (D)35cm

14. 当人行道宽度大于1m时,下列宽度设计合理的是(　　)。

    (A)1.2m

    (B)1.5m

    (C)1.75m

    (D)2.25m

15. 可在桥面任意设置,造价经济,在弯桥上有良好的视觉效果;但不宜用在大型立交桥,以免给人造成视觉混乱的照明方式是(　　)。

    (A)灯杆照明

    (B)高杆照明

    (C)栏杆照明

    (D)集中照明与分散照明混合

16. [2019年考题]当城市桥梁跨越快速路、城市轨道交通、高速公路、铁路干线等重要交通通道时,桥面人行道栏杆上应加设护网,护网高度不应小于2m,护网长度宜为下穿道路的宽度并向路外延长(　　)。

    (A)5m

    (B)10m

    (C)20m

    (D)30m

17. [2019年考题]对于城市主干路和次干路的桥梁,当两侧无人行道时,两侧应设检修道,其宽度宜为(　　)。

    (A)小于0.5m

    (B)0.50~0.75m

    (C)0.80~1.0m

    (D)不小于1.5m

二、多项选择题

1. 桥面横坡的设置方式主要有(　　)。

    (A)墩台顶面做成倾斜(横坡),铺装层等厚

    (B)铺装层不等厚(设置三角垫层)

    (C)行车道板倾斜

    (D)利用支座垫石形成横坡

2. 桥面布置应根据道路的等级、桥梁的宽度、行车要求等条件确定,主要有(　　)。

    (A)双向车道布置

    (B)分车道布置

    (C)分幅布置

    (D)双层桥面布置

3. 桥面设置栏杆按其碰撞后的变形程度,可分为( )。
　(A)刚性护栏　　　　　　　　　　　　(B)柔性护栏
　(C)半刚性护栏　　　　　　　　　　　(D)钢护栏

4. 桥梁伸缩缝的设置位置是( )。
　(A)梁底与桥墩之间　　　　　　　　　(B)两主梁端之间
　(C)梁端与桥台台背之间　　　　　　　(D)桥台侧墙尾端与路堤之间

5. 公路桥梁上常采用的泄水管道主要的形式有( )。
　(A)金属泄水管　　　　　　　　　　　(B)钢筋混凝土泄水管
　(C)横向排水管道　　　　　　　　　　(D)PVC 泄水管

6. 对公路桥梁而言,管线设施的布置,应符合( )。
　(A)电信线、电力线、电缆、管道等的设置不得侵入公路桥涵净空限界,不得妨害桥涵交通安全,并不得损害桥涵的构造和设施
　(B)严禁易燃、易爆、高压等管线设施利用或通过公路桥梁
　(C)天然气输送管道离开特大、大、中桥的安全距离不应小于 80m,离开小桥的安全距离不应小于 30m
　(D)高压线跨河塔架的轴线与桥梁的最小间距,不得小于 1 倍塔高

7. [2019 年考题]城市桥梁上不得敷设( )。
　(A)污水管线　　　　　　　　　　　　(B)电力、电信管线
　(C)压力大于 0.4MPa 的燃气管线　　　(D)可燃、有毒或腐蚀性的液、气体管线

三、案例题

[2021 年考题]某桥位于寒冷地区,采用 3 跨连续预应力混凝土梁结构,跨径布置为 50m + 80m + 50m,中间跨的一个桥墩设置固定支座,伸缩缝装置预设的安装温度为 15 ~ 20℃。在选用伸缩装置型号时,温度变化贡献较大侧梁端由温度变化贡献的伸缩量值是( )。(不计伸缩量增大系数)
　(A)0.0637m　　　　　　　　　　　　(B)0.0392m
　(C)10.0245m　　　　　　　　　　　　(D)0.0223m

参考答案及解析

一、单项选择题

1.【答案】C
　【解析】公路和城市桥梁的桥面部分主要由桥面铺装、桥面防水排水系统、桥面伸缩缝、

人行道、路缘石、栏杆或防撞护栏及照明系统等构成。泄水管属于桥面排水系统。

2.【答案】C

【解析】双层桥面布置是桥梁结构在空间上设置成两个不在同一平面上的桥面构造,在钢桥上已普遍采用。双层桥面布置可以使不同的交通严格分道行驶,提高了车辆和通行能力,并便于交通管理。同时,可充分利用桥梁净空,在满足相同交通要求下,可减小桥梁宽度、缩短引桥长度,获得较好的经济效益。

3.【答案】B

【解析】通过中央分隔带或分离式主梁布置,将行车道的上下行交通在桥梁上进行分隔,从而上下行交通互不干扰,可提高行车速度,便于交通管理。高速公路桥梁均采用分车道布置。

4.【答案】D

【解析】桥面铺装,又称行车道铺装,其功能主要表现在:保护主梁行车道板部分不受车辆轮胎(或履带)的直接磨耗;分布车辆轮重等集中荷载,使主梁受力均匀;防止主梁遭受雨水的侵蚀;改善行车条件。

5.【答案】A

【解析】桥面积水不仅对结构有侵蚀作用,对行车也非常不利,因此,除设置桥梁纵向坡度外,还应将桥面沿横向设置成双向横坡或单向横坡(分幅桥梁),以便迅速排除桥面雨水。

6.【答案】C

【解析】模数式伸缩装置能用于伸缩量为160~2000mm的公路桥梁,其他类型的伸缩量较小:钢制式伸缩缝的伸缩量一般在200~400mm;板式橡胶伸缩缝一般用在60~120mm伸缩量的公路桥梁;无缝式伸缩装置仅适用于伸缩量较小的桥梁部位,适用范围有限。

7.【答案】B

【解析】普通的水泥混凝土铺装造价低、耐磨性能好,适用于重载交通,但养生期较长,且日后修补不便。

8.【答案】C

【解析】经合理选择级配组成的矿质混合料和适量沥青结合料拌制而成的沥青混凝土铺装,具有质量轻、维修养护方便、铺筑后只需养生几个小时就可开放交通等优点,虽造价比普通水泥混凝土铺装高,但仍是目前广泛采用的桥面铺装形式之一。

9.【答案】B

【解析】根据《公路排水设计规范》(JTG/T D33—2012)有关规定确定,桥长 $L \leq 50\mathrm{m}$ 时,若桥面纵坡 $i \geq 2\%$,则不必设置专门的泄水孔道,雨水可直接流至桥头从引道上排除。

10.【答案】D

【解析】对于城市桥梁,公路跨线桥和跨越鱼塘、水库以及水源保护区的公路桥梁,为保持桥梁外形美观及利于桥下行车、行人、环境保护,应采用封闭式排水系将排水管直接引向地面或积水槽,而不宜将泄水管挂在结构上直接将水排出桥外。

11.【答案】A

【解析】《公路桥涵设计通用规范》(JTG D60—2015)第3.6.7条规定:设置栏杆的桥梁,其栏杆的设计,除应满足受力求外,尚应注意美观,栏杆高度不应小于1.1m。

12.【答案】D

【解析】在具有行人需求的桥梁上均应设置人行道,应尽量避免人车混行。

13.【答案】B

【解析】《公路桥涵设计通用规范》(JTG D60—2015)第3.4.2条第4款规定:路缘石高度可取用0.25~0.35m。人行道缘石高度满足行人和行车安全需要,一般应至少高出行车道25cm。当跨越急流、大河、深谷、重要道路、铁路、主要航道,或桥面常有积雪、结冰时,其路缘石高度宜取用较大值。

14.【答案】B

【解析】《公路桥涵设计通用规范》(JTG D60—2015)第3.4.2条第1款规定:人行道的宽度大于1m时,按0.5m的级差增加。

15.【答案】A

【解析】灯杆照明方式的特点是:可在桥面任意预留灯杆位置,造价经济,在弯桥上有良好的视觉效果;但不宜用在大型立交桥上,以免给人造成视觉混乱的感觉。

16.【答案】B

【解析】根据《城市桥梁设计规范》(CJJ 11—2011)(2019年版)第9.5.4条,当桥梁跨越快速路、城市轨道交通、高速公路、铁路干线等重要交通通道时,桥面人行道栏杆上应加设护网,护网高度不应小于2m,护网长度宜为下穿道路的宽度并向路外延长10m。

17.【答案】B

【解析】根据《城市桥梁设计规范》(CJJ 11—2011)(2019年版)第6.0.7条,对主干路和次干路的桥梁,当两侧无人行道时,两侧应设检修道,其宽度宜为0.50~0.75m。

二、多项选择题

1.【答案】ABCD

【解析】桥面横坡的设置方式有:墩台顶面做成倾斜(横坡),铺装层等厚;铺装层不等厚

(设置三角垫层)窄桥常用,可简化施工;行车道板倾斜(常用在宽桥、箱梁中,减轻恒载);采用不等高度垫石、翼缘板倾斜。

2.【答案】ABD

【解析】桥面布置应在桥梁的总体设计中考虑,根据道路的等级、桥梁的宽度及行车要求等条件综合确定。目前,公路与城市桥梁的桥面布置主要有双向车道布置、分车道布置、双层桥面布置等几种形式。

3.【答案】ABC

【解析】护栏是一种纵向吸能结构,按其碰撞后的变形程度,可分为刚性护栏、柔性护栏和半刚性护栏。钢护栏是就使用材料而言的。

4.【答案】BC

【解析】伸缩缝设置在两主梁端之间以及梁端与桥台台背之间。

5.【答案】ABCD

【解析】桥梁上常采用的泄水管道主要有以下几种形式:金属泄水管,适用于具有贴式防水层的铺装结构;钢筋混凝土泄水管适用于采用防水混凝土桥面铺装的桥梁;对于降雨量较少地区的小跨径桥梁,有时为了简化构造和节省材料,也可直接在行车道两侧的防撞护栏或路缘石上预留横向排水管道;对于城市桥梁,立交桥,公路跨线桥,水源保护区、名胜风景区的公路桥梁,为保持桥梁外形美观及利于桥下行车行人安全舒适,应设计封闭式排水系统,将排水管直接引向地面或地下排水系统;PVC泄水管是以树脂为主要原料,加入适量助剂,经挤压或注塑成型的一种产品,由于其具有抗腐蚀、耐候性好、质量小、施工方便、维修费用低等优点,在桥梁工程中得到了广泛应用。

6.【答案】ABD

【解析】《公路桥涵设计通用规范》(JTG D60—2015)第3.4.7条规定:管线设施的布置应符合下列规定:电信线、电力线、电缆、管道等的设置不得侵入公路桥涵净空限界,不得妨害桥涵交通安全,并不得损害桥涵的构造和设施;严禁易燃、易爆、高压等管线设施利用或通过公路桥梁;天然气输送管道离开特大、大、中桥的安全距离不应小于100m,离开小桥的安全距离不应小于50m;高压线跨河塔架的轴线与桥梁的最小间距,不得小于1倍塔高。

7.【答案】ACD

【解析】根据《城市桥梁设计规范》(CJJ 11—2011)(2019年版)第3.0.19条,不得在桥上敷设污水管、压力大于0.4MPa的燃气管和其他可燃、有毒或腐蚀性的液、气体管。条件许可时,在桥上敷设的电信电缆、热力管、给水管、电压不高于10kV的配电电缆、压力不大于0.4MPa的燃气管必须采取有效的安全防护措施。

三、案例题

【答案】A

【解析】根据《公路桥涵设计通用规范》(JTG D60—2015)表4.3.12-2知,最高温度34℃,最低温度－10℃,安装温度15~20℃,则升温34－15＝19℃,降温20＋10＝30℃。

由于固定支座设置在中间的一个桥墩上,该墩为变形零点,则梁长伸缩变形较大的一侧的梁长为80＋50＝130m,故

梁长变化＝(80＋50)×0.00001×(30＋19)＝0.0637m

第三节　梁桥的构造与设计

复习要点

本节主要熟悉连续梁桥、先简支后连续结构桥梁受力特点、构造设计;简支梁桥受力特点、构造设计;弯桥、斜桥、坡桥的受力特点与构造;桥梁下部结构的类型及其构造要求。了解桥梁下部结构的设计计算方法。

典　型　习　题

一、单项选择题

1. 桥梁在垂直荷载作用下,支承处仅产生竖向反力。其主要承重构件是(　　)。
（A）桥面板　　　　　　　　　（B）桥墩
（C）主梁　　　　　　　　　　（D）桥面铺装

2. 属于超静定结构,综合了连续梁和T型刚构的受力特点,适合于薄壁柔性高墩结构的梁式桥是(　　)。
（A）简支梁桥　　　　　　　　（B）悬臂梁桥
（C）连续刚构桥　　　　　　　（D）连续梁桥

3. 承重结构不间断的连续跨越多个桥孔而形成的超静定结构的桥梁是(　　)。
（A）简支梁桥　　　　　　　　（B）悬臂梁桥
（C）连续梁桥　　　　　　　　（D）钢架桥

4. 将简支梁梁体加长,并越过支点就可以成为(　　)。
（A）门式钢架桥　　　　　　　（B）悬臂梁桥
（C）连续梁桥　　　　　　　　（D）T形钢架桥

5. 四边支承的板,当长边长度与短边长度之比等于或大于(　　)时,可按短边计算跨径的单向板计算;若该比值小于(　　)时,则应按双向板计算。

(A)1　　　　　　　(B)1.3　　　　　　　(C)2　　　　　　　(D)2.5

6. 当整体式斜板桥的斜交角(板的支承轴线的垂直线与桥纵轴线的夹角)不大于(　　)时,可按正交板计算。

(A)15°　　　　　　　　　　　　(B)5°

(C)45°　　　　　　　　　　　　(D)30°

7. 主梁截面在一定的截面面积下能获得较大的抗弯惯矩,具有几乎同等的承受正、负弯矩的能力,特别适用于较大跨径的连续梁桥、连续钢构桥的桥梁是(　　)。

(A)板桥　　　　　　　　　　　　(B)箱形梁桥

(C)板肋式梁桥　　　　　　　　　(D)小箱梁桥

8. 整体式板桥的跨径通常与板宽相差不大,在车辆荷载的作用下的受力状态为(　　)。

(A)纵向单向受力　　　　　　　　(B)横向单向受力

(C)双向受力　　　　　　　　　　(D)三向受力

9. 预应力混凝土梁中通常不设(　　)。

(A)斜筋　　　　　　　　　　　　(B)水平分布钢筋

(C)箍筋　　　　　　　　　　　　(D)架立钢筋

10. T形、I形截面梁应设跨端和跨间横隔梁。当梁横向刚性连接时,横隔梁间距不应大于(　　)。

(A)10m　　　　　　　　　　　　(B)5m

(C)15m　　　　　　　　　　　　(D)20m

11. 为了保证桥梁的耐久性和受力的均应性,预制 T 形截面梁的桥面板横向连接和横隔梁连接宜采用(　　)。

(A)现浇混凝土整体连接　　　　　(B)预埋钢板螺栓连接

(C)预埋钢板焊接连接　　　　　　(D)预留钢筋绑扎连接

12. 在跨径 l 与集中荷载 p 相同的情况下,简支体系梁桥与连续体系梁桥比较,下列说法错误的是(　　)。

(A)简支体系的跨中弯矩较大

(B)简支体系梁桥伸缩缝多,不利于高速行车

(C)连续体系由于支点负弯矩的存在,使跨中正弯矩值显著减小

(D)简支体系梁桥的弯矩图面积比连续体系梁桥小很多

13. 关于简支刚构桥,下列说法错误的是( )。

(A)在施工中属于简支结构,在使用中属于连续梁受力体系

(B)在施工中属于简支结构,在使用中属于刚构受力体系

(C)因无支座(梁端除外),不存在支座易损坏、难维修、更换等问题

(D)无伸缩缝(梁端除外),不存在伸缩缝易损坏、难维修、更换等问题

14. 当受拉区主筋的混凝土保护层厚度大于 50mm 时,在保护层内设置的钢筋网尺寸合理的是( )。

(A)直径 6mm、间距 120mm   (B)直径 8mm、间距 120mm

(C)直径 6mm、间距 100mm   (D)直径 10mm、间距 120mm

15. 预应力混凝土梁桥中,用以保证桥梁在恒、活载作用下纵向跨越能力的主要受力钢筋是( )。

(A)纵向预应力筋   (B)横向预应力筋

(C)竖向预应力筋   (D)箍筋

16. 预应力混凝土箱梁中,竖向预应力筋通常布置在箱梁的( )。

(A)横隔板中   (B)顶板中

(C)腹板中   (D)底板中

17. 对于弯桥配筋,( )明显多于同等跨径的直线桥梁。

(A)纵向预应力筋   (B)横向预应力筋

(C)竖向预应力筋   (D)防崩钢筋

18. 先简支后连续结构中,后期运营中不能形成的结构形式是( )。

(A)桥面连续梁桥   (B)连续梁桥

(C)连续刚构桥   (D)悬臂梁桥

19. 对于某根主梁某一截面的内力值的确定,在桥梁纵、横向均引入影响线的概念,将空间问题简化成为平面问题。其中把横向结构(桥面板和横隔板)视作在主梁上断开而简支在其上的简支梁或带悬臂的简支梁(对于边梁)。符合此假定的荷载横向分布计算方法是( )。

(A)杠杆原理法   (B)偏心压力法

(C)横向刚接梁法   (D)横向铰接板法

20. 关于斜板梁的受力特点,下列说法错误的是( )。

(A)简支斜板的纵向主弯矩比跨径为斜跨长 l_{ϕ}、宽度为 b 的矩形板要小

(B)斜板的荷载有向支承边的最短距离传递分配的趋势

(C)斜板的最大纵向弯矩和横向弯矩均比正板大得多

(D)斜板在支承边上的反力很不均匀,钝角角隅的反力可能比正板大数倍

21. 对 T 形截面梁跨端及跨间横隔梁的设置,下列说法正确的是( )。
(A)跨端及跨间横隔梁都不需设置 (B)跨端及跨间横隔梁都必须设置
(C)只需设置跨端横隔梁 (D)只需设置跨间横隔梁

22. 装配式 T 形简支梁桥内配置箍筋的作用,下面说法正确的是( )。
(A)增大主梁的抗弯刚度
(B)能提高主梁正截面强度
(C)防止因混凝土收缩而导致梁表面出现裂缝
(D)增强主梁的抗剪能力

23. 一座施工时有体系转换的连续梁桥,关于其主梁自重内力计算方法,下列选项正确的是( )。
(A)与体系转换的情况及施工方法、顺序有关
(B)与体系转换的情况及施工方法、顺序无关
(C)只与体系转换的情况有关,与施工方法、顺序无关
(D)只与施工方法、顺序有关,与体系转换的情况无关

24. [2019 年考题]四边支承的板,按双向板计算时,长边长度与短边长度之比小于( )。
(A)3.0 (B)2.5
(C)2.0 (D)1.5

25. [2019 年考题]采用钻孔灌注法施工的摩擦桩,其桩中距不应小于桩直径的( )。
(A)1.5 (B)2.0
(C)2.5 (D)3.0

26. [2019 年考题]Ⅰ类环境条件下,梁、板的普通钢筋和预应力直线形钢筋的最小混凝土保护层厚度是( )。
(A)35mm (B)30mm
(C)20mm (D)15mm

27. [2019 年考题]公路桥梁预应力混凝土构件的混凝土强度等级不应低于( )。
(A)C50 (B)C40
(C)C35 (D)C30

二、多项选择题

1. 梁桥按承重结构的截面形式可分为( )。
 (A)板桥   (B)肋梁式桥
 (C)箱形梁桥   (D)装配式简支梁桥

2. 混凝土梁桥按承重结构的静力体系可分为( )。
 (A)简支梁桥   (B)悬臂梁桥
 (C)T 形刚构桥   (D)连续梁桥

3. 预应力混凝土 T 形简支梁除主要的纵向预应力筋外,预应力混凝土梁内还有( )等普通钢筋。
 (A)架立钢筋   (B)水平分布钢筋
 (C)承受局部应力的钢筋   (D)翼板钢筋

4. 空心板桥应用广泛,但跨径不宜过大,钢筋混凝土空心简支板桥的标准跨径可以采用( )。
 (A)6m   (B)8m
 (C)10m   (D)13m

5. 预应力混凝土简支 T 梁桥的梁肋下部通常加宽做成马蹄形,其主要目的是( )。
 (A)满足局部承压需要   (B)增强稳定性
 (C)便于布置预应力钢筋   (D)减薄梁肋

6. 钢筋混凝土连续梁桥和预应力混凝土连续梁桥在立面上都可以做成( )。
 (A)等跨   (B)等高
 (C)不等跨   (D)不等高

7. 简支梁桥中,通常需要设置横隔板的位置是( )。
 (A)支点   (B)1/8 处
 (C)1/4 处   (D)1/2 处

8. 预应力混凝土连续梁桥中,纵向预应力筋主要用于抵抗纵向弯矩和部分剪力,通常布置在( )。
 (A)顶板中   (B)横隔板中
 (C)底板中   (D)腹板中

9. 预应力混凝土连续梁桥中,横向预应力筋是用以保证桥梁的横向整体性,桥面板及横隔板横向抗弯能力的主要受力钢筋,一般布置在( )。

    (A)顶板中   (B)横隔板中

    (C)底板中   (D)腹板中

10.引起超静定体系的连续梁桥产生次内力的原因有( )。

    (A)预加力

    (B)温度变化

    (C)混凝土收缩徐变

    (D)墩台基础不均匀沉降

11.对于梁式桥,持久状态承载能力极限状态验算主要包括( )。

    (A)正截面抗弯承载力   (B)斜截面抗剪承载力

    (C)正截面抗压承载力   (D)斜截面抗裂性验算

12.对于梁式桥,持久状态正常使用极限状态验算主要包括( )。

    (A)正截面抗裂性验算

    (B)斜截面抗裂性验算

    (C)混凝土受弯构件挠度验算

    (D)混凝土构件裂缝宽度验算

13.简支梁桥常用的荷载横向分布计算方法有( )。

    (A)刚性横梁法   (B)杠杆原理法

    (C)横向铰接板法   (D)等代简支梁法

14.弯桥的受力特点包括( )。

    (A)弯桥的变形比同样跨径直线桥要小

    (B)弯桥梁间横梁与直线桥相比,其刚度一般较大

    (C)弯桥即使截面在对称荷载作用下也会产生较大的扭转

    (D)弯桥支点反力与直线桥相比,曲线外侧大、内侧变小,内侧甚至出现负反力

15.影响弯桥受力的主要因素有( )。

    (A)圆心角   (B)弯扭刚度比

    (C)曲率半径   (D)扇性惯矩

三、案例题

1.四梁装配简支 T 形梁桥,标准跨径 16m,计算跨径 15.5m,4 根 2m 宽 T 形梁,净宽 7m,人行道 2×1.0m,细部尺寸如图所示,其中主梁重力密度 $\gamma = 25$kN/m³;桥面铺装:80mm 厚沥青混凝土,重力密度 23kN/m³;10mm 厚沥青混凝土,重力密度 20kN/m³,人群荷载取 3.0kN/m。

每片梁的延米荷载接近(　　)。

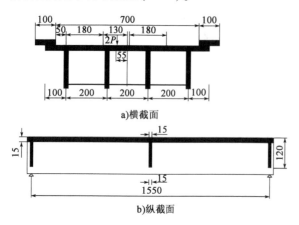

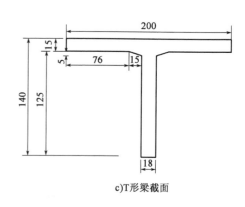

c)T形梁截面

题1图　简支T形梁桥计算简图(尺寸单位:cm)

（A）23.39kN/m　　　　　　　　　　　（B）25.67kN/m

（C）26.75kN/m　　　　　　　　　　　（D）27.35kN/m

2. 上图所示的钢筋混凝土T形梁桥,共设4根主梁。其荷载位于支点处时最左侧边梁相应于汽车荷载的横向分布系数接近(　　)。

（A）0.31　　　　　　　　　　　　　　（B）0.50

（C）0.55　　　　　　　　　　　　　　（D）0.60

3. 上图所示的钢筋混凝土T形梁桥,共设4根主梁(忽略横梁的作用)。则第1题条件下主梁在自重作用下的跨中最大弯矩接近(　　)。

（A）699.43kN·m　　　　　　　　　　（B）731.33kN·m

（C）731.97kN·m　　　　　　　　　　（D）716.7kN·m

4. 某简支T形梁桥的计算跨径 $l=29.12m$,跨度内从支点到第一根横隔梁之间的距离 $a=4.96m$,冲击系数 $\mu=0.276$ 。跨中荷载横向分布系数 $m_{cq}=0.635$,支点荷载横向分布系数 $m_{0q}=0.409$,车道荷载标准值 $q_k=10.5kN/m$, $P_k=318.24kN$ 。则主梁在汽车荷载作用下的跨中最大弯矩接近(　　)。

（A）1899kN·m　　　　　　　　　　　（B）2084kN·m

（C）2532kN·m　　　　　　　　　　　（D）2799kN·m

5. 某简支T形梁桥的计算跨径 $l=29.12m$,跨度内从支点到第一根横隔梁之间的距离 $a=4.96m$,冲击系数 $\mu=0.276$ 。跨中荷载横向分布系数 $m_{cq}=0.635$,支点荷载横向分布系数 $m_{0q}=0.409$,车道荷载标准值 $q_k=10.5kN/m$, $P_k=1.2\times318.24kN$ 。则主梁在汽车荷载作用下的支点最大剪力接近(　　)。

（A）316.09kN　　　　　　　　　　　（B）289.94kN

（C）237.07kN　　　　　　　　　　　（D）217.46kN

6. [2020年考题]某重力式桥墩,基底截面为矩形,截面尺寸为纵向 $D=230\text{cm}$,横向 $B=350\text{cm}$,竖向力 $N=12700\text{kN}$,水平力 $P=3140\text{kN}$。基础与土壤的摩擦系数 $f=0.35$。基底的滑动稳定系数为(　　)。

(A)1.32　　　　　　　　　　　　(B)1.42

(C)1.48　　　　　　　　　　　　(D)2.10

7. [2020年考题]某公路桥设计拟采用柱式桥墩、桩基础,桩基直径拟采用 1.50m,下列拟定的桩基承台厚度数据中,符合规范要求的是(　　)。

(A)1.40m　　　　　　　　　　　(B)1.60m

(C)2.10m　　　　　　　　　　　(D)2.50m

8. [2020年考题]某公路桥的桥墩拟采用直径 1.5m 的钻孔灌注桩,已知单桩桩顶轴向承载力特征值 R_a 为12000kN。桩基处土层从上到下分为三层,第一层为硬塑黏土,$q_{1k}=50\text{kPa}$,层厚为5m。第二层为中砂层,$q_{2k}=70\text{kPa}$,层厚为6m。第三层为卵石层,$q_{3k}=160\text{kPa}$,该土层修正后的桩端土承载力特征值 $q_r=2000\text{kPa}$,其单桩长度应取(　　)。

(A)30m　　　　　　　　　　　　(B)26m

(C)25m　　　　　　　　　　　　(D)20m

9. [2021年考题]某公路钢筋混凝土梁矩形截面,宽 1.00m,高 2.00m,采用 C50 混凝土(轴向抗拉强度设计值 f_{td} 为 1.83MPa),计划配置 HRB400 钢筋(抗拉强度设计值 f_{sd} 为 330MPa),假设配筋后的截面有效高度为 1.60m。请问受拉一侧至少配置(　　)根直径 25mm 的钢筋(计算截面积为 $4.91\times10^{-4}\text{m}^2$)才能满足受拉主筋最小配筋百分率的要求。

(A)8　　　　　　　　　　　　　(B)9

(C)10　　　　　　　　　　　　(D)11

10. [2021年考题]某钢筋混凝土桥墩,圆形截面,截面直径 1.50m,构件计算长度 $l_0=12.75\text{m}$,混凝土强度等级为 C45,其抗压强度设计值 $f_{cd}=20.5\text{MPa}$;纵向主钢筋采用 HRB400 普通钢筋,其抗压强度设计值 $f_{sd1}=330\text{MPa}$,纵向配筋率为 3.5%;箍筋采用 HRB300 普通钢筋,其抗压强度设计值 $f_{sd2}=250\text{MPa}$。试计算该桥墩应具备的最小轴向受压承载力为(　　)。

(A)31952kN　　　　　　　　　　(B)48836kN

(C)49954kN　　　　　　　　　　(D)56637kN

参考答案及解析

一、单项选择题

1.【答案】C

【解析】梁桥的承重结构是主梁,其基本受力特征为弯曲,在垂直荷载作用下,支承处仅产生竖向反力。

2.【答案】C

【解析】连续刚构桥属于超静定结构,综合了连续梁和 T 型刚构的受力特点,适合于薄壁柔性高墩结构。

3.【答案】C

【解析】连续梁桥是指主梁连续跨过两跨或两跨以上的桥梁。这种体系的主要特点是承重结构不间断地连续跨越多个桥孔而形成超静定结构。

4.【答案】B

【解析】将简支梁梁体加长,并越过支点就可成为悬臂梁桥。悬臂梁桥至少有三孔,或是中孔采用简支挂梁的单悬臂梁桥,或是双悬臂梁结构的跨线桥。

5.【答案】C

【解析】根据《公路钢筋混凝土及预应力混凝土桥涵设计规范》(JTG 3362—2018)第 4.2.1 条:四边支承的板,当长边长度与短边长度之比等于或大于 2 时,可按短边计算跨径的单向板计算;若该比值小于 2 时,则应按双向板计算。

6.【答案】A

【解析】根据《公路钢筋混凝土及预应力混凝土桥涵设计规范》(JTG 3362—2018)第 4.2.4 条:当支承轴线的垂直线与桥纵轴线的夹角即斜交角不大于 15° 时,整体式斜板桥的斜交板可按正交板计算;当 $l/b \leqslant 1.3$ 时,其计算跨径取两支承轴线间的垂直距离;当 $l/b > 1.3$ 时,其计算跨径取斜跨径长度。以上 l 为斜跨径,b 为垂直于桥纵轴线的板宽。

7.【答案】B

【解析】箱形梁桥横截面在一定的截面面积下能获得较大的抗弯惯性矩,具有几乎同等的承受正、负弯矩的能力。另外,闭合箱形梁具有比相应肋板式截面大得多的抗扭刚度,在偏心的活载作用下箱梁的受力比较均匀,因此,箱形截面梁特别适用于较大跨径的连续梁桥、连续刚构桥。

8.【答案】C

【解析】整体式板桥的跨径通常与板宽相差不大,在车辆荷载作用下处于双向受力状态,因此,除了配置纵向受力钢筋(直径不应小于 10mm),还需在板内设置垂直于主钢筋的横向分布钢筋。

9.【答案】A

【解析】除主要的纵向预应力筋外,预应力混凝土主梁内还设有架立钢筋、箍筋、水平分布钢筋、承受局部应力的钢筋等其他非预应力钢筋。

10.【答案】A

【解析】根据《公路钢筋混凝土及预应力混凝土桥涵设计规范》(JTG 3362—2018)第9.3.1条:

(1)在装配式 T 形梁桥中,应设置跨端和跨间横隔梁。当梁间横向采用刚性连接时,横隔梁间距不应大于10m。

(2)在装配式组合箱梁中,应设置跨端横隔梁,跨间横隔梁宜根据结构的具体情况设置。

(3)在箱形截面梁桥中,应设置箱内端横隔板。内半径小于240m 的弯箱梁应设跨间横隔板,其间距对于钢筋混凝土箱形截面梁不应大于10m;对于预应力箱形截面梁则应经结构分析确定。悬臂跨径50m 及以上的箱形截面悬臂梁桥在悬臂中部尚应设跨间横隔板。条件许可时,箱形截面梁桥的横隔板应设检查用人孔。

在装配式简支 T 形梁桥中,横隔梁必须设置,以保证各片主梁能相互连接成整体,共同参与受力。

11.【答案】A

【解析】《公路钢筋混凝土及预应力混凝土桥涵设计规范》(JTG 3362—2018)第9.3.15条规定:预制 T 形截面梁的桥面板横向连接,宜采用现浇混凝土整体连接,主钢筋可采用环形连接。预制 T 形截面梁的横隔梁连接,宜采用现浇混凝土整体连接。预制梁混凝土与用于整体连接的现浇混凝土龄期之差不应超过3个月。

12.【答案】D

【解析】当跨径 l 和荷载集度 p 相同的情况下,简支体系的跨中弯矩最大,连续体系则由于支点负弯矩的存在,使跨中正弯矩值显著减小,就表征材料用量的弯矩图面积大小(绝对值)而言,连续体系比简支体系小很多。

13.【答案】A

【解析】简支刚构桥在施工中属于简支结构,在使用中属于刚构受力体系,对基础要求高,温度、混凝土收缩徐变影响大;服役期受力性能和行车舒适性方面较简支梁桥或先简支后桥面连续梁桥更优越;因无伸缩缝(梁端除外),也就不存在伸缩缝易损坏、难维护等问题;因无支座(梁端除外),也就不存在支座易损坏、难维护、难更换等问题。

14.【答案】C

【解析】当受拉区主筋的混凝土保护层厚度大于50mm 时,应在保护层内设置直径不小于6mm、间距不大于100mm 的钢筋网。

15.【答案】A

【解析】预应力混凝土梁桥中,预应力筋是主要的受力钢筋。所以,保证桥梁在恒、活载作用下纵向跨越能力的主要受力钢筋是纵向预应力筋。

16.【答案】C

【解析】预应力混凝土箱梁中,竖向预应力筋主要抵抗竖向剪力,通常布置在箱梁的腹板中。

17.【答案】D

【解析】弯桥中预应力效应对支反力的分配有较大影响,计算支座反力时必须考虑预应力效应的影响。同时,预应力张拉及长期使用中存在较大的径向崩力,必须设置足够的防崩钢筋,以免混凝土遭受破坏。

18.【答案】D

【解析】简支变连续梁桥主要的方式有桥面连续梁桥、连续梁桥和墩梁固结的连续刚构桥,悬臂梁桥在实际应用中基本不用。

19.【答案】A

【解析】按杠杆原理法计算荷载横向分布的基本假定是忽略主梁之间横向结构的联系作用,即假设桥面板在主梁上断开,而视作沿横向支承在主梁上的简支板或单悬臂(对边主梁)简支板来考虑;偏心压力法(也称刚性横梁法),把横隔梁视作刚性,即在荷载作用下,各主梁挠度呈线性变化;当计及主梁抗扭刚度影响时,此法又称为修正偏心压力法;横向刚接梁法是把相邻主梁之间视为刚性连接,即同时传递剪力和弯矩;横向铰接板(梁)法是把相邻板(梁)间的连接视为铰接,只传递剪力。

20.【答案】C

【解析】斜弯桥受力与构造斜板桥的受力特点是:简支斜板的纵向主弯矩比跨径为斜跨长 l_ϕ、宽度为 b 的矩形板要小,并随斜交角的增大而减小;斜板的荷载有向支承边的最短距离传递分配的趋势;斜板的最大纵向弯矩虽比相应的正板小,但横向弯矩却比正板大得多,跨中部分的横向弯矩尤其突出;斜板在支承边上的反力很不均匀,钝角角隅处的反力可能比正板大数倍,而锐角处的反力却有所减小,甚至出现负反力。

21.【答案】B

【解析】早期的高速公路 T 形梁桥采用不设跨间横隔梁的构造,主要为施工方便,设计单位认为通过了结构计算,使用就没问题,但实际运营中病害严重。桥梁计算、验算很难完全实现任何局部构造都得到准确分析与验算,为确保桥梁设计可靠、施工方便、使用安全耐久,必须对桥梁结构构造、钢筋构造设计等做出相应规定。《公路钢筋混凝土及预应力混凝土桥涵设计规范》(JTG 3362—2018)第 9.3.1-1 条规定,在装配式 T 形梁桥中,应设跨端和跨间横隔梁。

22.【答案】D

　　【解析】箍筋的一个主要作用是用于斜截面抗剪。

23.【答案】A

　　【解析】连续梁桥主梁自重内力计算与体系转换的情况及施工方法、顺序有关。

24.【答案】C

　　【解析】根据《公路钢筋混凝土及预应力混凝土桥涵设计规范》(JTG 3362—2018)第4.2.1条,四边支承的板,当长边长度与短边长度之比大于或等于 2 时,可按短边计算跨径的单向板计算;否则,应按双向板计算。

25.【答案】C

　　【解析】根据《公路桥涵地基与基础设计规范》(JTG 3363—2019)第6.2.6条:

　　(1)关于摩擦桩。锤击、静压沉桩,在桩端处的中距不应小于桩径(或边长)的 3 倍,对于软土地基宜适当增大;振动沉入砂土内的桩,在桩端处的中距不应小于桩径(或边长)的 4 倍。桩在承台底面处的中距不应小于桩径(或边长)的 1.5 倍。钻孔桩中距不应小于桩径的 2.5 倍。挖孔桩中距可参照钻孔桩采用。

　　(2)关于端承桩。支承或嵌固在基岩中的钻(挖)孔桩中距,不宜小于桩径的 2.0 倍。

　　(3)关于扩底灌注桩。钻(挖)孔扩底灌注桩中距不应小于 1.5 倍扩底直径或扩底直径加 1.0m,取较大者。

26.【答案】C

　　【解析】《公路钢筋混凝土及预应力混凝土桥涵设计规范》(JTG 3362—2018)第9.1.1条第 3 款规定:最外侧钢筋的混凝土保护层厚度应不小于表9.1.1(下表)的规定值。

混凝土保护层最小厚度 c_{min}(mm)　　　　　　　　　　　　　题 26 解表

构件类别	梁、板、塔、拱圈、涵洞上部		墩台身、涵洞下部		承台、基础	
设计使用年限(年)	100	50、30	100	50、30	100	50、30
Ⅰ类-一般环境	20	20	25	20	40	40
Ⅱ类-冻融环境	30	25	35	30	45	40
Ⅲ类-近海或海洋氯化物环境	35	30	45	40	65	60
Ⅳ类-除冰盐等其他氯化物环境	30	25	35	30	45	40
Ⅴ类-盐结晶环境	30	25	40	35	45	40
Ⅵ类-化学腐蚀环境	35	30	40	35	60	55
Ⅶ类-磨蚀环境	35	30	45	40	65	60

　　注:1.表中数值是针对各环境类别的最低作用等级、按规范第4.5.3条要求的最低混凝土强度等级,以及钢筋和混凝土无特殊防腐措施规定的。

　　2.对工厂预制的混凝土构件,其保护层最小厚度可将表中相应数值减小 5mm,但不得小于 20mm。

　　3.表中承台和基础的保护层最小厚度,是针对基坑底无垫层或侧面无模板的情况规定的;对于有垫层或有模板的情况,保护层最小厚度可将表中相应数值减少 20mm,但不得小于 30mm。

27.【答案】B

【解析】根据《公路钢筋混凝土及预应力混凝土桥涵设计规范》(JTG 3362—2018)第3.1.2条,公路桥涵受力构件的混凝土强度等级应按下列规定采用:

(1)钢筋混凝土构件不低于C25;当采用强度标准值400MPa及以上钢筋时,不低于C30。

(2)预应力混凝土构件不低于C40。

二、多项选择题

1.【答案】ABC

【解析】梁桥按承重结构的截面形式可分为板桥、肋梁式桥、箱形梁桥。装配式简支梁桥是肋梁式桥中一种。

2.【答案】ABCD

【解析】在钢筋混凝土与预应力混凝土梁式桥体系中,简支梁、悬臂梁和连续梁是三种古老的梁式结构体系。20世纪50年代末,在传统的钢桥悬臂拼装方法基础上,经改进和发展,使预应力混凝土梁式桥中的悬臂体系得到新的发展,形成了T形刚构桥,随后,又进一步将T形刚构粗厚桥墩减薄,形成柔性桥墩,使墩梁固结形成连续刚构桥。

3.【答案】ABCD

【解析】除主要的纵向预应力筋外,预应力混凝土梁内还有架立钢筋、箍筋、水平分布钢筋、承受局部应力的钢筋及翼板钢筋等普通钢筋。

4.【答案】ABCD

【解析】空心板桥应用广泛,但跨径不宜过大,钢筋混凝土空心简支板桥的标准跨径不宜超过13m。

5.【答案】ACD

【解析】预应力混凝土简支T梁的梁肋下部通常要加宽做成马蹄形,以便预应力钢束的布置,满足局部承压需要。为了配合钢丝束的起弯,在梁端能布置预应力锚头,在靠近支点处腹板也要加厚与马蹄部分同宽,加选范围最好在一倍梁高(离锚固端)左右,这样就形成了沿纵向腹板厚度发生变化、马蹄部分也逐渐加高的变截面T梁,可以减轻自重。

6.【答案】ABCD

【解析】不论是钢筋混凝土连续梁桥,还是预应力混凝土连续梁桥,在立面上都可以做成等跨和不等跨,等高和不等高(变截面)。

7.【答案】ACD

【解析】横隔板的主要作用是增加箱梁刚度,限制箱梁的畸变,跨中横隔板还可有效防止因箱梁二次预应力张拉产生的径向力引起跨中区段底板崩裂破坏。所以,在支承处通常需要设置横隔板。简支梁的横隔板可以在支承支点、跨中和四分之一跨部位增设横隔板。

8.【答案】ACD

【解析】纵向预应力筋采用钢绞线,按受力需要设置,用于抵抗纵向弯矩,纵向下弯预应力筋还可抵抗部分剪力。沿桥跨方向的纵向力筋又称为主筋,它是用以保证桥梁在恒、活载作用下纵向跨越能力的主要受力钢筋,可布置在顶板、底板和腹板中。

9.【答案】AB

【解析】横向预应力筋是用以保证桥梁的横向整体性、桥面板及横隔板横向抗弯能力的主要受力钢筋,一般布置在横隔板和顶板中。

10.【答案】ABCD

【解析】对于超静定体系的连续梁桥,预加力、墩台基础不均匀沉降、温度变化、混凝土收缩徐变等会引起结构产生次内力。

11.【答案】ABC

【解析】对于梁式桥,持久状态承载能力极限状态验算主要包括:正截面抗弯承载力、斜截面抗剪承载力、正截面抗压承载力、正截面抗拉承载力、抗扭承载力、局部抗压承载力等的验算。

12.【答案】ABCD

【解析】为保证桥梁正常使用和耐久性,持久状态正常使用极限状态验算须对下列项目进行验算:预应力构件正截面、斜截面抗裂性验算;钢筋混凝土和 B 类预应力混凝土构件裂缝宽度验算;钢筋混凝土和预应力混凝土受弯构件挠度验算。

13.【答案】ABC

【解析】简支梁桥常用的荷载横向分布计算方法有杠杆原理法、偏心压力法(也称刚性横梁法)、横向铰接板(梁)法、横向刚接梁法和比拟正交异性板法。

14.【答案】BCD

【解析】弯桥具有如下受力特点:弯桥的变形比同样跨径直线桥要大;弯桥即使截面在对称荷载作用下也会产生较大的扭转;弯桥的支点反力与直线桥相比,曲线外侧大、内侧变小,内侧甚至出现负反力;弯桥梁间横梁除具有直线桥中横梁同样的作用外,还是保持全桥稳定的重要构件,与直线桥相比,其刚度一般较大;弯桥中空间预应力效应对支反力的分配有较大影响。

15.【答案】ABCD

【解析】影响弯桥受力的主要因素有圆心角、桥宽与曲率半径、扇性惯矩和弯扭刚度比。

三、案例题

1. 【答案】A

【解析】主梁:截面积 $A = 5325\text{cm}^2$,重力密度 $\gamma = 25\text{kN/m}^3$, $g_1 = A \cdot \gamma = 13.31\text{kN/m}$。

桥面铺装:80mm 厚沥青混凝土,截面积 1600cm^2,重力密度 23kN/m^3, $g_2 = 3.68\text{kN/m}$;

10mm 厚沥青混凝土,截面积 200cm^2,重力密度 20kN/m^3, $g_3 = 0.40\text{kN/m}$。

人行道系: $g_4 = 6.00\text{kN/m}$。

则: $g = \sum g_i = 23.39\text{kN/m}$。

2. 【答案】C

【解析】荷载位于支点处,应采用杠杆原理法进行计算(下图)。

在荷载横向影响线上确定荷载沿横向最不利的布置位置。《公路桥涵设计通用规范》(JTG D60—2015)规定对于汽车荷载,车辆横向轮距为 1.80m,两列汽车车轮的横向最小间距为 1.30m,车轮离人行道缘石的最小距离为 0.5m。求出相应于荷载位置的影响线竖标值后,就可以得到 1 号梁的横向分布系数为: $m_0 = \dfrac{1}{2} \times \left(1 + \dfrac{2 - 1.8}{2}\right) = 0.55$。

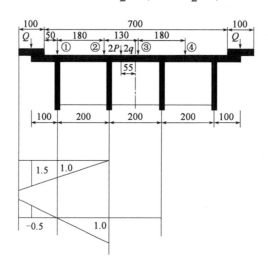

题 2 解图 影响线(尺寸单位:cm)

3. 【答案】A

【解析】主梁弯矩

$$M_{Gx} = \frac{gx}{2}(l - x) + \frac{x}{2}P$$

式中: l ——主梁计算跨径;

x ——距支点的距离。

则: $M_{G\frac{l}{2}} = \dfrac{1}{8} \times 15.5^2 \times 23.29 = 699.43\text{kN} \cdot \text{m}$

4.【答案】D

【解析】在内力计算时,对于横向分布系数的取值作如下考虑:计算弯矩时,均采用全跨统一的横向分布系数。

$$M_q = (1+\mu) \cdot \xi \cdot m_{cq} \cdot (q_k\Omega + p_k y)$$

$$= 1.276 \times 1 \times 0.635 \times \left(10.5 \times \frac{1}{8} \times 29.12^2 + 318.24 \times \frac{1}{4} \times 29.12\right)$$

$$= 2779\text{kN} \cdot \text{m}$$

5.【答案】A

【解析】在内力计算时,对于横向分布系数的取值作如下考虑:求支点截面剪力,由于主要荷载集中在支点附近,应考虑支承条件的影响,考虑横向分布系数沿桥跨的变化(即从支点到第一根内横隔梁之间)。

$$V_P = (1+\mu) \cdot \xi \cdot \left[m_{cq}q_k\Omega + m_{0q}P_k y_l + \frac{1}{2}q_k(m_{0q} - m_{cq}) \cdot a \cdot y_c\right]$$

$$= 1.276 \times 1 \times \left[0.635 \times 10.5 \times \frac{1}{2} \times 29.12 \times 1 + 0.409 \times 1.2 \times 318.24 \times 1 + \frac{1}{2} \times 10.5 \times\right.$$

$$\left.(0.409 - 0.635) \times 4.96 \times 0.943\right]$$

$$= 316.09\text{kN}$$

6.【答案】B

【解析】根据《公路桥涵地基与基础设计规范》(JTG 3363—2019)第5.4.2条,基底的滑动稳定系数:

$$k_c = \frac{\mu\sum P_i + \sum H_{iP}}{\sum H_{ia}} = \frac{0.35 \times 12700 + 0}{3140} = 1.42 > 1.3$$

根据表5.4.3,$k_c > [k_c]$,故滑动稳定性满足要求。

7.【答案】D

【解析】根据《公路桥涵地基与基础设计规范》(JTG 3363—2019)第6.2.7条第1款,承台的厚度不宜小于桩直径的1.5倍,且不宜小于1.5m,故承台厚度不小于$1.5 \times 1.50 = 2.25\text{m}$。

8.【答案】A

【解析】根据《公路桥涵地基与基础设计规范》(JTG 3363—2019)第6.3.3条:

$$R_a = \frac{1}{2}\mu\sum_{i=1}^{n}q_{ik}l_i + A_p q_r$$

设桩基进入第三层长度为$l_3(\text{m})$,代入数据:

$$12000 = \frac{1}{2} \times (3.14 \times 1.5) \times (50 \times 5 + 70 \times 6 + 160 \times l_3) + (3.14 \times 1.5 \times \frac{1.5}{4}) \times 2000$$

得$l_3 = 18.3\text{m}$;桩长$l = 5 + 6 + 18.3 = 29.3\text{m}$

即桩长不小于 29.3m。

9.【答案】B

【解析】根据《公路钢筋混凝土及预应力混凝土桥涵设计规范》(JTG 3362—2018)第 9.1.12 条第 2 款,受弯构件受拉钢筋的配筋百分率不应小于 $45f_{td}/f_{sd}$,同时不小于 0.2%。

$45f_{td}/f_{sd} = 45 \times 1.83/330 = 0.25 \geqslant 0.2$

$n = Bh_0 \times 0.25\%/A_s = 1.0 \times 1.6 \times 0.25\%/(4.91 \times 10^{-4}) = 8.14$ 根,取整 9 根。

10.【答案】B

【解析】根据《公路钢筋混凝土及预应力混凝土桥涵设计规范》(JTG 3362—2018)第 5.3.1 条,受压构件正截面抗压承载力的计算应符合:

$l_0/2r = 12.75/1.5 = 8.5$,查表 5.3.1,$\varphi = 0.98$

$A = 3.14 \times 1.5 \times 1.5/4 = 1.767$,$A_s = 3.5/100 \times 1.767 = 0.062$

纵向钢筋配筋率为 3.5% > 3%,应按毛截面计算,$A_n = A - A_s = 1.706$

$N_d = 0.9\varphi(f_{cd}A + f'_{sd}A'_s) = 0.9 \times 0.98 \times (20.5 \times 1.706 + 330 \times 0.062)/1.0 = 48841\text{kN}$

第四节　钢结构桥梁构造与设计

复习要点

本节主要掌握钢结构桥梁的基本构造要求;熟悉钢结构桥梁疲劳裂缝的主要类型;了解钢结构桥梁抗震构造措施。

典 型 习 题

一、单项选择题

1.除轧制型钢、正交异性板的闭口加劲肋、填板外,其他受力钢构件的板厚不应小于(　　)。

　　(A)6mm　　　　　　(B)8mm　　　　　　(C)10mm　　　　　　(D)12mm

2.正交异性钢桥面板纵向加劲肋宜等间距布置,不等间距布置时,最大间距不宜超过最小间距的(　　)倍。

　　(A)0.75 倍　　　　　(B)1.0 倍　　　　　(C)1.2 倍　　　　　(D)1.5 倍

3.疲劳荷载计算模型Ⅱ采用双车模型,两辆模型车轴距与轴重相同。加载时,两模型车的中心距不得小于(　　)。

（A）20m　　　　　　　　　　　（B）30m
（C）40m　　　　　　　　　　　（D）50m

4. 钢板梁的主梁腹板设置加劲肋的目的是为了保证(　　　)。
　　（A）主梁的强度　　　　　　　　（B）主梁的整体稳定
　　（C）腹板的局部稳定　　　　　　（D）主梁的刚度

5. 钢管构件设加劲板时,环形加劲板的间距应不大于钢管外径的(　　　)。
　　（A）2.5 倍　　　　　　　　　　（B）3 倍
　　（C）3.5 倍　　　　　　　　　　（D）4 倍

6. 为提高梁在弯矩作用下的强度和刚度,应尽可能使梁的(　　　)。
　　（A）翼缘厚而窄　　　　　　　　（B）翼缘宽薄而腹板窄厚
　　（C）腹板薄而宽　　　　　　　　（D）腹板厚而窄

7. 结构或节点的疲劳强度与(　　　)关系不大。
　　（A）钢材种类　　　　　　　　　（B）应力循环次数
　　（C）节点的制作工艺和质量　　　（D）应力集中系数

8. 引起钢材疲劳破坏的荷载为(　　　)
　　（A）静力荷载　　　　　　　　　（B）产生拉应力的循环荷载
　　（C）冲击荷载　　　　　　　　　（D）产生全压应力的循环荷载

二、多项选择题

1. 公路钢桥设计中宜选用的钢材是(　　　)。
　　（A）Q235 钢　　　　　　　　　（B）Q345 钢
　　（C）Q390 钢　　　　　　　　　（D）Q420 钢

2. 平纵联的作用有(　　　)。
　　（A）承受水平荷载　　　　　　　（B）横向支撑弦杆
　　（C）减小弦杆在主桁平面外的自由长度　（D）增加结构的横向抗扭刚度

参考答案及解析

一、单项选择题

1.【答案】B
　　【解析】根据《公路钢结构桥梁设计规范》(JTG D64—2015)第5.1.3条,除轧制型钢、正交异性板的闭口加劲肋、填板外,其他受力钢构件的板厚不应小于 8mm。

2.【答案】C

【解析】根据《公路钢结构桥梁设计规范》(JTG D64—2015)第 8.2.3 条,正交异性钢桥面板纵向加劲肋宜等间距布置,不等间距布置时,最大间距不宜超过最小间距的 1.2 倍。

3.【答案】C

【解析】根据《公路钢结构桥梁设计规范》(JTG D64—2015)第 5.5.2 条,疲劳荷载计算模型 Ⅱ 采用双车模型,两辆模型车轴距与轴重相同。加载时,两模型车的中心距不得小于 40m。

4.【答案】C

【解析】钢板梁桥为了防止主梁腹板在弯曲压应力作用下的弯压失稳,可同时设置横向加劲肋和纵向加劲肋。局部失稳指钢结构中,受压、受弯、受剪或在复杂应力下的板件由于宽厚比过大,板件发生屈曲的现象。

5.【答案】B

【解析】《公路钢结构桥梁设计规范》(JTG D64—2015)第 10.2.8 条规定,钢管构件设加劲板时,环形加劲板的间距应不大于钢管外径的 3 倍。

6.【答案】C

【解析】为提高主梁在弯矩作用下的强度和刚度,应尽可能选择合理的截面形状,目的是在用料相同的情况下,尽量增大截面的惯性矩。

7.【答案】A

【解析】钢桥疲劳可以定义为在反复循环应力作用下,从缺陷或疵点处引发的局部微细裂纹的形成和缓慢扩展直至最后发生断裂的一种进行性破坏行为。钢梁的结构构造、板厚、连接、成型、切割、焊接等均会影响结构的应力集中情况,各类构造具有不同的表面状态、焊接工艺、加工过程,因此也就具有不同的疲劳强度。

8.【答案】B

【解析】在轴力往复循环作用下,尽管最大拉/压应力小于材料的屈服强度,但在数量级为百万次的轴力往复循环作用下,钢结构可能产生疲劳裂纹,甚至断裂。

二、多项选择题

1.【答案】ABCD

【解析】根据《公路钢结构桥梁设计规范》(JTG D64—2015)第 3.1.2 条,钢材宜选用 Q235 钢、Q345 钢、Q390 钢和 Q420 钢,其质量应分别符合《碳素结构钢》(GB/T 700—2006)和《低合金高强度结构钢》(GB/T 1591—2018)的规定。

2.【答案】ABC

【解析】联结系分为纵向联结系和横向联结系,其作用是将主桁联结起来,使桥跨结构成为稳定的空间结构,能承担各种水平向荷载。纵向联结系设在主桁的上、下平面内,其中位于主桁上弦杆平面内的称为上平纵联,位于主桁下弦杆平面内的称为下平纵联。纵向联结系的主要作用是承受作用于桥跨结构上的横向水平荷载,此外还可以作为横向支撑以减小弦杆面外自由长度。

第五节　桥涵水文

本节主要熟悉以下内容:水位、流速、流量、设计洪水频率、设计水位、通航水位、设计流量计算及桥面标高确定;天然冲刷、一般冲刷、局部冲刷的计算方法,以及桥梁墩台基底最小埋置深度的确定;城市桥位与管线设置的关系。主要了解以下内容:河流的特征,河段分类、桥位选择原则;综合考虑水文、地质、气象、水利、通航、环境等影响因素,合理选择桥位。

典 型 习 题

一、单项选择题

1. 河流的纵断面是指(　　　)。
　(A)与水流方向垂直的断面
　(B)与水流方向平行的断面
　(C)沿河流中泓线铅垂断面
　(D)与河岸相平行的断面

2. 对于给定的河流,其流量的大小取决于(　　　)。
　(A)流域面积
　(B)降雨量
　(C)河流长度
　(D)河流比降

3. 判断两变量是否存在良好直线关系的指标是(　　　)。
　(A)回归系数
　(B)相关系数
　(C)误差系数
　(D)分布系数

4. 计算洪水频率时,实测洪水流量系列不宜少于(　　　)年,且应有历史洪水调查和考证成果。
　(A)10
　(B)15
　(C)20
　(D)30

5. 采用面积比拟法将水文站的流量转换为桥位断面的流量时,两流域的汇水面积之差应小于水文站汇水面积的(　　)。

　　(A)5%　　　　　　　　　　　　(B)10%

　　(C)15%　　　　　　　　　　　　(D)20%

6. 在我国较为成熟的确定年最大流量统计参数的方法是(　　)。

　　(A)矩公式法　　　　　　　　　　(B)试算法

　　(C)适线法　　　　　　　　　　　(D)经验公式法

7. 利用地区经验公式推求设计流量时,其适用的条件是(　　)。

　　(A)流域具有长期观测资料　　　　(B)流域具有短期观测资料

　　(C)流域无观测资料　　　　　　　(D)工程下游无防洪要求

8. 进行洪水调查时,同一次洪水应调查到(　　)以上较可靠的洪痕点。

　　(A)1 个　　　　　　　　　　　　(B)2 个

　　(C)3 个　　　　　　　　　　　　(D)4 个

9. 水文断面测绘范围,下游不应小于(　　)倍河宽,上游不应小于(　　)倍河宽。

　　(A)1,2　　　　　　　　　　　　(B)2,1

　　(C)1,3　　　　　　　　　　　　(D)2,4

10. 利用调查的历史洪水资料推算设计流量时,历史洪水的次数不宜少于(　　)。

　　(A)1 次　　　　　　　　　　　　(B)2 次

　　(C)3 次　　　　　　　　　　　　(D)4 次

11. 确定桥位时,桥轴线宜与中、高洪水位的流向(　　),斜交时应在孔径及墩台基础设计时考虑其影响。

　　(A)平行　　　　　　　　　　　　(B)正交

　　(C)斜交　　　　　　　　　　　　(D)平行或斜交

12. 一般公路上的特大桥、大中桥桥位,原则上应服从(　　),桥、路综合考虑。

　　(A)通航要求　　　　　　　　　　(B)线路走向

　　(C)防洪要求　　　　　　　　　　(D)环境保护

13. 桥位一般应选在航道比较稳定、顺直且具有足够(　　)的河段上。

　　(A)通航要求　　　　　　　　　　(B)通航流量

　　(C)通航水深　　　　　　　　　　(D)通航水位

14. 桥位应选在河道顺直、稳定、(　　)的河段上。

(A)较窄　　　　　　　　　　　　　(B)较宽

(C)较深　　　　　　　　　　　　　(D)较浅

15. 平原宽滩河段,桥位宜选在河滩地势较高,河槽居中、稳定、顺直和(　　)较小的河段上。

(A)河槽流量　　　　　　　　　　　(B)河滩流量

(C)滩槽流量比　　　　　　　　　　(D)断面平均水深

16. 在水深流急的山区峡谷河段,桥位宜选在可以(　　),否则宜选在水浅、流缓的山区开阔河段上。

(A)多孔跨越处　　　　　　　　　　(B)单孔跨越处

(C)拱桥跨越处　　　　　　　　　　(D)梁桥跨越处

17. 在平原顺直微弯河段上,桥位宜选在河槽与河床方向一致,(　　)较大处,桥轴线宜与河岸线正交。

(A)河槽流速　　　　　　　　　　　(B)河滩流速

(C)河槽流量　　　　　　　　　　　(D)河滩流量

18. 倒灌河段,桥位跨越倒灌河段的(　　)时,桥位宜选在受大河倒灌影响范围之外或受大河倒灌影响较小处跨越。

(A)干流　　　　　　　　　　　　　(B)支流

(C)上游　　　　　　　　　　　　　(D)下游

19. 平原低洼(河网)地区的桥位选择宜选在两岸(　　),不宜选在淤泥或土质特殊松软的地段。

(A)地势较高处　　　　　　　　　　(B)水闸处

(C)引水或分洪口门处　　　　　　　(D)水电站处

20. 路线必须通过泥石流流通区时,桥位应选在沟床稳定的流通区的(　　)线段上,并宜与主流(　　)交。

(A)直,正　　　　　　　　　　　　(B)直,斜

(C)曲,斜　　　　　　　　　　　　(D)曲,正

21. 关于山区河流的公路桥梁桥孔布设,以下说法错误的是(　　)。

(A)峡谷河段宜单孔跨越

(B)开阔河段应尽量压缩河滩

(C)河滩路堤与洪水主流斜交时应增设调治工程

(D)地质条件允许时,沿河纵向桥应尽量设置在山坡坡脚

22. 桥孔设计时,首先应满足的要求是(　　)。
    (A)保证通航安全　　　　　　　　　　(B)保证设计洪水安全通过
    (C)保证桥下河床不发生淤积　　　　　(D)保证流冰、流木的安全通过

23. 在平原顺直河段建桥时,桥孔对河槽、河滩的影响是(　　)。
    (A)河槽、河滩均不得压缩　　　　　　(B)河槽、河滩均可压缩
    (C)河槽可压缩、河滩不得压缩　　　　(D)河滩可压缩、河槽不宜压缩

24. 宽滩河段,桥孔最小净长的主要影响因素是(　　)。
    (A)河槽参数　　　　　　　　　　　　(B)河滩宽度
    (C)河流粗糙度　　　　　　　　　　　(D)河床泥沙平均粒径

25. 在开阔、顺直微弯、分汊、弯曲河段,滩、槽可分的不稳定河段上建桥时,影响桥孔长度最重要的因素是(　　)。
    (A)设计流量　　　　　　　　　　　　(B)设计水位
    (C)河槽宽度　　　　　　　　　　　　(D)水面宽度

26. 位于非通航河段的桥梁,影响桥面高程的决定性因素是(　　)。
    (A)桥前壅水　　　　　　　　　　　　(B)设计洪水位
    (C)河床淤积　　　　　　　　　　　　(D)安全净空高度

27. 按64-2 简化式计算桥下一般冲刷时适用的条件是(　　)。
    (A)非黏性土河槽　　　　　　　　　　(B)黏性土河滩
    (C)非黏性土河滩　　　　　　　　　　(D)黏性土河槽

28. 桥下一般冲刷产生的根本原因是(　　)。
    (A)桥墩的阻水作用　　　　　　　　　(B)桥孔对水流的压缩作用
    (C)桥前的壅水作用　　　　　　　　　(D)河流的自然演变作用

29. 计算桥墩局部冲刷的65-1 修正式适用的条件为(　　)。
    (A)黏性土河槽　　　　　　　　　　　(B)黏性土河滩
    (C)非黏性土河床　　　　　　　　　　(D)非黏性土河滩

30. [2019 年考题]高速公路上特大桥的设计洪水频率标准是(　　)。
    (A)1/300　　　　　　　　　　　　　　(B)1/100
    (C)1/50　　　　　　　　　　　　　　(D)1/25

31. [2019年考题]关于山区河流的公路桥梁桥孔布设,以下说法错误的是(　　)。

　　(A)峡谷河段宜单孔跨越

　　(B)开阔河段应尽量压缩河滩

　　(C)河滩路堤与洪水主流斜交时应增设调治工程

　　(D)地质条件允许时,沿河纵向桥应尽量设置在山坡坡脚

二、多项选择题

1. 影响径流的主要因素包括(　　)。

　　(A)气候因素　　　　　　　　　　(B)下垫面因素

　　(C)人类活动　　　　　　　　　　(D)河流位置

2. 水文调查的主要内容包括(　　)。

　　(A)汇水区调查　　　　　　　　　(B)河段调查

　　(C)洪水调查　　　　　　　　　　(D)冰凌调查

3. 对于用来进行水文分析计算的洪水资料,必须对其(　　)进行审查。

　　(A)可靠性　　　　　　　　　　　(B)独立性

　　(C)一致性　　　　　　　　　　　(D)代表性

4. 频率曲线统计参数计算中常用的参数有(　　)。

　　(A)洪水流量系列的均值　　　　　(B)偏差系数

　　(C)偏态系数　　　　　　　　　　(D)相关系数

5. 进行河段比降测绘时应标出(　　)、水文断面及桥位断面位置。

　　(A)河床高程　　　　　　　　　　(B)河床比降线

　　(C)测时水面比降线　　　　　　　(D)历次洪水比降线

6. 山区开阔河段,桥位应选在(　　)处。

　　(A)流速较快　　　　　　　　　　(B)河槽稳定

　　(C)水深较浅　　　　　　　　　　(D)流速较缓

7. 在水库蓄水影响区内,桥位应选在(　　)的地段。

　　(A)流速较小　　　　　　　　　　(B)库面较窄

　　(C)岸坡稳定　　　　　　　　　　(D)泥沙沉积较少

8. 在潮汐河段建桥时,桥位选择的要求是(　　)。

　　(A)不应选在涌潮区段　　　　　　(B)应避开凹岸和滩岸多变地段

　　(C)应离开既有挡潮闸一定距离　　(D)应避开受海浪影响大的地段

9. 影响通航河段桥面设计高程的主要因素是( )。
　(A)设计洪水位　　　　　　　　　(B)设计最高通航水位
　(C)通航净空高度　　　　　　　　(D)桥面铺装高度

10. 下列各类河段中,属于次稳定型的是( )。
　(A)顺直微弯河段　　　　　　　　(B)分汊河段
　(C)弯曲河段　　　　　　　　　　(D)宽滩河段

11. 关于桥孔布设的说法,下列正确的有( )。
　(A)在内河通航的河段上,通航孔布设应符合通航净空要求,并应充分考虑河床演变
　　　和不同水位所引起的航道变化
　(B)在设有防洪堤的河段上,桥孔布设应避免扰动现有河堤。与堤防交叉处宜留有防
　　　汛抢险通道
　(C)在断层、陷穴、溶洞、滑坡等不良地质地段不宜布设墩台
　(D)在冰凌严重河段,桥孔应适当加大,并应增设防冰撞措施

12. 进行非通航河段的桥孔设计时,可不考虑( )等因素所引起的桥下水位升高。
　(A)桥后壅水　　　　　　　　　　(B)波浪高度
　(C)漂流物宽度　　　　　　　　　(D)河湾超高

13. 桥孔设计长度除满足规范计算的最小净长之外,尚应结合( )、桥梁及引道纵坡和
台后填土高度等情况,进行不同桥长的技术经济比较,综合论证后确定。
　(A)桥位地形　　　　　　　　　　(B)河床地质
　(C)桥前壅水　　　　　　　　　　(D)冲刷深度

14. 桥下一般冲刷应分为( )分别结算。
　(A)河槽部分　　　　　　　　　　(B)河床部分
　(C)河滩部分　　　　　　　　　　(D)河床淤积

15. 非黏性土桥下一般冲刷河槽部分的计算方法一般有( )。
　(A)64-1 修正式　　　　　　　　　(B)64-2 简化式
　(C)64-1 简化式　　　　　　　　　(D)数值方法估算

16. 非黏性土河床桥墩局部冲刷可采用的公式有( )。
　(A)65-1 公式　　　　　　　　　　(B)65-2 公式
　(C)65-1 修正式　　　　　　　　　(D)65-2 简化式

17. [2019 年考题]桥涵设计流量计算可以采用的方法有( )。

(A)利用历史洪水位推算

(B)利用实测洪水流量系列推算

(C)按地区经验公式及水文参数求算

(D)汇水面积大于150km²的河流,可按推理公式计算,相关参数取值采用当地编制的暴雨径流图表值

18. [2019年考题]通航水域公路桥的桥位选择,符合规定的有( )。

(A)航道不稳定时,应考虑河道变迁的影响

(B)桥轴法线与通航主流的夹角不应大于5°

(C)桥位应避开既有水工设施、港口作业区和船舶锚地等

(D)桥位应选在航道稳定、顺直且具有足够通航水深的河段

19. [2019年考题]公路桥梁墩台冲刷计算应包括( )。

(A)河床自然演变冲刷　　　　　　　(B)桥下一般冲刷

(C)墩台局部冲刷　　　　　　　　　(D)洪水冲刷

三、案例题

1. 已知随机变量 X 的一组观测数据为:32,45,77,28,59,则该随机变量的变差系数为( )。

(A)0.38　　　　　　　　　　　　　(B)0.42

(C)0.48　　　　　　　　　　　　　(D)0.52

2. 某水文站具有1970—2008年的年最大流量资料,其中最大的两次洪水流量为8550m³/s,4160m³/s,又经洪水调查后得知8550m³/s是1810年以来排在第2位的特大洪水,而4150m³/s不是特大洪水。则这两次洪水的重现期 T_1 和 T_2 分别为( )。

(A) $T_1=100$ 年, $T_2=30$ 年　　　　(B) $T_1=200$ 年, $T_2=40$ 年

(C) $T_1=100$ 年, $T_2=35$ 年　　　　(D) $T_1=200$ 年, $T_2=38$ 年

3. 按成因相同的年最大值法选样,得到某站1984—2007年实测年最大流量的总和 $\sum Q_i=5340$ m³/s,其中有一特大流量 $Q=1200$ m³/s。通过调查考证得知1908年以来在实测系列外还有两年为特大洪水年,其年最大流量分别为1300m³/s和1100mm³/s。试按矩法公式计算该站年最大流量的均值 $\overline{Q}$ 为( )。

(A)180m³/s　　　　　　　　　　　(B)190m³/s

(C)201m³/s　　　　　　　　　　　(D)211m³/s

4. 某桥跨越平原区不稳定性河段。设计流量 $Q_p=3500$ m³/s,设计水位 $H_s=63.65$ m,天然河槽流量 $Q_c=3190$ m³/s,河床全宽 $B=230$ m,河槽宽度 $B_c=108.39$ m,设计水位下河槽平均水深 $\overline{h}_c=9.49$ m,河滩平均水深 $\overline{h}_t=2.61$ m,河槽的平均流速 $v_c=3.13$ m/s,河床平均水深 $\overline{h}=$

5.85m,河床平均流速 $\bar{v}=2.61\text{m/s}$,未冲刷前桥下流速 $v'_{\text{M}}=3.39\text{m/s}$;河床土质为粗砂、砾石, $d_{50}=2\text{mm}$;桥位河段为河湾段,中心半径为430m;桥位河段为Ⅵ-(1)级航道;桥位河段无凌汛、流冰。用河槽宽度公式计算该桥的最小桥孔净长度 L_j 接近( )。

 (A)158.2m   (B)197.6m

 (C)105.9m   (D)111.7m

5. 某大桥跨越一宽滩河段,桥位断面设计流量 $Q_p=12800\text{m}^3/\text{s}$,断面全宽 $B=518\text{m}$,河槽宽度 $B_c=315\text{m}$,河槽流量 $Q_c=9600\text{m}^3/\text{s}$。按单宽流量公式计算该桥的最小桥孔净长 L_j 为( )。

 (A)316m   (B)301m

 (C)295m   (D)286m

6. 某桥位河段汛期含沙量 $\rho=5.2\text{kg/m}^3$,河床泥沙平均粒径 $d=2\text{mm}$,桥梁下部结构为钢筋混凝土双柱式桥墩,钻孔灌注桩基础,桩径为1.2m,混凝土 U 形桥台,天然地基浅基础,按64-1修正式计算出一般冲刷深度 $h_p=15.2\text{m}$,试按65-2公式计算桥墩局部冲刷深度 h_b 为( )。

 (A)1.85m   (B)2.31m

 (C)2.66m   (D)2.95m

7. 某桥位的设计洪水位为122.65m,一般冲刷深度为15.30m,局部冲刷深度为2.90m,基础安全埋深3m,其他因素不计,则该桥的桥墩基础底部高程应为( )。

 (A)104.45m   (B)101.45m

 (C)101.55m   (D)104.65m

8. [2019年考题]某公路桥梁单孔净跨径 $L_0=49.2\text{m}$,所跨河流河床地质为非黏性土,设计流速 v_s 为5m/s,采用64-2简化式计算河槽部分一般冲刷时,桥墩水流侧向压缩系数宜取( )。

 (A)0.96   (B)0.97

 (C)0.98   (D)0.99

9. [2019年考题]不通航河流的设计水位高程为26.00m,壅水、浪高等因素的影响高度为0.50m,桥梁上部结构梁高1.50m,平均桥面铺装厚度为0.15m,不考虑桥面横坡的影响,桥面最低高程是( )。

 (A)28.65m   (B)28.50m

 (C)28.15m   (D)28.00m

10. [2019年考题]在滩槽明显的平原区不稳定河段,需建一座公路桥梁,桥位处河槽宽31m,设计流量530m³/s,其中河槽流量320m³/s,该桥按设计流量计算的桥孔最小净长度为( )。

（A）31m　　　　　　　　　　　　（B）41m

（C）46m　　　　　　　　　　　　（D）48m

参考答案及解析

一、单项选择题

1.【答案】C

【解析】河流中沿水流方向各横断面最大水深点的连线,称为中(深)泓线,沿河流中泓线的铅垂断面(剖面)称为河流纵断面。

2.【答案】B

【解析】我国绝大多数河流的补给靠降雨,通常降雨量越大河流的流量就越大。

3.【答案】B

【解析】两变量直线相关的密切程度用相关系数表示,其取值越趋近于1,两变量的相关性就越好。

4.【答案】D

【解析】为保证参与水文统计的资料有一定的代表性,《公路工程水文勘测设计规范》(JTG C30—2015)第6.2.1条第5款要求实测洪水流量系列不宜少于30年,且应有历史洪水调查和考证成果。

5.【答案】D

【解析】采用面积比拟法来对不同断面的流量进行换算时,《公路工程水文勘测设计规范》(JTG C30—2015)第6.2.2条要求两流域间的面积差应小于水文站汇水面积的20%,且不大于$1000km^2$,否则按无资料流域考虑。

6.【答案】C

【解析】水文统计参数的估计方法较多,各有优缺点,而适线法是目前为止最为成熟的方法。

7.【答案】C

【解析】设计流量的推算要优先采用实测资料利用水文统计法进行,对无资料地区,《公路工程水文勘测设计规范》(JTG C30—2015)第6.4.1条规定可采用地区经验公式求算设计流量,求算的设计流量应有历史洪水流量的验证。

8.【答案】C

【解析】根据《公路工程水文勘测设计规范》(JTG C30—2015)第 5.2.3 条,同一次洪水应调查 3 个以上较可靠的洪痕点。

9.【答案】A

【解析】根据《公路工程水文勘测设计规范》(JTG C30—2015)第 5.3.2 条,水文断面测绘范围,下游不应小于 1 倍河宽,上游不应小于 2 倍河宽。

10.【答案】B

【解析】《公路工程水文勘测设计规范》(JTG C30—2015)第 6.3.3 条规定:利用历史洪水流量推算设计流量,历史洪水流量不宜少于两次,C_V、C_S 值应符合地区分布规律,如出入较大,应分析原因,适当调整。

依据的历史洪水次数多,确定平均流量这个统计参数时偶然性就小,有利于提高设计流量的可靠性。

11.【答案】B

【解析】《公路工程水文勘测设计规范》(JTG C30—2015)第 4.1.3 条第 3 款规定:桥轴线宜与中、高洪水位时的流向正交。斜交时应在孔径及墩台基础设计中考虑其影响。

要求桥轴线与水流流向正交的目的是提高泄洪能力、减轻基础冲刷和改善通航条件。

12.【答案】B

【解析】《公路工程水文勘测设计规范》(JTG C30—2015)第 4.1.1 条规定:除控制性桥位外,桥位选择原则上应服从线路走向。在适当的范围内,可根据河段的水文、地形、地质、地物等特征,路桥综合考虑,比选确定。

公路路线走向,通常是根据国家和地方拟定的某些控制点来定线,桥位选择原则上应服从线路走向,具体到每个桥位,可在适当范围内加以比选,择优确定。

13.【答案】C

【解析】《公路工程水文勘测设计规范》(JTG C30—2015)第 4.1.4 条第 1 款规定:桥位应选在航道稳定、顺直且具有足够通航水深的河段上,航线不稳定时,应考虑河道变迁的影响。

14.【答案】A

【解析】《公路工程水文勘测设计规范》(JTG C30—2015)第 4.1.3 条第 1、2 款规定:桥位应选在河道顺直、稳定、较窄的河段上。桥位选择应考虑河道的自然演变以及建桥后对天然河道的影响。

选在较窄的河段上建桥,有利于节约桥长,降低造价。

15.【答案】C

【解析】《公路工程水文勘测设计规范》(JTG C30—2015)第 4.2.8 条规定:平原宽滩

河段,桥位宜选在河滩地势较高,河槽居中、稳定、顺直和滩槽流量比较小的河段上。

滩槽流量比可定量地描述宽滩河段流量的构成情况,该比值越小,说明河槽流量占比越大,河滩对泄洪的作用就越小,建桥时就可更多地压缩河滩,从而减小桥孔长度。

16.【答案】B

　　【解析】《公路工程水文勘测设计规范》(JTG C30—2015)第4.2.1条规定:在水深、流急的山区峡谷河段,桥位宜选在可以一孔跨越处。

　　山区峡谷河段流速大,常伴有滚石运动,应避免在河床中设桥墩,以利于桥梁安全。

17.【答案】C

　　【解析】《公路工程水文勘测设计规范》(JTG C30—2015)第4.2.5条规定:平原顺直、微弯河段上,桥位宜选在河槽与河床走向一致,槽流量较大处,桥轴线宜与河岸线正交。

18.【答案】B

　　【解析】受大河洪水倒灌影响,当支流发生洪水而大河洪水有急剧下降时,桥前产生积水体积将使泄流加大,对桥高和冲刷均产生不利影响,所以应尽量避开大河倒灌的影响。

19.【答案】A

　　【解析】根据《公路工程水文勘测设计规范》(JTG C30—2015)第4.3.3条,平原低洼(河网)地区的桥位选择应符合下列规定:桥位选择应注意与当地水利和航运规划相配合,不宜选在水闸、引水或分洪口门等水利工程附近。桥位宜选在两岸地势较高处,不宜选在淤泥或土质特殊松软的地段。桥位跨越灌溉渠网时,不宜破坏原有排灌系统。

20.【答案】A

　　【解析】《公路工程水文勘测设计规范》(JTG C30—2015)第4.3.2条第3款规定:路线必须通过泥石流流通区时,桥位应选在沟床稳定的流通区的直线段上,并宜与主流正交。不应选在沟床纵坡由陡变缓、断面突然收缩或扩散地段以及弯道的转折处。

21.【答案】D

　　【解析】《公路工程水文勘测设计规范》(JTG C30—2015)第4.2.1~4.2.4条规定:

　　(1)水深、流急的山区峡谷河段,桥位宜选在可以一孔跨越处。

　　(2)山区开阔河段,桥位应选在河槽稳定、水深较浅、流速较缓处。

　　(3)山前变迁河段,桥位宜选在两岸与河槽相对比较稳定的束窄河段上;必须跨越扩散段时,应选在河槽摆动范围比较小的地段。桥轴线宜与洪水总趋势正交。

　　(4)山前冲积漫流河段,桥位宜选在上游狭窄段或下游收缩段上,不宜选在中游扩散段。

22.【答案】B

　　【解析】《公路工程水文勘测设计规范》(JTG C30—2015)第7.1.1条规定:桥孔设计必须保证设计洪水以内的各级洪水和泥沙安全通过,并满足通航、流冰及其他漂浮物通过的要求。

无论桥位河段是否具有通航要求，保证设计洪水不对桥梁产生破坏是桥孔设计时必须首先满足的要求，也是最重要的一个原则，相对其他影响因素而言，洪水对桥梁安全的威胁是最大的。

23.【答案】D

【解析】《公路工程水文勘测设计规范》(JTG C30—2015) 第 7.3.1 条规定:桥孔布设应与天然河流断面流量分配相适应。在稳定河段上，左右河滩桥孔长度之比应近似与左右河滩流量之比相当;在次稳定和不稳定河段上，桥孔布设必须考虑河床变形和流量分布变化趋势的影响。桥孔不宜压缩河槽，可适当压缩河滩。

24.【答案】A

【解析】根据《公路工程水文勘测设计规范》(JTG C30—2015) 第 7.2.1 条第 3 款，宽滩河段桥孔最小净长计算公式(7.2.1-2)和公式(7.2.1-3)，主要参数与河槽关系最为密切。

25.【答案】C

【解析】《公路工程水文勘测设计规范》(JTG C30—2015) 第 7.2.1 条规定了开阔、顺直微弯、分汊、弯曲河段及滩、槽可分的不稳定河段上桥孔最小净长度的计算公式(7.2.1-1)，河槽宽度的影响是成正比的线性关系，是最主要的影响因素。

26.【答案】B

【解析】根据《公路工程水文勘测设计规范》(JTG C30—2015) 第 7.4.1 条规定，不通航河流桥面设计高程按公式(7.4.1-1)计算，在该计算公式中，设计洪水位的作用最为显著，桥面高程必须高于而不得等于或低于设计洪水位。

27.【答案】A

【解析】根据《公路工程水文勘测设计规范》(JTG C30—2015) 第 8.3.1 条，非黏性土河床的一般冲刷，按河槽、河滩分别计算，64-2 简化式和 64-1 修正式，也称河槽计算式。

28.【答案】B

【解析】建桥后由于桥孔压缩河床，水面积减小，从而引起桥下流速的增大，水流携砂能力也随之增大，造成整个桥下断面的河床冲刷，称之为一般冲刷。

29.【答案】C

【解析】《公路工程水文勘测设计规范》(JTG C30—2015) 第 8.4.1 条，对非黏性土河床桥墩局部冲刷推了两个计算公式，65-1 修正式是其中之一，并未区分河槽、河滩采用不同的计算公式，只要是非黏性土河床，河槽、河滩均适用。

30.【答案】A

【解析】根据《公路工程水文勘测设计规范》(JTG C30—2015)第1.0.8条,高速公路特大桥设计洪水频率取1/300。

31.【答案】B

【解析】根据《公路工程水文勘测设计规范》(JTG C30—2015)第7.3.6条,山区河流的桥孔布设应符合下列规定:①峡谷河段宜单孔跨越,桥面设计高程应根据设计洪水位,并结合两岸地形和路线等条件确定;②在开阔河段可适当压缩河滩,河滩路堤宜与洪水主流流向正交,斜交时应增设调治工程;③山区沿河纵向桥,宜提高线位,将沿河纵向桥设置在山坡坡脚,避开水面或少占水面。

二、多项选择题

1.【答案】ABC

【解析】气候条件、下垫面条件、人类活动是影响径流的三大因素。气候条件包括降雨和蒸发,下垫面条件包括植被、土壤、地形地貌等流域自然地理特征,人类活动主要是大型工程的修建对下垫面条件的改变。

2.【答案】ABCD

【解析】根据《公路工程水文勘测设计规范》(JTG C30—2015)第5.2.1~5.2.6条,各选项均正确。

3.【答案】ACD

【解析】《公路工程水文勘测设计规范》(JTG C30—2015)第6.1.2条规定:用于分析与计算的洪水资料,应审查其可靠性、一致性和系列代表性。对于年最大流量系列,其独立性通常是没有问题的,一般不用审查。

4.【答案】ABC

【解析】根据《公路工程水文勘测设计规范》(JTG C30—2015)第6.2.5条,频率曲线统计参数计算可采用求矩适线法、三点适线法、绘线读点补矩法计算洪水流量系列的均值$\overline{Q}$、偏差系数C_v、偏态系数C_s初算值。点绘理论频率曲线与实测流量经验频率点据相比较,吻合程度不理想时,可调整C_v、C_s值,使两者基本吻合。

5.【答案】BCD

【解析】根据《公路工程水文勘测设计规范》(JTG C30—2015)第5.3.2条,河段比降测绘范围为水文断面下游1倍河宽,水文断面上游2倍河宽;应标出河床比降线、测时水面比降线、历次洪水比降线、水文断面及桥位断面位置。

6.【答案】BCD

【解析】《公路工程水文勘测设计规范》(JTG C30—2015)第4.2.2条规定:山区开阔河段,桥位应选在河槽稳定、水深较浅、流速较缓处。这样的桥位可降低冲刷对墩台基础的威胁。

7.【答案】BCD

【解析】《公路工程水文勘测设计规范》(JTG C30—2015)第4.3.1条第2款规定:在水库蓄水影响区内时,桥位宜选在库面较窄、岸坡稳定、泥沙沉积较少的地段。在冰封地区,不应选在回水末端、容易形成冰坝的地段。

8.【答案】ABC

【解析】《公路工程水文勘测设计规范》(JTG C30—2015)第4.2.11条规定:潮汐河段,桥位不宜选在涌潮区段,应避开凹岸和滩岸多变地段,不宜紧邻挡潮闸。

9.【答案】BC

【解析】根据《公路工程水文勘测设计规范》(JTG C30—2015)第7.4.2条,通航河流桥面设计高程按公式(7.4.2)计算。在该计算公式中,设计最高通航水位和通航净空高度的作用最为显著,桥面高程必须高于而不得等于或低于该两者之和。一般来说,满足通航水位和通航净空要求的桥面高程要高于满足通过设计洪水所需的桥面高程,即桥面高程如能满足通航要求,通常也能满足行洪要求,反之则不然。

10.【答案】BCD

【解析】根据《公路工程水文勘测设计规范》(JTG C30—2015)附录A河段分类表,次稳定河段包括平原区河流中的分汊河段、弯曲河段和宽滩河段。

11.【答案】ABCD

【解析】根据《公路工程水文勘测设计规范》(JTG C30—2015)第7.3.2~7.3.5条,各选项均正确。

12.【答案】AC

【解析】根据《公路工程水文勘测设计规范》(JTG C30—2015)第7.4.1条规定:不通航河流桥面设计高程按公式(7.4.1-1)计算。在该计算公式中,除了设计洪水位以外,还应考虑壅水、浪高、河湾超高、床面淤积、漂浮物高度等因素引起的水面超高。

13.【答案】ABCD

【解析】《公路工程水文勘测设计规范》(JTG C30—2015)第7.2.2条规定:桥孔设计长度除满足规范计算的最小净长之外,尚应结合桥位地形、河床地质、桥前壅水、冲刷深度、桥梁及引道纵坡和台后填土高度等情况,进行不同桥长的技术经济比较,综合论证后确定。

14.【答案】AC

【解析】根据《公路工程水文勘测设计规范》(JTG C30—2015)第8.3.1条,桥下一般冲刷,按河槽、河滩分别计算。

15.【答案】ABD

【解析】《公路工程水文勘测设计规范》(JTG C30—2015)对非黏性土河槽计算推荐了64-2简化式、64-1修正式和数值估算。

16.【答案】BC

【解析】《公路工程水文勘测设计规范》(JTG C30—2015)第8.4.1条,对非黏性土河床桥墩局部冲刷,给出了65-2式与65-1修正式。

17.【答案】ABC

【解析】根据《公路工程水文勘测设计规范》(JTG C30—2015)第6.1～6.4节标题和内容可知本题答案为选项ABC。选项D中汇水面积大于150km²的河流应为汇水面积小于100km²的河流。

18.【答案】ACD

【解析】根据《公路工程水文勘测设计规范》(JTG C30—2015)第4.1.4条,通航水域的桥位选择应符合下列规定:

(1)桥位应选在航道稳定、顺直且具有足够通航水深的河段上,航道不稳定时,应考虑河道变迁的影响。

(2)桥轴法线与通航主流的夹角不宜大于5°,大于5°时应增大通航孔的跨径。

(3)桥位应避开既有水工设施、港口作业区和船舶锚地等。

19.【答案】ABC

【解析】根据《公路工程水文勘测设计规范》(JTG C30—2015)第8.1.1条,墩台冲刷应包括河床自然演变冲刷、一般冲刷和局部冲刷三部分。墩台冲刷计算应作为确定基础埋深的设计依据。

三、案例题

1.【答案】B

【解析】均值:$\bar{x} = \dfrac{1}{n} \sum x_i = 48.2$

均方差:$\sigma = \sqrt{\dfrac{\sum (\bar{x} - x_i)^2}{n-1}} = 20.2$

变差系数:$C_V = \dfrac{\sigma}{\bar{x}} = 0.42$

2.【答案】A

【解析】资料系列为不连续系列。调查考证期 $N = 2008 - 1810 + 1 = 199$ 年,实测期 $n = 2008 - 1970 + 1 = 39$ 年,特大洪水的总个数 $a = 2$,实测期内特大洪水个数 $l = 1$。

根据《公路工程水文勘测设计规范》(JTG C30—2015)公式(6.2.3-2)及公式(6.2.3-3)可得,$8550 \text{m}^3/\text{s}$ 的洪水频率 $P_1 = \dfrac{2}{199 + 1} = 1\%$,其重现期 $T_1 = \dfrac{1}{P_1} = 100$ 年。

$4160 \text{m}^3/\text{s}$ 的洪水频率 $P_2 = \dfrac{2}{199 + 1} + \left(1 - \dfrac{2}{199 + 1}\right)\dfrac{2 - 1}{39 - 1 + 1} = 3.5\%$,其重现期 $T_2 = \dfrac{1}{P_2} = 30$ 年。

3.【答案】D

【解析】调查考证期 $N = 2007 - 1908 + 1 = 100$ 年,实测期 $n = 2007 - 1984 + 1 = 24$ 年,特大洪水个数 $a = 3$,实测期内特大洪水个数 $l = 1$。

实测期一般洪水的均值:$\overline{Q}_{n-1} = \dfrac{5340 - 1200}{24 - 1} = 180 \text{m}^3/\text{s}$

则该站年最大流量的均值:$\overline{Q} = \dfrac{1300 + 1200 + 1100 + 97 \times 180}{100} = 211 \text{m}^3/\text{s}$

4.【答案】D

【解析】从题目条件可知,平原地区,滩、槽可分,可用《公路工程水文勘测设计规范》(JTG C30—2015)式(7.2.1-1)进行计算。

查表7.2.1,可知 $K_q = 0.95$,$n_3 = 0.87$,则

$$L_j = K_q \left(\frac{Q_p}{Q_c}\right)^{n_3} B_c = 0.95 \times \left(\frac{3500}{3190}\right)^{0.87} = 111.6 \text{m}$$

选项D最为接近。

5.【答案】A

【解析】根据《公路工程水文勘测设计规范》(JTG C30—2015)式(7.2.1-2)和式(7.2.1-3)计算。

由给定条件可知,河滩流量:$Q_t = Q_p - Q_c = 12800 - 9600 = 3200 \text{m}^3/\text{s}$

河槽平均单宽流量:$q_c = \dfrac{9600}{315} = 30.5 \text{m}^3/(\text{s} \cdot \text{m})$,则

$$\beta = 1.19 \left(\frac{Q_c}{Q_t}\right)^{0.10} = 1.19 \times \left(\frac{9600}{3200}\right)^{0.10} = 1.33$$

$$L_j = \frac{Q_p}{\beta q_c} = \frac{12800}{1.33 \times 30.5} = 316 \text{m}$$

6.【答案】B

【解析】根据《公路工程水文勘测设计规范》(JTG C30—2015)第8.3.3条,墩前行进流速$v = E\bar{d}^{\frac{1}{6}}h_p^{\frac{2}{3}}$。查《公路工程水文勘测设计规范》(JTG C30—2015)表8.3.1-2得汛期含沙量系数$E = 0.66$,则

$$v = E\bar{d}^{\frac{1}{6}}h_p^{\frac{2}{3}} = 0.66 \times 2^{\frac{1}{6}} \times 15.2^{\frac{2}{3}} = 4.55\text{m/s}$$

根据《公路工程水文勘测设计规范》(JTG C30—2015)第8.4.1条,可知

河床泥沙起动速度:$v_0 = 0.28(\bar{d} + 0.7)^{0.5} = 0.28 \times 2.7^{0.5} = 0.46\text{m/s}$

墩前泥沙始冲流速:$v_0' = 0.12(\bar{d} + 0.5)^{0.55} = 0.12 \times 2.5^{0.55} = 0.20\text{m/s}$

因$v > v_0'$,根据《公路工程水文勘测设计规范》(JTG C30—2015)第8.4.1条,采用公式(8.4.1-2)计算局部冲刷深度。

$$K_{\eta 2} = \frac{0.0023}{\bar{d}^{2.2}} + 0.375\bar{d}^{0.24} = \frac{0.0023}{2^{2.2}} + 0.375 \times 2^{0.24} = 0.44$$

$$n_2 = \left(\frac{v_0}{v}\right)^{0.23 + 0.191\lg\bar{d}} = \left(\frac{0.46}{4.55}\right)^{0.23 + 0.191\lg 2} = 0.10^{0.29} = 0.51$$

查附录C得:$K_\xi = 1.0$,$B_1 = 1.2\text{m}$,则

$$h_b = K_\xi K_{\eta 2} B_1^{0.6} h_p^{0.15}\left(\frac{v - v_0'}{v_0}\right)^{n_2} = 1.0 \times 0.44 \times 1.2^{0.6} \times 15.2^{0.15} \times \left(\frac{4.55 - 0.20}{0.46}\right)^{0.51} = 2.31\text{m}$$

7.【答案】B

【解析】最低冲刷线水深:$h = $ 一般冲刷深度 + 局部冲刷深度 $= 15.3 + 2.9 = 18.2\text{m}$

最低冲刷线高程:$H_1 = $ 设计水位 $-$ 最低冲刷线水深 $= 122.65 - 18.2 = 104.45\text{m}$

则桥墩基础底部高程:$H_2 = $ 最低冲刷线高程 $-$ 安全埋深 $= 104.45 - 3 = 101.45\text{m}$

8.【答案】A

【解析】根据《公路工程水文勘测设计规范》(JTG C30—2015)式(8.3.1-1)~式(8.3.1-3)和表8.3.1-1中的注2,当单孔净跨径$L_0 > 45\text{m}$时,可按$\mu = 1 - 0.375\frac{v_s}{L_0}$计算。可得$\mu = 1 - 0.375 \times \frac{5}{49.2} = 0.96$。

9.【答案】A

【解析】根据《公路工程水文勘测设计规范》(JTG C30—2015)式(7.4.1-1)和表7.4.1计算。

本题中,$H_s = 26.00\text{m}$,$\sum\Delta h = 0.50\text{m}$;查表7.4.1可知,$\Delta h_j = 0.50\text{m}$,$\Delta h_0 = 1.50 + 0.15 = 1.65\text{m}$。

由式(7.4.1-1)计算:

$$H_{min} = H_s + \sum\Delta h + \Delta h_j + \Delta h_0 = 26.00 + 0.50 + 0.50 + 1.65 = 28.65\text{m}$$

10.【答案】D

【解析】根据《公路工程水文勘测设计规范》(JTG C30—2015)式(7.2.1-1)和表7.2.1计算。

本题中,桥梁位于滩槽明显的平原区不稳定河段,查表7.2.1可知,$K_q = 0.69$、$n_3 = 1.59$,则

$$L_j = K_q \left(\frac{Q_P}{Q_c}\right)^{n_3} B_c = 0.69 \times \left(\frac{530}{320}\right)^{1.59} \times 31 = 47.71\text{m}$$

考虑伸缩缝和河段的不稳定性,适当增加桥梁最小净跨径,取48m。

第五章 隧 道 工 程

第一节 一 般 要 求

 复习要点

本节应重点掌握混凝土结构耐久性设计的要求,并应熟悉以下几方面内容:隧道的功能和分类,隧道设计应考虑的因素和设计要点,城市地下道路的分类和设计原则,隧道调查内容和要求,隧道围岩分级的评判要求,隧道结构上的荷载分类和组合,隧道工程建筑材料性能和选用要求。

典 型 习 题

一、单项选择题

1. 某隧道单洞长 800m,按规范分类为(   )。
   (A)短隧道
   (B)长隧道
   (C)中隧道
   (D)特长隧道

2. 隧道洞口地形狭窄,周边建筑物限制展线特别困难的短隧道,可按(   )布置。
   (A)分离式隧道
   (B)小净距隧道
   (C)连拱隧道
   (D)分叉隧道

3. 沉管法与其他水下隧道施工法相比,因能够设置在不妨碍通航的深度下,故沉管隧道长度(   )。
   (A)应该短些
   (B)应该长些
   (C)与其他方法隧道一样长
   (D)比盾构隧道长些

4. 隧道明挖法施工一般用于山区隧道的洞口地段和(   )地段,因这些地段用暗挖施工,其地层不能形成稳定的自然拱。
   (A)洞身覆盖过厚
   (B)洞身覆盖过薄
   (C)Ⅱ级围岩
   (D)Ⅲ级围岩

5. 隧道详勘阶段的目标是( )。
   (A)获取路线所需地形、地质、环境资料,为方案比选及下阶段调查提供基础资料
   (B)为线路走向比选提供区域地形、地质、环境等基本资料
   (C)获取技术设计、施工图设计、施工计划、预算编制等所需的资料
   (D)预报和确认施工中出现的工程地质、水文地质等问题

6. 设计中确定隧道所处地区的地震动峰值加速度系数,除按《中国地震动参数区划图》(GB 18306)规定以外,还可经( )鉴定。
   (A)国土部门   (B)交通部门
   (C)地震部门   (D)环保部门

7. 隧道工程测量资料图纸内容和精度应符合现行( )的要求。
   (A)《公路工程地质勘察规范》
   (B)《公路隧道设计规范》
   (C)《公路勘测规范》
   (D)《公路工程地质勘察规范》和《公路勘测规范》

8. 水文地质条件特别复杂的隧道除应按一般隧道进行调查、勘探、试验外,必要时还应进行( )观测或进行专题研究。
   (A)水文地质   (B)地形地质
   (C)地下水位   (D)地质稳定性

9. 城市地下道路按主线封闭段长度分类,其中长距离地下道路的长度为( )。
   (A)$L > 3000$m   (B)3000m$\geq L > 1000$m
   (C)1000m$\geq L > 500$m   (D)$L \leq 500$m

10. 关于城市地铁施工设计方案,下面做法不正确的是( )。
    (A)城区内区间的隧道线路宜采用暗挖
    (B)郊区的车站可采用明挖
    (C)在城市市区道路下的车站可采用盖挖逆筑法
    (D)竖井施工可采用暗挖

11. [2019 年考题]公路长隧道的长度为( )。
    (A)5000m$\geq L > 3000$m   (B)4000m$\geq L > 2000$m
    (C)3000m$\geq L > 1000$m   (D)2000m$\geq L > 1000$m

12. [2019 年考题]二级公路特长隧道设计洪水频率标准为( )。
    (A)1/300   (B)1/200

（C）1/100　　　　　　　　　　　　　　（D）1/50

13.［2020 年考题］高速公路隧道设计洪水频率标准为（　　　）。
（A）1/300　　　　　　　　　　　　　　（B）1/200
（C）1/100　　　　　　　　　　　　　　（D）1/50

二、多项选择题

1. 隧道的设计通常要经过（　　　）等几个阶段。
（A）可行性研究　　　　　　　　　　　　（B）初步设计
（C）详细设计　　　　　　　　　　　　　（D）施工图设计

2. 公路隧道勘察阶段一般分为踏勘、初勘与详勘三个阶段，其中，初勘的工作内容和要求是（　　　）。
（A）在初步选定的路线内进行勘察
（B）对可能作为隧道线位的区间进行初勘，重点勘察不良地质地段
（C）提供编制初步设计所需全部工程地质资料
（D）为线位布设和编制施工图设计提供完整的工程地质资料

3. 公路隧道勘察阶段一般分为踏勘、初勘与详勘三个阶段，其中，详勘的工作内容和要求是（　　　）。
（A）进一步查明沿线的工程地质条件
（B）进一步查明重点工程与不良地质区段的工程地质特征
（C）提供编制初步设计所需全部工程地质资料
（D）为线位布设和编制施工图设计提供完整的工程地质资料

4. 隧道按其位置一般可分为（　　　）。
（A）山岭隧道　　　　　　　　　　　　　（B）沉管隧道
（C）水下隧道　　　　　　　　　　　　　（D）盾构隧道

5. 对于盾构隧道而言，下列说法正确的有（　　　）。
（A）工人不会暴露在围岩下工作
（B）机器噪声对附近居民干扰大
（C）盾构机适宜小半径的曲线段隧道施工
（D）对拼装衬砌整体结构的防水技术要求高

6. 在公路交通中隧道具有（　　　）等作用。
（A）克服高程　　　　　　　　　　　　　（B）缩短运营里程
（C）改善道路线形　　　　　　　　　　　（D）避免不良地质灾害

7. 地形、地质调查时,对沿河傍山地段的隧道,应调查分析( )。
 (A)斜坡地质结构特征及其稳定性
 (B)水流冲刷对山体和洞身稳定的影响
 (C)不同越岭高程的地质条件
 (D)壅水的最高水位高程

8. 在整个施工图设计文件中应有隧道设计说明书,对( )等做概括说明。中小隧道的设计内容酌减。
 (A)隧道概况　　　　　　　　　　(B)设计意图及原则
 (C)施工方法　　　　　　　　　　(D)注意事项

9. 隧道调查的资料应齐全、准确,满足设计要求,隧道调查包括( )几个方面。
 (A)资料搜集　　　　　　　　　　(B)地形与地质调查
 (C)气象调查　　　　　　　　　　(D)工程环境调查

10. 城市地下道路结构应分别对( )按承载能力极限状态及正常使用极限状态进行设计。
 (A)施工阶段　　　　　　　　　　(B)踏勘阶段
 (C)初勘阶段　　　　　　　　　　(D)使用阶段

11. [2019年考题]公路隧道设计制订的施工计划主要包括( )。
 (A)总工期要求
 (B)施工队伍确定
 (C)合理工区的划分
 (D)施工便道、弃渣场、临时设施、监控量测方案

参考答案及解析

一、单项选择题

1.【答案】C
 【解析】根据《公路隧道设计规范　第一册　土建工程》(JTG 3370.1—2018)表1.0.4,500~1000m的隧道为中隧道。

2.【答案】C
 【解析】根据《公路隧道设计规范　第一册　土建工程》(JTG 3370.1—2018)第4.3.2条第2款,应布置连拱隧道。

3.【答案】A

【解析】沉管隧道与其他水下隧道施工法相比,能够设置在不妨碍通航的深度下。其他施工法建造的隧道一般都设置在河(海)床下的岩石中,都比沉管隧道的埋置深度大,故沉管隧道全长可以缩短。

4.【答案】B

【解析】山区隧道工程的洞口地段和洞身覆盖过薄地段,暗挖施工地层不能形成稳定的自然拱,一般用明挖法施工。

5.【答案】C

【解析】《公路隧道设计规范 第一册 土建工程》(JTG 3370.1—2018)第3.3.1条表3.3.1,选项A是初勘的目标,选项B是踏勘的目标,选项C是详勘的目标,选项D是施工中的目标。

6.【答案】C

【解析】《公路隧道设计规范 第一册 土建工程》(JTG 3370.1—2018)第3.3.3条第6款,地震问题经由地震部门来鉴定。

7.【答案】D

【解析】《公路隧道设计规范 第一册 土建工程》(JTG 3370.1—2018)第3.3.2条规定:隧道工程测绘资料的图纸内容和精度,应满足现行《公路工程地质勘察规范》(JTG C20)和《公路勘测规范)(JTG C10)的要求。

8.【答案】A

【解析】《公路隧道设计规范 第一册 土建工程》(JTG 3370.1—2018)第3.3.4条第3款。

9.【答案】B

【解析】根据《城市地下道路工程设计规范》(CJJ 221—2015)第3.1.3条,城市地下道路可按主线封闭段长度分为4类,其中长距离地下道路长度为$3000 \geqslant L > 1000$。

10.【答案】D

【解析】选项A、B、C是地铁区间隧道或车站可采用的开挖方法。竖井的施工方法有自上而下的全断面开挖方法和先挖导井再自上而下扩挖的方法,导井又有正井法、正反井相结合的开挖方法等,不存在暗挖、明挖的说法。

11.【答案】C

【解析】《公路隧道设计规范 第一册 土建工程》(JTG 3370.1—2018)表1.0.4。

12.【答案】C

【解析】《公路隧道设计规范　第一册　土建工程》(JTG 3370.1—2018)第4.2.6条,对于隧道设计洪水位频率,高速公路、一级公路的特长、长、中短隧道均为1/100;二级公路特长隧道为1/100,长、中短隧道均为1/50。

13.【答案】C

【解析】根据《公路隧道设计规范　第一册　土建工程》(JTG 3370.1—2018)第4.2.6条,隧道设计洪水频率:高速公路、一级公路特长、长、中、短隧道均为1/100。

二、多项选择题

1.【答案】ABD

【解析】隧道的设计通常要经过可行性研究、初步设计、施工图设计三个阶段。

2.【答案】ABC

【解析】初勘是在批准的工程可行性研究报告推荐建设方案的基础上,在初步选定的路线内进行勘察,其任务是满足初步设计对资料的要求。根据工程地质条件,优选路线方案,在路线基本走向范围内,对可能作为隧道线位的区间进行初勘,重点勘察不良地质地段,以明确隧道能否通过或如何通过,提供编制初步设计所需全部工程地质资料。故选项A、B、C正确。而"为线位布设和编制施工图设计提供完整的工程地质资料"是详细工程地质勘察的内容,故选项D错误。

3.【答案】ABD

【解析】详勘的任务是在初勘的基础上,进行补充校对,进一步查明沿线的工程地质条件,以及重点工程与不良地质区段的工程地质特征,为确定隧道位置的施工图设计提供详细的工程地质资料,以满足施工图设计的要求。

4.【答案】AC

【解析】公路隧道按照位置可分为:山岭隧道、水下隧道、城市隧道等。沉管隧道和盾构隧道属于按施工方法进行分类的隧道。

5.【答案】AD

【解析】盾构法施工的优点是:在盾构设备的掩护下进行地下开挖与衬砌支护作业,能保证施工安全;施工时振动和噪声小,对施工区域环境及附近居民干扰小。缺点是:曲率半径较小的曲线段施工比较困难;在饱和含水层中,对拼装衬砌整体结构防水技术要求高。

6.【答案】ABCD

【解析】在公路交通建设中采用隧道方案具有克服高程、改善道路线形、缩短运营里程、避免不良地质灾害等作用。

7.【答案】AB

　　【解析】根据《公路隧道设计规范　第一册　土建工程》(JTG 3370.1—2018)第3.3.4条第4款,选项 C 是越岭隧道应该做的工作;选项 D 是濒临水库地区的隧道应做的工作。

8.【答案】ABCD

　　【解析】在整个施工图设计文件中应有隧道设计说明书,对隧道概况、设计意图及原则、施工方法及注意事项等做概括说明。中小隧道的设计内容酌减。

9.【答案】ABCD

　　【解析】根据《公路隧道设计规范　第一册　土建工程》(JTG 3370.1—2018)第3.2～3.5条的标题。

10.【答案】AD

　　【解析】《城市地下道路工程设计规范》(CJJ 221—2015)第3.2.11条原文是"城市地下道路结构应分别对施工阶段和使用阶段按承载能力极限状态及正常使用极限状态进行设计",故本题选 AD。踏勘阶段和初勘阶段是施工前的地形地质调查阶段的内容,不要跟施工阶段和使用阶段混在一起。

11.【答案】ACD

　　【解析】根据《公路隧道设计规范　第一册　土建工程》(JTG 3370.1—2018)第4.7.1条,隧道设计应制订合理的施工计划。施工计划主要包括:总工期要求、施工方法的确定、合理工区的划分、辅助通道的用途、施工便道、弃渣场、临时设施、监控量测方案等。

第二节　隧道工程设计

复习要点

　　本节需要掌握以下内容:隧道总体设计原则;隧道位置选择、线形设计、横断面设计规定和要求;城市地下道路横断面、平面及纵断面设计要求;隧道洞口位置选择、衬砌结构设计、防水排水设计的规定和要求;隧道洞门设计、辅助通道设计、特殊形式隧道设计的规定和要求;城市地下道路出入口设计的规定和要求。需要了解以下内容:隧道抗震设防分类、标准及抗震措施;隧道特殊地质分类及设计要求;隧道结构设计计算方法;隧道路基路面设计要求;隧道辅助工程措施规定;隧道洞内预留构造物、预埋构件要求;隧道施工计划制订的规定和要求;隧道改扩建设计方案选择原则及要求。

典型习题

一、单项选择题

1. 当洞门山体有滚落碎石块的可能时,一般(　　　　),以减少对仰坡、边坡的扰动,确保落石不滚到行车道上。
   (A)砌挡土墙
   (B)架防护网
   (C)接长明洞
   (D)刷坡清方

2. 公路隧道通常是由(　　　)组成。
   (A)洞身构造、洞门
   (B)洞身构造、洞门以及附属设施
   (C)墙身、拱圈
   (D)墙身、拱圈和仰拱

3. 洞门墙基础必须置于稳固地基上,应视地形及地质条件,埋置足够的深度,保证洞门的稳定。基底埋入土质地基的深度不应小于(　　　),嵌入岩石地基的深度不应小于0.2m。
   (A)0.5m
   (B)0.7m
   (C)1.0m
   (D)0.9m

4. 关于隧道新奥法的设计施工,下列说法正确的是(　　　)。
   (A)支护体系设计时不考虑围岩的自承能力
   (B)支护体系设计时应考虑围岩的自承能力
   (C)隧道开挖后经监测围岩充分松动变形后再衬砌支护
   (D)隧道开挖后经监测围岩压力充分释放后再衬砌支护

5. 设计隧道衬砌断面主要解决的问题是(　　　)。
   (A)净空、建筑限界和跨度
   (B)内轮廓线、轴线和净空
   (C)内轮廓线、轴线和厚度
   (D)净空、轴线和厚度

6. 隧道围岩为坚硬岩,岩体完整,具整体状或巨厚层状结构,其围岩基本质量指标为560,修正值为450,则该围岩属于(　　　)。
   (A)Ⅰ级
   (B)Ⅵ级
   (C)Ⅴ级
   (D)Ⅲ级

7. 隧道施工量测方案设计中,力学测试项目不包含(　　　)。
   (A)锚杆强度量测
   (B)钢支撑压力量测
   (C)衬砌应力量测
   (D)围岩压力、衬砌压力

8. 洞口位置选择应遵循(　　　)的原则,避免在洞口形成高边坡和高仰坡。

（A）早进早出　　　　　　　　　　　　　（B）早进晚出
（C）晚进晚出　　　　　　　　　　　　　（D）晚进早出

9. 濒临水库地区的隧道,其( )设计高程应高出水库计算洪水位(含浪高和壅水高)0.5m以上。
（A）洞口路面　　　　　　　　　　　　　（B）仰拱
（C）洞口路肩　　　　　　　　　　　　　（D）边沟

10. 洞口的线路走向应尽量与该处地形等高线正交,避免产生( )危害。
（A）泥石流　　　　　　　　　　　　　　（B）偏压
（C）岩堆　　　　　　　　　　　　　　　（D）危岩落石

11. 隧道的平面线性应尽量采用( ),避免采用( )。
（A）曲线,直线　　　　　　　　　　　　（B）小半径曲线,大半径曲线
（C）直线,曲线　　　　　　　　　　　　（D）设超高的曲线,直线

12. 当隧道的平面线形设为曲线时,不宜采用( )平曲线,并不宜采用( )平曲线。
（A）设超高的,设加宽的　　　　　　　　（B）设加宽的,大半径
（C）设超高的,大半径　　　　　　　　　（D）大半径,小半径

13. 分离式隧道间的净距,宜按两洞结构彼此不产生有害影响的原则,宜取( )倍开挖宽度。
（A）0.8～2　　　　　　　　　　　　　　（B）1～1.5
（C）2～2.5　　　　　　　　　　　　　　（D）3

14. 隧道纵坡不应( )0.3%,也不应( )3%。
（A）小于,大于　　　　　　　　　　　　（B）大于,小于
（C）大于,等于　　　　　　　　　　　　（D）等于,小于

15. 间隔( )以内的连续隧道,宜整体考虑其平、纵线形技术指标。
（A）100m　　　　　　　　　　　　　　（B）300m
（C）400m　　　　　　　　　　　　　　（D）500m

16. 受地形等条件限制时,高速公路、一级公路的中、短隧道纵坡坡率可适当加大,但不宜大于( )。
（A）4.5%　　　　　　　　　　　　　　（B）4.0%
（C）5.0%　　　　　　　　　　　　　　（D）5.5%

17. 双向行车隧道紧急停车带应两侧交错设置,同一侧间距宜采用(　　),并不应大于 1500m。

(A)800～1200m (B)750m
(C)1000m (D)500m

18. 隧道横断面设计中,当路面采用单面坡时,建筑限界底边线(　　);当采用双面坡时,建筑限界底边线(　　)。

(A)与路面重合;应水平置于路面最高处
(B)应水平置于路面最高处;与路面重合
(C)与路面重合;应水平置于路面最低处
(D)应水平置于路面最低处;应水平置于路面最高处

19. 一般来说,对于Ⅰ～Ⅲ级围岩,隧道内轮廓宜选用(　　)的边墙和曲率较大的顶拱。对Ⅳ～Ⅵ级软弱破碎围岩来说,隧道内轮廓宜选用(　　)的边墙。

(A)曲率较大,曲率较大 (B)曲率较大,曲率较小
(C)曲率较小,曲率较小 (D)曲率较小,曲率较大

20. Ⅳ级围岩两车道公路隧道复合式衬砌设计时,喷射混凝土厚度可取(　　)。

(A)5～8cm (B)8～12cm
(C)12～20cm (D)25～30cm

21. 隧道(　　)应加强衬砌。加强衬砌段的长度应根据地形、地质和环境条件确定。

(A)Ⅰ级围岩段 (B)中间段
(C)Ⅱ级围岩段 (D)洞口段

22. 衬砌设计时,(　　)围岩地段的衬砌应向(　　)围岩地段延伸 5～10m。

(A)较差,较好 (B)较好,较差
(C)Ⅰ级,Ⅱ级 (D)Ⅱ级,Ⅲ级

23. 公路隧道喷射混凝土强度等级不应低于 C20,厚度不应小于(　　)。

(A)25mm (B)40mm
(C)50mm (D)80mm

24. 在确定开挖断面时,除应满足隧道净空和结构尺寸外,还应考虑初期支护并预留适当的变形量。预留变形量的大小可根据(　　)、断面大小、埋置深度、施工方法和支护情况等,采用工程类比法预测。

(A)二次衬砌 (B)初期支护
(C)锚杆长度 (D)围岩级别

25. 洞门墙基础必须置于(　　　)上,应视地形及地质条件,埋置足够的深度,保证洞门的稳定。

　　(A)松软地基　　　　　　　　　　(B)Ⅵ级围岩

　　(C)稳固地基　　　　　　　　　　(D)Ⅴ级围岩

26. 初期支护中,对于锚杆的说法不正确的是(　　　)。

　　(A)系统锚杆长度和间距应根据围岩条件、隧道宽度,通过计算或工程类比确定

　　(B)锚杆间距不宜大于锚杆长度的1/2,锚杆间距较小时可采用长短锚杆交错布置

　　(C)两车道隧道系统锚杆长度不宜小于2.0m,三车道隧道系统锚杆长度不宜小于2.5m

　　(D)土质围岩不设系统锚杆时,应采用其他支护方式加强

27. 隧道路面连续配筋混凝土面层配筋,当纵向和横向钢筋设在面层上部时,均应采用单层布置,纵向钢筋的净保护层厚度不应小于(　　　),横向钢筋应位于纵向钢筋以下。

　　(A)30mm　　　　　　　　　　　　(B)40mm

　　(C)45mm　　　　　　　　　　　　(D)50mm

28. 隧道防排水应遵循"(　　　),因地制宜,综合治理"的原则。

　　(A)以排为主　　　　　　　　　　(B)以堵为主

　　(C)以防为主　　　　　　　　　　(D)防、排、截、堵结合

29. 在含水率大的淤泥质黏土、黏性土、粉土、砂性土地段,可采用(　　　)作为超前支护手段。

　　(A)超前水平旋喷桩　　　　　　　(B)超前锚杆

　　(C)超前注浆　　　　　　　　　　(D)地表砂浆锚杆

30. 下面关于隧道纵向排水坡与隧道纵坡的关系,合理的说法有(　　　)。

　　(A)隧道纵向排水坡与隧道纵坡相反

　　(B)隧道纵向排水坡与隧道纵坡一致

　　(C)隧道纵向排水坡坡度大于隧道纵坡坡度

　　(D)隧道纵向排水坡坡度小于隧道纵坡坡度

31. [2019年考题]人车混合通行的公路隧道设计风速不应大于(　　　)。

　　(A)7m/s　　　　　　　　　　　　(B)8m/s

　　(C)9m/s　　　　　　　　　　　　(D)10m/s

32. [2019年考题]膨胀性围岩公路隧道应采用复合式衬砌,初期支护喷射混凝土最大厚度不应超过(　　　)。

（A）25cm   （B）20cm
（C）15cm   （D）10cm

33. [2019 年考题]公路隧道应作衬砌,高速公路的隧道应采用(　　　)。
　（A）喷锚衬砌   （B）整体式衬砌
　（C）复合式衬砌   （D）明洞衬砌

34. [2019 年考题]公路隧道喷锚衬砌中的喷射混凝土厚度不宜大于 300mm,不应小于(　　　)。
　（A）25mm   （B）40mm
　（C）50mm   （D）80mm

35. [2019 年考题]通过瓦斯地层的公路隧道,含瓦斯地层的喷射混凝土厚度不应小于(　　　)。
　（A）20cm   （B）15cm
　（C）10cm   （D）8cm

36. [2019 年考题]公路隧道照明设计中,双车道单向交通量大于 2400 辆/h 时,路面亮度总均匀度应不低于(　　　)。
　（A）0.2   （B）0.3
　（C）0.4   （D）0.5

37. [2019 年考题]公路隧道洞内纵向排水系统主要排放地下水、营运清洗污水及(　　　)。
　（A）雨水   （B）雪水
　（C）洪水   （D）消防污水

38. [2019 年考题]公路隧道总体设计在地质条件很差时,特长隧道的位置(　　　)。
　（A）应控制路线走向,以避开不良地质地段
　（B）应尽可能避开不良地质地段
　（C）处治不良地质地段
　（D）可服从路线走向

39. [2020 年考题]公路隧道采取复合式衬砌时,应在初期支护与二次衬砌之间设置防水层,防水层宜采用防水板和无纺布的组合,无纺布密度不应小于(　　　)。
　（A）100g/m²   （B）200g/m²
　（C）300g/m²   （D）400g/m²

40. [2020 年考题]公路隧道应设置衬砌,并根据隧道围岩级别、施工条件和使用要求选择

不同的衬砌形式,其中高速公路的隧道应采用(　　)。

(A)喷锚衬砌 　　　　　　　　　　(B)整体式衬砌

(C)复合式衬砌 　　　　　　　　　　(D)明洞衬砌

41.[2020年考题]某山岭高速公路隧道抗震设防应选择的类别是(　　)。

(A)A类 　　　　　　　　　　　　　(B)B类

(C)C类 　　　　　　　　　　　　　(D)D类

二、多项选择题

1.下列是公路隧道施工监控量测必测项目的有(　　)。

(A)拱顶下沉 　　　　　　　　　　　(B)周边收敛

(C)锚杆轴力 　　　　　　　　　　　(D)围岩内部位移

2.关于公路隧道设计中复合式衬砌材料的说法,正确的是(　　)。

(A)钢筋混凝土衬砌强度等级不应低于C20

(B)喷射混凝土的强度等级不应低于C20

(C)喷射钢纤维混凝土中的钢纤维抗拉强度不得小于380MPa,且不得有油渍和明显的的锈蚀

(D)片石混凝土内片石掺量不得超过总体积的30%

3.端墙式洞门的适用条件有(　　)。

(A)地质条件较差 　　　　　　　　　(B)边、仰坡不高

(C)地形开阔 　　　　　　　　　　　(D)石质基本稳定

4.改扩建后对不再作为通车使用的既有隧道,若既有隧道结构能长期稳定,则既有隧道宜用作(　　)。

(A)当地居民的人行通道 　　　　　　(B)维修服务通道

(C)养护服务通道 　　　　　　　　　(D)应急疏散救援通道

5.隧道建筑限界净空尺寸主要指(　　)。

(A)限界净宽 　　　　　　　　　　　(B)行车道宽

(C)人行道宽 　　　　　　　　　　　(D)限界净高

6.洞口不宜设在(　　)、泥石流等不良地质地段及排水困难的沟谷低洼处或不稳定的悬崖陡壁下。

(A)滑坡 　　　　　　　　　　　　　(B)崩塌

(C)岩堆 　　　　　　　　　　　　　(D)危岩落石

7. 隧道内纵坡的变换不宜过大、过频,以保证( )。
  (A)行车安全视距　　　　　　　　(B)排水要求
  (C)舒适性　　　　　　　　　　　　(D)隧道结构安全

8. 隧道内轮廓设计除应符合隧道建筑限界的规定外,还应满足洞内路面、排水设施、装饰的需要,并为( )、营运管理等设施提供安装控件。
  (A)通风　　　　　　　　　　　　　(B)照明
  (C)消防　　　　　　　　　　　　　(D)监控

9. 隧道洞内外平、纵线形应协调顺畅,以满足( )的要求。
  (A)人文环境　　　　　　　　　　　(B)施工安全
  (C)行车安全　　　　　　　　　　　(D)驾乘舒适

10. 隧道围岩较差地段应设置仰拱。路面与仰拱之间可采用( )填充。
  (A)混凝土　　　　　　　　　　　　(B)就地取土
  (C)片石混凝土　　　　　　　　　　(D)机制砂

11. 锚杆在隧道初期支护中的主要作用有( )。
  (A)悬吊作用　　　　　　　　　　　(B)加固围岩
  (C)支承围岩　　　　　　　　　　　(D)分配外力

12. 初期支护宜采用喷锚支护,即由( )等支护形式单独或组合使用。
  (A)防水层　　　　　　　　　　　　(B)喷射混凝土
  (C)锚杆　　　　　　　　　　　　　(D)钢筋网和钢架

13. 隧道洞内一般的防水措施有( )。
  (A)在初支与二衬之间设置防水板
  (B)对二次衬砌的施工缝、沉降缝、伸缩缝采用止水带、止水条等措施
  (C)隧道二次衬砌应满足抗渗要求
  (D)设置路边排水沟

14. 按《公路隧道设计规范》(JTG 3370.1—2018)要求,路面两侧的纵向排水沟主要引排( )。
  (A)营运清洗污水　　　　　　　　　(B)地下水
  (C)其他废水　　　　　　　　　　　(D)消防污水

15. 当地下水发育,含水层明显,又有长期充分补给来源时,可采用( )等截水、排水设施。

（A）路面边沟　　　　　　　　　（B）辅助坑道

（C）泄水洞　　　　　　　　　　（D）仰坡截水沟

16. 地下结构设计方法可以归纳为以下（　　　）设计模型。

　　（A）以工程类比为主的经验设计法

　　（B）以量测和试验为主的实用设计方法

　　（C）荷载—结构模型

　　（D）连续介质模型

17. 新奥法的支护手段与传统支护方式不同的是（　　　）。

　　（A）采用喷锚支护主动加固围岩

　　（B）采用喷锚支护改善围岩的应力状态

　　（C）不允许围岩变形

　　（D）允许围岩"卸压"变形的同时限制围岩产生有害变形

18. 岩体基本质量指标 BQ 与（　　　）有关。

　　（A）岩石单轴饱和抗压强度

　　（B）地下水影响修正系数

　　（C）岩体完整性指数

　　（D）主要软弱结构面产状影响修正系数

19. 围岩基本质量指标修正值$[BQ]$与（　　　）有关。

　　（A）岩体基本质量指标 BQ

　　（B）地下水影响修正系数

　　（C）初始应力状态修正系数

　　（D）主要软弱结构面产状影响修正系数

20. 关于浅埋隧道和深埋隧道围岩压力计算的说法,下列说法正确的有（　　　）。

　　（A）Ⅰ～Ⅳ级围岩深埋隧道的围岩压力可按释放荷载计算

　　（B）浅埋隧道和深埋隧道围岩压力计算方法不一样

　　（C）Ⅳ～Ⅵ级围岩中深埋隧道的围岩压力通常表现为松散荷载

　　（D）浅埋隧道的围岩压力比深埋隧道围岩压力大一些

21. 下面关于膨胀性围岩隧道设计的说法正确的是（　　　）。

　　（A）断面形状宜采用圆形或接近圆形的断面

　　（B）支护结构应按"先柔后刚、先让后顶、分层支护"的设计思想进行设计

　　（C）在膨胀变形相对较大的地段,可采用双层初期支护,也可在初期支护内采用可缩
　　　　式钢架,锚杆宜加长、加密、长短结合

(D)隧道开挖预留变形量应根据围岩膨胀变形量确定,应较普通围岩地段大

22. [2019 年考题]组成公路隧道复合式衬砌的有( )。
 (A)铺防水板 (B)初期支护
 (C)二次衬砌 (D)中间防水层

23. [2019 年考题]膨胀性围岩公路隧道应采用的设计方法有( )。
 (A)先柔后刚 (B)先让后顶
 (C)分层支护 (D)超前支护

24. [2019 年考题]公路隧道超前导洞排水设计应遵循的原则有( )。
 (A)导洞面积不应小于 $5m^2$
 (B)导洞应和正洞平行或接近平行
 (C)导洞底高程应低于正洞底高程
 (D)导洞应超前正洞 $10 \sim 20m$,至少应超前 $1 \sim 2$ 个循环进尺

25. [2019 年考题]公路隧道采用的全长黏结型锚杆有( )。
 (A)快硬水泥卷端头锚杆 (B)早强水泥砂浆锚杆
 (C)中空注浆锚杆 (D)自钻式注浆锚杆

26. [2019 年考题]公路隧道洞口位置的选择,符合要求的有( )。
 (A)洞口的边坡及仰坡必须保证稳定
 (B)洞口位置应设于山坡稳定、地质条件较好处
 (C)位于悬崖陡壁下的洞口,可切削山坡直接进洞
 (D)漫坡地段的洞口位置,应结合洞外路堑地质、弃渣、排水及施工等因素综合分析
  确定

27. [2019 年考题]黄土地区的公路隧道衬砌结构设计应考虑( )。
 (A)地表冲沟 (B)黄土分类
 (C)物理力学性能 (D)施工方法

28. [2019 年考题]岩爆地段公路隧道初期支护可采用( )。
 (A)喷射混凝土 (B)系统锚杆
 (C)钢筋网 (D)拱架

29. [2020 年考题]公路隧道明洞式洞门设计应符合的规定是( )。
 (A)洞口衬砌应采用片石混凝土结构
 (B)洞顶设计的回填坡面宜按自然山坡坡度回填

（C）洞顶采用土石回填时,坡率不陡于1:1,表面宜植草覆盖

（D）洞口段衬砌应伸出原山坡坡面或设计回填坡面不小于500mm

30.［2020年考题］位于岩溶地段的公路隧道,隧道底部有充填的溶洞,应根据溶洞充填物的特征以及溶洞与隧道的位置关系,采取（　　）等措施进行处理。

（A）跨越

（B）换填

（C）注浆

（D）开挖洞穴

31.［2020年考题］在进行公路隧道端墙式洞门设计时,符合规范有关规定的选项是（　　）。

（A）洞门端墙墙顶应高出墙背回填面0.3m

（B）洞顶排水沟沟底至拱顶衬砌外缘的最小厚度不应小于0.8m

（C）洞门墙墙身最小厚度不应小于0.5m

（D）翼墙墙身厚度不应小于0.3m

32.［2020年考题］公路隧道通过浅埋段、严重偏压段、自稳性差的软岩地层、断层破碎带地段时,可采取的辅助工程措施主要有（　　）。

（A）超前管棚、超前小导管、超前锚杆

（B）超前钻孔排水、泄水洞排水、井点降水

（C）超前钻孔注浆、超前水平旋喷桩、超前玻璃纤维锚杆

（D）地表砂浆锚杆、地表注浆、锁脚锚杆

三、案例题

1.［2019年考题］某高速公路设计标准为双向四车道,按分线设分离式隧道,设计车速120km/h,隧道长度13km,考虑电缆沟、排水沟等因素,左右侧检修道宽为1.0m,高度25cm,则隧道的建筑限界净宽为（　　）。

（A）11.50m

（B）11.00m

（C）10.75m

（D）10.25m

2.［2019年考题］某濒临水库地区高速公路拟建一处长隧道,经外业勘测,该处50年一遇洪水位为776.52m,百年一遇洪水位为778.12m,300年一遇洪水位为782.52m,调查走访发现最高洪水位782.80m。波浪侵袭高0.5m（不考虑壅水高）。隧道洞口路肩设计高程应采用（　　）。（注:本题有改编）

（A）778.62m

（B）779.12m

（C）783.02m

（D）783.80m

3.［2019年考题］某隧道洞口位于零开挖处,其土层厚2.20m,下伏砂岩,最大冻结线为地表下2.0m,则洞门墙基础埋深不应小于（　　）。（注:本题选项有改编）

（A）1.0m （B）2.0m
（C）2.25m （D）2.40m

4.［2019 年考题］某公路隧道衬砌结构采用复合式衬砌,其中一段 V 级围岩衬砌的初期支护采用锚喷支护,内设 Ⅰ 20b 工字钢拱架(工字钢厚度为 200mm),该初期支护喷射混凝土的厚度至少应为( )。
（A）22cm （B）24cm
（C）26cm （D）28cm

5.［2020 年考题］某两车道公路隧道,其中一段的围岩为较软质岩,但岩体完整,初步判断为Ⅳ级围岩。在隧道复合式衬砌设计开挖时,预留变形量的预测值宜为( )。
（A）40 ~ 50mm （B）50 ~ 60mm
（C）70 ~ 80mm （D）80 ~ 90mm

6.［2020 年考题］某二级公路隧道,长度为 2700m,其中一段埋深为 300m(属深埋隧道),隧道宽度为 11m,V 级围岩,围岩重度为 20kN/m³。不考虑偏压等,则围岩的垂直均布压力为( )。(取整数)
（A）204kPa （B）230kPa
（C）248kPa （D）317kPa

7.［2020 年考题］某公路隧道围岩为坚硬岩石,岩体较完整,岩石单轴抗压强度为 26MPa,洞壁最大切向应力为 20MPa。该围岩的岩爆分级应是( )。
（A）Ⅰ级 （B）Ⅱ级
（C）Ⅲ级 （D）Ⅳ级

8.［2020 年考题］某公路Ⅳ级围岩中的单线隧道,拟采用钻爆法进行施工。某断面衬砌结构顶部埋深为 160m(属深埋隧道),隧道开挖宽度为 12m,围岩的重度为 24kN/m³,不考虑偏压等影响,则该隧道衬砌所受到的围岩水平均布压力合理的是( )。
（A）15kPa （B）21kPa
（C）35kPa （D）60kPa

9.［2021 年考题］某二级公路隧道按单洞双车道设计,设计速度为 60km/h,该隧道建筑限界高度及基本宽度是( )。
（A）4.5m,8.00m （B）4.5m,9.00m
（C）5.0m,10.00m （D）5.0m,11.00m

10.［2021 年考题］某二级公路隧道长度为 1550m,设计速度为 60km/h,双向行车时隧道应设置紧急停车带( )处。

(1)0 处 　　　　　　　　　(B)1 处

(C)2 处 　　　　　　　　　(D)3 处

11. [2021 年考题]某公路隧道进口工区穿越高瓦斯地层段,其瓦斯压力为 0.15MPa,该地层地段衬砌结构防护等级应为(　　　)。

　　(A)一级 　　　　　　　　　(B)二级

　　(C)三级 　　　　　　　　　(D)四级

12. [2021 年考题]某二级公路双车道隧道,隧道进口工区穿越高瓦斯地层段,出口工区为微瓦斯工区,按绝对瓦斯涌出量计算需风量时,符合现行规范规定的稀释高低瓦斯工区和微瓦斯工区的瓦斯浓度是(　　　)。

　　(A)0.5% 以下,0.25% 以下 　　　　(B)0.5%,0.25%

　　(C)0.7% 以下,0.5% 以下 　　　　(D)1.0%,0.6%

13. [2021 年考题]某二级公路隧道,隧址区地震基本烈度为Ⅶ度,该隧道抗震设防措施等级应为(　　　)。

　　(A)一级 　　　　　　　　　(B)二级

　　(C)三级 　　　　　　　　　(D)四级

参考答案及解析

一、单项选择题

1.【答案】C

【解析】当洞门处有坍方、落石、泥石流等时,应采取清刷、延伸洞口、设置明洞或支挡构造物等措施。题目中主要是防滚落石,并且减少对仰坡、边坡的扰动,所以接长明洞是最优选择。

2.【答案】B

【解析】公路隧道不仅由洞身和洞门组成,还应包括隧道运营时所需的通风、照明、控制等附属设施。

3.【答案】C

【解析】《公路隧道设计规范　第一册　土建工程》(JTG 3370.1—2018)第 7.3.3 条第 4 款规定:洞门端墙基础应置于稳固地基上,并埋入地面下一定深度。嵌入岩石地基的深度不应小于 0.2m;埋入土质地基的深度不应小于 1.0m。基底埋置深度应大于靠墙设置的各种沟、槽底的埋置深度。地基为冻胀土层时,基底高程应在最大冻结深度以下不小于 0.25m。

4.【答案】B

【解析】新奥法的特点是在开挖面附近及时施作紧贴于围岩的薄层柔性喷射混凝土和锚杆支护,以便控制围岩的变形和应力释放,发挥围岩的自承能力。共同作用使围岩应力重分布,达到新的平衡。

5.【答案】C

【解析】衬砌断面设计主要解决内轮廓线、轴线和厚度三个问题。

6.【答案】D

【解析】围岩详细定级时,采用修正值。根据《公路隧道设计规范　第一册　土建工程》(JTG 3370.1—2018)表3.6.4,属于Ⅲ级围岩。

7.【答案】A

【解析】隧道施工监控量测,分为必测项目和选测项目。必测项目包括:洞内外观察、周边收敛、拱顶下沉、地表下沉。选测项目包括:钢架内力及外力、岩体内部位移、围岩压力、两层支护间压力、锚杆轴力、支护衬砌应力、围岩弹性波速、爆破震动、渗水压力、水流量、地表下沉。力学参数的设计属于选测项目,主要包含:锚杆轴力、钢支撑压力、衬砌应力、围岩压力、衬砌压力等隧道监控量测的内容。锚杆强度属于材料性能范畴,不属于隧道施工监控量测范畴。

8.【答案】B

【解析】洞口位置应根据地形、地质、水文等条件着重考虑边坡及仰坡的稳定,宁可让隧道稍长些,这样可避免开挖高边坡路堑,也有利于保护自然环境。所以,隧道工作者在实践中提出确定隧道位置宜早进洞、晚出洞,也称"早进晚出"。

9.【答案】C

【解析】《公路隧道设计规范　第一册　土建工程》(JTG 3370.1—2018)第4.2.5条规定:濒临水库、沿河、沿溪的隧道,其洞口路肩设计高程应高出计算洪水位(含浪高和壅水高)不小于0.5m。

这是隧道位置选择要求之一,为了避免洪水涌入隧道。

10.【答案】B

【解析】洞口的线路走向应尽量和该处地形等高线正交,这样可不造成一侧开挖面畸高,注意避免另侧岩壁过薄致产生偏压危害。

11.【答案】C

【解析】隧道作为公路的组成部分,其平面线形设计应满足《公路隧道设计规范　第一册　土建工程》(JTG 3370.1—2018)的要求。由于隧道的维护和运营及救灾条件与洞外道路相比要求更高、难度也更大,因此,隧道在平面设计时应提高线形设计标准,一般来说隧道的平面线形应尽量采用直线,避免采用曲线。

12.【答案】A

　　【解析】这是《公路隧道设计规范　第一册　土建工程》(JTG 3370.1—2018)第4.3.1条的规定。该条还有隧道不设超高的圆曲线最小半径应符合的规定。当由于特殊条件限制,隧道平面线形设计为需设超高的曲线时,其超高值不宜大于4.0%,技术指标应符合现行《公路路线设计规范》(JTG D20)的有关规定。

13.【答案】A

　　【解析】根据《公路隧道设计规范　第一册　土建工程》(JTG 3370.1—2018)第4.3.3条,两洞间净距宜取0.8~2.0倍开挖宽度。

14.【答案】A

　　【解析】《公路隧道设计规范　第一册　土建工程》(JTG 3370.1—2018)第4.3.5条规定:隧道内纵断面线形应考虑行车安全、运营通风规模、施工作业和排水要求确定,最小纵坡不应小于0.3%,最大纵坡不应大于3%。

15.【答案】A

　　【解析】根据《公路隧道设计规范　第一册　土建工程》(JTG 3370.1—2018)第4.3.7条,应选100m。

16.【答案】B

　　【解析】受地形等条件限制时,隧道纵坡坡率可适当加大,但不宜大于4%,主要是纵坡加大后,汽车的一氧化碳和烟雾排放量增大,要保证驾驶员的视距,则需加大通风,造成隧道运营成本增加,所以,《公路隧道设计规范　第一册　土建工程》(JTG 3370.1—2018)第4.3.5条提出纵坡不宜大于4%。

17.【答案】A

　　【解析】《公路隧道设计规范　第一册　土建工程》(JTG 3370.1—2018)第4.4.6条第5款规定:双向行车隧道紧急停车带应两侧交错设置,同一侧间距宜采用800~1200mm,并不应大于1500m。

18.【答案】A

　　【解析】根据《公路隧道设计规范　第一册　土建工程》(JTG 3370.1—2018)第4.4.1条第4款,可知选A。这样做能够体现建筑界限的合理性和行车安全。

19.【答案】D

　　【解析】内轮廓设计通常根据隧道限界,先将内轮廓拟定为三心圆形式,并综合考虑设备、通风、受力条件等因素调整 R_1、R_2、a、B 等相关尺寸,进行优化。例如,当围岩坚硬完整且水平侧向压力较小时,可通过适当增大 R_2 以减小左右边墙的曲率。反之当围岩较破碎且水平侧向压力较大时,可适当减小 R_2 以增大左右边墙的曲率。

20.【答案】C

【解析】根据《公路隧道设计规范 第一册 土建工程》(JTG 3370.1—2018)附录 P 表 P.0.1,两车道隧道复核式衬砌设计参数中,Ⅳ级围岩建议选取 12~20cm。

21.【答案】D

【解析】一般来讲,隧道洞口段埋深浅、地质条件较差,故《公路隧道设计规范 第一册 土建工程》(JTG 3370.1—2018)第 8.1.4 条第 3 款规定,隧道洞口段应设加强衬砌。

22.【答案】A

【解析】较差围岩地段的衬砌厚些、强度高些,并且围岩较差和较好地段的分界线不是十分清晰。因此,《公路隧道设计规范 第一册 土建工程》(JTG 3370.1—2018)第 8.1.4 条第 4 款规定,围岩较差地段的衬砌应向围岩较好地段延伸 5~10m。

23.【答案】C

【解析】《公路隧道设计规范 第一册 土建工程》(JTG 3370.1—2018)第 8.2.1 条规定:喷射混凝土强度等级不应低于 C20,厚度不应小于 50mm。

24.【答案】D

【解析】根据《公路隧道设计规范 第一册 土建工程》(JTG 3370.1—2018)第 8.4.1 条第 3 款的规定。

25.【答案】C

【解析】根据《公路隧道设计规范 第一册 土建工程》(JTG 3370.1—2018)第 7.3.3 条第 4 款的规定。

26.【答案】B

【解析】根据《公路隧道设计规范 第一册 土建工程》(JTG 3370.1—2018)第 8.2.5 条第 3~6 款,其中锚杆间距不宜大于锚杆长度的 1/2 且不宜大于 1.5m。

27.【答案】D

【解析】《公路隧道设计规范 第一册 土建工程》(JTG 3370.1—2018)第 15.3.5 条规定:纵向和横向钢筋设在面层上部时,均应采用单层布置,纵向钢筋的净保护层厚度不应小于 50mm,横向钢筋应位于纵向钢筋以下。

28.【答案】D

　　【解析】实践证明,采用防、排、截、堵相结合的原则比采用单一手段要有效。

29.【答案】A

　　【解析】根据《公路隧道设计规范　第一册　土建工程》(JTG 3370.1—2018)第13.2.5条规定。

30.【答案】B

　　【解析】根据《公路隧道设计规范　第一册　土建工程》(JTG 3370.1—2018)第10.3.2条第2款,隧道纵向排水坡宜与隧道纵坡一致。

31.【答案】A

　　【解析】《公路隧道通风设计细则》(JTG/T D70/2-02—2014)第4.2.1条规定:单向交通隧道的设计风速不宜大于10.0m/s,特殊情况不应大于12.0m/s;双向交通隧道的设计风速不应大于8.0m/s;设有专用人行道的隧道设计风速不应大于7.0m/s。

　　人车混合通行的隧道是指设有专用人行道的隧道。

32.【答案】A

　　【解析】膨胀性围岩隧道应采用复合式衬砌,初期支护喷射混凝土最大厚度不应超过25cm。二次衬砌宜采用等厚、圆顺断面,宜采用钢筋混凝土衬砌,衬砌厚度不宜大于50cm。

33.【答案】C

　　【解析】根据《公路隧道设计规范　第一册　土建工程》(JTG 3370.1—2018)第8.1.1条,高速公路、一级公路、二级公路的隧道应采用复合式衬砌。

34.【答案】C

　　【解析】根据《公路隧道设计规范　第一册　土建工程》(JTG 3370.1—2018)第8.2.1条,喷射混凝土厚度不应小于50mm。

35.【答案】B

　　【解析】根据《公路隧道设计规范　第一册　土建工程》(JTG 3370.1—2018)第14.6.4条,含瓦斯地层的喷射混凝土厚度不应小于15cm,模筑混凝土二次衬砌厚度不应小于40cm。

36.【答案】C

　　【解析】根据《公路隧道照明设计细则》(JTG/T D70/2-01—2014)第6.2.2条,单向交通量大于等于1200,路面亮度总均匀度不低于0.4。

37.【答案】D

【解析】路面两侧应设纵向排水沟,引排营运清洗污水、消防污水和其他废水。

38.【答案】A

【解析】地质条件很差时,特长隧道的位置应控制路线走向,以避开不良地质地段。

39.【答案】C

【解析】《公路隧道设计规范 第一册 土建工程》(JTG 3370.1—2018)第10.2.2条规定:公路隧道采取复合式衬砌时,应在初期支护与二次衬砌之间设置防水层,防水层宜采用防水板和无纺布的组合,无纺布密度不应小于$300g/m^2$。

40.【答案】C

【解析】《公路隧道设计规范 第一册 土建工程》(JTG 3370.1—2018)第8.1.1条规定:高速公路、一级公路、二级公路的隧道应采用复合式衬砌。

41.【答案】B

【解析】《公路隧道设计规范 第一册 土建工程》(JTG 3370.1—2018)第16.1条的表16.1.1中有各公路隧道抗震设防类别使用范围。其中高速公路隧道属 B 类。

二、多项选择题

1.【答案】AB

【解析】根据《公路隧道施工技术规范》(JTG F60—2009)第10.2.1条和表10.2.1,隧道现场监控量测的必测项目,只有拱顶下沉、周边位移、地表下沉和隧道内外观察4项。

2.【答案】BCD

【解析】根据《公路隧道设计规范 第一册 土建工程》(JTG 3370.1—2018)第5.1.2、5.1.4、5.1.7条可知,钢筋混凝土结构的强度等级不应低于C25,其他都是正确的。

3.【答案】BCD

【解析】端墙式洞门的适用条件,地质条件较差没有包括在内。

4.【答案】BCD

【解析】《公路隧道设计规范 第一册 土建工程》(JTG 3370.1—2018)第17.2.9条规定:改扩建后对不再作为通车使用的既有隧道,宜用作维修、养护服务通道和应急疏散救援通道。疏散救援通道应能保证隧道结构的长期稳定。

5.【答案】AD

【解析】隧道建筑限界的定义为:为保证隧道内各种交通的正常运行与安全,而规定在一定宽度和高度范围内不得有任何部件侵入的空间限界。可见限界净宽和限界净高是正确答案。限界净宽中包含了行车道宽和人行道宽。

6.【答案】ABCD

【解析】确定隧道洞门位置时应考虑的原则之一是:要避开不良地质地段,如滑坡、崩塌、岩堆、危岩落石、泥石流等处。

7.【答案】AC

【解析】隧道内纵坡的变换不宜过大、过频,以保证行车安全视距和舒适性。

8.【答案】ABCD

【解析】《公路隧道设计规范 第一册 土建工程》(JTG 3370.1—2018)第4.4.3条规定了隧道内轮廓设计除应符合隧道建筑限界的规定外,还应满足洞内路面、排水设施、装饰的需要,并为通风、照明、消防、监控、营运管理等设施提供安装空间的需要,所以全选。

9.【答案】CD

【解析】《公路隧道设计规范 第一册 土建工程》(JTG 3370.1—2018)第4.1.3条规定:隧道洞内外平、纵线形应协调顺畅,满足行车安全和舒适要求。人文环境和施工安全与平、纵线形协调顺畅无关,是干扰项。

10.【答案】AC

【解析】《公路隧道设计规范 第一册 土建工程》(JTG 3370.1—2018)第8.1.4条规定:围岩较差、侧压力较大、地下水丰富的地段可设仰拱……路面与仰拱之间可采用混凝土或片石混凝土填充。

11.【答案】ABC

【解析】隧道初支锚杆的作用原理和效果是:支承围岩、加固围岩、提高层间摩阻力,形成"组合梁"、悬吊作用。

12.【答案】BCD

【解析】此题为概念题。《公路隧道设计规范 第一册 土建工程》(JTG 3370.1—2018)第8.4.1条规定:初期支护应按永久支护结构设计,宜采用喷射混凝土、锚杆、钢筋网和钢架等支护单独或组合使用,并应符合本规范第8.2节的规定。

13.【答案】ABC

【解析】注意题目要求是"洞内的防水措施",选项D是排水措施,不能选。

14.【答案】ACD

【解析】按《公路隧道设计规范》(JTG 3370.1—2018)要求,隧道洞内宜按地下水和营运清洗污水、消防污水分离排放的原则设置纵向排水系统。路面两侧的纵向排水沟主要引排营运清洗污水、消防污水和其他废水。路面结构下宜设纵向中心水沟(管),集中引排地下水。

15.【答案】BC

【解析】因地下水发育,含水层明显,又有长期充分补给来源时,光靠二次衬砌外的纵环向盲管(沟)组成的排水系统满足不了排水要求,《公路隧道设计规范 第一册 土建工程》(JTG 3370.1—2018)第10.3.6条规定:当地下水发育,含水层明显,又有长期充分补给来源、堵水效果不明显、地下水对隧道存在安全隐患时,可利用辅助坑道、平行导坑排水或设置泄水洞等截、排水设施。

16.【答案】ABCD

【解析】目前采用的地下结构设计方法可以归纳为以下四种设计模型:①以参照过去隧道工程实践经验进行工程类比为主的经验设计法;②以现场量测和试验室试验为主的实用设计方法,例如以洞周位移量测值为基础的收效—约束法;③作用—反作用模型,即荷载—结构模型,例如弹性地基圆环计算和弹性地基框架计算等计算;④连续介质模型,包括解析法和数值法,其中数值计算法目前主要是有限单元法。

17.【答案】ABD

【解析】喷射混凝土和锚杆是新奥法的主要支护手段,此外还可辅以金属网和轻型钢拱架。与传统支护方式不同的是,采用喷锚支护可以主动加固围岩、改善围岩的应力状态;特别是在允许少量围岩变形"卸压"的同时限制围岩产生有害变形,以充分发挥围岩的自承作用,使围岩成为支护体系的组成部分。所以"不允许围岩变形"是错的。

18.【答案】AC

【解析】《公路隧道设计规范 第一册 土建工程》(JTG 3370.1—2018)第3.6.1条建议,隧道围岩分级的综合评价方法宜采用两步分级,用岩体基本质量指标 BQ 进行初步分级,而岩体基本质量指标 BQ 与岩石单轴饱和抗压强度和岩体完整性指数有关。

19.【答案】ABCD

【解析】根据《公路隧道设计规范 第一册 土建工程》(JTG 3370.1—2018)第3.6.1条,隧道围岩分级的综合评价方法第二步应按岩体基本质量指标修正值$[BQ]$对围岩进行详细定级。即在岩体基本质量指标 BQ 基础上,再考虑地下水、主要软弱结构面产状、构造应力等因素的影响。

20.【答案】ABC

【解析】一般来讲,Ⅰ～Ⅳ级围岩深埋隧道,围岩压力主要为形变压力,可按释放荷载计算。Ⅳ～Ⅵ级围岩通常比较松散,稳定性较差,Ⅳ～Ⅵ级围岩中深埋隧道的围岩压力表现为松散荷载,规范中有相应的计算方法,并且浅埋与深埋隧道的围岩压力计算方法不一样。所以选项 A、B、C 是对的。这些内容《公路隧道设计规范　第一册　土建工程》(JTG 3370.1—2018)都有规定。至于选项 D,由于一般隧道埋深越大,垂直压力会越大,所以"浅埋隧道围岩压力比深埋隧道围岩压力大一些"这一说法不正确。

21.【答案】ABCD

　　【解析】根据《公路隧道设计规范　第一册　土建工程》(JTG 3370.1—2018)第 14.2 节膨胀性围岩的相关规定。

22.【答案】BCD

　　【解析】复合式衬砌是由初期支护、二次衬砌及中间防水层组合而成的衬砌形式。

23.【答案】ABC

　　【解析】根据《公路隧道设计规范　第一册　土建工程》(JTG 3370.1—2018)第 14.2.2 条,膨胀性围岩隧道应采用"先柔后刚、先让后顶、分层支护"的设计方法。

24.【答案】BCD

　　【解析】超前导洞排水设计应遵循以下原则:导洞应和正洞平行或接近平行;导洞底高程应低于正洞底高程;导洞应超前正洞 10~20m,至少应超前 1~2 个循环进尺。

25.【答案】BCD

　　【解析】全长黏结锚杆需要注浆,而端头锚固锚杆只需用锚固剂对锚杆端头进行锚固,选项 A 是端头锚杆,其他为全长黏结锚杆。

26.【答案】ABD

　　【解析】洞口位于悬岩陡壁时,不应切削原山坡。

27.【答案】BCD

　　【解析】根据《公路隧道设计规范　第一册　土建工程》(JTG 3370.1—2018)第 14.7.1 条,黄土地区的隧道,应视黄土分类、物理力学性能、黄土天然含水率、隧道断面大小和施工方法等确定衬砌结构。

28.【答案】ABCD

　　【解析】根据《公路隧道设计规范　第一册　土建工程》(JTG 3370.1—2018)第 14.8.3 条,岩爆地段隧道初期支护可采用钢筋网喷射混凝土、系统锚杆、超前锚杆等联合处置措施。当岩爆级别较高时,可增设钢架支护。

29.【答案】BCD

【解析】根据《公路隧道设计规范 第一册 土建工程》(JTG 3370.1—2018)第7.3.4条,其中有"洞口衬砌应采用钢筋混凝土结构",故不能选A,其他选项均符合规范。

30.【答案】ABC

【解析】《公路隧道设计规范 第一册 土建工程》(JTG 3370.1—2018)第14.3.4条规定:对隧道底部有充填的溶洞,应根据溶洞充填物的特征以及溶洞与隧道的位置关系,采取桩基、注浆、换填、跨越等措施进行处理。

31.【答案】CD

【解析】《公路隧道设计规范 第一册 土建工程》(JTG 3370.1—2018)第7.3.3条规定:洞门墙墙身最小厚度不应小于0.5m,翼墙墙身厚度不应小于0.3m。洞顶排水沟沟底至拱顶衬砌外缘的最小厚度不应小于1.0m;洞门端墙墙顶应高出墙背回填面0.5m。

32.【答案】ACD

【解析】根据《公路隧道设计规范 第一册 土建工程》(JTG 3370.1—2018)第13.1.1条,选项ACD属于围岩稳定措施,选项B属于涌水处理措施,而题设条件中没有提涌水的问题。

三、案例题

1.【答案】A

【解析】根据《公路隧道设计规范 第一册 土建工程》(JTG 3370.1—2018)第4.4.1条和表4.4.1。行车道宽度 $W = 3.75 \times 2 = 7.50\text{m}$, $L_R = 1.25\text{m}$, $L_L = 0.75\text{m}$, 检修道 $J = 1.0 \times 2 = 2.0\text{m}$。因此隧道的建筑限界净宽 $= 7.50 + 1.25 + 0.75 + 2.0 = 11.50\text{m}$。

2.【答案】D

【解析】根据《公路隧道设计规范 第一册 土建工程》(JTG 3370.1—2018)第4.2.5条和表4.2.6,濒临水库地区的隧道,其洞口路肩设计高程应高出水库计算洪水位(含浪高和壅水高)不小于0.5m。高速公路长隧道设计洪水位频率为1/100,当观测洪水位高于频率标准洪水位值时,应按观测洪水位设计,本题观测洪水位782.80m大于百年一遇洪水位778.12m,取782.80m;波浪侵袭高0.5m(不考虑壅水高),因此隧道洞口路肩设计高程 $H = 782.80 + 0.5 + 0.5 = 783.80\text{m}$。

3.【答案】D

【解析】根据《公路隧道设计规范 第一册 土建工程》(JTG 3370.1—2018)第7.3.3条第4款规定:洞门墙基础应置于稳固地基上。基底埋入土质地基的深度不应小于1.0m,嵌入岩石地基的深度不应小于0.2m;地基为冻胀土层时,基底高程应在最大冻结线以下不小于0.25m;基底埋置深度应大于墙边各种沟、槽基底的埋置深度。

土层厚2.20m,基础嵌入砂岩的埋深为 $2.20 + 0.20 = 2.40\text{m}$,而最大冻结线控制埋深时为

$2.00 + 0.25 = 2.25m$,取最大埋深2.40m。

4.【答案】C

【解析】根据《公路隧道设计规范　第一册　土建工程》(JTG 3370.1—2018)第8.2.7条第7款,钢架与围岩之间的混凝土保护层厚度不应小于40mm;临空一侧的混凝土保护层厚度不应小于20mm。当采用喷锚单层衬砌时,临空一侧的混凝土保护层厚度不应小于40mm。因此初期支护喷射混凝土的厚度至少为200(工字钢厚度) + 40 + 20 = 260mm,即26cm。

5.【答案】B

【解析】根据《公路隧道设计规范　第一册　土建工程》(JTG 3370.1—2018)第8.4.1条表8.4.1注1:Ⅳ级围岩两车道时,预留变形量为50～80mm;因为是较软质岩,且岩体完整,变形量取小值50～60mm。

6.【答案】B

【解析】根据《公路隧道设计规范　第一册　土建工程》(JTG 3370.1—2018)第6.2.2条计算:

查表6.2.2-1,$i = 0.1$

$\omega = 1 + i(B - 5) = 1 + 0.1 \times (11 - 5) = 1.6$

$h = 0.45 \times 2^{S-1}\omega = 0.45 \times 2^{5-1} \times 1.6 = 11.52m$

$q = \gamma h = 20 \times 11.52 = 230.4kPa$,取整数230kPa。

7.【答案】C

【解析】根据《公路隧道设计规范　第一册　土建工程》(JTG 3370.1—2018)第14.8.2条,表14.8.2-1:$\dfrac{\sigma_{\theta max}}{R_b} = \dfrac{20MPa}{26MPa} = 0.77$

因此该围岩的岩爆分级属于Ⅲ级强烈岩爆。

8.【答案】C

【解析】根据《公路隧道设计规范　第一册　土建工程》(JTG 3370.1—2018)第6.2.2条计算:

查表6.2.2-1,$i = 0.1$

$\omega = 1 + i(B - 5) = 1 + 0.1 \times (12 - 5) = 1.7$

$h = 0.45 \times 2^{S-1}\omega = 0.45 \times 2^{4-1} \times 1.7 = 6.12m$

$q = \gamma h = 24 \times 6.12 = 146.88kPa$

查表6.2.2-3,$e = (0.15～0.3)q = (0.15～0.3) \times 146.88 = 22～44kPa$

9.【答案】C

【解析】根据《公路隧道设计规范　第一册　土建工程》(JTG 3370.1—2018)第4.4.1

条第1款,二级公路隧道高度为5.0m;查表4.4.1,二级公路,设计速度为60km/h,基本宽度为10m。故本题选 C。

10.【答案】C

【解析】根据《公路隧道设计规范 第一册 土建工程》(JTG 3370.1—2018)第4.4.6条第5款,双向行车,单侧间距为800~1200m,每侧1个,总共2处。故本题选 C。

11.【答案】B

【解析】根据《公路瓦斯隧道设计与施工技术规范》(JTG/T 3374—2020)第5.1.1条的表5.1.1及小注:高瓦斯地层对应防护等级二级,瓦斯压力 $P=0.15$MPa,对应防护等级三级,表中当瓦斯压力与瓦斯地层类别不一致时,应取较高者,即取二级。故本题选 B。

12.【答案】A

【解析】根据《公路瓦斯隧道设计与施工技术规范》(JTG/T 3374—2020)第3.2.2条的条文说明,微瓦斯工区瓦斯浓度≤0.25%,高低瓦斯工区分界浓度≤0.5%;查表3.2.2,微瓦斯 $0 < Q_{CH4} < 1.0$,低瓦斯 $1.0 < Q_{CH4} < 3.0$,则应选0.5%以下及0.25%以下。故本题选 A。

13.【答案】B

【解析】根据《公路隧道抗震设计规范》(JTG 2232—2019)表3.1.1,二级公路隧道对应C类;查表3.1.4,C类、Ⅶ度对应二级抗震设防措施。故本题选 B。

第三节 交通工程与附属设施设计

复习要点

本节需要掌握隧道交通工程与附属设施配置等级的规定和要求,隧道交通安全设施、通风设施、照明设施、消防设施设计的规定和要求。了解隧道交通监控设施、火灾探测报警设施、供配电设施、中央控制管理系统设计的规定和要求。

典 型 习 题

一、单项选择题

1.关于隧道通风设计,主要是为了满足隧道运行目的是( )。
　(A)卫生条件和行车安全　　　　　(B)医疗条件和卫生条件
　(C)卫生条件和行人安全　　　　　(D)行车安全和救援方便

2. 某山区公路隧道,常年多雾,交通中重车比例较大,选择照明光源时应优选(　　)。

（A）高压钠灯
（B）荧光灯
（C）LED 灯
（D）白炽灯

3. 下列长度为(　　)的公路隧道内应设置疏散指示标志。

（A）350m
（B）400m
（C）450m
（D）600m

4. 公路隧道内紧急停车带标志应设置于紧急停车带入口前(　　)左右。

（A）1m
（B）5m
（C）10m
（D）15m

5. 交通监控设施、紧急呼叫设施、火灾探测报警设施、中央控制管理系统的设计年度取值不应低于隧道计划通车年后第(　　)年。

（A）2
（B）3
（C）4
（D）5

6. 在附属设施设计中,从通风效果和灾害救援的角度来看(　　)。

（A）半横向通风优于全横向通风
（B）在单向交通隧道中参与纵向式通风最好
（C）纵向式通风优于半横向式通风
（D）全横向式通风最好

7. [2019 年考题]人车混合通行的公路隧道设计风速不应大于(　　)。

（A）7m/s
（B）8m/s
（C）9m/s
（D）10m/s

8. [2019 年考题]公路隧道照明设计中,双车道单向交通量大于 2400 辆/h 时,路面亮度总均匀度应不低于(　　)。

（A）0.2
（B）0.3
（C）0.4
（D）0.5

9. [2020 年考题]根据公路隧道设计规范规定,二级公路隧道应设置照明的最小长度是(　　)。

（A）500m
（B）800m
（C）1000m
（D）1500m

二、多项选择题

1. 隧道进行通风的目的是(　　　)。
(A)保障隧洞内卫生条件　　　　　　　(B)保障隧洞内行车安全
(C)提高隧道内行车的舒适性　　　　　(D)改善洞内工作环境

2. 隧道辅助通道可以满足运营通风、防灾救援或增开作业面、改善施工通风与排水条件等,常见的有(　　　)。
(A)竖井　　　　　　　　　　　　　　(B)斜井
(C)平行通道与横通道　　　　　　　　(D)风道及地下机房

3. 按视觉适应规律、洞外与中间段亮度差以及亮度递减速率,沿双向行驶隧道行车方向将隧道分为(　　　)等若干段。
(A)入口段　　　　　　　　　　　　　(B)中间段
(C)过渡段　　　　　　　　　　　　　(D)出口段

4. 对隧道内灯具的布置要求,下列说法正确的有(　　　)。
(A)灯具不得侵入隧道建筑限界
(B)隧道两侧墙面 2m 高范围内,宜铺设反射率不小于 0.7 的墙面材料
(C)灯具布置应满足闪烁频率低于 2.5Hz 或高于 15Hz 的要求
(D)中间段灯具的平面布置形式可采用单光带布置、两侧交错布置或两侧对称布置

5. 影响隧道通风方式的主要因素是(　　　)。
(A)隧道长度　　　　　　　　　　　　(B)车流量
(C)纵坡坡率　　　　　　　　　　　　(D)设计时速

6. 在进行隧道的通风设计时,计算需风量的依据有(　　　)。
(A)稀释 CO 浓度　　　　　　　　　　(B)稀释烟尘浓度
(C)稀释 CH_4 浓度　　　　　　　　　(D)稀释粉尘浓度

7. 下列隧道内摄像机直线段设置的间距,符合规范要求的有(　　　)。
(A)130m　　　　　　　　　　　　　　(B)140m
(C)160m　　　　　　　　　　　　　　(D)170m

8. 隧道消防灭火设施设计内容包括(　　　)及其他设施等。
(A)灭火器　　　　　　　　　　　　　(B)固定式水成膜泡沫灭火装置
(C)消火栓　　　　　　　　　　　　　(D)隧道消防给水设施

9.隧道消防设施与通道设计应遵循的原则为(　　)。

(A)以人员逃生为主　　　　　　　　(B)以灭火为主

(C)以自救为主　　　　　　　　　　(D)以外部救援为主

三、案例题

1.某单向两车道隧道长1km,采用全射流纵向通风方式,通风环境检测的设施除安装了风速风向检测器1套和NO_2检测器2套以外,还需安装(　　)。

(A)CO检测器1套和能见度检测器2套

(B)瓦斯检测仪2套和能见度检测仪2套

(C)瓦斯检测仪1套和能见度检测器1套

(D)CO检测器2套和能见度检测器1套

2.[2020年考题]某城市过境双车道二级公路隧道长1680m,隧道路面宽8.5m,设双侧人行道1.25m,隧道总宽11.0m,该隧道通风设计风速是(　　)。

(A)不宜大于10.0m/s　　　　　　　(B)不应大于12.0m/s

(C)不应大于8.0m/s　　　　　　　　(D)不应大于7.0m/s

3.[2021年考题]某二级公路隧道长度为2000m,按单洞双车道设计,设计速度为60km/h,单洞年平均日交通量为2500pcu/d,该隧道交通工程与附属设施的配置等级应为(　　)。

(A)A级　　　　　　　　　　　　　　(B)B级

(C)C级　　　　　　　　　　　　　　(D)D级

参考答案及解析

一、单项选择题

1.【答案】A

【解析】车辆在隧道内行驶的过程中,会排放出大量的有害气体(如CO、CO_2、NO_2、SO_2及烟雾等),一方面致使洞内空气恶化,不仅会影响驾乘人员的舒适感,还会对其身体健康造成损害;另一方面洞内大量烟雾使能见度降低,给行车安全带来直接威胁。因此,通风的目的就是:对有害气体(主要是CO)进行稀释,保证隧洞内卫生条件;对烟雾进行稀释,保证隧洞内行车安全;对异味进行稀释,提高隧道内行车的舒适性。

2.【答案】A

【解析】隧道照明多选择效率高及透雾性能较好的高压钠灯。对于短隧道、柴油车较少的城镇附近隧道、应急停车带、人行横洞、车行横洞可选用显色指数较高的荧光灯,同时还要求光源使用寿命应不小于10000h。根据该隧道的特点可知,需要优先选用效率高及透雾性能较好的高压钠灯。

3.【答案】D

【解析】根据《公路隧道设计规范 第二册 交通工程与附属设施》(JTG D70/2—2014)第4.2.9条,长度大于500m的公路隧道内应设置疏散指示标志。

4.【答案】B

【解析】《公路隧道设计规范 第二册 交通工程与附属设施》(JTG D70/2—2014)第4.2.11条要求,公路隧道内紧急停车带标志应设置于紧急停车带入口前5m左右。

5.【答案】D

【解析】《公路隧道设计规范 第二册 交通工程与附属设施》(JTG D70/2—2014)第3.0.1条规定,交通监控设施、紧急呼叫设施、火灾探测报警设施、中央控制管理系统的设计年度取值不应低于隧道计划通车年后第5年。

6.【答案】D

【解析】全横向式通风方式的风在隧道的横断面方向流动,一般不发生纵向流动,因此有害气体的浓度在隧道轴线方向的分布均匀,通风效果好,有利于控制火灾和处理雾霾。由于风流不发生纵向流动,火灾发生时危及范围不大,有利于救援及安全疏散。

7.【答案】A

【解析】单项交通隧道的设计风速不宜大于10.0m/s,特殊情况不应大于12.0m/s;双向交通隧道的设计风速不应大于8.0m/s;人车混合通行的隧道设计风速不应大于7.0m/s。

8.【答案】C

【解析】双向交通量大于等于650辆/h,路面亮度总均匀度不低于0.4。

9.【答案】D

【解析】《公路隧道设计规范 第二册 交通工程与附属设施》(JTG D70/2—2014)第6.1.4条规定,$L>1000$m的二级公路隧道应设置照明,长度500m$<L\leq1000$m的二级公路隧道宜设置照明。注意"应"和"宜"的区别。

二、多项选择题

1.【答案】ABC

【解析】隧道通风的目的是:对有害气体(主要是CO)进行稀释,保证隧洞内卫生条件;对烟雾进行稀释,保证隧洞内行车安全;对异味进行稀释,提高隧道内行车的舒适性。

2.【答案】ABCD

【解析】根据《公路隧道设计规范 第一册 土建工程》(JTG 3370.1—2018)第12.2～12.5节的标题。

3.【答案】ABC

　　【解析】由于照明成本昂贵,一种成本低、安全又有保证的方法就是将隧道划分为若干照明区段。按视觉适应规律、洞外与中间段亮度差以及亮度递减速率,沿行车方向将隧道分为入口段、若干过渡段、中间段及出口段。双向行驶隧道洞身内照明区段只有入口段、过渡段和中间段,无出口段。

4.【答案】ABCD

　　【解析】选项 A 是对于建筑限界定义的理解,是正确的。选项 B、C、D 是《公路隧道照明设计细则》(JTG/T D70/2-01—2014)第 6.2.1 条、9.3.2 条、9.3.3 条、9.3.6 条中的内容。

5.【答案】AB

　　【解析】隧道选择哪一种通风方式,应根据隧道长度、车流量的大小、纵坡坡率、海拔高度、车辆组成、设计时速等因素综合比选来确定。其中隧道长度、车流量的大小是影响隧道通风方式的主要因素。

6.【答案】AB

　　【解析】隧道通风主要是稀释 CO 和烟尘以及空气中的异味。《公路隧道设计规范　第二册　交通工程与附属设施》(JTG D70/2—2014)第 5.2 条给出的通风标准是 CO 设计浓度和烟尘设计浓度。

7.【答案】AB

　　【解析】《公路隧道设计规范　第二册　交通工程与附属设施》(JTG D70/2—2014)第 7.2.3 条规定,隧道内摄像机直线段设置间距不应大于 150m,曲线段设置间距可根据实际情况适当减小。

8.【答案】ABCD

　　【解析】根据《公路隧道设计规范　第二册　交通工程与附属设施》(JTG D70/2—2014)第 10.2.1 条,消防灭火设施设计内容应包括灭火器、消火栓、固定式水成膜泡沫灭火装置、隧道消防给水设施及其他设施等。

9.【答案】AC

　　【解析】根据《公路隧道设计规范　第二册　交通工程与附属设施》(JTG D70/2—2014)第 10.1.2 条,消防设施与通道设计应遵循以下原则:以人员逃生为主,车辆疏散、财产保全、灭火为辅;以自救为主,外部救援为辅。

三、案例题

1.【答案】A

　　【解析】根据《公路隧道设计规范　第二册　交通工程与附属设施》(JTG D70/2—

2014)第5.6.2条,瓦斯检测仪属于有害气体隧道的施工检测设备,排除选项BC,选项D的数量有误。

2.【答案】D

【解析】根据《公路隧道设计规范 第二册 交通工程与附属设施》(JTG D70/2—2014)第5.3.1条,行人与车辆混合通行的隧道设计风速不应大于7m/s。

3.【答案】B

【解析】根据《公路隧道设计规范 第二册 交通工程与附属设施》(JTG D70/2—2014)图3.0.2,$L=2000\mathrm{m}$,$q=2500\mathrm{pcu/d}$,属于B级。故本题选B。

第六章 交叉工程

第一节 一般要求

复习要点

路线交叉的分类:包括公路与公路平面交叉、公路与公路立体交叉、公路与铁路交叉、公路与乡村道路交叉、公路与管线交叉及动物通道。

公路与公路设置立体交叉的条件。注意设置条件时的用词,如"必须、应、宜、可"。

公路与公路平面交叉有哪些类型,如何选择? 公路与公路立体交叉有哪些类型,如何选择?

城市道路与道路交叉的分类:平面交叉和立体交叉。城市道路设置平面交叉、立体交叉的条件。

典 型 习 题

一、单项选择题

1.下列交叉不属于公路路线交叉设计的是(   )。
 (A)公路与铁路交叉　　　　　　　　(B)公路与乡村道路交叉
 (C)动物通道　　　　　　　　　　　(D)公路与航道交叉

2.公路在可能阻碍野生动物正常迁徙时,应考虑设置(   )。
 (A)桥梁　　　　　　　　　　　　　(B)动物通道
 (C)便道　　　　　　　　　　　　　(D)牧道

3.下列选项不符合公路与公路交叉时设置立体交叉规定的是(   )。
 (A)一级公路同交通量大的其他公路交叉应采用立体交叉
 (B)二级公路之间的交叉,直行交通量大时应采用立体交叉
 (C)高速公路与各级公路相交必须采用立体交叉
 (D)三级公路与四级公路交叉,有条件的地点宜采用立体交叉

4.下图公路平面交叉所采用的渠化方式属于(　　)。

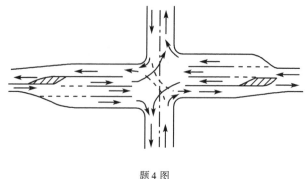

题4图

(A)加宽路口 　　　　　　　　　　(B)设置导流岛
(C)设置转弯车道 　　　　　　　　 (D)加宽路口与设置转弯车道

5.公路平面交叉的选址和选型必须综合考虑各种因素,并应体现的原则是(　　)。
(A)美观高效 　　　　　　　　　　(B)限额设计
(C)安全第一 　　　　　　　　　　(D)节约用地

6.关于互通式和分离式立体交叉的设置条件,下列说法正确的是(　　)。
(A)高速公路同通往重要交通源的公路相交应设置互通式立体交叉
(B)二级公路上,当平面交叉口出现频繁的交通事故时应设置互通式立体交叉
(C)一级公路为减少平面交叉,应采用分离式立体交叉
(D)二级公路间的交叉,直行交通量大且不考虑交通转换时,可设分离式立体交叉

7.确定公路互通式立体交叉的位置,首先要考虑的因素是(　　)。
(A)主线和被交叉公路的条件,如主线技术指标
(B)路网分布与路网系统的主要节点
(C)地质和地形条件
(D)用地、规划、景观和环保等社会和环境因素

8.一级公路设置分离式立体交叉的主要条件是(　　)。
(A)交通条件 　　　　　　　　　　(B)社会需求
(C)周边的交通流组织 　　　　　　(D)主线技术指标

9.下列互通式立交属于完全立体交叉式互通立交的是(　　)。
(A)环形 　　　　　　　　　　　　(B)菱形
(C)部分苜蓿叶形 　　　　　　　　(D)三岔单喇叭形

10. 五岔交叉的完全互通式立体交叉的交通流线有(　　)条。

    (A)25　　　　　　　　　　　　　(B)24

    (C)20　　　　　　　　　　　　　(D)18

11. 下列互通式立体交叉属于枢纽互通式立体交叉的是(　　　)。

    (A)高速公路之间　　　　　　　　(B)高速公路与一级公路之间

    (C)一级公路与一级公路之间　　　(D)高速公路与地方道路之间

12. 关于互通式立体交叉的选型,下列说法正确的是(　　　)。

    (A)枢纽互通式立体交叉宜采用完全立体交叉型

    (B)一般互通式立体交叉应采用平面交叉型

    (C)三岔交叉立体交叉宜采用一般互通式立体交叉

    (D)有条件时,被交叉公路宜采用下穿方式

13. 铁路与公路相交叉必须设置立体交叉时,铁路旅客列车设计行车速度为(　　　)。

    (A)80km/h　　　　　　　　　　(B)100km/h

    (C)120km/h　　　　　　　　　　(D)140km/h

14. 公路与乡村道路交叉时,下列说法正确的是(　　　)。

    (A)高速公路与乡村道路交叉时,根据乡村道路的交通量大小,可设置互通式立体交叉

    (B)一级公路与乡村道路相交叉应设置通道或天桥

    (C)二级公路位于人口稠密的村落时,宜设置通道或天桥

    (D)四级公路与乡村道路相交宜设置平面交叉

15. [2019 年考题]路线交叉中公路与公路交叉分为(　　　)。

    (A)互通式立体交叉和分离式立体交叉

    (B)平面交叉和立体交叉

    (C)平面交叉和互通式立体交叉

    (D)平面交叉和分离式立体交叉

16. [2019 年考题]公路与公路立体交叉可分为(　　　)。

    (A)互通式立体交叉和分离式立体交叉

    (B)上跨式立体交叉和下穿式立体交叉

    (C)两层式立体交叉和多层式立体交叉

    (D)一般互通式立体交叉和枢纽互通式立体交叉

17. [2020 年考题]两条公路交叉时,下列有关应设置互通式立体交叉的情形,符合《公路

工程技术标准》(JTG B01—2014)规定的是( )。
  (A)高速公路与支线公路相交时
  (B)两条二级公路相交时
  (C)高速公路与连接其他重要交通源的连接线公路相交时
  (D)二级公路采用平面交叉冲突交通量较大时

二、多项选择题

1.下列交叉属于公路路线交叉的是( )。
  (A)公路与灌溉渠交叉   (B)公路与油气管道交叉
  (C)公路与农业机耕道交叉   (D)动物通道

2.公路与公路交叉时,符合立体交叉设置规定的是( )。
  (A)在荒漠地区交通量较小的前提下,高速公路主线上可设置平面交叉
  (B)具有干线功能的一级公路相互交叉必须采用立体交叉
  (C)高速公路与四级公路相交必须采用立体交叉
  (D)二级与三级公路交叉,直行交通量大时,宜采用立体交叉

3.关于城市道路平面交叉口的分类,下列选项属于按其几何形状进行分类的是( )。
  (A)十字形交叉口   (B)三路交叉口
  (C)环形交叉口   (D)错位交叉口

4.环形交叉口不适用的条件有( )。
  (A)位于斜坡大于3%的地形
  (B)交通量大的干线道路
  (C)某一转弯交通量大的交叉口
  (D)多路交叉

5.道路平面交叉时,如果交叉角度较小会导致( )。
  (A)交叉口需要的面积较大   (B)视线受到限制
  (C)冲突点增加   (D)行驶不安全

6.公路平面交叉的渠化方式包括( )。
  (A)设置信号灯   (B)加宽路口
  (C)设置转弯车道   (D)加铺转角

7.公路平面交叉设计在选择交叉形式时,设计原则包括( )。
  (A)扩大冲突区   (B)集中冲突区
  (C)分散冲突区   (D)分隔冲突区

8.高速公路设置互通式立体交叉的条件主要是(　　)。

(A)交通条件 　　　　　　　　　(B)互通式立体交叉的间距

(C)社会需求 　　　　　　　　　(D)沿线交通流的组织

9.高速公路设置互通式立体交叉的主要条件需要考虑其影响区内有适量的交通发生源,衡量交通发生源大小的指标可间接采用影响区域内的(　　)。

(A)人口数 　　　　　　　　　　(B)国内生产总值

(C)客运量 　　　　　　　　　　(D)货运量

10.互通式立体交叉按交通流线的交叉方式,可分为(　　)。

(A)完全互通式 　　　　　　　　(B)完全立体交叉式

(C)不完全互通式 　　　　　　　(D)平面交叉式

11.关于互通式立体交叉类型的选择,下列说法正确的是(　　)。

(A)设置匝道收费站的互通式立体交叉可按一般互通式立体交叉设计

(B)一级公路与一级公路交叉宜采用枢纽互通式立体交叉

(C)高速公路与四车道一级公路交叉宜采用枢纽互通式立体交叉

(D)高速公路与二级公路交叉宜采用一般互通式立体交叉

12.当公路与铁路交叉时,下列关于设置立体交叉的规定,正确的是(　　)。

(A)一级公路与铁路交叉必须设置立体交叉

(B)城际铁路与四级公路交叉必须设置立体交叉

(C)近期年客货运量为15Mt的铁路与三级公路交叉应设置立体交叉

(D)二级公路与Ⅲ级铁路交叉应设置立体交叉

13.[2019年考题]互通式立体交叉按交叉岔数可分为(　　)。

(A)三岔交叉 　　　　　　　　　(B)完全互通型

(C)多岔交叉 　　　　　　　　　(D)不完全互通型

14.[2019年考题]城市道路交叉分为平面交叉和立体交叉,确定交叉形式的主要根据有(　　)。

(A)相交道路的等级和功能

(B)交通流量和流向

(C)地形和地质条件

(D)气象条件

参考答案及解析

一、单项选择题

1.【答案】D

【解析】《公路工程技术标准》(JTG B01—2014)第9章将路线交叉分为公路与公路平面交叉、公路与公路立体交叉、公路与铁路交叉、公路与乡村道路交叉、公路与管线等交叉、动物通道。公路一般以桥梁上跨或隧道下穿通航水域,不属于路线交叉,故本题选D。

2.【答案】B

【解析】牧道、便道是在穿越草原区域的封闭公路路段,考虑沿线群众生产、放牧等需要而设置,并非所有的桥梁都可以作为动物通道,故本题选B。

3.【答案】B

【解析】根据《公路路线设计规范》(JTG D20—2017)第11.1节,二级、三级、四级公路间的交叉,直行交通量大时或有条件的地点宜采用立体交叉。

4.【答案】D

【解析】根据《公路路线设计规范》(JTG D20—2017)第10.1.6条条文说明中的图示。

5.【答案】C

【解析】根据《公路工程技术标准》(JTG B01—2014)第9.1.1条条文说明,平面交叉的选址和选型必须综合考虑各种相关因素,同时应体现安全第一的原则。

6.【答案】D

【解析】根据《公路路线设计规范》(JTG D20—2017)第11.1.2条、11.1.3条,高速公路同通往重要交通源的公路相交而使该公路成为其支线时应设置互通式立体交叉;一级公路上,当平面交叉口的通行能力不能满足需要或出现频繁的交通事故时应设置互通式立体交叉;承担干线功能的一级公路,除因交通转换需要而设互通式立体交叉外,为减少平面交叉,且相交的公路又不能截断时,应采用分离式立体交叉。

7.【答案】B

【解析】根据《公路工程技术标准》(JTG B01—2014)第9.2.2条条文说明。

8.【答案】A

【解析】根据《公路工程技术标准》(JTG B01—2014)第9.2.3条条文说明,一级公路设置分离式立体交叉的条件主要是交通条件,即主要取决于平面交叉是否能处理来自各向的交通量。当一级公路作为干线公路时,应优先保证主线直行交通的通行,如设置了分离式立体交叉,该交叉处的交通转换需求应该是可以忽略的,否则应通过其他措施将转弯交通引至其他平面交叉或互通式立体交叉。

9.【答案】D

【解析】完全立体交叉式即所有交通流线之间的交叉均为立体交叉;平面交叉式则在部分交通流线之间存在平面交叉。前三种类型的互通式立体交叉均存在部分交通流线的平面交叉。

10.【答案】C

【解析】交通流线数目 $N = n(n-1)$,其中 n 为交叉岔数。所以,交通流线数目应为 $5 \times (5-1) = 20$ 条。注意交通流线数目不能包括调头的交通流线。

11.【答案】A

【解析】枢纽互通式立体交叉是指高速公路间、高速公路与具有干线功能的一级公路间,或具有干线功能的一级公路之间提供连续、快速的交通转换功能的互通式立体交叉;一般互通式立体交叉是指为地方交通提供接入和转换功能的互通式立体交叉。

12.【答案】A

【解析】根据《公路立体交叉设计细则》(JTG/T D21—2014)第3.3.3条。另外,有条件时,被交叉公路宜采用上跨方式,有利于流出、流入车辆的变速、信息识别和运行安全。

13.【答案】D

【解析】高速铁路、城际铁路和路段旅客列车设计行车速度为 140km/h 及以上的铁路与公路相交叉时,必须设置立体交叉。

14.【答案】D

【解析】根据《公路路线设计规范》(JTG D20—2017)第12.4.2条,高速公路与乡村道路交叉必须采用分离式立体交叉;一级公路与乡村道路交叉宜设置通道或天桥;二级公路位于人口稠密的村落时,宜设置人行通道或人行天桥。

15.【答案】B

【解析】根据《公路工程技术标准》(JTG B01—2014)第9章,公路与公路交叉分为平面交叉和立体交叉。

16.【答案】A

【解析】根据《公路工程技术标准》(JTG B01—2014)第9.2.2条,《公路路线设计规范》(JTG D20—2017)第11.1.1条,公路与公路立体交叉分为互通式立体交叉和分离式立体交叉。

17.【答案】C

【解析】根据《公路工程技术标准》(JTG B01—2014)第9.2.2条。另外,《公路路线设计规范》(JTG D20—2017)也有两条公路相交设置互通式立体交叉的条件,与标准的规定略有不同,需注意题目中要求按哪本规范进行答题。

二、多项选择题

1.【答案】BCD

【解析】公路与灌溉渠交叉属于桥涵设计;乡村道路是指位于乡村、农场范围内供各种农业机械及耕作人员等通行的道路,故 C 选项正确;动物通道是公路路线交叉类型之一。

2.【答案】CD

【解析】高速公路与各级公路相交必须采用立体交叉;一级公路具有两种功能(干线和集散),都允许设置平面交叉;二级、三级、四级公路间的交叉,直行交通量大时宜采用立体交叉。

3.【答案】ACD

【解析】根据《城市道路交叉口设计规程》(CJJ 152—2010)第4.1.1条,平面交叉口按几何形状可分为十字形、T 形、Y 形、X 形、多叉形、错位及环形交叉口。三路交叉是按相交道路的条数进行分类的。

4.【答案】ABC

【解析】根据《城市道路交叉口设计规程》(CJJ 152—2010)第4.6.1条,环形交叉口适用多路交汇或转弯交通量较均衡的交叉口,相邻道路中心线间夹角宜大致相等。常规环形交叉口不宜用于城市干道交叉口。坡向交叉口的道路,纵坡度大于或等于3%时,不宜采用环形平面交叉。

5.【答案】ABD

【解析】根据《城市道路工程设计规范》(CJJ 37—2012)第7.2.3条条文说明,道路交叉角度较小时,交叉口需要的面积较大,并使视线受到限制,行驶不安全且不方便。角度交叉不会改变平面交叉口的冲突点个数,冲突点个数跟交叉道路的条数、是否信号控制等因素有关。

6.【答案】BCD

【解析】根据《公路路线设计规范》(JTG D20—2017)第10.1.6条,渠化设计应根据交叉形式、交通管理方式以及转向交通量、设计速度等因素,采用加铺转角、加宽路口、设置转弯车道和交通岛等方式。

7.【答案】CD

　　【解析】根据《公路路线设计规范》(JTG D20—2017)第10.1.2条条文说明,平面交叉的设计原则中强调了在交叉中应减少冲突点,缩小冲突区,并分散和分隔冲突区而实行渠化处理的规定。

8.【答案】AC

　　【解析】根据《公路工程技术标准》(JTG B01—2014)第9.2.2条条文说明,高速公路设置互通式立体交叉的条件主要是交通条件和社会需求。当然,最终的设置还要考虑沿线交通流的组织和互通式立体交叉的合理间距等。

9.【答案】ABCD

　　【解析】根据《公路工程技术标准》(JTG B01—2014)第9.2.2条条文说明,交通发生源的大小可以间接用影响区域内人口数、GDP(国内生产总值)和客货运量等来衡量,其中人口数是一个最主要的指标。

10.【答案】BD

　　【解析】根据《公路立体交叉设计细则》(JTG/T D21—2014)第3.2.2条,完全互通式和不完全互通式是按方向连通程度进行划分的。另外,按功能不同还可以划分为枢纽互通式立体交叉和一般互通式立体交叉;按交叉岔数可分为三岔交叉、四岔交叉和多岔交叉互通式立体交叉;按形状可分为喇叭形、苜蓿叶形、菱形、环形、涡轮形、T形和叶形互通式立体交叉等。

11.【答案】AD

　　【解析】根据《公路立体交叉设计细则》(JTG/T D21—2014)第3.3.3条。注意条文中具有干线功能的一级公路的规定。

12.【答案】ABD

　　【解析】根据《公路路线设计规范》(JTG D20—2017)第12.2.2条～第12.2.4条,铁路分为高速铁路、城际铁路、客货共线铁路和重载铁路,其中客货共线铁路又分为Ⅰ、Ⅱ、Ⅲ、Ⅳ级。Ⅰ级铁路是指铁路网中起骨干作用的铁路,或近期年客货运量大于或等于20Mt者。

13.【答案】AC

　　【解析】根据《公路立体交叉设计细则》(JTG/T D21—2014)第3.2.2条第1款,按交叉岔数可分为三岔交叉、四岔交叉和多岔交叉互通式立体交叉。

14.【答案】ABC

　　【解析】根据《城市道路路线设计规范》(CJJ 193—2012)第9.1.2条,道路与道路交叉可分为平面交叉和立体交叉,交叉形式应根据相交道路的等级和功能、交通流量和流向、地形和地质等要求,进行技术、经济及环境效益的综合分析,合理确定。

第二节　服务水平与通行能力

复习要点

匝道年平均日交通量如何换算成设计小时交通量。

利用匝道设计速度、设计小时交通量和匝道长度选择匝道的横断面类型。

利用设计小时交通量与设计通行能力确定城市道路机动车车道数、非机动车、人行设施的断面宽度。

城市道路立体交叉可能通行能力与设计通行能力的关系;城市道路立体交叉匝道服务水平的选择与立体交叉通行能力的计算。

城市道路信号交叉口、人行设施的通行能力。

典 型 习 题

一、单项选择题

1. 在工程可行性研究阶段,公路立体交叉方案设计可采用的交通量是(　　)。
　(A)年平均日交通量　　　　　　　　(B)设计小时交通量
　(C)高峰小时交通量　　　　　　　　(D)最大服务交通量

2. 在设计阶段,公路立体交叉设计应采用(　　)。
　(A)年平均日交通量　　　　　　　　(B)设计小时交通量
　(C)第 30 位小时交通量　　　　　　(D)最大服务交通量

3. 已知重庆某城间高速公路互通式立体交叉中 B 单向匝道预测年度的年平均日交通量为 10000veh/d,方向不均匀系数取 50% ,该匝道单向设计小时交通量最接近(　　)。
　(A)450veh/h　　　　　　　　　　　(B)650veh/h
　(C)900veh/h　　　　　　　　　　　(D)1300veh/h

4. 在进行山东地区某近郊一级公路改扩建设计时,结合当地交通量观测结果确定其设计小时交通量系数为 12% ,上行、下行方向的交通量之比为 4:6,预测年度的年平均日交通量为 20000veh/d,该公路的单向设计小时交通量为(　　)。
　(A)800veh/h　　　　　　　　　　　(B)960veh/h
　(C)1200veh/h　　　　　　　　　　(D)1440veh/h

5. 某互通式立体交叉为高速公路与一级公路(承担集散功能)相交,则立交范围内高速公路与一级公路两交叉公路的设计服务水平等级分别取为(   )。
  (A)三级,三级
  (B)三级,四级
  (C)四级,三级
  (D)四级,四级

6. 互通式立体交叉设置收费站时,确定匝道通行能力的因素是(   )。
  (A)匝道线形与车道数
  (B)该收费站的通行能力
  (C)匝道至收费站的距离
  (D)该收费站的服务窗口数

7. 环形匝道采用单车道时,其设计通行能力为(   )。
  (A)800pcu/h
  (B)1000pcu/h
  (C)800 ~ 1000pcu/h
  (D)800 ~ 1200pcu/h

8. 对于无信号控制的公路平面交叉,评价其服务水平的主要参数是(   )。
  (A)饱和度
  (B)延误率
  (C)延误
  (D)延误指数

9. [2020 年考题]位于重要地区的城市主干路某灯控平交路口,预测通过其中一方向的人行过街交通总量为 3100 人/h,假设该方向人行横道设计通行能力为 800 人/(h·m),不考虑其他因素的干扰,符合规范规定的人行横道宽度是(   )。(结果取整数)
  (A)3m
  (B)4m
  (C)5m
  (D)6m

10. [2021 年考题]某城市快速路设计速度为 80km/h,下列关于通行能力和服务水平分析的要求,符合规范规定的是(   )。
  (A)基本路段、分合流区和交织区及互通式立体交叉的匝道宜进行通行能力分析
  (B)基本路段、分合流区和交织区应采用相同的通行能力和服务水平
  (C)基本路段车道数计算中,一条车道的设计通行能力应采用 1750pcu/h
  (D)交通量换算应采用小客车为标准车型,车辆换算系数为 1.0

二、多项选择题

1. 公路立体交叉方案设计时所采用的年平均日交通量是指(   )。
  (A)主线交通量预测年限所预测的交通量
  (B)相交道路交通量预测年限所预测的交通量
  (C)立体交叉建成通车后第 20 年的预测交通量
  (D)立体交叉建成通车后第 15 年的预测交通量

2. 公路在进行通行能力分析时,以"pcu"即当量小客车数量为衡量单位的是(   )。

（A）基准通行能力 　　　　　　　　（B）最大服务交通量
（C）设计通行能力 　　　　　　　　（D）设计小时交通量

3. 关于高速公路路段的设计通行能力,下列说法错误的是(　　　)。
 （A）路侧干扰系数对其设计通行能力有影响
 （B）交通组成中,大型车越多设计通行能力越大
 （C）设计通行能力与车道宽度有关
 （D）设计服务水平越高,设计通行能力越大

4. 关于匝道基本路段设计通行能力,下列说法正确的是(　　　)。
 （A）相同的设计速度下,双车道匝道的设计通行能力是单车道匝道的 2 倍
 （B）匝道的设计服务水平可比主线低一级,但不应低于四级
 （C）匝道三级服务水平比四级服务水平下的设计通行能力大
 （D）设计速度越高,相同设计服务水平下,其设计通行能力越大

5. 确定新建公路设计小时交通量系数的方法有(　　　)。
 （A）参照公路功能、交通量、地区气候、地形等条件相似的公路观测数据确定
 （B）结合既有公路的观测数据确定
 （C）缺乏观测数据地区可参照现行《公路路线设计规范》中提供的数值
 （D）设计小时交通量系数等于选定时位的小时交通量与选定某一特定天的交通量之比

6. 关于公路平面交叉设计服务水平的规定,下列说法正确的是(　　　)。
 （A）所有等级公路的平面交叉均应对通行能力和服务水平进行分析和检验
 （B）干线一级公路平面交叉的设计服务水平应不低于三级
 （C）二级公路平面交叉的设计服务水平应不低于四级
 （D）行人干扰大的平面交叉口可适当降低其设计服务水平

7. 快速路根据交通流行驶特征分为(　　　)。
 （A）基本路段 　　　　　　　　　　（B）分合流区
 （C）交织区 　　　　　　　　　　　（D）匝道

8. 用于评价城市道路信号交叉口服务水平的指标包括(　　　)。
 （A）控制延误 　　　　　　　　　　（B）延误率
 （C）负荷度 　　　　　　　　　　　（D）排队长度

9. 在计算通行能力时,城市道路无信号交叉口的形式分为(　　　)。
 （A）主要道路停车让行 　　　　　　（B）全部道路停车让行
 （C）次要道路停车让行 　　　　　　（D）环形交叉

三、案例题

1. 重庆市主城郊区某高速公路互通式立体交叉中 A 右转匝道预测年度的年平均日交通量为 12000veh/d，A 匝道设计速度为 60km/h，匝道长度为 500m，下列匝道横断面类型中最合理的是(　　)。

    (A)单向单车道匝道　　　　　　　　(B)无紧急停车带的单向双车道匝道

    (C)有紧急停车带的单向双车道匝道　(D)对向分隔式双车道匝道

2. [2019 年考题]某互通式立体交叉匝道设计服务水平采用四级，其中一条出口匝道设计速度为 40km/h，设计小时交通量为 600pcu/h，从减速车道起点到该匝道合流鼻端之间的总长度为 593m，其中减速车道全长为 245m。在下列匝道类型中，符合规范要求的匝道横断面类型为(　　)。

    (A)Ⅰ型——单向单车道匝道

    (B)Ⅱ型——无紧急停车带的单向双车道匝道

    (C)Ⅲ型——有紧急停车带的单向双车道匝道

    (D)Ⅳ型——对向分隔式双车道匝道

3. [2019 年考题]位于重要地区的城市主干路，不考虑其他因素的干扰，预测路段单侧人行交通量 6000 人/h。该路段单侧需要的最小人行道宽度应定为(　　)。（计算结果取整数）

    (A)2m　　　　　　　　　　　　　　(B)3m

    (C)4m　　　　　　　　　　　　　　(D)5m

4. [2020 年考题]高速公路互通式立体交叉某匝道设计速度 40km/h，设计小时交通量 580pcu/h，分、合流鼻端桩号分别为 AK0+132.510 和 AK0+450.310。根据规范规定，该匝道宜选用的横断面类型为(　　)。

    (A)Ⅰ型—单向单车道匝道

    (B)Ⅱ型—无紧急停车带的单向双车道匝道

    (C)Ⅲ型—有紧急停车带的单向双车道匝道

    (D)Ⅳ型—对向分隔式双车道匝道

5. [2020 年考题]某高速公路互通式立体交叉，其中一双向年平均日交通量 $AADT$ 为 10000cu/d，方向不均匀系数 D 为 60%，设计小时交通量系数为 0.10，则该方向匝道设计小时交通量 $DDHV$ 为(　　)。

    (A)400pcu/d　　　　　　　　　　　(B)500pcu/d

    (C)600pcu/d　　　　　　　　　　　(D)1000pcu/d

6. [2020 年考题]某高速公路互通式立体交叉 4 条匝道的设计小时交通量和设计速度如下表，设计服务水平为四级，若各匝道均采用单车道，不满足基本路段设计通行能力要求的匝道是(　　)。

匝道名称	A	B	C	D
设计小时交通量（pcu/h）	1150	800	1150	800
设计速度（km/h）	40	40	60	60

　　（A）A 匝道　　　　　　　　　　　　（B）B 匝道
　　（C）C 匝道　　　　　　　　　　　　（D）D 匝道

　　7.［2020 年考题］两条城市快速路设计速度为 80km/h,其相交处设置立体交叉如下图所示。定向、半定向匝道的设计速度为 50km/h,其他匝道设计速度为 40km/h。根据下表中的交通量及匝道长度,计算 Z1、Z4、Z6 匝道图中所示断面处的车道数,并说明选择依据和理由。（　　）

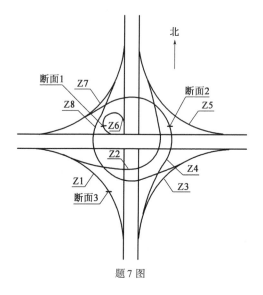

题 7 图

名　　称	南进口			北进口			西进口			东进口		
方向	左	直	右	左	直	右	左	直	右	左	直	右
高峰小时交通量（pcu/h）	887	2542	934	926	2431	1010	928	2193	1191	543	2298	845

匝道名称	Z1	Z4	Z6
匝道长度	213	340	252

　　（A）Z1 单车道,Z4 单车道,Z6 单车道
　　（B）Z1 双车道,Z4 单车道,Z6 单车道
　　（C）Z1 单车道,Z4 双车道,Z6 单车道
　　（D）Z1 双车道,Z4 双车道,Z6 单车道

8.[2021年考题]某城市支路设计速度为30km/h,单幅路布置。机动车双向2车道,两侧设置非机动车道和人行道,机非之间划线分隔。已知每条机动车道宽度为3.5m,预测远景年单向自行车流量为760veh/h,计算该路段车行道符合规范规定的最小宽度应为( ),并说明选择依据和理由。(取小数点后1位)

(A)9.0m

(B)10.0m

(C)11.0m

(D)12.0m

参考答案及解析

一、单项选择题

1.【答案】A

【解析】根据《公路立体交叉设计细则》(JTG/T D21—2014)第4.4.1条,在工程可行性研究阶段,公路立体交叉方案设计可采用年平均日交通量。

2.【答案】B

【解析】根据《公路立体交叉设计细则》(JTG/T D21—2014)第4.5.2条,设计小时交通量不一定采用第30位小时交通量,故选择B。

3.【答案】D

【解析】该匝道为单向匝道,所以设计小时交通量 $DDHV = AADT \times K = 10000 \times K$,查《公路路线设计规范》(JTG D20—2017)表3.3.4,可知 $K = 13\%$,$DDHV = 1300veh/h$。

4.【答案】D

【解析】该一级公路的单向设计小时交通量 $DDHV = AADT \times D \times K = 20000 \times 0.6 \times 0.12 = 1440veh/h$。

5.【答案】B

【解析】立体交叉范围内,交叉公路设计服务水平应按相应公路功能及等级选取;一级公路用作集散公路时,设计服务水平可降低一级。

6.【答案】B

【解析】根据《公路路线设计规范》(JTG D20—2017)第3.5.2条,互通式立体交叉设置收费站时,其匝道通行能力应根据该收费站的通行能力确定;不设收费站时,应根据匝道与被交公路连接处的平面交叉的通行能力确定。

7.【答案】C

【解析】根据《公路路线设计规范》(JTG D20—2017)第11.3.2条,环形匝道采用单车道时,其设计通行能力为 800 ~ 1000pcu/h。匝道设计速度为 30km/h、35km/h、40km/h 时,单车道匝道设计通行能力分别为 800pcu/h、900pcu/h、1000pcu/h。

8.【答案】C

【解析】根据《公路路线设计规范》(JTG D20—2017)第 3.2.1 条条文说明中表 3-1。

9.【答案】B

【解析】根据《城市道路工程设计规范》(CJJ 37—2012)第 9.2.4 条第 3 款:"人行横道的宽度应根据过街行人数量及信号控制方案确定"、"宜以 1m 为单位增减"。人行横道宽度 = 3100/800 = 3.875,结果取整数为 4m。

10.【答案】C

【解析】根据《城市道路工程设计规范》(CJJ 37—2012)第 4.1.1 条第 1 款:快速路的路段、分合流区、交织区段及互通式立体交叉的匝道,应分别进行通行能力分析,A 选项错误;第 4.2.1 条:快速路应根据交通流行驶特征分为基本路段、分合流区和交织区,应分别采用相应的通行能力和服务水平,B 选项错误;根据表 4.2.2,设计速度 80km/h 的快速路,基本路段一条车道的设计通行能力为 1750pcu/h,C 选项正确;根据表 4.1.2,不同车型的车辆换算系数不同,D 选项错误。

二、多项选择题

1.【答案】AC

【解析】根据《公路立体交叉设计细则》(JTG/T D21—2014)第 4.4.1 条,立体交叉建成通车后第 20 年的预测交通量不一定是主线交通量预测年限所预测的交通量。

2.【答案】AB

【解析】根据《公路路线设计规范》(JTG D20—2017)第 3 章公路通行能力相关内容,设计通行能力、设计小时交通量的单位为 veh/(h·ln) 或 veh/h、veh/h。

3.【答案】ABCD

【解析】根据《公路路线设计规范》(JTG D20—2017)第 3.4.2 条,高速公路为全封闭公路,不计路侧干扰,路侧干扰系数取 1.0;大型车比例越大,交通组成修正系数越小,则设计通行能力就越小;高速公路设计通行能力计算公式中不涉及车行道宽度,二级、三级公路计算通行能力时需考虑车道宽度、路肩宽度的修正;设计服务水平越高,其最大服务交通量就越小,导致设计通行能力越小。

4.【答案】BD

【解析】根据《公路立体交叉设计细则》(JTG/T D21—2014)第 4.5.4 条。

5.【答案】AC

【解析】改扩建公路的设计小时交通量系数宜结合既有公路的观测数据综合确定,故 B 选项错误;计小时交通量系数等于选定时位的小时交通量与年平均日交通量的比值,故 D 选项错误。

6.【答案】BC

【解析】根据《公路路线设计规范》(JTG D20—2017)第 10.1.8 条,承担干线功能的一级公路平面交叉的设计服务水平应不低于三级;承担集散功能的一级公路及二级公路、三级公路平面交叉的设计服务水平应不低于四级;三级及三级以上公路的平面交叉应对通行能力和服务水平进行分析和检验。

7.【答案】ABC

【解析】根据《城市道路工程设计规范》(CJJ 37—2012)第 4.2.1 条,快速路应根据交通流行驶特征分为基本路段、分合流区和交织区,应分别采用相应的通行能力和服务水平。

8.【答案】ACD

【解析】根据《城市道路工程设计规范》(CJJ 37—2012)第 4.3.3 条表 4.3.3。

9.【答案】BCD

【解析】根据《城市道路工程设计规范》(CJJ 37—2012)第 4.3.4 条,无信号交叉口可分为次要道路停车让行、全部道路停车让行和环形交叉口三种形式。

三、案例题

1.【答案】B

【解析】该匝道为右转匝道,设计小时交通量 $DDHV = AADT \times K = 12000 \times K$,查《公路路线设计规范》(JTG D20—2017)表 3.3.4,可知 $K = 9\%$,$DDHV = 1080\text{veh/h}$。

根据《公路立体交叉设计细则》(JTG/T D21—2014)表 7.3.1,匝道设计小时交通量为 1080veh/h,匝道设计速度为 60km/h,匝道长度大于 350m,所以匝道横断面类型应选择 Ⅱ 型,即无紧急停车带的单向双车道匝道。

2.【答案】A

【解析】根据《公路立体交叉设计细则》(JTG/T D21—2014)第 7.3.1 条第 1 款,匝道横断面类型和变速车道的车道数宜根据匝道设计速度、设计小时交通量和匝道长度由表 7.3.1 选取。

本题中匝道设计速度 40km/h;设计小时交通量 600pcu/h;匝道长度指分、合流鼻端之间的长度。所以,匝道长度 $= 593 - 245 = 348\text{m} < 350\text{m}$。

根据以上条件,查《公路立体交叉设计细则》(JTG/T D21—2014)表 7.3.1,可知匝道横断面类型应选择 Ⅰ 型,即单向单车道匝道。

3.【答案】C

【解析】根据《城市道路工程设计规范》(CJJ 37—2012)第4.5.1条,人行设施的基本通行能力和设计通行能力应符合表4.5.1的规定。行人较多的重要区域设计通行能力宜采用低值,非重要区域宜采用高值。

根据表4.5.1,人行道设计通行能力为 1800 ~ 2100 人/(h·m)。本题中城市主干路位于重要地区的,人行道设计通行能力取 1800 人/(h·m)。

预测路段单侧人行交通量6000 人/h,该路段单侧需要的最小人行道宽度:$6000 \div 1800 \approx 3.3$m,确定人行道宽度时应向上取整才能满足其设计通行能力要求,取整得 4m。

4.【答案】A

【解析】根据《公路立体交叉设计细则》(JTG/T D21—2014)第7.3.1条第1款:

匝道长度 = (AK0 + 450.310) − (AK0 + 132.510) = 317.8m

匝道设计速度为40km/h;设计小时交通量 $DDHV$ 为580pcu/h,$400 \leqslant DDHV \leqslant 1100$;匝道长度 317.8m < 350m,根据表7.3.1可知,匝道横断面类型应选择 I 型即单向单车道匝道。

5.【答案】C

【解析】根据《公路立体交叉设计细则》(JTG/T D21—2014)第4.5.2条:

$DDHV = AADT \times D \times K = 10000 \times 60\% \times 0.1 = 600$pcu/h

6.【答案】A

【解析】根据《公路立体交叉设计细则》(JTG/T D21—2014)第4.5.4条,设计速度40km/h、60km/h,单车道匝道基本路段的设计通行能力分别为1000pcu/h、1300pcu/h。

A 匝道设计小时交通量1150pcu/h > 1000pcu/h,不满足基本路段设计通行能力。

7.【答案】D

【解析】根据《城市道路交叉口设计规程》(CJJ 152—2010)第5.6.2条,Z1、Z4 匝道设计速度50km/h,可能通行能力为 1730pcu/h;Z6 匝道设计速度 40km/h,可能通行能力为1700pcu/h。

根据《城市道路交叉口设计规程》(CJJ 152—2010)第5.6.4条,立 A₁、A₂ 类立交宜采用服务水平 II 1 级,一般匝道服务水平宜采用 II 2 级,定向匝道服务水平宜采用 II 1 级。两条城市快速路相交立交类型为立 A₁ 类,Z1 为定向匝道,Z4 为半定向匝道,服务水平宜采用 II 1 级,设计速度50km/h,取比率 $a = 0.58$;Z6 为一般匝道,服务水平宜采用 II 2 级,设计速度40km/h,取比率 $a = 0.67$。Z1、Z4 匝道单车道设计通行能力为 $1730 \times 0.58 = 1003$pcu/h,Z6 匝道单车道设计通行能力为 $1700 \times 0.67 = 1139$pcu/h。

根据《城市道路交叉口设计规程》(CJJ 152—2010)第5.3.1条第4款,Z1 匝道交通量1191pcu/h > 单车道匝道设计通行能力1003pcu/h,选用双车道匝道;Z4 匝道交通量887pcu/h < 单车道匝道设计通行能力1003pcu/h,但匝道长度340m > 300m,选用双车道匝道;Z6 匝道交通量543pcu/h < 单车道匝道设计通行能力1139pcu/h,匝道长度252m < 300m,选用单车道匝

道。所以,Z1 双车道,Z4 双车道,Z6 单车道。

8.【答案】D

【解析】根据《城市道路工程设计规范》(CJJ 37—2012)第 4.4.1 条,不受平面交叉口影响的一条自行车道的路段设计通行能力,当无分隔时,应取 1400～1600veh/h。

预测远景年单向自行车流量为 760veh/h,非机动车道数取值范围为 0.48～0.54,所以按非机动车道通行能力计算,非机动车道数取 1;查表 5.3.3,一条非机动车道宽度最小值为 1m。

根据《城市道路工程设计规范》(CJJ 37—2012)第 5.3.3 条第 2 款:与机动车道合并设置的非机动车道,车道数单向不应小于 2 条,宽度不应小于 2.5m。所以本题中非机动车道最小宽度为 2.5m。

该路段车行道的最小宽度 $=3.5 \times 2 + 2.5 \times 2 = 12.0m$。故本题选 D。

第三节　平　面　交　叉

 复习要点

公路和城市道路平面交叉范围内的路线平纵指标、视距的要求。

公路平面交叉按交通管理方式划分为哪些类型,以及不同类型平面交叉的选择依据。

城市道路平面交叉按交通组织方式划分为哪几类,如何选择。

公路渠化设计方式包括加铺转角、加宽路口、设置转弯车道和交通岛等方式。不同渠化设计方式的设计要点,包括转弯设计、附加车道设计、交通岛设置及选型等内容。

城市道路平面交叉口进、出口道的车道数、车道宽度、展宽渐变段和展宽段长度等方面的规定,以及左转、右转专用车道的设置方法。

交叉口附近公交停靠站的设置要求,人行横道的设置要求。

城市道路环形交叉口环道半径的计算及其设置要求。

典 型 习 题

一、单项选择题

1.公路平面交叉设计所采用的交通量应为( )。
　(A)年平均日交通量　　　　　　　　(B)设计小时交通量
　(C)高峰小时交通量　　　　　　　　(D)最大服务交通量

2.公路平面交叉设计中首先应根据相交公路的功能、地位和交通特性来确定( )。
　(A)交叉类型　　　　　　　　　　　(B)几何设计
　(C)用地范围　　　　　　　　　　　(D)交通管理方式

3. 两条公路平面相交,主要公路双向交通量 580 辆/h,次要公路单向交通量 160 辆/h,有较多数量的行人和非机动车穿越而经常引发交通事故,此平面交叉的交通管理方式应采用( )。

 (A)主路优先交叉   (B)无优先交叉
 (C)信号交叉   (D)无信号交叉

4. 下列公路平面交叉中,应采用信号交叉交通管理方式的是( )。
 (A)环形交叉口的出口因交通量大而出现交通延误时
 (B)位于城镇路段的平面交叉
 (C)交通量较大的 T 形交叉
 (D)平面交叉口出现交通事故时

5. 下列公路平面交叉中,应采用无优先交叉交通管理方式的是( )。
 (A)四级公路与四级公路交叉
 (B)一级公路与四级公路交叉
 (C)一级公路与一级公路交叉
 (D)环形交叉口

6. 选择城市道路平面交叉类型的主要依据是( )。
 (A)设计速度   (B)设计交通量
 (C)相交道路的等级   (D)通行能力

7. 城市道路平面交叉中的平 A_1 类是指( )。
 (A)交通信号控制,进口道展宽交叉口
 (B)交通信号控制,进口道不展宽交叉口
 (C)支路只准右转通行的交叉口
 (D)环形交叉口

8. 城市道路主干路与次干路平面交叉时宜采用( )。
 (A)平 A_1 类   (B)平 A_2 类
 (C)平 A 类   (D)平 B 类

9. 公路平面交叉口引道视距的量取标准是( )。
 (A)视高 1.2m,物高 0.1m   (B)视高 1.2m,物高 0m
 (C)视高 2.0m,物高 0.1m   (D)视高 2.0m,物高 0m

10. 渠化平面交叉的右转弯车道,其内侧路面边缘应采用( )。
 (A)三心圆复曲线   (B)双心圆复曲线
 (C)单圆曲线   (D)卵形曲线

11. 非渠化平面交叉中,交通量较小时,转弯路面边缘可采用的圆曲线半径为(　　)。
　　(A)12m　　　　　　　　　　　　(B)12.5m
　　(C)15m　　　　　　　　　　　　(D)20m

12. 关于公路平面交叉中右转弯附加车道设计,下列说法正确的是(　　)。
　　(A)主要公路设计速度为80km/h时,次要公路上应增设加速汇流车道
　　(B)一级公路与一级公路相交时,应设置经渠化分隔的右转弯车道
　　(C)二级公路与三级公路相交时,应设置右转弯车道
　　(D)右转弯车流中大型车比例较大时,应设置右转弯车道

13. 关于公路平面交叉中左转弯附加车道设计的规定,下列说法正确的是(　　)。
　　(A)一级公路均应设置左转弯车道
　　(B)与高速公路互通式立体交叉连接线相交的平面交叉
　　(C)二级公路且非机动车较多的平面交叉
　　(D)二级公路左转弯交通会引起交通拥阻或交通事故的平面交叉

14. 当直行车道的通行能力有富余,或条件受限制而难以设置应有长度的加速车道时,可采用较短的渐变式加速车道,此时入口处的交通管理采用(　　)。
　　(A)停车让行　　　　　　　　　　(B)减速让行
　　(C)信号控制　　　　　　　　　　(D)无优先控制

15. 某设计速度为80km/h的一级公路与设计速度为60km/h的二级公路平面交叉,两条公路上直行交通量均较大,设置了经渠化分隔的右转弯车道。交叉口设计时,一级公路进入二级公路的右转弯变速车道应采用(　　)。
　　(A)渐变式变速车道　　　　　　　(B)附渐变段的等宽车道
　　(C)缓和曲线　　　　　　　　　　(D)三心圆

16. 按照第15题给出的已知条件,并给定右转弯设计速度为40km/h,右转弯加速车道采用附渐变段的等宽车道,此时右转弯减速和加速变速车道长度的采用值最合理的是(　　)。
　　(A)75m,75m　　　　　　　　　　(B)75m,90m
　　(C)82m,65m　　　　　　　　　　(D)82m,90m

17. 公路平面交叉设计中,变速车道为非等宽渐变式时,其长度计算所依据的减速时或加速时的侧移率分别是(　　)。
　　(A)1.0m/s,0.6m/s　　　　　　　(B)2.5m/s,1.0m/s
　　(C)0.6m/s,1.0m/s　　　　　　　(D)3.0m/s,1.5m/s

18. 公路渠化平面交叉,若专辟右转车道,应设置( )。
    (A)导流岛 (B)分隔岛
    (C)中心岛 (D)安全岛

19. T 形交叉渠化时,次要公路引道上的两左转弯行迹间应设置( )。
    (A)导流岛 (B)分隔岛
    (C)中心岛 (D)安全岛

20. 城市道路平面交叉左转专用车道数确定的依据是( )。
    (A)高峰小时内信号周期到达左转车辆数
    (B)高峰小时内信号周期平均到达左转车辆数
    (C)高峰 15min 内每信号周期到达左转车辆数
    (D)高峰 15min 内每信号周期平均到达左转车辆数

21. 城市道路平面交叉口进口道展宽渐变段长度是按车辆( )行驶 3s 横移一条车道时进行计算确定的。
    (A)路段设计车速 (B)路段设计车速的 80%
    (C)路段设计车速的 70% (D)右转设计车速

22. 城市道路平面交叉口出口道每条车道宽度宜为( )。
    (A)2.8m (B)3.0m
    (C)3.25m (D)3.5m

23. 对于公路平面交叉处的线形规定,下列选项正确的是( )。
    (A)平面交叉范围内两相交公路的平面线形不宜采用设超高的圆曲线
    (B)次要公路紧接交叉的引道部分应以 0.5% ~2% 的下坡通往交叉
    (C)采用"主路优先"交通管理方式的交叉,应调整次要公路的横断面以适应主要公路的纵断面
    (D)隐形岛内不允许行车,此部分的路面上可以有积水

24. 公路平面交叉受条件限制只能保证安全交叉停车视距通视三角区的通视,此时次要公路入口的管理方式为( )。
    (A)减速让行 (B)停车让行
    (C)设减速带 (D)路口警告

25. 城市道路平面交叉口的间距不宜小于( )。
    (A)100m (B)150m
    (C)200m (D)300m

26. 城市道路平面交叉口验算视距三角形时,进口道直行车设计速度( )。
 (A)应与路段设计速度一致   (B)应为路段设计速度的 0.5 倍
 (C)应为路段设计速度的 0.7 倍 (D)应比路段设计速度大

27. 城市道路平面交叉口行人过街设计时,应设置行人二次过街安全岛的情况为( )。
 (A)当人行横道穿越机动车道部分的长度大于 16m 时
 (B)当人行横道穿越的路幅宽度大于 16m 时
 (C)当人行横道长度大于 16m 时
 (D)过街行人较多,且行人过街绿灯时间短时

28. 城市道路平面交叉口的设计年限为( )。
 (A)等级较低道路的设计年限
 (B)等级较高道路的设计年限
 (C)组成交叉口各条道路设计年限的平均值
 (D)宜根据交通量的变化确定

29. 城市道路平面交叉口行人过街设计交通量应采用( )。
 (A)高峰小时内高峰 15min 的到达量
 (B)高峰小时内高峰 15min 的平均到达量
 (C)高峰小时平均到达量
 (D)高峰小时内的信号周期平均到达量

30. 在右转车辆易与行人发生冲突的交叉口,人行横道间的转角部分长度不应小于( )。
 (A)3m   (B)5m
 (C)6m   (D)9m

31. 关于公路平面交叉范围内的设计速度,下列说法正确的是( )。
 (A)当交通管理方式采用信号交叉时,主路的设计速度可适当降低
 (B)当交通管理方式采用无优先交叉时,主路的设计速度可适当降低
 (C)当交通管理方式采用主路优先交叉时,主路的设计速度可适当降低
 (D)当交通管理方式采用主路优先交叉时,次路的设计速度可适当降低

32. 让行的城市道路四岔交叉口,次要道路进口道宜展宽成两条车道,并设( )。
 (A)一条直行车道,一条转弯车道
 (B)一条直左混行车道,一条直右混行车道
 (C)一条左转车道,一条直右混行车道
 (D)一条右转车道,一条直左混行车道

33. [2019 年考题]公路功能、等级、交通量有明显差别的两条公路平面相交时,交通管理方式应采用( )。

(A)主路优先交叉
(B)无优先交叉
(C)环形交叉
(D)信号交叉

34. [2019 年考题]两相交公路的技术等级或交通量相近时,平面交叉范围内的设计速度不宜低于路段设计速度的( )。

(A)50%
(B)60%
(C)70%
(D)80%

35. [2019 年考题]确定城市道路平面交叉口渠化及信号相位方案时,应采用信号配时时段的( )。

(A)高峰小时内的到达车辆数
(B)设计小时内的到达车辆数
(C)年第 30 位设计小时内的到达车辆数
(D)高峰小时内高峰 15min 的到达车辆数

36. [2019 年考题]城市道路平面交叉口范围内的设计速度宜为路段的( )。

(A)0.3~0.6 倍
(B)0.4~0.6 倍
(C)0.4~0.7 倍
(D)0.5~0.7 倍

37. [2019 年考题]位于城市主干路的地块或建筑物出入口距平面交叉口停车线不应小于( )。

(A)30m
(B)50m
(C)80m
(D)100m

38. [2019 年考题]城市道路人行横道宽度应根据过街行人数量、行人信号时间等确定,顺延干路的人行横道宽度不宜小于( )。

(A)3.0m
(B)4.0m
(C)5.0m
(D)6.0m

39. [2019 年考题]城市道路平面交叉口渠化范围内设置的实体交通岛,其面积不宜小于( )。

(A)5.0m²
(B)7.0m²
(C)9.0m²
(D)11.0m²

40. [2020 年考题]主线为具集散功能的一级公路时,根据标准规范规定,其平面交叉的最小间距是( )。

(A)300m   (B)500m

(C)1000m   (D)2000m

41. [2020年考题]根据规范规定,在平面交叉范围内,主要公路纵坡的取值范围应为(   )。

(A)0~3.0%   (B)0.5%~3.0%

(C)0.15%~3.0%   (D)0.25%~3.0%

42. [2020年考题]根据规范规定,公路平面交叉可采用的交通管理方式分为(   )。

(A)停车让行交叉、减速让行交叉和信号交叉

(B)信号交叉、无信号交叉和渠化交叉

(C)十字交叉、T形交叉和环形交叉

(D)主路优先交叉、无优先交叉和信号交叉

43. [2021年考题]某城市主干路设计速度为50km/h,计算某灯控平面交叉口展宽渐变段最小长度为(   )。(取整数)

(A)29m   (B)30m

(C)35m   (D)42m

44. [2021年考题]某城市次干路设计速度为40km/h,关于平面交叉口视距三角形范围内采用的停车视距,下列符合规范规定的是(   )。

(A)40m   (B)30m

(C)25m   (D)20m

45. [2021年考题]某城市主干路港湾式公交停靠站采用直接式布置,不考虑其他因素影响,下列关于该公交停靠站的车道宽度和站台宽度的最小值,符合规范规定的是(   )。

(A)2.75m、1.50m   (B)3.00m、1.50m

(C)3.00m、2.00m   (D)3.50m、2.00m

二、多项选择题

1. 公路平面交叉按交通管理方式的不同可以划分为(   )。

(A)主路优先交叉   (B)无优先交叉

(C)信号交叉   (D)无信号交叉

2. 关于公路平面交叉的设置,下列说法正确的是(   )。

(A)公路功能和技术分级差异大的公路交叉时,应限制设置平面交叉

(B)一条公路应尽可能多设平面交叉,以便于其他道路的接入

(C)一条公路应尽可能少设平面交叉,以保证路段的通行效率

(D)承担干线功能的一级公路,应严格限制平面交叉的设置

3. 下列公路平面交叉中,应采用信号交叉交通管理方式的是(　　)。
   (A)一级公路与一级公路相交
   (B)主要公路双向交通量为 1100 辆/h,次要公路双向交通量为 260 辆/h,次要公路车辆进入主要公路时需等待较长时间
   (C)位于桥梁两侧的平面交叉
   (D)环形交叉口

4. 下列选项属于城市道路平面交叉中平 B 类交叉口的是(　　)。
   (A)支路只准右转通行的交叉口
   (B)减速让行或停车让行标志管制交叉口
   (C)全无管制交叉口
   (D)环形交叉口

5. 城市道路次干路与支路平面交叉时,交叉口类型可选用(　　)。
   (A)平 A_1 类　　　　　　　　　　(B)平 A_2 类
   (C)平 B_1 类　　　　　　　　　　(D)平 B_2 类

6. 关于城市道路平面交叉口选型,下列说法正确的是(　　)。
   (A)次干路与支路平面交叉可选用环形交叉口
   (B)主干路与主干路平面交叉时进口道可以不展宽
   (C)主干路与支路平面交叉宜选用支路只准右转的交叉口
   (D)次干路与支路平面交叉宜选用减速让行或停车让行标志管制交叉口

7. 公路平面交叉进行转弯设计时,下列说法正确的是(　　)。
   (A)转弯设计采用载重汽车的行迹进行设计控制,必要时应根据铰接列车等设计车辆的行迹对路面加宽、转向净空进行验算
   (B)视左转弯内缘曲线的最小半径不应小于 12.5m
   (C)对于渠化平面交叉,当按铰接列车设计时,路面边缘可采用符合转弯行迹的双圆弧复曲线
   (D)左转弯内侧路面边缘以一单圆曲线来控制导流岛端的边缘线

8. 公路平面交叉中经渠化的右转弯附加车道的组成部分包括(　　)。
   (A)渐变段　　　　　　　　　　　　(B)右转弯专用车道
   (C)等候段　　　　　　　　　　　　(D)变速车道

9. 公路平面交叉中的左转弯车道的组成部分包括(　　)。

(A)渐变段   (B)左转弯专用车道
(C)等候段   (D)减速段

10. 交通岛的形式按结构类型可分为(　　　)。
    (A)导流岛   (B)实体岛
    (C)隐形岛   (D)浅碟岛

11. 关于交通岛类型的选用,下列说法正确的是(　　　)。
    (A)岛中需设置标志时,应采用实体岛
    (B)双车道公路应采用实体岛
    (C)岛的面积较小时,宜采用隐形岛
    (D)岛的面积较大时,宜采用浅碟式岛

12. 公路平面交叉时,应设置导流岛的情况有(　　　)。
    (A)需专辟右转弯车道时
    (B)左转车道与对向直行车道间
    (C)信号交叉中,左转弯为两条车道时,左转车道与同向直行车道间
    (D)对向行车道间需提供行人穿越的避险场所或需设置标志、信号立柱时

13. 城市道路平面交叉口的进口车道宽度设计时,下列规定正确的是(　　　)。
    (A)一条进口车道的宽度宜为3.25m,困难时可取3.0m
    (B)改建交叉口用地受限时,一条进口车道的最小宽度可取2.8m
    (C)交通岛右侧右转专用车道应按设计速度及转弯半径大小设置车道加宽
    (D)进口道车道宽度不能比路段车道宽度窄

14. 城市道路平面交叉口进口道宜设置两条左转专用车道的情形有(　　　)。
    (A)高峰15min内每信号周期左转车平均流量达2辆
    (B)高峰15min内每信号周期左转车平均流量达10辆
    (C)需要的左转专用车道长度达90m
    (D)左转交通量特别大且进口道上游路段车道数为4条

15. 城市道路平面交叉口设置进口道左转专用车道时的方法有(　　　)。
    (A)展宽进口道,新增左转专用车道
    (B)取消中央分隔带,新辟左转专用车道
    (C)道路中线偏移,新增左转专用车道
    (D)在原直行车道中分出左转专用车道

16. 城市道路平面交叉口设置进口道右转专用车道时的方法有(　　　)。

(A)展宽进口道,新增右转专用车道

(B)压缩中央分隔带,新辟右转专用车道

(C)道路中线偏移,新增右转专用车道

(D)在原直行车道中分出右转专用车道

17. 城市道路平面交叉口进口道长度的组成包括( )。

(A)展宽渐变段   (B)展宽段

(C)等待段   (D)减速段

18. 关于城市道路平面交叉口进口道展宽渐变段的最小长度,说法正确的是( )。

(A)支路不宜小于 20m

(B)次干路不应小于 25m

(C)主干路不应小于 30~35m

(D)快速路不应小于 40~50m

19. 关于城市道路平面交叉口出口道车道数的规定,下列说法正确的是( )。

(A)出口道车道数应与上游各进口道同一信号相位流入的进口道车道数之和相匹配

(B)相邻进口道设有右转专用车道时,出口道应展宽一条右转专用出口车道

(C)出口道的车道数至少等于上游进口道的直行车道数

(D)出口道的车道数至少等于上游进口道的左转和右转车道数之和

20. 下列关于平面交叉引道视距的说法,正确的是( )。

(A)各岔路的引道视距均相等

(B)引道视距等于停车视距

(C)引道视距的量取标准是视点高 1.2m,物高 0m

(D)相同设计速度下,保证引道视距所需的凸形竖曲线半径比停车视距的大

21. 城市道路平面交叉竖向设计时,路脊线在两条道路中心线相交的情形有( )。

(A)主干路与主干路   (B)主干路与次干路

(C)主干路与支路   (D)次干路与支路

22. [2019 年考题]确定平面交叉的交通管理方式时,主要应根据相交公路的( )。

(A)公路功能   (B)技术等级

(C)公路景观   (D)交通量

23. [2019 年考题]下列各级公路中,平面交叉应进行渠化设计的有( )。

(A)一级公路   (B)二级公路

(C)三级公路   (D)四级公路

24. [2019年考题]城市道路平面交叉口设计中,设置进口道左转专用车道的合适方法有( )。
   (A)展宽进口道,以便新增左转专用车道
   (B)道路中线偏移,以便新增左转专用车道
   (C)压缩非机动车道宽度,以便新增左转专用车道
   (D)压缩较宽的中央分隔带,以便新增左转专用车道

25. [2019年考题]城市道路平面交叉口范围竖向设计中,合适的雨水口设置位置有( )。
   (A)无障碍坡道位置　　　　　　(B)交叉口低洼处
   (C)交叉口人行横道上游　　　　(D)交叉口人行横道中间处

26. [2020年考题]当设计速度为80km/h的二级公路与交通量相近的公路平面交叉,且交叉范围设计速度需适当降低,在下列各选项中,可采用的设计速度有( )。
   (A)40km/h　　　　　　　　　(B)60km/h
   (C)50km/h　　　　　　　　　(D)70km/h

27. [2020年考题]平面交叉范围主要公路设计速度为60km/h,下列凸形竖曲线半径中,满足引道视距要求的有( )。
   (A)1850m　　　　　　　　　(B)2100m
   (C)2600m　　　　　　　　　(D)2800m

28. [2020年考题]下列关于城市道路过街设施的设置要求,符合规范规定的是( )。
   (A)平面交叉口应设置行人和非机动车过街设施
   (B)穿越快速路的行人过街设施,必须采用人行天桥
   (C)路段内有行人横穿道路的地方,均应设置人行横道
   (D)人行横道的宽度应根据行人过街数量和信号控制方案确定

29. [2020年考题]某两条城市主干路相交,采用灯控平面交叉口,下列关于该交叉口进出口的设计要求中,符合规范规定的是( )。
   (A)左转专用车道长度达90m时,宜设置两条左转专用进口车道
   (B)相邻进口道设有右转专用车道时,出口道应展宽一条右转专用出口车道
   (C)可通过压缩较宽的中央分隔带新辟左转专用车道,单压缩后的中央分隔带宽度至少应为1.0m
   (D)当设置公交停靠站时,出口道长度由出口道展宽段和展宽渐变段组成

30. [2020年考题]下列关于城市道路环形交叉口环道设计,不考虑信号灯控制,符合规范规定的是( )。

(A)环道的机动车道数宜为 2~4 条

(B)环道纵坡度不宜大于 2%

(C)中心岛上不应布设人行道

(D)环道布置为机动车与非机动车分行时,可用分隔带分隔,分隔带宽度不应小于 1.5m

三、案例题

1. 某城市主干路道路平面交叉口在东向西进口道设置一条右转专用车道,已知路段设计速度为 60km/h,高峰 15min 内每信号周期右转车的排队车辆数为 8 辆,直行排队车辆数为 5 辆,则进口道右转专用道的计算长度最接近于( )。

(A)100m (B)107m (C)110m (D)115m

2. [2019 年考题]某 T 形平面交叉,主路为具集散功能的一级公路,设计速度采用 80km/h。在选择支路与主路的交点位置时,有 4 个方案可供选择,各交点平面交叉范围内的主路纵坡及与相邻平面交叉的距离见下表。在各交点方案中,从技术指标分析,合适的方案为( )。

题 2 表

交点方案	主路纵坡(%)	与相邻平面交叉距离(m)
交点 1	0.5	1020
交点 2	2.0	280
交点 3	3.1	580
交点 4	3.5	2100

(A)交点 1 (B)交点 2 (C)交点 3 (D)交点 4

3. [2019 年考题]城市道路平面交叉口视距三角形范围内,不得有任何高出路面 1.2m 的妨碍驾驶员视线的障碍物。两条设计速度均为 50km/h 的城市道路相交,下列视距三角形图示和尺寸标注正确的是( )。

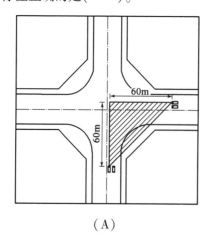

(A)

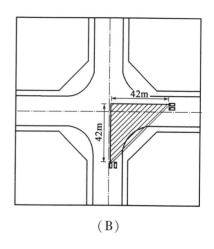

(B)

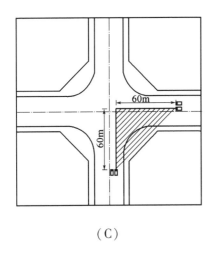
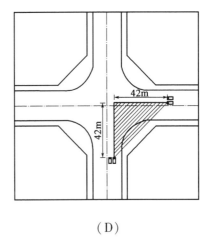

（C）　　　　　　　　　　　　　　（D）

4. [2020年考题]某城市主干路,设计速度60km/h,在信号控制平面交叉口进口道设置一条宽为3.25m的右转专用车道,高峰15min内每信号周期右转车的排队数为9辆,则进口展宽右转专用车道的设置长度为(　　　)。(取整数)

（A）111m　　　　　　　　　　　　（B）116m

（C）125m　　　　　　　　　　　　（D）131m

5. [2021年考题]新建某城市道路 A_1 类平面交叉口,交通量大。其中一条主干路设计速度为60km/h,双向6车道,四幅路型式,中央隔离带宽4m,每条车道宽3.5m。该路进、出口道设计如下:进口道增设左、右转专用道,方案为:①将中央隔离带压缩为2m;②展宽渐变段长25m;③展宽段长90m。出口道增设一条车道,方案为:④每条车道宽3.25m;⑤展宽渐变段长20m;⑥展宽段长50m。如下图所示。则上述进、出口道设计①～⑥中不符合规范规定的有(　　　)项,并说明选择依据和理由。

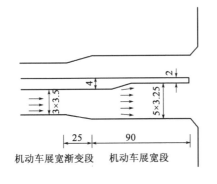
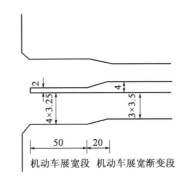

题5图(尺寸单位:m)

（A）2　　　　　　　　　　　　　　（B）3

（C）4　　　　　　　　　　　　　　（D）5

参考答案及解析

一、单项选择题

1.【答案】B

【解析】根据《公路路线设计规范》(JTG D20—2017)第10.1.2条,平面交叉设计应以预测的交通量为基本依据,设计所采用的交通量应为设计小时交通量。

2.【答案】D

【解析】根据《公路路线设计规范》(JTG D20—2017)第10.1.2条条文说明,交通管理方式决定了交叉的几何构造。即交叉设计中首先应根据相交公路的功能、地位和交通特性来确定其交通管理方式,继而确定相应的交叉类型和几何细节设计。

3.【答案】C

【解析】根据《公路路线设计规范》(JTG D20—2017)第10.1.3条,虽然交通量达不到相应的要求,但是行人和非机动车较多,而且频发事故,所以应采用信号控制。

4.【答案】B

【解析】根据《公路路线设计规范》(JTG D20—2017)第10.1.3条。A选项应为环形交叉口的入口因交通量大而出现过多交通延误时;C选项交通量较大的T形交叉应采用主路优先交叉;D选项平面交叉口出现交通事故时,要区分交通事故的原因、数量等因素,不一定都需要采用信号交叉。

5.【答案】A

【解析】根据《公路路线设计规范》(JTG D20—2017)第10.1.3条,环形交叉口根据不同的交通条件可采用无优先交叉、信号控制或"入口让路"规则管理。

6.【答案】C

【解析】根据《城市道路工程设计规范》(CJJ 37—2012)第7.2.2条。

7.【答案】A

【解析】根据《城市道路工程设计规范》(CJJ 37—2012)第7.2.1条,城市道路平面交叉口按交通组织方式分为三大类(平A类、平B类、平C类)、五小类(平A_1类、平A_2类、平B_1类、平B_2类、平B_3类)。

8.【答案】A

【解析】根据《城市道路工程设计规范》(CJJ 37—2012)第7.2.2条。

9.【答案】B

【解析】根据《公路路线设计规范》(JTG D20—2017)第10.3.1条,物高为0,是使驾驶员能够看到路面上的停车标线,以便做出正确操作。

10.【答案】A

【解析】根据《公路路线设计规范》(JTG D20—2017)第10.4.3条,对于路面内缘的曲线模式,三心复曲线的拟合性较好。

11.【答案】C

【解析】根据《公路路线设计规范》(JTG D20—2017)第10.4.3条条文说明,非渠化平面交叉中,交通量较小或很小,转弯时允许"侵占"别的行迹,因而对路幅内缘的拟合不做要求或不做严格要求。非渠化平面交叉的转弯路面边缘可采用半径15m圆曲线。

12.【答案】B

【解析】根据《公路路线设计规范》(JTG D20—2017)第10.5.1条。A选项,主要公路上应增设加速汇流车道和减速分流车道,以减少对主线直行车辆的干扰;C选项,在一定的条件下才设置右转弯车道;D选项,一级公路、二级公路的平面交叉中,右转弯车流中大型车比例较大时,应设置右转弯车道。

13.【答案】D

【解析】根据《公路路线设计规范》(JTG D20—2017)第10.5.2条。

14.【答案】B

【解析】根据《公路路线设计规范》(JTG D20—2017)第10.5.3条条文说明。

15.【答案】B

【解析】根据《公路路线设计规范》(JTG D20—2017)第10.5.3条,公路的设计速度大于或等于80km/h,且直行交通量较大时,右转弯变速车道应采用附渐变段的等宽车道;其他情况宜采用渐变式变速车道。

16.【答案】C

【解析】减速、加速变速车道均采用附渐变段的等宽车道。

减速变速车道长度:渐变段长度50m + 减速车道长度32m = 82m;

加速变速车道长度:渐变段长度40m + 加速车道长度25m = 65m,注意此时为次要公路上的加速车道。

17.【答案】A

【解析】根据《公路路线设计规范》(JTG D20—2017)第10.5.3条。

18.【答案】A

【解析】公路渠化平面交叉,专辟右转车道时应设置导流岛。公路相关规范将交通岛分为导流岛(分隔同向车流)和分隔岛(分隔对向车流)两种。城市道路相关规范将交通岛分为导流岛和安全岛。

19. 【答案】B

【解析】T 形交叉渠化时,次要公路引道上的两左转弯行迹间应设置分隔岛。

20. 【答案】D

【解析】根据《城市道路交叉口设计规程》(CJJ 152—2010)第 4.2.10 条,高峰小时内信号周期平均到达车辆数是确定进口道车道数等平面设计的依据。

21. 【答案】C

【解析】根据《城市道路交叉口设计规程》(CJJ 152—2010)第 4.2.13 条。

22. 【答案】D

【解析】根据《城市道路交叉口设计规程》(CJJ 152—2010)第 4.2.15 条,出口道每条车道宽度不应小于路段车道宽度,宜为 3.5m;条件受限的改建交叉口,不宜小于 3.25m。

23. 【答案】A

【解析】根据《公路路线设计规范》(JTG D20—2017)第 10.2 节,次要公路紧接交叉的引道部分应以 0.5% ~2% 的上坡通往交叉,故 B 错误;采用"主路优先"交通管理方式的交叉,应调整次要公路的纵断面以适应主要公路的横断面,故 C 错误;包括隐形岛在内的任何部分的路面上不得有积水,故 D 错误。

24. 【答案】B

【解析】根据《公路路线设计规范》(JTG D20—2017)第 10.3.2 条条文说明,由于受条件限制而不能保证由相交两公路各自停车视距所组成的通视三角区时,可降低要求而保证安全交叉停车视距通视三角区的通视,但此时次要公路入口由"减速让行"管理改为"停车让行"。

25. 【答案】B

【解析】根据《城市道路路线设计规范》(CJJ 193—2012)第 9.2.3 条,平面交叉口的间距应根据城市规模、路网规划、道路等级、设计速度、设计交通量及高峰期间最大阻车长度等确定,满足进出口道总长度要求,且不宜小于 150m。

26. 【答案】A

【解析】根据《城市道路路线设计规范》(CJJ 193—2012)第 9.2.6 条。

27. 【答案】A

【解析】根据《城市道路路线设计规范》(CJJ 193—2012)第9.2.12条;《城市道路交叉口设计规程》(CJJ 152—2010)第4.5.4条第4款规定,当人行横道长度大于16m时,应在人行横道中央设置行人二次过街安全岛,以更新的规定为准。

28.【答案】B

【解析】根据《城市道路交叉口设计规程》(CJJ 152—2010)第3.3.2条,交叉口设计年限应与城市道路的设计年限一致。组成交叉口的各条道路等级不同时,以等级较高道路的设计年限为准。

29.【答案】D

【解析】根据《城市道路交叉口设计规程》(CJJ 152—2010)第4.2.2条。

30.【答案】C

【解析】根据《城市道路交叉口设计规程》(CJJ 152—2010)第4.5.4条第1款。

31.【答案】C

【解析】根据《公路工程技术标准》(JTG B01—2014)第9.1.4条条文说明规定,当相交公路的等级和交通量相近时,其交通管理方式可能采用信号交叉或无优先交叉,此时主线的设计速度可适当降低。当为主路优先交叉时,次路的设计速度也可适当降低。

32.【答案】D

【解析】根据《城市道路交叉口设计规程》(CJJ 152—2010)第4.2.7条,让行交叉口次要道路进口道宜展宽成两条车道,一条右转车道,一条直左混行车道(四岔交叉口)或左转车道(三岔交叉口)。

33.【答案】A

【解析】根据《公路路线设计规范》(JTG D20—2017)第10.1.3条第1款,公路功能、等级、交通量有明显差别的两条公路相交,或交通量较大的T形交叉,应采用主路优先交叉的交通管理方式。

34.【答案】C

【解析】根据《公路工程技术标准》(JTG B01—2014)第9.1.4条,两相交公路的技术等级或交通量相近时,平面交叉范围内的设计速度可适当降低,但不宜低于路段设计速度的70%。

35.【答案】D

【解析】根据《城市道路交叉口设计规程》(CJJ 152—2010)第4.2.1条,平面交叉口机动车设计交通量应区分直行及左右转交通量。确定进口道车道数等平面设计时,应采用高峰小时内信号周期平均到达车辆数。当确定渠化及信号相位方案时,应当用信号配时时段的高峰小时内高峰 15min 的到达车辆数。

36.【答案】D

【解析】根据《城市道路工程设计规范》(CJJ 37—2012)第 3.2.4 条、《城市道路路线设计规范》(CJJ 193—2012)第 9.2.6 条、《城市道路交叉口设计规程》(CJJ 152—2010)第 3.3.3 条,平面交叉口内的设计速度宜为路段的 0.5 ~ 0.7 倍。

37.【答案】D

【解析】根据《城市道路交叉口设计规程》(CJJ 152—2010)第 4.2.17 条第 1 款,改建交叉口附近地块或建筑物出入口应满足下列要求:主干路上,距平面交叉口停止线不应小于 100m,且应右进右出。

38.【答案】C

【解析】根据《城市道路交叉口设计规程》(CJJ 152—2010)第 4.5.4 条第 3 款,人行横道宽度应根据过街行人数量、行人信号时间等确定,顺延干路的人行横道宽度不宜小于 5m,顺延支路的人行横道宽度不宜小于 3m,宜以 1m 为单位增减。

39.【答案】B

【解析】根据《城市道路交叉口设计规程》(CJJ 152—2010)第 4.7.4 条,交通岛可分为导流岛和安全岛。交通岛不应设在竖曲线顶部。交通岛面积不宜小于 $7.0m^2$,面积窄小时,可用路面标线表示。转角交通岛兼作行人过街安全岛时,面积(包括岛端尖角标线部分)不宜小于 $20m^2$。

40.【答案】B

【解析】根据《公路工程技术标准》(JTG B01—2014)第 9.1.5 条、《公路路线设计规范》(JTG D20—2017)第 10.1.7 条第 2 款,具有集散功能的一级公路,其平面交叉最小间距为 500m。

41.【答案】C

【解析】根据《公路路线设计规范》(JTG D20—2017)第 10.2.2 条第 2 款,"主要公路在交叉范围内的纵坡应在 0.15% ~ 3% 的范围内"。

42.【答案】D

【解析】根据《公路路线设计规范》(JTG D20—2017)第 10.1.3 条,"根据相交公路的功能、等级、交通量等可分别采用主路优先交叉、无优先交叉或信号交叉三种不同的交通管理方式"。本题按交通管理方式进行分类。

43.【答案】B

【解析】根据《城市道路交叉口设计规程》(CJJ 152—2010)第 4.2.13 条,渐变段长度按车辆以70%路段设计车速行驶3s横移一条车道时来计算确定,且主干道不小于30~35m。经计算,$L_t = 50 \times 0.7 \times 3/3.6 = 29m$,但主干道上渐变段长度同时要求不小于30~35m,所以展宽渐变段最小长度取30m。故本题选B。

44.【答案】A

【解析】根据《城市道路交叉口设计规程》(CJJ 152—2010)第3.3.3条,在交叉口视距三角形验算时,进口道直行车设计速度应与相应道路设计速度一致。根据表4.3.3,直行车设计速度40km/h对应视距三角形要求的停车视距为40m。故本题选A。

45.【答案】C

【解析】根据《城市道路交叉口设计规程》(CJJ 152—2010)第4.4.8条,站台宽度不应小于2m,条件受限制时不得小于1.5m;停靠站车道宽度应为3.00m,条件限制时,不应小于2.75m。结合《城市道路路线设计规范》(CJJ 193—2012)第5.3.1条第5款:公交港湾式停靠站可分为直接式和分离式两种,直接式公交停靠站的车道宽度不应小于3.00m,且题目中说明不考虑其他因素,所以不考虑条件受限的情况,故本题选C。

二、多项选择题

1.【答案】ABC

【解析】根据《公路路线设计规范》(JTG D20—2017)第10.1.3条,平面交叉根据相交公路的功能、等级、交通量等可分别采用主路优先交叉、无优先交叉或信号交叉三种不同的交通管理方式。

2.【答案】AD

【解析】根据《公路路线设计规范》(JTG D20—2017)第10.1.1条及第10.1.1条条文说明。关于平面交叉口的设置数量及间距要求,在具体项目设计中,应正确把握项目功能定位及技术等级差异,恰当协调通行效率与沿线交通便利之间的平衡,并不是越多越好,也不是越少越好,所以B、C选项错误。

3.【答案】AB

【解析】根据《公路路线设计规范》(JTG D20—2017)第10.1.3条。

4.【答案】ABC

【解析】根据《城市道路工程设计规范》(CJJ 37—2012)第7.2.1条。

5.【答案】ACD

【解析】根据《城市道路工程设计规范》(CJJ 37—2012)第7.2.2条。

6.【答案】CD

【解析】根据《城市道路工程设计规范》(CJJ 37—2012)第7.2.2条。

7.【答案】AB

【解析】根据《公路路线设计规范》(JTG D20—2017)第10.4条。C 选项应为非渠化交叉;D 选项应为分隔岛端的边缘线。

8.【答案】BD

【解析】根据《公路路线设计规范》(JTG D20—2017)第10.5.1条条文说明,渠化的右转弯附加车道由分隔的右转弯专用车道及其两端的变速车道组成。注意右转弯附加车道和左转弯车道的组成是不同的。

9.【答案】ACD

【解析】根据《公路路线设计规范》(JTG D20—2017)第10.5.2条,左转弯等候段长度应不小于30m,当左转弯交通量很小时,可不考虑等候长度。

10.【答案】BCD

【解析】交通岛按结构类型分为实体岛、隐形岛和浅碟岛三种。

11.【答案】ACD

【解析】根据《公路路线设计规范》(JTG D20—2017)第10.5.5条,双车道公路宜采用隐形岛。

12.【答案】AC

【解析】根据《公路路线设计规范》(JTG D20—2017)第10.5.4条,需专辟右转弯车道时应设置导流岛;信号交叉中,左转弯为两条车道时,左转车道与同向直行车道间宜设置导流岛;左转车道与对向直行车道间应设置分隔岛;T 形交叉渠化时,次要公路引道上的两左转弯行迹间应设置分隔岛;对向行车道间需提供行人穿越的避险场所或需设置标志、信号立柱时,应设置分隔岛。

13.【答案】ABC

【解析】根据《城市道路交叉口设计规程》(CJJ 152—2010)第4.2.9条,进口道车道宽度应比路段车道宽度窄,一是因为车速较路段车速明显降低,二是防止在进口道因车道过宽而发生抢道现象。

14.【答案】BC

【解析】根据《城市道路交叉口设计规程》(CJJ 152—2010)第4.2.10条。

15.【答案】ACD

【解析】根据《城市道路交叉口设计规程》(CJJ 152—2010)第4.2.11条,压缩较宽的中央分隔带,新辟左转车道。压缩后中央分隔带宽度对新建交叉口至少应为2m,改建交叉口至少应为1.5m,端部为半圆形。取消中央分隔带是错误的。

16.【答案】AD

【解析】根据《城市道路交叉口设计规程》(CJJ 152—2010)第4.2.12条。

17.【答案】AB

【解析】根据《城市道路交叉口设计规程》(CJJ 152—2010)第4.2.13条。

18.【答案】BC

【解析】根据《城市道路交叉口设计规程》(CJJ 152—2010)第4.2.13条。需注意"应"和"宜"的区别,支路不应小于20m,A选项错误;快速路不设置平面交叉口,D选项错误。

19.【答案】BC

【解析】根据《城市道路交叉口设计规程》(CJJ 152—2010)第4.2.14条,出口道车道数应与上游各进口道同一信号相位流入的最大进口道车道数相匹配,A选项错误;出口道的车道数至少等于上游进口道的直行车道数,D选项错误。

20.【答案】CD

【解析】根据《公路路线设计规范》(JTG D20—2017)第10.3.1条,每条岔路上都应提供与行驶速度相适应的引道视距,故A错误;引道视距在数值上等于停车视距,故B错误。

21.【答案】ABD

【解析】根据《城市道路路线设计规范》(CJJ 193—2012)第9.2.9条条文说明,主干路与支路相交,支路路脊线宜相交至主干路机非分隔带边线或车行道边线,此时支路纵断面可作为分段设计。

22.【答案】ABD

【解析】根据《公路工程技术标准》(JTG B01—2014)第9.1.2条,平面交叉的交通管理方式分为主路优先、无优先交叉和信号交叉三种,应根据相交公路的公路功能、技术等级、交通量等确定所采用的方式。

23.【答案】ABC

【解析】根据《公路工程技术标准》(JTG B01—2014)第9.1.6条,三级及三级以上公路的平面交叉均应进行渠化设计。

24.【答案】ABD

【解析】根据《城市道路交叉口设计规程》(CJJ 152—2010)第4.2.11条,进口道左转专用车道设置可采用下列方法:

(1)展宽进口道,以便新增左转专用道。

(2)压缩较宽的中央分隔带,新辟左转车道。压缩后中央分隔带宽度对新建交叉口至少应为2m,改建交叉口至少应为1.5m,端部为半圆形。

(3)道路中线偏移,以便新增左转专用道。

(4)在原直行车道中分出左转专用车道。

25.【答案】BC

【解析】根据《城市道路交叉口设计规程》(CJJ 152—2010)第4.3.6条,交叉口竖向设计宜采用控制网等高线法。交叉口人行横道上游、交叉口低洼处应设置雨水口,不得积水。

26.【答案】BD

【解析】根据《公路工程技术标准》(JTG B01—2014)第9.1.2条,"两相交公路技术等级或交通量相近时,平面交叉范围内的设计速度可适当降低,但不宜低于路段设计速度的70%",即 $80 \times 0.7 = 56 km/h$。

27.【答案】CD

【解析】根据《公路路线设计规范》(JTG D20—2017)第10.3.1条第2款,当设计速度为60km/h时,对应引道凸形竖曲线最小半径为2400m。

28.【答案】AD

【解析】根据《城市道路工程设计规范》(CJJ 37—2012)第9.2.5条第1款:"快速路人行过街必须设置人行天桥或人行地道",故B选项错误;第9.2.4条第1款:"路段内人行横道应布设在人流集中、通视良好的地点",故C选项错误;第9.2.4条第3款:"人行横道的宽度应根据过街行人数量及信号控制方案确定",故D选项正确;第9.1.1条:"行人及非机动车交通系统应安全、连续、舒适","连续"二字表明了行人及非机动车系统在平面交叉口处不中断,应保持连续,所以应设置行人和非机动车过街设施,故A选项正确。

29.【答案】AB

【解析】根据《城市道路交叉口设计规程》(CJJ 152—2010)第4.2.10条:"需要的左转专用车道长度达90m时,宜设两条左转专用车道",故A选项正确;第4.2.14条:"相邻进口道设有右转专用车道时,出口道应展宽一条右转专用出口车道",故B选项正确;第4.2.11条第2款:"压缩后中央分隔带宽度对新建交叉口至少应为2m,改建交叉口至少应为1.5m",故C选项错误;第4.2.16条:"压缩后中央分隔带宽度对新建交叉口至少应为2m,改建交叉口至少应为1.5m",故C选项错误;"出口道长度由展宽渐变段长度与展宽段组成。……当设置公交停靠站时,再加上站台长度",故D选项错误。

30.【答案】BC

【解析】根据《城市道路交叉口设计规程》(CJJ 152—2010)第4.6.3条第1款:"环道的机动车道数宜为2~3条",故A选项错误;第4.6.3条第6款:"环道纵坡度不宜大于2%",故B选项正确;第4.6.3条第5款:"中心岛上不应布设人行道",故C选项正确;第4.6.3条第4款:"分隔带宽度不应小于1m",故D选项错误。

三、案例题

1.【答案】B

【解析】根据《城市道路交叉口设计规程》(CJJ 152—2010)第4.2.12条,展宽右转专用道的长度包括渐变段长度 L_t 和展宽段长度 L_d。

渐变段长度按车辆以70%路段设计车速行驶3s横移一条车道时来计算确定,且不小于30~35m。 $L_t = 60 \times 0.7 \times 3/3.6 = 35m$。

展宽段长度 L_d 应保证右转车不受相邻候驶车辆排队长度的影响,且满足信号周期内右转车的排队车辆数。 $L_d = 9 \times 8 = 72m$。

所以,进口道右转专用道的计算长度为107m。

2.【答案】A

【解析】根据《公路路线设计规范》(JTG D20—2017)第10.1.7条第2款,具集散功能的一级公路的平面交叉最小间距为500m。平面交叉间距符合要求的有选项A、C、D。

又根据《公路路线设计规范》(JTG D20—2017)第10.2.2条第2款,主要公路在交叉范围内的纵坡应在0.15%~3%的范围内;次要公路紧接交叉的引道部分应以0.5%~2%的上坡通往交叉。主要公路纵坡在0.15%~3%范围内的只有选项A。

3.【答案】C

【解析】根据《城市道路交叉口设计规程》(CJJ 152—2010)第3.3.3条,在交叉口视距三角形验算时,进口道直行车设计速度应与相应道路设计速度一致。所以本题在确定平交口视距三角形的范围时,所有进口道直行车设计速度均取50km/h。

根据《城市道路交叉口设计规程》(CJJ 152—2010)第4.3.3条中表4.3.3,安全停车视距 S_s 均等于60m,选项A、C符合要求;根据第4.3.3条中图4.3.3,可知选项C符合要求。

4.【答案】B

【解析】根据《城市道路交叉口设计规程》(CJJ 152—2010)第4.2.13条,展宽右转专用道的长度包括渐变段长度 L_t 和展宽段长度 L_d。

渐变段长度按车辆以70%路段设计车速行驶3s横移一条车道时来计算确定,且主干路不应小于30~35m。 $L_t = 60 \times 0.7 \times 3/3.6 = 35m$。

展宽段长度 L_d 应保证右转车不受相邻候驶车辆排队长度的影响,且满足信号周期内右转车的排队车辆数。 $L_d = 9 \times 9 = 81m$。

进口道右转专用道的设置长度为 $35+81=116m$。故本题选 B。

5.【答案】B

【解析】根据《城市道路交叉口设计规程》(CJJ 152—2010):

第4.2.11条第2款,压缩较宽的中央分隔带,新辟左转专用车道,但压缩后的中央分隔带宽度对于新建交叉口至少应为2.0m。判断①正确。

第4.2.13条,主干路进口道展宽渐变段最小长度不少于30~35m。判断②错误。

第4.2.13条,主干路展宽段最小长度不应小于70~90m,与支路相交时下限,与主干路相交取上限。判断③正确。

第4.2.15条,出口道每条车道宽度不应小于路段车道宽度,宜为3.5m。判断④错误。

第4.2.16条,出口道渐变段最小长度不应小于20m。判断⑤正确。

第4.2.16条,出口道展宽段最小长度不应小于30~60m,交通量大的主干路取上限,其他可取下限,本题取60m。判断⑥错误。

故①~⑥项中错误3项,本题选B。

第四节　立体交叉

复习要点

公路互通式立体交叉之间的平均间距、最大间距、最小净距的规定;互通式立体交叉与其他设施及隧道之间的距离要求。

城市道路立体交叉的类型及交通流行驶特征;城市道路立体交叉口选型的规定。

城市道路快速路主线相邻出入口最小间距的规定;相邻匝道出入口之间的最小净距;城市地下道路进洞口与合流端间距、合流端隔离车道长度、出洞口与平交或匝道出口间距。

互通式立体交叉一致性包括出口形式一致性、分流方向一致性;主线与匝道的分、汇流处应保持车道数的平衡,即分流前或汇流后的主线车道数≥分流后或汇流前的主线车道数＋匝道车道数－1。

互通式立体交叉形式选择的一般规定;匝道的形式及选择要点;一般互通式立体交叉的常用形式及选择要点;枢纽互通式立体交叉的常用形式及选择要点;特殊条件下的互通式立体交叉形式及方案选择。

变速车道的组成及加、减速车道的设计要点;分流、合流鼻端的设计要点;辅助车道和集散道的设置条件与断面组成;分流点处的曲率半径与回旋线参数的要求。

典 型 习 题

一、单项选择题

1.城市道路主干路与高速公路相交时,立体交叉推荐选用的类型是(　　)。

(A)立 A_1 类　　　　　　　　　　　(B)立 A_2 类

(C)立 B 类　　　　　　　　　　　　(D)立 C 类

2. 关于城市道路不同类型立体交叉口交通特点的说法,正确的是(　　)。

(A)立 A 类交通流行驶不存在交织

(B)立 B 类主要道路存在交织或平面交叉

(C)喇叭形立交可以为立 A 类或立 B 类

(D)立体交叉口类型分为枢纽立交和一般立交

3. 在城市道路立交中,不属于立 A_2 类立交主要形式的是(　　)。

(A)全定向　　　　　　　　　　　(B)半定向

(C)喇叭形　　　　　　　　　　　(D)苜蓿叶型

4. 对城市道路立体交叉方案评价时,不属于评价分析模型准则层指标的是(　　)。

(A)技术评价　　　　　　　　　　(B)经济评价

(C)安全评价　　　　　　　　　　(D)环境评价

5. 大城市、重要工业园区附近的高速公路互通式立体交叉的平均间距宜为(　　)。

(A)4km　　　　　　　　　　　　(B)5 ~ 10km

(C)15 ~ 20km　　　　　　　　　(D)15 ~ 25km

6. 高速公路相邻互通式立体交叉的最小间距不宜小于(　　)。

(A)1km　　　　　　　　　　　　(B)2km

(C)3km　　　　　　　　　　　　(D)4km

7. 在草原地区高速公路相邻互通式立体交叉的最大间距不宜大于(　　)。

(A)20km　　　　　　　　　　　(B)30m

(C)40km　　　　　　　　　　　(D)50km

8. 当高速公路上相邻互通立交的最大间距超过规定时,应设置(　　)。

(A)服务区

(B)停车区

(C)中央分隔带开口掉头设施

(D)U 形转弯设施

9. 条件受限制时,互通式立体交叉与服务区之间上一入口终点至下一个出口起点的距离不应小于(　　)。

(A)600m　　　　　　　　　　　(B)800m

（C）1000m （D）1200m

10. 隧道出口至前方互通式立体交叉出口起点的距离不应小于1000m，小于时应在隧道入口前或隧道内设置（　　）。
（A）警告标志 （B）预告标志
（C）诱导标志 （D）减速标志

11. 主线设计速度为100km/h的高速公路互通式立体交叉加速车道渐变段终点至前方隧道进口的距离不小于（　　）。
（A）60m （B）80m
（C）100m （D）120m

12. 确定城市道路快速路主线上相邻出入口最小间距的要求是（　　）。
（A）不产生紊流 （B）紊流交通不重叠
（C）不产生拥堵 （D）紊流交通不扩散

13. 城市道路快速路主线上相邻出入口最小间距要求最大的是（　　）形式。
（A）出—出 （B）入—入
（C）出—入 （D）入—出

14. 某城市快速路主线设计车速为80km/h，主线上的出口至前方相邻入口的最小间距为（　　）。
（A）160m （B）210m
（C）260m （D）460m

15. 关于高速公路互通立体交叉出口一致性的说法，下列选项正确的是（　　）。
（A）同一侧宜设置连续多个出口，以便分别行驶
（B）有条件时分流端部宜统一设置于交叉点之后
（C）有条件时分流端部宜统一设置于交叉点之前
（D）每个出口根据各自特点，采用独特的形式

16. 高速公路互通立体交叉中，当分流交通量主次分明时，次交通流应采用的分流方式为（　　）。
（A）宜统一于主交通流的右侧分流
（B）宜统一于主交通流的左侧分流
（C）有条件时可以采用左、右侧交替分流的方式
（D）有条件时可以在主线上采用连续分流的方式

17. 在互通立体交叉的分合流处，既要保持车道平衡，又要保持车道连续，如两者发生矛盾

时,可在分流点前或合流点后在正线上增设( )。

(A)减速车道 　　　　　　　　(B)加速车道

(C)集散车道 　　　　　　　　(D)辅助车道

18. 从立体交叉一致性设计原则考虑,下列设计中最合理的立交设计方案是( )。

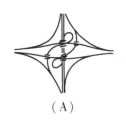 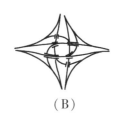 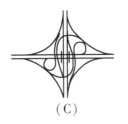 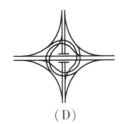

　　(A) 　　　　　　(B) 　　　　　　(C) 　　　　　　(D)

19. 根据高速公路互通式立体交叉基本车道数连续和车道数平衡的原则,下图中 a、b、c、d、e 段的车道数满足要求的是( )。

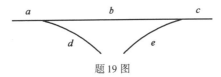

题19图

(A)$a=4,b=2,c=4,d=2,e=2$(a、c 段包含 1 个辅助车道)

(B)$a=3,b=3,c=3,d=2,e=1$(a、c 段为基本路段)

(C)$a=4,b=3,c=4,d=2,e=2$(a、c 段包含 1 个辅助车道)

(D)$a=4,b=3,c=4,d=1,e=1$(a、c 段为基本路段)

20. 当主次分明的两条多车道公路呈三岔交叉,且左转弯交通量在合流交通量中为主交通流时,左转弯出口匝道宜采用( )。

(A)左出右进半直连式 　　　　(B)环形

(C)右出左进半直连式 　　　　(D)右出右进半直连式

21. 当主次分明的两条多车道公路呈三岔交叉,且左转弯交通量在分流交通量中为主交通流时,左转弯入口匝道宜采用( )。

(A)左出右进半直连式 　　　　(B)环形

(C)右出左进半直连式 　　　　(D)右出右进半直连式

22. 关于公路互通式立体交叉匝道形式的说法,下列选项正确的是( )。

(A)匝道通行能力与匝道形式无关

(B)当主次分明的两条多车道公路呈三岔交叉,且左转弯交通量在合流交通量中为次交通流时,左转弯出口匝道宜采用右出左进半直连式

（C）左转交通量较大时,四岔交叉左转弯匝道宜采用直连式

（D）单车道左转弯匝道可采用环形匝道

23. 下列各种分、合流连接方式中,符合一致性设计原则的是(　　)。

（A）　　　　　　（B）　　　　　　（C）　　　　　　（D）

24. 关于喇叭形互通式立体交叉的说法,正确的是(　　)。
（A）经环形右转匝道驶入主线为 A 型,安全性较好
（B）经环形右转匝道驶入主线为 A 型,安全性较差
（C）经环形左转匝道驶出主线为 B 型,安全性较好
（D）经环形左转匝道驶出主线为 B 型,安全性较差

25. 对于三岔喇叭形立体交叉,当左转弯交通量均小于单车道匝道设计通行能力时,宜选用(　　)。
（A）A 型
（B）B 型
（C）A 型或 B 型
（D）AB 型

26. 可作为苜蓿叶互通立交前期工程的立交形式是(　　)。
（A）单喇叭形
（B）叶形
（C）梨形
（D）双喇叭形

27. 当三岔交叉各左转弯交通量大小相当,且主线侧用地受限时,可采用的互通立交类型是(　　)。
（A）A 型单喇叭形
（B）B 型单喇叭形
（C）梨形
（D）叶形

28. 高速公路与三级公路十字交叉设收费互通立体交叉,其形式最合理的是(　　)。
（A）苜蓿叶形
（B）涡轮形
（C）喇叭形＋平面交叉
（D）喇叭形＋T 形

29. 当标准菱形平面交叉不能满足设计通行能力时,可选用互通式立交是(　　)。

（A）单向通行的分裂菱形　　　　　　　（B）双向通行的分裂菱形
（C）单点式菱形　　　　　　　　　　　（D）多点式菱形

30.两条主次分明(东西向为主要公路)的高速公路呈三岔交叉时,经过交通量分析可知主要公路的左转弯交通量在合流交通量中为主交通流,次要公路的左转弯交通量在分流交通量中为次交通流。下列立交形式最合理的是(　　　)。

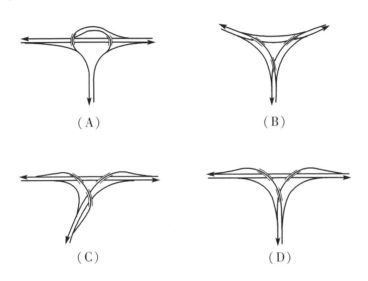

（A）　　　　　　　　　　　　　　　　（B）

（C）　　　　　　　　　　　　　　　　（D）

31.当四岔交叉各转弯交通量均大于或等于1500pcu/h 时,宜采用的互通式立体交叉形式是(　　　)。
（A）完全苜蓿叶形　　　　　　　　　（B）变形苜蓿叶形
（C）直连式　　　　　　　　　　　　（D）涡轮形

32.对于完全苜蓿叶形立体交叉,当交织交通量大于600pcu/h 时,为降低交织区对主线直行车辆的影响,应设置(　　　)。
（A）交织车道　　　　　　　　　　　（B）集散车道
（C）定向匝道　　　　　　　　　　　（D）辅助车道

33.匝道带平面交叉的互通式立体交叉适用的情形是,当受现场条件限制且交叉冲突交通量小于(　　　)时。
（A）500veh/h　　　　　　　　　　　（B）500pcu/h
（C）500veh/(h·ln)　　　　　　　　（D）500pcu/d

34.涡轮形互通立交的四条左转匝道均为(　　　)。
（A）内转外半直连式　　　　　　　　（B）直连式
（C）外转弯半直连式　　　　　　　　（D）迂回形半直连式

35.下坡路段的减速车道和上坡路段的加速车道应进行长度修正的条件是,当主线平均坡度大于(　　)时。

(A)2%　　　　　　　　　　　　　(B)3%

(C)3.5%　　　　　　　　　　　　(D)4%

36.当在曲线外侧设置平行式变速车道时,线形分岔点 CP 以外宜采用(　　)。

(A)卵形回旋线　　　　　　　　　(B)复合型回旋线

(C)S 形回旋线　　　　　　　　　(D)完整的回旋线

37.为给误行车辆提供返回的余地,行车道边缘应设置偏置加宽,偏置加宽应设置在(　　)。

(A)合流鼻　　　　　　　　　　　(B)分流鼻

(C)合流点　　　　　　　　　　　(D)分流点

38.在减速车道分流鼻端,主线侧需控制的指标是(　　)。

(A)偏置加宽值　　　　　　　　　(B)内移距

(C)偏置值　　　　　　　　　　　(D)偏移距

39.在减速车道分流鼻端,匝道侧需控制的指标是(　　)。

(A)偏置加宽值　　　　　　　　　(B)内移距

(C)偏置值　　　　　　　　　　　(D)偏移距

40.在减速车道分流鼻端,主线一侧的偏置值是指(　　)。

(A)外侧行车道边缘线以外包括硬路肩的路面加宽值

(B)外侧行车道路缘带边缘线以外包括硬路肩的路面加宽值

(C)右侧硬路肩以外的路面加宽值

(D)左侧硬路肩以外的路面加宽值

41.复合式互通立体交叉中,将主线一侧的所有出口、所有入口连通,形成在主线上一次流出、一次汇入的方式,这种连接方式是采用(　　)。

(A)辅助车道　　　　　　　　　　(B)集散车道

(C)交织分离车道　　　　　　　　(D)匝道

42.市区范围城市道路立交最小间距不宜小于(　　)。

(A)1.0km　　　　　　　　　　　(B)1.5km

(C)2.0km　　　　　　　　　　　(D)3.0km

43.高架道路的出口匝道靠近平面交叉口,当出口匝道左转交通量大时,出口匝道宜布置在平面交叉口( )。
 （A）进口道左转车道与直行车道之间
 （B）靠近右转车道与直行车道之间
 （C）直行车道之间
 （D）平面交叉口进口道左转车道左侧

44. 两条设计速度均为60km/h的城市主干路相交,设置为互通立交。该立交主线上相邻的先驶入后驶出两条匝道端部之间的最小距离宜为( )。
 （A）100m　　　　　　　　（B）160m
 （C）200m　　　　　　　　（D）320m

45. 某城市地下道路设计速度为80km/h,进入地下道路后需设置一条单车道的加速车道接入主线,则地下道路进洞口与加速车道渐变段止点的最小长度应为( )。
 （A）350m　　　　　　　　（B）375m
 （C）435m　　　　　　　　（D）480m

46. 某高速公路互通主线设计速度100km/h,有一右转出口匝道设计速度40km/h。下列设计方案中,运行速度过渡段上任一点至分流鼻端的距离 L 及所对应的曲率半径 R 取值合理的是( )。

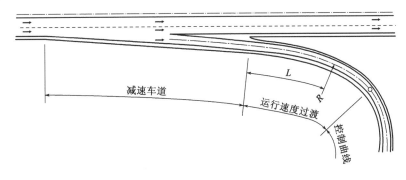

题46图

 （A）L=30m,R=150m　　　　　（B）L=90m,R=30m
 （C）L=75m,R=60m　　　　　（D）L=60m,R=50m

47. [2019年考题]公路设计时,一般情况下相邻互通式立体交叉的最大间距不宜大于( )。
 （A）15km　　　　　　　　（B）20km
 （C）30km　　　　　　　　（D）40km

48. [2019年考题]公路设计中,相邻互通立体交叉间距小于规定的最小值,且经论证必须

421

设置时,应将两互通式立体交叉合并设置为(　　　　)。

　　(A)一般互通式立体交叉 　　　　　　(B)枢纽互通式立体交叉
　　(C)多岔交叉互通式立体交叉 　　　　(D)复合式互通式立体交叉

49.[2019 年考题]在设置双车道匝道的城市互通式立交分、合流处,为了保持基本车道数连续和车道数平衡,应增设(　　　　)。

　　(A)加速车道 　　　　　　　　　　　(B)减速车道
　　(C)集散车道 　　　　　　　　　　　(D)辅助车道

50.[2019 年考题]城市道路相邻互通式立体交叉的最小间距应满足上游立交加速车道渐变段终点至下游立交减速车道渐变段起点之间的距离不得小于(　　　　)。

　　(A)500m 　　　　　　　　　　　　　(B)800m
　　(C)1000m 　　　　　　　　　　　　(D)1200m

51.[2020 年考题]设计速度为 120km/h 的双向 6 车道高速公路,当相邻互通式立体交叉分别独立设置时,相互之间的最小净距是(　　　　)。

　　(A)800m 　　　　　　　　　　　　　(B)900m
　　(C)1000m 　　　　　　　　　　　　(D)1200m

52.[2020 年考题]在高速公路出口匝道的下列几种分流形式中,不符合一致性原则的是(　　　　)。

　　(A)于高速公路右侧分流
　　(B)左、右侧交替分流
　　(C)于交叉点之间分流
　　(D)采用单一的出口方式

53.[2021 年考题]下列关于城市道路互通式立体交叉的设计要求,符合规范规定的是(　　　　)。

　　(A)立交范围内主路的平纵线形受条件限制时可降低路段标准
　　(B)相邻立交的最小间距不应小于加速车道长度与减速车道长度之和
　　(C)匝道出入口宜设置在主线行车道右侧
　　(D)立交匝道分合流处车道数不平衡时应增设集散车道

54.[2021 年考题]某城市道路枢纽立交,主线设计速度均为 80km/h,其中某单车道匝道入口设置在主线纵坡为 3.1% 的上坡段,计算该入口处变速车道的最小长度应为(　　　　)。

　　(A)160m 　　　　　　　　　　　　　(B)210m
　　(C)258m 　　　　　　　　　　　　　(D)273m

55. [2021年考题]下列关于城市道路互通式立交区辅助车道的设计要求,符合规范规定的是(   )。

（A）立交区域的公交车站处应设置辅助车道

（B）设置双车道匝道的分、合流处应设置辅助车道

（C）辅助车道与主路之间应设置分隔设施

（D）辅助车道的宽度应采用3.5m

56. [2021年考题]某城市地下道路设计速度为60km/h,封闭段长2000m,其中设置一处入口,计算该入口处主线汇流鼻端前的最小识别视距应为(   )。

（A）70m　　　　　　　　　　（B）85m

（C）105m　　　　　　　　　　（D）140m

二、多项选择题

1. 关于各级公路选用立体交叉的规定,下列选项正确的是(   )。

（A）高速公路所有节点应采用立体交叉

（B）具有干线功能的一级公路与一级公路相交的节点应采用立体交叉

（C）具有集散功能的一级公路与一级公路相交的节点宜采用立体交叉

（D）二级公路与二级公路相交的个别节点根据情况可采用立体交叉

2. 不符合互通式立体交叉类型选择规定的是(   )。

（A）设匝道收费站的互通式立体交叉可按枢纽互通式立体交叉设计

（B）一级公路之间相交叉的互通式立体交叉,宜采用枢纽互通式立体交叉

（C）不完全互通型立体交叉在满足使用功能方面往往存在较大风险

（D）枢纽互通式立体交叉宜采用完全立体交叉型

3. 城市道路立体交叉中,属于机非分行互通式立交的是(   )。

（A）立 A_1 类　　　　　　　　（B）立 A_2 类

（C）立 B 类　　　　　　　　　（D）立 C 类

4. 同时属于城市道路立 A 类和立 B 类立交可选形式的是(   )。

（A）喇叭形　　　　　　　　　（B）菱形

（C）苜蓿叶形　　　　　　　　（D）环形

5. 城市道路快速路与主干路立体交叉时,立体交叉口的可选形式有(   )。

（A）立 A_1 类　　　　　　　　（B）立 A_2 类

（C）立 B 类　　　　　　　　　（D）立 C 类

6. 城市道路立体交叉方案评价分析模型中社会评价指标体系的子准则层指标有(   )。

(A)噪声污染 　　　　　　　　　　　(B)施工方案工期难易

(C)影响交通程度 　　　　　　　　　(D)与周围建筑单位居民影响程度

7.某高速公路主线为双向四车道,设计速度 120km/h,关于其两相邻的 M 和 N 互通式立体交叉,下列说法正确的是(　　　　)。

(A)M、N 的最小净距不应小于 1000m

(B)净距是指 M、N 分别与被交公路的交点之间的里程之差

(C)M、N 的最小净距不应小于 800m

(D)净距是指 M 加速车道渐变段终点至 N 减速车道渐变段起点间的距离

8.公路立体交叉设计时的一致性原则是指(　　　　)应与驾驶人期望相一致,并应与车辆行驶动力特征相适应。

(A)交叉形式 　　　　　　　　　　　(B)几何构造

(C)信息分布 　　　　　　　　　　　(D)车道布置

9.关于基本车道数和车道数平衡的说法,下列选项正确的是(　　　　)。

(A)高速公路相邻的两路段间,一个方向行车道上的基本车道数的变化不得大于 1

(B)合流后的主线车道数应大于等于合流前的主线车道数加上匝道车道数

(C)分流后的主线车道数应大于等于分流前的主线车道数加上匝道车道数,再减 1

(D)保持基本车道数连续的路段,当互通式立体交叉的匝道车道数大于 1 时,出、入口
　　应增设辅助车道

10.根据匝道两端的连接方式,直连式的形式包括(　　　　)。

(A)右转弯时右出右进 　　　　　　　(B)左转弯时右出右进

(C)右转弯时左出左进 　　　　　　　(D)左转弯时左出左进

11.根据匝道两端的连接方式,左转弯半直连式的形式包括(　　　　)。

(A)左出右进 　　　　　　　　　　　(B)右出左进

(C)右出右进 　　　　　　　　　　　(D)左出左进

12.三岔以上的交叉左转弯匝道不宜采用(　　　　)。

(A)右出右进 　　　　　　　　　　　(B)右出左进

(C)左出右进 　　　　　　　　　　　(D)左出左进

13.根据车辆行驶轨迹,半直连式的形式包括(　　　　)。

(A)内转弯 　　　　　　　　　　　　(B)外转弯

(C)迂回型 　　　　　　　　　　　　(D)环形

14.三岔交叉时,当被交叉公路为双车道公路,或被交叉公路交通量较小时,左转弯出口匝道可采用(　　)。

(A)左出右进半直连式　　　　　　　(B)环形

(C)右出左进半直连式　　　　　　　(D)右出右进半直连式

15.三岔交叉时,当被交叉公路为双车道公路,或被交叉公路交通量较小时,左转弯入口匝道可采用(　　)。

(A)左出右进半直连式　　　　　　　(B)环形

(C)右出左进半直连式　　　　　　　(D)右出右进半直连式

16.根据设计小时交通量选择左转弯匝道形式时,下列说法正确的是(　　)。

(A)当 $DDHV \geqslant 1500pcu/h$,左转弯匝道宜选用内转弯半直连式

(B)当 $1000pcu/h \leqslant DDHV < 1500pcu/h$,宜选用外转弯半直连式,也可选用迂回型半直连式

(C)当 $DDHV < 1000pcu/h$,可选用环形、外转弯半直连式或迂回型半直连式

(D)当各左转弯匝道 $DDHV < 1000pcu/h$,且有部分匝道需采用半直连式时,交通量较大者或入口匝道宜选用半直连式

17.当部分象限用地受限,四岔交叉可选用部分苜蓿叶型,下列选项中宜选用 A 型的情况有(　　)。

(A)各匝道交通量大小相当

(B)出口匝道交通量相对较大

(C)被交叉公路单侧用地受限

(D)入口匝道交通量相对较大

18.采用单点式菱形的条件是(　　)。

(A)交叉公路交通量相差不大

(B)两被交叉公路距离较小

(C)交叉公路主次明显

(D)设置信号灯

19.可采用独象限式互通式立体交叉的情形是(　　)。

(A)主线为全部控制出入的公路

(B)主线为非全部控制出入的公路

(C)采用平面交叉不能满足设计通行能力的要求

(D)因用地限制主线与被交叉公路之间的交叉采用平面交叉困难

20.公路互通式立体交叉中变速车道的组成包括(　　)。

（A）渐变段 　　　　　　　　　　（B）变速段
（C）交织段 　　　　　　　　　　（D）鼻端

21. 下列关于变速车道横断面的规定,正确的是(　　　)。
　　（A）变速车道的车道宽度宜和主线车道宽度相同
　　（B）变速车道与主线直行车道之间宜设置路缘带
　　（C）右侧硬路肩宽度宜采用匝道硬路肩的宽度
　　（D）右侧硬路肩宽度不应小于1.5m

22. 关于变速车道形式的选择,做法正确的是(　　　)。
　　（A）变速车道为单车道时,减速车道宜采用平行式
　　（B）变速车道为双车道时,加、减速车道均应采用直接式
　　（C）主线为左偏并接近圆曲线最小半径的一般值时,右方的减速车道应为平行式
　　（D）减速车道接小半径环形匝道时,宜采用平行式

23. 关于直接式、平行式出入口的特点,说法正确的是(　　　)。
　　（A）直接式出入口出入路线顺畅,驾驶操作单一、方便
　　（B）平行式出入口容易辨别,尤其对出口识别有利
　　（C）平行式出入口行驶时经历一段反向曲线,驾驶操作有些别扭
　　（D）直接式出口容易识别

24. 某公路互通立交主线设计速度为100km/h,主线出口减速车道为单车道直接式,主线入口加速车道为单车道平行式,匝道均为单车道,下列设计符合要求的是(　　　)。
　　（A）下坡纵坡3%,减速车道140m,渐变段长度90m
　　（B）下坡纵坡3%,加速车道200m,渐变段长度80m
　　（C）上坡纵坡4%,减速车道130m,渐变段长度95m
　　（D）上坡纵坡4%,加速车道240m,渐变段长度90m

25. 关于集散车道和辅助车道的设置,下列说法正确的是(　　　)。
　　（A）高速公路保持基本车道数连续的路段,当互通式立体交叉的匝道车道数大于1时,出、入口应增设集散车道
　　（B）复合式互通式立体交叉的交织段可采用辅助车道将两处互通式立体交叉的相邻出入口直接连通
　　（C）复合式互通式立体交叉的交织段可采用与主线分隔的集散车道将主线一侧的所有出口和入口连通
　　（D）辅助车道与主线之间应设置分隔带,分隔带宽度不宜小于2.0m

26. 关于分流鼻端偏置的设置,下列说法正确的是(　　　)。

（A）在主线相互分流鼻端,鼻端两侧均可按偏置加宽值控制

（B）在匝道相互分流鼻端,左匝道可按偏置值控制,右侧匝道可按偏置加宽值控制

（C）减速车道分流鼻端,主线侧可按偏置值控制,匝道侧可按偏置加宽值控制

（D）匝道与集散车道之间的鼻端宜按变速车道鼻端设计

27. 确定公路互通式立体交叉匝道车道数的依据是( )。

（A）匝道交通量

（B）匝道功能

（C）匝道长度

（D）工程造价

28. 在论证确定匝道设计速度时,应考虑的因素有( )。

（A）互通式立交功能

（B）地形和地质条件

（C）匝道的形式

（D）主线设计速度

29. 互通式立体交叉范围内主线的最大纵坡,主要控制的范围是变速车道处于( )。

（A）出口下坡段

（B）入口上坡段

（C）出口上坡段

（D）入口下坡段

30. 城市道路立体交叉根据相交道路等级、交通流行驶特征、非机动车对机动车干扰等,可分为( )。

（A）枢纽立交   （B）分离式立交

（C）一般立交   （D）组合式立交

31. 关于城市道路立体交叉类型的选择,下列说法正确的是( )。

（A）快速路与快速路相交,应采用枢纽立交

（B）快速路与主干路相交,应采用一般立交

（C）快速路与次干路相交,宜采用一般立交

（D）主干路与主干路相交,应采用一般立交

32. 关于城市道路互通式立体交叉范围内线形指标的规定,说法正确的是( )。

（A）主路的平纵线形必须高于路段标准

（B）主路的平纵线形不应低于路段标准

（C）主路分流鼻端之前的识别视距不应小于 1.25 倍的主路停车视距

(D)匝道分流鼻端前应满足通视三角区和匝道停车视距的要求

33. [2020 年考题]下列各项为单车道直接式减速车道出口渐变率,其中符合公路有关规范规定的有(　　)。

(A)1/12.5 (B)1/15.0

(C)1/22.5 (D)1/25.0

34. [2020 年考题]下列关于城市立交设计中集散车道的设置条件,符合规范规定的是(　　)。

(A)两个以上出入口分流端部靠得近时,可设置集散车道

(B)所需要交织长度得不到保证时,可设置集散车道

(C)通过车道交通量大,需要分离时,可设置集散车道

(D)集散车道可为单车道,每条车道宽度应为 3.75m

三、案例题

1. 某三岔互通式立体交叉各流向的设计小时交通量(单位:pcu/h)如下图所示,该立交设计方案最合理的是(　　)。

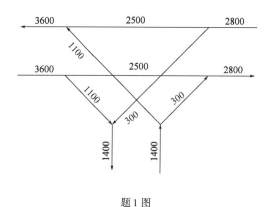

题 1 图

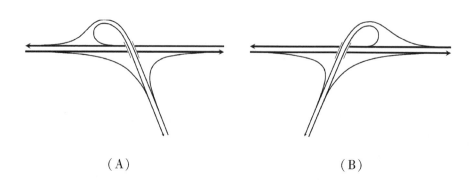

(A) (B)

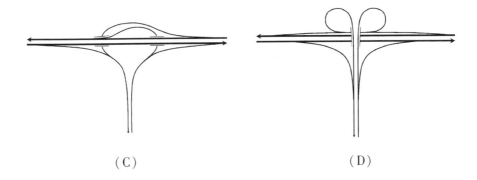

（C）　　　　　　　　　　　（D）

　　2.某四岔互通式立体交叉各流向的设计小时交通量（单位：pcu/h）如下图所示,该立交设计方案最合理的是(　　　)。

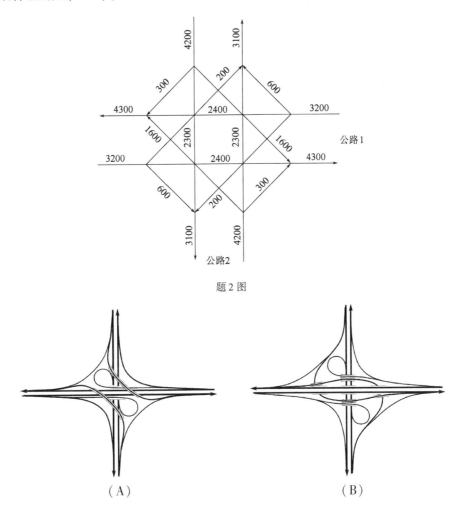

题 2 图

（A）　　　　　　　　　　　（B）

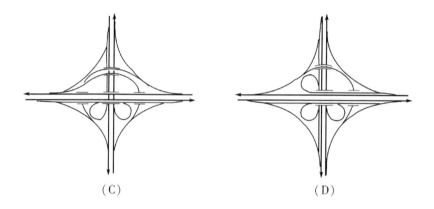

（C）　　　　　　　　　　（D）

3. [2019 年考题]某互通式立体交叉合流连接部的 4 个初步方案如下图所示(括号中数字为车道数)。在各方案中,不符合合流连接部车道平衡原则的方案是(　　　)。

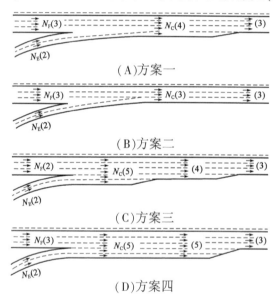

（A)方案一

（B)方案二

（C)方案三

（D)方案四

4. [2019 年考题]某三岔一般互通式立体交叉,匝道设计服务水平采用四级,设计速度采用 40km/h,根据下图交通量分布情况,初拟 4 个方案。根据左转弯交通量大小及分布,方案中与交通量分布最适应的为(　　　)。

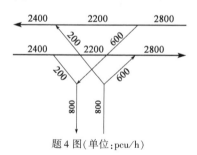

题 4 图(单位:pcu/h)

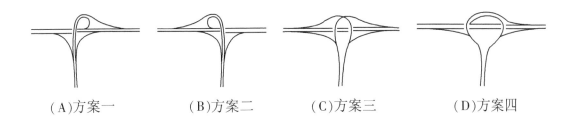

（A)方案一　　　　　　（B)方案二　　　　　　（C)方案三　　　　　　（D)方案四

5. [2019年考题]城市道路立交范围内与主路设有分隔设施的集散车道,根据规范规定,集散车道的设计速度为40km/h,流量为300pcu/h,那么集散道路的最小宽度是( )。

（A)4.0m
（B)6.5m
（C)7.0m
（D)7.5m

6. [2019年考题]城市快速路路段内基本车道保持一致,其分流处,主线单向为3车道,匝道为单向双车道,如下图所示。如果要保持主线车道平衡、连续,那么,分流处主路的车道数 N_c 应不小于( )。

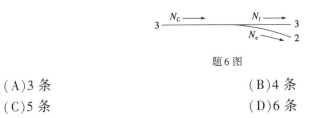

题6图

（A)3条
（B)4条
（C)5条
（D)6条

7. [2019年考题]某一城市道路立交,主路设计速度为80km/h,采用单车道平行式入口形式,其加速车道正好处于纵坡度为2.3%的上坡路段,过渡段长度为50m。那么,该段变速车道长度是( ),并简单画出单车道匝道平行式入口示意图。

（A)160m
（B)210m
（C)226m
（D)242m

8. [2020年考题]下列为某高速公路合流连接部车道布置示意图,其中不符合车道平衡原则的是( )。

（A）

（B）

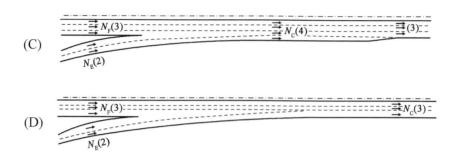

(C)

(D)

9. [2020 年考题]某城市道路枢纽立交,其中一条主路设计速度为 80km/h,设置先驶入后驶出的单车道匝道出入口,加减速车道均采用平行式,加速车道位于主路纵坡为 +3.0% 的路段,减速车道位于主路纵坡为 -2.5% 的路段。不考虑其他因素影响,则该相邻匝道出入口之间的最小净距及匝道出口、入口变速车道的最小长度为(　　)。

(A)275m,130m,210m

(B)340m,130m,210m

(C)380m,138m,242m

(D)440m,138m,242m

10. [2020 年考题]某城市快速路位于非积雪冰冻地区,设计速度为 100km/h,设立体交叉处受用地条件限制,其中一条匝道最小圆曲线半径为 35m,如下图所示,则出口匝道端部与匝道圆曲线相接的缓和曲线长度 L 为(　　)。（取整数）$[L = (V_0^2 - V_1^2)/2a$,V_0 为通过分流点的行驶速度,V_1 为通过匝道最小半径设计速度,减速度 $a = 1m/s^2]$

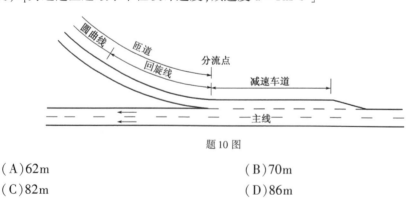

题 10 图

(A)62m　　　　　　　　　　　　　(B)70m

(C)82m　　　　　　　　　　　　　(D)86m

11. [2020 年考题]某城市地下快速路,主线设计速度为 60km/h,地下道路出洞后紧接地面道路,在其下游布置单车道平行式出口匝道,如下图所示。已知匝道鼻端设计速度为 40km/h,变速车道为 4% 的上坡段,计算条件受限时,该地下道路出洞口与邻接出口匝道鼻端的最小距离 L 值为(　　)。（计算结果取整）

(A)175m　　　　　　　　　　　　(B)220m

(C)234m　　　　　　　　　　　　(D)240m

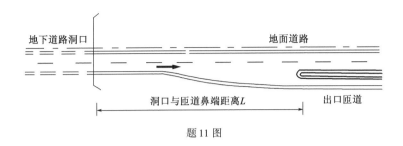

题 11 图

12. [2021 年考题]某高速公路设计速度为 100km/h,一出口匝道平面示意图如下图所示。下列各选项为该匝道 CK0＋150 处平曲线曲率半径 R,其中最接近规范规定值的是(　　)。

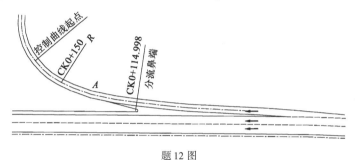

题 12 图

(A)$R＝170$m

(B)$R＝152$m

(C)$R＝131$m

(D)$R＝120$m

13. [2021 年考题]下列为高速公路分流连接部车道布置方案,其中既符合车道平衡,又符合主线增减车道数要求的是(　　)。(下列各图,括号中的数字为车道数)

(A)方案一

(B)方案二

(C)方案三

433

（D）方案四

14. [2021 年考题]某城市道路一般立交,其中一条主路设计速度为 60km/h,在行车道右侧设置 2 条连续驶入匝道,不设置集散车道,采用单车道平行式入口。不考虑标志设置距离的影响,下列关于该相邻匝道入口之间的最小净距符合规范规定的是（　　）。

（A）80m
（B）120m
（C）160m
（D）165m

15. [2021 年考题]新建某城市地下道路,主线设计速度为 60km/h,在地下封闭段设置一处入口,如下图所示。计算该入口处车道隔离段末端至洞口的最小距离为（　　）,并说明选择依据和理由。

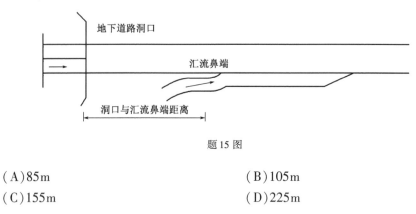

题 15 图

（A）85m
（B）105m
（C）155m
（D）225m

16. [2021 年考题]有两条高速公路形成错位交叉的互通式立体交叉,共用路段单向设计小时交通量为 5760pcu/h,设计速度为 100km/h,设计服务水平采用三级,拟采用整体式横断面。下列选项为共用路段 4 个方案的几何数据(各符号意义见图),其中符合规范规定又经济合理的是（　　）。

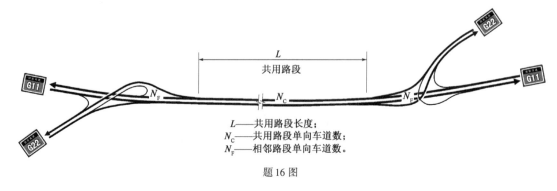

L——共用路段长度;
N_C——共用路段单向车道数;
N_F——相邻路段单向车道数。

题 16 图

（A）方案一,$L=2.28\text{km}$,$N_C=4$,$N_F=3$

（B）方案二,$L=3.50\text{km}$,$N_C=5$,$N_F=3$

（C）方案三,$L=4.06\text{km}$,$N_C=5$,$N_F=4$

（D）方案四,$L=5.35\text{km}$,$N_C=4$,$N_F=3$

17. ［2021 年考题]某双向六车道高速公路设计速度为 120km/h,相邻两互通式立体交叉方案如下图所示。根据规范有关规定,两立交分别独立设置时,单车道减速车道和双车道加速车道长度分别为 245m 和 980m;采用辅助车道相连时,辅助车道最小长度为 1200m。在下列有关本项目下行方向两互通式立体交叉的连接方式中,最为经济合理的是(　　)。

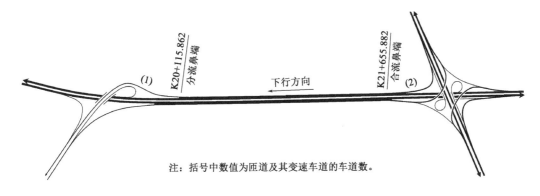

题 17 图

（A）分别独立设置

（B）辅助车道相连

（C）集散车道相连

（D）匝道之间立体交叉

18. ［2021 年考题]某积雪冰冻地区城市道路立体交叉,匝道设计如下:设计速度为 50km/h,单向双车道,路面宽度为 8m,行驶普通汽车,直线段路面为向右的单向 2% 横坡,平面线形采用直线接左偏平曲线,圆曲线半径 $R=100\text{m}$。求缓和曲线最小长度(计算值取整数)符合规范规定的是(　　),并说明依据和理由。(横向摩阻力系数 $\mu=0.17$,超高横坡度百分数取整,超高横坡度为绕路面左侧边缘旋转)

（A）46m

（B）50m

（C）55m

（D）65m

19. ［2021 年考题]某两条城市快速路相交设置枢纽型立交,其中一条快速路设计速度为 80km/h,双向 6 车道,其右半幅路侧分别设置出口匝道和入口匝道。出口定向匝道设计速度为 50km/h,高峰小时交通量为 1378pcu/h;入口定向匝道设计速度为 60km/h,高峰小时交通量为 820pcu/h。下列关于该主路与匝道分、合流车道的示意图,符合规范规定的是(　　),并说明依据和理由。

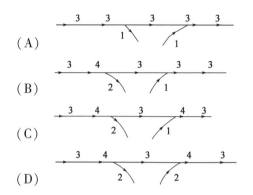

(A)

(B)

(C)

(D)

20.[2021年考题]新建某城市地下道路,道路等级为次干路,设计速度为50km/h,地下道路出洞口下游紧邻受信号控制的平面交叉口,交叉口展宽渐变段长25m,展宽段长50m。在满足停车视距和红灯期间车辆排队长度的条件下,计算该地下道路出口接地点至下游平面交叉口停止线的最小距离符合规范规定的是(   ),并请说明选择依据和理由。

(A)75m   (B)110m

(C)135m   (D)140m

参考答案及解析

一、单项选择题

1.【答案】C

【解析】根据《城市道路工程设计规范》(CJJ 37—2012)第7.3.2条,高速公路按快速路确定,快速路与主干路相交时的推荐类型为立B类。

2.【答案】C

【解析】根据《城市道路工程设计规范》(CJJ 37—2012)表7.3.1。A选项,立A_2类存在交织;B选项,次要道路存在交织或平面交叉;D选项,还包括分离式立交,共3大类4小类。

3.【答案】A

【解析】全定向互通立交属于立A_1类立交的主要形式。

4.【答案】C

【解析】根据《城市道路工程设计规范》(CJJ 37—2012)附录A。安全指标属于技术评价指标中的子准则层指标。

5.【答案】B

【解析】根据《公路路线设计规范》(JTG D20—2017)第11.1.5条。

6.【答案】D

【解析】根据《公路路线设计规范》(JTG D20—2017)第 11.1.5 条。

7.【答案】C

【解析】根据《公路路线设计规范》(JTG D20—2017)第 11.1.5 条。

8.【答案】D

【解析】根据《公路路线设计规范》(JTG D20—2017)第 11.1.5 条。

9.【答案】C

【解析】根据《公路路线设计规范》(JTG D20—2017)第 11.1.6 条。

10.【答案】B

【解析】根据《公路路线设计规范》(JTG D20—2017)第 11.1.6 条。

11.【答案】C

【解析】根据《公路路线设计规范》(JTG D20—2017)第 11.1.6 条。

12.【答案】B

【解析】根据《城市快速路设计规程》(CJJ 129—2009)第 7.2.2 条条文说明、《美国道路通行能力手册》以及上海市的研究结果,以紊流交通不重叠要求确定各类型出入口的最小间距。

13.【答案】D

【解析】根据《城市快速路设计规程》(CJJ 129—2009)第 7.2.2 条,入—出的间距要求最大,需要考虑交织段长度。

14.【答案】C

【解析】根据《城市快速路设计规程》(CJJ 129—2009)第 7.2.2 条。

15.【答案】C

【解析】根据《公路立体交叉设计细则》(JTG/T D21—2014)第 5.6.1 条,高速公路宜采用相对一致的出口形式,有条件时分流端部宜统一设置于交叉点之前,并宜采用单一的出口形式。

16.【答案】A

【解析】根据《公路立体交叉设计细则》(JTG/T D21—2014)第 5.6.2 条。

17.【答案】D

【解析】根据《公路立体交叉设计细则》(JTG/T D21—2014)第5.6.2条,辅助车道是指为出入主线车辆调整车速、车距、变换车道或为平衡车道等而平行设置于主线行车道外侧的附加车道。

18.【答案】C

【解析】根据出口形式和分流方向一致性原则,A选项存在连续分流和左右分流;B选项存在左右分流;D选项存在主线连续分流。

19.【答案】C

【解析】A选项,基本车道数不连续;B选项,$a=3$,$b+d=5$,不满足车道数平衡;D选项,基本车道数不连续。

20.【答案】C

【解析】根据《公路立体交叉设计细则》(JTG/T D21—2014)第6.3.2条,当主次分明的两条多车道公路呈三岔交叉,且左转弯交通量在合流交通量中为主交通流时,左转弯出口匝道宜采用右出左进半直连式;当左转弯交通量在合流交通量中为次交通流时,左转弯出口匝道宜采用右出右进半直连式。

21.【答案】A

【解析】根据《公路立体交叉设计细则》(JTG/T D21—2014)第6.3.3条,当主次分明的两条多车道公路呈三岔交叉,且左转弯交通量在分流交通量中为主交通流时,左转弯入口匝道宜采用左出右进半直连式;当左转弯交通量在分流交通量中为次交通流时,左转弯入口匝道宜采用右出右进半直连式。

22.【答案】D

【解析】匝道通行能力与运行速度、车道数等因素有关,而运行速度与匝道形式有关,A选项错误;当主次分明的两条多车道公路呈三岔交叉,且左转弯交通量在合流交通量中为次交通流时,左转弯出口匝道宜采用右出右进半直连式,B选项错误;三岔以上的交叉左转弯匝道宜采用右出右进半直连式,C选项错误。

23.【答案】C

【解析】A选项为左侧合并分流;B选项为右侧连续合流;D选项为左合流右分流。

24.【答案】D

【解析】经环形左转匝道驶入主线时为A型,驶出主线时为B型;主线驶出后接半径较小的环形匝道,容易因减速不足而产生安全隐患。

25.【答案】A

【解析】根据《公路立体交叉设计细则》(JTG/T D21—2014)第6.4.1条。

26.【答案】B

【解析】被交叉公路远期将延伸形成四岔交叉且规划为苜蓿叶形时可采用叶形。

27.【答案】C

【解析】梨形的特点之一是结构紧凑,占地较少。

28.【答案】C

【解析】被交叉公路为三级公路,所以选择喇叭形+平面交叉最为合理。

29.【答案】A

【解析】根据《公路立体交叉设计细则》(JTG/T D21—2014)第6.4.7条。

30.【答案】C

【解析】根据《公路立体交叉设计细则》(JTG/T D21—2014)第6.3节、第6.5.2条。由题目可知,左转弯出口匝道为右出左进半直连式,左转弯入口匝道为右出右进半直连式,所以C选项正确。

31.【答案】C

【解析】当四岔交叉各转弯交通量均大于或等于1500pcu/h时,宜采用左转弯匝道均为内转弯半直连式的直连式互通立体交叉。当四岔交叉各左转弯交通量大小相当,且小于1500pcu/h时,可采用左转弯匝道均为外转弯半直连式的涡轮形。

32.【答案】B

【解析】当四岔交叉各转弯交通量均小于单车道设计通行能力时,可采用4条环形左转弯匝道的完全苜蓿叶形。当交叉公路为高速公路或具干线功能的一级公路,或交织交通量大于600pcu/h时,应设置集散车道将两环形匝道之间的交织区与交叉公路直行车道相隔离。

33.【答案】B

【解析】当受现场条件限制且交叉冲突交通量小于500pcu/h时,可采用匝道带平面交叉的互通式立体交叉。

34.【答案】C

【解析】根据《公路立体交叉设计细则》(JTG/T D21—2014)第6.5.4条,涡轮形互通立交左转弯匝道均为外转弯半直连式。

35.【答案】A

【解析】根据《公路路线设计规范》(JTG D20—2017)第 11.3.8 条。

36.【答案】C

【解析】根据《公路路线设计规范》(JTG D20—2017)第 11.3.8 条,为同向曲线时,则 CP 以外宜采用卵形回旋线或复合型回旋线;当为反向曲线时,则 CP 以外宜采用 S 形回旋曲线;当主线的圆曲线半径大于 2000m 时,可采用完整的回旋曲线。

37.【答案】B

【解析】分流鼻端应设偏置,合流鼻端不应设偏置。

38.【答案】C

【解析】在减速车道分流鼻端,主线侧可按偏置值控制,匝道侧可按偏置加宽值控制。

39.【答案】A

【解析】在减速车道分流鼻端,主线侧可按偏置值控制,匝道侧可按偏置加宽值控制。

40.【答案】A

【解析】根据《公路路线设计规范》(JTG D20—2017)第 11.3.7 条条文说明,主线一侧的 C_1 是指外侧行车道边缘线以外包括硬路肩的路面加宽值,而匝道一侧的 C_2 则是指左侧硬路肩以外的路面加宽值。

41.【答案】B

【解析】根据《公路路线设计规范》(JTG D20—2017)第 11.1.10 条条文说明,复合式互通立体交叉包括三种基本的连接方式。

42.【答案】B

【解析】根据《城市道路路线设计规范》(CJJ 193—2012)第 9.3.3 条。

43.【答案】A

【解析】根据《城市道路交叉口设计规程》(CJJ 152—2010)第 4.2.19 条第 2 款,出口匝道左转交通量大时,宜布置在靠近平面交叉口进口道左转车道与直行车道之间的位置上;反之,则宜布置在靠近右转车道与直行车道之间的位置上。

44.【答案】C

【解析】根据《城市道路交叉口设计规程》(CJJ 152—2010)第 3.1.5 条,可知该互通立交为立 B 类,即一般立交。

根据《城市道路交叉口设计规程》(CJJ 152—2010)第 5.3.5 条第 6 款,设计速度 60km/h

时,先驶入后驶出匝道口最小净距为 $1.25L\sim 2L$,且 L 不宜取极限值,所以取一般值 160m。该立交为一般立交,匝道间距取下限 $1.25L$,则匝道出入口之间的最小净距 $= 1.25\times 160 = 200$m。

45.【答案】C

【解析】最小长度 = 洞口与汇流鼻端距离 + 加速车道长度 + 过渡段长度。加速车道长度已经包括汇流鼻端隔离段长度。根据《城市地下道路工程设计规范》(CJJ 221—2015)第6.3.5条,设计速度为 80km/h,洞口与汇流鼻端的最小距离为 165m;根据《城市地下道路工程设计规范》(CJJ 221—2015)第6.4.1条,加速车道长度最小为 220m;根据《城市道路交叉口设计规程》(CJJ 152—2010)第5.5.3条第3款,可知过渡段长度为 50m。

最小长度 $= 165 + 220 + 50 = 435$m。

46.【答案】C

【解析】根据《公路立体交叉设计细则》(JTG/T D21—2014)第8.2.1条,匝道设计速度 40km/h,匝道最小圆曲线半径的极限值为 50m。根据《公路立体交叉设计细则》(JTG/T D21—2014)第8.4.2条,当 $L = 30$m 时,从图8.4.2-2中可以得到曲率半径 R 应大于 150m,A 选项错误;当 $L = 90$m 时,曲率半径 R 应大于 25m,但此时满足不了匝道最小圆曲线半径极限值的要求,B 选项错误;当 $L = 75$m 时,曲率半径 R 应大于 50m,满足要求,C 选项正确;当 $L = 60$m 时,曲率半径 R 应大于 75m,D 选项错误。

47.【答案】C

【解析】根据《公路工程技术标准》(JTG B01—2014)第9.2.4条第2款,相邻互通式立体交叉的最大间距不宜大于 30km。在人烟稀少地区,其间距可适当加大,但应在适当位置设置 U 形转弯设施。

48.【答案】D

【解析】根据《公路工程技术标准》(JTG B01—2014)第9.2.4条第1款,相邻互通式立体交叉的间距小于上述规定的 1000m 最小值,且经论证必须设置时,应将两互通式立体交叉合并设置为复合式互通式立体交叉。

49.【答案】D

【解析】根据《城市道路交叉口设计规程》(CJJ 152—2010)第5.4.3条,在设置双车道匝道的分、合流处,应增设辅助车道。

50.【答案】A

【解析】根据《城市道路路线设计规范》(CJJ 193—2012)第9.3.3条,相邻互通式立体交叉的最小间距应满足上游立交加速车道渐变段终点至下游立交减速车道渐变段起点之间的距离不得小于 500m,且应满足设置交通标志的距离要求;市区范围立交最小间距不宜小于 1.5km。

51.【答案】C

【解析】根据《公路立体交叉设计细则》(JTG/T D21—2014)第5.4.4条第1款,设计速度120km/h,主线为单向3车道的互通立体交叉之间的最小净距为1000m,故本题选C。

52.【答案】B

【解析】根据《公路立体交叉设计细则》(JTG/T D21—2014)第5.6.1条第1款,"有条件时,分流端部宜统一设置于交叉点之前,并宜采用单一的出口方式",C、D选项符合一致性;第5.6.1条第2款,"次交通流宜统一于主交通流的右侧分流,不应采用左、右交替分流的方式",A选项符合一致性。故本题选B。

53.【答案】C

【解析】根据《城市道路路线设计规范》(CJJ 193—2012)第9.3.7条:互通式立体交叉范围内主路的平纵线形不应低于路段标准,A错误。第9.3.7条:相邻互通式立体交叉的最小间距应满足上游立交加速车道渐变段终点至下游立交减速车道渐变段起点之间的距离不得小于500m,且应满足设置交通标志的距离要求,B错误。第9.3.10条:立交匝道分、合流处应保持车道数的平衡,相邻两段同一方向上的基本车道数每次增减不得多于一条,当不平衡时,应增设辅助车道,D错误。根据《城市道路交叉口设计规程》(CJJ 152—2010)第5.3.5条第2款:匝道端部出入口宜设置在主线行车道右侧,C正确。

54.【答案】C

【解析】根据《城市道路交叉口设计规程》(CJJ 152—2010)第5.5.3条第3款:变速车道长度为加速或减速车道长度与过渡段长度之和。根据主线设计速度80km/h、单车道入口匝道,查表5.5.3-1,可知过渡段长度为50m,加速车道长度为160m。

加速车道设置在纵坡为3.1%的上坡段,应进行修正。查表5.5.3-2,修正系数为1.3。

变速车道最小长度 $=50+160\times1.3=258$m。故本题选C。

55.【答案】B

【解析】根据《城市道路工程设计规范》(CJJ 37—2012)第5.4.1条:辅助车道的宽度应与直行车道相同,D错误。第5.4.3条:在设置双车道匝道的分、合流处,应增设辅助车道,B正确。辅助车道与主路之间无分隔设施,C错误。立交区域公交车站设置与设置辅助车道没有关系;立交区域设公交停靠站,当位于快速路上时,应设置变速车道,A错误。

56.【答案】C

【解析】根据《城市地下道路工程设计规范》(CJJ 221—2015)第6.3.3条:城市地下道路主线汇流鼻前的识别视距不应小于1.5倍的主线停车视距。查《城市道路工程设计规范》(CJJ 37—2012)表6.6.1,设计速度60km/h对应的停车视距为70m。

最小识别视距 $=1.5\times70=105$m。

二、多项选择题

1.【答案】ABD
　　【解析】根据《公路立体交叉设计细则》(JTG/T D21—2014)第3.3.1条,一级公路当具集散功能时,与具集散功能的一级公路相交的节点宜采用立体交叉,所以C选项错误。

2.【答案】AB
　　【解析】根据《公路立体交叉设计细则》(JTG/T D21—2014)第3.3.3条,设匝道收费站的互通式立体交叉可按一般互通式立体交叉设计,所以A选项不符合规定;具有干线功能的一级公路之间相交叉的互通式立体交叉,宜采用枢纽互通式立体交叉,所以B选项不符合规定。

3.【答案】AB
　　【解析】根据《城市道路工程设计规范》(CJJ 37—2012)表7.3.1,立B类的次要道机非混行,有干扰;立C类不属于互通式立体交叉。

4.【答案】AC
　　【解析】根据《城市道路工程设计规范》(CJJ 37—2012)表7.3.1,立A类的转向车流无平面交叉,所以B、D选项错误。

5.【答案】BD
　　【解析】根据《城市道路工程设计规范》(CJJ 37—2012)表7.3.2。

6.【答案】BCD
　　【解析】根据《城市道路工程设计规范》(CJJ 37—2012)附录A,噪声污染指标属于环境评价指标中的子准则层指标。

7.【答案】AD
　　【解析】根据《公路路线设计规范》(JTG D20—2017)第11.1.5条,因路网结构或其他特殊情况限制,经论证相邻互通式立体交叉的间距需适当减小时,其上一互通式立体交叉加速车道渐变段终点至下一互通式立体交叉的减速车道渐变段起点间的距离,不得小于1000m,且应进行专项交通工程设计,设置完善、醒目的标志、标线和警示、诱导设施。非高速公路互通式立体交叉的最小间距,可参照上述规定执行。条件受限时,经对交织段的通行能力验算后可适当减小间距,此时可参照《公路立体交叉设计细则》(JTG/T D21—2014)的相关规定执行。

8.【答案】ABC
　　【解析】根据《公路立体交叉设计细则》(JTG/T D21—2014)第5.1节条文说明。车道布置应具有连续性,属于连续性原则中的内容。

9.【答案】AD

【解析】根据《公路路线设计规范》(JTG D20—2017)第 11.4.1~11.4.3 条,分流前(合流后)的主线车道数应大于或等于分流后(合流前)的主线车道数加上匝道车道数,再减 1。

10.【答案】AD

【解析】直连式匝道是指车辆按转弯方向直接驶出和驶入的匝道。右转时为右出右进,左转弯时为左出左进。

11.【答案】ABC

【解析】半直连式匝道是指车辆未按或未完全按转弯方向直接驶出和驶入的匝道。

12.【答案】BCD

【解析】根据《公路立体交叉设计细则》(JTG/T D21—2014)第 6.3.1 条。

13.【答案】ABC

【解析】根据《公路立体交叉设计细则》(JTG/T D21—2014)第 6.3.1 条,匝道可分为直连式、半直连式和环形等基本形式。

14.【答案】BC

【解析】根据《公路立体交叉设计细则》(JTG/T D21—2014)第 6.3.2 条,当被交叉公路为双车道公路,或被交叉公路交通量较小时,左转弯出口匝道可采用右出左进半直连式或环形。

15.【答案】AB

【解析】根据《公路立体交叉设计细则》(JTG/T D21—2014)第 6.3.3 条,当被交叉公路为双车道公路,或被交叉公路交通量较小时,左转弯入口匝道可采用左出右进半直连式或环形。

16.【答案】AC

【解析】根据《公路立体交叉设计细则》(JTG/T D21—2014)第 6.3.4 条,当 1000pcu/h≤ $DDHV$ <1500pcu/h 时,宜选用外转弯半直连式,也可选用内转弯半直连式,B 选项错误;当各左转弯匝道 $DDHV$ <1000pcu/h,且有部分匝道需采用半直连式时,交通量较大者或出口匝道宜选用半直连式,D 选项错误。

17.【答案】AB

【解析】根据《公路立体交叉设计细则》(JTG/T D21—2014)第 6.4.5 条,入口匝道交通量相对较大,可选用 B 型;被交叉公路单侧受现场条件限制设置匝道困难,可选用 AB 型。

18.【答案】CD

【解析】根据《公路立体交叉设计细则》(JTG/T D21—2014)第6.4.7条。

19.【答案】BD

【解析】根据《公路立体交叉设计细则》(JTG/T D21—2014)第6.6.8条。

20.【答案】ABD

【解析】根据《公路立体交叉设计细则》(JTG/T D21—2014)第10.2.1条。

21.【答案】BD

【解析】根据《公路立体交叉设计细则》(JTG/T D21—2014)第10.2.2条,变速车道的宽度宜采用匝道车道宽度,A选项错误;右侧硬路肩宜采用主线与匝道硬路肩中较宽者的宽度,C选项错误。

22.【答案】BCD

【解析】根据《公路路线设计规范》(JTG D20—2017)第11.3.8条。

23.【答案】ABC

【解析】根据《公路路线设计规范》(JTG D20—2017)第11.3.7条条文说明。

24.【答案】AB

【解析】下坡减速车道和上坡加速车道,主线纵坡超过2%时需要修正。主线设计速度100km/h,最大纵坡3%,排除C、D选项;B选项为下坡加速,不需要修正,根据《公路立体交叉设计细则》(JTG/T D21—2014)表10.2.5,加速车道、渐变段长度满足要求;A选项,下坡3%减速车道长度应进行修正,长度应不小于$125 \times 1.1 = 137.5$m,满足长度要求。故本题选AB。

25.【答案】BC

【解析】高速公路保持基本车道数连续的路段,当互通式立体交叉的匝道车道数大于1时,出、入口应增设辅助车道。集散车道与主线之间应设置分隔带,分隔带宽度不宜小于2.0m。

26.【答案】BC

【解析】根据《公路立体交叉设计细则》(JTG/T D21—2014)第10.9条,在主线相互分流鼻端,鼻端两侧均可按偏置值控制,A选项错误;匝道与集散车道之间的鼻端宜按匝道相互分、合流鼻端设计,D选项错误。

27.【答案】AC

【解析】根据《公路工程技术标准》(JTG B01—2014)第9.2.4条第5款,互通式立体交叉匝道车道数应根据匝道交通量和匝道长度确定。

28.【答案】ACD

【解析】根据《公路工程技术标准》(JTG B01—2014)第9.2.4条第4款条文说明,匝道设计速度是指匝道基本路段的设计速度,应结合主线设计速度、互通式立交功能、类型和匝道的形式论证确定。

29.【答案】AB

【解析】根据《公路路线设计规范》(JTG D20—2017)第11.1.9条条文说明,互通式立体交叉范围内主线的最大纵坡,主要是控制变速车道处于出口下坡段、入口上坡段的主线纵坡值。

30.【答案】ABC

【解析】根据《城市道路路线设计规范》(CJJ 193—2012)第9.3.2条,城市道路立体交叉根据相交道路等级、交通流行驶特征、非机动车对机动车干扰等,可分为枢纽立交、一般立交和分离式立交。

31.【答案】AB

【解析】根据《城市道路路线设计规范》(CJJ 193—2012)第9.3.2条。

32.【答案】BC

【解析】根据《城市道路路线设计规范》(CJJ 193—2012)第9.3.7条,互通式立体交叉范围内主路的平纵线形不应低于路段标准,并应具有良好的通视条件。主路分流鼻端之前的识别视距不应小于1.25倍的主路停车视距;匝道汇流鼻端前应满足通视三角区和匝道停车视距的要求。

33.【答案】CD

【解析】根据《公路路线设计规范》(JTG D20—2017)第11.3.8条第4款,单车道直接式减速车道出口渐变率的范围为1/17.5～1/25,所以选项C、D符合规定。《公路立体交叉设计细则》(JTG/T D21—2014)中相应图表也有同样的规定。

34.【答案】BC

【解析】根据《城市道路交叉口设计规程》(CJJ 152—2010)第5.5.4条第1款,可考虑设置集散车道的情况包括:"通过车道交通量大,需要分离"、"两个以上出口分流岛端部靠得近"、"所需要交织长度得不到保证"。故A选项不符合规定,B、C选项符合规定。第5.5.4条第2款:"集散车道可为单车道或双车道,每条车道宽度应为3.5m",故D选项不符合规定。

三、案例题

1.【答案】A

【解析】该互通立交为三岔一般互通式立体交叉,入口左转交通量为1100pcu/h,出口左转交通量为300pcu/h。环形匝道设计通行能力为800~1000pcu/h,根据《公路立体交叉设计细则》(JTG/T D21—2014)第6.4.1条,当三岔交叉至少有一条左转弯匝道的交通量小于单车道匝道设计通行能力时,可选用三岔喇叭形。

又根据《公路立体交叉设计细则》(JTG/T D21—2014)第6.4.1条第1款,当左转弯入口匝道交通量大于单车道匝道设计通行能力时,宜选用B型。故本题选A。

2.【答案】A

【解析】由交通量分布图可知,公路2左转进入公路1的左转交通量均为1600pcu/h,公路1左转进入公路2的交通量均为200pcu/h。当四岔交叉各转弯交通量相差较大时,可根据各转弯交通量大小,选用不同的匝道形式,构成变形苜蓿叶形立交。

根据《公路立体交叉设计细则》(JTG/T D21—2014)第6.4.3条第1款,当$DDHV \geqslant 1500$pcu/h时,左转弯匝道宜选用内转弯半直连式。所以公路2左转进入公路1的左转匝道均宜选用内转弯半直连式。

根据《公路立体交叉设计细则》(JTG/T D21—2014)第6.4.3条第3款,当$DDHV < 1000$pcu/h时,可选用环形、外转弯半直连式或迂回型半直连式。所以公路1左转进入公路2的左转匝道可选用环形、外转弯半直连式或迂回型半直连式。

满足以上条件的匝道形式为选项A。

3.【答案】B

【解析】根据《公路路线设计规范》(JTG D20—2017)第11.4.2条,高速公路上,主线与匝道的分、汇流处应保持车道数的平衡,应满足下式的规定:

$$N_C \geqslant N_F + N_E - 1$$

式中:N_C——分流前或汇流后的主线车道数;

　　N_F——分流后或汇流前的主线车道数;

　　N_E——匝道车道数。

方案A:$N_F = 3$,$N_E = 2$,$N_C = 4$,$N_C = N_F + N_E - 1$;

方案B:$N_F = 3$,$N_E = 2$,$N_C = 3$,$N_C < N_F + N_E - 1$;

方案C:$N_F = 2$,$N_E = 2$,$N_C = 5$,$N_C > N_F + N_E - 1$;

方案D:$N_F = 3$,$N_E = 2$,$N_C = 5$,$N_C > N_F + N_E - 1$;

不符合要求的为选项B。

4.【答案】A

【解析】匝道设计服务水平采用四级,设计速度采用40km/h,根据《公路立体交叉设计细则》(JTG/T D21—2014)第 4.5.4 条,可知单车道匝道设计通行能力为 1000pcu/h。

题目中互通立交为三岔一般互通式立体交叉,根据《公路立体交叉设计细则》(JTG/T D21—2014)第 6.4.1 条第 3 款,当左转弯交通量均小于单车道匝道设计通行能力时,宜选用 A 型。

本题中两左转弯交通量分别为 600pcu/h、200pcu/h,均小于单车道匝道设计通行能力为 1000pcu/h,宜选用 A 型即方案一。

5.【答案】D

【解析】根据《城市道路路线设计规范》(CJJ 193—2012)第 5.3.6 条,集散车道可为单车道和双车道,每条集散车道的宽度宜为 3.5m。与主路间设有分隔设施的集散车道,其车道数不应少于 2 条。本题中集散车道与主路设有分隔设施,所以集散车道取双车道,每条集散车道的宽度 3.5m。

根据《城市道路路线设计规范》(CJJ 193—2012)第 5.3.6 条条文说明,集散车道路面宽度为车行道宽度加两侧路缘带宽度。

根据《城市道路路线设计规范》(CJJ 193—2012)第 5.3.4 条第 2 款,可知 40km/h 设计速度下,路缘带宽度最小值为 0.25m。

集散车道的最小宽度 = 0.25 + 7 + 0.25 = 7.5m。

6.【答案】B

【解析】根据《城市道路交叉口设计规程》(CJJ 152—2010)第 5.4.2 条,在城市快速路的全长或较长的路段内基本车道数应保持一致,相邻两段同一方向的增减必须符合基本车道数连续和车道数平衡原则,每次增减不得多于一条,分、合流处应按下式进行计算:

$$N_c \geqslant N_f + N_e - 1$$

式中:N_c——分流前或汇流后的主线车道数;

N_f——分流后或汇流前的主线车道数;

N_e——匝道车道数。

本题中,$N_f = 3$,$N_e = 2$,根据 $N_c \geqslant 3 + 2 - 1 = 4$;所以 $N_c \geqslant 4$。分流处主路的车道数 N_c 应不小于 4 条。

7.【答案】D

【解析】根据《城市道路交叉口设计规程》(CJJ 152—2010)第 5.5.3 条第 3 款,变速车道长度为加速或减速车道长度与过渡段长度之和。

本题中主路设计速度为 80km/h,变速车道为单车道平行式入口形式,查表 5.5.3-1,可知加速车道长度取 160m。

加速车道正好处于纵坡度为 2.3% 的上坡路段,查表 5.5.3-2,上坡加速车道修正系数为 1.2。加速车道长度 = 160 × 1.2 = 192m。

又知过渡段长度为 50m,所以该段变速车道长 = 192 + 50 = 242m。故本题选 D。

单车道匝道平行式入口示意图可参照下图进行绘制：

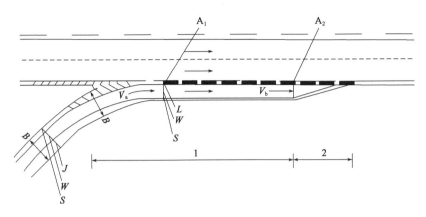

题7解图 单车道平行式入口示意图

A_1-并流点；A_2-汇合点；B-单车道匝道宽度；W-车道宽；S-路缘带宽；J-紧急停车带宽；L-出入口标线宽；1-加速段；2-渐变段

8.【答案】D

【解析】根据《公路路线设计规范》(JTG D20—2017)第11.4.2条,高速公路上,主线与匝道的分、汇流处应保持车道数的平衡,应满足下式的规定：

$$N_C \geq N_F + N_E - 1$$

式中：N_C——分流前或汇流后的主线车道数；

$\quad N_F$——分流后或汇流前的主线车道数；

$\quad N_E$——匝道车道数。

方案 A：$N_F = 3$，$N_E = 1$，$N_C = 3$，$N_C = N_F + N_E - 1$；

方案 B：$N_F = 3$，$N_E = 1$，$N_C = 4$，$N_C > N_F + N_E - 1$；

方案 C：$N_F = 3$，$N_E = 2$，$N_C = 4$，$N_C = N_F + N_E - 1$；

方案 D：$N_F = 3$，$N_E = 2$，$N_C = 3$，$N_C < N_F + N_E - 1$；

D选项不符合车道平衡原则,故本题选 D。

9.【答案】D

【解析】根据《城市道路交叉口设计规程》(CJJ 152—2010)第5.3.5条第6款,设计速度80km/h 时,先驶入后驶出匝道口最小净距为 $1.25L \sim 2L$,且 L 不宜取极限值,所以取一般值220m。另外,驶入匝道紧接着有驶出匝道的情况下,枢纽立交匝道间距取上限,本题城市立交为枢纽立交,所以取 $2L$,则匝道出入口之间的最小净距 $= 2 \times 220 = 440$m。

根据《城市道路交叉口设计规程》(CJJ 152—2010)第5.5.3条第3款中表5.5.3-1,单车道匝道出口即减速车道长度为80m；减速车道位于主路纵坡为 -2.5% 的路段,查表5.5.3-2可知修正系数为1.1,所以修正后减速车道长度为 $80 \times 1.1 = 88$m。过渡段长度为50m。匝道出口变速车道的最小长度 $= 50 + 88 = 138$m。

根据《城市道路交叉口设计规程》(CJJ 152—2010)第5.5.3条第3款中表5.5.3-1,单车道匝道入口即加速车道长度为 160m;加速车道位于主路纵坡为 +3.0% 的路段,查表 5.5.3-2 可知修正系数为 1.2,所以修正后加速车道长度为 $160 \times 1.2 = 192$m。过渡段长度为 50m。匝道入口变速车道的最小长度 $= 50 + 192 = 242$m。

且 $440 > 138 + 242$,能够满足设置要求,故本题选 D。

10.【答案】C

【解析】根据《城市道路交叉口设计规程》(CJJ 152—2010)第 5.3.5 条第 4 款,设计速度为 100km/h,分流点的行驶速度为 55km/h。

根据《城市道路交叉口设计规程》(CJJ 152—2010)第 5.3.2 条第 1 款,非积雪冰冻地区匝道最小圆曲线半径为 35m 时,设计速度为 30km/h。

$$L = (V_0^2 - V_{01}^2)/2a = [(55/3.6)^2 - (30/3.6)^2]/(2 \times 1) = 82\text{m}$$

故本题选 C。

11.【答案】B

【解析】根据《城市地下道路工程设计规范》(CJJ 221—2015)第 6.5.2 条,条件受限时,出洞口与邻接地面道路出口匝道减速车道渐变段起点的距离不应小于 1.5 倍主线停车视距。主线设计速度为 60km/h。

根据《城市道路工程设计规范》(CJJ 37—2012)第 6.2.7 条中表 6.2.7,对应的停车视距为 70m。所以,出洞口与邻接地面道路出口匝道减速车道渐变段起点的最小距离为 $70 \times 1.5 = 105$ m。

根据《城市道路交叉口设计规程》(CJJ 152—2010)第 5.5.3 条第 3 款中表 5.5.3-1,主线设计速度 60km/h,单车道匝道出口即减速车道长度为 70m;变速车道为 4% 的上坡段,查表 5.5.3-2 可知不需要进行修正。过渡段长度为 45m。匝道出口变速车道的最小长度 $= 45 + 70 = 115$m。

出洞口与邻接出口匝道鼻端的最小距离 $L = 105$m $+ 115 = 220$m。

故本题选 B。

12.【答案】B

【解析】根据《公路立体交叉设计细则》(JTG/T D21—2014)第 8.4.2 条,主线设计速度为 100km/h,$L = $ CK0 $+ 150 - ($ CK0 $+ 114.998) = 35.002$m。

查表 8.4.2-1,可知 L 为 35m 时,曲率半径 R 约为 150m。最接近规范规定值的为 152m,故本题选 B。

13.【答案】D

【解析】根据《公路路线设计规范》(JTG D20—2017)第 11.4.1 条:高速公路应在全长范围内或重要节点之间的较长路段内保持固定基本数,相邻的两路段间,一个方向行车道上的基本车道数的变化不得大于 1;第 11.4.2 条,高速公路上,主线与匝道的分、汇流处应保持车道数的平衡,应满足下式的规定:

$$N_C \geq N_F + N_E - 1$$

式中:N_C——分流前或汇流后的主线车道数;

$\quad$ N_F——分流后或汇流前的主线车道数;

$\quad$ N_E——匝道车道数。

方案 A,分流前主线一个方向基本车道数为 4,分流后基本车道数为 3,不满足主线基本车道数连续的要求。

方案 C,主线上基本车道数由 3 直接增加为 5,不满足相邻的两路段间一个方向行车道上的基本车道数的变化不得大于 1 的要求。

方案 B:$N_C = 3$,$N_F = 3$,$N_E = 2$,$N_C < N_F + N_E - 1$,不满足车道平衡要求。

方案 D:$N_C = 4$,$N_F = 3$,$N_E = 2$,$N_C = N_F + N_E - 1$,满足车道平衡要求,且满足基本车道数连续、相邻的两路段间一个方向行车道上基本车道数的变化不大于 1 的要求。D 正确。

本题也可以根据《公路立体交叉设计细则》(JTG/T D21—2014)第 5.8.1 条、第 5.8.3 条进行解答。

14.【答案】D

【解析】查《城市道路交叉口设计规程》(CJJ 152—2010)图 5.3.5-4,连续驶入匝道的最小净距为 L;查表 5.3.5-4,主路设计速度 60km/h 对应 L 值的极限值与一般值分别为 80m 和 160m,且连续驶入的情况不宜采用极限值,所以 L 值取 160m。

根据第 5.3.5 条第 6 款第 1 项:相邻驶入或驶出匝道之间的间距还应考虑变速道长度及标志之间需要的距离,并按最长需要距离决定取用值。本题不考虑标志设置距离的影响,只考虑变速道的长度。

不设置集散车道,需考虑渐变段长度。查表 5.5.3-1,单车道入口匝道变速车道长度 = 120 + 45 = 165m。L 值与变速车道长度按最长需要距离决定取用值,所以最小净距为 165m。

故本题选 D。

15.【答案】C

【解析】根据《城市地下道路工程设计规范》(CJJ 221—2015)第 6.3.4 条,匝道接入主线入口处从汇流鼻端开始应设置与主线自行车道的隔离段,隔离段长度不应小于主线的停车视距值。

查《城市道路工程设计规范》(CJJ 37—2012)表 6.6.1,设计速度 60km/h 对应的停车视距为 70m,可知隔离段长度不小于 70m。

查《城市地下道路工程设计规范》(CJJ 221—2015)表 6.3.5,设计速度 60km/h 对应的洞口与汇流鼻端最小距离为 85m。

隔离段末端至洞口的最小距离 = 85 + 70 = 155m。故本题选 C。

16.【答案】D

【解析】根据《公路立体交叉设计细则》(JTG/T D21—2014)第 5.7.2 条第 2 款:当共用路段长度小于或等于 3km,或共用路段需增加的基本车道数超过一条时,两条高速公路的直行车道应分开设置,并应保持各自直行车道的连续性。选项 A 不符合要求。

根据《公路立体交叉设计细则》(JTG/T D21—2014)第 5.7.2 条第 1 款:当共用路段长度大于 3km 时,共用路段可按整体式横断面设计,共用路段的基本车道数应根据该路段的设计小时交通量确定,且相对于相邻路段所增加的基本车道数不应超过一条。

查《公路路线设计规范》(JTG D20—2017)表 3.4.1-1,设计速度 100km/h 的高速公路,三级服务水平下的最大服务交通量为 1600pcu/h。

共用路段的基本车道数 $N_C = 5760/1600 = 3.6$,N_C 取 4 条车道,B、C 选项不符合要求。

D 选项,L 值大于 3km,$N_C = 4$,且 $N_F = 3$,也满足相对于相邻路段所增加的基本车道数不应超过一条的规定。故 D 选项符合题目要求。

17.【答案】B

【解析】根据《公路立体交叉设计细则》(JTG/T D21—2014)图 5.4.4,本题中相邻两互通式立体交叉的净距 = K21 + 655.882 − (K20 + 115.862) − 245 − 980 = 315.02m。

查《公路立体交叉设计细则》(JTG/T D21—2014)表 5.4.4,单向三车道、设计速度 120km/h 时相邻两互通式立体交叉的最小净距要求为 1000m。两互通式立体交叉的净距 315.02m 不满足最小净距的要求。

根据《公路立体交叉设计细则》(JTG/T D21—2014)第 5.4.4 条第 2 款,当相邻互通式立体交叉的净距小于表 5.4.4 的规定值,且经多方案比选论证两者必须设置时,应根据其距离大小,利用辅助车道、集散道或匝道连接形成复合式互通式立体交叉。在这几种设置方式中利用辅助车道连接是最为经济的。根据《公路立体交叉设计细则》(JTG/T D21—2014)第 6.6.1 ~ 6.6.3 条,可知相邻互通式立体交叉的净距小于规定值时,首先考虑能否采用辅助车道相连。

根据《公路立体交叉设计细则》(JTG/T D21—2014)图 10.6.2,辅助车道的长度 = K21 + 655.882 − (K20 + 115.862) = 1540.02m,能够满足辅助车道最小长度 1200m 的要求。故本题选 B。

18.【答案】B

【解析】根据《城市道路交叉口设计规程》(CJJ 152—2010)第 5.3.4 条第 4 款,计算圆曲线处的超高。

$$i = \frac{V^2}{127R} - \mu$$

V 为 50km/h,R 为 100m,μ 为 0.17,带入上式,$i = 0.027 = 2.7\%$,百分数取整为 3%。

根据《城市道路交叉口设计规程》(CJJ 152—2010)第 5.3.4 条第 5 款,计算超高缓和段长度。

$$L_\varepsilon = \frac{b \times \Delta i}{\varepsilon}$$

超高绕路面左侧边缘旋转,b 为 8m;直线段路面为向右的单向 2% 横坡,平面线形采用直线接左偏平曲线,$\Delta i = 3\% + 2\% = 5\%$;查表 5.3.4-2,$\varepsilon$ 为 1/115。带入上式得:$L_\varepsilon = 8 \times 5\% \times 115 = 46m$。满足 2S 的设计行程距离(27.8m)。

　　根据《城市道路交叉口设计规程》(CJJ 152—2010)第5.3.4条第7款,缓和曲线长度实际取值为超高缓和段长度和平曲线缓和段长度两者中的大值。查表5.3.2-2,匝道设计速度50km/h对应的缓和曲线最小长度为50m。

　　缓和曲线长度为46m与50m两者中的大值,所以B选项正确。

19.【答案】B

　　【解析】查《城市道路交叉口设计规程》(CJJ 152—2010)表3.1.5,两条城市快速路相交设置的枢纽型立交推荐形式为立 A_1 类。

　　根据《城市道路交叉口设计规程》(CJJ 152—2010)第5.6.4条,立 A_1 类立交定向匝道服务水平宜采用Ⅱ1级;查表5.6.3,出口定向匝道设计速度为50km/h,Ⅱ1级服务水平的比率 a 为0.58;查表5.6.2-2,设计速度50km/h对应的匝道一条车道的可能通行能力为1730pcu/h,其设计通行能力 = $1730 \times 0.58 = 1003$pcu/h;出口定向匝道高峰小时交通量为1378pcu/h,则出口匝道需要两条车道方能满足其通行能力要求,即出口匝道为双车道匝道。

　　同理,入口定向匝道设计速度为60km/h,Ⅱ1级服务水平的比率 a 为0.62;设计速度60km/h对应的匝道一条车道的可能通行能力为1750pcu/h,其设计通行能力 = $1750 \times 0.62 = 1085$pcu/h;入口匝道高峰小时交通量为820pcu/h,则入口匝道需要一条车道即可满足其通行能力要求,即入口匝道为单车道匝道。

　　由出口匝道、入口匝道的车道数可以判断选项A、D错误。

　　根据《城市道路交叉口设计规程》(CJJ 152—2010)第5.4.3条,为保证进出口车道数平衡,出口匝道为双车道匝道,需设置辅助车道;入口匝道为单车道匝道,不需设置辅助车道。故本题选B。

20.【答案】D

　　【解析】根据《城市地下道路工程设计规范》(CJJ 221—2015)第6.5.1条第2款:与信号控制交叉口的停车线距离不宜小于1.5倍停车视距,条件受限时不得小于1倍停车距离。查《城市道路工程设计规范》(CJJ 37—2012)表6.6.1,设计速度50km/h对应的停车视距为60m。故本题满足停车视距要求的距离 = $60 \times 1.5 = 90$m。

　　根据《城市道路交叉口设计规程》(CJJ 152—2010)第4.2.13条,红灯期间车辆排队长度为展宽段长度50m。

　　根据题意,不考虑交织段长度,仅满足停车视距和红灯期间车辆排队长度,其最小距离 = $90 + 50 = 140$m。故本题选D。

第五节　公路与铁路、乡村道路及管线交叉

复习要点

　　公路与铁路立体交叉的设计要点;公路与铁路平面交叉的设计要点。

公路与乡村道路平面交叉的设计要点;通道、天桥的设计要点;人行通道和人行天桥的设计要点。

公路与管线(架空线路、油气管道等)交叉的设计要点。

公铁并行等级的划分及间距要求。

典 型 习 题

一、单项选择题

1.铁路跨越公路时,其铁路跨线桥应设置( )。
　(A)防撞护栏　　　　　　　　　　(B)声屏障
　(C)隔离栅　　　　　　　　　　　(D)防落网

2.铁路跨越公路时,可在公路路幅范围内设置中墩的是( )。
　(A)四车道一级公路　　　　　　　(B)六车道高速公路
　(C)二、三级公路　　　　　　　　(D)四级公路

3.公路与铁路平面交叉时宜为正交。必须斜交时,交叉角度应大于( )。
　(A)30°　　　　　　　　　　　　　(B)45°
　(C)60°　　　　　　　　　　　　　(D)75°

4.铁路道口两侧公路的直线长度,从最外侧钢轨算起,不应小于( )。
　(A)40m　　　　　　　　　　　　　(B)50m
　(C)60m　　　　　　　　　　　　　(D)70m

5.公路与乡村道路交叉时,下列规定正确的是( )。
　(A)人行天桥跨越高速公路时应设防撞护栏和防落网
　(B)通道的间隔以400m左右为宜
　(C)人行天桥设置坡道时,坡度不应陡于1∶8
　(D)通道处的乡村道路纵面线形宜为曲线,便于排水

6.公路与乡村道路相交时,交叉处公路两侧的乡村道路直线长度应各不小于( )。
　(A)10m　　　　　　　　　　　　　(B)20m
　(C)30m　　　　　　　　　　　　　(D)50m

7.公路与油气输送管道相交时,以正交为宜。必须斜交时,其交叉的锐角不宜小于( )。
　(A)30°　　　　　　　　　　　　　(B)45°

(C)60°   (D)70°

8.公路从架空送电线路下方穿过时,穿过的位置应在(   )。

(A)导线最大弧垂处   (B)导线最大弧垂与杆塔间

(C)紧贴杆塔处   (D)任何位置穿过都一样

9.穿越公路的原油、天然气输送管道的保护套管顶面距离路面底基层的底面应不小于(   )。

(A)0.5m   (B)1.0m

(C)1.5m   (D)2.0m

10.公路从220kV的架空送电线路下穿时,架空送电线路距路面的最小垂直距离是(   )。

(A)7m   (B)8m

(C)9m   (D)14m

11.人行通道除设梯道外,应视情况设置坡道,其坡度不应陡于(   )。

(A)1:4   (B)1:6

(C)1:8   (D)1:10

12.某设计速度为80km/h的一级公路与高速铁路并行路段设计时,其并行间距的极限值为(   )。

(A)15m   (B)20m

(C)25m   (D)30m

13.[2020年考题]某一级公路下穿210kV架空输电线路,交叉角度为90°,符合规范规定的输电线距路面的最小垂直距离是(   )。

(A)7.0m   (B)8.0m

(C)9.0m   (D)10.0m

二、多项选择题

1.公路与铁路立体交叉范围内的公路视距要求正确的是(   )。

(A)高速公路、一级公路应满足停车视距

(B)二、三、四级公路应满足超车视距

(C)二、三、四级公路应满足会车视距

(D)二、三、四级公路应满足停车视距

2.关于公路与铁路立体交叉时平、纵面设计的规定,下列选项正确的是(   )。

（A）公路与铁路立体交叉必须斜交时,其交叉的锐角不应小于60°

（B）公路与铁路立体交叉的改建工程,如果公路需要改线,其路线的平、纵指标不宜采用相应公路技术等级的最小值

（C）公路与铁路立体交叉的公路引道范围内,不得设置公路平面交叉

（D）公路与铁路立体交叉宜选在双方线形均为直线的地段

3. 公路跨越铁路跨线桥应设置(　　　)。

（A）防撞护栏 　　　　　　　　　（B）声屏障

（C）隔离栅 　　　　　　　　　　（D）防落网

4. 关于铁路道口两侧公路的纵坡要求,下列规定正确的是(　　　)。

（A）道口两侧公路的水平路段长度,从铁路最外侧钢轨外侧算起不应小于16m

（B）紧接水平路段的公路纵坡,不应大于3%

（C）紧接水平路段的公路纵坡,不应大于5%

（D）对于重车驶离道口一侧的公路下坡路段,紧邻道口水平路段的纵坡不应大于3%

5. 公路与城市道路平面交叉时,道口位置不得设置在(　　　)。

（A）桥头 　　　　　　　　　　　（B）道岔

（C）铁路站场 　　　　　　　　　（D）铁路曲线路段

6. 公路与乡村道路相交时,应对乡村道路进行改线的情形有(　　　)。

（A）交叉的锐角小于45°

（B）对交叉予以合并的

（C）原乡村道路平面线形不适宜设置交叉

（D）改造原平面交叉其工程量增加较大

7. 关于人行天桥的设计要点,下列规定正确的是(　　　)。

（A）净宽应不小于3.0m

（B）净高应不小于4.5m

（C）设置坡道时,坡度不应陡于1:4

（D）人群荷载统一采用3.0kN/m^2

8. 关于公路与乡村道路平面交叉设计的规定,下列说法正确的是(　　　)。

（A）交叉处公路两侧的乡村道路直线长度应各不小于30m

（B）交叉处公路两侧的乡村道路应分别设置不小于10m的水平段或缓坡段

（C）平面交叉处应使驾驶者在距交叉5m处,能看到两侧二、三级公路相应停车视距并不小于50m范围内的汽车

（D）经常有履带耕作机械通行时,公路路基边缘外侧的乡村道路应各设置不小于10m

的加固段

9.关于管线与各级公路交叉的规定,下列说法正确的是( )。
　(A)与高速公路、一级公路相交时,应设置地下通道(涵)或套管
　(B)与高速公路、一级公路相交时,必须设置地下专用通道
　(C)与二级、三级、四级公路相交时可设置保护套管等措施
　(D)与二级、三级、四级公路相交时应设置保护套管等措施

10.公路与管线交叉时,下列规定正确的是( )。
　(A)严禁有毒有害、易燃易爆、高温高压等管线设施利用公路桥梁跨越河流
　(B)公路与油气输送管道相交时,交叉的锐角不宜小于45°
　(C)各种管线跨越公路迤设施,不得侵入公路建筑限界
　(D)易燃易爆管线穿(跨)越河流时,管线距小桥应不小于50m

11.在计算架空输电线路导线与路面的垂直距离时,确定最大弧垂的因素包括( )。
　(A)导线运行温度　　　　　　　(B)覆冰无风
　(C)全年最高气温　　　　　　　(D)覆冰有风

12.计算确定架空输电线路导线与路面垂直距离时,应根据( )。
　(A)最大弧垂　　　　　　　　　(B)最大弧垂偏角
　(C)最大风偏　　　　　　　　　(D)最高气温

13.[2019年考题]公路与乡村道路相交叉时,净高不小于2.70m的车行通道,通行的有
( )。
　(A)汽车　　　　　　　　　　　(B)拖拉机
　(C)畜力车　　　　　　　　　　(D)自行车

参考答案及解析

一、单项选择题

1.【答案】D
　【解析】铁路跨越公路时,其铁路跨线桥应设置防落网。

2.【答案】B
　【解析】根据《公路路线设计规范》(JTG D20—2017)第12.2.7条,铁路跨越二级、三级、四级公路时,严禁在行车道上设置中墩。铁路跨越四车道高速公路、一级公路时,不得在中间带设置中墩。铁路跨越六车道及其以上高速公路、一级公路时,必须在中间带设置中墩时,中

墩两侧必须设防撞护栏,并留足设置防撞护栏和护栏缓冲变形的安全距离。

3.【答案】B

【解析】公路与铁路平面交叉时宜为正交,必须斜交时,交叉角度应大于45°。

4.【答案】B

【解析】根据《公路路线设计规范》(JTG D20—2017)第12.3.3条。

5.【答案】B

【解析】A选项,人行天桥跨越高速公路时不需设防撞护栏;C选项,人行天桥设置坡道时,坡度不应陡于1:4;D选项,通道处的乡村道路纵面线形宜为直坡。

6.【答案】B

【解析】根据《公路路线设计规范》(JTG D20—2017)第12.4.8条。

7.【答案】A

【解析】根据《公路路线设计规范》(JTG D20—2017)第12.5.5条。

8.【答案】B

【解析】根据《公路路线设计规范》(JTG D20—2017)第12.5.2条。

9.【答案】B

【解析】根据《公路路线设计规范》(JTG D20—2017)第12.5.7条。

10.【答案】B

【解析】根据《公路路线设计规范》(JTG D20—2017)表12.5.2,当架空输电线路标称电压为154~220kV时,距路面最小垂直距离为8m。

11.【答案】C

【解析】根据《公路路线设计规范》(JTG D20—2017)第12.4.6条。

12.【答案】A

【解析】根据《公路铁路并行路段设计技术规范》(JT/T 1116—2017)第4.2节表1,80km/h的一级公路与高速铁路并行时,其并行技术等级为Ⅱ级;根据第4.3节表2,并行技术等级为Ⅱ级时,其并行间距的极限值为15m。

13.【答案】B

【解析】根据《公路路线设计规范》(JTG D20—2017)第12.5.2条,架空输电线路标称电压位于 154~220kV 时,距路面最小垂直距离为 8.0m,故本题选 B。

二、多项选择题

1.【答案】AC

【解析】立体交叉范围内的公路视距要求为:高速公路、一级公路应满足停车视距;二级、三级、四级公路应满足会车视距。

2.【答案】CD

【解析】根据《公路路线设计规范》(JTG D20—2017)第 12.2.5 条,公路与铁路立体交叉以正交为宜,受限时尽量设置较大的交叉角度;公路与铁路立体交叉的改建工程,如果公路需要改线,其路线的平、纵指标不得低于相衔接路段的一般值,更不得采用相应公路技术等级的最小值。

3.【答案】AD

【解析】公路跨越铁路跨线桥应设防撞护栏和防落网。

4.【答案】AB

【解析】根据《公路路线设计规范》(JTG D20—2017)第 12.3.4 条,对于重车驶向道口一侧的公路下坡路段,紧邻道口水平路段的纵坡不应大于 3%,所以 D 选项错误。

5.【答案】ABC

【解析】根据《公路路线设计规范》(JTG D20—2017)第 12.3.2 条,道口不得设置在铁路站场、道岔、桥头、隧道洞口及有调车作业的地段附近。

6.【答案】BCD

【解析】根据《公路路线设计规范》(JTG D20—2017)第 12.4.3 条,交叉的锐角小于 60° 时应对乡村道路进行改线,A 选项错误。

7.【答案】AC

【解析】根据《公路路线设计规范》(JTG D20—2017)第 12.4.7 条,人群荷载不小于 $3.0kN/m^2$,行人密集地区应不小于 $3.5kN/m^2$。

8.【答案】BD

【解析】根据《公路路线设计规范》(JTG D20—2017)第 12.4.8 条,交叉处公路两侧的乡村道路直线长度应各不小于 20m,A 选项错误;平面交叉处应使驾驶者在距交叉 20m 处,能看到两侧二级、三级公路相应停车视距并不小于 50m 范围内的汽车,C 选项错误。

9.【答案】AD

【解析】根据《公路路线设计规范》(JTG D20—2017)第 12.5.6 条条文说明,综合考虑当前管道施工工艺和技术的发展(主要是顶管法施工工艺),无论是管道施工期间,还是后期检查与维护,均无须开挖公路路基,对公路正常通行影响小等情况,明确要求管线与高速公路、一级公路交叉时可采用专用通道(涵)或套管等方式。

10.【答案】CD

【解析】严禁有毒有害、易燃易爆、高压等管线设施利用公路桥梁跨越河流,A 选项错误;公路与油气输送管道相交时,交叉的锐角不宜小于30°,B 选项错误。

11.【答案】AB

【解析】根据《公路路线设计规范》(JTG D20—2017)第12.5.3 条。

12.【答案】AC

【解析】根据《公路路线设计规范》(JTG D20—2017)第12.5.3 条,架空输电线路导线与路面的垂直距离,应根据导线运行温度情况或覆冰无风情况求得的最大弧垂,以及根据最大风速情况或覆冰情况求得的最大风偏进行计算确定。

13.【答案】BC

【解析】根据《公路路线设计规范》(JTG D20—2017)第12.4.4 条第 5 款,当通行拖拉机和畜力车时,净高要求大于等于 2.70m。

第六节　城市道路与轨道交通、管线交叉

复习要点

城市道路与轨道交通线路的交叉形式如何选择;城市道路与轨道交通线路立体交叉的设计要点;城市道路与轨道交通线路平面交叉的设计要点。

城市道路桥梁、隧道的管线敷设要求。

典型习题

一、单项选择题

1.城市道路铁路立体交叉,引道以外设平面交叉口时,平面交叉口缓坡段应不小于(　　)。

(A)40m (B)50m

(C)60m (D)70m

2.通过道口的城市道路平面线形应为直线,从最外侧钢轨外缘算起的道路直线段最小长度应不小于(　　)。

(A)20m
(B)30m
(C)40m
(D)50m

3.城市各级道路与(　　)类的城市轨道交通交叉,可不设置立体交叉。

(A)轻轨
(B)单轨
(C)有轨电车
(D)地铁

4.在无人值守或未设置自动信号的城市道路平交道口,路段旅客列车设计行车速度为80km/h时,机动车驾驶员侧向的最小瞭望视距是(　　)。

(A)340m
(B)270m
(C)240m
(D)190m

二、多项选择题

1.(　　)的城市道路与运量不大的铁路支线、地方铁路、工业企业铁路交叉时,可设置平交道口。

(A)快速路
(B)主干路
(C)次干路
(D)支路

2.城市道路与铁路平交时,应优先设置的道口类型是(　　)。

(A)自动信号控制
(B)有人值守
(C)人工信号控制
(D)无人值守

3.城市道路中无人看守道口应设置警示标志,并应根据需要设置(　　)。

(A)道口自动通知
(B)道口自动信号
(C)道口监护设施
(D)遮断信号

4.可以在城市道路桥梁上敷设的管线有(　　)。

(A)压力为 0.6MPa 的燃气管
(B)污水管
(C)电信电缆
(D)热力管

5.可以在城市隧道内敷设的管线有(　　)。

(A)6kV 的配电电缆
(B)给水管
(C)电信电缆

（D）压力为0.2MPa的燃气管

6. 城市道路平交道口不应设置在（   ）。
（A）桥头 　　　　　　　　　　（B）隧道两端
（C）车站内 　　　　　　　　　　（D）铁路线路纵坡较大地段

7. ［2019年考题］城市桥梁上不得敷设（   ）。
（A）污水管线
（B）电力、电讯管线
（C）压力大于0.4MPa的燃气管线
（D）可燃、有毒或腐蚀性的液、气体管线

8. ［2019年考题］城市道路与轨道交通线路交叉时，必须设置立体交叉的情况有（   ）。
（A）快速路与轨道交通线路交叉
（B）主干路、次干路、支路与高速铁路、客运专线、铁路车站、铁路编组场的交叉
（C）次干路、支路与城市有轨电车交叉
（D）行驶有轨电车或无轨电车的道路与铁路交叉

参考答案及解析

一、单项选择题

1.【答案】B
【解析】根据《城市道路交叉口设计规程》（CJJ 152—2010）第4.1.1条，引道范围内不设平面交叉口。引道以外设平面交叉口时，应设有不小于50m长的平面交叉口缓坡段，其坡度不宜大于2%。

2.【答案】B
【解析】根据《城市道路工程设计规范》（CJJ 37—2012）第8.3.3条。

3.【答案】C
【解析】因城市轨道交通行车间隔时间短，车流密集，为了保证轨道与道路的通行安全，要求城市各级道路与除有轨电车外的城市轨道交通路线交叉时，必须设置立体交叉。

4.【答案】B
【解析】根据《城市道路工程设计规范》（CJJ 37—2012）表8.3.4，340m对应路段旅客列车设计行车速度为100km/h，240m路段旅客列车设计行车速度为对应70km/h；190m对应路段旅客列车设计行车速度为55km/h。

二、多项选择题

1.【答案】CD

【解析】根据《城市道路工程设计规范》(CJJ 37—2012)第8.3.1条,次干路、支路与运量不大的铁路支线、地方铁路、工业企业铁路交叉时,可设置平交道口。平面交叉道口不应设在铁路道岔处、站场范围内、铁路曲线路段以及道路与铁路通视条件不符合行车安全要求的路段上。

2.【答案】AB

【解析】根据《城市道路工程设计规范》(CJJ 37—2012)第8.3.3条。

3.【答案】BC

【解析】根据《城市道路工程设计规范》(CJJ 37—2012)第8.3.7条,有人看守道口应设置道口看守房,并应设置电力照明以及栏木、有线或无线通信、道口自动通知、道口自动信号、遮断信号等安全预警设备;无人看守道口应设置警示标志,并应根据需要设置道口自动信号和道口监护设施。

4.【答案】CD

【解析】根据《城市道路工程设计规范》(CJJ 37—2012)第13.1.3条,不得在桥上敷设污水管、压力大于0.4MPa的燃气管和其他可燃、有毒或腐蚀性的液体、气体管。条件许可时,在桥梁敷设的电信电缆、热力管、给水管、电压不高于10kV配电电缆、压力不大于0.4MPa燃气管必须采取有效的安全防护措施。

5.【答案】ABC

【解析】根据《城市道路工程设计规范》(CJJ 37—2012)第13.1.3条,严禁在隧道内敷设电压高于10kV的配电电缆、燃气管及其他可燃、有毒或腐蚀性液体、气体管。

6.【答案】ABC

【解析】根据《城市道路路线设计规范》(CJJ 193—2012)第10.3.1条,当次干路、支路与铁路支线、地方铁路、工业企业铁路交叉时,可设置平交道口。但车站内、桥梁、隧道两端及进站信号机外100m范围内不应设置平交道口,铁路曲线地段以及通视不良路段不宜设置平交道口。

7.【答案】ACD

【解析】根据《城市道路工程设计规范》(CJJ 37—2012)第13.1.3条,不得在桥上敷设污水管、压力大于0.4MPa的燃气管和其他可燃、有毒或腐蚀性的液体、气体管。条件许可时,在桥梁敷设的电信电缆、热力管、给水管、电压不高于10kV配电电缆、压力不大于0.4MPa燃气管必须采取有效的安全防护措施。

8.【答案】ABD

【解析】根据《城市道路路线设计规范》(CJJ 193—2012)第 13.1.3 条,道路与轨道交通线路交叉,符合下列条件之一者必须设置立体交叉:

(1)快速路与轨道交通线路交叉;

(2)主干路、次干路、支路与高速铁路、客运专线、铁路车站、铁路编组场的交叉;

(3)行驶有轨电车或无轨电车的道路与铁路交叉;

(4)主干路、次干路、支路与除有轨电车道外的城市轨道交通交叉。

第七章 交通工程及沿线设施

第一节 一般规定

 **复习要点**

公路交通工程及沿线设施的目的、范围及基本要求。

城市道路交通安全及管理设施的等级、适用范围、目的及基本要求。

典型习题

一、单项选择题

1. 关于公路交通工程及沿线设施的设计,下列说法错误的是( )。
   (A)确定某公路交通工程及沿线设施的建设规模与标准时,应考虑该公路的功能、等级、交通量、运营条件,与公路网规划无关
   (B)交通工程及沿线设施工总体设计应符合公路总体设计的要求
   (C)交通工程及沿线设施的设计应遵循"保障安全、提供服务、利于管理"的原则
   (D)进行公路交通工程及沿线设施的配置,最重要的是做好前期的总体规划设计

2. 城市道路交通安全和管理设施应统筹规划、总体设计,并结合( )逐步补充、完善。
   (A)资金状况
   (B)道路功能
   (C)道路等级
   (D)城市路网的建设情况

3. 城市道路交通安全和管理设施共分为四级,主干路应选用的等级为( )。
   (A)A 级
   (B)B 级
   (C)C 级
   (D)D 级

4. [2019 年考题]根据交通安全和管理设施等级的规定,城市道路中长隧道适用的等级是( )。
   (A)A 级
   (B)B 级
   (C)C 级
   (D)D 级

二、多项选择题

1. 公路交通工程及沿线设施设计的原则包括(　　　)。
　(A)保障安全　　　　　　　　　　　(B)提供服务
　(C)提升效率　　　　　　　　　　　(D)利于管理

2. 公路交通工程及沿线设施的种类包括(　　　)。
　(A)交通安全设施　　　　　　　　　(B)管线设施
　(C)服务设施　　　　　　　　　　　(D)管理设施

3. 公路交通工程及沿线设施的作用是(　　　)。
　(A)保障行车安全　　　　　　　　　(B)提升服务水平
　(C)提高通行能力　　　　　　　　　(D)强化管理

4. 城市道路交通安全和管理设施设计应与道路(　　　)。
　(A)同步规划　　　　　　　　　　　(B)同步设计
　(C)同步建设　　　　　　　　　　　(D)同步投入使用

5. 城市道路交通安全和管理设施的种类包括(　　　)。
　(A)交通安全设施　　　　　　　　　(B)交通管理设施
　(C)配套管网　　　　　　　　　　　(D)服务设施

6. 交通安全和管理设施的设计应确保交通(　　　)。
　(A)有序　　　　　　　　　　　　　(B)安全
　(C)畅通　　　　　　　　　　　　　(D)低公害

7. 适用 A 级城市交通安全和管理设施的有(　　　)。
　(A)快速路　　　　　　　　　　　　(B)中隧道
　(C)次干路　　　　　　　　　　　　(D)大型桥梁

参考答案及解析

一、单项选择题

1.【答案】A

【解析】交通工程及沿线设施的建设规模与标准应根据公路网规划、公路的功能、等级、交通量、运营条件等综合论证确定。

2.【答案】D

　　【解析】交通安全和管理设施应统筹规划、总体设计,并结合城市路网的建设情况等逐步补充、完善。

3.【答案】B

　　【解析】城市道路交通安全和管理设施共分为 A、B、C、D 四级。其中,A 级适用快速路,中、长、特长隧道及特大型桥梁;B 级适用主干路;C 级适用次干路;D 级适用支路。

4.【答案】A

　　【解析】根据《城市道路工程设计规范》(CJJ 37—2012)第 14.1.4 条,可知 A 级的适用范围为快速路,中、长、特长隧道及特大型桥梁。

二、多项选择题

1.【答案】ABD

　　【解析】交通工程及沿线设施应按照"保障安全、提供服务、利于管理"的原则进行设计。

2.【答案】ACD

　　【解析】公路交通工程及沿线设施包括交通安全设施、服务设施和管理设施三种,各项设施应按统筹规划、总体设计的原则配置,并应结合交通量的增长与技术发展状况等逐步补充、完善。

3.【答案】ABCD

　　【解析】交通工程及沿线设施是保障行车安全、提升服务水平、提高通行能力、强化管理的必要设施,是公路现代化、智能化的重要标志。

4.【答案】AB

　　【解析】交通安全和管理设施设计应与道路同步规划、同步设计,并应与当地城市规划和交通管理部门相协调和配合。注意此题的主语是"交通安全和管理设施设计"。

5.【答案】ABC

　　【解析】交通安全和管理设施包括交通安全设施、交通管理设施和配套管网。

6.【答案】ABCD

　　【解析】交通安全和管理设施的设计应确保交通"有序、安全、畅通、低公害"。

7.【答案】AB

　　【解析】A 级适用快速路,中、长、特长隧道及特大型桥梁。

第二节 交通安全设施

复习要点

公路交通安全设施的种类及作用。

道路交通标志、交通标线的设置原则。

公路与城市道路护栏的设置,包括型式、护栏等级、最小长度要求等。

路侧净区宽度的计算。

城市道路交通安全设施的等级及适用范围;不同等级交通安全设施的设置要求。

城市道路护栏、人行护栏、分隔设施等安全设施的种类、作用和设置方法。

典 型 习 题

一、单项选择题

1. 可以有效降低事故严重程度的公路交通安全设施功能是(　　)。
　(A)主动引导　　　　　　　　　　(B)被动防护
　(C)全时保障　　　　　　　　　　(D)隔离封闭

2. 公路交通安全设施设计应优先设置(　　)。
　(A)主动引导　　　　　　　　　　(B)被动防护
　(C)全时保障　　　　　　　　　　(D)隔离封闭

3. 支线公路应设置路侧护栏的路段是(　　)。
　(A)桥梁路段
　(B)高路堤路段
　(C)急弯陡坡等路段
　(D)路侧有不满足计算净区宽度要求的悬崖、深谷、深沟、江河湖海等路段

4. 在进行公路交通标志的布设时,其设计对象是指(　　)。
　(A)不熟悉周围路网体系但对出行路线有所规划的公路使用者
　(B)完全不熟悉周围路网体系的外地驾驶人
　(C)经统计分析得到的可能会做出危险驾驶行为的驾驶人
　(D)经统计分析得到的可能会做出错误判断的乘客

5. 设置各类公路交通标志时,优先权最大的标志是(　　)。

(A)旅游区标志　　　　　　　　　　(B)告示标志

(C)禁令标志　　　　　　　　　　　(D)警告标志

6.指路标志应根据公路功能、交通流向和沿线城镇分布等情况,依距离、人口和社会经济发展程度,优先选取的指示信息是(　　　)。

(A)名气较大的　　　　　　　　　　(B)距离较近的

(C)驾驶者不熟悉的　　　　　　　　(D)交通需求较大的

7.除特殊情况外,交通标志应设置在公路前进方向车行道的(　　　)。

(A)上方或右侧　　　　　　　　　　(B)上方或左侧

(C)左侧、上方或右侧　　　　　　　(D)左侧或右侧

8.悬臂、门架式等悬空标志净空高度应预留的余量为(　　　)。

(A)20～30cm　　　　　　　　　　(B)20～50cm

(C)30～50cm　　　　　　　　　　(D)50cm 以上

9.公路交通标志内边缘距土路肩边缘线的距离不小于(　　　)。

(A)紧贴土路肩边缘　　　　　　　　(B)15cm

(C)20cm　　　　　　　　　　　　(D)25cm

10.设计速度大于或等于80km/h 的公路交通标志之间的间隔不宜小于(　　　)。

(A)30m　　　　　　　　　　　　(B)50m

(C)60m　　　　　　　　　　　　(D)80m

11.安装在同一支撑结构上的交通标志不宜超过(　　　)。

(A)3 个　　　　　　　　　　　　(B)4 个

(C)5 个　　　　　　　　　　　　(D)6 个

12.高速公路互通式立交、服务区、停车区指路标志显示的距离,是指与(　　　)的间距。

(A)各设施的几何中心　　　　　　　(B)前基准点

(C)分流鼻端　　　　　　　　　　　(D)后基准点

13.设置互通式立体交叉出口预告标志时,当因互通式立体交叉、桥梁、隧道等因素没有位置设置时,经严格论证可取消的预告标志是(　　　)。

(A)0m　　　　　　　　　　　　　(B)500m

(C)1km　　　　　　　　　　　　(D)2km

14.公路交通标志的系统组成包括(　　　)。

（A）图形、文字、颜色   （B）图形、文字、硬件

（C）信息、图形、硬件   （D）信息、图形、文字

15. 纵向或横向连续设置的交通标线应根据需要设置排水孔,其设置的位置是每隔（ ）。

 （A）5m   （B）5 ~ 10m

 （C）10 ~ 15m   （D）15m

16. 互通式立体交叉出口导向箭头的基准点是（ ）。

 （A）分流鼻端   （B）减速车道渐变点

 （C）渐变段中点   （D）减速车道中点

17. 公路平面交叉设置实体岛时,路缘石高度不宜超过（ ）。

 （A）5cm   （B）10cm

 （C）15cm   （D）20cm

18. 对向车行道分界线中单黄虚线的线条长度与空白段长度分别为（ ）。

 （A）4m,6m   （B）6m,9m

 （C）3m,6m   （D）2m,4m

19. 路面文字的字高、字宽、纵向间距的确定应根据（ ）。

 （A）车道宽度   （B）道路等级

 （C）可用空间   （D）设计速度

20. 路侧护栏的防护等级按设计能量分为八级,其中第八级的代码是指（ ）。

 （A）C   （B）SS

 （C）HB   （D）HA

21. 某一级公路设计速度60km/h,某路段路侧事故严重程度等级为低,如设置护栏则护栏等级应选（ ）。

 （A）B 级   （B）A 级

 （C）SB 级   （D）SA 级

22. 某二级公路设计速度60km/h,预测的年平均日交通量为1800veh/d。某路段路侧事故严重程度等级为低,如设置护栏则护栏最低可选取（ ）。

 （A）C 级   （B）B 级

 （C）A 级   （D）SB 级

23. 不同防护等级或不同结构形式的护栏之间连接时,对过渡段的防护等级要求正确的是( )。
  (A)不低于所连接护栏中较高的防护等级
  (B)不低于所连接护栏中较低的防护等级
  (C)不低于所连接护栏中防护等级的中间值
  (D)不高于所连接护栏中较高的防护等级

24. 选择护栏形式时,应首先考虑护栏受碰撞后的变形量。当防护的障碍物低于护栏高度时,宜选择的控制指标是( )。
  (A)护栏最大横向动态外延值
  (B)护栏最大横向动态变形值
  (C)车辆最大动态外倾当量值
  (D)车辆最大动态外倾值

25. 选择护栏形式时,应首先考虑护栏受碰撞后的变形量。当路侧有上跨桥桥墩时,应选择的控制指标是( )。
  (A)护栏最大横向动态外延值
  (B)护栏最大横向动态变形值
  (C)车辆最大动态外倾当量值
  (D)车辆最大动态外倾值

26. 冬季风雪较大的地区,不宜选用的护栏形式是( )。
  (A)混凝土护栏
  (B)波形梁护栏
  (C)缆索护栏
  (D)梁柱式护栏

27. 交通量大、事故频发的路段,宜选用的护栏形式是( )。
  (A)混凝土护栏
  (B)波形梁护栏
  (C)缆索护栏
  (D)梁柱式护栏

28. 某高速公路在路段上设置了一段路侧波形梁和混凝土护栏,并通过过渡段连接,则该两种形式护栏的长度之和不应小于( )。
  (A)36m
  (B)53m
  (C)70m
  (D)80m

29. 中央分隔带开口护栏应方便开启与关闭、具有可移动性,宜在 10min 内开启的长度为( )。
  (A)5m 及以上
  (B)6m 及以上
  (C)8m 及以上
  (D)10m 及以上

30. 一般情况下,设计防护速度 100km/h 的护栏防撞端头的防护等级应为( )。
  (A)TS 级
  (B)TA 级
  (C)TB 级
  (D)TC 级

31. 公路上轮廓标的颜色总共有(　　)。
   (A)1 种 　　　　　　　　　　　　(B)2 种
   (C)3 种 　　　　　　　　　　　　(D)4 种

32. 避险车道轮廓标的颜色为(　　)。
   (A)白色 　　　　　　　　　　　　(B)黄色
   (C)红色 　　　　　　　　　　　　(D)右侧为白色,左侧为黄色

33. 与匝道处轮廓标的设置间距有关的因素是(　　)。
   (A)圆曲线半径 　　　　　　　　　(B)匝道长度
   (C)匝道通行能力 　　　　　　　　(D)设计速度

34. 轮廓标反射体应面向交通流,表面法线应与公路中心线成(　　)。
   (A)0°~15° 　　　　　　　　　　　(B)10°~15°
   (C)0°~25° 　　　　　　　　　　　(D)10°~25°

35. 特长隧道设置隧道轮廓带时,可间隔(　　)。
   (A)300m 　　　　　　　　　　　　(B)500m
   (C)600m 　　　　　　　　　　　　(D)800m

36. 隧道轮廓带的宽度宜为 15~20cm,宜采用的颜色是(　　)。
   (A)白色 　　　　　　　　　　　　(B)黄色
   (C)黄黑相间 　　　　　　　　　　(D)红白相间

37. 示警桩、示警墩应采用的颜色是(　　)。
   (A)白色 　　　　　　　　　　　　(B)黄色
   (C)黄黑相间 　　　　　　　　　　(D)红白相间

38. 靠近城镇区域的隔离栅高度不宜低于(　　)。
   (A)1.2m 　　　　　　　　　　　　(B)1.5m
   (C)1.8m 　　　　　　　　　　　　(D)2.0m

39. 隔离栅的网孔尺寸可根据公路沿线动物的体型进行选择,最小网孔不宜小于(　　)。
   (A)30mm×30mm 　　　　　　　　(B)40mm×40mm
   (C)50mm×50mm 　　　　　　　　(D)60mm×60mm

40. 防落物网距桥面的高度不宜低于(　　)。
   (A)1.2m 　　　　　　　　　　　　(B)1.5m

$(C)1.8m$　　　　　　　　　　$(D)2.0m$

41.防落物网防雷接地的地阻应小于(　　　)。

　　$(A)5\Omega$　　　　　　　　　　$(B)10\Omega$

　　$(C)15\Omega$　　　　　　　　　　$(D)20\Omega$

42.防眩设施在直线路段遮光角不应小于(　　　)。

　　$(A)5°$　　　　　　　　　　$(B)8°$

　　$(C)10°$　　　　　　　　　　$(D)15°$

43.防眩设施连续设置时,设置高度发生变化时应设置渐变过渡段,过渡段长度宜为(　　　)。

　　$(A)30m$　　　　　　　　　　$(B)40m$

　　$(C)50m$　　　　　　　　　　$(D)60m$

44.避险车道长度不能满足要求时,可采取的措施是(　　　)。

　　(A)在制动床起点以后适当位置设置阻拦索或消能设施

　　(B)在制动床中段以后适当位置设置阻拦索或消能设施

　　(C)末端应增设防撞桶、废轮胎等缓冲装置或设施

　　(D)加大制动床材料的铺筑厚度

45.当公路上路侧横风与公路轴线夹角大于$30°$,设计速度小于$80km/h$的公路上常年存在风力大于(　　　)级的路段可在路侧设置防风栅。

　　(A)五　　　　　　　　　　(B)六

　　(C)七　　　　　　　　　　(D)八

46.公路积雪标杆宜设置在公路的(　　　)。

　　(A)硬路肩上　　　　　　　　　　(B)土路肩上

　　(C)车行道边缘　　　　　　　　　　(D)填方边坡上

47.宜设置防撞限高架的情形是公路上跨桥梁或隧道内净空高度小于(　　　)。

　　$(A)5.0m$　　　　　　　　　　$(B)4.5m$

　　$(C)3.5m$　　　　　　　　　　$(D)2.5m$

48.警示限高架与上跨桥梁或隧道的距离应满足(　　　)。

　　(A)驾驶人反应距离

　　(B)驾驶人制动距离

　　(C)车辆碰撞后运行速度的制动距离

（D）驾驶人反应距离与制动距离

49. 城市道路交叉口的交通信号周期不宜大于（　　　）。
（A）120s
（B）150s
（C）180s
（D）200s

50. 当桥梁临空侧为人非混行道时,护栏的净高不应低于（　　　）。
（A）0.90m
（B）1.10m
（C）1.20m
（D）1.40m

51. 双向六车道的城市道路,当在中间带设分隔栏杆时,栏杆净高不宜低于（　　　）。
（A）0.90m
（B）1.10m
（C）1.20m
（D）1.40m

52. [2019 年考题]对城市快速路中交通安全设施的设置,描述正确的是（　　　）。
（A）中间带应连续设置中央分隔护栏和必需的防眩设施
（B）中间带必须连续设置中央分隔护栏和必需的防眩设施
（C）互通式立交及其周边路网须连续设置预告、指路、禁令等标志
（D）互通式立交及其周边路网宜连续设置预告、指路、禁令等标志

53. [2020 年考题]《公路交通安全设施设计规范》（JTG D81—2017）规定,避险车道制动床宜采用具有较高滚动阻力系数、陷落度较好、不宜板结和被雨水冲刷的卵(砾)石材料,材料粒径宜为（　　　）。
（A）0.5～1.0cm
（B）1.0～1.5cm
（C）2.0～4.0cm
（D）4.5～5.5cm

54. [2020 年考题]《公路交通安全设施设计规范》（JTG D81—2017）规定,高速公路设计速度为100km/h,中央分隔带宽度小于2.5 且采用整体式护栏形式时,应采用的路基护栏防护等级为（　　　）。
（A）三(Am)级
（B）四(SBm)级
（C）五(SAm)级
（D）四(SSm)级

55. [2021 年考题]某城市主干路设计速度为60km/h,采用桥梁跨越大型饮用水水源一级保护区,关于该桥梁的防护等级,下列符合规范规定的是（　　　）。
（A）SB 级
（B）SA 级
（C）SS 级
（D）HB 级

56. [2021 年考题]某城市道路采用单幅路布置,双向 4 条机动车道,关于对向车道间设置

的禁止跨越标线,下列符合规范规定的是( )。

(A)白色实线   (B)白色虚实线

(C)双黄实线   (D)黄实线

57.[2021年考题]某城市主干路设计速度为50km/h,双向6条车道,中间带设置1.1m高的分隔护栏,路段设有一处人行过街横道,该断口处两端分隔护栏最大高度及最小长度的取值,符合规范规定的是( )。

(A)0.7m、40m   (B)0.7m、60m

(C)0.9m、40m   (D)0.9m、60m

58.[2021年考题]下列关于城市道路交通标志及支撑结构的设置要求,符合规范规定的是( )。

(A)路侧的标志支撑结构边缘至车行道路面边缘的侧向距离应大于或等于0.25m

(B)路面上方的标志板及支撑结构下缘至路面的高度应与道路的最小净高一致

(C)人行道路侧的柱式标志板下缘距路面的高度应大于1.5m

(D)车行道上方的标志板面与车行道中心线角度应为10°

二、多项选择题

1.下列属于公路交通安全设施范围的是( )。

(A)交通标线   (B)护栏

(C)避险车道   (D)信号灯

2.可以起到事故预防作用的公路交通安全设施功能有( )。

(A)主动引导   (B)被动防护

(C)全时保障   (D)隔离封闭

3.公路交通安全设施设计的原则包括( )。

(A)以人为本   (B)预防为主

(C)系统设计   (D)重点突出

4.公路交通安全设施必须与公路土建工程( )。

(A)同时规划   (B)同时设计

(C)同时施工   (D)同时投入生产和使用

5.关于次要干线公路交通安全设施的设置,下列说法正确的是( )。

(A)设置系统、完善的交通标志、标线、视线诱导设施、隔离栅

(B)桥梁与高路堤路段必须设置路侧护栏

(C)中央分隔带开口处必须设置开口护栏

(D)不同形式的护栏连接时,应进行过渡段设计

6.属于道路交通标志主要作用的是( )。
  (A)控制和疏导交通　　　　　　　(B)指引行进方向
  (C)渠化交叉路口交通　　　　　　(D)执行法规的依据

7.下列各类标志中,属于主标志的是( )。

  （A）　　　　　　（B）　　　　　　（C）　　　　　　（D）

8.交通标志按显示位置分为路侧和车行道上方两种,属于路侧标志对应支撑结构形式的是( )。
  (A)悬臂式　　　　　　　　　　　(B)柱式
  (C)门架式　　　　　　　　　　　(D)路侧附着式

9.交通标志按光学特性分为( )。
  (A)逆反射式　　　　　　　　　　(B)照明式
  (C)正反射式　　　　　　　　　　(D)发光式

10.交通标志按版面显示内容分为( )。
  (A)静态标志　　　　　　　　　　(B)可变信息标志
  (C)永久性标志　　　　　　　　　(D)临时性标志

11.关于交通标志的设置原则,下列说法正确的是( )。
  (A)从安全角度考虑,警告标志应尽可能多设置
  (B)禁令标志应设置在需要明确禁止的路段起点前一定距离醒目的位置
  (C)指示标志在驾驶人、行人容易产生迷惑处或必须遵守行驶规定处设置
  (D)指路标志不得出现信息不足、不当或过载的现象

12.标志版面的法线应与公路中心平行或成一定角度。关于交通标志的安装角度,下列说法正确的是( )。
  (A)路侧安装的禁令标志和指示标志为0°～45°
  (B)指路标志和警告标志为0°～10°
  (C)悬臂、门架或附着式悬空标志安装时,标志的安装角度应与道路中心垂直或前倾

　　　　0°~20°

　　(D)安装角度也需要根据公路的平、竖曲线线形进行调整

13.交通标志因条件限制需并列设置时,需对交通标志所提供的信息进行排序,优先保留( )。

　　(A)禁令标志　　　　　　　　　　(B)警告标志

　　(C)指路标志　　　　　　　　　　(D)指示标志

14.安装在同一支撑结构上的标志不宜超过 4 个,并按禁令、指示、警告的顺序进行排列。排列的方式是( )。

　　(A)先上后下　　　　　　　　　　(B)先下后上

　　(C)先左后右　　　　　　　　　　(D)先右后左

15.同一版面的禁令或指示标志的数量不应多于6 个的位置是( )。

　　(A)高速公路入口　　　　　　　　(B)隧道入口

　　(C)特大桥梁入口　　　　　　　　(D)互通立交入口

16.交通标志应采用悬臂式或门架式等悬空支撑方式的条件包括( )。

　　(A)单向有三条车道

　　(B)位于城市区域的高速公路路段

　　(C)互通式立体交叉出口匝道为左向出口

　　(D)一般型互通式立体交叉的出口指引标志

17.关于警告标志的设置,下列说法正确的是( )。

　　(A)同一地点需要设置两个或两个以上警告标志时,最好都设置

　　(B)同时设置两个警告标志时,将提醒驾驶人危险主因的标志设置在下部

　　(C)除特殊规定外,颜色为黄底、黑边、黑图案

　　(D)形状为等边三角形或矩形,三角形顶角朝上

18.设置急转弯警告标志的路段是( )。

　　(A)设计速度 30km/h,圆曲线半径 40m

　　(B)设计速度 30km/h,圆曲线半径 50m,路线转角 45°

　　(C)设计速度 40km/h,圆曲线半径 85m,停车视距 35m

　　(D)设计速度 40km/h,圆曲线半径 85m,路线转角 35°

19.关于禁令标志的设置,下列说法正确的是( )。

　　(A)在需要明确禁止或限制车辆、行人交通行为的路段起点前设置

　　(B)禁令标志为白底、红圈、黑杠、黑图形,圆形压杠

(C)禁令标志的形状为圆形、矩形、八角形、顶角向下的等边三角形

(D)限速和解除限速标志必须成对出现

20.高速公路指路标志按照标志的功能可以分为(　　　)。

  (A)路径指引标志　 (B)沿线信息指引标志

  (C)沿线设施指引标志　 (D)地点指引标志

21.一般公路指路标志中指示信息为高速公路时,计算基准点的位置是指(　　　)。

  (A)一般公路与高速公路的连接线平面交叉

  (B)一般公路与高速公路的连接线平面交叉减速车道渐变段起点

  (C)收费站入口

  (D)收费站中心点

22.交通标志的几何尺寸可直接依据设计速度确定的是(　　　)。

  (A)警告标志　 (B)禁令标志

  (C)指示标志　 (D)指路标志

23.属于道路交通标线主要作用的有(　　　)。

  (A)提示前方路况,保障交通安全　 (B)指引前方道路信息

  (C)渠化交叉路口交通　 (D)守法和执法的依据

24.交通标线按功能可以划分为(　　　)。

  (A)指示标线　 (B)禁止标线

  (C)指路标线　 (D)警告标线

25.交通标线按标线形态可以划分为(　　　)。

  (A)线条　 (B)字符

  (C)突起路标　 (D)立面标记

26.关于交通标线的设置原则,下列说法正确的是(　　　)。

  (A)二级公路应设置对向车行道分界线

  (B)二级公路应设置车行道边缘线

  (C)二级公路设置慢车道时,应设置对向车行道分界线、同向车行道分界线和车行道边缘线

  (D)二级以下公路应设置对向车行道分界线

27.二级及二级以下公路应设置车行道边缘线的路段包括(　　　)。

  (A)采用最低公路设计指标的曲线段及其上下游路段

(B)路面宽度发生变化的路段

(C)非机动车或行人较多的机非混行路段

(D)陡坡路段

28.应设置禁止跨越同向车行道分界线的路段是( )。

  (A)桥梁路段   (B)隧道出入口路段

  (C)急弯陡坡路段   (D)接近人行横道线的路段

29.在立体实物表面上应设置实体标记的是( )。

  (A)中央分隔带内的墩柱   (B)隧道洞口侧墙端面

  (C)收费岛   (D)实体导流岛

30.应设置过渡标线的路段是( )。

  (A)公路宽度发生变化   (B)车行道数量发生变化

  (C)需要车辆减速的路段   (D)隧道出入口路段

31.关于突起路标的设置,下列规定正确的是( )。

  (A)高速公路的车行道边缘线上应设置

  (B)一级公路互通式立体交叉路段的车行道边缘线上宜设置

  (C)一级公路隧道的车行道边缘线上宜设置

  (D)隧道的车行道分界线上应设置

32.关于护栏作用的表述,下列说法正确的是( )。

  (A)阻止车辆越出路外或穿越中央分隔带闯入对向车道

  (B)防止车辆从护栏板下钻出,或将护栏板冲断

  (C)能诱导驾驶人的视线

  (D)发生碰撞时,使乘客避免受到伤害

33.按在公路中的纵向设置位置,护栏可以分为( )。

  (A)路基护栏   (B)挡墙护栏

  (C)桥梁护栏   (D)中央分隔带护栏

34.按在公路中的横向设置位置,护栏可以分为( )。

  (A)路基护栏   (B)分离式护栏

  (C)桥梁护栏   (D)中央分隔带护栏

35.根据碰撞后的变形程度,护栏可以分为( )。

  (A)刚性护栏   (B)半刚性护栏

（C）半柔性护栏 （D）柔性护栏

36. 关于护栏设置的相关说法,下列选项正确的是( )。
 （A）公路实际净区宽度小于计算净区宽度时,必须设置护栏
 （B）驶出路外或驶入对向车行道事故的风险应主要考虑驶出路外或驶入对向车行道的事故严重程度
 （C）事故严重程度和运行速度、路侧条件有关
 （D）事故严重程度可分成低、中、高三个等级

37. 关于实际净区有效宽度的界定,下列说法正确的是( )。
 （A）当路侧边坡缓于 1:6 时,有效宽度为整个边坡坡面宽度
 （B）路侧边沟不作为有效宽度
 （C）路侧存在标志立柱时,不影响有效宽度
 （D）当路侧边坡陡于 1:4 时,不能作为有效宽度

38. 事故严重程度等级为中时,路侧计算净区宽度范围内有( )。
 （A）高压输电线塔
 （B）水深 2.0m 的河流
 （C）一级公路
 （D）三级公路路侧有深度 20m 的悬崖

39. 事故严重程度等级为中时,关于路侧计算净区宽度范围的情形,下列说法正确的是
( )。
 （A）二级公路设路肩墙路段,路堤高度 3.0m
 （B）一级公路设路肩墙路段,路堤高度 2.0m
 （C）二级公路路侧有车辆不能安全越过的交通标志
 （D）有一级公路

40. 关于高速公路、一级公路中央分隔带护栏的设置,下列说法正确的是( )。
 （A）高速公路整体式断面中间带宽度小于或等于 12m 时,必须设置中央分隔带护栏
 （B）干线一级公路中央分隔带宽度小于 2.5m 且采用分设式护栏形式时,事故严重程度等级为高
 （C）作为集散的一级公路不一定必须设置中央分隔带护栏
 （D）高速公路采用分离式断面时,行车方向左侧按路侧护栏设置

41. 高速公路迎交通流的护栏端头无法外展时,应采取的措施是( )。
 （A）设置防撞端头 （B）护栏端头前设置防撞垫
 （C）设置地锚式端头 （D）护栏端头前设置防撞桶

42. 关于《公路交通安全设施设计规范》(JTG D81—2017)中规定的护栏最小结构长度要求,其值应包括( )。

    (A)护栏标准段   (B)渐变段

    (C)端头   (D)防撞垫

43. 关于中央分隔带开口护栏的规定,下列说法正确的是( )。

    (A)干线一级公路的中央分隔带开口必须设置中央分隔带开口护栏

    (B)中央分隔带开口护栏宜设置在中央分隔带开口处的公路中心线位置

    (C)中央分隔带开口护栏的高度应与中央分隔带护栏的高度协调一致

    (D)高速公路中央分隔带开口护栏不得低于三(Am)级

44. 关于防撞垫的设置要求,下列规定正确的是( )。

    (A)高速公路的互通式立体交叉主线分流端应设置可导向防撞垫

    (B)孤立的上跨高速公路跨线桥中墩端部宜设置可导向防撞垫

    (C)收费站导流岛端部应采用导向防撞垫

    (D)高速公路路侧计算净区宽度范围内有危险障碍物时,应设置可导向防撞垫

45. 与护栏的最小结构长度要求有关的因素包括( )。

    (A)公路长度   (B)公路等级

    (C)交通组成   (D)护栏类型

46. 属于视线诱导设施的有( )。

    (A)合流标志   (B)隧道轮廓带

    (C)突起路标   (D)示警桩

47. 轮廓标宜设置为双面反光形式的路段是( )。

    (A)桥梁路段   (B)一级公路

    (C)隧道路段   (D)二级公路

48. 轮廓标应按行车方向设置,下列做法正确的是( )。

    (A)高速公路右侧安装黄色反射体的轮廓标

    (B)一级公路左侧安装白色反射体的轮廓标

    (C)三级公路左右两侧均安装白色反射体的轮廓标

    (D)避险车道应安装红色反射体的轮廓标

49. 高速公路不需要设置隔离栅的路段有( )。

    (A)路侧有水面宽度5m且深度1.8m的池塘

    (B)高度为2.0m的路肩挡土墙

（C）挖方高度 25m

（D）桥梁、隧道等构造物,除桥头、洞口需与路基隔离栅连接以外的路段

50.下列关于隔离栅设置的做法,正确的是(　　　)。

（A）遇桥梁时,应在桥头锥坡进行围封

（B）隔离栅遇跨径小于 3m 的涵洞时可直接跨越,跨越处应进行围封

（C）隔离栅的中心线可沿公路用地范围界限以外 20 ~ 50cm 处设置

（D）高速公路在行人、动物可误入分离式路基内侧中间区域的条件下,应在分离式路基内侧需要的位置设置隔离栅

51.应设置防落物网的情形是(　　　)。

（A）上跨铁路的车行构造物两侧

（B）上跨高速公路的人行构造物两侧

（C）公路跨越乡村道路时

（D）公路跨越河流时

52.防落石网宜设置在(　　　)。

（A）缓坡平台

（B）紧邻公路的坡脚宽缓场地附近

（C）路堑边坡中间

（D）土路肩上

53.当高速公路、一级公路中央分隔带宽度小于 9m 时,宜设置防眩设施的路段为(　　　)。

（A）设置超高的圆曲线路段

（B）凹形竖曲线半径等于或接近于标准规定的最小半径值的路段

（C）分离式断面,上下车行道高差小于或等于 3m 时

（D）小净距隧道进出口附近

54.关于防眩设施设置的规定,下列说法正确的是(　　　)。

（A）公路沿线有连续照明设施的路段,可不设置防眩设施

（B）在干旱地区不宜采用植树防眩

（C）穿村镇路段不宜设置防眩设施

（D）各结构段应相互独力,每一结构段的长度不宜大于 12m

55.关于避险车道设置原则的规定,下列说法正确的是(　　　)。

（A）避险车道宜设置在路侧人口稠密区之后的路段

（B）如设置在直线路段时,避险车道与主线的夹角宜小于 5°

（C）设置位置处宜避开桥梁

（D）设置位置处宜避开隧道

56.减速丘可用于(　　　)进入城镇、村庄的路段。

（A）一级公路

（B）二级公路

（C）三级公路　　　　　　　　　　　　（D）四级公路

57. 关于城市道路交通安全设施的设置,下列选项正确的是(　　　)。
    （A）等级为 A 级时,进出口分流三角端应有醒目的提示和防撞设施
    （B）等级为 B 级时,支路接入应有限制措施
    （C）等级为 C 级时,宜设置行人和机动车、非机动车分隔设施
    （D）等级为 D 级时,平交口应进行交通渠化

58. 城市道路设置护栏时,属于宜选用金属梁柱式护栏的情形有(　　　)。
    （A）大型车辆所占比例较大的路段
    （B）钢结构桥梁及需减小桥梁恒载时
    （C）当道路弯道、交叉口、出入口等处的防撞护栏影响驾驶人视距时
    （D）冬季风雪较大地区

59. 适用城市道路护栏的形式有(　　　)。
    （A）混凝土护栏　　　　　　　　　　　（B）波形梁护栏
    （C）金属梁柱式护栏　　　　　　　　　（D）缆索护栏

60. 某城市快速路,设计速度80km/h,路侧需设置 SA 级防撞护栏的路段有(　　　)。
    （A）桥头引道　　　　　　　　　　　　（B）隧道洞口连接线
    （C）高挡墙路段　　　　　　　　　　　（D）临水临空路段

61. 城市道路应设置人行护栏的路段有(　　　)。
    （A）人行道与一侧地面存在高差
    （B）桥梁的人行道外侧
    （C）车站、码头、人行天桥和地道的出入口、商业中心等人流汇聚区的车道边
    （D）交叉口人行道边及其他需要防止行人穿越机动车道的路边

62. 城市道路应设置分隔设施的路段有(　　　)。
    （A）双向四车道及以上的道路,机动车道和非机动车道为一幅路设计,机动车道和非
        机动车道之间
    （B）非机动车道和人行道为共板断面,非机动车道和人行道之间
    （C）非机动车道高于边侧地面有跌落危险时,非机动车道边侧
    （D）双向六车道及以上的道路,当无中央分隔带且不设防撞护栏时,中间带上

63. [2020 年考题]《高速公路交通工程及沿线设施设计通用规范》(JTG D80—2006)规定,高速公路路侧护栏防撞等级为 4 级(SA)时,路侧情况为车辆越出路外可能发生严重事故路段及(　　　)。

（A）桥头引道段 （B）隧道洞口接线段
（C）地形陡峭路段 （D）高挡墙的路段

64.［2020 年考题］《公路交通安全设施设计规范》（JTG D81—2017）规定,高速公路设计速度为 120km/h,桥梁采用整体式上部结构并安装六（SS、SSm）级桥梁护栏,该桥梁最可能是跨越了（　　）。
（A）湖泊 （B）公路、铁路路段
（C）饮用水源一级保护区 （D）城市经济开发区

65.［2020 年考题］下列关于城市道路交通主标志的分类,符合规范规定的是（　　）。
（A）禁令和警告标志 （B）指路和指示标志
（C）旅游区和作业区标志 （D）车辆种类标志

三、案例题

1.某公路设计速度 100km/h,单向年平均日交通量约为 4000veh/d,在曲线半径为 500m 的填方路段上,其计算净区的宽度最接近（　　）。
（A）4.5m
（B）8.2m
（C）12.4m
（D）15.6m

2.某一级公路设计速度 80km/h,右侧硬路肩宽度 1.5m,土路肩宽度 0.75m,预测年度的单向年平均日交通量约为 8500veh/d。其中,K6＋200～K6＋260 路段为直线填方路段,填方边坡坡率为 1∶1.5,路堤高度为 5.0～6.0m,该路段如果设置路侧波形梁护栏,则波形梁护栏的等级及长度选择最合理的是（　　）。
（A）A 级,60m （B）SB 级,60m
（C）A 级,70m （D）SB 级,70m

3.某二级公路在其长下坡位置设置了避险车道,制动床坡度为 12%,采用松散的砂砾材料。假设车辆在此处失控,驶入避险车道制动床时的速度为 80km/h,此时制动床最小长度值最接近（　　）。
（A）100m
（B）115m
（C）168m
（D）249m

参考答案及解析

一、单项选择题

1.【答案】B
【解析】公路交通安全设施的主要功能作用包括主动引导、被动防护、全时保障、隔离封闭。其中,主动引导、全时保障、隔离封闭设施的合理设置均可以起到事故预防的作用,有效避免交通事故的发生,是交通安全设施设计需要优先考虑的内容,而被动防护设施的合理设置则可以有效降低事故的严重程度。

2.【答案】A

【解析】公路交通安全设施设计应在交通安全综合分析的基础上,优先设置主动引导设施,根据需要设置被动防护设施。

3.【答案】D

【解析】支线公路应根据本规范的规定设置交通标志,在视距不良、急弯、陡坡等路段应设置交通标线及必需的视线诱导设施;路侧有不满足计算净区宽度要求的悬崖、深谷、深沟、江河湖海等路段应设置路侧护栏。

4.【答案】A

【解析】公路交通标志应以不熟悉周围路网体系但对出行路线有所规划的公路使用者为设计对象,为其提供清晰、明确、简洁的信息。

5.【答案】C

【解析】当旅游区标志与其他交通标志冲突时,其他交通标志具有优先设置权限;告示标志的设置,不得影响警告、禁令、指示和指路标志的设置和视认;对交通标志所提供的信息进行排序,优先保留禁令和指示标志。

6.【答案】D

【解析】指路标志应根据公路功能、交通流向和沿线城镇分布等情况,依距离、人口和社会经济发展程度,优先选取交通需求较大的信息指示。

7.【答案】A

【解析】除特殊情况外,交通标志应设置在公路前进方向的车行道上方或右侧,其他位置(如左侧)的交通标志应仅视为正常位置的补充。

8.【答案】B

【解析】公路交通标志的任何部分不得侵入公路建筑界限内。悬臂、门架式等悬空标志净空高度应预留 20~50cm 的余量。

9.【答案】D

【解析】标志内边缘距土路肩边缘线的距离不小于 25cm。

10.【答案】C

【解析】交通标志之间应保持合理间距,设计速度大于或等于80km/h的公路交通标志之间的间隔不宜小于60m,其他公路交通标志之间的间隔不宜小于30m。

11.【答案】B

【解析】安装在同一支撑结构上的标志不宜超过4个。

12.【答案】B

【解析】高速公路互通式立交、服务区、停车区指路标志的设置,分别以减速车道渐变段起点和加速车道渐变段终点为前、后基准点。指路标志显示的距离,指与前基准点的间距。

13.【答案】D

【解析】当因互通式立体交叉、桥梁、隧道等因素没有位置设置时,经严格论证可取消2km出口预告标志,其他出口预告标志必须设置。

14.【答案】C

【解析】交通标志设计的目的是利用标志实物上的图形或文字向驾驶人传达有关环境的信息,交通标志有信息、图形和硬件三个系统组成。

15.【答案】C

【解析】纵向或横向连续设置的交通标线应根据需要设置排水孔。每隔10~15m设置排水缝,宽度为3~5cm。

16.【答案】B

【解析】互通式立体交叉、服务区、停车区出入口处,应设置导向箭头。出口导向箭头应以减速车道渐变点为基准点,入口导向箭头应以加速车道起点为基准点。

17.【答案】B

【解析】三级及三级以上公路之间形成的平面交叉应进行渠化设计,并设置渠化标线,有条件时宜设置渠化岛,路缘石高度不宜超过10cm。

18.【答案】A

【解析】单黄虚线的线条长度应为4m,空白段长度应为6m。

19.【答案】D

【解析】与交通标志文字尺寸的选取一样,根据设计速度确定。

20.【答案】D

【解析】路侧护栏的防护等级分为八级,由低到高分别为 C、B、A、SB、SA、SS、HB、HA。

21.【答案】A

【解析】根据《公路交通安全设施设计规范》(JTG D81—2017)表 6.2.10。

22.【答案】A

【解析】根据《公路交通安全设施设计规范》(JTG D81—2017)表 6.2.10、第 6.2.12 条。年平均日设计交通量($AADT$)小于 2000 辆小客车且设计速度小于或等于 60km/h 的公路,宜进行交通安全及经济综合分析,确定是否设置护栏及护栏的防护等级。需要设置护栏时,其防护等级可在表 6.2.10 的基础上降低 1 个等级,但最小不得低于一(C)级。

23.【答案】B

【解析】不同防护等级或不同结构形式的护栏之间连接时,应进行过渡段设计。护栏过渡段的防护等级应不低于所连接护栏中较低的防护等级。

24.【答案】A

【解析】护栏最大横向动态外延值(W)或车辆最大动态外倾值(VI_n)的选择应根据防护车型和障碍物来确定。当防护的障碍物低于护栏高度时,宜选择护栏最大横向动态外延值(W);当防护的障碍物高于护栏高度、公路主要行驶车型为大型车辆时,应选择车辆最大动态当量外倾值(VI_n)。

25.【答案】C

【解析】同第 24 题。

26.【答案】A

【解析】冬季风雪较大的地区,宜选用少阻雪的护栏形式。

27.【答案】A

【解析】交通量大、事故频发的路段,事故养护成本是必须考虑的因素,刚性护栏是较好的选择方案。

28.【答案】C

【解析】通过过渡段连接的两种形式护栏的长度之和不应小于两种形式护栏的最小结构长度的大值。

29.【答案】D

【解析】中央分隔带开口护栏应方便开启与关闭、具有可移动性,宜在 10min 内开启 10m 及以上的长度。

30.【答案】A

【解析】设计防护速度为 100km/h 的护栏防撞端头的防护等级正常情况下应选 TS 级,设计速度为 100km/h 的护栏防撞端头的防护等级正常情况下应选 TA 级。

31.【答案】C

【解析】高速公路、一级公路,按行车方向配置白色反射体的轮廓标应安装于公路右侧,配置黄色反射体的轮廓标应安装于中央分隔带。二级及二级以下公路,按行车方向配置的左右两侧的轮廓标均为白色。避险车道轮廓标颜色为红色。

32.【答案】C

【解析】同第 31 题。

33.【答案】A

【解析】按不同曲线半径确定设置间距,另外路基宽度、车道数有变化及竖曲线路段,可适当加密轮廓标的间隔。

34.【答案】C

【解析】安装轮廓标时,反射体应面向交通流,表面法线应与公路中心线成 0°～25°的角度。

35.【答案】B

【解析】特长隧道、长隧道可每隔 500m 设置一处隧道轮廓带。

36.【答案】A

【解析】隧道轮廓带的颜色宜采用白色,宽度宜为 15～20cm。

37.【答案】C

【解析】三级、四级公路达不到护栏设置标准但存在一定危险因素的路段,宜设置示警桩、示警墩等设施,示警桩、示警墩的颜色应为黄黑相间。道口标柱的颜色应为红白相间。

38.【答案】C

【解析】隔离栅应根据地形进行设置,隔离栅的高度不宜低于 1.5m,靠近城镇区域的隔离栅高度不宜低于 1.8m。

39.【答案】C

【解析】隔离栅的网孔尺寸可根据公路沿线动物的体形进行选择,最小网孔不宜小于 50mm×50mm。

40.【答案】C

【解析】防落物网距桥面的高度不宜低于 1.8m。

41.【答案】B

　　【解析】防落物网应进行防腐和防雷接地处理,防雷接地的地阻应小于10Ω。

42.【答案】B

　　【解析】防眩设施在直线路段遮光角不应小于8°,平、竖曲线路段遮光角为8°～15°,计算防眩设施的眩光距离采用120m。

43.【答案】C

　　【解析】结构形式、设置高度、设置位置发生变化时应设置渐变过渡段,过渡段长度以50m为宜。

44.【答案】B

　　【解析】在避险车道长度不能满足要求时,经论证可在制动床中段以后适当位置设置阻拦索或消能设施,阻拦索或消能设施的安全性应经过实车试验验证。阻拦索或消能设施宜进行防盗处理。

45.【答案】D

　　【解析】设计速度大于或等于80km/h的公路上常年存在风力大于七级的路段;设计速度小于80km/h的公路上常年存在风力大于八级的路段。

46.【答案】B

　　【解析】公路积雪标杆宜设置在公路土路肩上,设置位置不得侵入公路建筑限界以内。

47.【答案】D

　　【解析】公路上跨桥梁或隧道内净空高度小于4.5m时可设置防撞限高架,上跨桥梁或隧道内净空高度小于2.5m时宜设置防撞限高架。

48.【答案】D

　　【解析】警示限高架与上跨桥梁或隧道的距离应满足驾驶人反应距离与制动距离需求,防撞限高架与上跨桥梁或隧道的距离应满足车辆碰撞后运行速度的制动距离需求。

49.【答案】C

　　【解析】城市道路交叉口的交通信号周期不宜大于180s。

50.【答案】D

　　【解析】根据《城市道路交通设施设计规范》(GB 50688—2011)(2019年版)第7.5.2条,桥梁临空侧的人行护栏净高不应低于1.10m,当桥梁临空侧为人非混行道或非机动车道时,护栏的净高不应低于1.40m。

51.【答案】B

【解析】根据《城市道路交通设施设计规范》(GB 50688—2011)(2019年版)第7.6.1条第1款,双向六车道及以上的道路,当无中央分隔带且不设防撞护栏时,应在中间带设分隔栏杆,栏杆净高不宜低于1.10m。其目的是有效阻止行人翻越。

52.【答案】B

【解析】根据《城市道路工程设计规范》(CJJ 37—2012)第14.1.4条,可知快速路上交通安全和管理设施选用A级。根据14.2.1条可知:

当交通安全和管理设施等级为A级时,应配置系统完善的标志、标线、隔离和防护设施,并应符合下列规定:

(1)中间带必须连续设置中央分隔护栏和必需的防眩设施。

(2)桥梁与高路堤路段必须设置路侧护栏。

(3)互通式立交及其周边路网应连续设置预告、指路、禁令等标志。

(4)分合流路段宜连续设置反光突起路标。

(5)进出口分流三角端应有醒目的提示和防撞设施。

53.【答案】C

【解析】根据《公路交通安全设施设计规范》(JTG D81—2017)第11.2.7条:"材料粒径以2~4cm为宜",故本题选C。

54.【答案】C

【解析】根据《公路交通安全设施设计规范》(JTG D81—2017)第6.2.6条:"中央分隔带宽度小于2.5m且采用整体式护栏形式时,事故严重程度等级为高"。由第6.2.10条可知,高速公路设计速度100km/h,事故严重程度等级为高时,中央分隔带护栏应采用五(SAm)级。故本题选C。

55.【答案】D

【解析】根据《城市道路交通设施设计规范》(GB 50688—2011)第7.2.7条第4款:跨越大型饮用水水源一级保护区桥梁、特大悬索桥、斜拉桥等缆索承重桥梁,防护等级宜采用HB级别。故本题选D。

56.【答案】C

【解析】根据《城市道路交通标志和标线设置规范》(GB 51038—2015)第13.2.3条:对双向大于或等于4车道的城市主干路或次干路,没有设置中央分隔带,除交叉口、允许车辆左转弯或掉头的路段外,均应连续设置双黄实线。故本题选C。

57.【答案】B

【解析】根据《城市道路交通设施设计规范》(GB 50688—2011)第7.6.1条第1款:双

向六车道及以上的道路,在有行人穿行的断口处,应逐渐降低护栏高度,且不高于0.70m,降低后的长度不应小于停车视距。查《城市道路工程设计规范》(CJJ 37—2012)表6.6.1,设计速度50km/h对应的停车视距为60m。故本题选B。

58.【答案】A

【解析】根据《城市道路交通标志和标线设置规范》(GB 51038—2015)第4.3.6条第2款,A选项正确。第4.3.6条第1款,位于路面上方的各类标志,其标志板及支撑结构下缘至路面的高度应大于该道路规定的净空高度,B选项错误。第4.3.6条第3款,位于路侧的柱式标志板下缘距路面的高度宜为1.5~2.5m,C选项错误。第4.3.6条第4款,车行道上方的标志板面应与车道中心线垂直,板面宜向下倾斜0°~15°,D选项错误。

二、多项选择题

1.【答案】ABC

【解析】公路交通安全设施设计内容包括交通标志、交通标线(含突起路标)、护栏和栏杆、视线诱导设施、隔离栅、防落网、避险车道和其他交通安全设施(含防风栅、防雪栅、积雪标杆、限高架、减速丘和凸面镜)等。

2.【答案】ACD

【解析】主动引导、全时保障、隔离封闭设施的合理设置均可以起到事故预防的作用,有效避免交通事故的发生,是交通安全设施设计需要优先考虑的内容。

3.【答案】ABCD

【解析】公路交通安全设施设计应坚持以人为本、预防为主、系统设计、重点突出的原则。应在交通安全综合分析的基础上,优先设置主动引导设施,根据需要设置被动防护设施。

4.【答案】BCD

【解析】公路交通安全设施必须与公路土建工程同时设计、同时施工、同时投入生产和使用,这也是所谓"三同时"制度。

5.【答案】BD

【解析】次要干线公路应根据本规范的规定设置完善的交通标志、标线、视线诱导设施及必需的隔离栅、防落网;桥梁与高路堤路段必须设置路侧护栏;一级公路整体式断面中间带宽度小于或等于12m时,必须连续设置中央分隔带护栏;不同形式的护栏连接时,应进行过渡段设计;高速公路中央分隔带开口处必须设置开口护栏;一级公路应根据需要设置防眩设施。

6.【答案】ABD

【解析】道路交通标志的主要作用包括控制和疏导交通、维护交通秩序、提供交通信息、指引行进方向、执行法规的依据等内容。渠化交叉路口交通属于交通标线的作用。

7.【答案】ACD

【解析】选项A属于告示标志、选项C属于旅游区标志、选项D属于指示标志,均属于主标志;选项B属于辅助标志,附设在主标志下,对其进行辅助说明的标志。

8.【答案】BD

【解析】悬臂式、门架式、车行道上方附着式均属于车行道上方标志对应支撑结构形式。

9.【答案】ABD

【解析】交通标志按光学特性分为逆反射式、照明式和发光式。逆反射式是指利用逆反射材料制作,最为常见。照明式是指在标志结构内部或上方安装白色光源的标志;发光式是采用LED等主动发光器件或材料的标志。

10.【答案】AB

【解析】交通标志按版面显示内容分为静态标志和可变信息标志。永久性标志、临时性标志是按设置时效进行分类的。

11.【答案】CD

【解析】警告标志应设置在公路本身及沿线环境存在影响行车安全且不易被发现的危险地点,并应在充分论证的基础上设置,不得过量使用。禁令标志应设置在需要明确禁止或限制车辆、行人交通行为的路段起点附近醒目的位置。指示标志应根据交通流组织和交通管理的需要,在驾驶人、行人容易产生迷惑处或必须遵守行驶规定处设置。指路标志应根据路网一体化的原则进行整体布局,做到信息关联有序,不得出现信息不足、不当或过载的现象。

12.【答案】ABD

【解析】交通标志安装时,标志版面的法线应与公路中心平行或成一定角度。路侧安装的禁令标志和指示标志为0°~45°,指路标志和警告标志为0°~10°。悬臂、门架或附着式悬空标志安装时,标志的安装角度应与道路中心垂直或前倾0°~10°。

13.【答案】AD

【解析】考虑到驾驶人对信息的认知和理解程度,不能过多,优先考虑对安全影响大的交通标志。接受信息量过大有可能降低交通标志的有效性。一般情况下禁令标志和指示标志对行车安全有重要影响,所以应优先保留。交通标志宜单独设置,因条件限制需并列设置时,对交通标志所提供的信息进行排序,优先保留禁令和指示标志。

14.【答案】AC

【解析】安装在同一支撑结构上的标志不宜超过4个,并按禁令、指示、警告的顺序,先上后下、先左后右排列。

15.【答案】ABC

【解析】高速公路、隧道、特大桥梁路段的入口处,同一版面的禁令或指示标志的数量不应多于6个。

16.【答案】ABC

【解析】当符合下列条件时,交通标志应采用悬臂式或门架式等悬空支撑方式:路侧交通标志视认受到遮挡或影响;路侧交通标志影响视距或交通安全;路侧空间受限,无法安装柱式交通标志;单向有三条或三条以上车道;交通量达到或接近设计通行能力,或大型车辆所占比例很大;枢纽型互通式立体交叉、形式复杂或出口间距较近的互通式立体交叉的出口指引标志;互通式立体交叉出口匝道为多车道,或左向出口;平面交叉预告和告知标志;车道变换频繁的路段;交通标志设置较为密集的路段;位于城市区域的高速公路路段。

17.【答案】CD

【解析】公路及沿线环境存在影响行车安全且不易被发现的危险地点时,经论证可设置。同一地点需要设置两个或两个以上警告标志时,原则上只设置最需要的一个;如必须设两个及以上警告标志时,将提醒驾驶人危险主因的标志设置在上部或左侧。

18.【答案】ABC

【解析】圆曲线半径或停车视距小于下表规定值时,应设急弯路标志。

题18解表

设计速度(km/h)	圆曲线半径(m)	停车视距(m)
20	20	20
30	45	30
40	80	40

另外,圆曲线半径大于或等于表中规定值,但小于一般最小半径,且路线转角大于或等于45°时,应设急弯路标志。

19.【答案】AC

【解析】除个别标志外,禁令标志为白底、红圈、红杠,黑图形,圆形压杠,选项 B 错误;限速和解除限速标志不一定必须成对出现,可以设置新的限速标志。

20.【答案】ABC

【解析】高速公路指路标志按照标志的功能可分为路径指引、沿线信息指引、沿线设施指引标志;一般公路指路标志按照标志的功能可分为路径指引、地点指引、沿线设施指引、公路信息指引标志。

21.【答案】AB

【解析】指示信息为高速公路或城市快速路,以一般公路与高速公路或城市快速路的连接线平面交叉或减速车道渐变段起点为计算基准点。

22.【答案】ABC

【解析】指路标志的尺寸大小应根据字数、文字高度、排列方式确定,仅文字高度和设计速度有关。

23.【答案】ACD

【解析】道路交通标线的主要作用包括实行交通分离、渠化交叉路口交通、提示前方路况,保障交通安全、守法和执法的依据。

24.【答案】ABD

【解析】交通标线按功能可以划分为指示标线、禁止标线和警告标线。

25.【答案】ABC

【解析】交通标线按标线形态划分为线条、文字和突起路标三类。

26.【答案】AC

【解析】二级公路在特殊路段应设置车行道边缘线,所以选项 B 错误;二级以下公路,除单车道外,应设置对向车行道分界线,所以选项 D 错误。

27.【答案】ABC

【解析】二级及二级以下公路的下列路段应设置车行道边缘线:公路的窄桥及其上下游路段;采用最低公路设计指标的曲线段及其上下游路段;交通流发生合流或分流的路段;路面宽度发生变化的路段;路侧障碍物距车行道较近的路段;经常出现大雾等影响安全行车天气的路段;非机动车或行人较多的机非混行路段。

28.【答案】BCD

【解析】经常出现强侧向风的桥梁路段、隧道出入口路段、急弯陡坡路段、平面交叉驶入路段、接近人行横道线的路段,应设置禁止跨越同向车行道分界线。

29.【答案】CD

【解析】在靠近公路建筑限界范围的跨线桥、渡槽等的墩柱立面、隧道洞口侧墙端面及其他障碍物立面上,中央分隔墩、收费岛、实体安全岛或导流岛、灯座、标志基座及其他可能对行车安全构成威胁的立体实物表面上,应设置立面标记或实体标记。实体标记用以给出公路建筑限界范围内实体构造物的轮廓,提醒驾驶人注意。

30.【答案】AB

【解析】在公路宽度或车行道数量发生变化的路段应设置过渡标线。

31.【答案】BC

【解析】高速公路的车行道边缘线上宜设置突起路标;隧道的车行道分界线上宜设置突起路标。考虑到我国北部寒冷地区冬季除雪的需要,《公路交通安全设施设计规范》(JTG D81—2017)将突起路标的设置规定由"应"调整为"宜"。

32.【答案】ABC

【解析】护栏的作用包括:阻止车辆越出路外或穿越中央分隔带闯入对向车道、防止车辆从护栏板下钻出,或将护栏板冲断、应能使车辆恢复到正常行驶方向、发生碰撞时,对乘客的损伤程度最小、能诱导驾驶人的视线。

33.【答案】AC

【解析】按在公路中的纵向设置位置,护栏可以分为路基护栏和桥梁护栏。

34.【答案】AD

【解析】按在公路中的横向设置位置,护栏可以分为路侧护栏和中央分隔带护栏。

35.【答案】ABD

【解析】根据碰撞后的变形程度,护栏分为刚性护栏、半刚性护栏和柔性护栏。

36.【答案】CD

【解析】公路实际净区宽度与计算净区宽度不同时,应在交通安全综合分析的基础上,按照驶出路外或驶入对向车行道事故的风险确定是否设置护栏,并不是必须设置护栏,所以选项 A 错误;驶出路外或驶入对向车行道事故的风险应综合考虑驶出路外或驶入对向车行道的可能性以及事故严重程度等因素,所以选项 B 错误。

37.【答案】AD

【解析】未设盖板的边沟、排水沟区域,不能作为有效宽度,选项 B 错误;路侧有不可移除的行道树、标志立柱或其他障碍物时,不作为有效宽度,选项 C 错误。

38.【答案】BC

【解析】根据《公路交通安全设施设计规范》(JTG D81—2017)第 6.2.3 条、第 6.2.4 条,路侧有高压输电线塔时,事故严重程度为高;三级公路路侧有深度 30m 以上的悬崖、深谷、深沟等路段,事故严重程度为中。

39.【答案】AD

【解析】根据《公路交通安全设施设计规范》(JTG D81—2017)第 6.2.3 条、第 6.2.4 条,一级公路设路肩墙路段,路堤高度 2.0m,事故严重程度为低;高速公路、一级公路路外设有车辆不能安全越过的交通标志,事故严重程度为中。

40.【答案】ACD

【解析】根据《公路交通安全设施设计规范》(JTG D81—2017)第 6.2.6 条、第 6.2.7 条、第 6.2.8 条,干线一级公路中央分隔带宽度小于 2.5m 且采用整体式护栏形式时,事故严重程度等级为高,选项 B 错误。作为集散的一级公路,整体式断面中间带应设置保障行车安全的隔离设施,根据交通安全综合分析结果,可考虑是否设置中央分隔带护栏。

41.【答案】AB

【解析】根据《公路交通安全设施设计规范》(JTG D81—2017)第 6.2.13 条。

42.【答案】ABC

【解析】护栏最小结构长度包括了护栏标准段、渐变段和端头的长度。

43.【答案】BCD

【解析】高速公路的中央分隔带开口必须设置中央分隔带开口护栏,作为次要干线的一级公路,在禁止车辆掉头的中央分隔带开口处可设置中央分隔带开口护栏。

44.【答案】AB

【解析】收费站导流岛端部可采用非导向防撞垫,选项 C 错误;高速公路路侧计算净区宽度范围内有特殊形式的危险障碍物,不能采用其他方式进行有效安全防护时,应设置可导向防撞垫或非导向防撞垫,选项 D 错误。

45.【答案】BD

【解析】根据《公路交通安全设施设计规范》(JTG D81—2017)表 6.2.21。

46.【答案】ABD

【解析】突起路标属于交通标线类设施。

47.【答案】CD

【解析】隧道路段、二级及二级以下公路,轮廓标宜设置为双面反光形式。

48.【答案】CD

【解析】高速公路、一级公路,按行车方向配置白色反射体的轮廓标应安装于公路右侧,配置黄色反射体的轮廓标应安装于中央分隔带。

49.【答案】BD

【解析】路侧有水面宽度超过 6m 且深度超过 1.5m 的水渠、池塘、湖泊等天然屏障路段,选项 A 错误;挖方高度超过 20m 且坡度大于 70°的路段,选项 C 错误。

50.【答案】AD

【解析】隔离栅遇跨径小于2m的涵洞时可直接跨越,跨越处应进行围封,选项B错误;隔离栅的中心线可沿公路用地范围界限以内20～50cm处设置,选项C错误。

51.【答案】AB

【解析】上跨饮用水水源保护区、铁路、高速公路、需要控制出入的一级公路的车行或人行构造物两侧均应设置防落物网;公路跨越通航河流、交通量较大的其他公路时,应设置防落物网。

52.【答案】AB

【解析】防落石网宜设置在缓坡平台或紧邻公路的坡脚宽缓场地附近,通过数值计算确定落石的冲击动能、弹跳高度和运动速度,并选取满足防护强度和高度要求的防落石网。

53.【答案】AB

【解析】高速公路、一级公路中央分隔带宽度小于9m且符合下列条件之一者,宜设置防眩设施:夜间交通量较大,且交通量中,大型货车和大型客车自然交通量之和所占比例大于或等于15%的路段;设置超高的圆曲线路段;凹形竖曲线半径等于或接近于标准规定的最小半径值的路段;公路路基横断面为分离式断面,上下车行道高差小于或等于2m时;与相邻公路、铁路或交叉公路、铁路有严重眩光影响的路段;连拱隧道进出口附近。

54.【答案】ACD

【解析】在干旱地区,中央分隔带宽度小于3m的路段不宜采用植树防眩。

55.【答案】BC

【解析】避险车道宜设置在连续下坡路段右侧视距良好、车辆不能安全转弯的主线平曲线之前或路侧人口稠密区之前的路段,选项A错误。避险车道的设置位置及形式宜结合地形、线形条件确定,设置位置处宜避开桥梁,并应避开隧道,选项D错误。

56.【答案】CD

【解析】减速丘可用于三级、四级公路进入城镇、村庄的路段,或者进入干线的支路上。减速丘的设置应全断面铺设,并设置相应的减速丘标志、标线、建议速度或限制速度标志。

57.【答案】ABC

【解析】等级为D级时,应配置较完善的标志、标线;宜设置隔离和防护设施,并符合以下规定:平交口宜进行交通渠化;宜设置行人和机动车、非机动车分隔设施。

58.【答案】BC

【解析】根据《城市道路交通设施设计规范》(GB 50688—2011)(2019年版)第7.2.3条,大型车辆所占比例较大的路段,中央分隔带护栏宜采用混凝土护栏;冬季风雪较大地区,可选用少阻雪的护栏形式。

59.【答案】ABC

【解析】根据《城市道路交通设施设计规范》(GB 50688—2011)(2019 年版)第 7.2.3 条条文说明,柔性护栏动态变形量大、线形诱导性差、对大型车防护效果不佳且适用于宽路肩公路,不适用于城市道路,城市道路护栏形式可采用刚性护栏、半刚性护栏和组合式护栏。

60.**【答案】**CD

【解析】根据《城市道路交通设施设计规范》(GB 50688—2011)(2019 年版)第 7.2.4 条中表7.2.4-1,桥头引道、隧道洞口连接线;车辆越出路外可能发生重大事故的路段和匝道,这些路段路侧需设置 SB 级防撞护栏。

61.**【答案】**BC

【解析】根据《城市道路交通设施设计规范》(GB 50688—2011)(2019 年版)第 7.5.1 条,人行道与一侧地面存在高差,有行人跌落危险的,应设人行护栏;交叉口人行道边及其他需要防止行人穿越机动车道的路边,宜设置人行护栏。

62.**【答案】**ACD

【解析】根据《城市道路交通设施设计规范》(GB 50688—2011)(2019 年版)第 7.6.1 条,非机动车道和人行道为共板断面,宜在非机动车道和人行道之间设置分隔栏杆。

63.**【答案】**CD

【解析】根据《高速公路交通工程及沿线设施设计通用规范》(JTG D80—2006)第 5.8.3 条,高速公路路侧护栏防撞等级为 4 级(SA)时,路侧情况为车辆越出路外可能发生严重事故路段及地形陡峭、高挡墙的路段。故本题选 CD。

64.**【答案】**BC

【解析】根据《公路交通安全设施设计规范》(JTG D81—2017)第 6.3.2 条,高速公路设计速度 120km/h,当跨越公路、铁路或饮用水源一级保护区等路段的桥梁,应采用六(SS、SSm)级。故本题选 BC。

65.**【答案】**ABC

【解析】根据《城市道路交通标志和标线设置规范》(GB 51038—2015)第 4.1.1 条:"主标志包括禁令标志、警告标志、指路标志、指示标志、旅游区标志、作业区标志、告示标志",可知本题选 ABC。

三、案例题

1.**【答案】**C

【解析】该公路设计速度 100km/h,根据《公路交通安全设施设计规范》(JTG D81—2017)中附录 A 图 A.0.2-1,平均日交通量 4000veh/d 所对应的填方直线段计算净区宽度约为 8.2m。由图 A.0.2-3 可知,半径 500m 的曲线段计算净区宽度调整系数 F_c 约为 1.51。

曲线段计算净区宽度 = 相同路基类型对应的直线段计算净区宽度×调整系数 F_c = 8.2m × 1.51 = 12.382m。

2.【答案】D

【解析】该公路设计速度 100km/h,根据《公路交通安全设施设计规范》(JTG D81—2017)中附录 A 图 A.0.2-1,平均日交通量 8500veh/d 所对应的填方直线段计算净区宽度约为 6.7m。该路段实际净区宽度 = 1.5 + 0.75 = 2.25m。实际净区宽度小于计算净区宽度。

根据《公路交通安全设施设计规范》(JTG D81—2017)图 6.2.4,可知该路段路侧事故严重程度等级为中,应设置护栏。

根据《公路交通安全设施设计规范》(JTG D81—2017)表 6.2.10,一级公路设计速度 80km/h,路侧事故严重程度等级为中时,护栏等级应为 SB 级。

根据《公路交通安全设施设计规范》(JTG D81—2017)表 6.2.21,一级公路波形梁护栏的最小长度为 70m。

3.【答案】B

【解析】避险车道制动床长度 L 的计算公式如下[见《公路交通安全设施设计细则》(JTG/T D81—2017)第 11.3.7 条]:

$$L = \frac{V^2}{254 \times (R + G)}$$

其中 V = 80km/h;制动床材料是松散的砂砾,R 值为 0.1;G 值为 0.12。

$L = 80^2/[254 \times (0.1 + 0.12)] = 115$m

第三节　服务设施

复习要点

服务设施的种类、作用;服务区、停车区和客运汽车停靠站的设置条件。
城市广场的分类;城市广场设计的总体要求、竖向设计及出入口衔接道路的设计要求。
停车场的分类;机动车停车场设计的要点;非机动车停车场设计的要点。

典型习题

一、单项选择题

1. 服务区的平均间距不宜大于(　　　)。
(A)30km　　　　　　　　　(B)40km
(C)50km　　　　　　　　　(D)60km

2. 服务区与互通式立体交叉、隧道的净间距宜大于(　　　)。
　(A)1km
　(B)2km
　(C)3km
　(D)4km

3. 服务区内停车场的建筑面积、预埋工程分别按第(　　　)的交通量进行设计。
　(A)10 年,10 年
　(B)10 年,20 年
　(C)15 年,20 年
　(D)20 年,20 年

4. 关于服务区的设置规定,下列说法错误的是(　　　)。
　(A)服务区的布设宜采用集中式
　(B)服务区内各设施按功能分区设置,为人服务和为车服务设施分开设置
　(C)服务区广场应结合服务主楼、停车场等布设,做交通流设计
　(D)服务区停车场的车位数与停车方式,应根据交通量和交通组成设计

5. 布置在火车站前面,且人流、车流集散停留较多的广场属于(　　　)。
　(A)公共活动广场
　(B)集散广场
　(C)交通广场
　(D)商业广场

6. 确定城市广场场地面积的因素包括(　　　)。
　(A)周末人流量、车流量
　(B)年平均日人流量、车流量
　(C)工作日人流量、车流量
　(D)高峰时间人流量、车流量

7. 我国东北某城市拟建一座纪念性广场,该广场与某城市道路相连接,该道路在竖向设计时最大纵坡控制在(　　　)。
　(A)2.0%
　(B)3.0%
　(C)5.0%
　(D)7.0%

8. 根据停放车辆的类型,停车场可以分为(　　　)。
　(A)机动停车场和非机动车停车场
　(B)路上停车场和路外停车场
　(C)公用停车场和专用停车场
　(D)地面停车场和地下停车场

9. 下列关于机动车停车场设计的规定,正确的是(　　　)。
　(A)当停车场内车位布置为纵向排列时,为增加停放辆数每组停车可设置为 60veh
　(B)当停车容量为 40veh 时,可设置一个满足车辆双向行驶的出入口
　(C)单向通行的停车场进出口净宽不应小于 4m,双向通行的不应小于 7m
　(D)停车场的竖向设计应与排水相结合,坡度宜为 0.3% ~4.0%

10.非机动车停车场的纵坡宜为(　　　)。

(A)0.3%~3.0%

(B)0.3%~4.0%

(C)0.5%~3.0%

(D)0.5%~4.0%

二、多项选择题

1.公路服务设施的种类包括(　　　)。

(A)服务区

(B)停车区

(C)客运汽车停靠站

(D)U形转弯设施

2.影响客运停靠站设置位置的因素有(　　　)。

(A)城市交通规划

(B)地区公路交通规划

(C)公路沿线城镇分布

(D)出行需求

3.服务区、停车区位置规划和布设应根据(　　　)。

(A)区域路网

(B)建设条件

(C)景观要求

(D)环保要求

4.停车区应配置的设施有(　　　)。

(A)停车场

(B)公共厕所

(C)人员住宿设施

(D)室外休息区

5.关于停车区的设置规定,下列说法正确的是(　　　)。

(A)作为干线的一、二级公路宜设置停车区

(B)停车区与服务区或停车区之间的间距宜为15~25km

(C)停车区与互通式立体交叉、隧道的净间距宜大于2km

(D)停车区的布设宜采用分离式,应对称布置

6.关于客运停靠站的设置规定,下列说法正确的是(　　　)。

(A)客运汽车停靠站可与服务区结合设置

(B)高速公路主线侧可设置客运汽车停靠站

(C)一级公路主线侧可设置客运汽车停靠站

(D)客运汽车停靠站可设置在公路收费站前的连接线上

7.[2020年考题]《高速公路交通工程及沿线设施设计通用规范》(JTG D80—2006)规定,高速公路服务区、停车区的建设规模应根据公路设计交通量、交通组成、自然环境、用地条件等因素确定。应按预测的第20年交通量设计的项目有(　　　)。

(A)停车场建筑

(B)用地

(C)预留、预埋等相关工程

(D)餐饮建筑

三、案例题

[2019 年考题] 某城市广场与拟建道路相连,广场高于道路,广场中心竖向高程为 58.80m,无特殊控制条件。根据广场竖向设计要求,距离广场中心 120m 处,与广场边缘相连的道路宜控制的高程范围是( )。

(A)56.40 ~ 58.20m   (B)55.20 ~ 58.44m

(C)52.80 ~ 58.20m   (D)50.40 ~ 58.44m

参考答案及解析

一、单项选择题

1.【答案】C

【解析】服务区的平均间距不宜大于 50km;当沿线城镇分布稀疏,水、电等供给困难时,可增大服务区间距。

2.【答案】B

【解析】服务区与互通式立体交叉、隧道的净间距宜大于 2km。

3.【答案】B

【解析】停车场、餐饮等的建筑面积可按预测的第 10 年交通量设计,但用地及其预留、预埋等相关工程,应按预测的第 20 年交通量设计。

4.【答案】A

【解析】服务区的布设宜采用分离式。

5.【答案】B

【解析】集散广场为布置在火车站、港口码头、飞机场、体育馆以及展览馆等大型公共建筑物前面的广场,是人流、车流集散停留较多的广场。

6.【答案】D

【解析】广场设计应按高峰时间人流量、车流量确定场地面积,按人、车分流的原则,合理布置人流、车流的进出通道,公共交通停靠站及停车等设施。

7.【答案】C

【解析】与广场相连接的道路纵坡宜为 0.5% ~ 2.0%。困难时纵坡不应大于 7.0%,积雪及寒冷地区不应大于 5.0%。

8.【答案】A

【解析】根据停放车辆的类型分为机动停车场和非机动车停车场;根据停放车辆的场地分为路上停车场和路外停车场;根据服务对象分为公用停车场和专用停车场。

9.【答案】B

【解析】车位布置可按纵向或横向排列分组安排,每组停车不应超过50辆,A选项错误;条件困难或停车容量小于50辆时,可设一个出入口,但其进出口应满足双向行驶的要求,B选项正确;停车场出口净宽,单向通行的不应小于5m,双向通行的不应小于7m,C选项错误;停车场的竖向设计应结合排水,坡度宜为0.3%~3.0%,D选项错误。

10.【答案】B

【解析】非机动车停车场的纵坡坡度宜为0.3%~4.0%。

二、多项选择题

1.【答案】ABC

【解析】服务设施包括服务区、停车区和客运汽车停靠站。

2.【答案】BCD

【解析】客运停靠站的位置宜根据地区公路交通规划、公路沿线城镇分布、出行需求布设。

3.【答案】ABCD

【解析】服务区、停车区的位置应根据区域路网、建设条件、景观和环保要求等规划和布设。

4.【答案】ABD

【解析】停车区应设置停车场、公共厕所、室外休息区等设施。高速公路服务区应设置停车场、加油站、车辆维修站、公共厕所、室内外休息区、餐饮、商品零售点等设施,根据公路环境和需求可设置人员住宿、车辆加水的设施。

5.【答案】ABC

【解析】停车区的布设宜采用分离式,但无须对称布置。

6.【答案】ACD

【解析】从安全及管理角度考虑,高速公路主线侧不应设置客运汽车停靠站。

7.【答案】BC

【解析】根据《高速公路交通工程及沿线设施设计通用规范》(JTG D80—2006)第6.1.2条:"停车场、餐饮等的建筑面积可按预测的第10年交通量设计。但用地及其预留、预埋等相

503

关工程应按预测的第 20 年交通量设计"。故本题选 BC。

三、案例题

【答案】B

【解析】根据《城市道路工程设计规范》(CJJ 37—2012)第 11.3.4 条第 2 款,广场设计坡度宜为 0.3% ~3.0%。

广场中心竖向高程为 58.80m,与广场边缘相连的道路控制高程值最大宜为:

58.80 − 120 × 0.3% = 58.44m

与广场边缘相连的道路控制高程值最小宜为:

58.80 − 120 × 3% = 55.20m

第四节　管理设施

公路管理设施的种类;监控设施的分级与设置条件;收费系统的设置要求;照明设施的设置要求。

城市道路交通信号灯的配置要求;交通监控系统等级的划分及不同等级条件下相应设施的配置。

典 型 习 题

一、单项选择题

1. 监控、收费、通信、供配电、照明和管理养护等设施应根据(　　　)进行总体设计、分期实施。

(A)建设投资　　　　　　　　　　(B)交通量
(C)环境要求　　　　　　　　　　(D)用地条件

2. 适用于高速公路全程监控的监控设施等级为(　　　)。

(A)A 级　　　　　　　　　　　　(B)B 级
(C)C 级　　　　　　　　　　　　(D)D 级

3. 桥梁、隧道等构造物区段外场设备基础的设计交通量年限为(　　　)。

(A)第 5 年　　　　　　　　　　　(B)第 10 年
(C)第 15 年　　　　　　　　　　　(D)第 20 年

4.收费系统机电设备可按开通后第(　　)年的交通量进行配置。

(A)5

(B)10

(C)15

(D)20

5.服务区的停车场宜设置的照明方式为(　　)。

(A)混合杆灯照明

(B)低杆灯照明

(C)中杆灯照明

(D)高杆灯照明

6.收费广场车道数小于12时宜设置的照明方式为(　　)。

(A)混合杆灯照明

(B)低杆灯照明

(C)中杆灯照明

(D)高杆灯照明

7.[2019年考题]收费系统机电设备可按公路开通运营后的交通量配置,其开通运营年限为(　　)。

(A)10年

(B)15年

(C)20年

(D)25年

8.[2020年考题]按城市道路或路网的性质和监控系统特性,交通监控系统配置分级中,Ⅰ级与Ⅱ级的主要区别为是否设置(　　)。

(A)信息发布设施

(B)交通控制设施

(C)紧急报警设施

(D)交通违法事件检测记录设施

二、多项选择题

1.属于公路管理设施的有(　　)。

(A)监控

(B)收费

(C)供配电

(D)隧道通风

2.适用于高速公路监控的监控设施等级为(　　)。

(A)A级

(B)B级

(C)C级

(D)D级

3.D级的监控设施可在(　　)设置交通量检测、现场交通信息提示及交通诱导设施。

(A)特大桥

(B)客运汽车停靠站

(C)服务区

(D)收费站

4.监控系统应具备的功能包括(　　)。

(A)信息采集

(B)信息加工

(C)信息处理与决策

(D)信息发布与控制

5. 监控管理机构的部门组成包括( )。
 (A)监控中心 (B)监控分中心
 (C)监控站 (D)监控室

6. 监控系统可采用的模式包括( )。
 (A)集中式 (B)并联式
 (C)分布式 (D)串联式

7. 监控系统的控制方式分为( )。
 (A)主线控制 (B)支线控制
 (C)匝道控制 (D)通道控制

8. 收费站可采用的收费方式包括( )。
 (A)人工收费 (B)半自动收费
 (C)自动收费 (D)不停车收费

9. 关于收费制式的规定,说法正确的是( )。
 (A)已联网或规划联网收费区域内的高速公路应采用封闭式
 (B)建设里程长,用路者行驶距离差别较大,且主线和互通式立体交叉出入交通量均较大的高速公路应采用封闭式
 (C)独立收费的桥梁、隧道宜采用混合式
 (D)互通式立体交叉间距较大且出入交通量小宜采用开放式

10. 通信设施应提供的信息服务平台包括( )。
 (A)语音 (B)数据
 (C)图像 (D)控制信号

11. 确实通信管道敷设容量时应综合考虑( )。
 (A)交通专网需求 (B)社会租赁需求
 (C)扩容要求 (D)工程造价

12. 通信系统管理机构的部门组成包括( )。
 (A)通信中心 (B)通信分中心
 (C)通信子中心 (D)通信站

13. 高速公路通信网的部分组成包括( )。
 (A)控制网 (B)传送网
 (C)业务网 (D)支撑网

14.应设置公路照明设施的位置有(　　)。

  (A)收费广场

  (B)避险车道

  (C)互通立交

  (D)机场高速公路

15.关于养护设施的设置规定,下列说法正确的是(　　)。

  (A)高速公路宜设置养护工区,其他等级道路宜设置道班房

  (B)公路管理、养护管理设施宜结合地形和业务范围选址合建

  (C)养护工区与收费站合建时,应与收费站设置统一的出入口

  (D)公路管理房屋建筑规模宜按照预测的第20年交通量确定

16.城市道路中应设置车道信号灯的路段有(　　)。

  (A)长大隧道

  (B)可变车道

  (C)收费口

  (D)检查通道

参考答案及解析

一、单项选择题

1.【答案】B

【解析】监控、收费、通信、供配电、照明和管理养护等设施应根据交通量进行总体设计、分期实施,并据此实施基础工程、地下管线及预留预埋工程等。

2.【答案】A

【解析】A级监控设施适用高速公路全程监控;B级监控设施适用高速公路分段监控。

3.【答案】D

【解析】管道及桥梁、隧道等构造物区段的外场设备基础的设计交通量为预测的第20年交通量。

4.【答案】C

【解析】收费系统机电设备可按开通后的第15年交通量配置;收费岛、收费广场、地下通道、收费大棚等设施宜按开通后第15年的交通量配置;收费广场用地、站房用地、建筑和土木工程用地应按开通后第20年的交通量实施。

5.【答案】D

【解析】服务区的停车场宜设置高杆灯照明,照度宜为15~30lx,均匀度应大于0.3。

6.【答案】C

【解析】收费广场车道数大于或等于 12 时宜高杆灯照明,小于 12 时宜设中杆灯照明,其照度宜为 20～40lx,均匀度应大于 0.4。

7.【答案】B

【解析】根据《公路工程技术标准》(JTG B01—2014)第 10.4.3 条第 3 款,收费系统机电设备可按开通后的第 15 年交通量配置;收费岛、收费广场、地下通道、收费大棚等设施宜按开通后第 15 年的交通量配置;收费广场用地、站房用地、建筑和土方工程用地应按开通后第 20 年的交通量配置。

8.【答案】C

【解析】根据《城市道路交通设施设计规范》(GB 50688—2011)第 9.4.2 条、第 9.4.3 条、第 9.5.2 条以及第 9.5.3 条,本题选 C。

二、多项选择题

1.【答案】ABC

【解析】管理设施包括监控、收费、通信、供配电、照明和管理养护等设施。

2.【答案】AB

【解析】C 级监控设施适用干线一级、二级公路;D 级监控设施适用集散公路、支线公路。

3.【答案】AB

【解析】D 级监控设施可在特大桥、加油站、客运汽车停靠站、主要公路平面交叉口等重点或有特殊需求路段,设置交通量检测、现场交通信息提示及交通诱导设施。

4.【答案】ACD

【解析】监控系统应具备信息采集、信息处理与决策和信息发布与控制功能。

5.【答案】ABC

【解析】监控管理机构由监控中心(或区域监控中心)、监控分中心、监控站组成。

6.【答案】AC

【解析】监控系统模式可采用集中式或分布式。

7.【答案】ACD

【解析】监控系统控制方式分为主线控制、匝道控制和通道控制。

8.【答案】BCD

【解析】收费方式可采用半自动收费、自动收费或不停车收费。

9.【答案】AB

【解析】独立收费的桥梁、隧道宜采用开放式;近期预测交通量较少且短途交通量较少,或互通式立体交叉间距较大且出入交通量小宜采用混合式。

10.【答案】ABC

【解析】通信设施应满足监控、收费和管理等业务需求,结合路网统一规划、统一标准、统一体制,提供语音、数据、图像信息服务平台。

11.【答案】ABC

【解析】通信管道敷设容量应综合考虑交通专网需求、社会租赁需求和扩容要求确定,省与省之间应保证一条用于干线联网的通信管道。

12.【答案】ABD

【解析】通信系统管理机构应由通信中心、通信分中心、通信站组成。

13.【答案】BCD

【解析】高速公路通信网由传送网、业务网、支撑网组成。

14.【答案】AB

【解析】收费广场、服务区广场、避险车道、检测点(站)等应设置照明设施,位于城市出入口路段的互通立交、特大桥、机场高速公路、环城高速公路可设置照明设施。

15.【答案】ABD

【解析】养护工区与收费站合建时,应在被交路上设置独立的出入口,选项C错误。

16.【答案】BCD

【解析】根据《城市道路交通设施设计规范》(GB 50688—2011)(2019年版)第8.2.3条,城市道路的特大桥、长大隧道等路段,可根据交通组织要求或设施养护要求设置车道信号灯。可变车道、收费口和检查通道应设置车道信号灯。

第五节　城市道路其他设施

复习要点

管线的种类、作用和设置原则;排水的种类、作用和设置原则;照明的种类、作用和设置原则;城市道路绿化和景观的基本规定;绿化设计要求;景观设计要求;城市道路工程无障碍设计

(缘石坡道、盲道、轮椅坡道等)的内容和要求。

典 型 习 题

一、单项选择题

1. 关于管线敷设的要求,不符合规范规定的是( )。
   (A)地上杆线宜设置在道路设施带内
   (B)架空管线不得侵入道路建筑限界
   (C)架空管线距离地面高度应大于 5m
   (D)地下管线除支管接口外,其余部分不应超出道路红线范围

2. 关于绿化设计要求,不符合规范规定的是( )。
   (A)对宽度小于 1.5m 分隔带,不宜种植乔木
   (B)对快速路的中间分隔带,不宜种植乔木
   (C)设置雨水调蓄设施的道路绿化用地内植物宜选择耐淹、耐污等能力较强的植物
   (D)主、次干路中间分车绿带和交通岛绿地可布置成开放式绿地

3. 关于道路景观的设计要求,不符合规范规定的是( )。
   (A)快速路及标志性道路应反映城市形象。景观设施尺度宜大气、简洁明快,绿化配置强调统一,道路范围视线开阔。应以车行者视觉感受为主
   (B)主干道、次干路及快速路的辅路应反映区域特色。景观设施宜简化、尺度适中,道路范围视线良好。车行和步行者视觉感受兼顾
   (C)次干路应反映街道特色和商业文化氛围。景观设施宜多样化,绿化配置多层次且强调统一。应以行人和车行者视觉感受兼顾
   (D)支路应反映社区生活场景、街道的生活氛围。景观设施小品宜生活化,绿化配置宜生动活泼,多样化,应以自然种植方式为主

4. 关于行进盲道的要求,不符合规范规定的是( )。
   (A)行进盲道的宽度宜为 500mm
   (B)行进盲道宜在距围墙、花台、绿化带 250～500mm 处设置
   (C)行进盲道宜在距树池边缘 250～500mm 处设置
   (D)行进盲道应与人行道的走向一致

5. 关于提示盲道的要求,不符合规范规定的是( )。
   (A)提示盲道的宽度应大于行进盲道的宽度
   (B)提示盲道的触感圆点表面直径为 25mm
   (C)提示盲道的触感圆点底面直径为 35mm

(D)提示盲道的触感圆点高度为 4mm

6.城市道路无障碍设计中,关于缘石坡道的说法,错误的是(　　)。
  (A)人行道的各种路口必须设缘石坡道
  (B)宜优先选用全宽式单面坡缘石坡道
  (C)缘石坡道有三面坡缘石坡道
  (D)缘石坡道的下口高出车行道的地面不得大于 30mm

7.全宽式单面坡缘石坡道的坡度与三面坡缘石坡道正面及侧面的坡度不应大于(　　)。
  (A)1：10,1：10　　　　　　　　　　(B)1：15,1：10
  (C)1：20,1：12　　　　　　　　　　(D)1：25,1：15

8.某轮椅坡道设计时,其最大高度为 0.75m,水平长度为 9m,应在两侧设置(　　)。
  (A)盲道　　　　　　　　　　　　　(B)扶手
  (C)提示牌　　　　　　　　　　　　(D)指示灯

9.[2020 年考题]下列关于城市道路无障碍设计的要求,符合规范规定的是(　　)。
  (A)在车道之间的分隔带设公交车站时可不考虑乘轮椅者的使用要求
  (B)城市道路的人行横道,均应配置过街音响提示装置
  (C)当人行天桥设置坡道有困难时,应设置无障碍电梯
  (D)行进盲道的触感条底宽为 25mm

10.[2021 年考题]关于城市道路盲道的设计要求,不符合规范规定的是(　　)。
  (A)行进盲道的宽度宜为 250～500mm
  (B)提示盲道的宽度应大于行进盲道的宽度
  (C)当人行道中设有盲道系统时,应与公交车站的盲道相连接
  (D)人行天桥及地道出入口处应设置提示盲道

二、多项选择题

1.当道路的地下水可能对道路造成不良影响时,应采取适当的(　　)措施。
  (A)排除　　　　　(B)阻隔　　　　　　(C)堵塞　　　　　(D)蒸发

2.需要设置提示盲道的地点有(　　)。
  (A)行进盲道在起点、终点、转弯处
  (B)人行天桥及地道出入口处
  (C)人行天桥及地道距每段台阶与坡道的起点与终点 250～500mm 处
  (D)人行道中坡道的上下坡边缘处

3. 城市道路设计中,无障碍设施的设计一般包括(　　)。
　　(A)盲道　　　　　　　　　　　　(B)缘石坡道
　　(C)轮椅坡道　　　　　　　　　　(D)自动扶梯

4. [2019年考题]城市道路无障碍设计缘石坡道的坡度应符合(　　)。
　　(A)全宽式单面坡缘石坡道的坡度不应大于1：20
　　(B)三面坡缘石坡道正面及侧面的坡度不应大于1：12
　　(C)其他形式的缘石坡道的坡度均不应大于1：12
　　(D)有条件地区的缘石坡度可为1：10

5. [2020年考题]下列关于城市道路无障碍缘石坡道的设计要求,符合规范规定的是(　　)。
　　(A)采用全宽式单面坡缘石坡道时,其坡度不应大于1：20
　　(B)人行道在各种路口、各种出入口位置必须设置缘石坡道
　　(C)采用三面坡缘石坡道时,其正面坡道坡口宽度不应小于1.0m
　　(D)宜优先选用全宽式单面坡缘石坡道,其宽度应与人行道宽度相同

三、案例题

1. 某轮椅坡道的最大高度为1m,其水平长度应大于(　　)。
　　(A)16m　　　　(B)17.6m　　　　(C)19.2m　　　　(D)20m

2. [2019年考题]下图为无障碍设施设计图。在以下选项中,不符合规范规定的是(　　)。
　　(A)缘石坡道的坡度　　　　　　　(B)全宽式单面坡宽度
　　(C)行进盲道宽度　　　　　　　　(D)提示盲道宽度

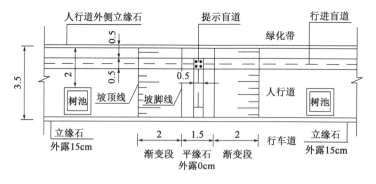

题2图(尺寸单位:m)

3. [2020年考题]下列关于城市道路无障碍缘石坡道的设计要求,符合规范规定的是(　　)。
　　(A)采用全宽式单面坡缘石坡道时,其坡度不应大于1：20

（B）人行道在各种路口、各种出入口位置必须设置缘石坡道

（C）采用三面坡缘石坡道时,其正面坡道坡口宽度不应小于1.0m

（D）宜优先选用全宽式单面坡缘石坡道,其宽度应与人行道宽度相同

4.[2020年考题] 下列城市道路无障碍设计图中,无障碍设计全部符合规范规定的是（　　）。(图中尺寸单位除注明外,均以 m 计)

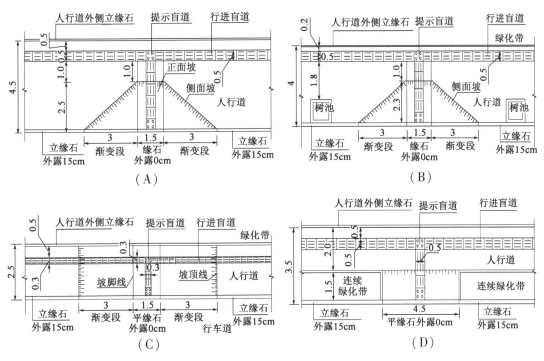

（A）　（B）　（C）　（D）

参考答案及解析

一、单项选择题

1.【答案】C

【解析】根据《城市道路工程设计规范》(CJJ 37—2012)第15.2.2条第3款,地上杆线宜设置在道路设施带内。架空管线不得侵入道路建筑限界,距离地面高度应符合相关专业技术规范的规定。地下管线除支管接口外,其余部分不应超出道路红线范围。

2.【答案】D

【解析】根据《城市道路工程设计规范》(CJJ 37—2012)第16.2.2条第4款,主、次干路中间分车绿带和交通岛绿地不应布置成开放式绿地。

3.【答案】C

【解析】根据《城市道路工程设计规范》(CJJ 37—2012)第 16.3.2 条第 3 款,主干路、次干路及快速路的辅路应反映区域特色。景观设施宜简化、尺度适中、道路范围视线良好,车行和步行者视觉感受兼顾。

4.【答案】A

【解析】根据《无障碍设计规范》(GB 50763—2012)第 3.2.2 条第 2 款,行进盲道的宽度宜为 250 ~ 500mm。

5.【答案】A

【解析】根据《无障碍设计规范》(GB 50763—2012)第 3.2.3 条第 1 款,行进盲道在起点、终点、转弯处及其他有需要处应设提示盲道,当盲道的宽度不大于 300mm 时,提示盲道的宽度应大于行进盲道的宽度。

6.【答案】D

【解析】根据《无障碍设计规范》(GB 50763—2012)第 3.1.1 条,缘石坡道的坡口与车行道之间宜没有高差;当有高差时,高出车行道的地面不应大于 10mm。

7.【答案】C

【解析】全宽式单面坡缘石坡道的坡度不应大于 1 : 20;三面坡缘石坡道正面及侧面的坡度不应大于 1 : 12;其他形式的缘石坡道的坡度均不应大于 1 : 12。

8.【答案】B

【解析】该坡道高度 0.75m,其坡度为 1 : 12,根据《无障碍设计规范》(GB 50763—2012)第 3.4.3 条,轮椅坡道的高度超过 300mm 且坡度大于 1 : 20 时,应在两侧设置扶手。

9.【答案】C

【解析】根据《无障碍设计规范》(GB 50763—2012)第 4.4.2 条第 1 款,要求满足轮椅通行需求的人行天桥及地道处宜设置坡道,当设置坡道有困难时,应设置无障碍电梯。

10.【答案】B

【解析】根据《无障碍设计规范》(GB 50763—2012)第 3.2.2 条第 2 款,选项 A 符合规范规定;根据第 3.2.3 条第 1 款,当盲道的宽度不大于 300mm 时,提示盲道的宽度应大于行进盲道的宽度,选项 B 不符合规范规定;根据第 4.5.2 条第 2 款,选项 C 符合规范规定;根据第 4.4.1 条第 2 款,选项 D 符合规范规定。

二、多项选择题

1.【答案】AB

【解析】根据《城市道路工程设计规范》(CJJ 37—2012)第 15.3.3 条,当道路的地下水可能对道路造成不良影响时,应采取适当的排除或阻隔措施。道路结构层内可根据需要采取适当的排水或隔水措施。

2.【答案】ABCD

【解析】根据《无障碍设计规范》(GB 50763—2012)第 3.2.3 条第 1 款,行进盲道在起点、终点、转弯处及其他有需要处应设提示盲道,当盲道的宽度不大于 300mm 时,提示盲道的宽度应大于行进盲道的宽度,选项 A 正确;根据第 4.4.1 条第 2 款,人行天桥及地道出入口处应设置提示盲道,选项 B 正确;根据第 4.4.1 条第 3 款,人行天桥及地道距每段台阶与坡道的起点与终点 250~500mm 处应设提示盲道,选项 C 正确;根据第 4.2.2 条第 3 款,人行道中坡道的上下坡边缘处应设置提示盲道,选项 D 正确。

3.【答案】ABC

【解析】自动扶梯是非残疾人使用的设施,残疾人应使用无障碍电梯,选项 D 错误。盲道、缘石坡道、轮椅坡道、无障碍出入口均属于残疾人使用的设施,属于无障碍设施的设计。

4.【答案】ABC

【解析】根据《无障碍设计规范》(GB 50763—2012)第 3.1.2 条,全宽式单面坡缘石坡道的坡度不应大于 1:20;三面坡缘石坡道正面及侧面的坡度不应大于 1:12;其他形式的缘石坡道的坡度均不应大于 1:12。

5.【答案】ABD

【解析】根据《无障碍设计规范》(GB 50763—2012)第 3.1.2 条,全宽式单面坡缘石坡道的坡度不应大于 1:20,选项 A 符合;根据《无障碍设计规范》(GB 50763—2012)第 4.2.1 条,人行道在各种路口、出入口位置必须设置缘石坡道,选项 B 符合;根据《无障碍设计规范》(GB 50763—2012)第 3.1.3 条,全宽式单面坡缘石坡道的宽度应与人行道宽度相同;三面坡缘石坡道的正面坡道宽度不应小于 1.20m,根据第 3.1.1 条,宜优先选用全宽式单面坡缘石坡道;选项 C 不符合,选项 D 符合。

三、案例题

1.【答案】B

【解析】(1)根据《无障碍设计规范》(GB 50763—2012)第 3.4.4 条,轮椅坡道的最大高度和水平长度应符合下表的规定。其他坡度可用插入法进行计算。

轮椅坡道的最大高度和水平长度　　　　　题 1 解表

坡度	1:20	1:16	1:12	1:10	1:8
最大高度(m)	1.20	0.90	0.75	0.60	0.30
水平长度(m)	24.00	14.40	9.00	6.00	2.40

(2)$(1.2-0.9)/(24-14.4)=(1.0-0.9)/(X-14.4)$

解得 $X=17.6$m

2.【答案】A

【解析】根据《无障碍设计规范》(GB 50763—2012),该图示为全宽式单面坡缘石坡道。

(1)按第3.1.2条,全宽式单面坡缘石坡道的坡度不应大于1:20,坡度为0.15/2 = 1:13.3,大于1:20,选项A不满足规范要求。

(2)按第3.1.3条,全宽式单面坡缘石坡道的宽度应与人行道宽度相同,选项B符合规范要求。

(3)按第3.2.2条,行进盲道的宽度宜为250~500mm,选项C符合规范要求。

(4)按第3.2.3条,提示盲道的宽度大于300mm,选项D符合规范要求。

3.【答案】ABD

【解析】(1)根据《无障碍设计规范》(GB 50763—2012)第3.1.2条,全宽式单面坡缘石坡道的坡度不应大于1:20,选项A符合。

(2)根据《无障碍设计规范》(GB 50763—2012)第4.2.1条,人行道在各种路口、各种出入口位置必须设置缘石坡道,选项B符合。

(3)根据《无障碍设计规范》(GB 50763—2012)第3.1.3条,全宽式单面坡缘石坡道的宽度应与人行道宽度相同;三面坡缘石坡道的正面坡道宽度不应小于1.20m;根据第3.1.1条,宜优先选用全宽式单面坡缘石坡道;选项C不符合,选项D符合。

4.【答案】A

【解析】根据《无障碍设计规范》(GB 50763—2012)第3.1.1~3.2.3条:

(1)选项B行进盲道距缘石宽度0.2m < 0.25m,不符合第3.2.2条第4款。

(2)选项C行进盲道宽300mm,不符合第3.2.3条第1款,提示盲道宽度应大于行进盲道宽度的规定。

(3)选项D侧向缘石坡道坡度0.15/15 = 1:10 > 1:12,不符合第3.1.2条第1款。

第六节　城市管线综合

 复习要点

城市地上、地下管线的类型、覆土厚度要求;城市地上、地下管线布置原则,管线间及管线与其他构筑物之间的最小水平距离及垂直净距。

典 型 习 题

一、单项选择题

1.在城市工程管线的分类中,地埋管线的划分类别属于(　　　)。

(A)不同性能和用途　　　　　　　　(B)不同的输送方式

（C）敷设方式　　　　　　　　　　　　（D）弯曲程度

2.工程管线的敷设方式可以分为(　　)。
  （A）架空敷设、地埋敷设和地铺敷设
  （B）架空敷设、高架敷设和地下敷设
  （C）高架敷设、低杆敷设和地下敷设
  （D）低杆敷设、架空敷设和地铺敷设

3.严寒或寒冷地区给水、排水、再生水、直埋电力及湿燃气等工程管线,确定管线覆土深度主要根据(　　)。
  （A）地面承受荷载的大小　　　　　　（B）土壤冰冻深度
  （C）管线类别　　　　　　　　　　　（D）土壤性质

4.城市道路地上杆线与地下管线宜设置的位置分别是(　　)。
  （A）道路设施带内,非车行道下　　　（B）人行道内,分车带下
  （C）道路绿化带内,非车行道下　　　（D）道路绿化带内,分车带下

5.工程管线的水平净距是指(　　)。
  （A）水平净距是工程管线中心之间的水平距离
  （B）管线外壁与建(构)筑物内边缘之间的水平距离
  （C）水平净距是工程管线外壁(含保护层)之间或管线外壁与建(构)筑物外边缘之间的水平距离
  （D）水平净距是工程管线外壁(不含保护层)之间或管线外壁与建(构)筑物外边缘之间的水平距离

6.工程管线垂直净距是(　　)。
  （A）工程管线中心之间的垂直距离
  （B）管线外壁与建(构)筑物内边缘之间的垂直距离
  （C）工程管线外壁(含保护层)之间或管线外壁与建(构)筑物外边缘之间的垂直距离
  （D）工程管线外壁之间或管线外壁与建(构)筑物外边缘之间的垂直距离

7.关于确定工程管线交叉点高程的说法,正确的是(　　)。
  （A）根据排水等重力流管线的高程确定
  （B）根据燃气管线的高程确定
  （C）根据电力管线的高程确定
  （D）根据热力管线的高程确定

8.关于架空电力线及通信线同杆架设规定的说法,错误的是(　　)。

(A)高压电力线可采用多回线同杆架设

(B)中、低压配电线可同杆架设

(C)高压与中、低压配电线同杆架设时,应进行绝缘、屏蔽配合的论证

(D)中、低压电力线与通信线同杆架设应采取绝缘、屏蔽等安全措施

9. 利用交通桥梁跨越河流的燃气管线压力不应大于( )。

(A)0.4MPa (B)0.5MPa

(C)0.6MPa (D)0.8MPa

10. 工程管线从道路红线向道路中心线方向平行布置的次序宜为( )。

(A)电力、通信、给水(配水)、给水(输水)、燃气(配气)、热力、燃气(输气)、再生水、污水、雨水

(B)电力、通信、给水(配水)、给水(输水)、热力、燃气(配气)、燃气(输气)、给水(输水)、再生水、污水、雨水

(C)通信、电力、给水(配水)、燃气(配气)、热力、燃气(输气)、给水(输水)、雨水、再生水、污水

(D)电力、通信、给水(配水)、燃气(配气)、热力、燃气(输气)、给水(输水)、再生水、污水、雨水

11. 当工程管线交叉敷设时,管线自地表面向下的排列次序宜为( )。

(A)通信、电力、燃气、热力、给水、再生水、雨水、污水

(B)燃气、电力、通信、热力、给水、再生水、雨水、污水

(C)通信、热力、电力、燃气、给水、雨水、再生水、污水

(D)燃气、热力、通信、电力、给水、雨水、再生水、污水

12. 当工程管线交叉敷设时,按自上而下敷设的顺序是( )。

(A)给水、再生水、排水管线 (B)排水管线、给水、再生水

(C)再生水、排水管线、给水 (D)排水管线、再生水、给水

13. [2019 年考题] 对城市工程管线与建(构)筑物之间的最小水平净距要求最大的是( )。

(A)污水管线 (B)给水管线

(C)热力管线 (D)高压燃气管线

14. [2021 年考题]通行有轨电车的某城市主干路,与现况 35kV 架空电力线相交,该架空电力线与路面之间的最小垂直净距,符合规范规定的是( )。

(A)6.0m (B)7.0m

(C)9.0m (D)10.0m

二、多项选择题

1. 按工程管线性能和用途进行分类,城市工程管线包括(　　)。
   (A)光电流管线
   (B)给水管道
   (C)热力管道
   (D)排水沟道

2. 城市工程管线宜地下敷设,当架空敷设可能危及人身财产安全或对城市景观造成严重影响时应采取的地下敷设方式有(　　)。
   (A)浅埋
   (B)直埋
   (C)保护管
   (D)管沟

3. 当工程管线竖向位置发生矛盾时,正确的处理避让方式有(　　)。
   (A)重力自流管线宜避让压力管线
   (B)易弯曲管线宜避让不易弯曲管线
   (C)分支管线宜避让主干管线
   (D)临时管线宜避让永久管线

4. 确定管线的覆土深度,应考虑的因素包括(　　)。
   (A)土壤冰冻深度
   (B)土壤性质
   (C)地面承受荷载的大小
   (D)工程管线承载能力

5. 关于城市地下管线的敷设深度的说法,正确的有(　　)。
   (A)城市地下管线分为深埋和浅埋,一般以覆土深度超过 3m 为界
   (B)划分深埋和浅埋主要决定于有水的管道和含有水分的管道在寒冷的情况下是否怕冰冻以及土壤冰冻的深度
   (C)在北方寒冷地区,由于冰冻线较深,热力、干燃气工程管线需要深埋
   (D)在南方地区,由于冰冻线不存在或较浅,给水、排水等管道可以浅埋

6. 工程管线共沟敷设原则有(　　)。
   (A)压力管道不与电力、通信电缆共沟
   (B)排水管道布置在沟底
   (C)腐蚀性介质管道的高程要低于其他管线
   (D)易燃、易爆、有毒、有腐蚀的管道不能共沟敷设,严禁与消防水管共沟敷设

7. 关于城市工程管线布置的说法,正确的有(　　)。
   (A)工程管线的平面位置和竖向位置均应采用城市统一的坐标系统和高程系统
   (B)区域工程管线应避开城市建成区
   (C)同一管线不宜自道路一侧转到另一侧

（D）工程管线与铁路、道路交叉时宜采用垂直交叉方式布置,受条件限制时,其交叉角宜大于45°

8.［2019年考题］影响确定城市热力、电信、电力电缆工程管线敷设土深度的因素包括(   )。

（A）土壤性质   （B）冰冻深度

（C）地面承受荷载的大小   （D）管道材料

9.［2020年考题］关于城市道路管线工程采用综合管廊敷设的适用条件,符合规范规定的是(   )。

（A）高强度集中开发区域、重要的公共空间

（B）交通流量大或地下管线密集的城市道路

（C）道路宽度难以满足直埋多种管线的路段

（D）宜开挖的路面的地段

三、案例题

1.某污水排水管线工程,基础埋深5m,管沟边的人行天桥基础埋深3m,管沟开挖宽度1m,土壤内摩擦角30°,管线中心距天桥基础水平距离应大于(   )。

（A）2.5m   （B）3.18m

（C）3.96m   （D）4.62m

2.［2019年考题］城市工程污水管线敷设深度为6m,污水管线开挖管沟宽度为2m,相邻建筑物基础底砌置深度为4m。在不考虑其他因素情况下,污水管线中心与建筑物基础之间的最小水平净距应为(   )。（土壤内摩擦角 α, $\tan\alpha = 0.45$）

（A）2.5m   （B）3.5m

（C）4.4m   （D）5.4m

3.［2020年考题］某城市道路车行道下敷设右热力管线,管外径为250mm,敷设深度为1.4m,现拟敷设给水管线与该热力管线相交叉,给水管外径为350mm,则无其他措施时,给水管线最小敷设深度为(   )。（敷设深度为路面至管线外底距离）

（A）1.00m   （B）1.55m

（C）1.90m   （D）2.15m

4.［2021年考题］新建城市道路拟设地下箱涵(结构外廓尺寸:宽×高为 5m×3m),雨水(内径 $D = 1000$mm,壁厚10cm)及再生水(DN400)管线,箱涵基础底砌置深度为5m,雨水及再生水管线敷设深度分别为6m和4m,已知箱涵需先行修建,不考虑其他因素,计算箱涵、雨水管线及再生水的布设符合规范要求的最小宽度(含箱涵、管线宽)为(   )。（土壤内摩擦角 $\alpha = 45°$, $\tan\alpha = 1.0$, 管线的开挖沟槽宽度均为2m）。

（A）8.4m
（B）8.7m
（C）9.1m
（D）9.6m

参考答案及解析

一、单项选择题

1.【答案】C
　　【解析】按工程管线敷设方式分类有架空敷设管线、地铺管线、地埋管线。

2.【答案】A
　　【解析】按工程管线敷设方式分类有架空敷设管线、地铺管线、地埋管线。

3.【答案】B
　　【解析】严寒或寒冷地区给水、排水、再生水、直埋电力及湿燃气等工程管线应根据土壤冰冻深度确定管线覆土深度;非直埋电力、通信、热力及干燃气等工程管线以及严寒或寒冷地区以外地区的工程管线应根据土壤性质和地面承受荷载的大小确定管线的覆土深度。工程管线的最小覆土深度应符合规定。当受条件限制不能满足要求时,可采取安全措施减少其最小覆土深度。

4.【答案】A
　　【解析】根据《城市道路工程设计规范》(CJJ 37—2012),地上杆线宜设置在道路设施带内。架空管线不得侵入道路建筑限界,距离地面高度应符合相关专业技术规范的规定。地下管线除支管接口外,其余部分不应超出道路红线范围。地下管线宜优先考虑布置在非车行道下,不得沿快速路主路车行道下纵向平行敷设。

5.【答案】C
　　【解析】水平净距是工程管线外壁(含保护层)之间或管线外壁与建(构)筑物外边缘之间的水平距离。

6.【答案】C
　　【解析】垂直净距是工程管线外壁(含保护层)之间或管线外壁与建(构)筑物外边缘之间的垂直距离。

7.【答案】A
　　【解析】排水等重力流管线的高程受排水坡度影响,高程不容易调整。

8.【答案】C

【解析】架空电力线及通信线同杆架设应符合下列规定:①高压电力线可采用多回线同杆架设;②中、低压配电线可同杆架设;③高压与中、低压配电线同杆架设时,应进行绝缘配合的论证。④中、低压电力线与通信线同杆架设应采取绝缘、屏蔽等安全措施。

9.【答案】A

【解析】根据《城市工程管线综合规划规范》(GB 50289—2016),利用交通桥梁跨越河流的燃气管线压力不应大于 0.4MPa。

10.【答案】D

【解析】工程管线从道路红线向道路中心线方向平行布置的次序宜为:电力、通信、给水(配水)、燃气(配气)、热力、燃气(输气)、给水(输水)、再生水、污水、雨水。

11.【答案】A

【解析】当工程管线交叉敷设时,管线自地表面向下的排列次序宜为:通信、电力、燃气、热力、给水、再生水、雨水、污水。给水、再生水和排水管线应按自上而下的次序敷设。

12.【答案】A

【解析】当工程管线交叉敷设时,给水、再生水和排水管线应按自上而下的次序敷设。

13.【答案】D

【解析】根据《城市工程管线综合规划规范》(GB 50289—2016)表 4.19,最大的是高压燃气管线,其值要求达到 13.5m。

14.【答案】D

【解析】查《城市工程管线综合规划规范》(GB 50289—2016)表 5.0.9,对于电车道,最小垂直净距为 10.0m。

二、多项选择题

1.【答案】BCD

【解析】给水管道、排水沟道、电力线路、电信线路、热力管道、可燃或助燃气体管道、空气管道、灰渣管道、城市垃圾输运管道、液体燃料管道、工业生产专用管道等。光电流管线属于按工程管线输送方式进行分类,选项 A 错误。

2.【答案】BCD

【解析】地下敷设管线可采取直埋、保护管、管沟或综合管廊等敷设方式。浅埋属于根据覆土深度不同的分类,选项 A 错误。

3.【答案】BCD

【解析】压力管线宜避让重力自流管线,选项 A 错误。

4.【答案】ABC

【解析】严寒或寒冷地区给水、排水、再生水、直埋电力及湿燃气等工程管线应根据土壤冰冻深度确定管线覆土深度;非直埋电力、通信、热力及干燃气等工程管线以及严寒或寒冷地区以外地区的工程管线应根据土壤性质和地面承受荷载的大小确定管线的覆土深度。工程管线的最小覆土深度应符合规定。当受条件限制不能满足要求时,可采取安全措施减少其最小覆土深度,选项 D 错误。

5.【答案】BD

【解析】深埋指管道覆土深度大于 1.5m,覆土深度小于 1.5m 即为浅埋,选项 A 错误。通信、电力、热力、干燃气等工程管线不受冰冻的影响,可埋设较浅,选项 C 错误。

6.【答案】BCD

【解析】热力管不与电力、通信电缆和压力管道共沟,选项 A 错误。

7.【答案】ABC

【解析】减少与铁路、道路的交叉,若交叉时宜采取垂直交叉方式布置,受条件限制时,其交叉角宜大于 60°,选项 D 错误。

8.【答案】AC

【解析】根据《城市工程管线综合规划规范》(GB 50289—2016)第 4.1.1 条,严寒或寒冷地区给水、排水、再生水、直埋电力及湿燃气等工程管线应根据土壤冰冻深度确定管线覆土深度;非直埋电力、通信、热力及干燃气等工程管线以及严寒或寒冷地区以外地区的工程管线应根据土壤性质和地面承受荷载的大小确定管线的覆土深度。

9.【答案】ABC

【解析】根据《城市工程管线综合规划规范》(GB 50289—2016)第 4.2.1 条,当遇下列情况之一时,工程管线宜采用综合管廊敷设:①交通流量大或地下管线密集的城市道路以及配合地铁、地下道路、城市地下综合体等工程建设地段;②高强度集中开发区域、重要的公共空间;③道路宽度难以满足直埋或架空敷设多种管线的路段;④道路与铁路或河流的交叉处或管线复杂的道路交叉口;⑤不宜开挖路面的地段。

三、案例题

1.【答案】C

【解析】(1)根据《城市工程管线综合规划规范》(GB 50289—2016)第 4.1.11 条,计算管线中心距天桥基础水平距离:

$$L = \frac{H-h}{\tan\alpha} + \frac{B}{2} = \frac{5-3}{\tan 30°} + \frac{1}{2} = 3.96\text{m}$$

（2）根据《城市工程管线综合规划规范》（GB 50289—2016）表4.1.9,污水管与建(构)筑物的最小水平距离为2.5m。

（3）上面两者取较大值。取 $L = 3.96$ m。

2.【答案】D

【解析】（1）根据《城市工程管线综合规划规范》（GB 50289—2016）第4.1.11条,计算管线中心距天桥基础水平距离：

$$L = \frac{H-h}{\tan\alpha} + \frac{B}{2} = \frac{6-4}{0.45} + \frac{2}{2} = 5.44\text{m}$$

（2）根据《城市工程管线综合规划规范》（GB 50289—2016）表4.1.9,污水管与建(构)筑物最小水平净距为2.5m。

（3）上面两者取较大值。取 $L = 5.44$ m。

3.【答案】C

【解析】（1）根据《城市工程管线综合规划规范》（GB 50289—2016）第4.1.12条,给水管线布置在热力管线之下。

（2）根据《城市工程管线综合规划规范》（GB 50289—2016）第4.1.14条,热力管线与给水管线最小垂直净距为0.15m。

（3）最小敷设深度为：$1.4 + 0.15 + 0.35 = 1.9$m。

4.【答案】B

【解析】（1）查《城市工程管线综合规划规范》（GB 50289—2016）第4.1.11条,雨水管线中心至箱涵基础边水平距离：

$$L = \frac{H-h}{\tan\alpha} + \frac{B}{2} = \frac{6-5}{1} + \frac{2}{2} = 2\text{m}$$

（2）雨水管线至箱涵基础边水平净距：$2 - 0.5 - 0.1 = 1.4$m

（3）查表4.1.9,雨水管线与建筑物之间最小水平净距为2.5m,取大值,最小净距2.5m。

（4）查表4.1.9,再生水与雨水管线最小水平净距为0.5m,与建筑物最小净距1.0m,$0.4 + 0.5 + 1 = 1.9$m < 2.5m,将再生水管线敷设在雨水管线与箱涵之间。

（5）箱涵、雨水管线及再生水的布设最小宽度：$5 + 2.5 + 1 + 2 \times 0.1 = 8.7$m。

第八章 公路勘测与工程地质勘察

第一节 公 路 勘 测

复习要点

公路勘测的基本要求和内容;公路控制测量、地形测绘、路线敷设的基本技术规定;公路勘测各阶段勘测的基本内容、要求和方法。

典 型 习 题

一、单项选择题

1.分离式路基测量,应以前进方向( )侧路线为全程连续计算桩号。
 (A)左   (B)右
 (C)上   (D)下

2.水准点桩应按顺序编号,用红油漆书写。定测是尽量利用初测水准点,如初测水准点丢失或需迁移而新设水准点时,前面应冠以( )。
 (A)A   (B)B
 (C)D   (D)Y

3.二级公路的单跨跨径300m桥梁,平面控制测量等级应选( )。
 (A)一级   (B)二级
 (C)三等   (D)四等

4.一级公路的高程控制测量等级应选( )。
 (A)二等   (B)三等
 (C)四等   (D)五等

5.水下地形图测绘时,水面高程测量的精度应达到( )水准测量的精度要求,并应记录测量时间、测时水位高程。

（A）二等 　　　　　　　　　　（B）三等
（C）四等 　　　　　　　　　　（D）五等

6. 某断链桩 K2 + 110 = K2 + 120.22,表示(　　　)。
　　（A）长链 110m 　　　　　　　　（B）长链 10.22m
　　（C）短链 120.22m 　　　　　　（D）短链 10.22m

7. 关于二级公路初测阶段的控制测量的说法,正确的是(　　　)。
　　（A）必须进行平面控制测量与高程控制测量
　　（B）宜进行平面控制测量,应进行高程控制测量
　　（C）宜进行高程控制测量,应进行平面控制测量
　　（D）宜进行平面控制测量与高程控制测量

8. 关于初测阶段隧道勘测与调查的说法,正确的是(　　　)。
　　（A）初测阶段可不专门布设隧道平面和高程控制网,但在布设路线控制网时每端应各
　　　　布设必要的控制点,并纳入路线控制测量进行施测
　　（B）隧道地形图测绘范围应满足隧道洞口选择和设置的需要,并应考虑辅助工程需要,
　　　　洞口地形图比例尺宜为 1∶200
　　（C）应实地放出洞门附近的中线,并现场核查和测绘洞门横断面
　　（D）应对取土场地的条件和安全情况进行调查

9. 定测阶段的隧道勘测与调查,应在洞口位置前后各 50m 实放中桩,并根据地形变化情况进行加桩,桩距不应大于(　　　)。
　　（A）5m 　　　　　　　　　　　（B）10m
　　（C）15m 　　　　　　　　　　（D）20m

10. 定测阶段,沿线需要特殊控制的建筑物、管线、铁路轨顶等,应按规定测出其高程,其二次测量之差不应超过(　　　)。
　　（A）0.5cm 　　　　　　　　　　（B）1cm
　　（C）1.5cm 　　　　　　　　　　（D）2cm

11. 定测阶段隧道勘测与调查时,分离隧道连接线起讫点宜测至分离式路基与整体式路基汇合处以外(　　　)。
　　（A）50m 　　　　　　　　　　（B）100m
　　（C）150m 　　　　　　　　　　（D）200m

12. 以地形图数字化为数据源生成的 DTM,其高程插值相对于原地形图的高程误差不得超过(　　　)。

　　(A)0.1m　　　　　　　　　　　　(B)0.2m

　　(C)原图等高距的 1/3　　　　　　(D)原图等高距的 1/2

13. 数字地面模型应用于施工图测设阶段时,原始三维地面数据必须野外实测采集。DTM 高程插值中误差应不大于(　　　)。

　　(A)0.1m　　　　　　　　　　　　(B)0.2m

　　(C)0.3m　　　　　　　　　　　　(D)0.4m

二、多项选择题

1. 公路平面控制测量应采用的方法有(　　　)。

　　(A)GPS 测量　　　　　　　　　　(B)导线测量

　　(C)三角测量　　　　　　　　　　(D)三边测量

2. 关于平面控制点布设的说法,符合《公路勘测规范》(JTG C10—2007)规定的有(　　　)。

　　(A)四等及以上平面控制网中相邻点之间的距离不得小于 300m

　　(B)平面控制网中相邻点之间的最大距离不应大于平均边长的 2 倍

　　(C)路线平面控制点距路线中心线的距离应大于 50m,宜小于 300m

　　(D)特大型构造物每一端应埋设 2 个以上平面控制点

3. 高程控制测量应采用的测量方法有(　　　)。

　　(A)水准测量　　　　　　　　　　(B)三角高程测量

　　(C)三边测量　　　　　　　　　　(D)GPS RTK 测量

4. 关于高程控制测量的说法,符合《公路勘测规范》(JTG C10—2007)规定的有(　　　)。

　　(A)高程控制测量应采用水准测量或三角高程测量的方法进行

　　(B)同一个公路项目应采用同一个高程系统,并应与相邻项目高程系统相衔接

　　(C)二、三、四级公路的高程控制测量等级应不低于 5 等

　　(D)各等级公路高程控制网最弱点高程中误差不得大于 ±50mm

5. 关于高程控制测量计算要求,符合《公路勘测规范》(JTG C10—2007)规定的有(　　　)。

　　(A)各等级高程控制测量均应计算路线(或环线)闭合差,线路往、返测量时应计算每公里观测高差偶然中误差 M_Δ

　　(B)各等级高程控制测量均应计算路线(或环线)闭合差,光电测距三角高程测量应计算对向观测高差互差值

　　(C)四等以上高程控制测量应采用严密平差法进行计算,并应计算最弱点高程中误差、每公里观测高差全中误差 M_W

　　(D)各等级高程控制测量的计算结果保留至小数点后 2 位,单位 m

6. 控制测量应提交的测量及计算资料有( )。
   （A）点之记(含固定桩志表) （B）技术设计书
   （C）控制测量计算书 （D）仪器检验报告

7. 关于图根控制测量说法,符合《公路勘测规范》(JTG C10—2007)规定的有( )。
   （A）图根导线测量应闭合或附合于路线控制点上,当需要加密时,图根控制不宜超过三次附合;条件受限制时,可布设支导线,但支导线的边数不得超过 3 条
   （B）图根点的点位中误差应不大于所测比例尺图上 0.1mm,高程中误差应不大于测图基本等高距的 1/10
   （C）当基本等高距为 0.5m 时,应采用图根水准测量
   （D）图根测量应进行平差,角度计算取位至秒,边长、坐标和高程计算取位至毫米,最终坐标和高程取位至厘米

8. 定测时,涵洞勘测与调查的内容有( )。
   （A）实地放出涵位桩
   （B）实测沟渠与路线的交角
   （C）汇水面积测量
   （D）实测涵位桩的横断面地面线或河沟地面线

9. 关于航空摄影测量飞行质量的说法,符合《公路勘测规范》(JTG C10—2007)规定的有( )。
   （A）像片重叠度应大于 20%
   （B）像片倾角应小于 2°,个别最大可为 4%
   （C）航线的弯曲度应小于 3%
   （D）航迹线偏移应小于像幅的 10%

10. 关于航测外业的说法,符合《公路勘测规范》(JTG C10—2007)规定的有( )。
    （A）像控点宜布设在航向三片重叠范围内和旁向重叠中线附近, 应尽量公用
    （B）位于自由边的像控点连线应能控制住测图范围
    （C）平原、微丘区测图时,像片高程控制点应采用全野外布点
    （D）像控点距像片边缘应大于 15mm,离方位线的距离应大于 60mm,离开通过像主点且垂直于方位线的距离不得大于 15mm

11. 航摄应提交的成果资料有( )。
    （A）航摄仪检定数据
    （B）航摄底片
    （C）航摄像片索引图
    （D）调绘像片及结合图

12. 航测外业应提交的成果资料有( )。
   (A)技术设计
   (B)观测手簿或原始观测数据磁盘
   (C)控制像片、调绘像片及结合图
   (D)航摄仪检定数据

13. 公路数字地面模型应能满足的要求有( )。
   (A)公路数字地面模型应能满足任意点或断面的地面高程插值计算
   (B)等高线生成
   (C)距离、坡度、面积、体积的量算
   (D)路线平面图、地形透视图的制图

三、案例题

1. 某项目为高速公路,高程控制测量采用水准测量。高程控制点 D3 与高程控制点 D4 的距离为 1km,高程控制点 D3 的高程为 200.234m。水准测量 2 次往返测得的数据如下表,则高程控制点 D4 的高程是( )。

题 1 表

测量次数编号	测程	高差(m)	备注
1	D3→D4	12.111	
2	D4→D3	12.135	
3	D3→D4	12.113	
4	D4→D3	12.121	

   (A)212.345   (B)212.346
   (C)212.351   (D)212.354

2. 某三级公路中平测量记录如下表,ZD1 的高程是( )。
   (A)100.258m   (B)102.051m
   (C)102.328m   (D)103.340m

题 2 表

立 尺 点	水准尺读数			视线高(m)	高程(m)	备注
	后视	中视	前视			
BM5	2.047					(1)BM5 位于 K4+000 桩的右侧50m 处。(2)已知水准点 BM5 的高程为101.293m
K4+000		1.92				
+020		1.52				
+040		2.01				
+060		1.36				
ZD1	1.734		1.012			
+080		1.08				
...	...	...	...			

3. 某段路线起点桩号为 K0+000,终点桩号为 K16+222.58,中间有两处断链,K4+020 = K3+980,K6+200 = K6+312.66,则该路线总长度是(　　)。

(A)15149.92m

(B)16149.92m

(C)16295.24m

(D)17295.24m

参考答案及解析

一、单项选择题

1.【答案】B

【解析】根据《公路勘测规范》(JTG C10—2007)第 3.1.3 条第 4 款,分离式路基测量,其左右侧路线桩号前应冠以左、右线代号,并应以前进方向右侧路线为全程连续计算桩号。

2.【答案】C

【解析】根据《公路勘测规范》(JTG C10—2007)第 3.1.4 条第 3 款,水准点桩应按顺序编号,用红油漆书写。定测是尽量利用初测水准点,如初测水准点丢失或需迁移而新设水准点时,前面应冠以 D;如同一编号水准点需增加,增加的水准点后应冠以 A、B……。

3.【答案】C

【解析】根据《公路勘测规范》(JTG C10—2007)表 4.1.1-2(见下表),平面控制测量等级应选择三等。

题 3 解表

高架桥、路线控制测量	多跨桥梁总长 $L(\mathrm{m})$	单跨桥梁 $L_\mathrm{K}(\mathrm{m})$	隧道贯通长度 $L_\mathrm{G}(\mathrm{m})$	测 量 等 级
—	$L \geqslant 3000$	$L_\mathrm{K} \geqslant 500$	$L_\mathrm{G} \geqslant 500$	二等
—	$2000 \leqslant L < 3000$	$300 \leqslant L_\mathrm{K} < 500$	$3000 \leqslant L_\mathrm{G} < 6000$	三等
高架桥	$1000 \leqslant L < 2000$	$150 \leqslant L_\mathrm{K} < 300$	$1000 \leqslant L_\mathrm{G} < 3000$	四等
高速公路、一级公路	$L < 1000$	$L_\mathrm{K} < 150$	$L_\mathrm{G} < 1000$	一级
二、三、四级公路	—	—	—	二级

4.【答案】C

【解析】根据《公路勘测规范》(JTG C10—2007)表 4.2.1-2(见下表),高程控制测量等级应选择四等。

题 4 解表

高架桥、路线控制测量	多跨桥梁总长 $L(\mathrm{m})$	单跨桥梁 $L_\mathrm{K}(\mathrm{m})$	隧道贯通长度 $L_\mathrm{G}(\mathrm{m})$	测 量 等 级
—	$L \geqslant 3000$	$L_\mathrm{K} \geqslant 500$	$L_\mathrm{G} \geqslant 6000$	二等
—	$1000 \leqslant L < 3000$	$150 \leqslant L_\mathrm{K} < 500$	$3000 \leqslant L_\mathrm{G} < 6000$	三等
高架桥,高速、一级公路	$L < 1000$	$L_\mathrm{K} < 150$	$L_\mathrm{G} < 3000$	四等
二、三、四级公路	—	—	—	五等

5.【答案】D

【解析】根据《公路勘测规范》(JTG C10—2007)第5.4.4条,水下地形图测绘时,水面高程测量的精度应达到五等水准测量的精度要求,并应记录测量时间、测时水位高程。

6.【答案】D

【解析】(K2 + 110) < (K2 + 120.22),表示短链,2120.22 – 2110 = 10.22m。

7.【答案】A

【解析】根据《公路勘测规范》(JTG C10—2007)第8.3.3条,二级及二级以上公路必须进行平面与高程控制测量;三、四级公路宜进行平面控制测量,应进行高程控制测量。

8.【答案】A

【解析】根据《公路勘测规范》(JTG C10—2007)第8.9.1条,选项A正确。第8.9.2条,洞口地形图比例尺宜为1∶500,选项B错误。第8.9.3条第2款,应实地放出洞口附近的中线,并现场核查和测绘洞口纵、横断面,洞门在勘测阶段还不能准确确定位置,选项C错误。第8.9.5条,应对弃渣场地的条件和安全情况进行调查,选项D错误。

9.【答案】B

【解析】根据《公路勘测规范》(JTG C10—2007)第9.9.3条,隧道勘测与调查应对隧道所在位置的地形、工程地质、水文地质、环境等内容进行核实和补充调查。应根据控制测量的规定,建立满足隧道设计的平面和高程控制网。应在洞口位置前后各50m实放中桩,并根据地形变化情况进行加桩,桩距不应大于10m。

10.【答案】D

【解析】根据《公路勘测规范》(JTG C10—2007)第9.3.2条,沿线需要特殊控制的建(构)筑物、管线、铁路轨顶等,应按规定测出其高程,其2次测量之差不应超过2cm。

11.【答案】B

【解析】根据《公路勘测规范》(JTG C10—2007)第9.9.5条,分离式隧道连接线起讫点宜测至分离式路基与整体式路基汇合处以外100m。

12.【答案】D

【解析】根据《公路勘测规范》(JTG C10—2007)第7.1.2条第2款,以地形图数字化为数据源生成的DTM,其高程插值相对于原地形图的高程误差不得超过原图等高距的1/2。

13.【答案】B

【解析】根据《公路勘测规范》(JTG C10—2007)第1.0.5条,数字地面模型应用于施工图测设阶段时,原始三维地面数据必须野外实测采集。DTM 高程插值中误差应不大于 ±0.2m。

二、多项选择题

1.【答案】ABCD

【解析】根据《公路勘测规范》(JTG C10—2007)第 4.1.1 条第 1 款,平面控制测量应采用 GPS 测量、导线测量、三角测量或三边测量方法进行。

2.【答案】BCD

【解析】根据《公路勘测规范》(JTG C10—2007)第 4.1.2 条第 1 款、第 2 款,四等及以上平面控制网中相邻点之间的距离不得小于 500m,一、二级平面控制网中相邻点之间的距离在平原、微丘区不得小于 200m,重丘、山岭区不得小于 100m,最大距离不应大于平均边长的 2倍。路线平面控制点距路线中心线的距离应大于 50m,宜小于 300m,每一点至少应有一相邻点通视。特大型构造物每一端应埋设 2 个以上平面控制点。

3.【答案】AB

【解析】根据《公路勘测规范》(JTG C10—2007)第 4.2.1 条第 1 款,高程控制测量应采用水准测量或三角高程测量的方法进行。选项 C、D 用于平面控制测量。

4.【答案】ABC

【解析】根据《公路勘测规范》(JTG C10—2007)第 4.2.1 条第 3 款,各等级公路高程控制网最弱点高程中误差不得大于 ±25mm,选项 D 错误,其他均符合第 4.2.1 条的规定。

5.【答案】ABC

【解析】根据《公路勘测规范》(JTG C10—2007)第 4.2.5 条,各等级高程控制测量均应计算路线(或环线)闭合差,线路往、返测量时应计算每公里观测高差偶然中误差 M_Δ,光电测距三角高程测量应计算对向观测高差互差值。四等以上高程控制测量应采用严密平差法进行计算,并应计算最弱点高程中误差、每公里观测高差全中误差 M_W。选项 ABC 正确。各等级高程控制测量的计算结果保留至小数点后 3 位,单位为 m,选项 D 错误。

6.【答案】ABCD

【解析】根据《公路勘测规范》(JTG C10—2007)第 4.3 条,控制测量应提交以下测量及计算资料:①技术设计书;②点之记(含固定桩志表);③仪器检验报告;④原始记录手簿;⑤控制测量计算书;⑥平面控制网联测及布网略图;⑦高程控制测量联测及路线示意图;⑧作业自检报告;⑨检查验收意见;⑩技术总结;⑪所有资料的电子文档。

7.【答案】BCD

【解析】根据《公路勘测规范》(JTG C10—2007)第 5.2.1 条,图根导线测量应闭合或附合于路线控制点上,当需要加密时,图根控制不宜超过两次附合;条件受限制时,可布设支导线,但支导线的边数不得超过3条,故选项A错误。选项B、C、D分别符合《公路勘测规范》(JTG C10—2007)第5.2.2条、第5.2.6条、第5.2.9条的规定。

8.【答案】ABCD

【解析】根据《公路勘测规范》(JTG C10—2007)第9.7.2条,小桥涵勘测与调查应实地进行形态断面、河床比降、特征水位和汇水面积等测量工作。第9.7.3条第3款,小桥涵勘测与调查应实地放出小桥涵中桩,并实测沟渠与路线的交角及桥涵纵断面。地形复杂的小桥涵,应在路线中线两侧或河床两侧各施测一个或几个断面。

9.【答案】BCD

【解析】根据《公路勘测规范》(JTG C10—2007)第6.1.3,选项BCD均符合规定。像片重叠度应按照同一航带航向重叠与相邻航带旁向重叠有不同的规定,且个别最小值为15%,选项A错误。

10.【答案】ABCD

【解析】根据《公路勘测规范》(JTG C10—2007)第6.2.1条,ABCD均符合规定。

11.【答案】ABCD

【解析】根据《公路勘测规范》(JTG C10—2007)第6.4.2条,航摄应提交下列成果资料:①航摄实施情况报告书;②航摄仪检定数据;③航摄成果的移交清单及质量状况记录;④航摄底片;⑤航摄像片索引图;⑥航摄像片。选项ABC正确。调绘像片及结合图属于航测外业应提交的成果资料,选项D错误。

12.【答案】ABCD

【解析】根据《公路勘测规范》(JTG C10—2007)第6.4.3条,航测外业应提交下列成果资料:①技术设计;②观测手簿或原始观测数据磁盘;③控制像片、调绘像片及结合图;④计算手簿、像控点联测略图、检查验收报告;⑤技术总结。选项ABC正确。航摄仪检定数据属于航摄应提交的成果资料,选项D错误。

13.【答案】ABCD

【解析】根据《公路勘测规范》(JTG C10—2007)第7.1.1条,公路数字地面模型应能满足任意点或断面的地面高程插值计算,等高线生成,距离、坡度、面积、体积的量算以及路线平面图、地形透视图的制图等要求。

三、案例题

1.【答案】C

【解析】(1)该项目为高速公路,高程控制测量等级应为四等,水准测量的往返较差应≤$20\sqrt{l}$,即≤20mm。

（2）第 1 次往返测量的往返较差为 24mm，超标；第 2 次往返测量的往返较差为 8mm，合格。

（3）平均高差 = (12.113 + 12.121)/2 = 12.117m

（4）高程控制点 D4 的高程 = 200.234 + 12.117 = 212.351m

2.【答案】C

【解析】（1）视线高 = BM5 高程 + 后视 = 101.293 + 2.047 = 103.340m

（2）ZD1 的高程 = 视线高 − ZD1 的前视 = 103.340 − 1.012 = 102.328m

3.【答案】B

【解析】（1）K4 + 020 = K3 + 980，表示长链 40m。

（2）K6 + 200 = K6 + 312.66，表示短链 112.66m。

（3）路线总长度 = 终点桩号 − 起点桩号 + 长链 − 短链

$$= 16222.58 − 0 + 40 − 112.66$$
$$= 16149.92m$$

第二节　工程地质勘察

复习要点

公路工程地质勘察的基本内容；工程地质条件划分；岩石的分类；土的分类；工程项目勘察四个阶段的勘察要求；各种勘察方法的基本要求；市政工程勘察等级；市政工程三个勘察阶段的基本工作内容；城市道路工程、桥涵工程、隧道工程三个勘察阶段的内容与要求。

典型习题

一、单项选择题

1. 公路工程地质勘察的四个阶段为（　　）。
   （A）预可勘察、初步勘察、技术勘察、详细勘察
   （B）工可勘察、初步勘察、专项勘察、详细勘察
   （C）预可勘察、工可勘察、初步勘察、详细勘察
   （D）预可勘察、工可勘察、初步勘察、专项勘察

2. 公路工程预可勘察的目的是（　　）。
   （A）了解公路建设项目所在区域的工程地质条件及存在的工程地质问题
   （B）初步查明公路沿线的工程地质条件和对公路建设规模有影响的工程地质问题

(C)基本查明公路沿线及各类构筑物建设场地的工程地质条件

(D)查明公路沿线及各类构筑物建设场地的工程地质条件

3. 偏离初步设计线位较远的路线应补充工程地质调绘,补充调绘的比例尺为( )。

    (A)1:1000   (B)1:2000

    (C)1:3000   (D)1:4000

4. 根据冻结状态的持续时间分类,多年冻土的持续时间是( )。

    (A)不到1年   (B)1年及以上

    (C)1~2年   (D)2年及以上

5. 某市政道路工程拟修建一条城市主干路,该市政工程重要性等级为( )。

    (A)一级   (B)二级

    (C)三级   (D)四级

6. 下列选项描述为较复杂工程地质条件的是( )。

    (A)岩土种类多,性质变化大,基岩面起伏变化剧烈

    (B)岩土种类单一,性质变化不大,基岩面平缓

    (C)地下水对工程无影响,水文地质条件简单

    (D)抗震不利地段

7. 某岩石的波速比和风化系数皆为0.5,该岩石的风化程度为( )。

    (A)微风化   (B)中风化

    (C)强风化   (D)全风化

8. 城市道路工程详细勘察时,一般路基的勘探孔深度宜达到原地面以下( )。

    (A)3m   (B)4m

    (C)5m   (D)6m

9. 高路堤采取土试样和进行原位测试的勘探孔数量不应少于勘探孔总数的( )。

    (A)1/5   (B)1/4

    (C)1/3   (D)1/2

10. [2019年考题]场地及岩土条件为一级的城市主干路,一般路基路段进行详细勘察的勘探点间距为( )。

    (A)150~200m   (B)100~150m

    (C)50~100m   (D)30~50m

二、多项选择题

1. 根据《市政工程勘察规范》(CJJ 56—2012)的规定,市政工程勘察阶段划分为(　　)。
   (A)专项勘察　　　　　　　　(B)工可勘察
   (C)初步勘察　　　　　　　　(D)详细勘察

2. 公路路线初勘应查明的内容包括(　　)。
   (A)当地建筑材料的分布状况和采购运输条件
   (B)地形地貌、地层岩性、地质构造、水文地质条件
   (C)不良地质和特殊性岩土的成因、类型、性质和分布范围
   (D)陡坡路堤、高填路段的地质结构,有无影响基底稳定的软弱地层

3. 关于公路路线工程地质调绘,下列说法正确的有(　　)。
   (A)二级及以上公路,应进行路线工程地质调绘
   (B)三级及以下公路,可仅作路线工程地质调查
   (C)工程地质条件复杂时,宜进行路线工程地质调绘
   (D)工程地质条件简单时,可仅作路线工程地质调查

4. 公路工程地质勘探常用的勘探方式有(　　)。
   (A)钻探　　　　　　　　　　(B)触探
   (C)挖探　　　　　　　　　　(D)物探

5. 关于工程地质调绘,下列说法正确的有(　　)。
   (A)工程地质图上的地质界线与实际地质界线的误差在图上的距离不应大于3mm
   (B)图上宽度大于2mm的地质现象应予以调绘
   (C)工程地质调绘底图的比例尺不应小于工程地质图成图的比例尺
   (D)工程地质调绘点在图上的密度每100mm×100mm不得多于4个

6. 岩石风化程度参数指标有(　　)。
   (A)密实度　　　　　　　　　(B)风化系数
   (C)波速比　　　　　　　　　(D)风化指数

7. 某城市桥梁进行详细勘察,下列勘探点的布置符合规范规定的有(　　)。
   (A)特大桥的主桥,每个墩台勘探点不应少于2个
   (B)大中桥的主桥,可隔墩台布点
   (C)岩土条件复杂程度等级为二级时宜逐墩台布点
   (D)岩土条件复杂程度等级为三级时可隔墩台布点

8. 原位测试常用的方法包括(　　)。
　　(A)十字板剪切试验　　　　　　　　(B)标准贯入试验
　　(C)击实试验　　　　　　　　　　　(D)载荷板试验

9. 城市隧道详细勘察的勘探孔深应符合(　　)。
　　(A)在松散地层中的一般性勘探孔宜进入隧道底板以下不小于1.5倍隧道高度
　　(B)在松散地层中的控制性勘探孔宜进入隧道底板以下不小于2.5倍隧道高度
　　(C)在微风化岩石中勘探孔深度应进入隧道底板以下0.5倍隧道高度
　　(D)在中风化岩石中勘探孔深度应进入隧道底板以下1.0倍隧道高度

10. 城市道路详细勘察时,勘探点布置符合规定的有(　　)。
　　(A)道路勘探点宜沿道路中线布置
　　(B)一般路基的道路宽度大于30m时,宜在道路两侧交错布置勘探点
　　(C)路堑、陡坡路堤及支挡工程的勘察,每条横断面上的勘探点不应少于2个
　　(D)当线路通过沟、浜、湮埋的沟坑和古河道等地段时,勘探点的间距宜控制在20~40m

11. 公路工程地质详细勘察时,主要采用的勘察手段是(　　)。
　　(A)调绘　　　　　　　　　　　　　(B)钻探
　　(C)物探　　　　　　　　　　　　　(D)测试

参考答案及解析

一、单项选择题

1.【答案】C
　　【解析】根据《公路工程地质勘察规范》(JTG C20—2011)第3.1.1条,公路工程地质勘察可分为预可行性研究阶段工程地质勘察(简称预可勘察)、工程可行性研究阶段工程地质勘察(简称工可勘察)、初步设计阶段工程地质勘察(简称初步勘察)和施工图设计阶段工程地质勘察(简称详细勘察)四个阶段。

2.【答案】A
　　【解析】根据《公路工程地质勘察规范》(JTG C20—2011)第4.1.1条,预可勘察应了解公路建设项目所处区域的工程地质条件及存在的工程地质问题,为编制预可行性研究报告提供工程地质资料。

3.【答案】B
　　【解析】根据《公路工程地质勘察规范》(JTG C20—2011)第6.2.3条,路线详勘应对初

勘资料进行复核。当路线偏离初步设计线位较远或地质条件需进一步查明时,应进行补充工程地质调绘,补充工程地质调绘的比例尺为 1:2000。

4.【答案】D

【解析】根据《公路工程地质勘察规范》(JTG C20—2011)第 8.2.3 条,根据冻结状态的持续时间分类,多年冻土的持续时间为 2 年及以上。

5.【答案】A

【解析】根据《市政工程勘察规范》(CJJ 56—2012)第 3.0.1 条,主干路的重要性等级为一级。

6.【答案】D

【解析】根据《公路工程地质勘察规范》(JTG C20—2011)第 3.1.3 条,选项 A 为工程地质条件复杂,选项 B 和选项 C 为工程地质条件简单。

7.【答案】C

【解析】根据《公路工程地质勘察规范》(JTG C20—2011)第 3.2.6 条,中风化程度相应的岩石风化程度指标波速比 $K_v = 0.6 \sim 0.8$、风化系数 $K_f = 0.4 \sim 0.8$;强风化程度相应的波速比 $K_v = 0.4 \sim 0.6$、风化系数 $K_f < 0.4$,综合知该岩石的风化程度为强风化。

8.【答案】C

【解析】根据《市政工程勘察规范》(CJJ 56—2012)第 5.4.3 条,一般路基、公交场站和城市广场的道路与地面的勘探孔深度宜达到原地面以下 5m,在挖方地段宜达到路面设计高程以下 4m。

9.【答案】D

【解析】根据《市政工程勘察规范》(CJJ 56—2012)第 5.4.4 条,一般路基的钻孔应采取土样;高路堤、陡坡路堤、路堑、支挡结构采取土试样和进行原位测试的勘探孔数量不应少于勘探孔总数的 1/2;控制性勘探孔的比例不应少于勘探孔总数的 1/3。

10.【答案】C

【解析】根据《市政工程勘察规范》(CJJ 56—2012)第 5.4.2 条,详细勘察勘探点的间距可根据道路分类、场地和岩土条件的复杂程度确定,场地及岩土条件复杂程度为一级时,一般路基勘探点间距为 50 ~ 100m,高路堤、陡坡路堤为 30 ~ 50m,路堑、支挡结构为 30 ~ 50m。

二、多项选择题

1.【答案】BCD

【解析】根据《市政工程勘察规范》(CJJ 56—2012)第 4.1.1 条,市政工程勘察宜按可行性研究勘察、初步勘察、详细勘察三个阶段开展工作,并可根据施工阶段的需要进行施工勘察。

2.【答案】BCD

【解析】根据《公路工程地质勘察规范》(JTG C20—2011)第5.2.1条,选项A错误,选项A为预可勘察阶段完成的内容。

3.【答案】AC

【解析】根据《公路工程地质勘察规范》(JTG C20—2011)第5.2.2条,二级及以上公路,应进行路线工程地质调绘。三级及以下公路,当工程地质条件简单时,可仅作路线工程地质调查;当工程地质条件复杂或较复杂时,宜进行路线工程地质调绘。

4.【答案】ACD

【解析】根据《公路工程地质勘察规范》(JTG C20—2011)第3.6节,公路工程地质勘探常用的勘探方式有挖探、钻探、物探。

5.【答案】ABC

【解析】根据《公路工程地质勘察规范》(JTG C20—2011)第3.5.7条,选项D错误,工程地质调绘点在图上的密度每100mm×100mm不得少于4个。

6.【答案】BC

【解析】根据《公路工程地质勘察规范》(JTG C20—2011)第3.2.6条,风化程度参数指标有波速比和风化系数。

7.【答案】ACD

【解析】根据《市政工程勘察规范》(CJJ 56—2012)第6.4.2条,对特大桥的主桥,每个墩台勘探点不应少于2个;对其他桥梁,宜逐墩台布置勘探点,岩土条件复杂程度等级为三级时可隔墩台布点。

8.【答案】ABD

【解析】根据《公路工程地质勘察规范》(JTG C20—2011)第3.7.1条,原位测试常用的方法有载荷板试验、现场直剪试验、十字板剪切试验、标准贯入试验等,选项C为室内试验。

9.【答案】AB

【解析】根据《市政工程勘察规范》(CJJ 56—2012)第7.4.5条,在松散地层中的一般性勘探孔宜进入隧道底板以下不小于1.5倍隧道高度,控制性勘探孔宜进入隧道底板以下不小于2.5倍隧道高度。在微风化及中等风化岩石中勘探孔深度应进入隧道底板以下0.5倍隧道高度且不小于5m。遇岩溶、土洞、暗河等,应穿透并根据需要加深。

10.【答案】ACD

【解析】根据《市政工程勘察规范》(CJJ 56—2012)第5.4.2条,选项B错误,道路勘探点宜沿道路中线布置。当一般路基的道路宽度大于50m、其他路基形式的道路宽度大于30m时,宜在道路两侧交错布置勘探点。当路基岩土条件特别复杂时,应布置横剖面。

11.【答案】BD

【解析】根据《公路工程地质勘察规范》(JTG C20—2011)第6.1.2条,详细勘察应充分利用初勘取得的各项地质资料,采用以钻探、测试为主,调绘、物探、简易勘探等手段为辅的综合勘察方法,对路线及各类构筑物建设场地的工程地质条件进行勘察。

第九章　公路项目安全性评价

复习要点

不同阶段公路项目安全性评价的重点及评价方法。

运行速度协调性评价的概念及评价标准。

初步设计阶段、施工图设计阶段的路线安全性评价内容。

高速公路运行速度的计算方法。

典型习题

一、单项选择题

1. 初步设计阶段进行设计要素评价时,采用的评价方法是(　　)。
　（A）经验分析法
　（B）运行速度协调性分析
　（C）断面速度现场观测
　（D）安全检查清单

2. 公路项目安全性评价中,需要评价设置动物通道必要性的阶段是(　　)。
　（A）工程可行性研究阶段
　（B）初步设计阶段
　（C）施工图设计阶段
　（D）交工阶段

3. 相邻路段运行速度协调性采用的评价指标是(　　)。
　（A）相邻路段运行速度差值的绝对值及运行速度梯度的绝对值
　（B）相邻路段运行速度差值的绝对值及运行速度梯度
　（C）运行速度与设计速度差值的绝对值及运行速度梯度的绝对值
　（D）相邻路段运行速度差值的绝对值及运行速度与设计速度差值的绝对值

4. 二级公路中某两相邻路段小型车运行速度差值的绝对值为 15.1km/h,运行速度梯度的绝对值为 17.2km/(h·m),则该路段小型车的运行速度协调性评价结论是(　　)。
　（A）好　　　　　　　　　　　　　　（B）较好

（C）一般 （D）不良

5. 某高速公路设计速度100km/h，交点JD15处平曲线上，上行方向小型车的最大运行速度为120km/h，超高取4%。根据运行速度，该处圆曲线的最小半径为（ ）。

（A）920m （B）810m
（C）680m （D）500m

6. 某高速公路设计速度100km/h，中央分隔带宽度为2.0m，某跨线桥处因保护位于中央分隔带上的桥墩，需在此处将中央分隔带加宽为2.5m，采用渐变过渡的方式，则过渡渐变段的长度至少为（ ）。

（A）25m （B）37.5m
（C）40m （D）50m

7. 某路段分析单元的起点、终点的运行速度经预测分别为90km/h、118km/h，该分析单元长度为0.8km，则该路段运行速度梯度绝对值为（ ）。

（A）0.035km/（h·m） （B）2.8km/（h·m）
（C）3.5km/（h·m） （D）56km/（h·m）

8. 某一级公路设计速度80km/h，交点JD6处圆曲线半径为600m，上行方向曲线上小型车的最大运行速度为100km/h，路面与轮胎之间的横向摩阻系数取0.12。根据运行速度计算该处圆曲线的超高值应不小于（ ）。

（A）-3.6% （B）1.1%
（C）3.0% （D）4.0%

9. 根据上面第8题的已知条件，如果交点JD6处上行方向为下坡，坡度为4%，按照大坡度下坡路段进行超高值评价时，超高值应不小于（ ）。

（A）1.12% （B）1.77%
（C）1.95% （D）2.45%

10. 为避免因两侧车轮摩擦力不均而导致在避险车道入口发生侧翻事故，避险车道引道与制动砂床的交线，与进入避险车道车辆的行驶方向应（ ）。

（A）垂直 （B）平行
（C）斜交45° （D）斜交角度不超高45°

11. 相同车型、路况及车速条件下，随着侧风的增强，最先发生的是（ ）。

（A）侧倾 （B）侧偏
（C）侧滑 （D）侧倒

12. 对互通式立体交叉分流鼻端的通视情况进行安全性评价时,通常按下图的通视三角区内的通视情况进行评价。关于 A、B 的长度表示正确的是(　　)。

  (A)12s 运行速度行程长度、分流鼻端后 40m

  (B)12s 运行速度行程长度、分流鼻端后 30m

  (C)8s 运行速度行程长度、分流鼻端后 40m

  (D)8s 运行速度行程长度、分流鼻端后 30m

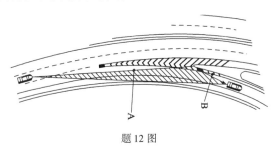

题 12 图

二、多项选择题

1. 适用于实施公路项目安全性评价的项目有(　　)。

  (A)一级公路　　　　　　　　　　(B)二级公路

  (C)三级公路　　　　　　　　　　(D)四级公路

2. 下列评价内容中,属于初步设计阶段评价重点的有(　　)。

  (A)走廊带对交通安全、社会和环境的影响

  (B)结构物布设的合理性

  (C)路线方案及其技术指标的运用情况

  (D)交通工程及沿线设施的设置情况

3. 工程可行性研究阶段宜采用的评价方法有(　　)。

  (A)经验分析法

  (B)运行速度协调性分析

  (C)实地驾驶

  (D)安全检查清单

4. 施工图设计阶段公路项目安全性评价包括(　　)。

  (A)总体评价　　　　　　　　　　(B)比选方案评价

  (C)设计要素评价　　　　　　　　(D)公路安全状况评价

5. 大型车比例较高的二级公路应采用货车的停车视距进行评价的路段有(　　)。

  (A)多发事故的急弯陡坡路段　　　　(B)桥墩附近的交叉口

  (C)经过村镇的平直路段　　　　　　(D)接近凹形竖曲线的交叉口

6. 下列因素中,与路侧计算净区宽度有关的有(   )。
  (A)路段运行速度   (B)交通量
  (C)平面线形指标   (D)边沟形式

7. 进行公路桥梁安全性评价时,属于初步设计阶段安全性评价内容的有(   )。
  (A)设置应急救援中央分隔带开口时,应对其设置位置进行评价
  (B)根据降雨强度和桥梁纵坡评价桥面泄水孔的泄水能力
  (C)桥梁路段的线形设计对交通安全的影响
  (D)上跨桥梁墩台及上部结构对视距的影响

8. 对隧道车行横通道或人行横通道进行安全性评价时,应评价其(   )。
  (A)设置位置   (B)断面大小
  (C)设置数量   (D)角度

9. 当主线运行速度与设计速度差值大于 20km/h 时,应按运行速度对互通式立体交叉的(   )进行评价。
  (A)集散车道的长度   (B)视距
  (C)相邻出入口间距   (D)加减速车道宽度

10. 公路平面交叉采用(   )交通管理方式时,应采用运行速度计算通视三角区。
  (A)无优先交叉   (B)次路停车让行
  (C)次路减速让行   (D)信号交叉

11. 不同路面材料衔接或路面抗滑能力易下降的路段主要有(   )。
  (A)连续上坡路段   (B)连续长陡下坡路段
  (C)曲线路段   (D)收费站路段

12. 交工阶段公路项目安全性评价时,桥头急弯路段应对相关的(   )进行评价。
  (A)标志   (B)标线
  (C)速度控制设施   (D)护栏等级

三、案例题

某高速公路设计速度 80km/h,在初步设计阶段取 K0 +000 ~ K1 +900 段进行运行速度计算,其平面示意图见下图;K0 +000 ~ K0 +600、K1 +900 纵坡分别为: - 1.0% 、+2.0%。则 K1 +900 处上行小型车运行速度的计算值为(   )。(不考虑隧道限速,计算结果保留 1 位小数)

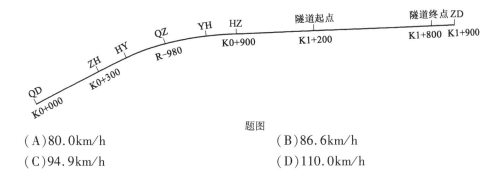

题图

(A)80.0km/h   (B)86.6km/h

(C)94.9km/h   (D)110.0km/h

参考答案及解析

一、单项选择题

1.【答案】B

【解析】根据《公路项目安全性评价规范》(JTG B05—2015)第4.2.2条,初步设计阶段设计要素评价可采用运行速度协调性分析等方法。

2.【答案】A

【解析】根据《公路项目安全性评价规范》(JTG B05—2015)第3.3.4条,应根据动物活动区及动物迁徙路线,评价设置隔离栅或动物通道的必要性。故本题选A。

3.【答案】A

【解析】根据《公路项目安全性评价规范》(JTG B05—2015)第4.5.1条第3款,相邻路段运行速度协调性采用相邻路段运行速度差值的绝对值$|\Delta v_{85}|$及运行速度梯度的绝对值$|\Delta Iv|$进行评价。

4.【答案】D

【解析】根据《公路项目安全性评价规范》(JTG B05—2015)第4.5.1条第3款,当$|\Delta v_{85}| \geqslant$ 20km/h或$|\Delta Iv| > 15$km/(h·m)时,二级、三级公路相邻路段运行速度协调性为不良。故本题选D。

5.【答案】B

【解析】当采用运行速度评价时,圆曲线半径采用下式进行计算:

$$R = \frac{v_{85}^2}{127(\mu + i)}$$

式中,V_{85}为120km/h,μ取0.1,i为4%,带入计算可得$R=810$m。故本题选B。

6.【答案】D

【解析】根据《公路项目安全性评价规范》(JTG B05—2015)第4.5.2条第4款第1项,当横断面宽度、车道数等发生变化时,应对横断面过渡渐变段的设置位置、长度进行评价。根据《公路路线设计规范》(JTG D20—2017)第9.4.3条,中间带宽度变化小于3.0m时,可采用渐变过渡,过渡段的渐变率不应大于1/100。

7.【答案】C

【解析】根据《公路项目安全性评价规范》(JTG B05—2015)第4.5.1条第3款条文说明,运行速度梯度绝对值$|\Delta I_v|$采用式(9-1)进行计算,如下:

$$|\Delta I_v| = \frac{|\Delta v_{85}|}{L} \times 100$$

代入计算,$|\Delta I_v| = (|118 - 90|/800) \times 100 = 3.5 \text{km}/(\text{h} \cdot \text{m})$

8.【答案】B

【解析】根据《公路项目安全性评价规范》(JTG B05—2015)第5.4.1条条文说明,超高横坡度采用下式进行计算:

$$i = \frac{v_{85}^2}{127R} - f$$

式中:i——超高值;

v_{85}——运行速度计算值(km/h);

R——圆曲线半径(m);

f——路面与轮胎之间的横向摩阻系数。

代入公式,得$i = 10000/(127 \times 600) - 0.12 = 0.011$。

9.【答案】C

【解析】根据《公路项目安全性评价规范》(JTG B05—2015)第5.4.1条条文说明,大坡度下坡路段超高值按下式计算:

$$E_{\min} = E + \frac{i_{纵} + E}{6}$$

式中:$E_{\min}$——大坡度下坡路段的最小超高值;

$i_{纵}$——纵向坡度,取绝对值;

E——按非大坡度下坡路段设计的超高值。

代入公式,得$E_{\min} = 0.011 + (0.04 + 0.011)/6 = 0.0195$。

10.【答案】A

【解析】根据《公路项目安全性评价规范》(JTG B05—2015)第5.4.1条第5款,避险车道引道与制动砂床的交线,与进入避险车道车辆的行驶方向垂直,以保证车辆前轮可以同时进入制动砂床,避免因两侧车轮摩擦力不均而导致在避险车道入口发生侧翻事故。

11.【答案】C

【解析】根据《公路项目安全性评价规范》(JTG B05—2015)第5.4.3条第3款条文说明,相同车型、路况及车速条件下,随着侧风的增强,侧滑最先发生。

12.【答案】A

【解析】根据《公路项目安全性评价规范》(JTG B05—2015)第5.4.5条第3款条文说明,A 为 10～13s 运行速度行程长度,B 为分流鼻端后40m。

二、多项选择题

1.【答案】ABC

【解析】根据《公路项目安全性评价规范》(JTG B05—2015)第1.0.2条,本规范适用于实施公路项目安全性评价的高速公路、一级公路、二级公路和三级公路。

2.【答案】BC

【解析】根据《公路项目安全性评价规范》(JTG B05—2015)第4.1.1条,初步设计阶段评价重点应为路线方案及其技术指标的运用情况、结构物布设的合理性、交通工程及沿线设施建设规模的合理性等。A选项为工程可行性研究阶段的评价重点,D选项为施工图设计阶段的评价重点。

3.【答案】AD

【解析】根据《公路项目安全性评价规范》(JTG B05—2015)第3.2.1条,工程可行性研究阶段宜采用经验分析法或安全检查清单进行评价。

4.【答案】AC

【解析】根据《公路项目安全性评价规范》(JTG B05—2015)第5.1.2条,施工图设计阶段评价时进行总体评价和设计要素评价。

5.【答案】AB

【解析】根据《公路项目安全性评价规范》(JTG B05—2015)第4.5.2条条文说明,高速公路、一级公路以及大型车比例较高的二级公路、三级公路,尚应采用货车的停车视距对相关路段进行评价。相关路段一般包括可能多发事故的曲线、出口匝道端部、车道数减少处、桥墩附近的交叉口、位于或接近凸形竖曲线的交叉口等路段。

6.【答案】ABC

【解析】根据《公路项目安全性评价规范》(JTG B05—2015)第4.5.3条条文说明,计算净区宽度根据路段运行速度、交通量以及路基填、挖和平面线形指标状况进行计算。实际净区宽度在考虑公路路基断面组成、边坡坡度、边沟形式、路侧障碍物等,不考虑防护设施的前提下,根据实际情况确定能提供给失控车辆返回路面的路侧宽度。

7.【答案】CD

【解析】根据《公路项目安全性评价规范》(JTG B05—2015)第4.5.4条。A、B选项为施工图阶段桥梁安全性评价的内容。

8.【答案】ACD

【解析】根据《公路项目安全性评价规范》(JTG B05—2015)第5.4.4条第1款,应对车行横通道或人行横通道的设置位置、设置数量和角度进行评价。

9.【答案】BC

【解析】根据《公路项目安全性评价规范》(JTG B05—2015)第4.5.6条第4款,当主线运行速度与设计速度差值大于20km/h时,应按运行速度对互通式立体交叉的视距、相邻出入口间距和加减速车道长度等进行评价。

10.【答案】AC

【解析】根据《公路项目安全性评价规范》(JTG B05—2015)第4.5.7条条文说明,当交叉口无控制或采用次路减速让行交通管理方式时,评价一般采用运行速度计算通视三角区。

11.【答案】ABD

【解析】根据《公路项目安全性评价规范》(JTG B05—2015)第5.4.2条条文说明,不同路面材料衔接或路面抗滑能力易下降的路段主要有连续上坡路段、连续长陡下坡路段、隧道洞口、大型桥梁路段、桥隧相连路段、收费站、穿村镇路段等。

12.【答案】ABC

【解析】根据《公路项目安全性评价规范》(JTG B05—2015)第6.4.3条第1款,当存在桥头急弯路段时,应对相关的标志、标线、速度控制设施等进行评价。

三、案例题

【答案】B

【解析】根据《公路项目安全性评价规范》(JTG B05—2015)附录B,运行速度计算方法如下:

(1)分析单元划分

该路段纵坡均小于3%,根据附录B.2.1,K0+000～K0+300为平直路段;K0+300～K0+900为平曲线路段;K0+900～K1+200为短平直路段;K1+200～K1+800为隧道路段。

(2)K0+300处运行速度计算

K0+000～K0+300为平直路段,平直路段长度大于200m,平直路段终点的运行速度模型宜按照下式确定:

$$v_{out} = 3.6\sqrt{\left(\frac{v_{in}}{3.6}\right)^2 + 2as}$$

式中：v_{out}——平直路段终点速度（km/h）；

　　　v_{in}——平直路段起点速度（km/h）；

　　　s——平直路段长度（m）；

　　　a——车辆加速度（m/s²），按照下式计算：

$$a = a_{min} + (a_{max} - a_{min})\left(1 - \frac{v_{in}}{v_e}\right)$$

　　　a_{max}——最大加速度（m/s²）；

　　　a_{min}——最小加速度（m/s²）；

　　　v_e——期望速度（km/h）。

设计速度 80km/h，所以 $v_0 = v_{in} = 80$km/h，$v_e = 110$km/h，$a_{max} = 0.5$m/s²，$a_{min} = 0.15$m/s²，分别代入公式得：

$$a = 0.15 + (0.5 - 0.15)(1 - 80/110) = 0.246\text{m/s}^2$$

$$v_{out} = 3.6\sqrt{\left(\frac{80}{3.6}\right)^2 + 2 \times 0.246 \times 300} = 91.2\text{km/h}$$

K0+300 处运行速度计算值为 91.2km/h，且小于期望速度 110km/h。

（3）K0+900 处运行速度计算

K0+300～K0+900 为平曲线路段，衔接形式为入口直线—曲线、出口曲线—直线的方式，从曲中点分段，分别对曲中点和曲线出口的运行速度进行预测。

$$v_{middle} = -24.212 + 0.834v_{in} + 5.729\ln R_{now}$$

$v_{in} = 91.2$km/h，$R = 980$m，代入公式得：

$$v_{middle} = -24.212 + 0.834 \times 91.2 + 5.729\ln 980 = -24.212 + 76.06 + 39.47 = 91.318\text{km/h}$$

$$v_{out} = 11.946 + 0.908v_{middle} = 11.946 + 0.908 \times 91.318 = 94.86\text{km/h}$$

K0+900 处运行速度的计算值为 94.86km/h。

（4）K1+200 处运行速度计算

K0+900～K1+200 为短平直路段，起终点运行速度保持不变。

K1+200 处运行速度的计算值也为 94.86km/h。

（5）K1+900 处运行速度计算

K1+200～K1+800 为隧道路段，K1+900 处为驶出隧道洞口外100m，其运行速度计算公式如下：

$$v_3 = 0.74v_{in} + 16.43 = 0.74 \times 94.86 + 16.43 = 86.6\text{km/h}$$

K1+900 处运行速度的计算值为 86.6km/h。

第十章　道路工程施工组织与概预算

第一节　道路施工组织

复习要点

施工组织设计文件的编制原则;机械化施工总体计划及分部分项工程计划的内容;机械化施工组织设计的特点。

主要材料需要量计划编制;材料运输组织;材料运输供应计划编制的三种方法(指示性供应图、差额曲线图和累积曲线图)。

道路建设包括的三方面内容;公路工程基本建设程序;道路施工的四个步骤(签订工程承包合同、施工准备工作、组织施工及竣工验收);道路施工组织调查(现场勘察和施工组织设计资料收集)。组织施工过程中的流水作业施工组织方式是难点和案例出题点,流水工期的计算最好借助横道图。

典型习题

一、单项选择题

1.编制施工组织设计文件时,应根据工程特点和工期要求,因地制宜地采用快速施工。尽可能做到连续均衡且有节奏的施工方法或方式是(　　)。

(A)平行作业　　　　　　　　　　(B)顺序作业

(C)流水作业　　　　　　　　　　(D)交叉作业

2.下列不属于机械化施工总体计划内容的是(　　)。

(A)重点工程的机械施工方案和方法

(B)机械施工平面设置与机械占地布设

(C)机械检修、保养计划和措施

(D)机械施工的总体进度计划

3.施工项目材料的需要量可按照工程量和定额规定进行计算,在进一步编制年、季、月主要材料计划表时依据的是(　　)。

（A）施工方案　　　　　　　　　　　　（B）施工进度

（C）施工质量　　　　　　　　　　　　（D）施工安全

4. 在编制材料供应计划时,反映工地使用材料数量和每日运输的材料数量是稳定的、呈线性关系的材料运输供应计划是(　　　)。

（A）指示性供应图　　　　　　　　　　（B）差额曲线图

（C）差额累积曲线图　　　　　　　　　（D）累积曲线图

5. 在编制材料供应计划时,反映工地储存量的大小,同时也可以看出工地上的材料储备量很不稳定,对设置仓库不利的材料运输供应计划是(　　　)。

（A）指示性供应图　　　　　　　　　　（B）差额曲线图

（C）差额累积曲线图　　　　　　　　　（D）累积曲线图

6. 在编制材料供应计划时,反映按均衡供应的要求,表示出运输工具的数量,是供应组织与计划中一种比较完善的表达形式的材料运输供应计划是(　　　)。

（A）指示性供应图　　　　　　　　　　（B）差额曲线图

（C）差额累积曲线图　　　　　　　　　（D）累积曲线图

7. 材料计划的编制程序包括以下几点,正确的顺序是(　　　)。

①计算工程项目材料需用量;②确定供应量;③按不同渠道分类申请;④编制供应计划;⑤编制订货、采购计划

（A）①②③④⑤　　　　　　　　　　　（B）①③②⑤④

（C）③②①④⑤　　　　　　　　　　　（D）③①②④⑤

8. 公路建设程序中的第一个内容是(　　　)。

（A）路网建设规划　　　　　　　　　　（B）项目建议书

（C）预可行性研究　　　　　　　　　　（D）可行性研究

9. 工程可行性研究的投资估算与初步设计概算之差,应控制的范围具体值是(　　　)。

（A）5%　　　　　　　　　　　　　　（B）10%

（C）15%　　　　　　　　　　　　　（D）20%

10. 技术简单、方案明确的小型建设项目可采用一阶段设计。一阶段设计是指(　　　)。

（A）方案设计　　　　　　　　　　　　（B）初步设计

（C）技术设计　　　　　　　　　　　　（D）施工图设计

11. 建设项目在办理施工许可证时,正确的申请程序是(　　　)。

①建设单位;②设计单位;③监理单位;④施工单位;⑤建设主管部门

(A)①向⑤　　　　　　　　　　(B)②向①

(C)③向①　　　　　　　　　　(D)④向⑤

12. 下列工作中不属于施工现场准备工作的是(　　　)。

(A)平整场地、做好施工放样

(B)建立工地试验室,进行各种建筑材料和土质的试验

(C)修建便桥、便道、搭盖工棚,大型临时设施的修建

(D)熟悉、核对设计文件、图纸及有关资料

13. 编制实施性施工组织设计所进行的施工组织调查活动,完成的阶段是(　　　)。

(A)勘察阶段　　　　　　　　　(B)设计阶段

(C)工可阶段　　　　　　　　　(D)开工前的施工准备阶段

14. 不属于公路隧道设计所制定施工计划内容的是(　　　)。

(A)总工期要求

(B)施工队伍确定

(C)合理工区的划分

(D)施工便道、弃渣场、临时设施、监控量测方案

15. 下列流水施工参数中,属于时间参数的是(　　　)。

(A)施工过程和流水步距　　　　(B)流水步距和流水节拍

(C)施工段和流水强度　　　　　(D)流水强度和工作面

16. 某工程分为3个施工过程,4个施工段组织加快的成倍节拍流水施工,流水节拍分别为4天、6天和4天,则需要派出的专业工作队数量是(　　　)。

(A)7　　　　　　　　　　　　(B)6

(C)5　　　　　　　　　　　　(D)4

17. 已知某基础工程由开挖、垫层、砌基础和回填夯实四个过程组成,按平面划分为四段顺序施工,各过程流水节拍分别为12天、4天、10天和6天,按等步距异节奏(即成倍流水)组织流水施工的工期是(　　　)天。

(A)38　　　　　　　　　　　　(B)40

(C)56　　　　　　　　　　　　(D)78

18. 某工程划分为3个施工过程、4个施工段组织固定节拍流水施工,流水节拍为5天,累积间歇时间为2天,累计提前插入(即搭接)时间为3天,该工程流水施工工期是(　　　)天。

(A)25　　　　　　　　　　　　(B)29

(C)31　　　　　　　　　　　　(D)32

19.某工程划分为 3 个施工过程、4 个施工段组织流水施工,流水节拍见下表,则该工程流水施工工期是(　　)天。

题 19 表

施工过程	施工段及流水节拍			
	①	②	③	④
Ⅰ	4	5	3	4
Ⅱ	3	2	3	2
Ⅲ	4	3	5	4

(A)25　　　　　　　　　　　　(B)26

(C)27　　　　　　　　　　　　(D)28

20.[2018 年结构考题]下列关于工作面的说法,不正确的是(　　)。
　　(A)工作面是指安排专业工人进行操作或者布置机械设备进行施工所需的活动空间
　　(B)最小工作面所对应安排的施工人数和机械数量是最少的
　　(C)工作面根据专业工种的计划产量定额、操作规程和安全施工技术规程确定
　　(D)施工过程不同,所对应的描述工作面的计量单位不一定相同

21.[2018 年岩土考题]当采用匀速进展横道图比较工作的实际进度与计划进度时,如果表示实际进度的横道线右端落在检查日期的右侧,这表明(　　)。
　　(A)实际进度超前
　　(B)实际进度拖后
　　(C)实际进度与进度计划一致
　　(D)无法说明实际进度与计划进度的关系

22.[2019 年岩土考题]某混凝土浇筑总工程量为 2000m³,预算单价为 400 元/m³,计划用 5 天时间完成(等速施工)。开工后第 3 天早晨刚上班时业主测量得知:已完成浇筑量 1200m³,承包商实际付款累计 52 万元。应用挣值法(赢得值法)对项目进展进行评估,则下列评估结论正确的是(　　)。
　　(A)进度偏差 =10 万元,因此进度超前
　　(B)费用偏差 =4 万元,因此费用节省
　　(C)进度超前 1 天
　　(D)进度偏差 = −400m³,因此进度滞后

23.[2018 年结构考题]网络计划的关键工作是(　　)。
　　(A)自由时差总和最大线路上的工作　　(B)施工工序最多线路上的工作
　　(C)总持续时间最短线路上的工作　　(D)总持续时间最长线路上的工作

24.[2018 年岩土考题]下列关于工程网络计划中,关键工作的说法不正确的是(　　)。

(A)总时差为零的工作为关键工作

(B)关键线路上不能有虚工作

(C)关键线路上的工作,其总持续时间最长

(D)关键线路上的工作都是关键工作

25.[2020年结构考题]某工程项目双代号网络计划中,混凝土浇捣工作 M 的最迟完成时间为第25天,其持续时间为6天。该工作共有三项紧前工作,分别是钢筋绑扎、模板制作和预埋件安装,它们的最早完成时间分别为第10天、第12天和第13天,则工作 M 的总时差为(　　)。

(A)9天　　　　　　　　　　(B)7天

(C)6天　　　　　　　　　　(D)10天

26.[2019年结构考题]进行"资源有限、工期最短"优化时,当将某工作移出超过限量的资源时段后(编者注:即改变平行工作为顺序工作以调整资源冲突),计算得到的工期增量 $\Delta(\Delta T_{mn}=EF_{mn}-LS_{ij})<0$。以下结论正确的是(　　)。(编者注:题干和选项中的工期都是完成工程的时间,即工程工期)

(A)工期不变　　　　　　　　(B)工期会缩短

(C)工期会延长　　　　　　　(D)这种情况不会出现

27.[2019年结构考题]以整个建设项目或建筑群为编制对象,用以指导整个建筑群或建设项目施工全过程的各项施工活动的综合技术经济文件为(　　)。

(A)分部工程施工组织设计　　(B)分项工程施工组织设计

(C)施工组织总设计　　　　　(D)单位工程施工组织设计

28.[2018年岩土考题]施工组织总设计的编制,需要进行:①编制资源需求量计划,②编制施工总进度计划,③拟定施工方案等多项工作。仅就上述三项工作而言,其正确的顺序为(　　)。

(A)①→②→③　　　　　　　(B)②→③→①

(C)③→①→②　　　　　　　(D)③→②→①

29.[2020年结构考题]在单位工程施工平面图设计中,应该首先考虑的内容为(　　)。

(A)现场道路　　　　　　　　(B)垂直运输机械

(C)仓库和堆场　　　　　　　(D)水电管网

30.[2020年结构考题]场地平整前的首要工作是(　　)。

(A)计算挖方量和填方量　　　(B)确定场地的设计标高

(C)选择土方机械　　　　　　(D)拟订调配方案

二、多项选择题

1.关于编制公路工程施工组织设计文件,以下说法正确的是(　　)。

(A)在各个施工阶段之间合理搭接、衔接紧凑,在保证质量的基础上,尽可能缩短工期,加快建设速度

(B)落实季节性施工的措施,无需确保全年连续施工

(C)施工组织设计是施工方案、修正施工方案、施工组织计划和实施性施工组织设计等施工组织文件的统称

(D)尽量避免材料二次搬运,正确选择运输工具

2. 下列选项中属于机械化施工分部分项工程计划内容的是(　　)。
  (A)机械化施工的步骤和操作规程、相关的机械管理人员
  (B)工程项目机械配合施工的安排计划
  (C)机械施工技术、安全保证措施
  (D)机械的临时占地布设和现场平面组织措施

3. 下列选项中属于机械化施工组织设计特点的是(　　)。
  (A)有利于降低工程成本,提高劳动生产率
  (B)优化社会资源,节约社会劳动
  (C)有利于环境保护
  (D)施工机械具有机动灵活的特点,可以长时间连续作业,缩短工期

4. 关于施工机械配套的基本原则,下列说法正确的是(　　)。
  (A)其他机械必须围绕主导机械配套
  (B)各配套机械的工作能力必须与主导机械匹配
  (C)尽量增加配套机械的数量
  (D)同一作业要尽量使用不同型号的机械

5. 主要材料需要量计划编制时,应列入主要材料的是(　　)。
  (A)地方供应的材料　　　　　　　　(B)专业厂家生产的材料
  (C)预制构件　　　　　　　　　　　(D)特殊的材料

6. 材料运输供应计划,需考虑最佳平衡关系的要素是(　　)。
  (A)施工物资需要量　　　　　　　　(B)每日运输量
  (C)库存量　　　　　　　　　　　　(D)物资采购量

7. 公路建设内容包括(　　)。
  (A)公路施工准备　　　　　　　　　(B)公路工程基本建设
  (C)公路工程大、中修与技术改造　　(D)公路工程的小修、保养

8. 公路工程的三阶段设计是指(　　)。

(A)初步设计   (B)施工图设计

(C)技术设计   (D)方案设计

9. 在签订工程承包合同时,采用的方式是(   )。

(A)由上级主管单位统一接受任务,按行政隶属关系安排计划下达

(B)经主管部门同意后,对外接受任务

(C)自行对外投标,中标后获得任务

(D)和其他单位商议并统一分配某一区域内的任务

10. 下列选项中属于开工前技术准备工作的是(   )。

(A)熟悉、核对设计文件、图纸及有关资料

(B)补充调查资料

(C)料场布置,供水、供电设备等的安装

(D)编制实施性施工组织设计和施工预算

11. 公路工程项目组织施工时需要的基本文件有(   )。

(A)公路工程安全性评价规范

(B)各种定额

(C)施工图预算

(D)公路工程质量检验评定标准和施工验收规范

12. 公路施工组织调查时,在现场勘察时完成的调查工作有(   )。

(A)施工现场及沿线的地形地貌

(B)施工现场的地上障碍及地下埋设物

(C)气象资料

(D)当地能够雇用或支援建设的劳动力数量

13. 下列文件属于设计文件组成部分的是(   )。

(A)施工方案   (B)施工组织计划

(C)施工组织总设计   (D)分部分项工程施工组织设计

14. 下列选项中属于施工方案主要内容的是(   )。

(A)施工便道主要工程数量表

(B)其他临时工程一览表

(C)主要材料供应、运输方案及临时工程安排

(D)公路临时用地表

15. 下列选项中属于固定节拍(即等节拍)流水施工特点的是(   )。

（A）各施工段上的流水节拍均相等

（B）相邻施工过程的流水步距均相等

（C）专业工作队数等于施工过程数

（D）有的专业工作队不能连续作业

16. 下列选项中属于非节奏（即无节拍）流水施工特点的是（　　　）。

（A）一般情况下流水步距不等

（B）各施工段上的流水节拍不尽相等

（C）专业工作队数大于施工过程数

（D）各工作队连续施工，同一施工段前后工序之间没空闲（即没间歇）

三、案例题

1. 某一级公路有 5 座多跨简支梁桥，桥梁上部结构设计均采用 20m 先张预应力空心板，5座桥梁共计 22 跨，每跨空心板数量均为 20 片。设计单位编制的施工组织计划考虑在路基上设置图（1）所示的预制场，所有空心板集中预制，存梁区足够大。

为了节约资源，设计单位考虑定制 8 套模板（外模 8 套、充气式胶囊内模 8 套），准备在 1天内完成张拉后立模→浇筑混凝土→拆模，8 套模板循环重复用（注：这是可行的，无须关注 1天问题）。设定每片空心板预制周期为 7 天，整个预制施工采取平行流水作业，前 20 片空心板预制施工横道图如图（2）所示。

设计单位编制的施工组织计划中计算了空心梁预制的流水工期 = （施工段数 － 1）× 间隔 +最后一个台座的预制时间 = （22 跨 × 20 片 ÷ 8 － 1）× 1 + 7 = （55 － 1）× 1 + 7 = 61 天。

问题：

（1）此题中平行流水的平行含义是指什么之间的平行？ 要进行流水的原因是什么？

（2）根据题意，正确的流水工期是多少时间？

（3）如果要做到原设计单位计算出的流水工期为 61 天，需要什么条件？

（4）如果安装一跨桥梁的空心板梁需要 3 天时间，从经济和技术可行角度，为保证安装空心板梁连续施工（不窝工），存梁区至少需要能存多少片梁？

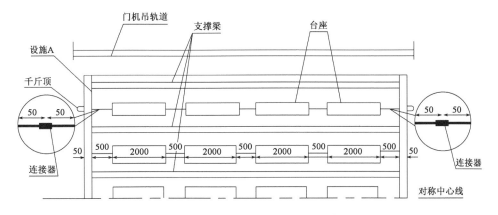

题 1 图（1）　空心板预制场布置示意图（尺寸单位：cm）

时间									
预制数量	第1天	第2天	第3天	第4天	第5天	第6天	第7天	第8天	第9天
8片									
8片									
4片									

题1图(2)　前20片空心板预制施工横道图

2.某项目有一座高架桥,该桥设计的上部结构为30m跨径的预应力小箱梁结构。共120片预制箱梁。设计单位考虑采用一套外模、两套内模。每片梁的生产周期为10天,其中A工序(即钢筋工程)2天,B工序(模板安装、混凝土浇筑、模板拆除)2天,C工序(混凝土养生、预应力张拉与移梁)6天。编制的施工组织计划考虑在一个预制场进行120片箱梁的预制(场地情况不受限制)。

问题:

(1)设计单位从最经济、可行和最短工期的角度应该设计多少个预制台座?

(2)绘制流水横道图并计算流水工期是多少?

参考答案及解析

一、单项选择题

1.【答案】C

【解析】根据工程特点和工期要求,因地制宜地采用快速施工,尽可能采用流水作业施工方法,组织连续均衡且有节奏的施工,保证人力、物力充分发挥作用。

2.【答案】C

【解析】机械化施工总体计划的内容包括六个方面:确定施工计划总工期;重点工程的机械施工方案和方法;机械化施工的步骤和操作规程、相关的机械管理人员;机械最佳配置、各季度计划台班数量;机械施工平面设置与机械占地布设;确定机械施工的总体进度计划。

3.【答案】B

【解析】材料的需要量可按照工程量和定额规定进行计算,并根据施工项目的施工进度编制年、季、月主要材料计划表。

4.【答案】A

【解析】指示性供应图中假定工地使用材料数量和每日运输的材料数量是稳定的,呈线性关系,或者说是按平均数量绘制。下图是石料、砂、水泥的指示性供应图示例。

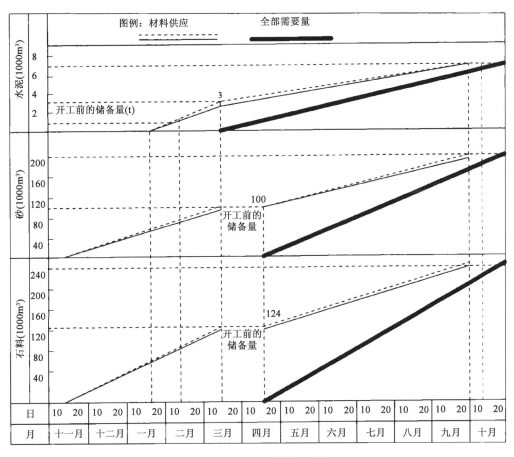

题4解图　指示性供应图示例

5.【答案】B

【解析】差额曲线图可以反映工地储存量的大小,同时也可以看出工地上的材料储备量很不稳定(最大值与最小值的差值过大),对设置仓库不利。题5解图是差额曲线图示例。

题5解图中,①表示材料实际消耗量;②表示每月固定运输材料线;③表示材料在工地储备数量的差额线,库存储备量最大为590。

6.【答案】D

【解析】累积曲线图可以使供应量和消耗量大致一致,还能按均衡供应的要求,表示出运输工具的数量,是供应组织与计划中一种比较完善的表达形式。题6解图是累积曲线图示例。

题6解图中,①表示材料实际消耗量柱状图;②表示材料的累积消耗线;③表示材料供应累积曲线,其斜率不同表示运输到仓库的能力不同,参考最左边相同15天不同台数的运输量,然后尽量在靠近②的上方绘制不同斜线的③,③与②的差值就是库存量。采用累积曲线图能很好地控制库存量。

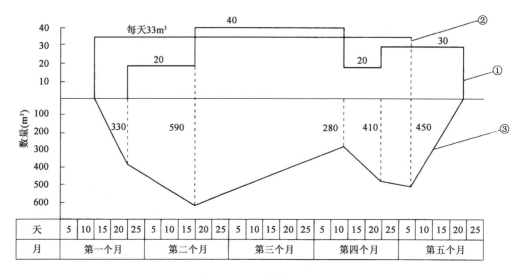

题5解图　差额曲线图示例

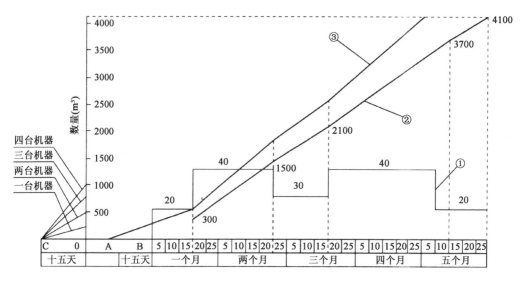

题6解图　累积曲线图示例

7.【答案】A

【解析】材料计划编制的程序是:计算工程项目材料需用量,确定供应量,按不同渠道分类申请,编制供应计划,编制订货、采购计划。

8.【答案】A

【解析】《公路建设监督管理办法》(2006年版)第9条或第10条的第1点规定:根据规划,编制项目建议书或工程可行性研究报告。所以,首先要进行规划。国民经济长远规划及公路网建设规划是公路建设程序中的首个内容,是编制预可行性研究、项目建议书的依据。

9.【答案】B

【解析】工程可行性研究的投资估算与初步设计概算之差,应控制在10%以内。

10.【答案】D

【解析】一阶段设计是指施工图设计。

11.【答案】A

【解析】建设单位向建设行政主管部门申请办理施工许可证。

12.【答案】D

【解析】熟悉、核对设计文件、图纸及有关资料属于施工准备中的技术准备工作。

13.【答案】D

【解析】编制实施性施工组织设计所进行的施工组织调查活动是在开工前的施工准备阶段完成的;编制设计阶段的施工组织文件所进行的施工组织调查活动是在勘察设计阶段完成的。

14.【答案】B

【解析】根据《公路隧道设计规范 第一册 土建工程》(JTG 3370.1—2018)第4.7.1条,施工计划主要包括:工期、施工方法、工区划分、临时设施、施工便道、弃渣场、污水处理和监控量测方案、超前地质预报的要求等。

15.【答案】B

【解析】流水施工参数包括工艺参数、空间参数和时间参数。工艺参数包括施工过程和流水强度;空间参数包括施工段和工作面;时间参数包括流水节拍、流水步距和流水施工工期。

16.【答案】A

【解析】成倍节拍流水施工中,先计算流水步距 K(等于流水节拍的最大公约数)为2,于是,参与该工程流水施工的专业工作队总数 $=4/2+6/2+4/2=7$ 个。

17.【答案】A

【解析】成倍节拍流水的统一流水步距等于流水节拍的最大公约数,12、、4、10、6 的最大公约数为2,即 $K=2$;施工队数 $n_1=12/2+4/2+10/2+6/2=16$;流水施工工期 $T=(m+n_1-1)K=(4+16-1)\times2=38$ 天。

18.【答案】B

【解析】$T=(m+n-1)t+\sum G(组织间歇)+\sum Z(技术间歇)-\sum C(搭接)$

$$= (4 + 3 - 1) \times 5 + 2 - 3 = 29 \text{ 天}。$$

19.【答案】C

【解析】本题属于非节奏(即无节拍)流水施工。

(1)求施工过程流水节拍的累加数列

施工过程Ⅰ:4,9,12,16

施工过程Ⅱ:3,5,8,10

施工过程Ⅲ:4,7,12,16

(2)错位相减求得差数列

Ⅰ与Ⅱ:

$$
\begin{array}{r}
4,\ 9,\ 12,\ 16 \\
-)\quad 3,\ 5,\ 8,\ 10 \\
\hline
4,\ 6,\ 7,\ 8,\ -10
\end{array}
$$

Ⅱ与Ⅲ:

$$
\begin{array}{r}
3,\ 5,\ 8,\ 10 \\
-)\quad 4,\ 7,\ 12,\ 16 \\
\hline
3,\ 1,\ 1,\ -2,\ -16
\end{array}
$$

(3)在差数列中取最大值求得流水步距

施工过程Ⅰ与Ⅱ之间的流水步距:$K_{\text{I},\text{II}} = 8$ 天

施工过程Ⅱ与Ⅲ之间的流水步距:$K_{\text{II},\text{III}} = 3$ 天

(4)求流水施工工期

$$T = \sum K + \sum t_{\text{n}} = 8 + 3 + (4 + 3 + 5 + 4) = 27 \text{ 天}$$

20.【答案】B

【解析】"工作面"是流水施工的空间参数之一,是指某专业工种施工时为保证安全生产和有效操作所必须具备的活动空间。它的大小,应根据该工种工程的计划产量定额、操作规程和安全施工技术规程的要求来确定。施工过程不同,所对应的描述工作面的计量单位不一定相同,如砌墙按长度,而抹灰则按面积。最小工作面是指满足操作规程和安全施工技术规程所需的最小活动空间,并非能够安排的施工人数和机械数量的多少。故选项B不正确。

21.【答案】A

【解析】采用匀速进展横道图比较法检查进度状况时,实际进度线右端若落在检查日期位置的左侧,则表明实际进度拖后;若二者重合,则表明实际进度与进度计划一致;若落在检查日期的右侧,则表明实际进度超前。故本题选A。

22.【答案】C

【解析】题中给出工程完成了2天的状况,用挣值法对项目进展(即进度)进行评价:

进度偏差 = 已完工作预算费用($BCWP$) − 计划工作预算费用($BCWS$)

$$=1200 \times 400 - (2000/5) \times 2 \times 400 = 160000 \text{ 元(正值,进度超前)}$$

费用偏差 = 已完工作预算费用($BCWP$) - 已完工作实际费用($ACWP$)

$$=1200 \times 400 - 520000 = -40000 \text{ 元(负值,费用超支)}$$

进度超前时间 = 进度超前量/每天应完成量

$$= (1200 - 2 \times 2000/5)/(2000/5) = 400/400 = 1 \text{ 天(即进度超前400m}^3\text{,超}$$

前1天)

评估结论中选项 C 正确。

23.【答案】D

【解析】 网络计划中,关键线路就是总持续时间最长的线路,它决定了工期,因此关键线路上的每项工作都是关键工作;关键线路上各工作的总时差、自由时差均为零(当计划工期与计算工期不等时,总时差、自由时差均为最小值);工序数量多少与是否为关键线路无关。故本题选 D。

24.【答案】B

【解析】 网络计划中,关键线路就是总持续时间最长的线路,它决定了工期,因此关键线路上的每项工作都是关键工作;一般情况下(计划工期等于计算工期),总时差为零的工作,为关键工作;而关键线路上可能有虚工作。故本题选 B。

25.【答案】C

【解析】 工作 M 的最迟开始时间为:$LS_M = LF_M - D_M = 25 - 6 = 19$ 天

工作 M 的最早开始时间为:$ES_M = \max\{10, 12, 13\} = 13$ 天

所以,工作 M 的总时差为:$TF_M = LS_M - ES_M = 19 - 13 = 6$ 天。故本题选 C。

26.【答案】A

【解析】 "资源有限、工期最短"优化,是在保证任何工作的持续时间不发生改变、任何工作不中断、网络计划逻辑关系不变的前提下,通过调整出现资源冲突的若干工作的开始时间及其先后次序,使资源量满足限制要求,且工期增量又最小的过程。工期延长值 = 排在前面工作的最早完成时间 - 排在后面工作的最迟开始时间,即 $\Delta T_{mn} = EF_{mn} - LS_{ij}$。调整中,若计算出的工期增量 $\Delta \leq 0$(这种情况仅会出现在所调整移动的资源冲突的工作均为非关键工作时,且这些非关键工作的总时差在增加,而不是工期缩短,因为工期是由关键工作决定的),则对工期无影响,即工期不变;若为正值(这种情况出现在所调整移动的资源冲突的工作中含有关键工作,或该调整移动使非关键工作变成了关键工作),则工期将延长该正值。此题明确"工期增量 $\Delta < 0$",工期不变。故本题选 A。

(编者注:原题目选项用"总工期"表示,这就造成"工期"概念的混淆,如果用了"总工期"就说明"工期"是指工序的时间。但是原文中"工期不变或工期增量或工期最短"又表示工程的时间,这是目前业界常见的混乱现象。国标《网络计划技术 第1部分:常用术语》(GB/T 13400.1—2012)对此问题已经做了严格界定,"工期"就是指工程的时间;而"工作或工序"的

时间表示为"持续时间"或业界的作业时间、生产周期等,不能再用工期一词;而工程的时间也没必要用"总工期",以免概念混淆)。

27.【答案】C

【解析】《建筑施工组织设计规范》(GB/T 50502—2009)第 2.0.2 条规定,施工组织总设计是以若干单位工程组成的群体工程或特大型项目为主要对象编制的施工组织设计,对整个项目的施工过程起统筹规划、重点控制的作用。选项 C 较符合题意。

28.【答案】D

【解析】施工组织总设计的编制程序主要为:拟定施工部署与施工方案→编制施工进度计划→编制资源配置计划(需要量计划)→编制施工准备计划→设计施工平面图。其中施工部署与施工方案是编制进度计划和施工平面图的依据,而进度计划是编制资源计划、施工准备计划等各种计划的依据。故本题选 D。

29.【答案】B

【解析】起重及垂直运输机械的布置位置是施工方案与现场安排的重要体现,是关系到现场全局的中心一环;它直接影响到现场施工道路的规划、构件及材料堆场的位置、加工机械的布置及水电管线的安排,因此应首先布置。然后,布置运输道路,布置搅拌站、加工棚、仓库和材料、构件,布置行政管理及文化、生活、福利用临时设施,布置临时水电管网及设施。故本题选 B。

30.【答案】B

【解析】场地平整前,要确定场地的设计标高,计算挖方和填方的工程量,然后确定挖方和填方的平衡调配方案,再选择土方机械、拟订施工方案。故场地平整前的首要工作是确定场地的设计标高。故本题选 B。

二、多项选择题

1.【答案】ACD

【解析】公路工程施工组织设计文件的编制原则包括:严格执行基本建设程序和施工程序;科学安排施工顺序;采用先进的施工技术和设备;应用科学的计划方法制订最合理的施工组织方案;落实季节性施工的措施,确保全年连续施工;确保工程质量和施工安全;节约基建费用,降低工程成本。

2.【答案】BCD

【解析】机械化施工分部分项工程计划的内容包括 5 个方面:分部分项工程日进度计划图表;工程项目机械配合施工的安排计划(施工方法、机械种类);机械施工技术、安全保证措施;机械检修、保养计划和措施;机械的临时占地布设和现场平面组织措施。

3.【答案】ABD

【解析】机械化施工组织设计的特点有:有利于降低工程成本;大大缩短工程工期;提高工程质量;优化社会资源,节约社会劳动;使公路工程设计空间更为拓展,施工更创新;施工机械具有机动灵活的特点,可以长时间连续作业。

4.【答案】AB

【解析】机械配套的基本原则包括:选好既定工程的主导机械,其他机械必须围绕主导机械配套;尽量减少配套机械的数量;各配套机械的工作能力必须与主导机械匹配;采用合理的施工组织方案;同一作业要尽量使用同一型号的机械,以便于维修管理。

5.【答案】ABCD

【解析】主要材料包括施工需要的由专业厂家生产的材料、地方供应和特殊的材料,以及有关临时设施和拟采取的各种施工技术措施用料,预制构件及其他半成品也应列入主要材料计划中。

6.【答案】ABC

【解析】材料运输供应计划,是指寻求施工物资需要量、每日运输量、库存量三者之间的最佳平衡关系。

7.【答案】BCD

【解析】公路建设内容包括公路工程基本建设,公路工程大、中修与技术改造,公路工程的小修、保养3个方面。

8.【答案】ABC

【解析】技术复杂而又缺乏经验的建设项目必要时可采用三阶段设计,即初步设计、技术设计和施工图设计。

9.【答案】ABC

【解析】签订工程承包合同有三种方式,目前主要通过投标来获取施工任务。

10.【答案】ABD

【解析】开工前的施工准备工作中的技术准备包括熟悉、核对设计文件、图纸及有关资料;补充调查资料;编制实施性施工组织设计和施工预算;组织先遣人员进场,做好后勤准备工作。料场布置,供水、供电设备等的安装属于开工前的施工现场准备工作。

11.【答案】BCD

【解析】组织施工时应具有以下基本文件:①设计文件;②施工规范和技术操作规程;③各种定额;④施工图预算;⑤施工组织设计;⑥公路工程质量检验评定标准和施工验

收规范。

12.【答案】AB

【解析】选项 C、D 属于资料收集工作的内容。

13.【答案】AB

【解析】选项 C、D 属于实施性施工组织设计的内容,不属于设计文件。

14.【答案】ABD

【解析】选项 C 属于施工组织计划中的内容。

15.【答案】ABC

【解析】固定节拍流水施工的特点包括:所有施工过程在各个施工段上的流水节拍均相等;相邻施工过程流水步距相等,且等于流水节拍;专业工作队数等于施工过程数,即每一个施工过程成立一个专业工作队,由该队完成相应施工过程所有施工段上的任务;各个专业工作队在各施工段上能够连续作业,施工段之间没有空闲时间。

16.【答案】AB

【解析】非节奏流水施工的特点包括:各施工过程在各施工段的流水节拍不全相等;相邻施工过程的流水步距不尽相等;专业工作队数等于施工过程数;各专业工作队能够在施工段上连续作业,但同一施工段前后工序之间可能有空闲(即间歇或停顿)。

三、案例题

1.【解析】

(1)此题中平行流水的平行含义是指第 1 道台座与邻近台座(例如第 5 道台座)两台座之间 8 片梁的平行,或者第 2 道台座和第 4 道台座两台座 8 片梁预制的平行。

要进行流水施工的原因是模板只有 8 套而不是 20 套,资源受限才需要流水。

(2)根据题意,正确的流水工期计算见图(1)。

题 1 解图(1)　22 跨预制梁流水工期参考横道图

22 跨预制梁的流水工期 = 2 空格 × 1 + 22 跨 × 7 = 156 天(注:工期计算看最后一行)

(3)如果要做到原设计单位计算出的流水工期为 61 天,需要 14 个台座才能实现。参见图(2),在7个8片后(即第8个8片)就可以周转到第1次使用的两道台座。所以2个台座×7次＝14个台座。

时间																									
预制量	1	2	3	4	5	6	7	8	9	10	11	12	13	14	15	16	17	18	19	20	21	22	23	24	…	…
8片																										
8片																										
8片																										
8片																										
8片																										
8片																										
8片																										
8片																										
8片																										
8片																										
8片																										
…															…											
…															…											
8片																										
8片																										

题1解图(2)　在有14个台座情况下61天的横道图

(4)如果安装一跨桥的空心板梁需要3天时间,为保证安装空心板梁连续施工,存梁区的计算要掌握流水作业的基本原理,为保证架桥吊装设备的连续施工(即不窝工),实际就是计算预制与安装之间的流水步距 K ,参见图(3)。$K = (22 \times 7) - (21 \times 3) = 91$ 天,即第93天后开始安装空心板,而且最长的存梁时间是93－7＝86天,满足存梁时间不超三个月的规范规定,即技术要求方面可行;也就是在第91÷7＝13跨才开始安装空心板;13跨预制梁完成后需存放,即20片×13跨＝260片,所以存梁区应至少能存260片空心板。

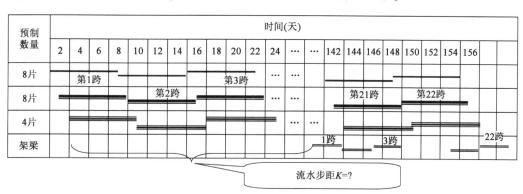

题1解图(3)　22跨的预制与安装架梁流水横道图

2.【解析】

该题实际是空间等节拍流水在公路桥梁中的应用,即跨层时也能做到既不窝工也没有多余间歇的理想流水。

(1)计算理想空间流水的施工段数。

施工过程数 $n=3$；$t_A=2$，$t_B=2$，将 C 施工过程拆分为养生 4 天和预应力张拉移梁 $t_C=2$（注：养生可以理解为不占用资源，这样处理方便套用公式，对结果没有影响）；流水步距 $K=2$。

空间等节拍流水的施工段数 $m=n+\dfrac{\text{层内要求间歇和}}{K}+\dfrac{\text{跨层要求间歇}}{K}=3+\dfrac{4}{2}+\dfrac{0}{2}=5$ 个台座。

(2)绘制 5 台座等节拍空间流水图，见图(1)。养生前面的空一格表示 $K=2$，如同第二行 B 的第一个空格，即上一道完成，相邻行先考虑 K，然后加要求间歇，这样理解更有规律性。

周转次	施工过程	时间(天)												...	...	230	232	234	236	238	240	242	244	246	248
		2	4	6	8	10	12	14	16	18	20	22	24	...	...										
第1次	A	1台	2台	3台	4台	5台								...	...										
	B		1	2	3	4	5							...	...										
	C拉移		养生		1	2	3	4	5					...	...										
第2次	A					1	2	3	4	5															
	B						1	2	3	4	5														
	C拉移							养生		1	2	3	4	5											
...	...			...	...				...	...			...	...			...	...			...	...			
第24次	A															1	2	3	4	5					
	B																1	2	3	4	5				
	C拉移																	养生		1台	2台	3台	4台	5台	

题2解图(1) 周转24次5台座流水施工横道图

每次预制 5 片，120 片÷5 片 =24 次周转(即施工层 24 层)。

流水工期 =($n-1$+施工层×施工段数)×K+层内要求间歇和

$\qquad$ =($3-1+24\times5$)×$2+4=122\times2+4=244+4=248$ 天

(3)分别验证 4 个台座流水工期 306 天和 6 个台座流水工期 248 天的横道图。

4 个台座情况下，$120\div4=30$ 次周转，看图(2)最后一行，流水工期 $T=(4-1)\times2+30\times10=6+300=306$ 天。从下图的 Δ 处可以看到，第 5 片梁周转到 1 号台座时第 9、10 两天 A 施工过程(钢筋工序)是窝工等待，所以工期增长了。

台座	时间(天)														
	2	4	6	8	10	12	14	16	18	20	22	24	...	...	...
1号	A	B		C		A5	B5		C5				...		
2号		A	B		C		A6	B6		C6				...	
3号			A	B		C		A7	B7		C7			...	...
4号				A	B		C		A8	B8		C8			

Δ

题2解图(2) 4个台座情况下流水施工垂直表排列的横道图

6 个台座情况下,$120 \div 6 = 20$ 次周转,看图(3)最后一行,流水工期 $T = (6-1) \times 2 + 20 \times 10 + 19 \times 2 = 10 + 200 + 38 = 248$ 天。从下图的 Δ 处可以看到,第 6 片梁 A 工序周转到 1 号台座时第 11、12 两天 1 号台座无人绑扎钢筋(实际是跨层即周转造成的无用间歇,台座施工段空闲),而工期仍然是 248 天,没有缩短,可是增加的 6 号台座资源是浪费。

台座	时间(天)															
	2	4	6	8	10	12	14	16	18	20	22	24	…	…	…	…
1号	A	B		C			A7	B7		C7			…	…		
2号		A	B		C			A8	B8		C8			…	…	
3号			A	B		C			A9	B9		C9		…	…	
4号				A	B		C			A10	B10		C10		…	…
5号					A	B		C			A11	B11		C11		…
6号						A	B		C			A12	B12		C12	…

Δ

题 2 解图(3)　6 个台座情况下流水施工垂直表排列的横道图

该问题确定最佳 5 个预制台座且最短流水工期为 248 天的另外一种解法:

将 C 工序理解为跨层间歇 6 天等节拍空间流水更符合题意。施工过程数即工序个数 $n = 2$;$t_A = 2t_B = 2$,将 C 施工过程养生预应力张拉移梁 6 天理解为跨层间歇;当然根据题意张拉移梁因需要资源其持续时间一定是小于等于 2 天的,否则无法流水施工,这样处理后套用公式对最终结果没有影响。因此流水步距 $K = 2$。

空间等节拍流水的施工段数 $m = n +$ 层内要求间歇和$/K +$ 跨层要求间距$/K = 2 + 0/2 + 6/2 = 5$ 个台座。参见上述空间等节拍流水工期计算公式,$T = (2 - 1 + 24 \times 5) \times 2 + 0 = 242$ 天;再考虑最后一个台座还需养生预应力张拉移梁 6 天,参见图(4)最终流水工期 $= 242 + 6 = 248$ 天。横道图最后一行表示养生预应力张拉移梁 6 天。

周转次	施工过程	时间(天)																						
		2	4	6	8	10	12	14	16	18	20	22	24	…	…	230	232	234	236	238	240	242	244	246	248
第1次	A	1台	2台	3台	4台	5台								…	…									
	B	K	1台	2台	3台	4台	5台							…	…									
第2次	A		K跨层间歇				1台	2台	3台	4台	5台													
	B						K	1台	2台	3台	4台	5台												
…	…			…				…	…					…	…									
第24次	A											跨层间歇				1台	2台	3台	4台	5台				
	B															K	1台	2台	3台	4台	5台			
第5台座C																						5台养拉移		

题 2 解图(4)　周转 24 次 5 台座跨层间歇为 6 天的流水施工横道图

第二节　道路工程概预算

复习要点

　　定额按照不同方式划分的种类;运用定额应注意的问题与要点;定额的直接套用、定额的换算及定额的补充。

　　概预算费用的组成以及各部分费用的计算,注意各部分费用计算之间的相互关系。

　　概预算的编制依据;概预算的费用及文件组成;甲组文件和乙组文件的组成;概预算所需资料的调查方法。

典 型 习 题

一、单项选择题

1.下列选项中不属于施工图预算编制依据的是(　　　)。
　　(A)工程量清单　　　　　　　　　　　(B)施工图设计文件
　　(C)施工组织设计　　　　　　　　　　(D)有关政策法规

2.概预算文件按不同的需要分为甲、乙两组,甲组文件、乙组文件的主要内容分别是
(　　　)。
　　(A)建筑安装工程费计算表;总概算汇总表
　　(B)总概算汇总表;综合费率计算表04表
　　(C)设备费用计算表;总概算汇总表
　　(D)综合费用计算表;材料预算单价计算表

3.概预算费用组成中第三部分费用是指(　　　)。
　　(A)建筑安装工程费　　　　　　　　　(B)工程建设其他费用
　　(C)预备费　　　　　　　　　　　　　(D)土地使用及拆迁补偿费

4.建筑安装工程费用中的安全生产费属于(　　　)。
　　(A)专项费用　　　　　　　　　　　　(B)规费
　　(C)企业管理费　　　　　　　　　　　(D)措施费

5.下列费用属于措施费的是(　　　)。
　　(A)规费　　　　　　　　　　　　　　(B)财务费用
　　(C)施工辅助费　　　　　　　　　　　(D)养老保险费

6. 以下是编制概预算表格的几个步骤，排列顺序正确的是(　　)。

①计算 22 表材料预算单价、24 表台班单价；②计算 21 表分项工程概预算；③按施工方法查找定额；④统计 02-1 表、03 表；⑤分解工程项目

(A)⑤②①③④　　　　　　　　　　　(B)⑤①③②④

(C)⑤③①④②　　　　　　　　　　　(D)⑤③①②④

7. 劳动定额是规定在生产中某种类型劳动消耗量的标准额度，此种劳动是(　　)。

(A)各种社会必要劳动　　　　　　　(B)社会总劳动

(C)企业的必要劳动　　　　　　　　(D)企业总劳动

8. 在工程建设定额体系中，基础性定额是指(　　)。

(A)施工定额　　　　　　　　　　　(B)预算定额

(C)概算定额　　　　　　　　　　　(D)估算指标

9. 下列材料消耗选项不包含在材料消耗定额中的是(　　)。

(A)材料的净消耗量　　　　　　　　(B)不可避免的施工废料

(C)不可避免的材料损耗　　　　　　(D)材料场外运输操作损耗

10. 某单位合格产品的材料净用量为422kg，场外运输损耗为5%，场内运输损耗为2%，施工操作损耗为1%，则该产品的材料定额消耗量最接近的数值是(　　)。

(A)456　　　　　　　　　　　　　　(B)430

(C)452　　　　　　　　　　　　　　(D)435

11. 在工程建设定额体系中，采用定额水平最高的是(　　)。

(A)施工定额　　　　　　　　　　　(B)预算定额

(C)概算定额　　　　　　　　　　　(D)估算指标

12. 在进行投资估算时，编制可行性研究投资的依据指标是(　　)。

(A)综合指标　　　　　　　　　　　(B)实物量指标

(C)分项指标　　　　　　　　　　　(D)分部指标

13. 属于机械台班费用中不变费用的是(　　)。

(A)维护费　　　　　　　　　　　　(B)机上作业人员的工资

(C)车船税　　　　　　　　　　　　(D)动力燃料费

14. 生产单位数量合格产品所消耗的劳动量标准是(　　)。

(A)材料消耗定额　　　　　　　　　(B)时间定额

(C)产量定额　　　　　　　　　　　(D)机械设备定额

15. 时间定额以工日为单位,除潜水工作、隧道工作外,每一工日时间长度的计算均是( )。
    (A)6h
    (B)7h
    (C)8h
    (D)10h

16. 概预算定额表中的劳动定额数值的表示形式是( )。
    (A)定额基价
    (B)时间定额
    (C)产量定额
    (D)工程内容

17. 下列选项中材料运杂费不考虑的是( )。
    (A)装卸费
    (B)过磅费
    (C)运输损耗费
    (D)路桥通行费

18. 公路工程项目的勘察设计费应计入( )。
    (A)建设项目管理费
    (B)建设项目前期工作费
    (C)设计文件审查费
    (D)建筑安装工程费

19. 工地转移费的费率,一旦小于某距离时就按照该距离取费,此距离是( )。
    (A)30km 内
    (B)50km 内
    (C)60km 内
    (D)80km 内

20. 临时生活及居住房屋费用应计入( )。
    (A)施工场地建设费
    (B)临时工程费
    (C)工程建设其他费
    (D)企业管理费

21. 下列选项所产生的费用应列入工器具购置费的是( )。
    (A)第一套不构成固定资产的设备
    (B)构成固定资产的设备
    (C)已列设备购置费中的专用工具
    (D)办公和生活用家具购置费

22. 公路项目在竣(交)工验收时,为鉴定隐蔽工程质量进行了开挖,则该项开挖费应计入( )。
    (A)价差预备费
    (B)基本预备费
    (C)措施费
    (D)工程建设其他费

23. 规费的计算基数是各类工程的( )。
    (A)人工费之和
    (B)人工费与机械费之和

　　(C)定额人工费之和　　　　　　　　　　(D)定额人工费与机械费之和

二、多项选择题

1. 下列选项中属于预算编制依据的是(　　　)。
　　(A)批准的初步设计文件　　　　　　　　(B)现行的概算定额
　　(C)初步设计图纸　　　　　　　　　　　(D)有关合同、协议

2. 下列选项中属于概预算甲组文件的是(　　　)。
　　(A)分项工程概(预)算表　　　　　　　　(B)总概(预)算表
　　(C)施工机械台班单价计算表　　　　　　(D)建筑安装工程费计算表

3. 下列各项费用中,属于建筑安装工程费组成部分的是(　　　)。
　　(A)直接费　　　　　　　　　　　　　　(B)规费
　　(C)勘察设计费　　　　　　　　　　　　(D)利润

4. 下列各项费用中,属于规费组成部分的是(　　　)。
　　(A)住房公积金　　　　　　　　　　　　(B)职工探亲路费
　　(C)工伤保险费　　　　　　　　　　　　(D)职工取暖补贴

5. 下列属于概预算文件组成部分的是(　　　)。
　　(A)封面及目录　　　　　　　　　　　　(B)概预算编制说明
　　(C)概预算计算表格　　　　　　　　　　(D)附录

6. 在进行概预算所需资料调查时,应纳入调查范围的内容是(　　　)。
　　(A)筑路材料的来源　　　　　　　　　　(B)运费标准
　　(C)沿线可利用房屋　　　　　　　　　　(D)当地消费水平

7. 工程建设定额按其所反映的物质消耗内容分为(　　　)。
　　(A)施工定额　　　　　　　　　　　　　(B)劳动消耗定额
　　(C)材料消耗定额　　　　　　　　　　　(D)机械消耗定额

8. 定额按计价依据的作用分为(　　　)。
　　(A)工程消耗定额　　　　　　　　　　　(B)行业统一定额
　　(C)费用定额　　　　　　　　　　　　　(D)地区统一定额

9. 关于时间定额和产量定额的说法,选项是正确的是(　　　)。
　　(A)劳动消耗定额分为时间定额和产量定额
　　(B)时间定额和产量定额互为倒数

（C）时间定额和产量定额是材料定额的表现形式

（D）机械台班费用定额分为机械时间定额和机械产量定额

10. 下列选项中以施工定额为依据的是（　　）。
（A）组织生产、编制施工阶段施工组织设计
（B）计算劳动报酬
（C）加强企业成本管理和经济核算
（D）编制施工图预算

11. 关于预算定额的作用,说法正确的是（　　）。
（A）施工企业进行经济活动分析的依据　（B）编制施工组织计划的依据
（C）编制概算定额的基础　　　　　　　（D）企业投标报价的依据

12. 下列关于工程定额的说法,正确的是（　　）。
（A）按定额的使用要求,可以把工程定额分为劳动定额、机械台班消耗定额、材料消耗定额
（B）概算定额是编制概算扩大定额的基础
（C）机械产量定额与机械时间定额互成倒数
（D）企业定额水平一般应高于国家现行定额水平

13. 下列选项中可考虑定额抽换的有（　　）。
（A）现浇钢筋混凝土梁用的支架达不到规定的周转次数
（B）实际供应的水泥标号与定额中的水泥标号不同
（C）设计用光圆钢筋和带肋钢筋的比例与定额比例不同
（D）作业中需使用特殊施工机械

14. 下列选项中属于专项评价(估)费的有（　　）。
（A）环境影响评价费　　　　　　（B）通航论证费
（C）交工验收试验检测费　　　　（D）用地预审报告编制费

15. 下列选项中属于冬季施工增加费的是（　　）。
（A）清除工作地点的冰雪　　　　（B）施工机具所需修建的暖棚
（C）材料因受潮、受湿的耗损费用　（D）挖临时排水沟

16. 下列选项中属于土地使用及拆迁补偿费的是（　　）。
（A）征用耕地安置补助费　　　　（B）复耕费
（C）耕地开垦费　　　　　　　　（D）用地预审费

17. 下列各项费用中,应在公路建设单位管理费项目内开支的是( )。

(A)建设单位工作人员的工资

(B)建设单位的临时设施费

(C)建设单位采购及保管设备、材料所需的费用

(D)建设项目审计费

18. 下列选项中以四类工程的定额人工费与定额施工机械使用费之和为计算基数的是( )。

(A)夜间施工增加费 　　　　　(B)高原地区施工增加费

(C)风沙地区施工增加费 　　　　(D)沿海地区施工增加费

19. [2020年考题]根据《公路工程建设项目概算预算编制办法》(JTG 3830—2018)的规定,概(预)算总金额包括( )。

(A)建筑安装工程费 　　　　　(B)生产准备费

(C)工程建设其他费 　　　　　(D)预备费

三、案例题

1. 某段二级公路挖方1000m³(松土200m³、普通土600m³、硬土200m³),填方900m³,本段挖方可利用900m³(松土100m³、普通土600m³、硬土200m³)。天然方与压实方的换算系数:松土为1.23、普通土为1.16、硬土为1.19。本段需借的普通土(天然密实方)数量是( )。

(A)110m³ 　　　　　　　　　(B)118m³

(C)137m³ 　　　　　　　　　(D)150m³

2. 某工程建设过程中,采用人工挑抬的方式挖运普通土,运距40m,重载运输为7%的升坡。已知此情况下采用人工挑抬运输时,每升高1m,等同于运距增加7m,结合下表中的内容计算此时人工挖运普通土(人工挑抬)1000m³、运40m的基价。下列选项中最接近计算基价结果的是( )。

题2表

顺序号	项　　目	单位	代号	第一个20m挖后			每增运10m	
				松土	普通土	硬土	人工挑抬	手推车
				1	2	3	4	5
1	人工	工日	1	122.6	181.1	258.5	18.2	7.3
2	基价	元	1999	6032	8910	12718	895	359

注:单位为1000m³天然密实方。

(A)8910元 　　　　　　　　　(B)9805元

(C)10700元 　　　　　　　　　(D)12490元

3. 石灰粉煤灰碎石基层,设计配合比为石灰:粉煤灰:碎石=4:11:85,设计压实厚度为

18cm。预算定额 1000m² 石灰粉煤灰碎石的主材消耗量见下表,则粉煤灰调整后的数量应是( )。

石灰粉煤灰稳定类(单位:1000m²) 题3表

项目(单位)	石灰∶粉煤灰∶碎石＝5∶15∶80	
	压实厚度15cm	每增减1cm
生石灰(t)	15.829	1.055
粉煤灰(m³)	63.31	4.22
碎石(m³)	164.89	10.99

(A)46.427m³   (B)55.711m³

(C)86.332m³   (D)103.595m³

4. 某路面工程用桶装石油沥青,调查价格为 5000 元/t,运价 1.2 元/t·km,装卸费为 24.0 元/t,运距 80km,回收沥青桶按 200 元/t 计,场外运输损耗率为 3%,采购及保管费率 2.5%,材料毛重系数 1.17。则石油沥青的预算价格为( )。

(A)5110.20 元/t   (B)5226.98 元/t

(C)5534.87 元/t   (D)5891.62 元/t

5. 某路基工程人工费为 59840 元,定额人工费为 60000 元;材料费为 120566 元,定额材料费为 130000 元;机械使用费为 83334 元,定额机械使用费为 90000 元;施工辅助费率综合为 2.12%,其余措施费综合费率为 16.6%,规费费率为 10%,企业管理费综合费率为 8%,利润率 7.42%,增值税税率为 9%,该项目的建筑安装工程费是( )。

(A)353062 元   (B)376843 元

(C)387053 元   (D)390548 元

6. 某合同段设计图中 H 工区(K0+000～K1+200)路基需作为软基处理,路基底宽 42m,淤泥厚度平均为 1.5m,采取清淤回填石渣方案。综合单价中不含税的可变成本为 36 元/m³,固定成本(即不变成本)按 H 工区工程量数量分摊折算为 3 元/m³。按照预算利润率为 7.32%,增值税率为 9%,参考预算建筑安装费计算方法,H 工区正常获利情况下合理的预算单价是( )元/m³。

(A)41.85   (B)42.51

(C)45.62   (D)46.23

参考答案及解析

一、单项选择题

1.【答案】A

【解析】工程量清单是投标报价的编制依据,其他都属于编制预算的依据。

2.【答案】D

【解析】甲组文件为综合费用计算表,乙组文件为材料预算单价计算表。

3.【答案】B

【解析】第一部分费用是建筑安装工程费,第二部分费用是土地使用及拆迁补偿费,第三部分费用是工程建设其他费用,第四部分费用是预备费。

4.【答案】D

【解析】安全生产费属于专项费用。

5.【答案】C

【解析】措施费共包含7项费用,施工辅助费是其中之一。

6.【答案】B

【解析】分解项目是第一步,接着复核工程量;其次计算材料、机械单价;之后查找定额并纳入21表计算分项工程消耗量和金额;最后统计消耗量和总费用。

7.【答案】A

【解析】劳动定额是一种标准,是规定在生产中各种社会必要劳动的消耗量的标准额度。

8.【答案】A

【解析】施工定额是编制施工预算的依据,而且是编制预算定额和补充定额的基础,定额水平是平均先进的水平,定额子目多、细目划分复杂。

9.【答案】D

【解析】材料消耗的性质可分为必需的材料消耗和损失的材料两类。材料必须消耗(材料消耗定额)包括材料的净消耗量和不可避免的损耗量。其中,不可避免的损耗量包含不可避免的废料和不可避免的材料损耗。

10.【答案】D

【解析】场内运输损耗、施工操作损耗均为材料定额中的不可避免的损耗量。材料定额消耗量 $= 422 \times (1 + 2\% + 1\%) = 434.66$。

11.【答案】A

【解析】施工定额的定额水平是平均先进的水平,是编制预算定额和补充定额的基础;预算定额的定额水平是社会平均水平,比施工定额的定额水平低,是编制概算定额和概算扩大定额的基础;概算定额也是社会平均水平,但比预算定额的定额水平低,是编制估算指标的基础。

12.【答案】C

【解析】估算指标包括综合指标和分项指标两部分。综合指标是编制项目建议书投资估算的依据,分项指标对项目的划分与概算定额比较接近,是编制可行性研究投资的依据。

13.【答案】A

【解析】机械台班费用由不变费用和可变费用组成。不变费用包括折旧费、检修费、维护费、安拆辅助费;可变费用包括机上人员人工费、动力燃料费、车船税。

14.【答案】B

【解析】题干中的劳动量是说明人工劳动的工日,时间定额是指在技术条件正常、生产工具使用合理和劳动组织正常的条件下生产单位合格产品所消耗的劳动时间。

15.【答案】C

【解析】根据定额总说明第五点,时间定额以工日为单位,除潜水工作按 6h、隧道工作按 7h 外,其余每一工日均按 8h 计算。

16.【答案】B

【解析】定额表中的劳动定额数值是以时间定额的形式表示,如完成 1000m³ 或 10m³ 单位产品所消耗的工日数。

17.【答案】C

【解析】材料的运杂费包括装卸费、运费,如果发生,还应计囤存费及其他杂费(如过磅、标签、支撑加固、路桥通行等费用)。

18.【答案】B

【解析】建设项目前期工作费包括以下工作的费用:编制项目建议书、可行性研究报告、投资估算以及相应的勘察、设计、专题研究等所需的费用;初步设计和施工图设计的勘察费、设计费、概预算及调整概算编制费;设计、监理、施工招标文件及招标标底文件编制费等。

19.【答案】B

【解析】工地转移距离在 50km 以内的工程按 50km 计算工地转移费。

20.【答案】A

【解析】施工场地建设费包括:按照工地建设标准化要求进行承包人驻地、工地试验室建设,钢筋集中加工、混合料集中拌制、构件集中预制等所需的办公、生活居住房屋(包括职工家属房屋及探亲房屋),公用房屋(如广播室、文体活动室、医疗室等)和生产用房屋(如仓库、加工厂、加工棚、发电站、变电站、空压机站、停机棚、值班室等)等费用。

21.【答案】A

【解析】工器具购置费指建设项目交付使用后为满足初期正常运营必须购置的第一套不构成固定资产的设备、仪器、仪表、工卡模具、器具、工作台(框、架、柜)等的费用,不包括构成固定资产的设备、工器具和备品、备件,及已列入设备费中的专用工具和备品、备件。

22.【答案】B

【解析】基本预备费的用途有三个方面,其中之一是:在项目主管部门组织竣(交)工验收时,验收委员会为鉴定工程质量必须开挖和修复隐蔽工程的费用。

23.【答案】A

【解析】规费以各类工程的人工费之和为基数,按国家或工程所在地法律法规规定的标准计算。

二、多项选择题

1.【答案】AD

【解析】初步设计图纸、现行的概算定额属于概算编制的依据。批准的初步设计文件是预算编制的依据,批准的可行性研究报告是概算编制的依据。

2.【答案】BD

【解析】选项 A、C 属于乙组文件的内容。

3.【答案】ABD

【解析】勘察设计费属于工程建设其他费用。

4.【答案】AC

【解析】选项 B、D 属于企业管理费。

5.【答案】ABC

【解析】概预算文件由封面、扉页、目录,概预算编制说明及全部概、预算计算表格组成。

6.【答案】ABC

【解析】原则上凡对施工生产有影响的一切因素都必须调查,主要是筑路材料的来源(沿线料场及有无自采材料),材料运输方式及运距,运费标准,占用土地的补偿费、安置费及拆迁补偿费、沿线可利用房屋及劳动力供应情况等。

7.【答案】BCD

【解析】工程建设定额按定额反映的物质消耗内容分类,可分为劳动消耗定额、机械消耗定额和材料消耗定额三种。

8.【答案】AC

【解析】定额按计价依据的作用分工程消耗定额和费用定额两部分。

9.【答案】AB

【解析】材料消耗定额=完成单位合格产品的材料净用量×(1+材料损耗率),材料消耗定额还包括材料产品定额、材料周转定额两种表现形式。机械台班定额分为机械时间定额和机械产量定额。

10.【答案】ABC

【解析】施工定额是编制施工预算的依据,不是编制施工图预算的依据。

11.【答案】ABC

【解析】施工定额是企业投标报价的依据。

12.【答案】CD

【解析】工程定额按使用要求分为施工定额、预算定额、概算定额、估算指标等;预算定额是编制概算定额和概算扩大定额的基础;企业定额水平一般应高于国家现行定额,才能满足生产技术发展、企业管理和市场竞争的需要。

13.【答案】ABCD

【解析】以下几种情况下可允许对定额中某些项目进行抽换:①就地浇筑钢筋混凝土梁用的支架及拱圈用的拱盔、支架。如确因施工安排达不到规定周转次数时,可根据具体情况进行抽换并按规定计算回收。②在使用定额时,路面基层材料、混凝土、砂浆的配合比与定额不相符,以及水泥强度等级与定额中水泥强度等级不同时,水泥用量可按预算定额附录二基本定额中的混凝土、砂浆配合比表进行抽换。③钢筋工程中,当设计用光圆钢筋和带肋钢筋的比例与定额比例不同时,可进行换算。④当施工中必须使用特殊机械时,可按具体情况进行换算。

14.【答案】ABD

【解析】交工验收试验检测费属于建设项目管理费。

15.【答案】AB

【解析】选项 C、D 属于雨季施工增加费的内容。

16.【答案】ABC

【解析】用地预审报告编制费属于专项评价(估)费的内容。

17.【答案】ABD

【解析】建设单位管理费不包括应计入设备、材料预算价格的建设单位采购及保管设备、材料所需的费用。

18.【答案】AD

【解析】夜间施工增加费和沿海地区施工增加费都是以构造Ⅱ、构造Ⅲ、技术复杂大桥、钢材和钢结构这四类工程的定额人工费与定额机械使用费之和为计算基数。其他两个选项是涉及 10 个类别的各类工程的定额人工费与定额机械使用费之和为计算基数。

19.【答案】ACD

【解析】生产准备费属于工程建设其他费。此时要选大概念不要选小概念,选项 B 不能选。概(预)算总金额由建筑安装工程费、土地使用及拆迁补偿费、工程建设其他费、预备费、建设期贷款利息组成。

三、案例题

1.【答案】C

【解析】本段可利用挖方换算为压实方:$100/1.23 + 600/1.16 + 200/1.19 = 782\text{m}^3$

需进行借方的填方(压实方):$900 - 782 = 118\text{m}^3$

借方数量(天然密实方):$118 \times 1.16 = 137\text{m}^3$

2.【答案】D

【解析】重载运输为7%的升坡,升高2.8m,运距增加$2.8 \times 7 = 19.6\text{m}$;调整后的运距为$40 + 19.6 \approx 60\text{m}$。

人工:$181.1 + 18.2 \times (60 - 20)/10 = 253.9$ 工日$/1000\text{m}^3$

基价:$8910 + 895 \times (60 - 20)/10 = 12490$ 元

3.【答案】B

【解析】设计配合比与定额标明的配合比不同时,有关材料按下式进行换算:

$$C_i = \left[C_\text{d} + B_\text{d} \times (H - H_0) \right] \times \frac{L_i}{L_\text{d}}$$

式中:C_i——按设计配合比换算后的材料数量;

C_d——定额中基本压实厚度的材料数量;

B_d——是定额中压实厚度每增减1cm 的材料数量;

H_0——定额的基本压实厚度；

H——设计的压实厚度；

L_d——定额中标明的材料百分率；

L_i——设计配合比的材料百分率。

粉煤灰调整后的数量：

$[63.31 + 4.22 \times (18-15)] \times 11/15 = 75.97 \times 11/15 = 55.711 m^3$

4.【答案】B

【解析】单位运杂费 $= (1.2 \times 80 + 24) \times 1.17 = 140.4$ 元/t

材料预算价格 $=$（材料原价 + 运杂费）$\times$（1 + 场外运输损耗率）$\times$（1 + 采购及保管费率）$-$
包装品回收价值

$= (5000 + 140.4) \times 1.03 \times 1.025 - 200$

$= 5226.9773$ 元/t

5.【答案】C

【解析】解题过程如下：

①定额直接费 $= 6 + 13 + 9 = 28$ 万元 $= 280000$ 元

②直接费 $= 59840 + 120566 + 83334 = 263740$ 元

③措施费 = 定额直接费 $\times$ 施工辅助费费率 + 定额人工费与定额施工机械使用费之和 $\times$ 其余措施费综合费率 $= 280000 \times 2.12\% + (60000 + 90000) \times 16.6\% = 5936 + 24900 = 30836$ 元

④企业管理费 = 定额直接费 $\times$ 企业管理费综合费率 $= 280000 \times 8\% = 22400$ 元

⑤规费 = 各类工程人工费 $\times$ 规费综合费率 $= 59840 \times 10\% = 5984$ 元

⑥利润 =（定额直接费 + 措施费 + 企业管理费）$\times$ 利润率 $= (60000 + 30836 + 22400) \times 7.42\%$
$= 113236 \times 7.42\% = 8402$ 元

⑦增值税税金 =（直接费 + 设备购置费 + 措施费 + 企业管理费 + 规费 + 利润）$\times 9\%$

$= (263740 + 0 + 30836 + 22400 + 5984 + 8402) \times 9\% = 331362 \times 9\%$

$= 29823$ 元

⑧查办法表 3.1.11，费率为 5.338%，则

施工场地建设费 =（定额建筑安装工程费 - 专项费用）

$\quad$ =（定额直接费 + 定额设备购置费 $\times 40\%$ + 措施费 + 企业管理费 +
规费 + 利润 + 税金）$\times$ 累进费率

$\quad = (280000 + 0 + 30836 + 22400 + 5984 + 8402 + 29823) \times 5.338\%$

$\quad = 377445 \times 5.338\% = 20148$ 元

⑨安全生产费 = 建筑安装工程费（不含安全生产费本身）$\times$（$\geq 1.5\%$）

$\quad$ =（直接费 + 设备购置费 + 措施费 + 企业管理费 + 规费 + 利润 + 税金 +
施工场地建设费）$\times 1.5\%$

$\quad = (263740 + 0 + 30836 + 22400 + 5984 + 8402 + 29823 + 20148) \times 1.5\%$

$\quad = 381333 \times 1.5\% = 5720$ 元

⑩建安工程费 = 直接费 + 设备购置费 + 措施费 + 企管费 + 规费 + 利润 + 税金 + 专项费用
　　　　　　= 263740 + 0 + 30836 + 22400 + 5984 + 8402 + 29823 + 20148 + 5720
　　　　　　= 387053 元

6. 【答案】C

【解析】H 工区正常获利情况下合理的预算单价 = 成本(36 + 3) × (1 + 7.32%) × (1 + 9%) = 45.62 元/m³。

附录

勘察设计注册土木工程师(道路工程)执业资格
专业考试时间分配、题量、分值及题型特点

1. 考试时间分配、题量及分值

勘察设计注册土木工程师(道路工程)执业资格专业考试分2天,每天上、下午各3个小时。第一天为专业知识考试,第二天为专业案例考试。

第一天,专业知识考试,上、下午各85题,选答70题,多选无效。其中单选题50题,选答40题,每题1分;多选题35题,选答30题,每题2分。如单选题作答题量超过40题,或多选题作答题量超过30题,则按题目序号从小到大的顺序分别对单选题作答的前40题、多选题作答的前30题进行机读。上、下午合计计分,试卷满分为200分。

第二天,专业案例考试,上、下午各30题,选答25题,多选无效。如作答题量超过25题,则按题目序号从小到大的顺序对作答的前25题进行机读和人工评分。每题2分,上、下午合计计分,试卷满分为100分。

2. 题型特点

考题由知识题、综合能力题、简单计算题、连锁计算题及案例分析题组成,连锁计算题中各小题的计算结果一般不株连。